Die Rechtsprechung

der

Oberlandesgerichte

auf dem Gebiete des Civilrechts.

Herausgegeben von

B. Mugdan und **R. Falkmann,**
Kammergerichtsräten.

Siebenter Band.
(Jahrgang 1903, zweites Halbjahr.)

Leipzig,
Verlag von Veit & Comp.
1903

Unter Mitwirkung der Herren

Dr. Bauer, Kammergerichtsrat, Berlin
Dr. Berchelmann, Oberlandesgerichtsrat, Darmstadt
Börngen, Oberlandesgerichtsrat, Jena
Burlage, Oberlandesgerichtsrat, Oldenburg
Donle, Oberlandesgerichtsrat, Augsburg
Ebert, Oberlandesgerichtsrat, Breslau
Dr. Eller, Landgerichtsdirektor, Karlsruhe
Engelmann, Oberlandesgerichtsrat, Breslau
Freudenthal, Oberlandesgerichtsrat, Colmar
Fuchs, Oberlandesgerichtsrat, Kassel
Groth, Oberlandesgerichtsrat, Kiel
Haidlen, Oberlandesgerichtsrat, Stuttgart
Dr. Hangen, Oberlandesgerichtsrat, Darmstadt
Hartog, Oberlandesgerichtsrat, Breslau
Hetzell, Kammergerichtsrat, Berlin
Heynacher, Oberlandesgerichtsrat, Marienwerder
Hübener, Oberlandesgerichtsrat, Posen
Hustedt, Oberlandesgerichtsrat, Braunschweig
Kalb, Oberlandesgerichtsrat, Augsburg
Kiehl, Kammergerichtsrat, Berlin
Könige, Oberlandesgerichtsrat, Karlsruhe
Luthe, Oberlandesgerichtsrat, Naumburg
Meisner, Senats-Präsident, Posen
Michaelis, Oberlandesgerichtsrat, Köln
Dr. Mittelstein, Oberlandesgerichtsrat, Hamburg
Mörtl, Oberst-Landesgerichtsrat, München
Mosse, Geheimer Justizrat, Königsberg
Mügge, Oberlandesgerichtsrat, Stettin
Nehse, Kammergerichtsrat, Berlin
Neukamp, Oberlandesgerichtsrat, Köln
Niesert, Oberlandesgerichtsrat, Hamm
Niemöller, Landgerichtsdirektor, Oldenburg
Noel, Kammergerichtsrat, Berlin
Ott, Oberlandesgerichtsrat, München
Pallengehr, Oberlandesgerichtsrat, Hamm
Pfeiffer, Oberlandesgerichtsrat, Kassel
Dr. Riedel, Oberlandesgerichtsrat, Naumburg
Rüter, Oberlandesgerichtsrat, Naumburg
Ruffmann, Oberlandesgerichtsrat, Königsberg
Rukser, Oberlandesgerichtsrat, Posen
Schäfer, Oberlandesgerichtsrat, Bamberg
Schäffer, Oberlandesgerichtsrat, Breslau
Schepers, Oberlandesgerichtsrat, Hamm
Schmitt, Oberlandesgerichtsrat, Zweibrücken
Schneider, Oberlandesgerichtsrat, Stettin
Schück, Kammergerichtsrat, Berlin
Schultze-Görlitz, Kammergerichtsrat, Berlin
Senft, Oberlandesgerichtsrat, Stettin
Dr. Simon, Oberlandesgerichtsrat, Posen
Simonson, Oberlandesgerichtsrat, Breslau
Sohm, Oberlandesgerichtsrat, Rostock
Sprenger, Oberlandesgerichtsrat, Oldenburg
Stichling II, Oberlandesgerichtsrat, Jena
Thiele, Oberlandesgerichtsrat, Königsberg
Dr. Vorbrodt, Kammergerichtsrat, Berlin
v. Wartenberg, Kammergerichtsrat, Berlin
Zehler, Oberlandesgerichtsrat, Nürnberg
Zeller, Oberlandesgerichtsrat, Bamberg
Ziemßen, Kammergerichtsrat, Berlin

und zahlreicher anderer Juristen.

Druck von Metzger & Wittig in Leipzig.

Systematisches Inhaltsverzeichnis.

(Verfaßt von Staatsanwalt Dr. Rindfleisch in Duisburg.)

Die Zahlen bedeuten die Seiten.

I. Civilrecht.

Erster Abschnitt. Rechtsquellen.

Zeitliche Begrenzung der Anwendbarkeit der Gesetze.

Zweiter Abschnitt. Allgemeine Grundsätze von den Rechten und deren Verfolgung.

Verjährung. Chikane.

3. Dienstvertrag.

4. Werkvertrag.

5. Auftrag.

6. Verwahrung.

7. Unerlaubte Handlungen. Anfechtung außerhalb des Konkurses. Unlauterer Wettbewerb.

Siebenter Abschnitt. Sachenrecht.

a) Besitz.

b) Allgemeine Vorschriften über Rechte an Grundstücken.

c) Eigentum.

d) Dienstbarkeiten.

e) Vorkaufsrecht.

f) Reallasten.

g) Hypothek.

h) Pfandrecht an beweglichen Sachen und an Rechten.

Achter Abschnitt. Familienrecht.

a) Verlöbnis.

b) Nichtigkeit und Anfechtbarkeit der Ehe.

c) Wirkung der Ehe im allgemeinen.

d) Gesetzliches Güterrecht.

e) Vertragsmäßiges Güterrecht.

f) Ehescheidung.

g) Verwandtschaft.

h) Vormundschaft. Pflegschaft.

11) Beendigung der Abwesenheitspflegschaft 204 Anm. — 12) Meinungsverschiedenheit mehrerer Pfleger über ein gemeinsam vorzunehmendes Rechtsgeschäft 208. — 13) Keine Bestellung eines Pflegers gemäß § 88 FrGG., wenn der Erblasser vor 1900 gestorben ist 210.

Neunter Abschnitt. Erbrecht.

a) Erbfolge.

Erbrecht der zweiten Ehefrau nach nassauischem Recht 68.

b) Rechtliche Stellung des Erben.

1) Unbekanntsein der Erben. Erfordernisse der Nachlaßpflegschaft 132. — 2) Beschränkung der Haftung des Erben nach § 1973 BGB. 134. — 3) Aufhebung der Nachlaßverwaltung 134. — 4) Zwangsvollstreckung gegen den beschränkt haftenden Erben (§ 1990 BGB.) 136. — 5) Verpflichtung der Miterben zur Auskunftserteilung nach § 2027. 2042 BGB. 136. — 6) Form der Annahme- oder Ausschlagungserklärung des Erben 337. — 7) Anspruch des Nachlaßpflegers (Rechtsanwalt!) auf Vergütung 358.

c) Testament.

1) Auslegung eines Testamentes 117. — 2) Anordnung einer Pflegschaft und Ausführung dieser Anordnung durch Bestellung eines Testamentsvollstreckers 130. — 3) Muß der Vermerk, daß der Erblasser nicht schreiben kann, vorgelesen und genehmigt werden? § 2242 BGB 138. — 4) Errichtung eines Nottestamentes. Schadensersatz bei Formfehlern 140. — 5) Die testamentarische Bestimmung des mit der Vermittlung der Erbauseinandersetzung zu betrauenden Notars ist unverbindlich 210. — 6) Erbeinsetzung in einem Ehe- und Erbvertrage 356. — 7) Erbeinsetzung oder Vermächtnis? 357. — 8) Die vor 1900 angeordnete fideikommissarische Substitution ist, wenn der Erblasser nach dem 1. Januar 1900 verstirbt, als Nacherbschaft des BGB. zu behandeln 359. — 9) Testamentarische Anordnung einer Beaufsichtigung des Testamentsvollstreckers durch das Nachlaßgericht 360. — 10) Nachträge zu einem holographischen Testamente 361. — 11) Die Unterschrift unter einem Testament deckt nur das über ihr, nicht das neben oder unter ihr Stehende 363.

d) Erbvertrag.

Die Bestimmung eines Ehe- und Erbvertrages, daß der Überlebende die reine Vermögenshälfte als Vater- oder Muttergut auszuzeigen hat, wogegen er Alleineigentümer alles übrigen Vermögens wird, enthält nicht seine Einsetzung als alleinigen Erben 356.

e) Pflichtteil.

1) Bürgschaften des Erblassers werden bei Feststellung des Nachlaßwertes nicht berücksichtigt 143. — 2) Abkömmlinge eines in guter Absicht Enterbten haben kein Pflichtteilsrecht und kein Recht, als Nacherbe anerkannt zu werden 364.

f) Erbschein.

1) Verwahrung der Originalurkunden in Erbscheinssachen beim Amtsgericht 143. — 2) Inhalt des Erbscheins. Beschwerde wegen Nichterteilung; Umfang der Prüfungspflicht des Beschwerdegerichts 144. — 3) Erbschein neben dem Zeugnis über Fortsetzung der GG. 364.

Zehnter Abschnitt. Handelsrecht.

a) Der Kaufmann.

1) Gewerbebetrieb eines Maurermeisters und Bauunternehmers 145. — 2) Abgrenzung des Kleingewerbes 146. — 3) Bierbrauerei als Nebengewerbe des landwirtschaftlichen Betriebes 380.

b) Die Handelsfirma.

1) Aus einem gegen eine Firma erlassenen Urteile ist die Judikatsklage gegen den alleinigen Inhaber unzulässig 147. — 2) Mitübertragung einer abgeleiteten Firma an eine Zweigniederlassung. Genehmigung der früheren Firmeninhaber 147. — 3) Haftung bei Über-

Elfter Abschnitt. Wechselrecht.

Zwölfter Abschnitt. Versicherungsrecht.

II. Freiwillige Gerichtsbarkeit.

Erster Abschnitt. Allgemeine Vorschriften.

Zweiter Abschnitt. Grundbuchrecht.

Dritter Abschnitt. Vormundschaftssachen.

1) Verhältnis des § 1666 BGB. zum § 627 CPO. 75. — 2) Nachweis der Erklärung der Genehmigung des Vormundschaftsgerichts 124. — 3) Umfang des Aufsichtsrechts des Vormundschaftsgerichts. Dritten steht gegen dessen Anweisungen an den Vormund keine Beschwerde zu 125. — 4) Unzulässigkeit von Vigilanz- und Realpflegschaften 127. 130. — 5) Welches Gericht hat zu ermitteln, ob für einen Ausländer im Inlande eine vormundschaftliche Fürsorge anzuordnen ist? 202. — 6) Keine Beschwerde aus § 20 FrGG. wegen Verletzung einer Sittenpflicht 203. — 7) Die Anordnung einer Pflegschaft zwecks Führung eines Prozesses ist für den Prozeßgegner kein Grund zur Beschwerde 204. — 8) Beendigung der Abwesenheitspflegschaft 204, Anm. — 9) Beschwerde über Auswahl des Vormundes 205. — 10) Der Mann einer entmündigten Frau hat ein selbständiges Beschwerderecht bezüglich der Auswahl des Vormundes § 57⁹ FrGG. 339. — 11) Gegen den Beschwerdebeschluß, der die angeordnete vorläufige Vormundschaft aufhebt, findet die einfache weitere Beschwerde statt. Keine vorherige Mitteilung der Beschwerdeschrift an den Antragsteller 207. — 12) Beschwerde gegen die Entscheidung des Vormundschaftsgerichtes bei Meinungsverschiedenheit mehrerer Pfleger über ein gemeinsam vorzunehmendes Rechtsgeschäft (§ 60⁶ FrGG.) 208. — 13) Keine Bestellung eines Pflegers gemäß § 88 FrGG., wenn der Erblasser vor 1900 gestorben ist 210. — 14) Keine Zwangsmaßregeln zur Erzwingung des Erscheinens des außerehelichen Vaters vor Gericht zwecks Anerkennung der Vaterschaft 447.

Vierter Abschnitt. Nachlaß- und Teilungssachen.

1) Aufhebung der Nachlaßverwaltung. Beschwerde deswegen 134. — 2) Rückgabe von Originalurkunden durch das Amtsgericht in Erbscheinssachen oder Verwahrung beim Gericht 143. — 3) Beschwerde wegen Nichterteilung eines Erbscheines. Umfang der Prüfungspflicht des Beschwerdegerichts 144. — 4) Keine Bestellung eines Pflegers gemäß § 88 FrGG., wenn der Erblasser vor 1900 gestorben ist 210. — 5) Die Bestimmung des mit der Vermittelung der Erbauseinandersetzung zu betrauenden Notars durch den Erblasser ist unverbindlich 210. — 6) Gegen die Feststellung des Nachlaßgerichtes, daß ein anderer, als der Fiskus nicht Erbe geworden ist, steht dem Fiskus die Beschwerde zu 338. — 7) Beschwerde gegen die Auswahl eines Notars im Teilungsverfahren 338. — 8) Anspruch eines zum Nachlaßpfleger bestellten Anwalts auf Schreibgebühren 358.

Fünfter Abschnitt. Registersachen.

a) Standesregister.

1) Feststellung des Namens eines Kindes, wenn er im Taufschein lateinisch angegeben ist 114. — 2) Berichtigung der im Heirats- und Geburtsregister vermerkten Anerkennung der unehelichen Vaterschaft 121. 424. — 3) Eintragung der Nichtigkeit einer Ehe in das Standesregister auf Grund eines ausländischen Urteils 412.

b) Handelsregister.

1) Eintragungspflichtige Betriebe: Maurermeister, Bauunternehmer 145. Bierbrauerei als Nebengewerbe des landwirtschaftlichen Betriebes 380. — 2) Abgrenzung des Kleingewerbes 146. — 3) Einfache Beschwerde im Falle des § 142 FrGG., wenn es sich nicht um einen Widerspruch handelt, sondern um den Antrag eines Dritten auf Löschung der zu Unrecht erfolgten Eintragung in das Handelsregister 211. — 4) Die fälschliche Standesbezeichnung eines Kaufmannes im Handelsregister rechtfertigt nicht das Ordnungsstrafverfahren gemäß § 132 FrGG. 342. — 5) Beschwerdeverfahren in Handelsregistersachen; Befugnis zur Beschwerde 343. — 6) Die Einlegung der „Beschwerde“ im Ordnungsstrafverfahren ist, wenn fristgemäß geschehen, als Einspruch zu behandeln 346.

c) Güterrechtsregister.

Eintragung auf Grund einer durch rechtskräftiges Urteil erlassenen einstweiligen Verfügung 102.

d) Genossenschaftsregister.

Ordnungsstrafverfahren gegen Genossenschaften 211.

e) Schiffsregister.

1) Keine Beschwerde gegen den Beschluß, durch den das Amtsgericht ein versichertes Schiff für reparaturwürdig erklärt 213. — 2) Verlegung des Heimatshafens; Eintragung in das Schiffsregister 247.

Sechster Abschnitt. Kosten der freiwilligen Gerichtsbarkeit. Gebührenordnung für Notare.

1) Keine Gebührenfreiheit nach § 7 preuß. GKG. für rein kommunale Behörden 233. 428. — 2) Gebührenfreiheit der Ansiedlungskommission 236. — 3) Knappschaftsvereine genießen keine Gebührenfreiheit beim Erwerbe von Grundstücken für Krankenhäuser 237. — 4) Voraussetzungen der Kostenfreiheit aus § 61 preuß. GKG. 253. — 5) Kostenfreiheit für Vereine zur Beschaffung gesunder Wohnungen 430. — 6) Gebührenfreiheit bei freiwilliger Veräußerung während des Enteignungsverfahrens 451. — 7) Die Gebührenpflicht fällt dadurch nicht wieder fort, daß das beurkundete Geschäft mit Erfolg angefochten wird 443. — 8) Einfluß einer vor der Verhandlung erteilten unrichtigen Belehrung des Richters auf die Anwendung des § 7 preuß. GKG. 446. — 9) „Einheitliches Rechtsgeschäft"; Begriff im § 40 preuß. GKG. 239. 434. — 10) Begriff des „Übertragungsvertrages" im § 58^2 preuß. GKG. 242. — 11) Begriff der Vermittlung einer Auseinandersetzung unter Gemeinschaftsgenossen § 88 preuß. GKG. 250. — 12) Begriff des zweiseitigen Vertrages im § 35 preuß. GKG. 432. — 13) Die im Versteigerungsprotokolle verlautbarte Abtretung der Steigpreise ist kein „Nebengeschäft" im Sinne des § 56 preuß. GKG. 439. — 14) Keine Gebührenpflicht für Auskünfte des Grundbuchrichters im Korrespondenzwege § 66^3 preuß. GKG. 243. — 15) Gebühr für a) Erteilung einer Bescheinigung aus dem Handelsregister 244. 245; b) Eintragung in das Schiffsregister bei Verlegung des Heimathafens 247; c) Eintragung des Erstehers 252; d) Bestellung eines Erbbaurechts 255; e) Vertrag betr. Abtretung der Rechte aus dem Meistgebot 432; f) Beurkundung der Generalversammlungsbeschlüsse 440; g) Erteilung eines Erbscheines 446; h) Eintragung von Hypotheken bei Verteilung einer Forderung auf mehrere Grundstücke gemäß § 867 CPO. 444. — 16) Versäumnisgebühr 447. — 17) Erhebung der Zusatzgebühr aus § 55 preuß. GKG. 442. — 18) Kosten der Beschwerden in Vormundschaftssachen 256. — 19) Keine Erstattung von Parteikosten in Sachen freiw. Gerichtsbarkeit 280. — 20) Gerichtskosten bei Aufhebung der Zwangsversteigerung zur Aufhebung einer Gemeinschaft infolge Versteigerung im Wege der Zwangsvollstreckung 449. — 21) Berechnung des Wertes von Straßen 233. — 22) Wertberechnung a) bei gleichzeitiger Verlautbarung eines Kaufes und der Abtretung des Kaufgelderrückstandes 434; b) bei Verlautbarung eines Vergleichs über eine Forderung, über die ein Prozeß schwebt 435. 436; c) bei Testamentseröffnung 437; d) bei Zeugnis für den Testamentsvollstrecker 437; e) bei Beurkundung von Generalversammlungsbeschlüssen 440; f) bei Vereinbarung, daß der Kaufpreis für ein Grundstück sich bei Eintritt einer bestimmten Bedingung erhöht 444; g) bei Recht auf Fossilien 444 Anm.; h) bei Erbschaftskauf 444 Anm.; i) bei Vorkaufsrecht 444 Anm.; k) bei Eintragung einer Verfügungsbeschränkung der Hypothek 444 Anm.; l) bei Erteilung des Zuschlages 450 Anm.; m) bei Beschwerde über Erteilung des Zuschlages 450. — 23) Verhältnis des Entwurfs zur Beurkundung nach § 8 GebO. f. N. 257. — 24) Begriff der gebührenfreien Nebengeschäfte des Notars 258. 260. — 25) Der Notar, der aus § 81^2 preuß. GKG. für die Erbbescheinigungsversicherung die Gebühr erhält, kann für den zugleich mit aufgenommenen Antrag auf Erlaß der Erbbescheinigung nicht noch eine besondere Gebühr fordern 260. — 26) Der Notar, der auf Aufforderung des Amtsgerichts das Testament persönlich abliefert, kann Reisekosten und Tagegelder nicht vom Gericht, sondern nur von den Erben beanspruchen 261. — 27) Der Notar kann für eine Unterschriftsbeglaubigung unter einem Antrage auf Umschreibung einer Hypothek nur die Gebühr des § 43 preuß. GKG. verlangen 262.

Dritter Abschnitt. Allgemeine Grundsätze des Verfahrens.

Vierter Abschnitt. Verfahren in erster Instanz.

Fünfter Abschnitt. Rechtsmittel.

a) Berufung.

b) Beschwerde.

Sechster Abschnitt. Besondere Prozeßarten.

a) Ehesachen.

b) Entmündigungssachen.

c) Urkunden- und Wechselprozeß.

Siebenter Abschnitt. Zwangsvollstreckung.

a) Allgemeine Bestimmungen.

zulässig 147. — 3) Die Gegenseitigkeit (§ 328, Nr. 5 CPO.) ist hinsichtlich des Kantons Zürich verbürgt 288. — 4) Nichtanerkennung eines ausländischen Scheidungsurteils 411. 412. — 5) Hat Vorabentscheidung über vorläufige Vollstreckbarkeit in der Berufungsinstanz auch dann zu erfolgen, wenn in erster Instanz ein Antrag auf vorläufige Vollstreckbarkeit noch nicht gestellt war? 301. 302. — 6) Keine Vollstreckungsklausel für eine vor Rechtskraft der Vorabentscheidung über den Grund des Anspruches ergangene, für vorläufig vollstreckbar erklärte Verurteilung zur Zahlung der Klagsumme 303. — 7) Kann gegen die Frau auf Duldung der Zwangsvollstreckung in das Gesamtgut geklagt werden? § 740 CPO. 303. — 8) Ist der zur Herbeiführung der Vollstreckung hinterlegte Betrag an den Prozeßbevollmächtigten oder an die Partei zurückzuzahlen? Zuständigkeit des Kammergerichts für die weitere Beschwerde 309. — 9) Ungültigkeit einer Pfändung durch ein unzuständiges Gericht 312. — 10) Die Zwangsvollstreckung wegen Sicherheitsleistung gemäß Art. 29³ WO. darf auf dieselbe Weise erfolgen, wie die Vollziehung eines dinglichen Arrestes wegen der Wechselsumme 327. — 11) Fassung der Klausel über die Unterwerfung unter die sofortige Zwangsvollstreckung 354.

b) Einspruch dritter Personen.

Einwendungen gegen die Pfändung von Mietzinsraten. Deren Übergang auf den Ersteher 310.

c) Zwangsvollstreckung in das unbewegliche Vermögen.

1) Zwangseintragung auf dem ungeteilten Nachlaßgrundstücke für einen Miterben 321. — 2) Zwangshypotheken sind nur wegen fälliger Forderungen zulässig 323. — 3) Eintragung einer Zwangshypothek auf ein vorerbschaftliches Grundstück wegen einer persönlichen Schuld des Vorerben 352. — 4) Pfändung eines Erbanteiles am Nachlaßgrundstück 354.

d) Zwangsvollstreckung in bewegliche Sachen.

1) Unterschied zwischen dem Vollstreckungs- und Faustpfandrecht. Prozeßrechtliche Erlöschungsgründe des ersteren 304. — 2) Unpfändbare Sachen: a) Sofa bei einem Handwerker 306. b) Handwerkszeug, Rohmaterialien, fertige Erzeugnisse 306. 307. c) Eisschrank eines Schlachters 307. d) Fahrrad eines Handlungsreisenden 308. e) Möbel einer Zimmervermieterin 352. f) Dagegen pfändbar: Pferd und Wagen eines Viehhändlers 351. — 3) Unpfändbare Forderungen und Rechte: a) Elterlicher Nießbrauch an Kindesvermögen 311. b) Alimentenanspruch auch nach vertragsmäßiger Regelung 317. c) Anspruch des vorzeitig entlassenen Handlungsgehilfen 320. — 4) Zulässigkeit der Pfändung: a) von Lohn zu gunsten Alimentationsberechtigter 316; b) von Provisionsforderungen nach § 332 CPO. 318. — 5) Zum Begriff der „persönlichen Fortsetzung der Erwerbstätigkeit" § 811, Nr. 5 CPO. 307. 308. — 6) Ungültigkeit der Pfändung einer Forderung: a) durch unzuständiges Gericht 312; b) wegen mangelhaften Inhaltes des Pfändungsbeschlusses 313. — 7) Pfändung von Erbschaftsansprüchen 313. 354. — 8) Pfändung der Eigentümergrundschuld 315. Inhalt des Pfändungsbeschlusses 316. — 9) Begriff „Erhebung der Klage" im § 850, Abs. 4 CPO. 316. — 10) Haftung des Prinzipals, welcher nach Pfändung der seinem Reisenden zustehenden Provisionsansprüche die Einbehaltung der Provision durch den Reisenden gestattet 318. — Herstellung der Pfandsiegel 355.

e) Verteilungsverfahren.

Austragung eines Prioritätsstreites nur nach § 878 CPO. zulässig. Feststellungsklage nach Einleitung des Verteilungsverfahrens unzulässig 324.

f) Erwirkung der Herausgabe von Sachen und Erwirkung von Handlungen.

1) Der § 883 CPO. gilt auch für die Herausgabe von Personen 325. — 2) Erwirkung einer Rechnungslegung 326. — 3) Die Vollstreckung wegen Bestellung einer Sicherheit gemäß Art. 29³ WO. darf auf dieselbe Weise erfolgen, wie die Vollziehung eines dinglichen Arrestes wegen der Wechselsumme 327.

Achter Abschnitt. Arrest und einstweilige Verfügung.

1) Die §§ 1123, 1124 BGB. geben dem Hypothekengläubiger keinen selbständigen Arrestgrund 38. — 2) Zuständigkeit für Verfügungen betr. die Unterhaltsverhältnisse zwischen getrennt lebenden Ehegatten während schwebenden Scheidungsprozesses 46. — 3) Das Berufungsgericht, das eine zur Aufrechnung gestellte Gegenforderung vorbehält, ist für den zu ihrer Sicherung nachgesuchten Arrest nicht das Gericht der Hauptsache 330. — 4) Rückforderungsrecht des Dritten, der die Arrestsumme gemäß § 923 ZPO. (mit Mitteln des Schuldners hinterlegt hat 330. — 5) Höhe der Arrestsumme bei Liegenschaftsarrest für Unterhaltsrenten 355.

IV. Staatsrecht.

a) Rechtsverhältnisse der Beamten.

1) Schadensersatzpflicht eines Gemeindevorstehers wegen Nichtigkeit eines Nottestaments infolge Formfehlers 140. — 2) Haftung des Notars aus § 839 BGB. wegen unrichtiger Auskunft 473.

b) Fürsorgeerziehung.

1) Begriff und Voraussetzung der Fürsorgeerziehung. Verhältnis zur Armenunterstützung 78. 86. — 2) Die Anordnung der Fürsorgeerziehung ist nicht dadurch bedingt, daß zunächst andere Mittel zur Abwendung der Verwahrlosung erfolglos versucht sind 86. 419. — 3) Fürsorgeerziehung wegen Verwahrlosung im Armenhause. Pflichten des Vormunds 89. — 4) Begriff des „Anhörens" im Sinne des § 4 Abs. 2 FEG. Verhältnis des § 1 FEG. zu den §§ 55, 56 StGB. 90. — 5) Anordnung der Fürsorgeerziehung, wenn deren Ausführung erst nach vollendetem 18. Lebensjahr oder erst nach längerer Zeit, z. B. nach Verbüßung einer Freiheitsstrafe erfolgen kann 93. — 6) Wiederholung eines rechtskräftig abgewiesenen Antrags auf Fürsorgeerziehung 95. — 7) Erstreckung der Dauer der Fürsorge des FEG. auf die, auf Grund des Ges. v. 1878 untergebrachten Minderjährigen 96. — 8) Beschwerderecht des Gemeindevorstandes 96. — 9) Unzulässigkeit der weiteren Beschwerde gegen den Beschluß des Landgerichts, durch welchen die Fürsorgeerziehung antragsgemäß abgelehnt, aber das Amtsgereicht angewiesen wird, gemäß § 1666 BGB. dem Vater die Sorge für die Person des Kindes zu entziehen 97. — 10) Verpflichtung zur Tragung der Kosten der Überführung des Zöglings im Falle einer zunächst nur vorläufigen, später aber endgültigen anderweiten Unterbringung 98.

c) Stempelsteuer.

1) Begriff des einheitlichen Rechtsgeschäfts im § 10 StStG. 239. 264. — 2) Stempelpflichtigkeit der Bestellung eines Erbbaurechtes 255. — 3) Für den „Nennwert (ReichsstGes. Tarif Nr. 2a) kommt der Amortisationszuschlag nicht in Betracht 263. — 4) Unterschied von Korrespondenzvertrag und förmlicher Vertragsurkunde 264. — 5) Stempelfrist für undatierte Zusätze zum Vertrage 265. — 6) Auslegung der Tarifstelle 25 d 266. — 7) Stempelkosten eines notariellen Testaments 269. — 8) Stempelpflichtigkeit von Schuldurkunden, welche vom Gläubiger und Schuldner unterschrieben sind und zugleich eine Vereinbarung über den Gerichtsstand für Klagen aus dem zugrunde liegenden Rechtsverhältnis enthalten 270. — 9) Wert für Berechnung des Stempels zu einer Vollmacht für ein Verfahren, betreffend eine einstweilige Verfügung auf Zahlung von Alimenten während des Ehescheidungsprozesses 271. — 10) Stempelfreiheit für Vereine zur Beschaffung gesunder Wohnungen 430. — 11) Stempelfreiheit bei freiwilliger Veräußerung während des Enteignungsverfahrens 451. — 12) Berechnung des Stempels für Grundstücke und bewegliches Zubehör im Falle der Zwangsversteigerung 453. — 13) Eine Urkunde, in welcher lediglich der Hypothekengläubiger die Löschung eines Zinsprozentes bewilligt und der Eigentümer sie beantragt, unterliegt nicht dem Vertragsstempel der Tarifstelle 71. 454. — 14) Mehrfacher Stempel zur Vollmacht mehrerer Privatkläger 455. —

d) Sonstige öffentlich-rechtliche Verhältnisse.

1) Für die Weiterdelegierung des einer öffentlichen Behörde erteilten Auftrages zur Beantragung einer Grundbucheintragung gelten nicht die Grundsätze des civilrechtlichen Auftrages 4. — 2) Direktion der Landeskreditkasse in Kassel ist öffentliche Behörde 8. — 3) Umfang des staatlichen Aufsichtsrechts über Familienstiftungen 200. — 4) Schulvorstände als öffentliche Behörden. Form der Erklärungen für Grundbuchverkehr 365. — 5) Begriff der Verwaltungsbehörden. § 7 preuß. GKG. 428.

1

a) **Unzulässigkeit der satzungsmäßigen Bestimmung der Aktiengesellschaft, daß das erste Geschäftsjahr länger als 12 Monate dauern soll. Nachträgliche Forderung einer Bilanz ꝛc. HGB. §§ 39, 260.**

Kammergericht, I. CS. Beschluß v. 20. April 1903.

Seit 15. Oktober 1900 ist die Aktiengesellschaft X. eingetragen. Nach dem Gesellschaftsvertrage vom 11. Juli 1900 soll das Geschäftsjahr das Kalenderjahr sein, das erste Geschäftsjahr jedoch vom 1. Juli 1900 bis zum 31. Dezember 1901 laufen. Das Amtsgericht erachtete die letztere Bestimmung nachträglich für ungültig, leitete das Ordnungsstrafverfahren zur Beschaffung einer Bilanz ꝛc auf den 31. Dezember 1900 ein und verwarf unter Festsetzung der angedrohten Strafe den Einspruch der Vorstandsmitglieder. Die Entscheidung wurde in den weiteren Instanzen bestätigt. Gründe:

Die Dauer des Geschäftsjahres, für dessen Schluß Inventar und Bilanz aufzustellen sind, darf nach der zwingenden Vorschrift des § 39 HGB. zwölf Monate nicht übersteigen. Sie bezieht sich auch auf das erste Geschäftsjahr. Wird also eine Aktiengesellschaft inmitten des Kalenderjahres eingetragen und soll nach dem Gesellschaftsvertrage das Geschäftsjahr mit dem Kalenderjahre zusammenfallen, so muß die Jahresbilanz auf den 31. Dezember des Errichtungsjahres gezogen werden. Daß sich alle Aktionäre nachträglich mit der Erstreckung des ersten Geschäftsjahres auf die Dauer von 18 Monaten einverstanden erklärt haben, ist unerheblich.

Die Vorschrift des § 260 ist ebenfalls zwingend. Allerdings sind inzwischen durch die Generalversammlungen vom Februar 1902 und 1903 die Bilanzen ꝛc für die angeblich ersten beiden Geschäftsjahre genehmigt, wobei die erste Bilanz auf den 31. Dezember 1901 gezogen ist. Die Frage, ob das Amtsgericht bei dieser Sachlage Anlaß nehmen mußte, auf eine nachträgliche Bilanz ꝛc zum 31. Dezember 1900 zu dringen, kann dahingestellt bleiben, ein Verstoß gegen das Gesetz liegt nicht vor, vielmehr hat es nur den gesetzlichen Vorschriften der §§ 260², 265², 319¹, 14 HGB. in strenger Weise Geltung verschafft. Daß eine nachträgliche Aufstellung der Bilanz unmöglich sei, was beachtlich sein würde, da eine unmögliche Handlung im Ordnungsstrafverfahren nicht gefordert werden kann, haben die Beschwerdeführer nicht behauptet. Es muß ihnen also, falls das Amtsgericht bei seinem Verlangen bestehen bleibt, überlassen bleiben, die Bilanz und die sonstigen Vorlagen nach bestem Können aufzustellen oder den Nachweis zu führen, daß die nachträgliche Fertigung der Vorlagen unmöglich sei. Völlig zwecklos sind die verlangten Aufstellungen nicht; es ist sehr wohl möglich, daß Personen, welche der Gesellschaft Kredit geben oder Aktien erwerben, ein erhebliches Interesse daran haben, zu erfahren, mit welchem Erfolge die Gesellschaft im ersten Halbjahre ihres Bestehens gearbeitet hat, wie auch für solche Personen die öffentliche Klarstellung von Belang sein kann, daß der Nutzen des angeblichen ersten Geschäftsjahres innerhalb einer Periode von 18 Monaten erzielt ist. H.

b) **Vereinbarung, daß die Ware erst am überseeischen Bestimmungsorte geprüft wird, schließt HGB. § 377 im übrigen nicht aus.**

OLG. Hamburg, IV. CS. Urteil v. 1. Mai 1903.

Die Beklagte hatte vom Kläger Konserven gekauft mit der Beredung: Die Ware wird am Bestimmungsorte vom Empfänger geprüft und bleibt der Lieferant uns bis nach Eintreffen der Berichte über den Ausfall einer jeden Sendung für die Folgen einer unrichtigen Lieferung, sowie für Mankos verantwortlich. Durch diese Klausel hat nicht der Willkür des Empfängers am Bestimmungsorte überlassen sein sollen, wann er die Ware untersuchen und wann er seinen Bericht an die Beklagte absenden wolle, ebensowenig ist in das Belieben der Beklagten gestellt, wann sie die bei ihr eingehenden Mängelanzeigen weitergeben wollte, vielmehr sind in Ermangelung einer abweichenden Vereinbarung für diese Fristen die Vorschriften des HGB. maßgebend geblieben. Unrichtig ist die Ausführung, daß der hiesige Käufer unmöglich nachweisen könne, daß drüben sofort untersucht und geprüft sei. ... Ist doch auch hier die Beklagte in der Lage gewesen, die entsprechenden Daten aufzugeben und Beweis dafür anzutreten. Ebenso unrichtig ist, daß bei der Lieferung von Erbsen in Dosen eine sofortige Untersuchung untunlich sei, da durch eine solche die Ware zerstört würde. Vor Absendung der Ware von Hamburg war allerdings wegen der seemäßigen Verpackung eine Untersuchung, wenn auch nicht untunlich, so doch sehr erschwert, und ist aus diesem Grunde vertragsmäßig die Untersuchungspflicht an den Bestimmungsort verlegt. Nach Beendigung der Seereise stand aber nichts entgegen, daß der Empfänger der eine oder die andere Kiste alsbald öffnete und die vorgeschriebene Untersuchung und Mängelanzeige bewirkte. Daß auch er die Erbsen zunächst ohne Untersuchung weiterverkaufte und erst eine Mängelanzeige seiner Abnehmer oder gar deren Weiterabnehmer abwartete, ehe er eine Anzeige absandte, erscheint durch nichts gerechtfertigt. Von einer unverzüglichen Untersuchung, soweit eine solche nach ordnungsmäßigem Geschäftsgange tunlich war, kann in einem derartigen Falle nicht mehr die Rede sein. M. M.

c) **Die allgemeine Verweisung des Konnossements auf die Bedingungen der Charterpartie genügt nicht, um vom Empfänger das im Abladehafen entstandene Liegegeld beanspruchen zu können. HGB. §§ 614, 652.**

OLG. Hamburg, I. CS. Urteil v. 4. Mai 1903.

... Zutreffend ist in den Entscheidungen (Hans. GZ. 1886 Nr. 23) hervorgehoben, daß die allgemeine Bezugnahme auf die Bedingungen der Chartepartie offenbar nur die in dieser geregelten Verpflichtungen, die dem Empfänger als solchem obliegen, betreffen soll und kann, und daß es ohne ausdrücklichen Vorbehalt im Konnossement an jedem vernünftigen Grunde dafür fehlt, den Empfänger für ihm unbekannte Ansprüche, die dem Verfrachter wegen Säumnis und Vertragsverletzung des Abladers gegen diesen zustehen, haften zu lassen. Wenn, wie hier, der Schiffer ein reines Konnossement zeichnete, so erhält der Empfänger von den Ansprüchen des Verfrachters auf Liegegeld und Fautfracht keine Kenntnis. Durch Bezugnahme auf die Bedingungen der Charter hört das Konnossement nicht auf, ein reines Konnossement zu sein, denn auch die Charter gibt dem Empfänger keinen Aufschluß über die hier geltend gemachten Ansprüche. Gegen Erfüllung der aus dem Konnossement und Frachtvertrage ersichtlichen Verpflichtungen des Empfängers muß aber der Verfrachter die Güter ausliefern (§ 614). Der Schiffer muß deshalb, damit der Verfrachter einen persönlichen Anspruch gegen den Ladungsempfänger auf Liegegeld bei der Beladung und Fautfracht geltend machen kann, einen ausdrücklichen Vorbehalt im Konnossement machen, um den Empfänger von den bestehenden Ansprüchen in Kenntnis zu setzen, denn es ist mit einem geregelten Handelsverkehr unvereinbar, dem Empfänger mit Erwerb eines Konnossements unübersehbare Verpflichtungen aufzuerlegen. Die hier in Frage kommenden Grundsätze gelten so gut nach englischem wie nach deutschem Recht. Der Verfrachter kann sich auch nicht darauf berufen, daß ihm nach der Charter „an absolute lien upon the cargo for dead freight, demurrage etc." zustehe, denn es muß angenommen werden, daß durch Zeichnung eines reinen Konnossements darauf verzichtet worden ist, dieses Recht weiter als wegen der aus dem Konnossement und Frachtvertrage für den Empfänger ersichtlichen Verpflichtungen geltend zu machen. M. M.

2

a) Zustandekommen eines schriftlichen Vertrages.

OLG. Dresden, IV. CS. Urteil v. 7. April 1903.

Eine schriftliche Einigung ist erst dann als erfolgt anzusehen, wenn jeder Teil seine Willenserklärung dem anderen in der Weise zugängig macht, daß dieser davon Kenntnis nehmen und den zweckentsprechenden Gebrauch machen kann, wenn also eine gegenseitige Aushändigung der schriftlichen Erklärungen erfolgt. Die bloße Unterzeichnung der Urkunde enthält also keine zum Vertragsabschlusse erforderliche Annahmeerklärung des Beklagten. Dasselbe hat auch von der nachträglichen Aushändigung der Urkunde an den Kläger zu gelten, da, als dies geschah, der Beklagte in der Urkunde selbst bereits vermerkt hatte, er ziehe seine Zustimmung zum Akkorde zurück. Der Kläger entgegnet zwar, daß er als Auftraggeber des Beklagten mittelbarer Besitzer der Urkunden auch schon zu der Zeit gewesen sei, wo sie sich noch in dessen Händen befunden hätten. Allein selbst wenn dies der Fall wäre und man ihm nicht etwa nur einen obligatorischen Anspruch auf Aushändigung der Urkunden zusprechen könnte, kommt doch auf die Tatsache des mittelbaren Besitzes gar nichts an, ist für den Vertragsabschluß vielmehr nur maßgebend, ob die Urkunde selbst mit Wissen und Willen des Beklagten in seine unmittelbare Verfügungsgewalt oder wenigstens die darin anfänglich enthaltene Annahmeerklärung, wiederum mit Wissen und Willen des anderen Teiles zu seiner Kenntnis gelangt ist. Und war ferner auch der Beklagte als Beauftragter ein „Vertreter" des Klägers im Sinne des Gesetzes, so ist doch nach Lage der Sache nicht nur nicht zu vermuten, daß er durch Unterzeichnung der Urkunde als Gläubiger, d. i. als andere Vertragspartei, sich selbst als dem Vertreter des Klägers gegenüber die zum Vertragsabschlusse erforderliche Annahmeerklärung habe abgeben wollen, sondern es stünde der Wirksamkeit einer solchen rechtsgeschäftlichen Erklärung auch das Verbot des § 181 BGB. entgegen. Dr. W.

b) **Unterschied zwischen Vollmacht und Auftrag. Für die Weiterdelegierung des einer öffentlichen Behörde erteilten Auftrages zur Beantragung einer Grundbucheintragung gelten nicht die Grundsätze des civilrechtlichen Auftrages.[1] BGB. § 664.**

Kammergericht, I. CS. Beschluß v. 9. Februar 1903.

Der Regierungspräsident zu A. war ministeriell ermächtigt, der Gemeinde X. ein näher bezeichnetes Grundstück zu überlassen und das Geschäft unter Erklärung der Auflassung zum Abschluß zu bringen. Unter Bezugnahme auf diese Urkunde hat er dem Landrat zu B. und dieser weiter an den Kreisausschußsekretär die Ausführung des Auftrages übertragen. Die Anberaumung eines Auflassungstermins wurde abgelehnt, der weiteren Beschwerde des Landrats jedoch stattgegeben. Aus den Gründen:

Zu Unrecht haben beide Vorderrichter ausschließlich die Grundsätze des bürgerlichen Rechts über Auftrag und Vollmacht für anwendbar erklärt; auch sind sie sich nicht der im BGB. gemachten Unterscheidung zwischen Auftrag und Vollmacht stets bewußt gewesen. Der Auftrag im Sinne der §§ 672 ff. ist ein Vertrag, durch den sich jemand (der Beauftragte) verpflichtet, Geschäfte eines anderen (Auftraggebers) zu besorgen. Die Vollmacht ist ein davon ganz unabhängiges selbständiges, und zwar ein einseitiges empfangsbedürftiges Rechtsgeschäft, durch das jemand von einem andern Vertretungsmacht erteilt wird (§§ 166[1], 167). Die Vollmacht braucht nicht einmal dem Bevollmächtigten gegenüber erklärt zu werden; die Bevollmächtigung kann auch gegenüber dem Dritten erfolgen, dem gegenüber die Vertretung stattfinden soll. Es bedarf nicht der Annahme- oder der Zustimmungserklärung des Bevollmächtigten. Einer Bevollmächtigung kann das Vertragsverhältnis des Auftrages zwischen Bevollmächtigtem und Machtgeber zu Grunde liegen; aber das braucht durchaus nicht der Fall zu sein. Die Vermischung zwischen Vollmacht und Auftrag, wie sie im ALR. hervortrat, ist dem BGB. fremd. Wenn

[1] Rsp. 6 Nr. 74b S. 474.

nur eine Vollmachtsurkunde vorliegt und über das zwischen dem Machtgeber und dem Bevollmächtigten bestehende Rechtsverhältnis nichts gesagt ist, dann darf daher nicht ohne weiteres das Bestehen eines Auftragsverhältnisses im Sinne des BGB. angenommen werden. Es kann die Vollmacht die Substitutionsklausel enthalten, das ist rechtlich eine Blanketvollmacht des Machtgebers auf einen Dritten, den der Bevollmächtigte namhaft machen und auf den so die Vollmacht weiter übertragen werden kann. Liegt der Bevollmächtigung ein Auftragsvertrag zu Grunde, dann ist gemäß § 664 zu prüfen, ob die Ubertragbarkeit des Auftrages gestattet ist. Bejahendenfalls kann der Beauftragte einen Dritten beauftragen und ihn auch nach außen hin zur Vornahme der in Betracht kommenden Handlungen durch Vollmacht legitimieren.

Vorliegend kann von einem vertragsmäßigen Auftragsverhältnis im Sinne des BGB. zwischen den Ministern und dem Regierungspräsidenten keine Rede sein. Der Auftrag, den der Letztere zur Herbeiführung der Übertragung des Grundstücks erhalten haben mag, kann nur nach verwaltungs- also öffentlich-rechtlichen Grundsätzen beurteilt werden. Der Regierungspräsident wie der Landrat sind Organe der Staatsverwaltung (Verordnung vom 30. April 1815 §§ 11, 24, 28, 33, 40; LVerwG. vom 30. Juli 1883 §§ 1 ff., 17, 36; Kreisordnung für Hannover § 24). Wenn auch die beteiligten Ressortminister nicht gerade notwendig den Regierungspräsidenten bevollmächtigen mußten, so kann doch keinem Zweifel unterliegen, daß sie, da sie den Regierungspräsidenten zur Übertragung des Eigentums ermächtigten, ihn in seiner Eigenschaft als Organ der Staatsregierung der betr. Provinz, also in seiner amtlichen Eigenschaft mit der Ausführung des Geschäfts betrauten, die ihnen übertragene Befugnis auf ihn delegiert haben. Durch Erlaß vom 25. August 1897 (BMBl. S. 220) ist der Finanz- und der Minister der öffentlichen Arbeiten ermächtigt worden, bei Übernahme von fiskalischen Wegen und Brücken seitens der Kommunalverbände in ihre Verwaltung und Unterhaltung, ihnen auch das Eigentum am Straßengelände und Brückenbaugrunde nebst Zubehör zu übertragen. Daß damit die beiden Minister haben verpflichtet werden sollen, die Übertragungshandlungen persönlich vorzunehmen, nehmen die Vorinstanzen selbst nicht an und sie erachten deshalb die Ermächtigung auch für rechtsgültig. Geht man aber davon aus, wie hier geschehen, daß der Regierungspräsident die Ermächtigung nicht für seine Person, sondern in seiner amtlichen Eigenschaft als Organ der Staatsregierung erhalten hat, was sich schon äußerlich daraus ergibt, daß die Vollmacht auf den Regierungspräsidenten schlechthin, nicht auf die bestimmte Person gestellt ist, — dann war er auch, da keine Vorschrift besteht, welche ihm die persönliche Vollziehung der übertragenen Geschäfte gebietet und eine derartige Weisung seiner Machtgeber nicht ersichtlich ist, berechtigt, die Vollziehung einem seiner Organe zu übertragen. Denn die Vollmacht hat ihrem Inhalte nach nur die Bedeutung, daß der Regierungspräsident wegen der Übertragung an Stelle der beiden Minister das Erforderliche zu veranlassen ermächtigt sein sollte. Für den vom Regierungspräsidenten bevollmächtigten Landrat gelten aber hinsichtlich des etwa mit der Ausführung beauftragten Kreisausschußsekretärs die gleichen Grundsätze. Auch der Landrat konnte, da seine persönliche Mitwirkung bei der Auflassung von Staatseigentum nirgends vorgeschrieben ist, dem Gericht gegenüber einen Dritten ermächtigen und das Grundbuchamt hatte nur zu prüfen, ob er durch eine zusammenhängende Reihe von Vollmachten legitimiert erscheint. B.

c) **Gegen § 181 BGB. verstößt nicht das Geschäft, das der Repräsentant einer Gewerkschaft für sich mit dem von ihm selbst als Repräsentant bestellten Bevollmächtigten abschließt.**

Kammergericht, I. CS. Beschluß v. 8. April 1903.

A. ist Repräsentant der Gewerkschaft X. und zum Erwerbe von Grundeigentum ausdrücklich bevollmächtigt, auch legitimiert, seine Vollmachten Dritten zu substituieren. Behufs Übertragung seines Grundstücks auf die Gewerkschaft hat er dem B. notarielle Vollmacht zur Entgegennahme der Auflassung erteilt und das Grundstück an B. aufgelassen. Die Eintragung wurde abgelehnt.

Aus den Gründen:

Wenn dem Repräsentanten auch nicht, wie es ausdrücklich geschehen ist, die Befugnis zur Weiterübertragung seiner Vollmachten, worunter die zum Grundstückserwerbe für die Gewerkschaft, erteilt worden wäre, so würde das Recht, für die Gewerkschaft einen Bevollmächtigten zu bestellen, worauf es hier ankommt, doch ohne weiteres aus der Eigenschaft des A. als Repräsentant, der die Gewerkschaft gerichtlich und außergerichtlich vertritt und — von hier in Betracht kommenden Ausnahmen abgesehen — grundsätzlich zu allen Handlungen namens der Gewerkschaft befugt ist, gefolgert werden müssen (§§ 117 ff. preuß. Berggeſ.). Bei der Auflassung ist A. nur in eigenem Namen, nicht für die Gewerkschaft aufgetreten; für die Gewerkschaft handelte deren Bevollmächtigter B. Äußerlich jedenfalls erfüllte daher die Auflassung den im § 181 regelmäßig für nichtig erklärten Fall des Selbstkontrahierens nicht. Nichtig ist nach § 181 ein Rechtsgeschäft, das ein Vertreter (soweit nicht ein anderes ihm gestattet ist), im Namen des Vertretenen entweder mit sich im eigenen Namen oder als Vertreter eines Dritten vornimmt, es sei denn, daß das Rechtsgeschäft ausschließlich in der Erfüllung einer Verbindlichkeit besteht, daß es sich bei der Auflassung um die Erfüllung einer Verbindlichkeit handelt, ist jedenfalls nicht nachgewiesen; denn es liegt ein obligatorischer Vertrag nicht vor. Daß, wie Beschwerdeführer behauptet, eine Auflassung begrifflich die Erfüllung einer Verbindlichkeit darstelle, kann nicht zugegeben werden. Die Einigung ist ein abstraktes Geschäft, bei dem zwar regelmäßig eine Causa, ein unterliegendes, obligatorisches Verhältnis vorhanden sein wird, für dessen Wirksamkeit das Vorhandensein und die Heranziehung der Causa an sich aber unerheblich ist.

Die Ansicht der Vorinstanzen geht nun dahin, A. habe bei der Auflassung in doppelter Weise mitgewirkt, einmal in eigenem Namen und dann mittelbar durch die Person des B. namens der Gewerkschaft. Dieser Auffassung liegt ein Rechtsirrtum zu Grunde. Als A. als Repräsentant den B. zur Entgegennahme der Auflassung bevollmächtigte, wirkte die Bevollmächtigung unmittelbar für und gegen den Vertretenen, d. h. die Gewerkschaft (§ 164). B. wurde unmittelbarer Bevollmächtiger und nicht mittelbarer Vertreter durch die Mittelsperson des Repräsentanten hindurch. So und nicht anders ist das Sach- und Rechtsverhältnis auch von den Beteiligten aufgefaßt. Das ergibt die Fassung der Vollmacht: „Die Gewerkschaft X. bevollmächtigt den B.". War aber B. rechtlich nicht als Vertreter des Repräsentanten, sondern unmittelbar als Vertreter der Gewerkschaft anzusehen, dann handelte er bei der Auflassung auch nicht zunächst für A. und durch dessen Person hindurch erst für die Gewerkschaft, und ebenso handelte A. nicht durch Vermittelung des B. namens der Gewerkschaft. Das Landgericht trägt aus den Motiven, welche zum § 181 geführt haben, in nicht zulässiger Weise etwas in das Gesetz hinein. Der § 181 verdankt seine Aufnahme ins Gesetz der Erwägung, daß das Kontrahieren mit sich selbst stets die Gefahren des Konfliktes der Interessen und einer Schädigung des einen oder anderen Teiles enthalte und deshalb ausgeschlossen werden müsse (Prot. 1 S. 175). Aber nicht das Vorhandensein einer Interessenkollision zwischen zwei Kontrahierenden macht ihre Abmachungen unwirksam, sondern nur der Umstand, daß verschiedene und einander entgegenstehende Interessen der Vertragschließenden bei dem Vertragsschluß einen und denselben Vertreter gefunden haben. Auch das kommt für die Wirksamkeit eines Vertrages nicht als Hindernis in Betracht, daß der eine der Vertragschließenden tatsächlich in einem Abhängigkeitsverhältnis zum andern sich befindet. Vorliegend würden die verschiedenen Interessen der Gewerkschaft und des A. in unzulässiger Weise einen Vertreter gefunden haben, wenn B. nicht unmittelbar zum Vertreter der Gesellschaft, sondern unmittelbar nur zum Vertreter des A. bestellt gewesen wäre und auch als solcher für die Gewerkschaft gehandelt hätte. Denn dann hätte A. nicht nur in eigenem Namen, sondern durch seinen Vertreter, dessen Handlungen nach § 164 unmittelbar für ihn wirkten, und der bei dem Rechtsgeschäft nur als sein Ausführender in Betracht kam, auch namens der Gewerkschaft gehandelt, und damit wäre ein nach § 181 nichtiges Rechtsgeschäft abgeschlossen worden. Zu Unrecht beruft sich das Landgericht auf eine Entscheidung des OLG. Colmar (Puchelts Zeitschrift 33 S. 149). Dort lag der Fall tatsächlich wesentlich anders; es hatte nämlich der Bevollmächtigte den andern sich zum Stellvertreter bestellt, und als dieser dann in seiner Vertretung namens des ersten Machtgebers mit ihm, dem Bevollmächtigten, kontrahierte, ergab sich allerdings ein unter § 181 gehörender Fall: Der Bevollmächtigte kontrahierte durch seinen Vertreter namens seines Machtgebers mit sich selbst im eigenen Namen. Das Landgericht beruft sich endlich noch auf die JW. 1902 Beilage S. 245 abgedruckte Entscheidung des Reichsgerichts; doch auch diese steht ihm nicht zur Seite.

Das Reichsgericht hat daselbst einen Vertrag für nichtig erklärt, den der Vertreter einer Gesellschaft mit beschränkter Haftung mit sich selbst geschlossen hat. Die unbedenklich richtige Entscheidung trifft aber den vorliegenden Fall keineswegs.[1] Mz.

d) **Einwilligung des dinglich Berechtigten in die Verfügung eines Nichtberechtigten. BGB. § 185. — Einräumung des Vorranges vor den abgetragenen Teilen einer Amortisationshypothek zu Gunsten des jeweiligen Restes einer anderen Amortisationshypothek.**

Kammergericht, I. CS. Beschluß v. 9. März 1903.

Unter Nr. 9 und 10 sind für die Landeskreditkasse in Kassel zwei Darlehen hypothekarisch eingetragen, von denen neben den Zinsen ein jährlicher Kapitalabtrag von 1% zu zahlen ist. Nach Empfang eines weiteren Darlehns der Landeskreditkasse bewilligte der Eigentümer dessen Eintragung und beantragte zugleich folgenden Vermerk zu Posten Nr. 9 und 10: „Die jeweilige Restforderung des Darlehns ... vom 28. Oktober 1902 hat den Vorrang vor der Hypothek des jeweils abgetragenen Teiles der Posten 9 und 10." Am Rande der Urkunde befindet sich die mit Stempel und Unterschrift versehene Erklärung der Direktion: „Zu den Anträgen, insbesondere zum Ausschluß der Erteilung eines Hypothekenbriefes geben wir unsere Zustimmung." Die Eintragung des Vermerkes wurde abgelehnt. Die weitere Beschwerde hatte dagegen Erfolg. Gründe:

Die Landeskreditkasse ist eine zur Gewährung von Darlehen bestimmte Anstalt des kommunalständischen Verbandes, welche unter Oberaufsicht des Staates und, soweit ausdrücklich vorgeschrieben, unter Mitwirkung der Staatsbehörden, im übrigen aber unter Aufsicht und nach den Beschlüssen des Kommunallandtages verwaltet wird, und deren Leitung in den Händen der Direktion der Landeskreditkasse liegt. Hiernach unterliegt es keinem Bedenken, daß die Direktion der Landeskreditkasse eine Behörde ist (vgl. Jahrbuch 11 S. 136), so daß es zur Einlegung von Beschwerden nicht der Zuziehung eines Rechtsanwaltes bedarf; und zu den die Unterlagen von Grundbucheinträgen bildenden Erklärungen genügt, daß sie ordnungsmäßig unterschrieben und mit Siegel und Stempel versehen sind, wobei dann in der Regel die Echtheit der

---

[1] Vorstehende Entscheidung erscheint bedenklich. Wenn der Gesetzgeber das Verbot des § 181 BGB., wie die Prot. 175 ergaben, deshalb für nötig erachtet habe, um die aus dem Selbstkontrahieren der einen oder anderen Partei drohenden Gefahren auszuschließen, dann kann es nicht darauf ankommen, ob rein äußerlich 1 oder 2 Personen einen Willen erklären, der zwar rechtliche Wirkungen direkt für und gegen die vertretene juristische Person erzeugt, der aber immerhin alleiniger Wille des Repräsentanten, nicht selbständiger Wille des Substituten ist. Dadurch wird die Interessenkollision nicht gehoben, sondern nur dadurch, daß ein von dem Einfluß des Repräsentanten unabhängiger Vertreter bestellt wird. Solange dies nicht geschieht, schließt der Repräsentant tatsächlich den Vertrag durch den Strohmann mit sich selbst ab. Auch der § 1909 BGB. verlangt deshalb einen vom Vormundschaftsgericht bestellten Pfleger, nicht einen vom Vater als Vormund bestellten Bevollmächtigten des Minderjährigen. D. E.

Unterschriften und die Legitimation der Unterzeichner nicht besonders nachzuweisen sind.

Stände vorliegend in Frage, ob die Verpflichtung des Eigentümers, der Hypothek der Beschwerdeführerin den Vorrang vor den Posten 9 und 10 einzuräumen, falls diese als Eigentümergrundschulden erworben werden, durch eine Vormerkung gesichert werden kann, so würde der Bejahung derselben im Hinblick auf § 883 BGB. ein Bedenken nicht entgegenstehen (vgl. Rsp. 6 S. 150). Hier handelt es sich aber nicht um eine solche, sondern um die Eintragung des Rechts selbst. Zunächst ist dem Vorderrichter darin beizutreten, daß der Eigentümer, solange er die Hypothek nicht als Eigentümergrundschuld erworben hat, sondern nur die Möglichkeit eines Erwerbes vorliegt, mit sachenrechtlicher Wirkung über sie nicht verfügen kann. Wenn das Kammergericht (Jahrbuch 20 S. 190, 21 S. 159, 22 S. 163, 172, 24 S. 157) ausgesprochen hat, daß nach dem Grundbuchrecht des BGB. der eingetragene Eigentümer, auf dessen Grundstück Hypotheken lasten, als der „eventuell eingetragene Inhaber der gemäß § 1163 ihm zufallenden Hypotheken anzusehen sei", so ist dies nicht in dem Sinne zu deuten, wie die Beschwerdeführer dies tun, daß der Grundstückseigentümer bereits vor dem Erlöschen der Forderung als eventuell eingetragener Inhaber und demgemäß als der Verfügungsberechtigte anzusehen sei, also eine neben der Hypothek des Gläubigers hergehende latente Eigentümergrundschuld habe. Ein solches Nebeneinanderbestehen kann gegenüber der Bestimmung des § 1163, daß der Eigentümer die Hypothek mit dem Erlöschen der Forderung erwirbt, nicht in Frage kommen. Die gedachten Entscheidungen sagen nicht mehr, als daß der Eigentümer, wenn er die Hypothek erworben hat, bei weiterer Verfügung nicht gehalten ist, zunächst gemäß § 40 GrBO. sein Recht an der Hypothek eintragen zu lassen, da dieses aus der Eintragung seines Eigentums genügsam hervorgehe. Hat aber der Gläubiger zurzeit noch kein dingliches Recht an der Hypothek, so hat er auch nicht die Möglichkeit einer dinglichen Verfügung. So hat das Kammergericht nach altem wie nach neuem Recht entschieden (Jahrbuch 17 S. 93, 22 S. 163); ebenso das OLG. Colmar (Zeitschr. f. Elf.-Lothr. 26 S. 132).

Unerörtert hat indessen das Landgericht gelassen, ob der Eigentümer die Hypotheken nicht bereits insoweit erworben hat, als er Abträge geleistet hat. Träfe das zu, so würde er insoweit der neuen Hypothek den Vorrang vor den ihm angefallenen Teilen der älteren Hypotheken einzuräumen in der Lage sein. Bestimmend für den Zeitpunkt des Erlöschens der Forderungen der Landeskreditkasse sind deren Satzungen. Je nachdem hiernach die Abträge sofort zur Tilgung der Schuld oder zunächst zur Ansammlung eines Guthabens des Schuldners bestimmt sind, mit dem erst später die Tilgung der Schuld durch Aufrechnung erfolgt, erwirbt der Grundstückseigentümer sofort mit jedem Abtrage einen entsprechenden Teil der Hypothek, oder die Eigentümerhypothek entsteht erst nach Zahlung aller Abträge und erfolgter Aufrechnung (Jahrbuch 20 S. 208). Allein einer Feststellung nach dieser Richtung hin bedarf es nicht. Nach § 880 erfordert die nachträgliche Änderung eines Rangverhältnisses zu ihrer Wirksamkeit die Einigung des zurücktretenden und des vortretenden Berechtigten. Außerdem ist Eintragung im Grundbuche und bei Hypotheken-, Grund- und Rentenschulden die Zustimmung des Eigentümers erforderlich. Gestaltet jemand, dem mehrere Rechte an einem Grundstück zustehen, die Rangverhältnisse unter diesen um, so fällt die Einigung fort und es genügt die einseitige Erklärung des Berechtigten (Planck zu § 830 Note 3a; Turnau-Förster § 880 N. II 1). Da nun hier die Landeskreditkasse die Gläubigerin sowohl der vortretenden als der zurücktretenden Hypotheken ist, so war sie mit Zustimmung des Eigentümers befugt, die Rangänderung zu beantragen. Der Antrag auf Eintragung der Vorrechtseinräumung ist aber nicht von ihr, sondern vom Eigentümer gestellt, der, wie sich aus dem Bemerkten ergibt, hierzu allein nicht berechtigt ist, vielmehr nur seinerseits seine Zustimmung erteilen kann. Indessen hat die Landeskreditkasse zu seinem Antrage ihre Einwilligung gegeben. Damit ist aber nach § 185 die Verfügung des nicht verfügungsberechtigten Eigentümers wirksam geworden (Jahrbuch 22 S. 163). Die Sachlage ist somit folgende: Hat der Eigentümer in Höhe der bewirkten Abträge die Hypotheken Nr. 9 und 10 bereits erworben, so war er insoweit aus eigenem Recht befugt, der Hypothek Nr. 15 den Vorrang zu bewilligen (GrBO. § 19). Bezüglich des Restes der Hypothek aber und, sofern er eine Eigentümergrundschuld überhaupt noch nicht erlangt hat, bezüglich der ganzen Hypothek hat seine Verfügung durch die Einwilligung der Hypothekengläubigerin Wirksamkeit erlangt.

Daß die zum Zweck der allmählichen Tilgung des Kapitals zu zahlenden Abträge, auch wenn sie in der Form von Zuschlägen zu den Zinsen zu entrichten sind, keine Nebenleistungen sind, als welche sie der Eigentümerhypothek entzogen sein würden (§ 11, 78), ist bereits entschieden (Jahrbuch 24 S. 246). Bleiben die amortisierten Teile der Hypothek aber als Eigentümergrundschuld bestehen, so ist damit die Möglichkeit einer Vorrechtseinräumung gegeben. Das Bedenken, daß die vortretende Hypothek sowohl wie die zurücktretenden infolge der Amortisation sich fortdauernd ändern, so daß der vor- und zurücktretende Betrag nicht von vornherein summenmäßig feststeht, wird dadurch beseitigt, daß die Grundsätze, nach denen die Amortisationen erfolgen, feststehen und aus den Eintragungen im Grundbuche bezw. den Urkunden, auf die der Eintragungsvermerk Bezug nimmt, ersichtlich sind, so daß auch bei einem Wechsel in der Person der Gläubiger diese sich über ihre Rechte und Pflichten Kenntnis zu verschaffen im allgemeinen in der Lage sind. Damit ist aber dem Spezialitätsprinzip des Grundbuchrechts mangels ausdrücklicher entgegenstehender anderweiter Vorschriften Genüge geschehen (Jahrbuch 17 S. 91). G.

3

a) Beiderseits unsittlicher Mietvertrag.

α) OLG. Hamburg, I. CS. Urteil v. 13. Februar 1903.

Der Kläger verlangt als Eigentümer die Räumung des Grundstücks. Dagegen beruft sich die Beklagte auf den Mietvertrag. Kläger repliziert: Der Vertrag war unsittlich [weil das Haus zum Betriebe eines Bordells vermietet war]. Damit würde der Einwand der Beklagten beseitigt sein, wenn der Vertrag nur einseitig, auf seiten der Beklagten, unsittlich wäre. Er ist aber beiderseits, auch auf seiten des Klägers, unsittlich. Das hat zur Folge, daß der Kläger die Unsittlichkeit des Vertrages nicht geltend machen kann, auch nicht in der Weise, daß er seinen Eigentumsanspruch gegen die Beklagte befreit vom entgegenstehenden Hindernis des Mietvertrages. Auch dieses Hindernis würde er nur dann beseitigen können, wenn der Vertrag nicht zugleich für ihn unsittlich gewesen wäre. Durch einen Mietvertrag und durch die zu dessen Erfüllung bewirkte Leistung, verliert der vermietende Eigentümer gegenüber dem Mieter das ihm sonst als Eigentümer zustehende Recht, Räumung von jedem dritten Inhaber des Grundstücks zu verlangen für die Dauer des Mietvertrages. Dieses Recht würde der Kläger gegenüber der Beklagten verloren haben, wenn der Vertrag nur für die Beklagte unsittlich wäre, er hat es verloren, da der Vertrag auch für ihn selbst unsittlich ist. Er kann daher das zur Erfüllung dieses auch für ihn unsittlichen Vertrages Geleistete, die für die Vertragsdauer von ihm, dem Eigentümer, aufgegebene, der Beklagten übertragene Innehabung des Grundstücks nicht vorher zurückfordern. M. M.

β) OLG. Kiel, I. CS. Urteil v. 6. April 1903.

Der Beklagte hat eine Mietforderung seines Schuldners an X. pfänden lassen. Der Kläger behauptet, Inhaber dieser Forderung zu sein. Allein der Vertrag, durch den dem X. das Haus zum Bordellbetriebe vermietet wurde, ist nach § 138 BGB. nichtig, weil er gegen die guten Sitten verstößt. Er ist auch nach § 134 nichtig, weil er gegen § 180 StrGB. verstößt, indem durch die Gewährung des Hauses zum Bordellbetriebe aus Eigennutz mittelbar der Unzucht Vorschub geleistet wird. Danach steht dem Kläger hinsichtlich der gepfändeten Forderung kein die Veräußerung hinderndes Recht zu. Gr.

b) Schadensersatzpflicht, wenn ein Hotelgast im gemieteten Zimmer verstirbt. BGB. § 548.

Kammergericht, XIV. CS. Urteil v. 26. Januar 1903.

Der Erblasser der Beklagten, der im Hotel des Klägers abgestiegen war, verstarb daselbst am Herzschlage, worauf der Kläger das Sterbezimmer desinfizierte, neu tapezierte und 10 Tage lang nicht vermietete. Sein Anspruch auf Ersatz dieses Schadens wurde abgewiesen. Gründe:

Bei dieser Sachlage war die Desinfektion und Neutapezierung des Zimmers oder die Reinigung des Teppichs 2c keine von sanitärem Standpunkte gebotene Maßregel. Gemeinhin werden solche Maßregeln nur dann angewendet, wenn der Verstorbene mit einer ansteckenden Krankheit behaftet gewesen war, oder wenn er wenigstens ein längeres Krankenlager durchzumachen gehabt hatte. Der Kläger kann deshalb die Unkosten, die seine Maßregeln verursacht haben, nicht den Beklagten aufbürden. — Daß aber das Hotelzimmer, in dem ein Gast verstarb, nicht alsbald nach Fortschaffung der Leiche weiter vermietet wird, kann recht wohl als ein angemessener und allgemein befolgter Brauch angesehen werden. Indessen ist schon zu bezweifeln, daß das Sterbezimmer für 10 Tage als unvermietbar gelten muß und die Weitervermietung regelmäßig für solange Zeit unterbleibt. Allein ob das eine oder das andere zutrifft, kann überhaupt dahingestellt bleiben, weil es hier an jedem Verpflichtungsgrund für die Erben des Verstorbenen fehlt. Zunächst hat er keinen vertragswidrigen Gebrauch vom Zimmer gemacht. Daß er darin starb, war die Folge eines seiner eigenen Willensmacht entrückten Vorganges, der ihn daher auch nicht haftbar machen kann; ebensowenig wie der Mieter etwa einzustehen hätte, falls ein Dritter, um den Mieter zu töten, die Mietwohnung durch das dazu angewandte Mittel beschädigt hätte. Demgemäß muß der Hotelwirt die Gefahr, die für ihn damit verbunden ist, daß ein Gast während des Aufenthalts im Hotelzimmer — also während eines an sich statthaften Gebrauchs der Mietsache — vom Tode ereilt wird, selbst tragen. . . . Nach Lage der Sache kann daher auch die Auffassung nicht Platz greifen, als habe der Verstorbene einen *übermäßigen* Gebrauch von der Mietsache gemacht (vgl. Juristenztg. 1903 S. 5). Denn daß der Mieter während des vertragsmäßig stattgehabten Aufenthaltes im Hotelzimmer dort plötzlich vom Tode ereilt wurde, kann in keiner Weise als *Gebrauch* des Zimmers zu diesem „exzessiven" Zweck erachtet werden. Allerdings war der Erblasser schwer zuckerkrank, aber er wurde vom Herzschlage betroffen, und es steht fest, daß er auf einen solchen Unfall trotz der Krankheit nicht zu rechnen brauchte.

Ebensowenig läßt sich die Haftpflicht der Beklagten aus einer *Eigenart* des zwischen Hotelwirt und Gast bestehenden Mietvertrages herleiten. Insbesondere wohnt diesem Vertrage nicht die stillschweigende Klausel inne, daß der Gast für allen Schaden aufkommen will, falls er im Hotel versterben sollte (Juristenztg. a. a. O. S. 26). Es entspricht nicht dem gewöhnlichen Hergange der Dinge, daß Hotelwirt und Gast regelmäßig die Möglichkeit des eintretenden Todesfalles ins Auge fassen. Etwas anders könnte die Sache noch liegen, wenn es sich um einen Ort handelt, der regelmäßig von Schwerkranken aufgesucht wird. Aber auch sie werden schwerlich beim Beziehen eines Hotels daran denken, vertragsmäßig die Gefahr, die mit ihrem Todesfalle für den Hotelbetrieb verbunden ist, zu übernehmen. Man könnte eher sagen, daß ein Hotelwirt, zu dessen Betrieb gehört, Schwerkranke bei sich aufzunehmen, von vornherein damit rechnen muß, daß sich in seinem Hotel ein Todesfall ereignen kann und von vornherein also auch die so mit seinem Betriebe an sich verbundene Gefahr auf sich nimmt . . . K.

c) **Zahlung der Miete auf Girokonto.**

OLG. Hamburg, IV. CS. Urteil v. 15. Mai 1903.

Die Aufforderung des [auswärts wohnenden] klagenden Vermieters A. an den Beklagten, per Kasse oder per Bank an die Hamburger Filiale der Deutschen Bank für den Grundstücksverwalter X. zu zahlen, hatte nach Verkehrsgebrauch nur die Bedeutung, daß der Beklagte unter Bezeichnung des X. zur Entgegennahme von Zahlungen eingerichteten Bankkontos davon verständigt wurde, daß die Miete außer per Kasse auch per Bank vergütet werden könne. Hätte der Vermieter anzeigen wollen, daß sein Verwalter an das aufgegebene Konto gebunden sein und daß bis zu eigenem Widerruf Einzahlungen auf dieses Konto schlechthin liberieren sollten, so würde es eines deutlichen Ausdruckes dieser besonderen Willensmeinung bedurft haben. Ist also im Zirkular nur einfach das Bankkonto des Verwalters kundgegeben, so hatte dann auch dieser die Befugnis, wenn auch nicht ohne Konsens von A., beliebig ein neues Konto sich einzurichten, so doch jedenfalls sein bisheriges Konto von Mietzahlungen zu verschließen. Trug ein Mieter Bedenken, ohne ausdrückliche Genehmigung des Vermieters selbst sich des neuen Kontos zu bedienen, so mußte er eben per Kassa zahlen. Die Notiz von X. auf der Mietquittung, in der er ersuchte, die Zahlung, durch die die Quittung Gültigkeit erlange, an die Reichsbankhauptstelle zu machen, enthielt aber im Zusammenhange mit dem schon durch die rote Farbe [des Zettels] augenfälligen Ersuchen um Beachtung des veränderten Bankkontos die gar nicht mißzuverstehende Erklärung, daß der Verwalter mittels seines bisher dargebotenen Kontos bei der Deutschen Bank Mietezahlungen nicht mehr entgegennehmen wolle, sondern nur noch durch Vermittelung der Reichsbankhauptstelle. Der Verwalter konnte nicht wohl in üblicher Form sachlicher diese Erklärung ausdrücken und mit seiner Erklärung wurde der frühere Anweis des Vermieters selbst ohne weiteres hinfällig, da er nach dem oben Gesagten die Beibehaltung des bisherigen Kontos seitens des Verwalters selbstverständlich voraussetzt. Der Beklagte hat also den Mietbetrag, indem er doch auf das frühere Konto einzahlte, in einer Weise zu leisten versucht, auf die er keine Rechte hatte; denn gegen den ausgesprochenen Willen des Verwalters, der auch bei dieser Disposition befugtermaßen den Vermieter vertrat, durfte er das für diesen fortbestehende frühere Konto nicht benutzen. Seine Verpflichtung ging auf *Zahlung* des Mietbetrages und konnte nur mit Zustimmung des Gläubigers in der Form einer Vergrößerung des Bankguthabens des Verwalters erfüllt werden. Die Einzahlung an die Deutsche Bank hätte deshalb nur insoweit den Kläger liberiert, als sie den Gläubiger selbst bereichert hätte. Die Bank hat aber den Betrag dem zahlungsfähigen X. auf eine ihr gegen diesen zustehende Forderung einbehalten. Der Beklagte schuldet hiernach noch die eingeklagte Miete. M. M.

d) **„Künftige" Entschädigungsforderungen des § 559 Satz 2 BGB.**

OLG. Braunschweig, I. CS. Urteil v. 31. Oktober 1902.

Die X.'sche Wollenweberei in B. hat 1899 vom Kläger Geschäftsräume bis zum 31. März 1903 gemietet und für die Zeit vom 1. Oktober 1901 an Z. unter denseben Bedingungen weiter vermietet, auch die hieraus resultierende Mietforderung an den Kläger abgetreten. Am 20. September 1901 sind in den Mieträumen die bereits eingebrachten Sachen des Z. auf Betreiben der Beklagten gepfändet. Bald darauf ist über Z. das Konkursverfahren eröffnet, jedoch mangels Masse am 13. November 1901 wieder eingestellt, nachdem der Verwalter die Miete auf Ende 1901 gekündigt hatte. Dann haben die Beklagten die gepfändeten Sachen versteigern lassen; indes ist auf Antrag des Klägers vom 13. am 14. Dezember 1901 die Hinterlegung des Versteigerungserlöses angeordnet, aus dem der Kläger wegen des ihm aus der vorzeitigen Aufhebung des Mietverhältnisses erwachsenden Schadens vorzugsweise Befriedigung beansprucht. Die Klage wurde abgewiesen.

Gründe:

1. Die Forderung beruht auf dem zwischen X. und Z. 1901 geschlossenen Mietvertrage, nicht auf dem 1899 eingegangenen Mietverhältnisse zwischen X. und dem Kläger. Denn nicht dieses ältere, sondern jenes jüngere Mietverhältnis ist durch die vom Konkursverwalter ausgesprochene Kündigung vorzeitig beendigt. Die Kündigung ist nicht etwa hinfällig geworden durch die auf Grund des § 204 KO. beschlossene Einstellung, die das voraufgegangene Verfahren nicht vernichtete, sondern es nur beendigte, so daß die vom Verwalter kraft seines Amtes getroffenen Verfügungen rechtsbeständig geblieben sind (Entsch. des RG. 36 S. 94). Deshalb ist an Stelle der Entschädigungsforderung nicht etwa die Forderung auf den Mietzins wieder in Kraft getreten. — Durch die Abtretung der Mieten an den Kläger ist auch die einen Ersatz für diese Forderung bildende Entschädigungsforderung getroffen, und sofern die letztere durch ein Pfandrecht gesichert ist, ist auch dieses auf den Kläger übergegangen (§§ 401, 1250, 1257). Für die Frage aber, ob und inwieweit die in die Mieträume eingebrachten Sachen des Z. der Pfandhaftung unterliegen, ist lediglich das BGB. maßgebend, unter dessen Herrschaft der zweite Mietvertrag geschlossen und die Sachen eingebracht sind. Zwar sind für dieses Mietverhältnis dieselben Bedingungen vereinbart, unter denen X. vom Kläger gemietet hatte. Damit sind jedoch die aus dem jüngeren Vertrage resultierenden Ansprüche des Hauptmieters nicht mit einem Pfandrechte bekleidet, das dem für den ersten Vermieter nach dem früheren Rechte begründeten Pfandrechte ganz gleich stände. Selbst wenn eine solche Gleichstellung von den Kontrahenten gewollt wäre, würde sie durch die bloße Vereinbarung nicht erzielt sein. Soweit das BGB. dem Vermieter an den eingebrachten Sachen nicht ein *gesetzliches* Pfandrecht gewährt, ist zu deren Verpfändung die Besitzübertragung oder die Einräumung eines besonders qualifizierten Mitbesitzes erforderlich (§§ 1205, 1206); und Besitz oder Mitbesitz wird dem Vermieter durch das Einbringen allein nicht verschafft (Planck zu § 1205 Note 1). Danach unterliegt das Pfand- bezw. Vor-

befriedigungsrecht des Klägers den aus dem BGB. sich ergebenden Beschränkungen. Außer Betracht bleiben dagegen die weiter gehenden Einschränkungen, die in KO. § 49 Nr. 2 gemacht sind; sie haben nur für das Konkursverfahren Bedeutung.

2. Nach § 559 Satz 2 kann das Pfandrecht des Vermieters nicht geltend gemacht werden für künftige Entschädigungsforderungen. Das sind solche, die zu der Zeit, wo das Pfandrecht geltend gemacht wird, noch nicht entstanden sind. Indes tut man den Worten keinen Zwang an, wenn man darunter auch Forderungen versteht, die zwar entstanden, aber noch nicht fällig sind (Planck § 559 Note 5b; Enneccerus, Bürgerl. Recht § 264 II 3c). Die verwandten Vorschriften in § 883 Satz 2, § 1113², § 1204² begreifen ebenfalls unter den „künftigen“ Ansprüchen und Forderungen auch die betagten. Dafür, daß § 559 das Wort „künftig“ in gleichem Sinne gebraucht, spricht ferner die Entstehungsgeschichte: Gegenüber dem Entwurfe, der in § 521 die Forderungen des Vermieters aus dem Mietvertrage ohne Ausnahme mit dem gesetzlichen Pfandrechte bekleiden wollte, wurden in der 2. Kommission Anträge gestellt, die darauf abzielten, das Pfandrecht anderen, als den Mietzinsforderungen nur zu gewähren, soweit sie fällig sind. Die Kommission entschied sich für die Pfandsicherung fälliger Entschädigungsforderungen. Bei Relation der für diesen Beschluß maßgebenden Gründe gebrauchen die Protokolle die Worte „fällig“ und „zukünftig“ in gegensätzlicher Bedeutung. Aus den Beratungen der Kommission ist der § 559 in seiner jetzigen Fassung hervorgegangen; diese ist ihm, soweit ersichtlich, von der Redaktionskommission gegeben. Kommt nun in Frage, ob eine Entschädigungsforderung bereits entstanden (fällig) ist, so ist dafür der Zeitpunkt maßgebend, wo das Pfandrecht vom Vermieter zuerst, wenn auch außergerichtlich, geltend gemacht ist. Wäre statt dessen darauf zu sehen, wann der Pfandanspruch im Prozeßverfahren zuerst geltend gemacht oder gar wann er zum ersten Male vor der Urteilsfällung verfochten ist, so würde die Folge sein, daß je länger die prozessualische Geltendmachung sich verzögert, desto mehr sich die Pfandhaftung erweitert. Das aber widerstreitet dem Sinne des Gesetzes. § 559 versagt das Pfandrecht für den Mietzins, soweit es sich dabei um eine spätere Zeit, als das laufende und das folgende Mietjahr handelt. Der so umschriebene Zeitraum kann sich doch nicht verschieben, wenn, nachdem das Pfandrecht wegen des Mietzinses einmal geltend gemacht ist, ein neues Mietjahr anbricht, ehe jenes im Rechtswege verfolgt oder klar gestellt ist. Ebensowenig erscheint zulässig, hinsichtlich der Entschädigungsforderungen den maßgebenden Zeitpunkt hinauszuschieben und die Pfandhaftung auf Forderungen zu erstrecken, die noch nicht entstanden oder fällig waren, als das Pfandrecht zuerst geltend gemacht wurde. Letzteres geschah hier am 13. Dezember 1901. Eine Entschädigungsforderung war aber damals noch nicht fällig, ja nicht einmal entstanden. Sie hatte zur Voraussetzung, daß die Mieträume dem Kläger vom 1. Januar 1902 bis 31. März 1903 nicht Erträge gewähren,

die ihrem Betrage oder Werte nach dem infolge der Aufhebung des Mietverhältnisses ausfallenden Mietzinse gleichkommen. Der Kläger hat aber einen ganz gleichen Mietzins von X. aus dem ersten Mietvertrage zu beanspruchen. Daß dieses Mietverhältnis aufgehoben oder daß die Mieterin X. der Entrichtung des Mietzinses überhoben oder insolvent wäre, erhellt nicht; es ist daher nicht erfindlich, inwiefern Kläger durch die Aufhebung des zweiten Mietverhältnisses geschädigt wird.

Aber selbst wenn man vom ersten Mietverhältnisse absieht, fehlt es an einer Entschädigungsforderung, für die Kläger sein Pfandrecht geltend machen könnte. Als er damit hervortrat, war noch ungewiß, ob Kläger die Räume vom 1. Januar 1902 an gar nicht oder weniger vorteilhaft wieder vermieten oder sonst verwerten würde; es stand also dahin, ob und in welcher Höhe ihm aus der Aufhebung des Mietverhältnisses Schaden erwachsen würde. Solange das aber nicht feststeht, ist eine Entschädigungsforderung nicht entstanden (Gruchot 28 S. 1175 f.; JW. 1891 S. 392[23]). Der Kläger meint zwar, daß der Schaden bis auf weiteres darin zu setzen sei, daß ihm für den Rest der Mietzeit der Mietzins entgeht, den Z. zu entrichten haben würde, wenn der Konkursverwalter nicht gekündigt hätte. So aufgefaßt, würde sich aber der Entschädigungsanspruch von dem in § 552 Satz 1 und 2 BGB. im Anschluß an das frühere Recht statuierten Anspruche auf den Mietzins selbst nicht unterscheiden. Finanziell mag unter Umständen der Schaden dem Betrage des Mietzinses gleichkommen. In der rechtlichen Konstruktion weichen beide Ansprüche wesentlich voneinander ab. Im Falle des § 552 hat der Vermieter fundatam intentionem, wenn er den Mietzins einklagt (Satz 1); ein darauf nach Satz 2 anzurechnender Betrag ist vom Mieter einwendungsweise geltend zu machen und darzutun (Neumann zu § 559 Note 2 verb. mit § 324 Note 2). Anders steht der Vermieter da, wenn er nur Ersatz des Schadens beanspruchen kann, der ihm aus vorzeitiger Aufhebung des Mietverhältnisses erwächst. Dann hat er zur Substantiierung seines Anspruches darzulegen, daß er den Gebrauch der Sache nicht oder nicht so vorteilhaft verwerten kann und welche Vermögenseinbuße er dadurch erleidet. Besteht hierüber noch objektive Ungewißheit, so existiert noch keine Entschädigungsforderung. Hu.

e) **Beweislast über die Mietdauer.**

OLG. Kiel, II. CS. Urteil v. 27. Februar 1903.

Kläger begehrt Räumung der Mietwohnung zum 1. April 1903, Beklagter behauptet, er habe für die Zeit vom 1. Mai 1898 bis 1. Mai 1903 gemietet. Für die Vertragsdauer ist der Kläger beweispflichtig.

Der Mieter hat die Sache nach Ablauf der Mietzeit zurückzugeben. Diese Verpflichtung besteht also für ihn erst nach Beendigung des Vertrages. Will der Vermieter die Rückgabepflicht des Mieters geltend machen, so muß er als Voraussetzung seines Anspruches die Beendigung des Mietvertrages beweisen. Nicht anders ist die Beweisfrage zu entscheiden, wenn, wie vorliegend, der Vermieter Eigentümer der vermieteten Sache ist, und außer dem Vertragsanspruch auch den Anspruch des Eigentümers gegen den Besitzer auf Rückgabe geltend machen kann. Es handelt sich dabei nicht um die Klage aus § 1004, denn der Mieter ist im Besitz der Wohnung (vgl. § 865). Gegen denjenigen, welcher das Eigentum durch Vorenthaltung des Besitzes stört, richtet sich vielmehr der Anspruch aus § 985. Nach § 986 kann der Besitzer die Herausgabe verweigern, wenn er dem Eigentümer gegenüber zum Besitz berechtigt ist. Der Mieter ist dem vermietenden Eigentümer gegenüber zum Besitz berechtigt. War die Besitzberechtigung unter Bestimmung eines Endtermins eingeräumt, so muß der Eigentümer den Eintritt des Endtermins beweisen, wenn er den Besitz zurückfordert. Gr.

f) **Vertragstrafe wegen vorzeitigen Rücktritts vom Mietvertrage. Geltendmachung im Konkurse des Mieters.**

OLG. Kiel, II. CS. Urteil v. 20. Januar 1903.

Der Kläger hatte durch schriftlichen Mietvertrag an X. bis zum 1. Oktober 1905 Geschäftsräume für eine Jahresmiete von 1700 Mark gegen halbjährige Kündigung vermietet und bedungen, daß, wer vom Vertrage zurücktritt, dem Anderen eine Jahresmiete als Strafe zu zahlen habe. Nachdem der Mieter in Konkurs geraten war, kündigte der Verwalter am 1. Januar auf den 1. April 1902. Der Kläger meldete im Konkurse eine Forderung von 850 Mark (Miete vom 1. April bis 1. Oktober 1902) und von 1700 Mark an. Seiner Klage ist in Höhe von 1700 Mark stattgegeben. Gründe:

Der Umstand, daß der Beklagte nur das ihm gesetzlich zustehende Kündigungsrecht ausgeübt hat, nimmt dem Kläger nicht das Recht, Ersatz des ihm durch die Aufhebung des Vertrages entstehenden Schadens zu fordern (§ 19 Satz 3 KO.) und diesen nach § 26 Satz 2 als Konkursgläubiger geltend zu machen. Der Kläger erhebt, wie aus § 340² BGB. folgt, auch soweit er die Strafe fordert, die im Mietvertrage für den Fall vorzeitigen Rücktritts vereinbart ist, einen Anspruch auf Schadensersatz. Nur unter diesem Gesichtspunkte kann der Anspruch auf die Strafe hier verfolgt werden. Die 1700 Mark enthalten sonach als der gesetzlich bestimmte Mindestbetrag des Schadens den geringeren Schadensbetrag von 850 Mark in sich und decken ihn, soweit nicht der Kläger darlegt, daß ihm ein höherer Schaden, als 1700 Mark erwachsen sei. Das ist nicht geschehen. Auf die Bestimmung des Vertrages, daß neben der Zahlung der Strafe noch das Mietverhältnis für die Dauer der halbjährigen Kündigungsfrist aufrecht erhalten und danach noch ein halbjähriger Mietzins gezahlt werden sollte, kann sich der Kläger nicht berufen, weil diese Bestimmung ebenso, wie die über die vierjährige Dauer der Miete durch die Ausübung des gesetzlichen Kündigungsrechts des Beklagten entkräftet ist. Gr.

g) **Erhebliche Gesundheitsgefährdung nach § 544 BGB.**

OLG. Jena, II. CS. Urteil v. 29. November 1902.

... Würde bloß nach dem subjektiven Verhalten des jeweiligen Mieters zu beurteilen sein, ob die Benutzung mit erheblicher Gesundheitsgefährdung verbunden sei, so würde eine gewisse Unsicherheit Platz greifen, da auch eine für den gesunden Menschen ohne jede Gefahr zu benutzende Wohnung für den empfindlichen, kränklichen Menschen eine erhebliche Gefährdung im Gefolge haben kann. § 544 ist zwingendes Recht; weder vorherige Kenntnis, noch Verzicht, noch auch Unterlassung der im § 545 vorgeschriebenen Anzeige beseitigt seinen Schutz.[1] Um so mehr muß man bestrebt sein, ein gewisses Mittelmaß der Verpflichtung für den Vermieter festzuhalten, das diesem zugemutet werden kann, ihn aber nicht der subjektiven Empfindlichkeit seines Gegners preisgibt. Recht 7 S. 42.

h) **§ 568 trifft auch den Fall einer von den Parteien vereinbarten Aufhebung des Mietverhältnisses.**

OLG. Frankfurt a. M., II. CS. Urteil v. 20. Februar 1903.

Beklagter hatte einen Keller für 700 Mark jährlich gemietet. Vereinbarungsgemäß sollte das Mietverhältnis Ende März 1901 sein Ende erreichen. Beklagter hat aber zum 31. März den Keller nicht geräumt, sondern, ohne daß etwas weiteres besprochen worden wäre, die darin lagernden Vorräte erst im Februar 1902 entfernt. Bei dieser Sachlage ist er nicht bloß bis zum Februar, sondern bis zum 1. April 1902 mietzahlungspflichtig, da vom 1. April 1901 ab eine stillschweigende Verlängerung des Mietverhältnisses eingetreten ist, die bis zum 1. April 1902 gedauert hat. Nach § 568 ist stillschweigende Verlängerung als eingetreten anzunehmen, wenn der Mieter nach Ablauf der Mietzeit den Gebrauch der Sache fortsetzt und weder er noch der Vermieter seinen entgegengesetzten Willen binnen zwei Wochen erklärt. Diese Voraussetzungen liegen unstreitig hier vor. Der Umstand, daß das Mietverhältnis durch Vereinbarung der Parteien aufgehoben worden war, steht der Anwendung des § 568 nicht entgegen. Letzterer trifft nicht nur den Fall, daß ein auf feste Zeit geschlossenes Mietverhältnis sein Ende erreicht hatte, sondern auch den Fall, daß ein Mietverhältnis infolge Kündigung beendet worden war (vgl. die Motive; Planck Anm. 1 zu § 568). Vom Falle der Kündigung ist der Fall der Aufhebung eines Mietverhältnisses durch Vereinbarung in der hier fraglichen Hinsicht nicht wesentlich verschieden. Cr.

i) **Kündigung eines Mietvertrages, welcher 1899 auf bestimmte Zeit geschlossen und nach deren Ablauf 1900 stillschweigend fortgesetzt war. BGB. § 568.**

OLG. Hamburg, III. CS. Urteil v. 18. Dezember 1902.

Wenn sich ein unter altem Rechte geschlossener Mietvertrag unter der Herrschaft des BGB. fortsetzt, behalten die besonderen Vereinbarungen, also auch die über die Bedingungen, unter denen die Kündigung erfolgen kann, regelmäßig ihre verbindliche Kraft. EG. Art. 171 steht nicht entgegen, bestimmt vielmehr nur, daß das Mietverhältnis von dem Termine an, zu dem es nach dem 1. Januar 1900 gemäß den bisherigen Gesetzen bezw. den

[1] Wohl aber eigenes Verschulden des Mieters: Entsch. d. RG. 51 S. 210.

danach beachtlichen besonderen Vertragsbestimmungen zuerst gekündigt werden kann, nach dem BGB. geregelt wird, — dies aber nur, soweit die Parteien keine Abmachungen getroffen haben oder diese zwingenden Vorschriften des neuen Rechts (z. B. § 544) widersprechen. Wäre vorliegend auf unbestimmte Zeit unter Ausbedingung vierteljährlicher Kündigung auf den 1. Mai oder den 1. November gemietet, so würde sich dieses Mietverhältnis allerdings auch jetzt unter den gleichen Kündigungsbedingungen fortgesetzt haben. Es handelt sich hier aber um einen auf bestimmte Zeit geschlossenen Mietvertrag, der nur nach besonderer Vereinbarung durch Kündigung innerhalb der Mietzeit beendigt werden konnte und der, da die Vertragsteile dies nicht getan, sondern den Vertrag bis zum 1. Mai 1900 ausgehalten haben, mit diesem Tage sein Ende erreichte. Da der Vertrag selbst hierüber nichts bestimmte, regelte sich seine stillschweigende Verlängerung nach § 568. Danach galt das Mietverhältnis nach dem 1. Mai 1900 als auf unbestimmte Zeit verlängert. Dies hat die Bedeutung, daß das Vertragsverhältnis in allen übrigen Punkten als fortgesetzt gilt, während die Vertragsdauer dahin geregelt ist, daß das Verhältnis als auf unbestimmte Zeit geschlossen angesehen wird (Mittelstein S. 248; Fuld S. 145 und Fränkel S. 66, ferner Endemann 1 § 170, 1 und Scherer Anm. 1 zu § 568). Gemäß § 564² konnte daher jeder Teil auf den Schluß eines Kalendervierteljahres kündigen, so daß die Ende 1901 erfolgte klägerische Kündigung auf den 1. April 1902 vollwirksam war.

Dafür, daß die Frist, unter deren Einhaltung die Parteien ihren auf bestimmte Zeit geschlossenen früheren Mietvertrag innerhalb der sonst geltenden Vertragsdauer beenden konnten, auch für das nach dem BGB. auf unbestimmte Zeit verlängerte Mietverhältnis weiter zu gelten hatte, liegt kein Anhalt vor. Insbesondere kann dafür, daß dies dem Willen der Parteien entsprochen habe, daraus nichts gefolgert werden, daß die alten, von den jetzigen gesetzlichen Terminen abweichenden Mietzahlungstermine stillschweigend beibehalten sind. Denn dies entspricht nur dem vorerwähnten Prinzipe, daß bei stillschweigender Verlängerung das Mietverhältnis — abgesehen von der Vertragsdauer — unter den bisherigen Bedingungen fortgesetzt wird. M. M.

k) **Miete beweglicher Sachen. Kündigung.**

OLG. Kiel, I. CS. Urteil v. 27. April 1903.

Aus dem Umstand, daß der Mietzins „monatlich" auf je 100 Mark bemessen ist, kann eine Einschränkung der dreitägigen Kündigungsfrist des § 565² dahin, daß jedenfalls die Miete für einen Monat zu laufen habe, nicht hergeleitet werden. Die Motive 2 S. 412 gehen davon aus, „es solle auch für den Fall, daß der Mietzins nach Monaten oder Wochen bemessen ist, bei der Regel der dreitägigen Kündigung verbleiben. Diese Ansicht billigte die 2. Kommission gegenüber einem Abänderungsvorschlage (Prot. 2 S. 216). Gr.

l) **Mündlicher Vorvertrag über mehrjährige Miete.**

OLG. Kiel, Ferien-CS. Urteil v. 23. Juli 1902.

Der Kläger hat, als er am 1. Oktober 1901 in das Haus des Beklagten einzog, mit ihm mündlich vereinbart, unter der Bedingung pünktlicher Mietzahlung solle am 1. Oktober 1902 ein Mietvertrag auf die Dauer weiterer 9 Jahre geschlossen werden. In dieser Vereinbarung liegt ein Vorvertrag. Wenn auch das BGB. besondere Bestimmungen über Vorverträge nicht enthält, so kann doch deren Rechtswirksamkeit an sich nicht beanstandet werden, da das BGB. auf dem Standpunkte vollkommener Vertragsfreiheit steht und nach seinen Bestimmungen Verpflichtungen jeder Art, soweit sie nicht einem Verbotsgesetze zuwiderlaufen, übernommen werden können. Ein Vorvertrag aber, durch welchen die Verpflichtung zum Abschluß eines der schriftlichen Form bedürfenden obligatorischen Vertrags übernommen wird, bedarf ebenfalls zur Rechtswirksamkeit der schriftlichen Form. Dies ist eine notwendige Folge aus der gesetzlichen Vorschrift der Schriftform für den Hauptvertrag. Die Zulassung von Vorverträgen ohne Schriftform zu den einem Formzwange unterliegenden Verträgen würde diesen Formzwang völlig illusorisch machen. Wenn § 566 vorschreibt, daß der mündliche Mietvertrag als auf unbestimmte Zeit geschlossen gilt, so kann auch ein mündlicher Vorvertrag keine weitergehende Bindung der Kontrahenten zur Folge haben. Eine solche Bindung würde aber eintreten, wenn der mündliche Vertrag zum Abschluß des schriftlichen Hauptvertrages verpflichten würde.... Der Kläger legt noch besonderen Nachdruck darauf, daß sich der Beklagte vorliegend nicht allgemein zum Abschluß eines 9jährigen Mietvertrages, sondern zur Unterzeichnung eines bestimmten, mündlich vereinbarten und dabei bereits schriftlich abgefaßten Vertrages verpflichtet habe. Diese Besonderheit könnte von Bedeutung sein für die Frage, ob überhaupt ein bindender Vorvertrag oder nur eine unverbindliche Vorbesprechung vorliegt, ist es aber nicht für die Frage, inwieweit das Gesetz die Bindung des Willens ohne die gesetzliche Form seiner Erklärung anerkennt. Gr.

m) **Die Haftung des Erwerbers eines Mietgrundstückes hängt nicht davon ab, daß er das Mietverhältnis gekannt hat.**

OLG. Königsberg, II. CS. Urteil v. 6. März 1903.

A. hatte dem Kläger das Grundstück x vermietet und sich verpflichtet, eine Kaution darauf eintragen zu lassen. Kläger hat, da die Kontrahenten unter der Bezeichnung x den gesamten Grundbesitz des Vermieters verstanden hatten, von ihm verlangt, er solle die Eintragung auch auf seinen übrigen Grundstücken bewirken. Nachdem A. seinen Grundbesitz nach 1900 an C. verkauft und aufgelassen, wurde C. für haftbar erklärt, obwohl er die Unrichtigkeit der Bezeichnung nicht gekannt hatte. Gründe:

Die Rechte und Verbindlichkeiten des Erwerbers bestimmen sich nach dem Mietverhältnisse, wie es zurzeit des Eigentumwechsels zwischen dem Mieter und Vermieter besteht. Der Erwerber muß also z. B. auch nachträgliche mündliche Änderungen des Mietvertrages gegen sich gelten lassen, selbst wenn er sie bei dem Erwerbe nicht gekannt hat (Planck Note 3a zu

§ 571). Daß dies die Auffassung des Gesetzes ist, geht aus den Protokollen (2 S. 136) klar hervor. Denn bei der Beratung war beantragt, den Erwerber, falls dem Grundstücke eine vom Vermieter zugesicherte Eigenschaft fehle oder der Vermieter die Herstellung einer Einrichtung versprochen, nur dann dafür haften zu lassen, wenn er zurzeit des Erwerbes Kenntnis davon gehabt habe. Dieser Antrag wurde ebenso wie ein entsprechender Antrag bezüglich der mündlichen Abreden abgelehnt. Es wurde dabei hervorgehoben, daß wenn man sich für die Aufnahme des Satzes: „Kauf bricht nicht Miete" erkläre, man ihn nicht derartig einschränken dürfe, daß der mit ihm angestrebte Zweck illusorisch gemacht werden könne. Der Zweck und der Gedanke dieses Satzes bestehe darin, daß der Mieter das ihm nach dem Inhalte des Mietvertrages Geschuldete trotz eines Wechsels in der Person des Eigentümers der vermieteten Sache vom Eigentümer in natura verlangen und nicht auf einen Entschädigungsanspruch gegenüber dem Vermieter verwiesen werden dürfe. Dementsprechend heißt es in der Denkschrift (S. 77): Der Erwerber ist gegen übermäßige Belastung mit Verpflichtungen, die er zurzeit des Erwerbes nicht gekannt hat, dadurch geschützt, daß Mietverträge von längerer als einjähriger Dauer der schriftlichen Form bedürfen und daß der Vermieter verpflichtet ist, ihm über die bestehenden Mietverträge Auskunft zu geben. . . . In der Tat würde in den Rechten des Mieters eine Änderung eintreten, wenn der Erwerber an den Mietvertrag nur soweit gebunden wäre, als er ihn kennt und wenn er sich nicht derselben Auslegung des Mietvertrages unterwerfen müßte, welche für den ursprünglichen Vermieter maßgebend ist. Th.

n) **Überlassung im Sinne des § 571 BGB.**

OLG. Hamburg, I. CS. Urteil v. 3. Dezember 1902.

Der Kläger hat am 29. Januar 1901 bis zum 31. März 1902 vom Eigentümer einen Laden gemietet und bezogen. Am 16. August 1901 wurde der Vertrag auf die Zeit bis Anfang 1907 erstreckt. Die Beklagte hat im Oktober 1901 das Grundstück erworben und die Miete auf Ende März 1902 gekündigt. Der Klage auf Anerkennung der Fortdauer der Miete bis 1907 wurde stattgegeben. Gründe:

Der Streit dreht sich hier um die Frage, ob die schon vor Jahren stattgehabte „Überlassung" genügt, um dem Kläger den von ihm aus § 571 erhobenen Anspruch zu geben, oder ob der Einwand berechtigt ist, daß es dazu erst einer erneuten, die Ausübung der durch den Vertrag vom 16. August 1901 zugestandenen Mieterrechte bezweckenden „Überlassung" bedurft und diese nicht stattgefunden habe. Der Einwand übersieht die funktionelle Bedeutung der „Überlassung", die sich immer — da sie etwas anderes und mehreres überhaupt nicht gewähren kann — jedenfalls darin erschöpft, daß dem Mieter mit dem Willen seines Vermieters die tatsächliche Benutzung der Räume gewährt und seither, der ununterbrochenen Fortdauer des Mieteverhältnisses entsprechend, tatsächlich nicht wieder entzogen ist, auch rechtlich vom Vermieter nicht wieder entzogen werden durfte. Schon hieraus ergibt sich, daß nach dem ersten entscheidenden, die „Überlassung“ bewirkenden Verhalten des Vermieters, — mag man dieses nun in einer aktiven Handlung (Aushändigung der Schlüssel zur Wohnung) oder im passiven Gewährenlassen (beim Einzuge des Mieters) zu finden haben, — bis zum Endpunkte der Miete eine „erneute“ Überlassung überall nicht mehr in Frage kommen kann und schlechthin nicht möglich ist, man müßte sie denn in der bloßen fortdauernden Duldung der einmal begonnenen tatsächlichen Benutzung der Räume durch den Mieter, zu welcher der Vermieter eben von Rechts wegen verbunden ist, finden wollen, was dann für jeden Tag, für jede Stunde der Dauer des Vertragsverhältnisses eine sich immer neu vollziehende „Überlassung“ ergeben, also die bloße Tatsächlichkeit der „Überlassung“ mit der Fortdauer des Vertragserfüllungswillens des Vermieters identifizieren und den Vermieter in den Stand setzen würde, durch bloße konträre Willenserklärung, ohne Rücksicht auf deren Rechtsverbindlichkeit, in jedem Augenblicke den Zustand, daß mit seinem Willen die Mietsräume dem Mieter überlassen seien, wieder aufheben und beseitigen zu können. Die im § 571 festgestellte, von der „Überlassung“ abhängige Rechtsfolge würde damit in die Willkür des Vermieters gegeben und praktisch niemals zu verwerten sein. Folgt nun hieraus, daß die einmal stattgehabte „Überlassung“ während der Vertragsdauer niemals durch einseitigen Willen des Vermieters wieder rückgängig gemacht und eben deshalb auch während jener Dauer keiner Erneuerung bedürftig werden kann, so spitzt sich hier die Frage praktisch dahin zu: ob das zurzeit des Eigentumserwerbes der Beklagten zwischen dem Kläger und dem Veräußerer bestehende Mieteverhältnis mit dem 31. März 1902 sein Ende erreichte.

Die Ansicht, der Vertrag vom 16. August 1901 sei keine „Prolongation“, sondern „ein neuer, selbständiger Vertrag“, verkennt, daß es einen besonderen, als „Prolongation“ zu bezeichnenden Rechtsbegriff überhaupt nicht gibt, daß jede „Prolongation“, wo man von solcher redet, vielmehr immer einen „neuen“ Vertrag, der eben, weil er „neuer Vertrag“ ist, auch immer ein „selbständiger“ Vertrag sein muß, voraussetzt, und daß die Frage, ob und in welchem Umfange der neue Vertrag den alten einfach „unverändert“ für eine weitere Zeitstrecke fortsetzt („prolongiert“), oder für die Dauer dieser weiteren Fortsetzung des Vertragsverhältnisses eine, einige oder alle Bedingungen neu normiert und verändert, auf rein tatsächlichem Gebiete liegt. Eine tatsächliche Verlängerung enthält aber der neue Vertrag immer dann, wenn er das alte Verhältnis in seinem wesentlichen obligatorischen Inhalte, also die mietweise Benutzung der identischen Räume gegen Entgelt (Miete), — mag auch der Mietzins erhöht oder herabgesetzt und diese oder jene Bestimmung des seitherigen Vertrages beseitigt oder abgeändert werden, — fortbestehen zu lassen bestimmt ist durch die Willenseinigung, daß die im alten Vertrage vereinbarte Beendigung des Vertragsverhältnisses durch den damals vorgesehenen Zeitablauf eben nicht eintreten, nicht weiter gelten soll. Diese

Willenseinigung ist hier durch den Vertrag vom 16. August 1901 erfolgt. Damit war seit dem 16. August 1901 das bis dahin vorhanden gewesene Recht, spätestens am 31. Dezember 1901 das Mieteverhältnis aufkündigen zu dürfen, definitiv beseitigt. Es stand seitdem vertraglich fest, daß das Mieteverhältnis jedenfalls bis Anfang 1907 fortgesetzt werden sollte. Dafür, daß, als die Beklagte das Grundstück erwarb, das Mieteverhältnis zwischen dem Veräußerer und dem Kläger vertraglich bindend schon so geregelt war, ist belanglos, ob die dazu nach § 566, 580 erforderliche Schriftlichkeit des Vertrages in einer einzigen Urkunde oder im Zusammenhalt zweier getrennten Urkunden besteht. Es läßt sich weder als Erfordernis, noch auch nur als Regel bezeichnen, daß schriftliche Beurkundung von Vereinbarungen, die tatsächlich die Verlängerung eines Vertragsverhältnisses herbeiführen, in der Form eines Nachtrages auf der bereits vorhandenen Urkunde zu geschehen, oder der neue, die Prolongation tatsächlich vereinbarende Vertrag sich, um als Prolongation gelten zu können, ausdrücklich als solche zu bezeichnen habe. M. M.

o) **Übergang der Mieten auf den Erwerber.**

OLG. Oldenburg, I. CS. Urteil v. 5. Juli 1902.

Der Kläger hatte von X. ein Haus bis 1. November 1901 gemietet, war aber schon im Mai ausgezogen, worauf X. es vom 1. Juni bis 1. November 1901 an den Beklagten vermietete. X. ließ sodann das Haus an H., der am 23. August als Eigentümer eingetragen wurde, auf und trat seine gegen den Beklagten erwachsene Mietforderung dem Kläger am 13. September ab. Die Klage wurde abgewiesen. Gründe:

Das Mietobjekt ... ist durch die am 23. August 1901 erfolgte Eintragung von H. als Eigentum erworben. Der Mietzins war damals noch nicht bezahlt und in Ermangelung der Behauptung einer anderweitigen Verabredung nach § 551 am Ende der Mietzeit fällig. Nach § 571 tritt der Erwerber eines im Laufe der Mietzeit veräußerten Grundstückes in diejenigen Rechte ein, welche sich während der Dauer seines Eigentums aus dem Mietverhältnisse ergeben. Er kann also den Mietzins fordern, der nach dem Eigentumswechsel fällig wird (vgl. Planck § 571 Note 3; Dernburg 2 § 223 S. 175; Zimmermann, Rechtswirkungen der Veräußerungen auf das Mietverhältnis S. 28—29). Mithin würde dem H. der Anspruch auf den noch am 1. November 1901 fällig gewordenen Mietzins gegen den Beklagten zustehen. Zwar bestimmt der § 573, daß eine Verfügung, die der Vermieter vor dem Übergange des Eigentums über den auf die Zeit der Berechtigung des neuen Erwerbers enthaltenden, d. h. nach dem Eigentumswechsel fällig werdenden Mietzins getroffen hat, somit auch eine Zession desselben insoweit wirksam wird, als sie sich auf den Mietzins für das zur zeit des Eigentumsüberganges laufende und das folgende Kalenderjahr bezieht (Planck, BGB. § 573 Anm. Abs. 1). Diese Bestimmung kommt jedoch dem Kläger nicht zugute, weil die Zession nicht in die Zeit vor dem Übergange des Eigentums fällt. Die jetzt beigebrachte Zession vom 3. August 1901 enthält eine Klagänderung, da die tatsächlichen Behauptungen nicht bloß einer Änderung oder Berichtigung der zur Substanzierung der Zession vom 13. September (§§ 264, 268 Ziff. 1 CPO.), sondern ein ganz anderes selbständiges Rechtsgeschäft mit ganz anderen Rechtswirkungen darstellen. N.

p) **Bezieht sich der § 573 BGB. auch auf die im Wege der Zwangsvollstreckung ergehenden Verfügungen?**[1]

α) Bejaht vom OLG. Dresden, II. CS. Urteil vom 6. Oktober 1902.

Der § 573 stellt sich allerdings als eine Ausnahmevorschrift insofern dar, als er die dem Erwerber durch § 571 gewährten Rechte beschränkt. Indes ist auch die Anwendung einer Ausnahmevorschrift auf einen im Gesetze nicht besonders erwähnten Fall nur dann ausgeschlossen, wenn sich erkennen läßt, daß nach der Auffassung des Gesetzgebers für den nicht behandelten Sonderfall die Erwägungen nicht zutreffen, die für die Ausnahmevorschrift bestimmend waren. Für die vorliegende Frage ist aber noch besonders zu beachten, daß die Motive ausdrücklich erklären: „Den Verfügungen, welche der Beteiligte selbst vornimmt, stehen diejenigen gleich, welche, wie bei der Zwangsvollstreckung und Arrestvollziehung, aus seinem Rechte erfolgen. Wenn dies in einzelnen Fällen (§§ 107 ^{1}, 127 ^{4}, 135, 837 ^{1}, 957 ^{4}) im Interesse der Deutlichkeit besonders hervorgehoben ist, so darf daraus für andere Fälle (vgl. §§ 430 ^{1}, 544 ^{3}, 763 2c) kein gegenteiliger Schluß gezogen werden." Da kein gegenteiliger Standpunkt der Kommission nachweisbar ist, läßt sich aus jenen Motiven mindestens soviel folgern, daß man bloß aus der Nichterwähnung der Zwangsvollstreckung in § 573 keineswegs auf ein bewußtes Ausschließen dieser Art von Verfügung schließen darf. Die Erwägungen, die ersichtlich für den § 573 bestimmend waren, führen zu dem Schlusse, daß sie der rechtsgeschäftlichen Verfügung gleichstehen soll. Hervorgehoben ist in der Kommissionsberatung zunächst das Interesse des Mieters. Dieses besteht aber gleichermaßen, mag nun eine Abtretung oder vollstreckungsrechtliche Überweisung der Zinsforderung vorliegen. Der Mieter vermag sich auch keineswegs in allen Fällen durch die Hinterlegung zu schützen. Ist der Mietzins auf Grund der Überweisung für das laufende Vierteljahr im voraus gezahlt, so wäre er, wenn die Auffassung des Klägers zuträfe, darauf angewiesen, den Mietzins auf die Zeit nach dem Zuschlage vom Pfändungsgläubiger zurückzufordern. Er hätte aber auch wegen des Mietzinses für das nächste Vierteljahr zur Hinterlegung weder eine Veranlassung, noch ein Recht, solange ihm nicht die Tatsache des erfolgten Zuschlages bekannt geworden wäre. Die Annahme, daß bloß die Interessen des Mieters als maßgebend angesehen worden seien, ist nicht zutreffend. Bei der Beratung sind auch die wirtschaftlichen Interessen des Vermieters in Betracht gezogen worden. Erwähnt ist zwar nur sein schutzberechtigtes Interesse an der Möglichkeit einer Verfügung über den Mietzins für eine bestimmte Zeitdauer. Dem steht aber offenbar das Interesse

[1] Vgl. Rsp. 3 Nr. 92c, 4 Nr. 53c.

daran mindestens gleich, daß seine vorsichtigen Gläubiger nicht ohne Not auf den Weg des Versteigerungsverfahrens gedrängt werden. Weiterhin hat der Vermieter, der in der Versteigerung sein Grundstück verliert, ein wesentliches Interesse daran, daß seine Pfändungsgläubiger wenigstens noch auf das laufende und das nächste Vierteljahr die Miete beziehen, seine Schuld also sich ebenmäßig mindert. Daß das wirtschaftliche Interesse des Vermieters in jeder denkbaren Richtung in der Beratung hätte zum Ausdruck kommen müssen oder können, wird man billig nicht verlangen dürfen. Wenn übrigens bei der Beratung erwogen ist, daß dem Vermieter die Verfügung über den Mietzins für die nächste Zeit offengehalten werden müsse, so ist damit mittelbar zugleich der Wille ausgedrückt, auch denjenigen zu schützen, zu dessen Gunsten der Gläubiger verfügt. Denn gerade dieser Schutz ermöglicht — wirtschaftlich — für den Vermieter erst die Verfügung über die Mietforderung. Daß aber dann der Pfändungsgläubiger bei der Überweisung, die sich nach § 836 CPO. lediglich als Ersatz der freiwilligen Erklärung des Schuldners darstellt, schlechter habe gestellt werden sollen, als der Zessionar, läßt sich schon aus rechtspolitischen Gründen nicht annehmen. Für den Ersteher endlich kann es keinen Unterschied begründen, ob ihm die Mieten auf Grund einer Abtretung oder einer Überweisung entgehen. Übrigens hat die Kommission ausdrücklich erwogen, daß die Gefährdung des Erwerbers keine sehr erhebliche sei, weil er sich rechtzeitig bei den Mietern über den Sachstand erkundigen könne, was für die Überweisung ebenso wie für die Abtretung zutrifft. Die Motive zum ZwVG. erwähnen gleichfalls ausdrücklich, daß durch die entsprechende Anwendung insbesondere auch des § 573 gegenüber dem Ersteher eine billige Ausgleichung widerstreitender Interessen herbeigeführt werden solle. Der Beweisgrund, den Benedix (JW. 1902 S. 58) aus der aktiven Fassung des § 573 gegenüber der passiven in § 1124 entnimmt, kann nicht anerkannt werden. Die unpersönliche Ausdrucksweise des § 1124 hängt offensichtlich mit dem behandelten Rechtsstoffe zusammen und kehrt wie dort auch anderwärts regelmäßig wieder. Dr. W.

β) Verneint vom OLG. Celle, II. CS. Urteil v. 26. Februar 1903.

In einzelnen Paragraphen, in denen das BGB. von der Wirksamkeit von Verfügungen spricht, hebt es ausdrücklich hervor, daß das gleiche auch von Verfügungen im Vollstreckungs- und Arrestverfahren gelte. Deshalb aber wird man noch nicht mit dem ersten Richter sagen dürfen, daß da, wo eine solche Gleichstellung **nicht** ausdrücklich ausgesprochen sei, unter „Verfügung" **nur** eine rechtsgeschäftliche, nur eine mit dem Willen des Vermieters selbst, nicht aber auch eine im Vollstreckungswege gegen seinen Willen erfolgte Verfügung zu verstehen sei. Es würde dieser Schluß, der dem — stets nur mit Vorsicht anzuwendenden — arg. e contrario entnommen ist, in manchen Fällen irreführen, z. B. bei Auslegung des § 1124, wo unbedenklich unter „Verfügung" auch die im Vollstreckungsverfahren erfolgte Verfügung zu verstehen ist, **wenngleich** es hier an einer ausdrücklichen Gleichstellung derselben fehlt. Danach ist, wenn das Gesetz auch in einzelnen Fällen, um jeden Zweifel abzuschneiden, ausdrücklich hervorhebt, die Vorschrift gelte auch für Vollstreckungs-, Arrest- u. dergl. Verfügungen, in anderen Fällen aber nichts derartiges sagt, in diesen letzteren Fällen aufs sorgsamste zu prüfen, in welchem Sinne der Gesetzgeber den Ausdruck an der betreffenden Stelle gebraucht wissen will. — Wenn der § 573 sagt: „eine Verfügung, die der Vermieter getroffen hat," so läßt sich das ohne Wortzwang nicht auf Verfügungen ausdehnen, die nicht der Vermieter selbst, sondern seine Gläubiger, wenn auch aus seinem Rechte, getroffen haben. Ganz anders lautet § 1124: „**wird** über den Pachtzins verfügt." Diese Wortfassung läßt das Subjekt, das verfügt, im Dunkel und gestattet ohne Wortzwang als Subjekt, welches verfügt, den Vermieter selbst wie denjenigen zu verstehen, der aus des Vermieters Recht, wenn auch ohne und gegen dessen Willen, die Befugnis erlangt hat, über den Mietzins zu verfügen, und demgemäß verfügt hat. Es kommt folgendes hinzu: die Regelbestimmung für den Bereich des ZwVG. enthält ohne Frage der § 56: „Von dem Zuschlage an gebühren dem Ersteher die Nutzungen und trägt er die Lasten." Es widerspricht dem Rechtsgefühle, dem Ersteher ohne zwingendsten Grund die Lasten zu belassen, aber die Nutzungen zu entziehen. Eine dahingehende Ausnahme ist nach allgemeinen Auslegungsregeln enge, möglichst nicht über den Wortlaut hinaus, auszulegen. Motiv bei Erlaß des § 57 ZwVG. und des § 573 BGB. ist nach der Denkschrift zum BGB. (S. 117) und nach den Prot. (2 S. 146) die Erwägung gewesen, „daß für den Vermieter Verfügungen über einen Mietzins, dessen Fälligkeit nahe bevorsteht, oft wirtschaftlich notwendig sind." Der Vermieter würde aber tatsächlich in solcher Verfügung aufs erheblichste beschränkt werden, wenn die Mieter, die ihre Mieten ein bis zwei Quartale vorausbezahlen, oder die Zessionare, denen der Vermieter solche Mietsraten abtritt, sich nicht darauf verlassen könnten, daß auch bei einer Versteigerung der Ersteher ihnen gegenüber diese Verfügungen werde anerkennen müssen. Diese wirtschaftlich für notwendig erachtete Fürsorge für den Vermieter, insbesondere für Verfügungen zu einer Zeit, in der er die Subhastation nicht voraussehen konnte, sie vielleicht gerade durch seine Verfügung zu vermeiden hoffte, mag der Wagschale des Vermieters mit seinen für notwendig erachteten wirtschaftlichen Interessen das Übergewicht gegeben haben gegenüber der anderen des Erstehers mit dessen nur der Rechtskonsequenz entnommenen Ansprüchen. Dies Motiv versagt aber, wenn die dem Rechtsgefühl entsprechenden Ansprüche des Erstehers zurückstehen sollen gegenüber Mietspfändungen beliebiger persönlicher Gläubiger des Vermieters.

Endlich besagt das „Wirksam sein" nur: die Verfügungen sind dinglich wirksam; der § 573 ist ein Ausfluß des das Gesetz im Gegensatze zum ersten Entwurfe beherrschenden Grundsatzes „Kauf bricht nicht Miete". Es muß daher der Erwerber (Ersteher) derartige Verfügungen gegen sich anerkennen, obwohl er seinerseits zum Mieter in keinem obligatorischen Verhältnisse steht und sich darauf berufen kann, daß ihm vom Erwerbe (Zuschlage) an die Nutzungen, mithin auch die Mieten gebühren. Aber damit ist die Sache noch nicht definitiv erledigt. Der § 573 regelt nur das Verhältnis zwischen Vermieter und Mieter und wie sich dieses gestaltet, wenn während der Mietdauer die Person des Vermieters wechselt. Er will aber nichts besagen über das Verhältnis zwischen Erwerber (Ersteher) und Verkäufer (Subhastaten); hierfür bleibt es, wenn nichts anderes vereinbart ist, bei § 446 BGB., bezw. bei § 56 ZwVG., wonach von der Übergabe (Zuschlag) dem Käufer (Ersteher) die Nutzungen zustehen. Danach also hat der Erwerber gegen seinen Rechtsvorgänger, wenn dieser über die Zeit der Übergabe (des Zuschlages) hinaus über die Mieten vorverfügt hat, eine Klage auf Herausgabe wegen ungerechtfertigter Bereicherung. Er hat daher wenigstens die rechtliche Möglichkeit, wegen des auf der einen Seite erlittenen Verlustes sich auf der anderen Seite schadlos zu halten, wenn sie auch in vielen Fällen, namentlich der Versteigerung, keinen großen materiellen Wert haben wird. In erheblich verstärktem Maße aber wird sich die praktische Wertlosigkeit solcher Bereicherungsklage in denjenigen Fällen zeigen, in denen Gläubiger die Mieten im voraus gepfändet haben. Auch hier steht dem Käufer (Ersteher) an sich die Bereicherungsklage gegen seinen Rechtsvorgänger zu. Aber während in jenen ersten Fällen der Wert der Mieten noch im Vermögen des Vermieters, wenigstens nicht ganz selten, zu finden sein wird, wird er hier kaum jemals beim Vermieter zu finden, dieser vielmehr regelmäßig ganz arm sein. Auch hier zeigt sich also, wieviel schwerer der Eingriff in die Rechtssphäre des Erstehers wäre, wollte man unter den Verfügungen des § 573 auch diejenigen im Wege der Zwangsvollstreckung verstehen. Hch.

4

a) **Verpflichtung zur nochmaligen Ausstellung einer zu einer Grundbuchlöschung erforderlichen Urkunde, wenn die bereits ausgestellte verloren ging.**

OLG. Marienwerder, II. CS. Urteil v. 24. März 1903.

Der Beklagte hatte auf seinem Grundstücke für etwaige Ansprüche des X. aus Kreditgewährung eine Kautionshypothek eintragen lassen, welche bei der Zwangsversteigerung mit 372 Mark zur Hebung kam; diese wurde, da das Meistgebot nicht erlegt wurde, für X. und den Beklagten bedingt eingetragen und demnächst vom Kläger bezahlt, wobei Beklagter anerkannte, daß dem X. dieser Anspruch zustand. Die Anerkenntnisurkunde ist verloren gegangen, der Beklagte hat sich aber geweigert, auf Kosten des Klägers das Anerkenntnis zu wiederholen. Dazu ist er verurteilt worden. Gründe:

Im allgemeinen kann freilich ein Schuldner, der die Leistung bewirkt hat, nicht angehalten werden, sie noch einmal zu bewirken. Dies kann, soweit das Schuldverhältnis auf Vertrag beruht, keinem Zweifel unterliegen. Aber auch bei Verpflichtungen, die unmittelbar auf Gesetz beruhen, liegt die

Sache regelmäßig nicht anders. Insbesondere muß dies auch von der aus § 894 folgenden Verpflichtung, zur Berichtigung des Grundbuches mitzuwirken, gelten. Allein dadurch, daß die Anerkenntnisurkunde verloren gegangen ist, ohne daß die Berichtigung des Grundbuches bewirkt worden war, hat die Sachlage wiederum dieselbe Gestalt angenommen, die sie vorher hatte. Das Grundbuch steht nach wie vor mit der wirklichen Rechtslage nicht im Einklange und bedarf der Berichtigung. Es liegen also unverändert diejenigen Voraussetzungen vor, unter denen der § 894 (im Anschluß an § 18 GrBO.) dem Beeinträchtigten ein erzwingbares Recht auf Mitwirkung zur Grundbuchberichtigung gewährt. Das Gesetz gewährt dieses Recht unabhängig davon, ob die Berichtigungsbedürftigkeit auf ein Verschulden zurückzuführen ist oder nicht. Sonst wäre der Erfolg, auf den es allein ankommt, nicht sichergestellt. Es ist daher auch gleichgültig, durch wessen Schuld die Urkunde verloren gegangen ist. Der Kläger kann aber die Berichtigung auf keinem anderen Wege herbeiführen, als auf dem eingeschlagenen. Zu Unrecht weist der Beklagte auf das Aufgebotsverfahren. Nach § 946[1] CPO. ist es nur in den durch das Gesetz bestimmten Fällen zulässig, aber weder Reichs- noch Landesgesetze lassen das Aufgebot einer Urkunde des hier fraglichen Inhaltes zu (Daude, Aufgebotsverfahren § 1 S. 9, § 25 S. 93). Ein Aufgebot der Anerkenntnisurkunde würde auch nicht zum Ziele führen, denn dazu wäre ein vollgültiger Ersatz der verloren gegangenen Urkunde erforderlich, während vermittelst des Aufgebotes nur die Kraftloserklärung der Urkunde erreicht werden könnte.

Wäre nun der Kläger, wie der Vorderrichter meint, lediglich auf den guten Willen des Beklagten angewiesen, so wäre er geradezu rechtlos gestellt. Es hätten ihm keine Mittel zu Gebote gestanden, die Berichtigung des Grundbuches herbeizuführen. Diese Folge verträgt sich nicht mit dem Grundsatze, daß die Gesetze demjenigen, dem sie ein Recht geben, auch die Mittel bewilligen, ohne welche das Recht nicht ausgeübt werden kann. Das ALR. sprach diesen Grundsatz ausdrücklich im § 89 Einl. aus; seine Geltung muß aber auch für das heutige Recht behauptet werden (Dernburg, Bürg. Recht 1 S. 109 § 43). Zu der vom Gesetze gestatteten Ausübung eines Rechts gehört auch der Gebrauch der dazu erforderlichen Mittel (Crome, System 1 S. 530 § 121). H.

b) Berichtigung des Grundbuches auf Grund der Behauptung, daß bei einer früheren Eintragung eine Urkunde unrichtig ausgelegt sei. GrBO. §§ 22, 54, 71.

Kammergericht, I. CS. Beschluß v. 20. März 1903.

Auf Grund Testamentes sind die Kinder des P. im Grundbuche als Eigentümer und P. in Abt. II als Nießbraucher eingetragen. Ein Gläubiger des P. beantragte unter der Behauptung, daß das Testament vom Grundbuchrichter unrichtig ausgelegt sei, in dem P. danach Vorerbe sei, diesen als Eigentümer einzutragen. Der Antrag ist abgelehnt und die Beschwerde und weitere Beschwerde zurückgewiesen. Gründe:

Nach § 22 GrBO. kann die Berichtigung des Grundbuches, auch ohne daß die Bewilligung des durch das Recht Betroffenen vorliegt, beantragt werden, wenn die Unrichtigkeit nachgewiesen wird. Der Nachweis hat durch öffentliche Urkunden zu erfolgen. Derselbe kann aber nicht dahingehen, daß diejenigen Urkunden, auf Grund deren die Eintragung erfolgt ist, falsch ausgelegt seien. Das ergibt sich aus folgenden Erwägungen: Nach § 71 Abs. 2 GrBO. ist die Anfechtung von Eintragungen im Wege der Beschwerde grundsätzlich ausgeschlossen. Dem entspricht auch § 54 GrBO., der bestimmt, daß da, wo das Grundbuchamt unter Verletzung gesetzlicher Vorschriften eine Eintragung vorgenommen hat, durch die das Grundbuch unrichtig geworden ist, ein Widerspruch eingetragen werden soll; nur da, wo eine Eintragung nach ihrem Inhalte sich als unzulässig erweist, kann sie gelöscht werden. In der Denkschrift wird diese Einschränkung damit begründet, daß die Rücksicht auf die Rechtsstellung, welche durch die Eintragung für Dritte geschaffen sei, dies erheische. Im vorliegenden Falle verlangt aber die Beschwerdeführerin, daß die Eintragung in Abt. I deshalb, weil sie auf Grund unzutreffender Auslegung der Testamentsurkunde, also unter Verletzung gesetzlicher Vorschriften vorgenommen sei, beseitigt und durch eine andere Eintragung ersetzt werde. Dies ist nichts anderes als die Anfechtung der früheren Eintragung. Es würde also auf eine Gesetzesumgehung hinauslaufen, die durch das Gesetz verfügte Beschwerde gegen eine vorhandene Eintragung unter dem Namen einer Grundbuchberichtigung zuzulassen. Der Nachweis der vermeintlichen Unrichtigkeit des Grundbuches muß deshalb auf Grund anderweiter Urkunden als der die Unterlage der Eintragung bildenden, z. B. eines Anerkenntnisses oder eines gegen den von der Eintragung Betroffenen ergangenen Urteiles erbracht werden. Die Sachlage ist keine andere als nach dem bisherigen Recht, nach welchem den Grundbuchbehörden ebenfalls die Befugnis nicht zustand, Eintragungen, welche auf irrigen Voraussetzungen oder unhaltbaren Unterlagen beruhten, ohne Bewilligung des Berechtigten wieder zur Löschung zu bringen (vgl. Jahrbuch 5 S. 87). Auf dem gleichen Boden steht die vom Vorderrichter angeführte Entscheidung des Oberlandesgerichts Celle vom 6. September 1902 (Rsp. 5 S. 295). Auf Grund der weiteren Beschwerde, das Grundbuchamt anzuweisen, einen Widerspruch einzutragen, lag keine Veranlassung vor. Denn wenn das Kammergericht auch angenommen hat, daß eine Beschwerde die in § 71 Abs. 2 Satz 2 GrBO. vorgesehenen Maßregeln stillschweigend mitumfaßt, so ist das doch nur auf den Fall beschränkt, wo dem Betreffenden ein Vorteil daraus erwächst (Rsp. 5 S. 434). Das ist hier nicht der Fall. Für die Beschwerdeführerin ist behufs Durchführung der Zwangsvollstreckung erforderlich, daß ihr Schuldner P. als Eigentümer im Grundbuche eingetragen wird. Hierfür aber nützt ihr die Eintragung eines Widerspruches nichts. F.

c) **Die Haftung aus § 906 BGB. erfordert kein Verschulden.**

OLG. Cöln, I. CS. Urteil v. 10. Juni 1903.

Eine Lokomotive der Beklagten (Kleinbahn) hatte durch Funken einen dem Geleise angrenzenden Wald in Brand gesetzt. Um die Haftung der Beklagten zu begründen, bedarf es keiner Heranziehung des § 823; vielmehr ergibt schon der Wortlaut der §§ 903, 904, 906 folgende Rechtslage: Vom Grundsatze des § 903 läßt § 904 nur insofern eine Ausnahme zu, als er die Einwirkung auf eine fremde Sache gestattet. Macht der Dritte hiervon Gebrauch, handelt er also an sich rechtmäßig, so ist er gleichwohl dem Eigentümer zum Ersatze des dadurch verursachten Schadens verpflichtet, und zwar ohne daß es des Nachweises bedürfte, daß er den Schaden schuldhaft verursachte, wie sich aus der Entstehungsgeschichte ergibt (vgl. Prot. 1 S. 248, 260; 2 S. 578; 6 S. 212; Planck Note 3b zu § 904). Um so mehr muß, wer sich eines nach § 906 unerlaubten, also rechtswidrigen Eingriffes in fremdes Eigentum schuldig macht, auch ohne Rücksicht auf eine etwaige subjektive Verschuldung dem Eigentümer schadensersatzpflichtig sein. Inkonsequent behauptet Dernburg (Sachenrecht § 79 Nr. 11), daß der Eingreifende zwar grundsätzlich nur bei Verschuldung hafte, daß es aber des Nachweises seiner Verschuldung nicht bedürfe, da er seine Anlage derart einzurichten habe, daß sie den Nachbarn nicht beschädige und daß ihm jede Nachlässigkeit nach dieser Richtung zur Schuld beizumessen sei; denn begründet ein Verschulden die Ersatzklage, so ist für dessen Vorhandensein der Kläger auch beweispflichtig. Man muß vielmehr davon ausgehen, daß sich die Nachbarn eben mit Rücksicht auf ihr nachbarliches Verhältnis jeder schädigenden, das gesetzlich erlaubte Maß überschreitenden Einwirkung auf das Nachbargrundstück zu enthalten haben, so daß die Haftung ohne weiteres durch eine Verletzung dieser gesetzlichen Pflicht begründet ist.

Die Beklagte muß um so eher auch ohne den Nachweis eines Verschuldens haften, als der vorliegende Fall genau dem in § 26 GewO. geregelten entspricht. Zwar gilt der § 26 in Preußen nicht für Eisenbahnunternehmungen; gleichwohl kann nach ständiger Rechtsprechung der Eigentümer nicht die Beseitigung einer im öffentlichen Interesse genehmigten Eisenbahnanlage wegen der von ihr ausgehenden nachteiligen Einwirkung verlangen, sich also insoweit nicht auf die §§ 903, 906 berufen (Entsch. d. RG. 7 S. 265). Um so mehr muß dann aber genau so, wie im Falle des § 26 GewO. dem ohnehin schon durch eine derartige Anlage in der freien Benutzung seines Eigentums beschränkten Eigentümer ein Anspruch auf Schadensersatz zustehen, falls die von der Anlage ausgehenden schädlichen Einwirkungen sein Eigentum verletzen oder gar wie hier gänzlich vernichten, und zwar gleichviel, ob der Schaden durch Fahrlässigkeit verschuldet ist oder nicht ...

Dieses Ergebnis findet in der Entstehungsgeschichte des Gesetzes seine volle Bestätigung. Sowohl nach ALR. wie nach gemeinem und französischem Recht war die Eisenbahn für den durch ihren Betrieb auf Nachbargrundstücken verursachten Brandschaden ohne Rücksicht auf ein etwaiges Verschulden haftbar. Hierbei wurde entweder angenommen, daß sie einen derartigen

Schaden voraussehen konnte oder es wurde (nach preußischem Recht) die Ersatzpflicht ohne weiteres auf die Rechtswidrigkeit des Eingriffs in fremdes Eigentum gestützt. Wenn nun auch in einem anders gearteten Falle das Reichsgericht (Entsch. 11 S. 344) für französisches Recht eine Ersatzpflicht nur unter der Voraussetzung angenommen hat, daß der Einwirkung eine subjektive Verschuldung zu Grunde liege, so hätte doch der Reichsgesetzgeber nicht den für den größten Teil des Reichs bisher für Fälle vorliegender Art geltenden Rechtszustand zu Ungunsten des beschädigten Eigentümers abgeändert, ohne dies im vorbereitenden Stadium oder im Gesetze selbst zu erwähnen. Die Entstehungsgeschichte läßt überdies erkennen, daß man den Eigentümer nicht hat ungünstiger stellen und insbesondere nicht von dem im § 26 GewO. sanktionierten Grundsatz für analoge Fälle hat abweichen wollen. Auf das Gegenteil weist schon EG. Art. 125 hin. — Ferner heißt es in der Begründung zum § 823 (Entw. I § 704): „Zu den absoluten Rechten gehört zweifellos das Eigentum und andere Rechte an Sachen. Vorbehalten bleiben jedoch die besonderen Vorschriften über den Eigentumsanspruch, für welchen die Folgen der an sich rechtswidrigen Vorenthaltung einer fremden Sache besonders bestimmt werden. ...“ Hiernach sollte die Voraussetzung für die Haftung bei einem rechtswidrigen Eingriff keineswegs ausschließlich durch § 823 geregelt werden. Die 2. Kommission hat zwar das „Eigentum“ neben den anderen dort erwähnten Rechtsgütern eingeschaltet; diese Änderung war aber, wie der Antragsteller ausdrücklich erklärte, in der Hauptsache nur „redaktioneller Natur“, so daß man nicht beabsichtigte, von dem in den Motiven ausgesprochenen Grundsatze einer Sonderregelung hinsichtlich eines widerrechtlichen Eigentumseingriffs abzugehen. Demnach bedeutet die Erwähnung des „Eigentums“ in § 823 nur, daß man zwar unter den dort angegebenen Voraussetzungen für jede widerrechtliche Verletzung des Eigentums haftet; keineswegs ist aber damit gesagt, daß die Ersatzpflicht nur dann eintritt, wenn alle Voraussetzungen des § 823 gegeben sind. So ist auch bei einem Verstoß gegen § 909 der Eigentümer ohne weiteres ersatzpflichtig, selbst wenn ihn kein Verschulden trifft (Rsp. 5 S. 151). Dr. N.

d) **Grundgerechtigkeit, wenn auf der Mauer eines Grundstückes eine zum Nachbargrundstücke gehörige Mauer errichtet wird.**

OLG. Königsberg, II. CS. Urteil v. 6. Mai 1903.

Der Eigentümer zweier Nachbargrundstücke hat 1890 die zu a gehörige Mauer, an welche b angebaut war, zu dem Zwecke erhöht, diese Erhöhung zu einem Bestandteile von b zu machen. Durch das 1898 erfolgte Auseinanderfallen des Eigentums beider Grundstücke ist eine entsprechende Grundgerechtigkeit entstanden. Der Beklagte meint zwar, daß eine Mauer nur als einheitliches Ganze angesehen werden könne, dessen einzelne Teile nicht im Sondereigentume verschiedener Personen stehen könnten. Allein nach dem hier anwendbaren ALR. ist die erwähnte rechtliche Konstruktion sehr wohl möglich. Zunächst bestehen, wie aus § 133 I 8 hervorgeht, an einer Grenzmauer partes pro diviso. Kann aber eine Mauer der Dicke nach in getrenntem Eigentume stehen, so ist das Prinzip, daß an einem Teile einer Mauer besonderes Eigentum nicht bestehen kann, durchbrochen, und es steht prinzipiell nichts entgegen, auch hinsichtlich der Länge oder Höhe an einem Teil der Mauer ein bestehendes Sondereigentum anzunehmen. ... Hierin ist durch das BGB. keine Änderung eingetreten. Zwar ist für die Frage, was Substanzteil ist, jetzt das BGB. entscheidend, so daß das Sondereigentum an einem wesentlichen Beteile mit dem 1. Januar 1900 erlischt. Indes vorliegend steht EG. Art. 181² entgegen, wonach, wenn das Eigentum einer Sache mehreren nicht nach Bruchteilen zusteht, diese Rechte bestehen bleiben. Selbst wenn man aber in Anlehnung an die Protokolle diese Bestimmung einschränkend auslegen und annehmen will, daß dadurch das Miteigentum ohne Bruchteile nur für besondere Rechtsverhältnisse aufrecht zu erhalten sei, nicht auch für Rechtsbildungen, die auf den allgemeinen Vorschriften der bisherigen Gesetze beruhen, so würde doch hier für den Abs. 1 Art. 181 kein Raum sein. Denn ein Sondereigentum an einem Teile kann nur dann erlöschen, wenn er eine für sich bestehende Sache ist. Ist aber dieser Teil selbst wieder Bestandteil einer anderen Sache geworden, so kann nach eben diesem Grundsatze des § 93 BGB. dieser Bestandteil der anderen Sache nicht losgelöst und ein Sondereigentum daran begründet werden. Selbst wenn also der ursprüngliche Teil der Mauer auf dem Boden der Beklagten gestanden hat und steht, so ist dadurch nicht ausgeschlossen, daß auf dieser Mauer eine in fremdem Eigentume stehende Erhöhung errichtet wird. Es handelt sich in diesem Falle nicht um ein einheitliches Ganze, sondern um zwei selbständige, mechanisch allerdings miteinander verbundene Einheiten; und ebenso gut, wie man ein Servitut des Inhalts bestellen kann, daß ein Balken auf einer Mauer ruht, ebenso ist auch ein Servitut des Inhalts denkbar, daß eine Mauer auf einer anderen ruht. ... Auch der § 905 kommt dem Beklagten nicht zu statten. Denn wenn auch danach das Recht des Eigentümers auf den Raum über der Oberfläche sich erstreckt, so bezieht sich dies offenbar auf den Fall, daß dieses Eigentum nicht unterbrochen ist. Besitzt ein anderer aber berechtigterweise in dem über dem Eigentum des Beklagten liegenden Luftraum eine Anlage, so kann nicht der Eigentümer des Grundstücks unter Benutzung dieser Anlage den darüber liegenden Luftraum sich dienstbar machen. Th.

e) **Eintragungsfähigkeit von Rechten nach dem 1. Januar 1900, welche vorher ohne Eintragung mit dinglicher Wirkung eingeräumt waren. Zum Begriff der Reallasten (Verpflichtung zur Feuerversicherung, zum Wiederaufbau abgebrannter Gebäude, zur Einholung der Genehmigung zu einem Neubau, zur Anlage, Unterhaltung und Reinigung der Straßen, Vermietungsrecht).**

Kammergericht, I. CS. Beschluß v. 22. Dezember 1902.

Im Grundbuche von X. steht ein Hausgrundstück auf den Namen der in allgemeiner Gütergemeinschaft lebenden Eheleute E., welche dasselbe von B., dem Vater der Ehefrau E., durch Übergabevertrag 1902 erworben haben. B. selbst hatte es 1872 von dem Georgs-Marien-Hüttenverein gekauft. Im Februar 1902 beantragten die Eheleute E. zu Gunsten des Hüttenvereins die Eintragung folgender Lasten:

1. Verpflichtung des Grundeigentümers zur Gebäudeversicherung gegen Brand nach Anordnung des Vereins.
2. Zum Wiederaufbau des Gebäudes im Falle der Zerstörung durch Brand.
3. Zur Einholung der Genehmigung des Vereins bei Neubauten.
4. Zur Anlage, Unterhaltung und Reinigung der den Grundbesitz berührenden Straßen, Trottoirs und Fußwege in Gemäßheit des vom Vereine festzusetzenden Planes.
5. Zur Duldung der durch den regelmäßigen Bergwerks- und Hüttenbetrieb etwa verursachten Nachteile ohne Entschädigungsberechtigung.
6. Vorkaufs- und Vormietungsrecht des Vereins an den auf dem Grundbesitze zu erbauenden Häusern.

Das Grundbuchamt erklärte sich zur Eintragung des Vorkaufsrechts bereit, wies aber im übrigen den Antrag ab, da es sich um nicht eintragungsfähige Rechte handele. Auf Beschwerde ordnete das Landgericht die Eintragung der Verpflichtung zu 5. an. Der weiteren Beschwerde ist zum Teil stattgegeben. Gründe:

Es stände an sich nicht entgegen, bei der Eintragung auf die frühere wirksame Entstehung der Verpflichtungen zurückzugehen, wenn der Nachweis der Wirksamkeit dieser Berechtigung auch gegen die Antragsteller erbracht wäre. Im Jahre 1872, in dem der Vertrag zwischen dem Georgs-Marien-Verein und dem Vorbesitzer der Antragsteller E., B. geschlossen ist, konnten im gemeinrechtlichen Teile von Hannover Reallasten und sonstige Grundgerechtigkeiten durch Vertrag mit dinglicher Wirkung begründet werden. Es waren die in dem Vertrage von 1872 aufgeführten, dem Eintragungsantrage entsprechenden Belastungen, wenn man mit dem Beschwerdeführer annimmt, daß solche bei den von dem Vereine begründeten Neubauereien stets gleichmäßig vorbehalten wurden, nach § 8 der hannov. Verordnung über die erbliche Übertragung von Gütern vom 23. Juli 1833 nach dem Rechte in Hannover vor dem Inkrafttreten des BGB. für zulässig zu erachten. Geht man aber davon aus, daß durch den Vertrag von 1872 die hier in Betracht kommenden Berechtigungen bereits als dingliche Rechte wirksam begründet seien, so verloren sie diese Eigenschaft nicht mit der Einführung der Grundbuchordnung in Hannover durch das Gesetz vom 28. Mai 1873. Dingliche Rechte waren allerdings zur Eintragung anzumelden. Unterblieb das aber, dann erlitt der Berechtigte nur den Nachteil, daß er sein Recht gegen einen Dritten, der im redlichen Glauben an die Richtigkeit des Grundbuches das Grundstück erwarb, nicht geltend machen konnte (§ 34 des EG. z. GrBO. f. Hannover vom 28. Mai 1873). Das dingliche Recht als solches wurde durch die unterbliebene Eintragung in seiner Wirksamkeit nur insoweit alteriert, als es nicht mehr gegen einen dritten gutgläubigen Erwerber zu Recht bestand. Mit diesem eingeschränkten Inhalte würden die dinglichen Rechte bis zum Inkrafttreten des BGB. bestanden haben. Nun heißt es im Art. 184 EG. z. BGB., daß Rechte, mit denen eine Sache oder ein Recht zurzeit des Inkrafttretens des BGB. belastet ist, grundsätzlich mit ihrem bisherigen Inhalte und Range bestehen bleiben sollen. Das Reichsgericht hat dieser Vorschrift in Entsch. 48 (S. 63) die Auslegung gegeben, daß sich die Vorschrift nur auf solche Belastungen beziehe, welche bereits vor dem 1. Januar 1900 in das Grundbuch eingetragen seien und daß jedenfalls die Eintragung dann nachträglich nicht mehr erfolgen könne, wenn das Recht nach den Grundsätzen des BGB. nicht eintragungsfähig sei. Es erübrigt, in diesem Falle zu diesen Ausführungen Stellung zu nehmen, da die Belastungen den Eheleuten E. gegenüber als Belastungen aus früherer Zeit jedenfalls nur dann eingetragen werden durften, wenn in der für den Grundbuchverkehr vorgeschriebenen Weise (§ 29 GrBO.) dargetan wäre, daß sie dieselben bei dem Erwerb des Grundstückes gekannt haben, sich also auf den öffentlichen Glauben des Grundbuches nicht berufen können. Dies steht in der angegebenen Weise nicht fest.

Es kann sich daher nur fragen, ob die in dem Antrage enthaltenen Belastungen nach dem Rechte des BGB. durch Eintragung neu begründet werden können. Es scheiden hier aus das Vorkaufsrecht, welches das Grundbuchamt zutreffend (§§ 1094 ff. BGB.) für eintragungsfähig erklärt hat und der Verzicht auf Ersatz von Bergschäden, welchen das Landgericht im Gegensatz zu der diesseitigen Praxis (vgl. Jahrbuch 21 A S. 310 für eintragungsfähig erachtet.

Nach der Auffassung des Beschwerdeführers handelt es sich um Reallasten im Sinne des § 1105 BGB. Nach dem BGB. sind Reallasten Belastungen eines Grundstückes der Art, daß an denjenigen, zu dessen Gunsten die Belastung erfolgt, wiederkehrende Leistungen aus dem Grundstücke zu entrichten sind. Die Reallast selbst, sowie die einzelnen Leistungen, welche aus dem Grundstücke zu entrichten sind, sind hiernach dinglicher Natur; daneben aber haftet der Eigentümer persönlich für die fälligen Leistungen (§ 1108 BGB.). Das Recht des Gläubigers und die Verpflichtung bestehen also nicht in einer Forderung bezw. in einer Leistung, vielmehr in fortgesetzt wiederkehrenden Forderungen bezw. Leistungen, durch welche aber das Rechts- bezw. Verpflichtungsverhältnis nicht erschöpft wird. In dem Wesen der grundbuchmäßigen Belastung liegt aber weiter, daß die Leistungen bei der Reallast in Geldforderungen umwandlungsfähig sind. Es folgt dies für die Reallasten noch besonders aus den Vorschriften der §§ 45, 46, 92, 121 ZwVG. § 92 sagt ausdrücklich, daß bei der Reallast an Stelle der Leistungen eine Rente tritt (Jahrbuch Bd. 22 S. 303 ff.). Dagegen ist nicht erforderlich, daß die wiederkehrenden Leistungen regelmäßig wiederkehrende oder jedesmal von gleicher Größe sind. Als wiederkehrende

Leistungen, welche allen diesen Anforderungen entsprechen, können die in der Eintragungsbewilligung enthaltenen Belastungen im allgemeinen nicht gelten. Gemeinsam allen den bewilligten Belastungen ist, daß sie zu Gunsten des Vereins eingetragen werden sollen.

Daß es sich bei der Verpflichtung zur Gebäudeversicherung um eine Leistung zu Gunsten des Vereins handeln könne, ist nicht ersichtlich und da die Dahrlehns- und Kaufgeldhypothek des Vereins auf dem Grundstück gelöscht ist, so fehlt es überhaupt an einem jeden nachgewiesenen Interesse des Vereins an einer solchen Belastung des Grundstückes. Von einer Leistung an den Bergwerksverein als Berechtigten im Sinne des § 1106 BGB., für den eventuell in der Zwangsversteigerung deswegen eine Geldrente ausgeworfen werden könnte, kann hier nicht gesprochen werden.

In ähnlicher Weise steht es mit der Verpflichtung zum Wiederaufbau brandzerstörter Gebäude. Die Baupflicht Dritten gegenüber (z. B. die Kirchen- und Schulbaulast) kann allerdings auch eine Reallast im Sinne des BGB. darstellen; es sind unregelmäßig wiederkehrende Leistungen. Darunter läßt sich aber nicht die Verpflichtung in Beziehung auf die eigenen Gebäude, die auf den belasteten Grundstücken bestehen, bringen. Inwiefern es sich hier um Leistungen an den Verein, zu dessen Gunsten die Belastung eingetragen werden soll, handeln könne, ist nicht erfindlich. Eine Umwandlung der Belastung in eine Rente für den Verein im Falle der Zwangsversteigerung ist deshalb nicht möglich.

Auch die Verpflichtung zur Einholung der Genehmigung bei Neubauten kann in dieser Form als Reallast nicht eingetragen werden. Auch hier handelt es sich nicht um wiederkehrende Leistungen an den berechtigten Verein. Es ist aber auch offenbar gar nicht die Absicht der Beteiligten gewesen, eine solche Verpflichtung zu begründen, als vielmehr das Grundstück damit zu belasten, daß die Eigentümer ohne Genehmigung des Vereins nicht bauen dürfen. Darin würde eine beschränkte persönliche Dienstbarkeit, daß der Eigentümer auf dem Grundstücke gewisse Handlungen nicht vornehmen darf (§§ 1018, 1090 BGB.), enthalten sein. Aus diesem Gesichtspunkte ist die Bewilligung von den Vorinstanzen nicht geprüft worden, und muß daher die Sache insoweit zurückverwiesen werden.

Die Verpflichtung zur Anlage, Unterhaltung und Reinigung der Straßen scheitert (ganz abgesehen davon, ob es sich nicht vielleicht um eine öffentliche Last handelt, der nach Art. 11 Ausf.-G. zur GrBO. das Grundbuch schon deshalb verschlossen ist), daran, daß nicht feststeht, inwiefern diese Belastung zu Gunsten des Vereins bestehen, der Verein also als Berechtigter in Betracht kommen kann. Es ist nicht ersichtlich, daß die Leistungen auch nur indirekt dem Verein zugute kommen können.

Rechtsirrtümlich ist endlich die Auffassung des Landgerichts, daß das Vermietungsrecht um deswillen nicht ins Grundbuch eingetragen werden könne, weil die Miete selbst nur obligatorischen Charakter habe. Letzteres ist richtig, schließt aber die Eintragungsfähigkeit der hier in Betracht kommenden Last nicht aus. Denn dem sogenannten Vermietungsrechte entspricht auf der passiven Seite unmittelbar nicht sowohl die Verpflichtung, mit dem Berechtigten einen Mietvertrag abzuschließen — dabei würde es sich allerdings um eine rein persönliche Verpflichtung handeln — als vielmehr die Verpflichtung des jeweiligen Eigentümers, in jedem Falle eines abzuschließenden Mietvertrages in seinem Gebäude vorher dem Georgs-Marien-Verein Anzeige zu machen und ihm so den Eintritt in den Vertrag seinerseits zu ermöglichen. Diese Verpflichtung kann auf das Grundstück dergestalt gelegt werden, daß sie auf der aktiven Seite ein dauerndes Recht auf wiederkehrende, sich auf die Nutzung eines Grundstückes beziehende Leistungen, nämlich auf die Anzeige und Offerte des Mietvertrages darstellt, bei dem der jeweilige Eigentümer zugleich der persönlich Verpflichtete für die während der Zeit seines Eigentumes vorkommenden Vermietungsfälle ist. Dieses Recht hat auch einen Geldwert für den Verein, und es kann im Falle der Zwangsversteigerung kapitalisiert werden. Eine derartige im Grundbuche eingetragene Last stellt eine Reallast im Sinne des § 1105 BGB. dar. B.

f) **Begriff des „Vermögens". BGB. § 1086.**

OLG. Dresden, IV. ZS. Urteil v. 31. März 1903.

Der Beklagte hält die Widerspruchsklage der Klägerin für unzulässig, weil der § 1086 auch den Fall treffe, in welchem der Schuldner an einem einzelnen, jedoch den einzigen realisierbaren Teil seines Vermögens darstellenden Gegenstande einen Nießbrauch bestellt. Auch handle es sich hier um einen Nießbrauch am ganzen Vermögen seiner Schuldner oder an einem Teile derselben. Diese Ansichten sind aber irrig. Schon die Stellung des § 1086 in einem besonderen, den „Nießbrauch an einem Vermögen" behandelnden Abschnitte, sowie der, die Anwendbarkeit des § 1086 regelnde Satz von § 1085 lassen erkennen, daß es sich hier um eine Ausnahmebestimmung handelt, die nicht auf den in anderen Abschnitten behandelten Nießbrauch „an Sachen" oder „an Rechten" anzuwenden ist. Sie soll nach der Absicht des Gesetzgebers dem, in der Regel nur beim Nießbrauch an einem Vermögen zu befürchtenden Nachteile vorbeugen, daß die Gläubiger durch dessen Bestellung in ihrem Zugriffe auf das Vermögen ihres Schuldners in besonders hohen, der Billigkeit nicht entsprechendem Grade beschränkt sein würden (Staudinger, Vorbem. I und I 1 zu § 1085). Daß diese Gefahr auch bei Bestellung des Nießbrauchs an einzelnen Sachen oder Rechten dann vorliegt, wenn letztere den wertvollsten oder gar den einzig pfändbaren Teil der Habe des Bestellers bilden, soll nicht verkannt werden. Das Gesetz gibt indes keine Handhabe zur Anwendung jener Ausnahmebestimmung auf solche Fälle; die Gläubiger bleiben dann vielmehr in ihrem Zugriff auf das sonstige Vermögen des Schuldners und gegebenenfalls auf die Anfechtung der Nießbrauchsbestellung beschränkt.

Das BGB. erläutert ferner zwar nirgends, was es unter „einem Vermögen" versteht. Soviel ergibt sich aber mit Sicherheit aus den vielfachen Anwendungsfällen dieses Wortes, sowie ähnlicher Ausdrücke und Begriffe, wie: Erbschaft, Gesamtgut 2c, daß der Gesetzgeber an der gemeinrechtlichen Auffassung festhält, nach der darunter ein Inbegriff, also eine Gesamtheit von Gegenständen und zwar zum Unterschiede von den Sachgesamtheiten (universitates facti) ein Inbegriff von Sachen und Rechten, also eine Mehrheit von einzelnen, als ein Ganzes aufgefaßten Dingen verstanden wird, worin nicht bloß körperliche, sondern auch unkörperliche Dinge enthalten sein können (universitates juris). So wenig derartige Inbegriffe körperliche Sachen sind, ebensowenig stellen einzelne körperliche Sachen als solche ihrerseits einen Vermögensinbegriff dar (Staudinger, Einleitung zu §§ 90 ff. unter IV, vgl. auch Annalen 11 S. 183). Dies hindert natürlich nicht, daß der vieldeutige Ausdruck „Vermögen" häufig, besonders im Verkehrsleben in einem anderen als dem obigen Sinne gebraucht wird, daß man darunter nicht bloß vielfach nur das Aktiv- oder Nettovermögen einer Person, sondern auch einen einzigen Gegenstand versteht, der den Hauptbestandteil dieses Vermögens bildet (vgl. z. B. Annalen 20 S. 345). Auf derartige Fälle können aber nicht ohne weiteres diejenigen Gesetzesvorschriften angewendet werden, die, wie §§ 1085 ff., mit „Vermögen" lediglich den Begriff einer Gesamtheit von Gegenständen verbinden wollen, einen Begriff also, bei dem der wirtschaftliche Wert der einzelnen, in der Gesamtheit enthaltenen Gegenstände oder dessen Verhältnis zum Werte der Gesamtheit selbst gar nicht in Frage kommt. Dr. W.

g) **Wesen des Vorkaufsrechts. Scheingeschäft.**

OLG. Königsberg, II. CS. Urteil v. 17. Juni 1903.

Nach dem Klagevortrag hat A. sein Vorkaufsrecht nur zum Schein ausgeübt. Aus den dafür angeführten Tatsachen würde jedoch nur folgen, daß A. nicht beabsichtigte, das Grundstück des Beklagten für sich zu erwerben, sondern es lediglich dem Beklagten zurückzugeben, mithin den zwischen den Parteien geschlossenen Kaufvertrag rückgängig zu machen. Dadurch würde keineswegs die Ernstlichkeit der Ausübung ausgeschlossen. Denn nicht darauf kommt es an, welchen Zweck der Berechtigte mit Ausübung des Vorkaufsrechts verband; er kann es auch ausüben in bloß negativer Tendenz, wenn er beabsichtigt, es nicht dem Käufer zu lassen. Ernstlichkeit ist daher immer anzunehmen, wenn der Berechtigte die Absicht hat, die Verfügung über das Grundstück zu erlangen. Wie er dagegen darüber verfügt, ob er es für sich behalten und selbst bewirtschaften, ob er es einem anderen verkaufen oder schließlich gar wieder in die Hände des Verkäufers spielen will, ist gleichgültig. Auch die bloße Absicht, es dem Käufer nicht zu lassen, nimmt seiner Erklärung nicht den Charakter der Ernstlichkeit. Daß dies auch der Standpunkt des Gesetzgebers ist, geht aus den Motiven 3 S. 449 hervor, die die Beibehaltung des dinglichen Vorkaufsrechts dahin begründen: „Wer Land an Kleingrundbesitzer veräußert, hat das Interesse, sich einen Einfluß darauf zu bewahren, in welche Hände das veräußerte Land gelangt; . . . das

Streben nach Bewahrung eines solchen Einflusses kann nicht für unberechtigt gehalten werden“. Diese Ausführung läßt mit Sicherheit erkennen, daß es nicht darauf ankommt, ob der Berechtigte das Grundstück selbst behalten will, vielmehr genügt, wenn er nur verhindern will, daß ein ihm unbequemer Dritter es erwerbe.... Besondere Umstände, warum dies vorliegend gegen Treu und Glauben verstößt, sind nicht ersichtlich; auch würde ein solcher Verstoß nicht ohne weiteres die Ausübung des Rechts hinfällig machen. Th.

5

a) **§§ 1123, 1124 BGB. geben dem Hypothekengläubiger keinen selbständigen Arrestgrund.**

OLG. Hamburg, II. CS. Beschluß v. 21. April 1903.

Nach §§ 1123, 1124 ist (innerhalb der daselbst vorgesehenen zeitlichen Grenzen) der Hypothekengläubiger gegen Verfügungen des Eigentümers über die Mietzinsforderungen oder gegen deren Pfändungen nicht geschützt, welche vielmehr dem Hypothekar gegenüber wirksam sind, solange nicht seinerseits eine „Beschlagnahme“ der Forderungen erfolgt ist. Eine solche kann, abgesehen von einer Zwangsvollstreckung (vgl. § 148 Satz 1 ZwVG.), nach den allgemeinen Vorschriften des Prozeßrechts erfolgen, also auch mittels einer Arrestpfändung, sofern die Voraussetzungen eines Arrestes vorliegen. Nicht aber ist durch die §§ 1123, 1124 ein neuer selbständiger Arrestgrund eingeführt worden. Der Hypothekar kann nicht schon seines Hypothekenrechts wegen einen Arrestbeschluß und auf Grund desselben die Pfändung der Mieten beanspruchen, wodurch er sich ein Pfandrecht daran verschaffen würde, das stärker sein würde als sein Hypothekenrecht, indem es vor den in der Rangordnung ihm sonst vorhergehenden Hypothekariern den Vorzug haben würde. Ihm dies zu verstatten, liegt kein Grund vor. Ebensowenig kann ihm ein Arrest in der Beschränkung auf die Mietforderungen bewilligt werden. Der dingliche Arrest wird allgemein in das Vermögen des Schuldners gegeben, und die Pfändung einzelner Vermögensgegenstände ist dann nur die Ausführung des so angeordneten dinglichen Arrestes. Auch würde mit einer derartigen beschränkten Arresterteilung die vorerwähnte Verschiebung der Rangordnung nicht minder verknüpft sein als bei einer Pfändung auf Grund eines allgemeinen Arrestes. M. M.

b) **Die Rechte aus § 1128 BGB. stehen dem Hypothekar in Bezug auf Ersatzansprüche für Bergbauschäden aus der Zeit vor 1900 nicht zu.**

OLG. Naumburg, I. CS. Urteil v. 24. Februar 1903.

Die Artt. 52, 53 EG. geben dem Hypothekar für den Fall einer Zwangsentziehung ein Recht auf die Entschädigung; er erwirbt das Recht auf Grund seines Hypothekenrechts, das mit der Zwangsentziehung erlischt. Diese Wirkung des untergehenden Hypothekenrechts kann nur dann eintreten, wenn es zurzeit des Inkrafttretens des BGB. noch bestand. War es schon vorher durch die Zwangsentziehung erloschen, so kann es jene Rechtswirkung nicht mehr zur Folge haben. In gleicher Weise ist der Art. 67² auf Entschädigungsansprüche, die aus früher entstandenen Bergbauschäden erwachsen sind, nicht anzuwenden. Nach früherem Recht hatte der Hypothekar keinerlei Anrechte auf diese Entschädigung. Das neue Recht hat nicht das Hypothekenrecht auf die persönliche Forderung des Grundeigentümers erstreckt, sondern es hat ihm für den Fall einer bergbaulichen Beschädigung des Grundstückes und der dadurch bedingten Beeinträchtigung der Hypothek dieselben Rechte an dem Entschädigungsanspruche eingeräumt, die ihm im Falle einer Zwangsversteigerung auf Grund des erloschenen Hypothekenrechts am Erlöse zustehen. Diese Ansprüche sind ein Ausfluß des Hypothekenrechts und können daher auf Grund des neuen Rechts nur dann entstehen, wenn die gesetzlichen Voraussetzungen unter der Herrschaft des neuen Rechts eingetreten sind. L.

c) **Abtretung eines Hypothekenanteils an die ostpreußische Landschaft. Wie ist der Brief zu bilden? BGB. § 1152. Ausf.-G. Art. 21.**

Kammergericht, I. CS. Beschluß v. 18. Mai 1903.

Nach Abtretung einer Teilhypothek an die ostpreußische Landschaft und Bildung eines Teilhypothekenbriefes gemäß § 61 GrBO. verlangte die Landschaft, da die Umschreibung eine Novation enthalte, die Bildung eines neuen Briefes unter Weglassung der neuen Eintragungen. Der Antrag wurde abgelehnt und die weitere Beschwerde zurückgewiesen. Gründe:

Der § 226 des Landschaftsreglements vom 24. Dezember 1808 bestimmt: „Soll ein schon eingetragenes Kapital durch Pfandbriefe abgelöst werden, so ist das Originalschulddokument und die dazu gehörige Hypothekenrekognition durch das Hypothekengericht zu vernichten, und die Pfandbriefe werden an Stelle dieses vernichteten Dokuments eingetragen." Der Grund der Vernichtung des Instruments ist darin zu suchen, daß die alte Forderung unterging und an ihre Stelle eine Formalobligation trat, bestehend in einem von der causa abgelösten Summenversprechen. Über dieses wurde ein als Inhaberpapier fungierender Pfandbrief ausgestellt (Brünneck bei Gruchot 28 S. 324, 506). Es wurde also durch Novation der Untergang der bisherigen Hypothekenforderung herbeigeführt (Obertrib. 39 S. 90; v. Kamptz Jahrbuch 43 S. 588; Eccius I § 99 N. 25), wobei die neue Verbindlichkeit auf den alten Locus im Hypothekenbuch übertragen wurde. Damit verlor das Hypothekeninstrument seine Bedeutung. Hierin trat mit den durch Erlaß vom 28. Februar 1895 genehmigten zusätzlichen Bestimmungen eine Änderung ein. Es fand eine Eintragung von Pfandbriefschulden im Hypothekenbuche nicht mehr statt. Es wurden Schuldurkunden in Höhe der bewilligten Anleihen aufgenommen, und auf Grund dieser erfolgte die Eintragung im Grundbuche unter Bildung eines Dokuments. Die Abtretung hatte nicht mehr die Wirkung einer Novation; die Forderung ging auf die Landschaft über und erlitt nur gewisse Modifikationen (vgl. Brünneck in Gruchot 28 u. 29). Das Dokument blieb danach in Kraft. Trotzdem sollte es nach Art. 6 der Instruktion der Landschaft zur Ausführung der vorerwähnten zusätzlichen

Bestimmungen, welche irrtümlich in der Umschreibung der abgetretenen Forderung in eine Forderung der Landschaft eine Novation erblickte (Instruktion Art. 3), bei der Vernichtung des alten Dokuments verbleiben, und über die novierte Pfandbriefschuld ein neues Dokument gebildet werden. . . . Dieser Art. 6 ist im § 128 der Landschaftsordnung vom 7. Dezember 1891 inhaltlich wiederholt, und diese Bestimmung ist auf Grund des Art. 21 Ausf.-G. zur GrBO. in Kraft geblieben, da dieser Artikel sich nicht bloß auf die Eintragungen im Grundbuche, sondern auf das ganze Verfahren beim Grundbuchamte in Pfandbriefangelegenheiten erstreckt. Es würde danach, wenn die ganze Hypothek abgetreten wäre, kein Zweifel bestehen können, daß der alte Brief zu vernichten und ein neuer auszufertigen wäre.

Nun hat aber vorliegend nur eine Teilabtretung stattgefunden. § 128 cit. erwähnt diesen Fall nicht. Es versteht sich von selbst, daß die Vernichtung des Briefes, welcher dem Gläubiger für seine Resthypothek verbleibt, hier ausgeschlossen ist. Fragen kann sich nur, ob für die abgezweigten x Mark ein Teilhypothekenbrief gemäß § 61 GrBO. oder ein neuer selbständiger Hypothekenbrief zu bilden ist. Wäre letzteres in der Landschaftsordnung vorgesehen, so würden der fortdauernden Geltung einer solchen Bestimmung grundbuchrechtliche Bedenken nicht entgegenstehen. Eine solche fehlt aber, und zu einer entsprechenden Anwendung des § 128, welcher eine Ausnahme von der Regel darstellt, liegt kein Grund vor. Welchen Zweck die Vorschrift verfolgt, ist aus der Landschaftsordnung nicht zu ersehen. Die Beschwerdeführerin will ihn darin finden, daß der Landschaft die Prüfung erleichtert werden solle, ob das Pfandbriefdarlehn mit der vorgeschriebenen Sicherheit eingetragen sei. Sowohl dieser allgemeine Gesichtspunkt, als auch die Vorschrift des Zerschneidens des Briefes führe dazu, daß der neue Brief nicht den ganzen Inhalt des alten wiederzugeben habe. Dem steht aber entgegen. [Es wird dargelegt, daß die vorgebrachten Gründe unzutreffend sind, und daß der § 128 cit., der ausdrücklich auf das alte Reglement von 1808 Bezug nehme, lediglich eine Reminiszenz an den alten Rechtszustand darstelle.] Allerdings muß die Bestimmung, da sie geltendes Recht geblieben ist, vom Grundbuchrichter weiter beachtet werden. Allein zu einer Anwendung auf den Fall einer Teilabtretung durch Bildung eines Hypothekenbriefes anstatt eines Teilhypothekenbriefes liegt keine Veranlassung vor. R.

d) **Verpfändung noch nicht fälliger Coupons durch den Nießbraucher. BGB. §§ 1204, 932.**

OLG. Braunschweig, II. CS. Urteil v. 7. Mai 1903.

Dem Müller A. steht laut väterlichen Testamentes der Nießbrauch an der seinen minderjährigen Kindern vermachten Obligation zu. Er hat 1901 die von 1903 bis 1910 fällig werdenden Coupons an seine Schwester für ein Darlehn verpfändet. Nachdem ihm die Verwaltung wegen Mißwirtschaft entzogen ist, hat der Pfleger die Herausgabe der Coupons beansprucht und erstritten. Gründe:

A. hat kraft seines Nießbrauchsrechts, mag es vor oder nach dem 1. Januar 1900 entstanden sein und dem gemeinen Recht (Art. 184 EG.) oder dem BGB. unterliegen, ein Recht auf Erwerb der fälligen Zinscoupons. Die Art und Weise dieses Eigentumserwerbes richtet sich nach dem Gesetze, unter dessen Herrschaft er sich vollzogen hat, mithin hat A. die während seines Nießbrauchrechts nach dem 1. Januar 1900 fällig gewordenen Coupons, gleichwie ein Nießbraucher das Eigentum an Früchten mit der Trennung vom Grund und Boden erlangt, mit ihrem Fälligwerden erworben (§§ 1039, 954 Planck zu § 1038 Note 2a.) Die Coupons waren zurzeit der Verpfändung noch nicht fällig und gehörten daher dem Verpfänder nicht; nach § 1207 finden deshalb die für den Erwerb des Eigentumes geltenden §§ 932, 934, 935 entsprechende Anwendung. Nach der Beweisaufnahme hat die Ehefrau A. im Auftrage ihres Mannes der Beklagten die Coupons übergeben, indem beide Teile darüber einig gewesen sind, daß der Beklagten ein Pfandrecht daran zustehen solle. Die Beklagte hat daher nach § 932 mit §§ 929 und 1205 ein Pfandrecht erworben, es sei denn, daß sie zurzeit der Übergabe der Coupons nicht in gutem Glauben gewesen sei. Nach § 932² fehlt der gute Glaube nur bei Kenntnis oder begründetem Zweifel, daß die Sache dem Veräußerer (Verpfänder) nicht gehört. Der Pfandnehmer erwirbt also nur dann ein Pfandrecht an der dem Verpfänder nicht gehörenden Sache, wenn er ihn gutgläubig für ihren Eigentümer hält. Dagegen genießt der Irrtum über die Verfügungsbefugnis eines Nichteigentümers den Schutz des guten Glaubens nicht. Weiß der Pfandnehmer, daß die Sache dem Verpfänder nicht gehört, so erwirbt er das Pfandrecht nicht, selbst wenn er sich in dem guten Glauben befunden hat, daß jener befugt sei, über die fremde Sache zu verfügen. Ein solcher Irrtum geht auf seine Gefahr und kann den Mangel einer rechtswirksamen Verpfändung ebensowenig heilen, wie ein Irrtum über sonstige Erfordernisse des Verpfändungsgeschäftes. Der § 366 HGB. ist aus Gründen der Handelsverkehrsbedürfnisse und im bewußten Gegensatze zum BGB. gegeben (s. Denkschrift zum HGB. S. 207) und kann [gegen die Ansicht von Wendt im Archiv f. civ. Prax. 89 S. 61] nicht analog angewendet werden auf Fälle, die den gesetzlichen Tatbestand nicht enthalten. Es ist auch nicht zulässig mit Dernburg (BR. 3 § 98 Nr. 4) im § 932² nur einen vom Gesetz hervorgehobenen Hauptfall des mangelnden guten Glaubens zu finden und als gutgläubigen Besitzer jeden anzusehen, der seinen Erwerb entschuldbar für rechtmäßig hält. Vielmehr ist § 932² als eine Begriffsbestimmung des mangelnden guten Glaubens der Ausdehnung gegen den klaren Wortlaut nicht fähig (Planck zu § 932—935 Nr. 2). Die Beklagte hat gewußt, daß die Obligation und die dazu gehörigen Coupons nicht dem Verpfänder, sondern den Kindern als Gläubigern der in der Obligation verbrieften Forderung gehörten. Sie schützt nicht ihren guten Glauben an das Eigentum des Verpfänders vor, sondern verteidigt sich mit dem Einwande, den Verpfänder für befugt gehalten zu haben, über das ihm nicht zustehende Eigentum seiner Kinder kraft seines Nießbrauchrechts zu verfügen. Ob der Verpfänder Kaufmann war, d. h. ob sein Gewerbebetrieb als Müller über den Umfang eines Handwerkes hinausging (§ 1 Nr. 2 HGB.), kann dahingestellt bleiben, denn der gute Glaube der Beklagten bezieht sich nicht darauf, daß A. in seinem Gewerbebetriebe über fremde Sachen für deren Eigentümer zu verfügen berechtigt gewesen sei, sondern betrifft die Grenzen des ihm testamentarisch zustehenden Genußrechts. Diesem Glauben ist aber der Schutz versagt. Allerdings hätte nach § 185^2 die Beklagte an den inzwischen fällig gewordenen Coupons mit deren Fälligkeit ein Pfandrecht erworben; allein der erste der eingeklagten Coupons wird erst Ende 1903 fällig. Hdt.

e) **Begriff der Übergabe. BGB. § 1205.**

OLG. Königsberg, II. CS. Urteil v. 6. Mai 1903.

Dadurch, daß der Werkführer des M. in Gegenwart und mit Zustimmung des M. vom Kläger zum Aufseher über die zu verpfändenden Holzbestände bestellt wurde, ging die tatsächliche Gewalt über die Hölzer dem M. verloren und auf den Kläger über. Denn blieb auch der bestellte Aufseher im übrigen weiterhin Angestellter des M., so durfte er die ihm übertragene Aufsicht nach dem übereinstimmenden Willen der Vertragschließenden hinfort nicht mehr für M., sondern nur noch für seinen Auftraggeber ausüben, der folglich nach §§ 854^1, 855 dadurch den alleinigen Besitz an den zu verpfändenden Hölzern erwarb. Somit entstand durch diese Übergabe in Verbindung mit dem auf Begründung des Pfandrechts gerichteten beiderseitigen Vertragswillen nach § 1205 ein gültiges Pfandrecht. Th.

f) **Erfordernisse der Verpfändung und des Zurückbehaltungsrechts an einer Briefhypothekenforderung.**

OLG. Colmar, II. CS. Urteil v. 29. April 1903.

Die Klägerin hat ihrem Sohne zur Hinterlegung bei einer Bank einen Hypothekenbrief über eine ihr zustehende Restkaufpreisforderung ausgehändigt. Der Sohn hat ihn mündlich der Beklagten verpfändet, welche Gläubigerin der in Konkurs geratenen Firma ist, zu deren Teilhabern er gehört. Die Beklagte ist zur Herausgabe des Briefes verurteilt worden. Gründe:

Die Beklagte behauptet nicht eine Verpfändung des Briefes an sich, als selbständiger Sache; deshalb kann dahingestellt bleiben, ob eine solche Verpfändung möglich ist. Eine Verpfändung der durch die Briefhypothek gesicherten Forderung hat aber nicht stattgefunden. Nach § 1274 Satz 1 wird das Pfandrecht an einem Rechte nach den für die Übertragung des Rechts geltenden Vorschriften bestellt. Nach § 1154 ist aber dazu die Erklärung der Abtretung in schriftlicher Form und die Übergabe des Briefes erforderlich; zugleich sind die Vorschriften des § 1117 anwendbar. Danach erwirbt der Gläubiger die Hypothek erst dann, wenn ihm der Brief vom Eigentümer übergeben wird. Auf diese Übergabe finden §§ 929 Satz 2, 930, 931 Anwendung. Folgerichtig müßten diese Vorschriften auf die in § 1274 Satz 1 vorgesehene Übertragung des Rechts Anwendung finden.

Damit jedoch diese Folge nicht eintrete, sind nach Satz 2 § 1274, wenn zur Übertragung des Rechts die Übergabe der Sache erforderlich ist, nicht die §§ 929 Satz 2, 930, 931, sondern §§ 1205, 1206 auf die Übergabe des Briefes anzuwenden (vgl. Planck zu §§ 1154, 1274 BGB.; Staudinger Anm. 1c zu § 1274; Biermann, Haidlen zu § 1274). An einer schriftlichen Abtretungserklärung fehlt es aber hier. Dagegen kommt die in § 1280 BGB. vorgeschriebene Anzeige hier nicht in Betracht, weil § 1280 sich nicht auf eine durch Hypothek gesicherte Forderung bezieht.

Die Beklagte macht weiter geltend, daß ihr jedenfalls am Briefe ein Zurückbehaltungsrecht zustehe. Dieses könnte auf Gesetz oder Vertrag beruhen. Für das erstere fehlen aber die im § 273 erforderlichen Voraussetzungen, insbesondere ein Gegenanspruch gegen die Klägerin, der sich aus demselben rechtlichen Verhältnis ergäbe, auf welchem die Verpflichtung zur Herausgabe des Briefes beruht. Ein solcher Gegenanspruch bestände auch dann nicht, wenn der Sohn den Brief von der Klägerin zur freien Verfügung erhalten und mit ihrem Wissen und Willen der Beklagten als Faustpfand übergeben hat. Gegenüber § 125 läßt sich aus dieser Tatsache kein Anspruch gegen die Klägerin stützen. Gegen die vertragsmäßige Einräumung eines Zurückbehaltungsrechts sprechen die eigenen Ausführungen der Beklagten, wonach sie lediglich eine Verpfändung und eventuelle Verwertung der Hypothekenforderung mit dem Sohne vereinbart hat. Daß aber, wer ein Pfandrecht bestellt, als darin enthalten, ohne weiteres auch ein Zurückbehaltungsrecht einräumen will, kann bei der verschieden gestalteten Natur beider Rechte durch das BGB. nicht angenommen werden. Die Entsch. des RG. 16 S. 169 erscheint hier nicht maßgebend, da die dortige Sachlage mit der jetzigen nicht übereinstimmt. Frdth.

6

a) **Verlöbnisbruch. Schadensersatz. BGB. §§ 1298, 1715.**

OLG. Karlsruhe, I. CS. Urteil v. 20. Dezember 1902.

Unbegründet ist der auf § 1715 gestützte Anspruch. Daß zu den hier erwähnten Aufwendungen an sich auch die Kosten einer der Entbindung nachfolgenden Krankheit der Mutter gehören können, kann allerdings nicht zweifelhaft erscheinen; dies trifft aber jedenfalls nur dann zu, wenn der ursächliche Zusammenhang der Krankheit mit der Schwangerschaft und Entbindung feststeht. Ein solcher Zusammenhang des in Frage stehenden Lungenkatarrhs der Klägerin würde aber auch dann nicht als festgestellt angesehen werden können, wenn sie bis zur Entbindung völlig gesund war und der Katarrh sich alsbald danach einstellte.

Ebensowenig kann die Entschädigung gemäß § 1300 beansprucht werden. Denn ein derartiger Anspruch steht beim Vorliegen der sonstigen Voraussetzungen des § 1298 der Verlobten unter allen Umständen nur im Falle der Unbescholtenheit zu, die Klägerin war aber zu der Zeit, als sie sich mit dem Beklagten verlobte, nicht mehr unbescholten. Sie hatte schon vorher mit einem anderen Manne geschlechtlich verkehrt und besondere Umstände dafür, daß sie gleichwohl nicht als bescholten anzusehen sein sollte, sind nicht geltend gemacht. Der Umstand allein, daß der Verkehr mit dem S. Dritten nicht bekannt war, kann zu einer derartigen Beurteilung der Sachlage (Planck Note 2 zu § 1300) nicht führen.

Dagegen ist Ersatzanspruch aus § 1298 begründet, weil kein wichtiger Grund zum Rücktritte vom Verlöbnisse vorlag. Unbedenklich darf davon ausgegangen werden, daß je nach Umständen auch Krankheit des anderen Verlobten den Rücktritt als berechtigt erscheinen lassen kann, und insbesondere wird gerade die Lungentuberkulose als ein Leiden angesehen werden müssen, bei dessen Vorhandensein dem anderen Verlobten der Abschluß der Ehe und deshalb auch eine Fortsetzung des Verlöbnisses billigerweise nicht zuzumuten ist. Immerhin erscheint jedoch das objektive Bestehen der Krankheit in ausgesprochener Form erforderlich und weder die auf ungenügender Grundlage beruhende irrige Annahme des Vorliegens eigentlicher Tuberkulose, noch eine bloße tuberkulöse Lungenaffektion von nur kurzer Dauer genügend; festgestellt ist ein am Tage des Rücktritts längst wieder gehobener Lungenkatarrh, unter allen Umständen nicht mehr als eine vorübergehende tuberkulöse Lungenaffektion. Anderweite wichtige Gründe zum Rücktritt bestanden gleichfalls nicht. Sollte auch die Klägerin den Beklagten zur Beiwohnung provoziert, „angelockt" haben, so konnte er daraus zur Lösung des Verlöbnisses Anlaß nehmen, wenn er die Anlockungen zurückwies, nicht aber auch dann, wenn er ihnen folgte und das Verlöbnis nach wie vor fortsetzte. — Dafür, daß die Klägerin ihn vor der Beiwohnung zur Heirat zu drängen gesucht hätte, erhellt nicht. Ein Grund zum Rücktritt wäre aber auch darin nicht zu erblicken und noch weniger vermöchte es ihn zu rechtfertigen, wenn sie während der Schwangerschaft oder nach der Geburt des Kindes eine Beschleunigung des Eheabschlusses herbeizuführen suchte, welcher von vornherein schon für nahe Zeit in Aussicht genommen war. Wenn endlich die Klägerin anläßlich des Besuches des Beklagten Dritten mitgeteilt hat, daß sie vom Beklagten ein Kind gehabt und daß er ihr das Heiraten versprochen habe, so hat sie damit doch nicht mehr als die Wahrheit gesagt und die dadurch betätigte Außerachtsetzung der Rücksichten, deren Beobachtung am Platze gewesen wäre, stellt sich nicht als eine besonders schwere Verfehlung dar. Ein Drohen mit Klage wäre nur erklärlich, dann aber auch durch die Sachlage entschuldigt, wenn der Klägerin damals schon Anlaß zu der Befürchtung gegeben war, daß der Beklagte seinem Eheversprechen nicht nachzukommen gewillt sei. Dr. E.

b) **Die Ehefrau kann auch in anderen, als den im § 1361 gedachten Fällen den Unterhalt in Geld verlangen.**[1]

OLG. Dresden, IV. CS. Urteil v. 8. Mai 1903.

[1] Vgl. Warneyers Jahrbuch 1 S. 157 bei § 1361 Nr. 2 bis 7.

Die Unterhaltspflicht des Mannes ist im allgemeinen durch § 1360[1] geregelt. Nach Absatz 3 ist allerdings der Unterhalt „in der durch die eheliche Lebensgemeinschaft gebotenen Weise“ zu gewähren. Das wird also, wie sich aus dem Begriffe und Wesen dieser Gemeinschaft ergibt, im Regelfalle, d. h. unter gewöhnlichen Umständen durch Naturalverpflegung im gemeinsamen Haushalte zu erfolgen haben. Keineswegs wird indes dadurch eine andere Art der Unterhaltsgewährung, insbesondere in Geld, ausgeschlossen, wenn die Umstände es erfordern. Eine solche Ausschließung hat dem Gesetzgeber schon nach der Entstehungsgeschichte des § 1360 ferngelegen (vgl. Rsp. 2 S. 16. 77), und sie ergibt sich auch weder aus dem Wortlaute noch dem Sinne des § 1360[3]. Der am Getrenntleben unschuldige Ehegatte würde sonst während der Ehe schlechter gestellt sein, als nach der Scheidung. § 1360[3] will vielmehr nichts weiter besagen, als daß der Unterhalt in der Art zu gewähren ist, wie es die eheliche Gemeinschaft nach Lage des Einzelfalles als geboten erscheinen läßt. Schon unter gewöhnlichen Umständen, also auch beim Zusammenleben der Ehegatten wird eine wenigstens teilweise Unterhaltsgewährung in Geld oft angezeigt erscheinen. Es sind aber auch zahlreiche Fälle denkbar, in denen die volle Unterhaltsgewährung in Form einer Geldrente gerade dem Wesen der Ehe am besten entsprochen wird, so überall da, wo die Frau mit Wissen und Willen des Mannes vorübergehend oder längere Zeit außerhalb seines Haushaltes verweilt (Annalen 15 S. 377). § 1361 enthält daher nicht den einzigen Ausnahmefall von der Regel der Naturalverpflegung, sondern trifft nur Bestimmungen für einen der Fälle, in denen diese Art der Unterhaltsgewährung durch besondere Umstände unmöglich gemacht oder doch durch Zweckmäßigkeitsgründe ausgeschlossen wird. Gerade daraus, daß der Mann nach § 1361 selbst im Falle seiner berechtigten Verweigerung des Zusammenlebens der Frau Unterhalt in Geld gewähren muß, ist vielmehr zu folgern, daß er sich dessen erst recht nicht weigern darf, wenn er ein Recht auf Getrenntleben überhaupt nicht hat, vielmehr die Aufnahme der Frau grundlos verweigert und dadurch die Verwirklichung ihres im Regelfall zunächst gegebenen Anspruches auf Naturalverpflegung schuldhaft vereitelt. Dies trifft hier zu; denn der Beklagte hat der Klägerin das Haus verboten, sorgt seitdem nicht für sie und hat ihre Wiederaufnahme trotz Aufforderung dazu verweigert (Annalen 22 S. 54, 23. 553; Sächs. Archiv 11 S. 623, 13 S. 248; Rsp. 2 S. 75. 201. 328. 331, 4 S. 83; JW. 1902 Beilage S. 215.) Dr. W.

c) Kein Ausstattungsanspruch der getrennt lebenden Frau. BGB. § 1361[2].

Kammergericht, III. CS. Urteil v. 24. März 1903.

... Der § 1361 gibt der mit Grund getrennt lebenden Frau das Recht, vom Manne standesmäßigen Unterhalt durch Entrichtung einer Geldrente und außerdem zu fordern, daß er ihr die zur Führung eines abgesonderten Haushalts erforderlichen Sachen aus dem gemeinschaftlichen Haushalt zum Gebrauch herausgibt. Es macht dabei keinen Unterschied, ob die Sachen zum Eingebrachten oder zum Gesamtgut oder zum Vermögen des Mannes gehören; der Anspruch bedarf auch keines Vorbehalts bei Aufgabe der ehelichen Gemeinschaft, sondern besteht, solange diese aufgehoben bleibt, und kann jederzeit im Laufe des tatsächlichen Getrenntlebens geltend gemacht werden. Er läßt andererseits das ehemännliche Verwaltungs- und Verfügungsrecht unberührt, da die Aufhebung der Gemeinschaft eine Veränderung der güterrechtlichen Beziehungen der Eheleute nicht zur Folge hat, und beschränkt sich, da er auf einem billigen Ausgleich der beiderseitigen Bedürfnisse beruht, der durch Verteilung des gemeinschaftlichen Haushalts herbeigeführt wird, auf das, was zurzeit seiner Geltendmachung vom gemeinschaftlichen Haushalt noch vorhanden ist: es soll vermieden werden, daß der Mann über seinen persönlichen Bedarf hinaus im Besitz und Genuß von Haushaltungssachen bleibt, während die Frau, die ein Recht auf Führung eines abgesonderten Haushalts hat, die hierzu nötigen Gegenstände entbehrt. Indem das Gesetz aber den Mann verpflichtet, aus dem ihm persönlich entbehrlichen Teil des Haushalts etwas an die Frau herauszugeben, setzt es einen bestimmten tatsächlichen Besitzstand voraus und legt dem Manne keineswegs die Verpflichtung auf, Haushaltungsgegenstände, die nicht oder nicht mehr vorhanden sind, anzuschaffen, um die Frau in den Stand zu setzen, einen eigenen Hausstand einzurichten. Einen derartigen Ausstattungsanspruch über die angemessene Zuteilung vorhandenen, dem Manne entbehrlichen Hausrats hinaus gewährt Satz 2 § 1361 der Frau nicht: bedarf sie bestimmter Haushaltungsstücke zur eigenen Einrichtung, die ihr vom Manne aus dem früheren gemeinschaftlichen Haushalt nicht gewährt werden können, so kann sie vielmehr nur durch Forderung einer entsprechenden höheren Unterhaltsrente die Mittel dazu sich verschaffen (vgl. Planck 4 S. 93).... Die Klägerin kann daher einen solchen Anspruch nicht an Stelle des ursprünglich auf Herausgabe bestimmter Möbel gerichteten Anspruchs geltend machen, und ihr Interesse an Herausgabe der ursprünglich geforderten Möbel beschränkt sich auf eine entsprechende Erhöhung der ihr nach § 1361 zustehenden Unterhaltsrente.

Z.

d) **Zuständigkeit des Landgerichts für einstweilige Verfügungen während des Schwebens des Scheidungsprozesses in der Berufungsinstanz. BGB. § 1361. CPO. §§ 627, 940.**

Kammergericht, III. CS. Urteil v. 19. Mai 1903.

Allerdings bildet die Pflicht des Mannes, der mit Recht getrennt lebenden Frau aus dem gemeinschaftlichen Haushalt unter gewissen Umständen die zur Führung eines abgesonderten Haushaltes erforderlichen Sachen herauszugeben, einen Teil seiner Unterhaltspflicht, deren Regelung nach Maßgabe des § 1361 in § 627 CPO. für die Dauer des Scheidungsprozesses allgemein dem mit dem Ehestreit befaßten Gericht eingeräumt ist. Hieraus folgt aber gemäß §§ 937, 943[1], 802 CPO. nur, daß dies Gericht (das Ehegericht) ausschließlich zuständig ist, wenn eine Verfügung nach § 627 beantragt oder erlassen ist, nicht auch, daß während eines anhängigen Scheidungsstreites kein anderes als das Ehegericht zum Erlaß einer einstweiligen Verfügung aus § 1361 befugt ist. Eine derartige Folgerung erscheint bei dem Mangel einer ausdrücklichen Bestimmung schon deshalb ausgeschlossen, weil bei einer gemäß § 627 CPO. zu erlassenden Anordnung die Prüfung der materiellen Voraussetzung des § 1361 — des Rechts zum Getrenntleben nach § 1353² BGB. — nicht in Frage kommt (vgl. JW. S. 602, 715ᵇ, 797) und die Feststellung dieses materiellen Rechts mit seinen folgenschweren Wirkungen nicht für die Dauer eines Scheidungsprozesses unmöglich gemacht sein kann. Der § 627 gewährt vielmehr nur während des Scheidungsstreites eine leichtere Möglichkeit für die Dauer des Prozesses bei dem Ehegericht eine Regelung der gesamten Unterhaltspflicht der Ehegatten unter sich herbeizuführen, entzieht aber nicht den Anspruch auf Unterhalt dem ordentlichen Verfahren. Der Frau ist also überlassen, ob sie nur für die Dauer des Scheidungsstreites bei dem Ehegericht, oder ohne diese zeitliche Schranke bei dem für die persönlichen Streitigkeiten der Eheleute sonst zuständigen Gericht ihre Unterhaltsansprüche geltend machen will. Ersteres wird die Regel, das zweckmäßige und für die nächstliegenden Interessen auch ausreichende Verfahren sein, aber ein Zwang, dies Verfahren einzuschlagen, besteht nicht (vgl. Gaupp-Stein zu § 627 CPO. unter IV; JW. 1900 S. 827[1]; Rsp. 1 Nr. 85).

Ist aber dem Ehegatten die Möglichkeit gegeben, seinen Unterhaltsanspruch gegen den anderen Teil während des Scheidungsprozesses im ordentlichen Verfahren durch Klage zu verfolgen, so ist auch ein Gericht der Hauptsache vorhanden, bei welchem — neben dem Ehegericht — in geeigneten Fällen eine einstweilige Regelung des Anspruches nach § 935 ff. CPO. nachgesucht werden kann. Vorliegend kann die Zuständigkeit des Landgerichts nicht deshalb beanstandet werden, weil die Frau später ihren Unterhaltsanspruch — soweit er auf Gewährung einer Geldrente gerichtet ist — gemäß § 627 beim Berufungsgericht geltend gemacht hat. Dadurch geht die einmal vorhandene Zuständigkeit nicht verloren und die Verschiedenartigkeit der Ansprüche würde selbst ihre gleichzeitige Geltendmachung an den bezeichneten Stellen unbedenklich machen. Offenbar aber hat die Frau ihren Anspruch auf Herausgabe der Sachen nicht gemäß § 627 nur für die Dauer des Scheidungsprozesses erhoben, und ebensowenig hat der erste Richter eine derart beschränkte Verfügung treffen wollen, vielmehr dem gestellten Antrage gemäß ohne Rücksicht auf den anhängigen Ehestreit lediglich auf Grund des § 1361 BGB. und des § 940 CPO. die streitige einstweilige Verfügung erlassen. Z.

e) Ergänzung der Zustimmung der Frau. BGB. § 1379.

Kammergericht, I. CS. Beschluß v. 25. Mai 1903.

A. hatte gegen seinen Schwiegervater auf Grund eines Mitgiftversprechens geklagt und eine Verurteilung dahin erlangt, daß die Klagesumme an Kläger „mit Genehmigung seiner Frau" zu zahlen sei. Da die Frau, welche von ihrem Manne getrennt bei ihrem Vater lebt, diese Zustimmung versagt, hat der Mann bei dem für seinen Wohnsitz zuständigen Amtsgericht beantragt, ihm die Zustimmung zur Einziehung der Urteilssumme zu erteilen. Das Amtsgericht lehnte ab, das Landgericht erteilte die Zustimmung; die weitere Beschwerde blieb erfolglos. Gründe:

Da etwas abweichendes nicht vereinbart ist, ist die dem A. versprochene Mitgift eingebrachtes Gut geworden, woran ihm Verwaltung und Nutznießung zusteht. Die Verwaltung hat er ordnungsmäßig zu führen (§ 1374). Speziell in Ansehung von Geld legt ihm das Gesetz die Pflicht auf, es nach den für die Anlegung von Mündelgeld geltenden Vorschriften (§§ 1807, 1808) für die Frau verzinslich anzulegen (§ 1377 [2]). Daraus folgt ohne weiteres, daß, da eine Anlage des Geldes bei dem Schwiegervater nicht stattgefunden hat, sondern lediglich die Verpflichtung zur Zahlung der Mitgift besteht, eine ordnungsmäßige Verwaltung verlangt, daß der Antragsteller die Einziehung und Anlegung des Geldes herbeiführt. Der Beschwerdeführerin mag zugegeben werden, daß, wenn der Mann mit ihrer Zustimmung die Forderung nicht einzieht, er ihr für den daraus erwachsenen Schaden nicht einzustehen hat. Allein daraus ergibt sich nicht mehr, als daß der Mann nicht verpflichtet ist, die Zustimmung der Frau ersetzen zu lassen. Dagegen hat der Mann das Recht, auch gegen den Willen der Frau eine dem Gesetze entsprechende Anlage des Eingebrachten herbeizuführen, und um dies zu ermöglichen, kann er eben die Zustimmung der Frau ersetzen lassen; daß aber die Einforderung der Mitgift, die weder sichergestellt ist, noch von der auch nur Zinsen gezahlt werden, einen Akt ordnungsmäßiger Verwaltung darstellt, unterliegt keinem Zweifel. Es fragt sich deshalb weiter, ob die Frau ihre Zustimmung mit ausreichenden Gründen verweigert.

Nicht beizutreten ist der Beschwerdeführerin zunächst darin, daß sie mit der Gestattung der Zwangsvollstreckung gegen ihren Vater eine sittliche Pflicht verletze. Daß die Verletzung einer Sittenpflicht ein ausreichender Grund für die Frau sein kann, ihre Zustimmung zu einem Rechtsgeschäfte des Mannes zu versagen, ist nicht zu bezweifeln. Eine solche Verletzung steht aber hier nicht in Frage. Kommt der Vater seiner urteilsmäßigen Verpflichtung nicht freiwillig nach, so ist nicht abzusehen, weshalb der Gebrauch der gesetzlichen Zwangsmittel gegen ihn einer Sittenpflicht widersprechen soll. Daß unter besonderen Umständen die Sache anders beurteilt werden kann, wenn z. B. eine sofortige Vollstreckung den wirtschaftlichen Ruin des Vaters zur Folge haben würde, während ein Aufschub dem Gläubiger keinen wesentlichen Nachteil bringen würde, mag zuzugeben sein. Von solchen besonderen Umständen ist aber nichts behauptet worden. Daß der Beschwerdeführerin das Leben bei ihrem Vater, bei dem sie wohnt, erschwert werde, kommt nicht in Betracht, da sie nach Zurückweisung der Scheidungsklage ohne Recht getrennt von ihrem Manne sich bei ihrem Vater aufhält. — Sie beruft sich ferner darauf, daß sie befürchte, daß der Mann das Geld nicht mündelsicher anlege, sondern für sich verbrauche; sein Grundstück sei überlastet, dagegen sei ihr Vater bereit, das Geld an mündelsicherer Stelle auf dem Grundstücke ihres Mannes eintragen zu lassen. Demgegenüber führt der Vorderrichter aus, daß nach der überreichten Bescheinigung der Wert des Grundstückes die Belastung erheblich übersteige. Daß der Antragsteller sonst unwirtschaftlich zu verfahren pflege oder sich in schlechten Verhältnissen befinde, habe die Frau selbst nicht behaupten können. Auch für ihren Verdacht, daß der Mann seiner Verpflichtung zur mündelsicheren Anlage nicht nachkommen werde, habe sie keinen Anhalt gegeben. Eine mündelsichere Stelle auf seinem Grundstück behufs Eintragung des Eingebrachten als Hypothek frei zu machen, sei der Mann nicht verpflichtet. Mangels jeden Verdachtes, daß der Mann seine Pflicht zur mündelsicheren Anlage verletzen werde, liege auch kein Grund vor, die Zustimmung nur unter der Bedingung einer bestimmten Anlage des Geldes zu erteilen; dadurch werde ohne Grund in das Recht des Mannes, die Anlage selbst zu bestimmen, eingegriffen. Diese Ausführungen, welche sich durchweg auf dem Gebiete rechtsirrtumsfreier Würdigung der konkreten Sachlage bewegen, lassen auch diesen Grund der Frau zur Versagung ihrer Zustimmung hinfällig erscheinen. Verfehlt ist die Rüge, daß das Landgericht zu Unrecht von der Frau den Nachweis verlangt habe, daß ihre Forderung nach den wirtschaftlichen Verhältnissen des Mannes geführt sein würde, vielmehr müsse der Mann nachweisen, daß er zur mündelsicheren Anlage im stande und Willens sei. Dabei ist verkannt, daß es auf dem Gebiete der freiwilligen Gerichtsbarkeit keine Beweislast im Sinne des Civilprozesses gibt, sondern daß das Gericht von Amts wegen die zur Feststellung der Tatsachen erforderlichen Ermittelungen zu veranstalten hat, und den Parteien nur obliegt, das Gericht durch Angabe von Tatsachen und Beweismitteln in seiner Aufgabe zu unterstützen. Der Vorderrichter ist nun unter Würdigung des gesamten Akteninhaltes zu dem Ergebnis gelangt, daß die Vermögensverhältnisse des Antragstellers nicht die Besorgnis rechtfertigten, er werde das Eingebrachte für sich verbrauchen, und daß die Besorgnis, er werde das Vermögen der Frau nicht mündelsicher anlegen, jedes Anhaltes entbehre.

Fr.

f) **Löschungsbewilligung der Ehefrau als Verfügung über eine zum eingebrachten Gut gehörige Hypothek. Nachweis der Einwilligung des Mannes.**[1] **BGB. §§ 1395. 1398.**

Kammergericht, I. CS. Beschluß v. 8. April 1903.

Die Vorinstanzen gehen davon aus, daß die Hypothek zum eingebrachten Vermögen der Gläubigerin Frau A. gehöre und daß deren Löschungsbewilligung als einseitiges Rechtsgeschäft zu erachten sei. Dies ist zutreffend. Nach Entw. I BGB. § 1091[1] sollte allerdings zur rechtsgeschäftlichen Aufhebung einer Hypothek ein zwischen dem Eigentümer und dem Gläubiger zu

[1] Rsp. 6 Nr. 32i S. 207.

schließender Vertrag erforderlich sein (Motive 3 S. 719). Dies ist aber im BGB. auf Grund von Beschlüssen der II. Kommission (Prot. 3 S. 602 f., 615 f.) geändert worden. Zwar bedarf es auch hiernach zur rechtsgeschäftlichen Aufhebung einer Hypothek einmal gemäß § 875 der Erklärung des Gläubigers, daß er das Recht aufgebe, d. i. der Löschungsbewilligung (§ 19 GrBO.), und sodann gemäß § 1183 und entsprechend § 27 GrBO. der Zustimmung des Eigentümers; beide Erklärungen aber werden vom BGB. als einseitige Rechtsgeschäfte behandelt, die sich selbständig gegenüberstehen (Rsp. 5 S. 404).

Weiter hat das Amtsgericht angenommen, daß die Löschungsbewilligung eine Verfügung über die Hypothek enthalte. Das Landgericht dagegen hat dies zutreffend verneint. Das BGB. gibt keine Begriffsbestimmung der Verfügung. Es ist darunter ein Rechtsgeschäft zu verstehen, durch welches unmittelbar ein Recht übertragen, belastet, geändert oder aufgehoben wird (Planck, Vorbem. 4 Abschnitt 3 Buch I S. 148). Nicht jede Löschungsbewilligung des Gläubigers kann danach als eine „Verfügung" über die Hypothek angesehen werden. Denn aus § 875² mit § 1168 Abs. 2 Satz 2 und § 1183 ergibt sich, daß der die Löschung Bewilligende nur unter bestimmten Voraussetzungen schon vor der bewirkten Löschung an seine Erklärung gebunden ist. Liegt keine dieser Voraussetzungen vor, so kann er seine Erklärung widerrufen. In solchem Falle enthält die Löschungsbewilligung eine Verfügung über die Hypothek nicht, da durch sie die Gläubigerrechte an der Hypothek nicht geändert worden sind. Andererseits kann die von Neumann (Anm. 2 zu § 1398) aufgestellte Ansicht, daß die Löschungsbewilligung ohne hinzukommende grundbuchliche Eintragung niemals eine Verfügung sei, nicht für zutreffend erachtet werden. Eine Verfügung besteht begrifflich in einem Tun, einem Handeln des Berechtigten; die Eintragung (Löschung) aber liegt nicht in der Hand desselben, wird nicht von ihm bewirkt. Sie kann daher nicht als ein Akt der Verfügung oder als deren Vollendung erachtet werden. Vielmehr ist im Falle der Aufhebung einer Hypothek durch Löschungsbewilligung eine Verfügung des Gläubigers schon dann für vorliegend zu erachten, wenn die Löschungsbewilligung in der Weise erklärt worden ist, daß der Gläubiger daran gebunden ist. Denn der Gläubiger hat dann seine Gläubigerrechte rechtsverbindlich aufgegeben, und hinsichtlich des Hypothekeninhabers ist unmittelbar eine Rechtsveränderung eingetreten (vgl. Jahrbuch 23 A S. 241). Der Gläubiger ist aber gemäß § 875², § 1168 Abs. 2 Satz 2, § 1183 an seine Löschungsbewilligung gebunden, wenn er sie dem Grundbuchamte gegenüber abgegeben oder dem Eigentümer in einer der GrBO. entsprechenden Form ausgehändigt hat.

Mit Recht hat demnach das Landgericht zur Rechtswirksamkeit der Löschungsbewilligung der Frau A., soweit dadurch letztere über die Hypothek eine Verfügung in obigem Sinne trifft, die Einwilligung des Mannes erfordert. Rechtsirrig ist jedoch, wenn das Landgericht diese Einwilligung nicht für vorliegend erachtet hat. Gemäß § 183 ist allerdings Einwilligung nur die im voraus erklärte Zustimmung; eine nachträgliche Zustimmung, eine Genehmigung gemäß § 184 ist nicht geeignet, die Einwilligung zu ersetzen und das ohne diese unwirksam zu machen; denn nichtige einseitige Rechtsgeschäfte können überhaupt nicht durch nachträgliche Genehmigung geheilt werden (Jahrbuch 21 A S. 198; Planck Anm. 2 zu § 111, Anm. 1 zu § 1398; Entsch. des RG. 50 S. 212). Nach der Fassung der notariell beglaubigten Urkunde hat zunächst die Frau A. die Löschung der Hypothek bewilligt, sodann der Beschwerdeführer als Eigentümer die Löschung beantragt und demnächst der Mann A. die Erklärungen seiner Frau genehmigt. Das Kammergericht (Rsp. 4 S. 492) hat für den dortigen Fall, bei dem ebenfalls in derselben notariell beglaubigten Urkunde sich die Genehmigungserklärung des Mannes an die vorhergehende Löschungsbewilligung der Frau anschloß, vom Grundbuchrichter die Prüfung verlangt, ob sich nicht aus dem Inhalt der Urkunde in Verbindung mit dem gemeinsamen Erscheinen der Eheleute vor dem Notar ergebe, daß der Mann auch schon vor Abgabe der Erklärung der Frau seine Einwilligung dazu erteilt habe. Vorliegend hat sich das Amtsgericht dieser Prüfung unterzogen, jedoch den Beweis der vorherigen Einwilligung des Mannes nicht als in der für den Grundbuchverkehr erforderlichen Weise erbracht angesehen. Das Landgericht hat erklärt, daß es diesem Bedenken nicht beitrete. Bei der Kürze dieser Bemerkung bleibt es zweifelhaft, ob das Landgericht die vorherige Einwilligung des Mannes entgegen dem Amtsgericht hat für erwiesen erachten wollen. Es kommt jedoch hierauf nicht an. Vom Notar, der die Urkunde beglaubigt hat, ist die letztere dem Grundbuchamt eingereicht worden. Das Landgericht entnimmt hieraus, daß die Löschungsbewilligung der Frau A. von dieser dem Beschwerdeführer als Eigentümer des Grundstückes ausgehändigt worden sei und daß diese Aushändigung eine Verfügung über die Hypothek enthalte. Unterstellt man erstere Annahme als richtig, so ist auch die letztere nach obigen Ausführungen zutreffend. Dann ist aber auch die vorherige Einwilligung des Mannes in die eine Verfügung über die Hypothek enthaltende Aushändigung der Löschungsbewilligung seiner Frau für dargetan zu erachten. Das Landgericht verneint dies allerdings. Es nimmt zwar an, daß die am Schlusse der Urkunde vom Manne erklärte Genehmigung vor der Aushändigung der Löschungsbewilligung erfolgt sei, meint aber, daß aus dieser Genehmigung nicht mit Sicherheit darauf geschlossen werden könne, daß der Mann damit auch zu der folgenden, eine Verfügung erst enthaltenden Aushändigung der Löschungsbewilligung eine Einwilligung erklärt habe, da es sehr wohl denkbar sei, daß ein Mann die ihn nicht berührenden Erklärungen genehmigt, in wirkliche Verfügungen über eingebrachtes Gut aber nicht habe einwilligen wollen. Dies ist jedoch rechtsirrtümlich. Hat der Mann die sich noch nicht als Verfügung über die Hypothek darstellende Löschungsbewilligung seiner Frau genehmigt und läßt er dann die eine Verfügung enthaltende Aushändigung der Löschungsbewilligung an den Eigentümer geschehen, so ist seine

Genehmigung als fortwirkend und daher die nachfolgende Aushändigung als von ihm vorher bewilligt zu erachten.

Es wäre demnach, wenn die Annahme des Landgerichts, daß die Frau A. ihre Löschungsbewilligung dem Eigentümer ausgehändigt habe, zutreffend wäre, die Einwilligung des Mannes in diese Verfügung über die Hypothek als erfolgt anzusehen. Jene Annahme erscheint jedoch bedenklich; denn die Urkunde hat nicht der Beschwerdeführer, sondern der Notar, der die Unterschriften beglaubigt hat, zu den Grundakten eingereicht. Danach ist vielmehr die Annahme gerechtfertigt, daß der Notar die Urkunde zum Zwecke der Einreichung ausgehändigt erhalten hat. Ist dies aber der Fall, so hat bis zur Einreichung an das Grundbuchamt eine Verfügung über die Hypothek seitens der Frau A. nicht stattgefunden, sondern eine solche ist erst durch die Einreichung erfolgt. Das Landgericht meint zwar, es sei offenbar, daß die Einreichung im Auftrage des Beschwerdeführers, nicht etwa der Frau A., geschehen sei, da der Notar bei Einreichung gebeten habe um „weitere Verfügung gemäß den in der Urkunde gestellten Anträgen" und allein vom Beschwerdeführer Anträge gestellt worden seien. Wäre dies zutreffend, so würde vielleicht die Annahme begründet erscheinen, daß der den Auftrag zur Einreichung erteilende Beschwerdeführer die Urkunde mit der Löschungsbewilligung zuvor ausgehändigt erhalten hatte. Allein die Auffassung des Landgerichts beruht auf Rechtsirrtum. Der Notar hat die Urkunde ohne Angabe eines Auftraggebers eingereicht. Da er gemäß § 15 GrBO. als ermächtigt galt, namens eines jeden, der in der Urkunde Erklärungen abgegeben hatte, Eintragungsanträge gemäß dem Inhalt der Urkunde zu stellen, so ist, sofern nicht bestimmte Tatsachen entgegenstehen, anzunehmen, daß er die Urkunde namens aller Erklärenden eingereicht hat (Jahrbuch 21 A S. 95, 24 A S. 93). Der Umstand aber, daß er gebeten hat, gemäß den in der Urkunde gestellten Anträgen das Weitere zu verfügen, erbringt für sich allein keinen Gegenbeweis, da die Bitte, den Anträgen stattzugeben, sehr wohl nicht bloß dem Willen des Beschwerdeführers, sondern auch dem der anderen Beteiligten entsprechen konnte, indem diese vielleicht ein Interesse daran hatten, die Angelegenheit baldigst zu Ende zu führen.

Ist hiernach die Einreichung der Urkunde als im Auftrage aller Beteiligten geschehen und daher gemäß Vorstehendem eine vorangegangene Verfügung über die Hypothek durch Aushändigung der Löschungsbewilligung an den Beschwerdeführer nicht als erfolgt zu erachten, so ist weiter anzunehmen, daß die Frau A. ihre Löschungsbewilligung auch gegenüber dem Grundbuchamt erklärt hat. Das Bedenken des Landgerichts, es sei nicht anzunehmen, daß ein Gläubiger die gegenüber dem Eigentümer bereits abgegebene Aufgabeerklärung nochmals dem Grundbuchamt gegenüber abgeben werde, könnte vielleicht dann ins Gewicht fallen, wenn es sich um eine nochmalige Erklärung desselben Inhalts vor dem Grundbuchamte handeln würde. Die Erklärung gegenüber dem Grundbuchamt im Sinne des § 875[2] hat aber, wenn eine die Aufhebung eines Rechts betreffende Erklärung bereits vorher abgegeben worden ist, nur zum Inhalt die Kundgabe an das Grundbuchamt, daß die vorhergehende Erklärung aufrecht erhalten werde; deshalb kann sie auch lediglich durch schriftliche Einreichung der die frühere Erklärung enthaltenden Urkunde abgegeben werden (Planck Note 3^b; Turnau-Förster Note 4 zu § 875). Diese sonach durch Einreichung der Löschungsbewilligung als erfolgt anzusehende Erklärung der Frau A. gegenüber dem Grundbuchamt ist als eine Verfügung zu erachten, welche der vorherigen Einwilligung des Mannes bedarf. Die Einwilligung aber ist in der in der Urkunde erklärten Genehmigung der Löschungsbewilligung in Verbindung mit der Nichtverhinderung der Einreichung der Urkunde an das Grundbuchamt zu finden. Hiernach ist die Löschungsbewilligung, auch soweit sie eine Verfügung über die Hypothek enthielt, seitens der Frau A. unter Einwilligung ihres Mannes erklärt worden. S.

7

a) **Schranken der vertragsmäßigen Regelung der güterrechtlichen Verhältnisse.**

OLG. Colmar, II. CS., Beschluß v. 25. Mai 1903.

Allerdings gewährt der § 1432 den Ehegatten in bezug auf Regelung ihrer güterrechtlichen Verhältnisse Vertragsfreiheit. Diese reicht aber nicht so weit, daß ihnen Bestimmungen gestattet wären, die mit dem Wesen des zwischen ihnen bestehenden und bestehen bleibenden Güterstandes nicht vereinbar sind. Vielmehr ist ihnen die Grenze gezogen, daß sich die vertragsmäßige Regelung innerhalb des Rahmens des durch sie modifizierten gesetzlichen Güterstandes zu halten hat. Vorliegend sind die beschwerdeführenden Eheleute dem gesetzlichen Güterstande unterworfen und bleiben es, solange sie ihn nicht ausdrücklich oder durch anderweitige Regelung ihrer güterrechtlichen Verhältnisse aufgehoben haben. Der gesetzliche Güterstand kennt aber kein Gesamtgut und kann es nicht kennen, da er seinem Wesen nach in Gütertrennung besteht, Gesamtgut aber nur bei der ehelichen Güter-, der Erbengemeinschaft und der Gesellschaft vorkommt und nicht angängig ist, solches für andere Verhältnisse vertraglich zu schaffen. Sonst beständen zwei verschiedene Güterstände nebeneinander, so daß Verwirrung und Rechtsunsicherheit nicht ausbleiben würden. Frdthl.

b) **Nach aufgehobener Gütergemeinschaft kann der Mann, welcher verurteilt war, der Mutter seiner Frau Unterhalt zu zahlen, Klage n. M. von CPO. § 767 für die Zukunft erheben. BGB. §§ 1435 ff.**

OLG. Hamburg, II. CS. Urteil v. 5. Mai 1903.

Der § 1435 steht nicht der Klage entgegen. Sein Zweck ist, einem Dritten, der im Vertrauen darauf, daß für eine Ehe der gesetzliche Güterstand oder ein vereinbarter und in das Güterrechtsregister eingetragener Güterstand bestehe, mit dem einen Ehegatten einen Vertrag geschlossen oder sich auf einen Prozeß eingelassen hat, die Sicherheit zu gewähren, daß die Wirksamkeit des Vertrags oder des Urteils nicht deshalb in Frage gestellt werden kann, weil tatsächlich ein anderer Güterstand zurzeit des Vertragsabschlusses oder der Rechtshängigkeit bestanden hat. Vorliegend lebte aber zu der Zeit, als die jetzige Beklagte den Vorprozeß anstellte, der jetzige Kläger in GG. Die Rechtswirksamkeit des Vorprozeßurteils wird deshalb angefochten, weil nachher die GG. aufgehoben worden ist, und nur für die Zeit, nachdem solches geschehen und in das Güterrechtsregister eingetragen ist. . . . Die Frage aber, ob der Beklagte dadurch eine Einrede erworben hat und nach § 767 CPO. geltend machen kann mit dem Erfolge, daß er von der im Vorprozesse festgestellten Verpflichtung, der Beklagten jährlich 60 Mark zu ihrem Unterhalt zu bezahlen, befreit wird, ist zu bejahen. Die Beklagte verweist auf § 1459², eventuell auf § 1480. Allein bei beiden Bestimmungen handelt es sich nur um solche Verbindlichkeiten, welche während der GG. entstanden sind. Das trifft bezüglich des Unterhalts für die hier noch in Betracht kommende Zeit nach Aufhebung der GG. nicht zu. Dieser Anspruch findet seine Begründung in der gesetzlich zwischen Verwandten bestehenden Unterhaltspflicht, er entsteht, solange die Vorbedingungen gegeben sind, in jedem Augenblick von neuem (Entsch. d. RG. 49 Nr. 37). Wenn auch die Unterhaltspflicht der Frau des Klägers ihrer Mutter gegenüber unverändert fortbesteht, so ist doch die hieraus sich ergebende Verbindlichkeit, soweit sie für die Zeit nach Aufhebung der GG. begründet ist, nicht zu den während der GG. entstandenen Verbindlichkeiten der Frau zu rechnen. An dieser Rechtslage wird auch dadurch nichts geändert, daß der Kläger rechtskräftig und zwar ohne Einschränkung verurteilt ist, den durch die Unterhaltspflicht seiner Frau begründeten Anspruch der jetzigen Beklagten persönlich zu erfüllen. Derartige Urteile bilden (Entsch. d. RG. 46 Nr. 18) keine unverrückbare Grundlage für den festgestellten Anspruch; der Verurteilte hat vielmehr ein Recht darauf, daß das Urteil außer Kraft gesetzt wird, wenn die Voraussetzungen, unter welchen es erlassen ist, hinfällig geworden sind. Dies trifft aber nicht allein dann zu, wenn die Vorbedingungen für eine Unterhaltspflicht weggefallen sind, sondern auch dann, wenn die Haftung für den einem Dritten gegenüber bestehenden Alimentationsanspruch wegen veränderter Verhältnisse nicht mehr begründet ist.

. . . Unbegründet ist dagegen der Antrag, die Beklagte zur Herausgabe der vollstreckbaren Ausfertigung des im Vorprozesse erlassenen Urteils zu verurteilen. Es fehlt an einer gesetzlichen Vorschrift, welche dem Verurteilten bei Durchführung des im § 767 CPO. vorgesehenen Verfahrens ein Recht auf Herausgabe des vollstreckbaren Titels gibt. Es bedarf einer solchen Herausgabe auch nicht, weil § 775 CPO. dem Verurteilten einen genügenden Schutz gewährt. M. M.

c) **Der § 1438² ist nicht anwendbar auf solche Gegenstände, die kraft besonderer Vereinbarung in das Gesamtgut fallen.**

OLG. Colmar II. CS. Beschluß v. 16. Februar 1903.

In dem Ehevertrage, durch den die Beschwerdeführer für ihre künftige Ehe Errungenschaftsgemeinschaft festsetzten, hat gleichzeitig der Vater des Bräutigams diesem schenkungsweise zwei Grundstücke übertragen, und im Anschluß daran haben die Beschwerdeführer sofort vereinbart, daß diese Grundstücke „zu der von ihnen vereinbarten Errungenschaftsgemeinschaft gehören und als Gesamtgut betrachtet werden sollen." Nach Abschluß ihrer Ehe haben sie beantragt: „1. das Eigentum des Schenknehmers und 2. den Vermerk, daß diese Liegenschaften Gesamtgut der Eheleute auf Grund vorstehender Vereinbarung sind," einzutragen. Die Eintragung zu 2. wurde abgelehnt; auch die weitere Beschwerde blieb erfolglos. Gründe:

Der durch § 1519² auf die Errungenschaftsgemeinschaft ausgedehnte § 1438² findet nur auf diejenigen Gegenstände Anwendung, welche kraft gesetzlicher Bestimmungen Gesamtgut werden. Nur bei diesen ersetzt die gesetzliche Bestimmung die sonst zur Übertragung des Eigentums erforderlichen Formalitäten. Eine andere Auffassung würde dem Inhalt und Zweck des § 1438² Gewalt antun. Zu jenen Gegenständen gehören aber die beiden Grundstücke nicht; sie sollen Gesamtgut werden kraft einer Vereinbarung der Beschwerdeführer. Daß die letztere als Auflassung aufzufassen wäre und das Miteigentum auf die Braut hätte übertragen sollen, wird nicht behauptet, aber auch schon durch ihren Inhalt widerlegt. Denn nur für den Fall des künftigen Eheabschlusses und von diesem Zeitpunkte ab sollen die Grundstücke gemeinschaftliches Eigentum sein. Als dinglicher Vertrag würde überdies die Vereinbarung nach § 925² unwirksam sein. Es mangelt hiernach an einer wirksamen Übertragung des Miteigentums an den Grundstücken auf die Ehefrau. Dr. Frz.

d) **Der gütergemeinschaftliche Ehegatte hat auch nach Auflösung der Ehe bis zur Auseinandersetzung wegen Kostenforderungen, die während der Ehe gegen den anderen Ehegatten entstanden sind, die Zwangsvollstreckung in das Gesamtgut zu dulden. BGB. § 1472.**

OLG. Posen, IV. CS. Urteil v. 14. Mai 1903.

Zur Entscheidung der Frage, ob die Klägerin wegen Kostenforderungen der Beklagten (Gerichtskasse) gegen A. die Zwangsvollstreckung in das Grundstück X. dulden muß, gewährt der § 3³ der Verordnung vom 15. Nov. 1899 dem Ehegatten des Kostenschuldners die gerichtliche Klage oder die Beschwerde bei der vorgesetzten Aufsichtsbehörde. Die Klage ist also an sich zulässig. Klägerin ist aber nicht berechtigt, sie in ihrem Namen allein und ohne Zustimmung ihres früheren Mannes A. zu erheben. Das Grundstück X. gehörte, obwohl die Klägerin allein als Eigentümerin eingetragen war, zum Gesamtgute, denn der Eigentumserwerb durch Eingehung neuer Ehe, für welche GG. maßgebend ist, vollzieht sich kraft Gesetzes außerhalb des Grundbuchverkehrs. Während der Ehe unterstand das Gesamtgut der Verwaltung des Mannes (§ 1443); an deren Stelle ist gemäß § 1472 bei Auflösung der Ehe die gemeinschaftliche Verwaltung der bisherigen Ehegatten getreten. Bis zur Auseinandersetzung sind sie nur gemeinschaftlich berechtigt, über das Gesamtgut zu verfügen und es zu verwalten. Das Recht und die Pflicht zur Verwaltung begreift auch das Recht und die Pflicht, Prozesse über einen zum Gesamtgut gehörigen Bestandteil zu führen (Planck Note 1 zu § 1472).

Die Klage ist aber auch unbegründet. Die Beklagte darf nach § 1459 für die Verbindlichkeit des X. Befriedigung aus dem Gesamtgut verlangen. Dieser während der Ehe begründete Rechtszustand ist durch die Auflösung der Ehe nicht geändert worden. Er dauert gemäß § 1475 bis zur Auseinandersetzung fort. Würde die Verbindlichkeit vor der Teilung nicht berichtigt werden, so würde die Klägerin sogar nach § 1480 die persönliche Haftung hierfür überkommen, wenngleich unter der Beschränkung der Haftung auf die zugeteilten Gegenstände. Im Verhältnis zu ihrem früheren Manne fällt die Verbindlichkeit allerdings diesem allein zur Last (§§ 1463 Nr. 1 und 3, 1475), Sache der Klägerin wird es sein, dies bei der Auseinandersetzung geltend zu machen. — Diese aus dem bürgerlichen Recht folgende Pflicht der Klägerin, die Vollstreckung in die in ihrem Besitze befindlichen Stücke des Gesamtgutes zu dulden, würde die Beklagte, wenn es sich nicht um eine Kostenforderung handelte, noch nicht zur Vollstreckung berechtigen. Dazu würde es nach § 743 CPO. noch der Verurteilung der Klägerin zur Duldung der Vollstreckung bedurft haben. Wegen Forderungen, die wie die Gerichtskosten im Verwaltungszwangsverfahren beigetrieben werden dürfen, ist es aber auch gegen Dritte, die zur Duldung der Vollstreckung verpflichtet sind, zulässig, und die Anordnung jenes Verfahrens ersetzt nach § 3^1 der Verordnung die sonst zur Zulässigkeit der Zwangsvollstreckung nach der CPO., insbesondere nach § 743 erforderlichen Titel. Dies widerspricht keineswegs dem Reichsrecht. Denn Gerichtskosten sind Abgaben; über die Verbindlichkeit zu ihrer Entrichtung findet in der Regel kein Prozeß statt (ALR. II 14 § 78). Ihre Beitreibung erfolgt im Verwaltungswege, dessen Verfahren die Landesgesetzgebung bestimmt, ohne dabei durch Vorschriften des Reichsrechts behindert zu sein (vgl. Entsch. d. RG. 25 S. 332). R.

e) **Unterblieb bei der Verlegung des Ehewohnsitzes die Bekanntmachung des § 352 ALR. II 1, so haftet doch die Frau nicht für Verbindlichkeiten des Mannes, die nach dem 1. Januar 1900 entstanden.**

OLG. Posen, IV. CS. Urteil v. 5. Juni 1903.

Da die Beklagten ihren ersten Ehewohnsitz in Schlesien gehabt haben, so bestand für ihre Ehe der gesetzliche Güterstand des ALR. II 1 Abschnitt 5, an dessen Stelle das gesetzliche Güterrecht des BGB. getreten ist. Nach beiden Güterrechten ist die Frau für die vom Manne eingegangenen Verpflichtungen nicht mitverhaftet. Der Anspruch gegen die Frau läßt sich auch nicht auf § 352 II 1 stützen. Danach müssen zwar, wenn Eheleute ihren Wohnsitz von einem Orte, wo keine GG. obwaltet, an einen anderen Ort, wo sie stattfindet, verlegen, alle von ihnen hier vorgenommenen Handlungen in Beziehung auf einen Dritten nach den Regeln der GG. beurteilt werden, solange nicht die gemäß § 416 zulässige Ausschließung dieser Folge vorschriftsmäßig bekannt gemacht ist. Diese Bestimmung hat indessen, wie die Begründung des Ausf.-G. hervorhebt (S. 94) gegenüber den 1900 vorgenommenen Rechtsgeschäften ihre innere Berechtigung verloren und ist deshalb durch Art. 59 § 9 das. aufgehoben worden (vgl. **Hodler** Anm. 2a zu Art. 59 § 9; **Habicht** S. 590 Anm. 1; Kom.-Ber. des Herrenhauses S. 18, wonach der Regierungsvertreter ausdrücklich erklärte, die Aufhebung des § 352 habe die Bedeutung, daß Ehegatten mit dem gesetzlichen Güterstande der landrechtlichen Verwaltungsgemeinschaft, die vor dem 1. Januar 1900 in das Gebiet der landrechtlichen GG. verzogen seien oder später dahin verzögen, auch Dritten gegenüber künftig als nach dem gesetzlichen Güterstande des BGB. lebend gälten). R.

f) **Anfechtung einer Gütertrennung.**

OLG. Colmar, III. CS. Urteil v. 9. Juni 1903.

Die klagende Ehefrau wurde auf die Widerklage des Pfändungsgläubigers verurteilt, die Zwangsvollstreckung in die ihr gegen X. zustehenden Mietzinsen zu dulden. **Gründe:**

... Mit Abschluß des die Fahrnisgemeinschaft aufhebenden und die Gütertrennung vereinbarenden Ehevertrags hat die Klägerin das freie Verfügungsrecht über ihr eingebrachtes Gut erlangt, insbesondere über dessen Erträgnisse, welche bisher dem Gesamtgut zuflossen. Sie ist an Stelle ihres Mannes in den Mietvertrag eingetreten und allein zur Verfügung über die Mietzinsen befugt. Letztere sind an sich den Zugriffen der Gläubiger ihres Mannes und des Gesamtgutes entzogen. Der Beklagte hat nun die Gütertrennung auf Grund des § 3 Z. 4, 1 Anf.-G. angefochten. Die Auffassung, daß der Gütertrennungsvertrag als solcher nicht angefochten werden könne, ist unzutreffend. Das BGB. enthält keine Bestimmung, durch welche die im Laufe der Ehe geschlossenen Eheverträge der Anfechtung entzogen werden. Eine solche Entziehung kann auch nicht daraus hergeleitet werden, daß das BGB. die Aufhebung des ursprünglichen Güterstandes und die Vereinbarung der Gütertrennung während der Ehe zuläßt und die Rechtsfolge billigt, daß dadurch das Vermögen des nichtschuldnerischen Ehegatten den Zugriffen der Gläubiger des anderen Ehegatten entzogen wird. Das BGB. geht hierbei allerdings von der Voraussetzung aus, daß das Interesse der Ehegatten die Zulässigkeit der vertragsmäßigen Aufhebung der GG. dringend erheische und daß diesem Interesse der Ehegatten die Rücksicht auf die Verkehrssicherheit, insbesondere die Rücksicht auf die Gläubiger des Ehemannes nachstehen müsse (Motive 4 S. 308). Zum Schutze gutgläubiger Dritter hat das BGB. aber zugleich die Vorschrift des § 1425 getroffen; andererseits (Motive 4 S. 318) hat es ausdrücklich hervorgehoben, daß den Gläubigern durch die KO. und das Anf.-G. ein ausreichender Schutz gewährt werde. Ebenso ist auf S. 294 besonders betont, daß ein die Beendigung des gesetzlichen Güterstandes bestimmender Vertrag der Anfechtung nach § 3 Z. 4 unterliege. Allerdings kann ein richterliches Urteil, das die GG. gemäß § 1468 aufhebt, an sich durch die Gläubiger nicht angefochten werden. Ob dies auch bei der vertragsmäßigen Aufhebung beim Vorliegen der Voraussetzungen des § 1468 zutrifft, kann dahingestellt bleiben, da diese Voraussetzungen hier nicht gegeben sind. § 1435 scheidet hier aus, weil die Klägerin gegen das der Vollstreckung zugrunde liegende Urteil nichts einwendet.... Endlich enthält der Vertrag eine Verfügung des Mannes zugunsten seiner Frau insofern, als er ihr die Erträgnisse ihres eingebrachten Gutes zurückgewährt, ohne daß er durch Gesetz, durch Urteil oder durch einen vor der Anfechtungsfrist abgeschlossenen Vertrag hierzu verpflichtet war. Rückgewähr ist (Petersen, KO. S. 184 Anm. 11) jede Verminderung des dem Zugriffe der Gläubiger unterworfenen Vermögens des Schuldners infolge gänzlicher oder teilweiser Aufhebung der durch die Ehe begründeten Güterrechtsverhältnisse. Demgemäß war bisher die Anfechtbarkeit der vertragsmäßigen Aufhebung der GG. in Rechtslehre und Rechtsprechung unbestritten. Hieran ist auch durch das jetzt geltende Recht nichts geändert worden. Allerdings ist die frühere Fassung des § 3 Z. 4 Anf.-G. und des § 25 Z. 2 KO. dahin geändert: „Anfechtbar sind die unentgeltlichen Verfügungen zugunsten seines Ehegatten." Diese Änderung beruht aber lediglich auf der durch Einführung des BGB. geschaffenen Rechtslage, bei der die frühere Fassung zu nicht gewollten Folgerungen hätte führen können (Petersen zu § 32). Keineswegs aber war Absicht des Gesetzgebers, Verträge über Änderungen des ehelichen Güterstandes und eine in solche gekleidete Rückgewähr der Anfechtung der Gläubiger zu entziehen. Das ergibt sich schon aus den oben angezogenen Stellen der Motive, sowie aus den Ausführungen in den Motiven 4 S. 185, 194 f., 198, 210, 296, 297.

Frdthl.

g) **Zeugnis über die nach dem Tode eines Kindes mit dessen Abkömmlingen fortgesetzte Gütergemeinschaft. BGB. § 1507. Übergangszeit.**

Kammergericht, I. CS. Beschluß v. 9. März 1903.

Durch das preuß. Ausf.-G. zum BGB. Art. 44 ff. ist über das Rechtsverhältnis der vor 1900 bereits gelösten Ehen nichts bestimmt; gemäß dem reichsrechtlichen Grundsatz der Nichtwandelbarkeit des ehelichen Güterstandes (EG. Art. 200) sind daher die bisherigen Gesetze maßgebend geblieben. Gemäß der Sondervorschrift des Ausf.-G. Art. 66 findet jedoch auf die Erteilung eines Zeugnisses über die Fortsetzung der GG. der § 1507 BGB. Anwendung. Nach den Motiven und dem Komm.-Bericht des Abg.-H. zum Art. 66 soll diese dem neuen Recht eigentümliche Einrichtung auf die sonst nach bisherigem Recht zu beurteilende GG. ausgedehnt werden, um auch für letztere das Zeugnis zum ausschließlichen Beweismittel gegenüber dem Grundbuchamte zu machen und dadurch den Grundbuchverkehr zu erleichtern. Hiernach hat der § 1507 auf die GG. alten Rechts grundsätzlich in demselben Umfange Anwendung zu finden, wie auf die des neuen Rechts. Ist daher nach neuem Recht bei Wegfall eines anteilsberechtigten Kindes durch den Tod die Erteilung eines Zeugnisses über die vom überlebenden Ehegatten nach dem Tode des Kindes fortgesetzte GG. zuzulassen, so ist die Zulässigkeit eines solchen Zeugnisses grundsätzlich auch für die GG. des bisherigen Rechts zu bejahen. Bei einer fortgesetzten GG. des neuen Rechts ist durch § 1490 Satz 1 die Vererbung des Anteils eines anteilsberechtigten Abkömmlings am Gesamtgut ausgeschlossen; der Anteil fällt vielmehr nach Maßgabe der Sätze 2 und 3 an die daselbst bezeichneten Personen. Findet aber in den, durch den Tod des anteilsberechtigten Abkömmlings freigewordenen Anteil eine Erbfolge überhaupt nicht statt, so ist es auch ausgeschlossen, die an Stelle des fortgefallenen Kindes getretene Anteilsberechtigung durch einen Erbschein festzustellen. Eine solche Feststellung kann, wie auch in den Motiven 4 S. 459 anerkannt wird, im Hinblick auf die bei gewissen Rechtsgeschäften erforderliche Mitwirkung der Abkömmlinge (§§ 1487[1], 1444) sehr wohl notwendig werden. Diesem Bedürfnis kann alsdann nur durch ein Zeugnis über die vom überlebenden Ehegatten mit den nach dem Tode des Kindes vorhandenen Genossen fortgesetzte GG. genügt werden. Dem steht auch nicht entgegen, daß nach den Protokollen zum § 1457 durch das Zeugnis nur der Eintritt nicht das Fortbestehen der fortgesetzten GG. bescheinigt werden soll. Denn mit dem vorstehend erörterten, auf Grund des § 1490 Satz 2 und 3 erteilten Zeugnisse wird nicht das unveränderte Fortbestehen einer bereits früher eingetretenen fortgesetzten GG., sondern der Eintritt einer durch den Tod eines anteilsberechtigten Abkömmlings im Mitgliederbestand veränderten und damit virtuell einer anderen fortgesetzten GG. bescheinigt.

Ist sonach für das neue Recht die Erteilung eines Zeugnisses über die mit den nach dem Wegfall eines Kindes vorhandenen Genossen fortgesetzte GG. zulässig, so gilt dies nach dem oben Ausgeführten auch für eine fortgesetzte GG. des alten Rechts. Darin wird auch dadurch nichts geändert, wenn etwa nach dem bisherigen Recht die Vererblichkeit des Anteils nicht ausgeschlossen ist und daher die Nachfolge in den Anteil des Abkömmlings an sich durch eine Erbbescheinigung nachgewiesen werden könnte. Obwohl bei einer fortgesetzten GG. des alten Rechts, wie in den Motiven zum Art. 66 preuß. Ausf.-G. hervorgehoben wird, das zwischen dem überlebenden Ehegatten und den Abkömmlingen bestehende Rechtsverhältnis an sich nach Maßgabe des bisherigen Rechts nachgewiesen werden könnte, ist dennoch in Art. 66 die Erteilung eines Zeugnisses gemäß § 1507 schlechthin vorgesehen.

Zn.

h) **Ausschließung der fortgesetzten Gütergemeinschaft durch Testament, Erbvertrag. BGB. §§ 1511, 1518.**

α) Kammergericht, I. CS. Beschluß v. 12. Januar 1903.

Die gütergemeinschaftlichen Ehegatten A. hatten sich in gemeinschaftlichem

Testamente wechselseitig als Alleinerben eingesetzt. Als der Überlebende das Grundstück an einen Käufer auflassen wollte, wurde ein Zeugnis über die Fortsetzung der GG. und die Genehmigung der Kinder verlangt. Die weitere Beschwerde hatte Erfolg. Gründe:

Nach den Motiven 4 S. 424 und der Denkschrift S. 197 verfolgt § 1518 den Zweck, die Abkömmlinge, welche durch die fortgesetzte GG. bezüglich der ihnen an sich zustehenden Erb- und Pflichtteilsrechte gegenüber dem verstorbenen Ehegatten beeinträchtigt werden, in den als Ersatz hierfür vom Gesetz gewährten Rechten dadurch zu schützen, daß er den Eltern Eingriffe in dieselben durch letztwillige Verfügung oder Vertrag untersagt. Diese Verfügungsbeschränkung ist aber keine absolute, sondern reicht nur soweit, als nicht den Eltern eine Änderung der erbrechtlichen Wirkungen der GG. ausdrücklich gestattet ist. Wie sich aus dem Wesen der fortgesetzten GG. ergibt, wonach das Gesamtgut in der Hand des Überlebenden mit weitgehendem Verwaltungs- und Nutzungsrecht vereinigt bleibt, ist sie nicht dem Interesse der Abkömmlinge, sondern dem Interesse des überlebenden Ehegatten zu dienen bestimmt (Motive 4 S. 440; Denkschrift S. 1961). Mit Rücksicht hierauf hat das Gesetz den Abkömmlingen kein unentziehbares Recht auf Eintritt der fortgesetzten GG. eingeräumt, vielmehr den Ehegatten gestattet, sie durch Ehevertrag auszuschließen (§ 1508). Daneben ist eine einseitige Ausschließung durch letztwillige Verfügung zulässig, indessen nur unter der Voraussetzung, daß der Verfügende berechtigt sein würde, dem anderen Ehegatten den Pflichtteil zu entziehen oder auf Aufhebung der GG. zu klagen (§ 1509). Daß endlich der Überlebende die Fortsetzung der GG. ablehnen kann (§ 1484[1]), ist nur die Folge davon, daß sie seinem Interesse zu dienen bestimmt ist. In allen diesen Fällen tritt die Wirkung ein, daß der Anteil des Verstorbenen am Gesamtgute zu seinem Nachlaß gehört und seine Beerbung nach den allgemeinen Vorschriften erfolgt (§§ 1484[3], 1510). Liegt keiner dieser Ausschließungsgründe vor, so tritt grundsätzlich fortgesetzte GG. ein, indessen mit der Maßgabe, daß jedem der beiden Ehegatten, da sich die Anteile der Abkömmlinge an der fortgesetzten GG., wenn auch nicht ihrer rechtlichen Gestaltung (§ 1483 Satz 2), so doch der Sache nach im wesentlichen als Erbteile darstellen, eine weitgehende Befugnis eingeräumt ist, durch letztwillige Verfügung die Rechte der Abkömmlinge zu beschränken. Diese Beschränkungen, welche aber zur Wahrung des Interesses des anderen Ehegatten entweder dessen Zustimmung oder der Anordnung in einem gemeinschaftlichen Testamente bedürfen (§ 1516), können entweder dahin gehen, einem Abkömmlinge den ihm nach Beendigung der fortgesetzten GG. gebührenden Anteil am Gesamtgute nach Maßgabe der für das Pflichtteilsrecht geltenden Vorschriften zu mindern oder zu entziehen (§§ 1512, 1513), sie können aber auch in einer völligen Ausschließung des Abkömmlings von der fortgesetzten GG. bestehen, auch hier wieder vorbehaltlich des Pflichtteilsrechts (§ 1511). Daß sich diese Ausschließung auf einen oder einzelne Abkömmlinge beschränkt, ist nicht erforderlich. Nach dem Gesetze steht nichts im Wege, daß sie auf alle erstreckt wird. Alsdann ergibt sich als notwendige Folge, daß fortgesetzte GG. überhaupt nicht eintritt, allerdings nicht mit den Wirkungen des § 1482, wie sie im Falle der §§ 1508, 1509 eintreten, sondern mit der im § 1511² geregelten Wirkung. Nun könnte zwar der Wortlaut des § 1511²: daß der ausgeschlossene Abkömmling die Zahlung desjenigen Betrages verlangen kann, der ihm von dem Gesamtgute als Pflichtteil gebühren würde, wenn die fortgesetzte GG. nicht eingetreten wäre, den Anschein erwecken, daß das Gesetz vom Eintreten der fortgesetzten GG. als einer notwendigen Voraussetzung des § 1511 ausgeht, was voraussetzen würde, daß mindestens ein Abkömmling als nicht ausgeschlossen übrig bleiben müßte, mit dem die GG. fortgesetzt werden könnte. Allein dem tritt die Erwägung entgegen, daß Abs. 2 lediglich die Grundsätze über die Berechnung des Pflichtteils im Falle der Ausschließung aufstellen will, während über die Zulässigkeit der Ausschließung der Abs. 1 entscheidet, nach dessen Fassung die Zulässigkeit der Ausschließung sämtlicher Kinder keinem Bedenken unterliegt. In den Motiven 4 S. 442 wird der Fall erwähnt, daß andere gemeinschaftliche Abkömmlinge, als der ausgeschlossene, nicht vorhanden sind, und als Wirkung angeführt, daß alsdann gütergemeinschaftliche Erbfolge überhaupt nicht eintrete. Bemerkt wird dazu, daß dieses Resultat zu Bedenken keinen Anlaß gebe, weil die Ausschließung nur mit Zustimmung des anderen Gatten erfolgen könne. Damit ist anerkannt, daß § 1511 nicht erfordert, daß wenigstens ein Abkömmling übrig bleiben müsse, mit welchem die GG. fortgesetzt werden könne. Die 2. Kommission, von der der Abs. 2 in seiner jetzigen Fassung herrührt, hat aber ausweislich der Protokolle an dem Grundsatze der Ausschließung der Abkömmlinge nichts ändern wollen, sondern nur die Berechnung des Pflichtteils behandelt. Daß die Ausschließung im Testamente ausdrücklich als solche bezeichnet werden müßte, ist nicht erforderlich. Es genügt, wenn sie sich aus der Art und Weise der Verfügung von selbst ergibt. Voraussetzung ist nur, daß sie mit Zustimmung des anderen Ehegatten oder in gemeinschaftlichem Testamente erfolgt.

Geht man hiervon aus, so ist im Testamente der Eheleute A. eine Ausschließung der sämtlichen gemeinschaftlichen Abkömmlinge von der fortgesetzten GG. zu finden. Denn indem sie sich gegenseitig zu ihren Alleinerben einsetzen, schließen sie begrifflich die Fortsetzung der GG. aus. Dazu waren sie nach § 1511 befugt, und die Rechtsgültigkeit des Testaments läßt sich aus diesem Grunde nicht beanstanden. Wenn noch besonders hervorgehoben ist, daß dem Überlebenden Besitz, Genuß und unbeschränkte Verfügung über das beiderseitige Vermögen verbleiben und er berechtigt sein soll, das Grundstück ohne Zustimmung der Kinder zu veräußern und das beiderseitige Vermögen unter sie zu verteilen, so wohnt diesen Ermächtigungen eine besondere Bedeutung im Sinne einer Erweiterung der dem Überlebenden gesetzlich zugewiesenen Befugnisse (§ 1487), welche nach § 1518 unzulässig wäre, nicht bei; vielmehr handelt es sich nur um selbstverständliche Ausflüsse des Alleinerbenrechts. — Allerdings ist durch die Einsetzung des Überlebenden als Alleinerben das den Kindern nach § 1511² zustehende Pflichtteilsrecht verkürzt. Allein nach der Ausgestaltung, welche das Pflichtteilsrecht erhalten hat, erzeugt diese Verletzung weder Nichtigkeit noch Anfechtbarkeit des Testaments. Vielmehr gibt es lediglich einen persönlichen Anspruch auf Auszahlung eines dem Wert des Pflichtteils entsprechenden Geldbetrages, läßt also die Gültigkeit des Testaments und die dem Erben im Testament eingeräumte Stellung und Befugnis unberührt. Nach § 1511 Abs. 2 Satz 2 finden aber die für den Pflichtteilsanspruch geltenden Vorschriften auf den Fall der Ausschließung eines Abkömmlings von der fortgesetzten GG. entsprechende Anwendung. N.

β) Kammergericht, I. CS. Beschluß v. 20. April 1903.

1893 haben die in altmünsterscher GG. verheiratet gewesenen Eheleute A. mit ihrem Sohne Bernhard einen Erbvertrag geschlossen, worin sie ihn zu ihrem vertragsmäßigen Erben eingesetzt haben, so daß dieser nach ihrem Tode ihr gesamtes Vermögen erhalten, dagegen seinen Geschwistern näher bezeichnete Abfindungen auszahlen soll. Nach dem Tode des Mannes (1900) beantragte die Witwe, sie als alleinige Eigentümerin einzutragen. Der Antrag wurde zurückgewiesen, der weiteren Beschwerde aber stattgegeben.

Gründe:

Allerdings kann der Ansicht der Beschwerdeführerin, daß durch Art. 52 Ausf.-G. zwar das alte Güterrecht, nicht aber auch die erbrechtlichen Wirkungen beseitigt seien, nicht beigetreten werden. Die erbrechtlichen Wirkungen des Güterstandes sind ein integrierender Bestandteil desselben. Wird das bestehende Güterrecht geändert, so treten damit, soweit etwas Abweichendes nicht bestimmt ist, auch die erbrechtlichen Wirkungen des alten Güterrechts von selbst außer Kraft, ohne daß es dieserhalb einer besonderen Bestimmung bedarf. Eine abweichende Vorschrift besteht aber für den vorliegenden Fall einer beerbten Ehe aus Rechtsgebieten der hannoverschen GG. nicht (Art. 52 §§ 1, 2 Ausf.-G., Motive S. 72). Aber auch insoweit sind die Ausführungen rechtsirrig, als sie darauf beruhen, daß nach altmünsterschem Recht der überlebende Ehegatte alleiniger Eigentümer des gütergemeinschaftlichen Vermögens werde. Diese Ansicht ist nur ganz vereinzelt hervorgetreten (Neues Magazin für hannov. Recht 3 S. 205), während die herrschende Ansicht von jeher nicht bloß eine sichere Hoffnung der Kinder zur künftigen Erbfolge, sondern folglich ein wirkliches Erb- und Miteigentumsrecht angenommen hat. (Welter, westf. Güterrecht S. 98; Striethorst 25 S. 22; Entsch. des Obertr. 46 S. 182). Die Anwendung des alten Rechts würde also der Beschwerde nicht zum Erfolge verhelfen können.

Auszugehen ist aber von der Anwendung des BGB. und nur zu prüfen, inwieweit dessen gesetzliche Bestimmungen durch den Erbvertrag eine Abänderung erlitten haben und danach ein Alleineigentum der Beschwerdeführerin am gütergemeinschaftlichen Vermögen begründet ist. Die Eheleute A. haben in altmünsterscher GG., wie sie gewohnheitsrechtlich sich im Kreise Meppen ausgebildet hat, gelebt. Mit dem Inkrafttreten des BGB. ist dieselbe durch Art. 52 § 1 Ausf.-G. in die allgemeine GG. des BGB. übergeleitet worden. Die Wirkung dieser im Falle der Auflösung der Ehe durch den Tod eines Ehegatten bei beerbter Ehe besteht darin, daß zwischen dem überlebenden Ehegatten und den gemeinschaftlichen Abkömmlingen fortgesetzte GG. eintritt (§ 1483). Diese Rechtsfolge hat durch den zwischen den Eltern und dem Sohne geschlossenen Erbvertrag eine Änderung erfahren. Wie aus den §§ 1484, 1508, 1509 hervorgeht, beruht der Eintritt der fortgesetzten GG. nicht auf zwingendem, sondern auf dispositivem Recht. Die Eheleute können unter gewissen Voraussetzungen und Formen die vermögensrechtlichen Wirkungen bei Beendigung der allgemeinen GG. infolge des Todes des einen von ihnen anderweit regeln. Erfolgt eine solche Regelung nach dem 1. Januar 1900, so sind dafür nach Voraussetzung und Form die Vorschriften des BGB. maßgebend. Ist sie in einer vor 1900 errichteten letztwilligen Verfügung erfolgt, so richtet sich deren Wirksamkeit nach EG. Art. 214 nach bisherigem Recht. Die Gültigkeit des vorliegenden Erbvertrags, der im Gebiete des gemeinen Rechts, das die Rechtswirksamkeit von Erbverträgen anerkennt, abgeschlossen ist, ist nicht zu bezweifeln, auch nicht bezüglich seiner fortdauernden Wirksamkeit nach dem 1. Januar 1900. Es fragt sich nur, ob er den Eintritt der fortgesetzten GG. ausschließt. Daß ein solcher Ausschluß nicht ausdrücklich erklärt zu werden braucht, sondern daß genügt, daß die getroffene Verfügung über den Nachlaß mit der Fortsetzung der GG. im Widerspruche steht, kann keinem Bedenken unterliegen. Das trifft hier zu.

Das einheitliche Vermögen, welches durch die Begründung der allgemeinen GG. entsteht, soll den wirtschaftlichen Bedürfnissen des einen wie des anderen Ehegatten gleichmäßig dienen und verliert diese Bestimmung mit dem Tode beider. Es muß deshalb als eine Unbilligkeit angesehen werden und die wirtschaftliche Stellung des Überlebenden erschüttern, wenn er gezwungen wird, nach Beendigung der GG. den gemeinschaftlichen Abkömmlingen ihren Erbanteil am Gesamtvermögen herauszugeben. Andererseits muß die Durchführung des der GG. zugrunde liegenden Gedankens im Erbrechte der Abkömmlinge ihre Schranke finden. Von diesem Standpunkt aus hatten die meisten früheren Rechte von einer Lösung des durch die GG. geknüpften Bandes vor dem Tode des Überlebenden Abstand genommen, indem sie in verschiedener Form — Konsolidation, fortgesetzte GG., Beisitz — unter Wahrung des Erbrechts der Abkömmlinge das gütergemeinschaftliche Vermögen dem seinen Wesen entsprechenden Zweck erhalten haben. Das BGB. hat sich dem in der Form der fortgesetzten GG. angeschlossen. Wie sich aus Vorstehendem ergibt, ist diese dem Interesse des Überlebenden zu dienen bestimmt. In den Motiven und der Denkschrift wird hierauf mehrfach hingewiesen und es werden hieraus die §§ 1484, 1508, 1509 BGB. über das Recht zur Ablehnung und Ausschließung der fortgesetzten GG. abgeleitet. Demgegenüber stellt sich das Recht der Abkömmlinge materiell im wesentlichen als Erbteil an dem zum Nachlaß des Verstorbenen gehörenden Anteil am ehelichen Gesamtgut dar, die ihnen während Bestehens der fortgesetzten GG. eingeräumten Rechte dienen nur dazu, ihnen die Erhaltung des Vermögens zu sichern (§§ 1487, 1495). Wird es gefährdet, so können sie Aufhebung verlangen, wodurch dann vorzeitig ihr Erbrecht zur Verwirklichung gelangt. Im übrigen steht während bestehender fortgesetzter GG. dem Überlebenden die Verwaltung (§ 1487) und die ausschließliche Nutzung zu, andererseits trifft auch ihn allein die Schuldenhaftung (§§ 1488, 1489). Im Gesetz tritt die Teilnahme der Abkömmlinge an der fortgesetzten GG. als Surrogat des gesetzlichen Erbrechts unmittelbar in den §§ 1506, 1511 hervor, die in den Motiven aus jener Beschaffenheit des Teilnehmerrechts begründet werden. Diese Betrachtungsweise muß dahin führen, den Ausschluß der Abkömmlinge von der Erbschaft durch den Erbvertrag, bezw. die Hinausrückung des Erbanfalles auf die Zeit des Todes des Überlebenden, wie vorliegend bezüglich des Vertragserben, rechtlich als eine Ausschließung von der fortgesetzten GG. anzusehen (§ 1511). Es ist also nicht richtig, wenn der Vorderrichter annimmt, daß bis zum Tode der überlebenden Witwe fortgesetzte GG. bestanden habe. Ausschließung von der Erbschaft entzieht den Abkömmlingen den für ihre Teilnahme charakteristischen Bestandteil. Dies tritt namentlich dann hervor, wenn die fortgesetzte GG. vor dem Tode des Überlebenden beendet wird. Alsdann findet nach § 1497 ff. die Auseinandersetzung statt und die Kinder erhalten schon vorzeitig ihren Erbanteil am gütergemeinschaftlichen Vermögen. Es würde also der Fall eintreten, der durch den Erbvertrag gerade vermieden werden soll. Der Erbvertrag enthält deshalb eine Ausschließung der Abkömmlinge von der fortgesetzten GG. Daß eine solche Ausschließung sich auf sämtliche Abkömmlinge erstrecken darf und damit die fortgesetzte GG. wegfällt, ist im [vorstehenden] Beschluß vom 12. Januar bereits angenommen (übereinstimmend: Rspr. 6 S. 165). Dann aber gestattet der Erbvertrag, da das gütergemeinschaftliche Vermögen in der Zwischenzeit bis zum Tode der Witwe, mit welchem die Erbschaft dem Sohne Bernhard anfällt, nicht herrenlos sein kann, nur die Deutung, daß die Eheleute nicht bloß den Kindern gegenüber, sondern auch unter sich die vermögensrechtlichen Beziehungen dahin geregelt haben, daß der Überlebende zu seinen Lebzeiten das Gesamtgut behält, also die Stellung eines Vorerben einnimmt und alsdann der Sohn Bernhard als Nacherbe eintritt. Dafür spricht, daß in Ansehung der Eheleute im wesentlichen damit jener Zustand des Gesamtgutes hergestellt ist, welcher zurzeit der Errichtung des Testaments als gesetzlicher galt. Nach altmünsterschem Güterrecht hatte nämlich der überlebende Ehegatte am Samtgut eine selbst das Verfügungsrecht über Immobilien einschließende „plenissima administratio", die sogar zu gewissem Betrage eine testamentarische Verfügungsbefugnis einschloß und ihre Grenze nur in dem Verbot der Verschwendung fand (Schlüter, Provinzialrecht S. 66; Entsch. des Obertr. 46 S. 182, 48 S. 203), so daß die Rechte der Kinder nicht mehr als ein nacktes Miteigentumsrecht (zur gesamten Hand) bedeuteten. Durch den Erbvertrag nun haben die Eheleute ihren Willen dahin zu erkennen gegeben, daß es bei diesem Zustande während Lebzeiten des Überlebenden bleiben solle, jedoch haben sie im Interesse der Sicherung der in Westfalen üblichen Hofesfolge die gesetzlichen Folgen des Güterstandes dahin abgeändert, daß die sämtlichen Kinder, außer dem ältesten Sohne, von der Erbfolge vollständig ausgeschlossen sind, der älteste Sohn als Alleinerbe eingesetzt ist, jedoch mit der Maßgabe, daß ihm die Erbschaft erst mit dem Tode des letztlebenden Elternteils zufallen soll. Letzterem verbleibt bis dahin die bisherige plenissima administratio, die aber infolge des Ausschlusses der Kinder vom Nachlasse und des erst späteren Anfalles der Erbschaft an Bernhard zu einer Vorerbschaft der Witwe ausgestaltet ist, demgegenüber das Recht des letzteren als Nacherbschaft erscheint. B.

8

a) Eheliches Güterrecht, wenn die Ehe im Gebiete der GG. des ALR. vor dem 1. Januar 1900 geschlossen ist, die Frau aber erst nach diesem Zeitpunkt großjährig wird. Güterrechtsregister. Wohnsitz des Mannes. BGB. §§ 1435, 1558.

OLG. Königsberg, III. CS. Urteil v. 20. April 1903.

Der Kläger, der gegen den Mann der Beklagten eine Forderung rechtskräftig erstritten hatte, beansprucht von der in L. wohnenden Beklagten, daß sie die Zwangsvollstreckung in dasjenige Vermögen dulde, das ihr vor dem mit ihrem Manne geschlossenen Ehevertrage gehörte. Die Klage ist abgewiesen. Gründe:

Die Beklagte war, als sie 1898 die Ehe einging, noch minderjährig und bevormundet. Es blieb daher gemäß ALR. II 18 § 782 die GG. bis nach erfolgter Aufhebung der Vormundschaft ausgesetzt. Die Aufhebung hat erst 1901 bei Eintritt der Volljährigkeit stattgefunden. Nach EG. Art. 200 bleiben für den Güterstand einer bestehenden Ehe die bisherigen Gesetze maßgebend. Es bestimmt jedoch Art. 47 Ausf.-G., daß, falls für eine Ehe die allgemeine GG. des ALR. besteht, die Vorschriften des BGB. über die allgemeine GG. treten, daß jedoch, wenn für die Ehe nach II 18 §§ 782 ff. die GG. erst zu einer späteren Zeit eintritt, die Vorschriften des BGB. erst zu dieser späteren Zeit gelten sollen. Da nach §§ 790, 791 II 18 die allgemeine GG. — und zwar mit Rückwirkung auf den Anfang der Ehe — eintritt, wenn die Pflegebefohlene 3 Monate nach der von dem Richter ihr erteilten Belehrung verstreichen läßt, ohne sich zur Ausschließung der GG. zu erklären und die Bekanntmachung zu suchen, so würden vorliegend nach Ablauf der dreimonatigen Frist, wenn Erklärung und Bekanntmachung nicht erfolgt wären, die Vorschriften des BGB. über die allgemeine GG. in Wirksamkeit getreten sein.

Die Beklagte und ihr Mann haben jedoch durch Vertrag vom 9. April

1901, also rechtzeitig, den Eintritt der gesetzlichen GG. ausgeschlossen und das gegenwärtige und zukünftige Vermögen der Frau für Vorbehaltsgut erklärt. Diese Änderung des Güterstandes, die ohne den Vertrag eingetreten wäre, bedurfte nach Art. 59 § 9² Ausf.-G. zur Wirksamkeit gegen Dritte der Eintragung ins Güterrechtsregister desjenigen Amtsgerichts, in dessen Bezirk der Mann seinen Wohnsitz hat (§ 1558). Da sie vorliegend bei dem Amtsgericht L. erfolgt ist, hängt die Entscheidung davon ab, ob der Mann der Beklagten im April 1901 seinen Wohnsitz bereits nach K. verlegt oder noch in L. hatte. Für diese Frage kommen polizeiliche Ab- und Anmeldungen nicht in Betracht. Erwiesen ist hingegen, daß der Mann sich damals ohne seine Frau in K. aufgehalten hat, und daß sich die Möbel der Eheleute noch in L. befanden. Dazu kommt, daß sie am 9. April 1901 ausdrücklich erklärt haben, daß ihr ehelicher Wohnsitz in L. sei, und daß sie keine Veranlassung hatten, eine wahrheitswidrige Angabe zu machen. Daraus folgt, daß der Mann sich damals auch nicht ständig in K. niedergelassen hatte (BGB. § 7), sich vielmehr nur vorübergehend dort aufhielt, ohne seinen Wohnsitz in L. aufgegeben zu haben. R.

b) **Die durch die pommersche Bauerordnung, das lübische Recht ꝛc der Abschichtung beigelegte Wirkung der Todteilung ist eine „erbrechtliche Wirkung des Güterstandes".[1] EG. Art. 200.**

Kammergericht, I. CS. Beschluß v. 24. Dezember 1902.

Nach Titel IV §§ 3, 4 der pommerschen Bauerordnung wird, wenn der überlebende Ehegatte die GG. mit den ehelichen Kindern fortsetzt und ein Kind abschichtet, dieses dadurch bezüglich seines Vater- und Muttererbes derart abgefunden, daß ihm, wenn der Überlebende zur weiteren Ehe schreitet und diese Ehe beerbt ist, keinerlei Erbanspruch nach dem Tode des abschichtenden Elternteils an dessen Nachlasse mehr zusteht (Todteilung, vgl. Heck, Güterrecht in Pommern 2. Aufl. S. 152; Zelter, Lübisches Recht S. 87, 90). Die Anwendbarkeit dieser Bestimmung auf den vorliegenden Fall — ein 1902 verstorbener Steuermann hatte 1881 vor Eingehung der zweiten Ehe einen Sohn erster Ehe abgefunden — hängt gemäß EG. Art. 200 davon ab, ob die der Todteilung beigelegte Wirkung als eine „erbrechtliche Wirkung des Güterstandes" anzusehen ist, denn, wenn auch das im Art. 200 aufgestellte Prinzip der Nichtwandelbarkeit des ehelichen Güterrechts durch Art. 44 ff. Ausf.-G. für die bestehenden Ehen aufgegeben ist, so ist doch keine gleiche Bestimmung hinsichtlich der bereits vor 1900 gelösten Ehen getroffen, so daß für diese Ehen der reichsrechtliche Grundsatz gilt. Die Frage, ob jene Bestimmung den Vorschriften über erbrechtliche Wirkungen des Güterstandes zuzuzählen sei, ist in den Motiven des preuß. Ausf.-G. verneint, weil sie „weniger eine erbrechtliche Wirkung des bisherigen Güterstandes, als die Gestaltung der Beerbung des längstlebenden Ehegatten" betreffe. Dem-

[1] Vgl. JW. 1903 Beilage S. 2 Nr. 3.

entsprechend ist in der Kommissionsberatung des Abgeordnetenhauses der Antrag, in Art. 51 noch die ausdrückliche Bestimmung einzufügen, daß hinsichtlich der rechtlichen Folgen der Teilung des Gesamtgutes für die Beerbung des Überlebenden das bisherige Recht in Kraft bleibe, d. h. die Kinder erster Ehe völlig abgefunden sein sollten, abgelehnt, weil eine solche Bestimmung in das Intestaterbrecht des BGB. eingreife und deshalb unzulässig sei. Im Hinblick hierauf hat der Regierungskommissar in der Kommissionsberatung des Herrenhauses die Erwartung ausgesprochen, daß die Rechtsprechung sich auf denselben Standpunkt wie die Motive und die Mehrheit der Abgeordnetenhauskommission stellen werde, dabei jedoch hervorgehoben, daß es sich lediglich um die Auslegung des Reichsgesetzes handele.

Dieser in den Motiven und in den Komm.-Berichten ohne nähere Begründung niedergelegten Auffassung kann jedoch nicht beigetreten werden. Nach der pommerschen Bauerordnung Titel IV § 2² tritt wie nach lübischem Recht und den meisten früheren westfälischen Statutarrechten nach Auflösung der Ehe nicht eine Miteigentumsgemeinschaft ein, wie sie in den §§ 633, 634 ALR. II 1 vorgesehen ist, sondern die GG. als solche wird fortgesetzt (Eccius 5. Aufl. 4 § 211 bei Anm. 57). Der Überlebende bleibt mit den Erben des Verstorbenen „in Gemeinschaft der Güter auf gemeinschaftlichen Gewinn und Verderb", gleich als ob die GG. nicht aufgehoben wäre. Es bleibt also bei dem durch die Eingehung der Ehe begründeten Rechtsverhältnis, wonach die von beiden Ehegatten eingebrachten Vermögensmassen ununterschieden, von welchem der Ehegatten sie herrühren, eine einheitliche Masse bilden, und die gütergemeinschaftliche Masse nicht bloß die „Summe der einzelnen Vermögensbestandteile", sondern ein Ganzes für sich ist (Eccius 4 § 209 bei Anm. 29; Rehbein, Entsch. d. Obertrib. 4 S. 192, Entsch. d. RG. 1 S. 396, 4 S. 192, 8 S. 105). Dies Rechtsverhältnis besteht, bis es vor der Wiederverheiratung des Überlebenden oder sonst auf dessen Verlangen durch Auseinandersetzung zwischen dem Überlebenden und den Erben des Vorverstorbenen gelöst wird. Für die Art, den Inhalt und die Wirkung dieser Abschichtung sind die Vorschriften des Titels IV § 2² der pommerschen Bauerordnung maßgebend. Indem die Auseinandersetzung (Schichtung) die Lösung des vorbezeichneten, aus der gütergemeinschaftlichen Ehe hervorgegangenen Rechtsverhältnisses zum Gegenstand hat, betrifft sie die Rechtswirkungen des Güterstandes. Wenn daher der Schichtung auch bezüglich des Erbrechts der abgeschichteten Kinder an dem dereinstigen Nachlaß des überlebenden Ehegatten gewisse Wirkungen beigelegt sind, so können auch diese Wirkungen nur als Wirkungen des Güterstandes angesehen werden, welchen die fortgesetzte GG. begründet hat. Die Schichtung ist also eine güterrechtliche Institution (Obertrib. 62 S. 152, 54 S. 200). Der gegenteiligen Auffassung, daß die erbrechtlichen Wirkungen des Güterstandes sich nur auf das Verhältnis des Überlebenden zum Nachlaß des Erstverstorbenen, nicht auf das Verhältnis des abgefundenen Kindes zum Nachlaß des Überlebenden erstreckten, steht entgegen, daß beides: das Verhältnis des Überlebenden zum Nachlaß des Erstverstorbenen und auch das Verhältnis des abgefundenen Kindes zum Nachlaß des Überlebenden mit der fortgesetzten GG. in notwendigem Zusammenhang steht (Obertrib. 60 S. 180), so daß beides als der Ausfluß eines güterrechtlichen Verhältnisses erscheint (so auch: Rsp. 4 S. 137). Zn.

Dazu: Kammergericht, I. CS. Beschluß v. 22. Dezember 1902.

... Sind nach Vorstehendem die im lübischen Recht vorgesehenen Wirkungen der Abschichtung als erbrechtliche Wirkungen des Güterstandes anzusehen, so kann hier dahingestellt bleiben, ob die Wirkungen einer vor 1900 stattgehabten Abschichtung auch mit Rücksicht auf den ihr beiwohnenden Vertragscharakter gemäß Art. 170 EG. nach dem bisherigen Recht zu beurteilen sind, wie das OLG. Stettin (Rsp. 4 S. 138) annimmt, oder ob im Abschichtungsvertrag ein Erbverzicht zu erblicken und deshalb im Hinblick auf Art. 217 EG. das bisherige Recht zur Anwendung zu bringen ist (Zelter, statutarisches Güterrecht der Übergangszeit S. 12; vgl. Obertrib. 71 S. 280 f., 83 S. 147). H.

c) **Erbrecht der zweiten Ehefrau nach nassauischem Recht.**

OLG. Frankfurt, III. CS. Beschluß v. 9. März 1903.

Nach dem Tode des A., welcher in zweiter Ehe verheiratet gewesen war, stellte das Amtsgericht einen Erbschein dahin aus, daß die fünf Kinder des A. die alleinigen Erben zu je $^1/_5$ geworden seien und daß der Witwe das Leibzuchtsrecht an den den beiden Kindern zweiter Ehe zufallenden $^2/_5$ des Nachlasses zusteht. Auf Beschwerde der Witwe wurde es angewiesen, diese als Miterbin aufzunehmen, insoweit es sich um das auf die Kinder erster Ehe übergegangene Vermögen handele. Auf weitere Beschwerde ist die Entscheidung des Amtsgerichts wieder hergestellt. Gründe:

Nach Art. 200 EG. bleiben für die erbrechtlichen Wirkungen des Güterstandes einer bestehenden Ehe die bisherigen Gesetze maßgebend. Die nach ihm dem überlebenden Ehegatten am Vermögen des verstorbenen zustehenden Rechte sind erbrechtliche Wirkungen des Güterstandes. Statt dieser Rechte kann aber der Überlebende bei der gesetzlichen Erbfolge bis zum Ablauf der im BGB. vorgeschriebenen Ausschlagungsfrist die Erbfolge nach dem BGB. wählen (Art. 58 § 6, Art. 46 §§ 2, 3 Ausf.-G.). Von diesem Wahlrechte hat die Witwe keinen Gebrauch gemacht. Es steht ihr daher nach dem in W. bisher in Geltung gewesenen ehelichen Güterrecht die Leibzucht am Vermögen ihres Mannes zu mit Ausschluß jedoch des ihren Stiefkindern zufallenden Erbes. Da sie auf Grund des altrechtlichen Güterstandes Rechte am Nachlasse, wenn auch nicht am ganzen Nachlasse hat, so ist damit die gesetzliche Erbfolge nach dem BGB. ausgeschlossen. Der Annahme des Landgerichts, daß hier der Nachlaß aus zwei völlig getrennten Vermögensmassen bestehe, kann nicht beigetreten werden. Vielmehr bildet der Nachlaß auch hier ein Ganzes, die Gesamtheit der einzelnen Stücke oder Bestandteile des Vermögens des Erblassers. Hätte das Ausf.-G. jenes Wahlrecht dem Überlebenden nicht gegeben, so würde ihm vorliegend kraft Reichsrechts ein solches überhaupt nicht zugestanden haben, da er nach Art. 200 EG., wenn mit einem altrechtlichen Güterstande eine erbrechtliche Wirkung verknüpft ist, auch nur diese beanspruchen kann. Hierbei macht keinen Unterschied, ob das alte Recht ihm einen Bruchteil am Vermögen des verstorbenen Ehegatten oder nur den Nießbrauch (die Leibzucht) des Nachlasses oder irgend einen anderen Vermögensvorteil zuweist (vgl. Planck zu Art. 200 Note II 4; Habicht 3. Auflage S. 542 Note 4). Das Ausf.-G. hat diesen Rechtszustand nur insofern geändert, als es die in Betracht kommenden Rechte an dem Vermögen des verstorbenen Ehegatten ausdrücklich als erbrechtliche Wirkungen des Güterstandes bezeichnet und dem Überlebenden zwischen ihm und der Erbfolge nach dem BGB. die Wahl läßt. Sofern aber nicht infolge der Ausübung des Wahlrechts das neue Recht ganz zur Anwendung kommt, sollen, wie die Begründung des Ausf.-G. (S. 129) hervorhebt, die Vorschriften des alten Rechts über die erbrechtliche Wirkung des Güterstandes im vollen Umfang und unverändert maßgebend bleiben. M.

d) **Anwendbarkeit der Artt. 54, 46 Ausf.-G. im Falle einer Beerbung auf Grund der Solmser Landesordnung.**

OLG. Kassel, II. CS. Urteil v. 12. Februar 1903.

Der in S. 1901 verstorbene A. hatte durch ein kurz zuvor errichtetes Testament unter Einsetzung der Witwe und seiner Abkömmlinge zu Erben bestimmt, daß der beklagte Schwiegersohn sein Grundeigentum gegen Übernahme der Hypotheken und die Verpflichtung zu gewissen anderen Leistungen erhalten sollte. Die Witwe und die Kinder haben die Überschreibung des Grundvermögens verweigert; der Beklagte beansprucht sie und ist trotz der Ausweisung durch die Witwe in dem Hause verblieben. Dessen Räumung verlangt die Witwe, gestützt darauf, daß ihr nach der Solmser Landesordnung der lebenslängliche Beisaß am Nachlaß ihres Mannes zukomme. Dieser Beisaß enthält in dem umfassenden Nießbrauchs- und Verwaltungsrechte des überlebenden Ehegatten unzweifelhaft das Recht der Ausweisung des Schwiegersohnes, und es handelt sich sonach darum, ob der Beisaß überhaupt der Klägerin zusteht und inwiefern der Beklagte auf die widerstreitenden Bestimmungen des Testaments zu seinen Gunsten sich beziehen kann.

1. An sich blieb für den Güterstand der A.'schen Ehe einschließlich des eine erbrechtliche Wirkung bildenden Beisasses nach EG. Art. 200 das alte Recht maßgebend mit der auf Art. 218 sich gründenden Befugnis der Landesgesetzgebung zur Änderung desselben, und es handelt sich zunächst darum, ob das Ausf.-G., dem Grundsatze des Art. 200 zuwider, auch wo bisher im solmsrechtlichen Gebiete der Grundsatz der Unentziehbarkeit der statutarischen Portion durch Testament im Bezirke des OLG. Kassel bestand, diesen Grundsatz beseitigt hat. Das nimmt das Landgericht an, dem kann jedoch nicht beigetreten werden. Daß die in Kraft bleibenden erbrechtlichen Wirkungen des bestehenden Güterstandes nach Art. 200 auch die Entziehbarkeit der statutarischen Portion des Überlebenden durch einseitige letztwillige Verfügung des

Erstversterbenden umfassen, kann nicht zweifelhaft sein. Die vom Landgericht aus dem Fehlen des Zitats des § 5 des Art. 46 und § 4 des Art. 54 versuchte Begründung eines anderen Ergebnisses ist verfehlt. Dem märkischen Provinzialrecht eigentümlich war das statutarische Wahlrecht des überlebenden Ehegatten zwischen der Rücknahme des eigenen Vermögens oder der Hälfte der sein und des Erstversterbenden Vermögen umfassenden Gesamtmasse. Wie dies Wahlrecht zu üben ist, ordnet Art. 46 § 4, und § 5 bestimmt, daß diese Ordnung auch gelten soll, soweit das statutarische Erbrecht auch gegenüber einer Verfügung von Todes wegen geltend zu machen ist. Für die Anwendung der §§ 4 und 5 gibt das Solmser Recht keinen Raum. Nur ist aus § 5 zu entnehmen, wenn dies sonst zweifelhaft wäre, daß die nach § 2 aufrecht erhaltenen Normen auch die Normen darüber enthalten, daß und wenn das statutarische Erbrecht durch letztwillige Verfügung entzogen werden kann und wenn es nicht entzogen werden kann.

2. Nach dem für S. maßgebenden hanauischen Recht (Verordnung vom 21. Dezember 1665 und 30. Juni 1793) kann aber die Portion auch gegen widerstreitende einseitige Verfügungen des erstverstorbenen Ehegatten vom Überlebenden beansprucht werden, und kann sich also Beklagte dem Klaganspruch gegenüber nicht auf das Testament berufen. Für die Frage, ob andere Gründe der Geltendmachung des Beisasses der Klägerin gegen den Beklagten entgegenstehen, ist unerheblich, daß im Testament die Witwe wenigstens formell zur Miterbin eingesetzt ist und unterlassen hat, innerhalb der sechswöchigen Frist der §§ 1943 ff. BGB. die Testamentserbschaft auszuschlagen. Zwar steht die 1901 eröffnete Erbschaft unter dem Rechte des BGB. (Art. 213 EG.), aber dieser Grundsatz ist hinsichtlich der Geltendmachung der statutarischen Portion dahin durchbrochen, daß dem Überlebenden die Wahl zwischen der Portion und dem Erbrecht nach §§ 1931 ff. BGB. zusteht und bei Nichtausübung der Wahl die Portion als gewählt gilt (Art. 200 EG., Art. 46 §§ 2, 3, Art. 54 § 4 Ausf.-G.). Beim Mangel einer einschlagenden Bestimmung des Ausf.-G. ist aber dieser Grundsatz auch im Falle eines Testaments sinngemäß in den Rechtsgebieten anzuwenden, in welchen der Erstversterbende durch einseitige Verfügung der Geltendmachung der statutarischen Portion des Überlebenden wirksam nicht vorgreifen kann. § 3 Art 46 stellt klar, daß abweichend vom BGB. die solmsrechtliche Witwe nicht ohne ausdrückliche Erbantretung vor dem Nachlaßgericht das gesetzliche Erbrecht des BGB. erlangen kann. Dasselbe ist für die testamentarische Erbfolge anzunehmen. Statt ihrer gilt die Portion nach Ablauf der sechswöchigen Frist ohne weiteres als gewählt.

3. Kann hiernach auch die Klägerin trotz des Testaments ihren Beisaß als solmsrechtliche Witwe geltend machen, so steht dem doch ihr vom Beklagten behaupteter Verzicht oder ihre Anerkennung des Testaments entgegen. Waren nämlich solche Erklärungen gegenüber dem Beklagten unter Kenntnis seines durch Testament begründeten Erwerbungsrechts bezüglich des Grund-

besitzes abgegeben, so lag darin ein vertragsmäßiger, formlos wirksamer Verzicht der Klägerin auf Geltendmachung ihrer Nießbrauchs- und Beisaßrechte gegenüber dem Erwerbungsrecht des Beklagten. F.

e) **Einfluß des Höfegesetzes vom 2. Juni 1874 und des BGB. auf das Güterrecht eigenbehöriger Stätten des Fürstentums Osnabrück.**

OLG. Celle, III. CS. Beschluß v. 27. Mai 1903.

Die Beschwerdeführerin würde zu dem von ihr gestellten Antrage auf Eintragung der im Grundbuch von X. eingetragenen Besitzung in die Höferolle gemäß § 7 des Gesetzes vom 2. Juni 1874 nur in dem Falle legitimiert sein, wenn sie Eigentümerin und als solche berechtigt wäre, über die Besitzung letztwillig zu verfügen. Diese Berechtigung ist ihr von den Vorinstanzen mit Recht abgesprochen. Sie hat durch Ehestiftung von 1868 mit ihrem 1900 verstorbenen Manne für diese Ehe diejenige GG. eingeführt, welche derzeit allgemein für die eigenbehörigen Stätten im Fürstentum Osnabrück als gesetzliches Güterrecht galt. Diese GG., welche eine allgemeine GG. ist und die Besonderheit hat, daß nach dem Tode eines der Ehegatten „Konsolidation" mit der Wirkung eintritt, daß der überlebende Ehegatte Alleineigentümer des Gesamtguts wird (vgl. Grefe, Hann. Recht 1 § 120; Struckmann, Beiträge zur Kenntnis des osnabrückischen Eigentumsrechts S. 141—144), ist nicht mit dem Inkrafttreten des Höfegesetzes als gesetzlicher Güterstand völlig beseitigt worden. Durch das Höfegesetz ist vielmehr nur das Anwendungsgebiet des Gewohnheitsrechts, auf dem jener Güterstand beruhte, eingeschränkt worden, eingeschränkt nämlich durch § 2 des Höfegesetzes auf diejenigen Ehen, welche vor dem 1. Juli 1875 geschlossen sind. Für diese Ehen bleibt die eigenbehörige GG. das gesetzliche Güterrecht bis zum Inkrafttreten des BGB. Für die erst 1900 aufgelöste Ehe der Beschwerdeführerin galt mithin bis zum Inkrafttreten des BGB. die bis dahin als gesetzliches Güterrecht für die vor dem 1. Juli 1875 geschlossene Ehe der Eigentümer ehedem eigenbehörigen Stätten des Fürstentums Osnabrück geltende allgemeine GG. der Eigenbehörigen kraft des Ehevertrags von 1868 als vertragsmäßiger Güterstand. Auf Grund der Artt. 52, 58, 44 des preuß. Ausf.-G. trat sonach, da der Ausnahmefall des letzten Satzes im § 1 Art. 52 — Zugehörigkeit eines in der Höferolle eingetragenen Hofes zum ehelichen Vermögen — nicht vorlag, mit dem 1. Januar 1900 für die Ehe der Beschwerdeführerin an Stelle jenes vertragsmäßigen Güterstandes der Güterstand der allgemeinen GG. des BGB. Nach diesem Güterstande ist mit dem Tode des Mannes der Beschwerdeführerin ein zwischen ihr und den Kindern aus der Ehe die GG. gemäß § 1483 BGB. fortgesetzt. Die ihr nach § 1487 zustehenden Rechte am Gesamtgut enthalten nicht die Berechtigung zu letztwilligen Verfügungen über die zum Gesamtgut gehörige Besitzung. F.

9

a) Anspruch der angenommenen Tochter auf Aussteuer. Übergangszeit. BGB. § 1620. EG. Artt. 203, 209.

Kammergericht, III. CS. Urteil v. 6. Februar 1903.

Die Klägerin hat 1899 den Adoptionsvertrag mit dem Beklagten geschlossen. Da sie über 14 Jahre alt war, so mußte sie selbst den Vertrag abschließen (ALR. § 678 II 1 mit § 25 I 1), jedoch bedurfte es außerdem der Einwilligung ihres leiblichen Vaters (§ 679 a. a. O.), der hier nicht als ihr Vertreter in Betracht kam. Diese Einwilligung, welche zum Zustandekommen der Annahme an Kindesstatt notwendig war, ist erst am 23. Februar 1900 zu notariellem Protokoll erklärt, worauf die (erst infolge des BGB. notwendig gewordene) vormundschaftsgerichtliche Genehmigung und zugleich die Bestätigung des Adoptionsvertrages seitens des Amtsgerichts erfolgt ist. Bei dieser Sachlage kann die Klägerin nicht als ein vor dem Inkrafttreten des BGB. angenommenes Kind im Sinne des EG. Art. 209 angesehen werden, weil die Annahme erst nach dem 1. Januar 1900 perfekt geworden ist, und es kann daher dahingestellt bleiben, ob schon die spätere Erteilung der Bestätigung für sich allein hinreichen würde, um zum gleichen Ergebnis zu gelangen (vgl. hierüber Entsch. des RG. 37 S. 167; Wallmanns Zeitschrift 3 S. 657; Eccius 4 § 220 Anm. 3; aber auch Rehbein, Entsch. des Obertrib. 4 S. 637 Anm. und Bolze 7 Nr. 210). Wollte man aber auch den Art. 209 als vorliegend ansehen, so würde doch der Inhalt der dem Adoptivvater nach bisherigem Recht zustehenden Rechte und Pflichten ehelicher Eltern sich jetzt nach dem BGB. bestimmen (vgl. Art. 203 und Motive zum EG. S. 302). Dies muß um so mehr für das hier streitige Rechtsverhältnis gelten, als in bezug auf letzteres (die Aussteuerungspflicht) das Adoptivkind nach §§ 691, 692 II 2 den ehelichen Kindern gleichstand. Der Fall liegt insofern anders, als wenn es sich um die (von Habicht u. a. abweichend von den Motiven beurteilte) Wirkung eines älteren Adoptionsvertrages hinsichtlich der Verwaltung und Nutznießung am Vermögen des Adoptivkindes handelt, welche nach bisherigem Recht dem pater adoptans nicht zustand und auch nach § 1767 [1] BGB. durch Vertrag ausgeschlossen werden kann. Die elterliche Gewalt, die der Adoptierende erlangt, begreift vielmehr vom 1. Januar 1900 ab die Aussteuerpflicht notwendig in sich (§§ 1620, 1767 [2]).

Der Einwand, daß Klägerin zurzeit der Geltendmachung des Anspruches schon verheiratet gewesen sei, geht fehl, im Gegenteil ist der Leistungsanspruch auf die Aussteuer erst mit der Eingehung der Ehe gegeben (§§ 1623, 198, Entsch. des RG. 49 S. 372). Wenn Beklagter weiter geltend macht, daß mit der Aussteuer der Haushalt der Tochter erst eingerichtet werden solle, vorliegend aber Klägerin der Aussteuer zu dieser Einrichtung nicht mehr bedürfe, so ist auch dies unerheblich. Ob der Mann der Klägerin die Wohnung tatsächlich eingerichtet hat, berührt nicht das zwischen den Parteien bestehende Rechtsverhältnis. Wenn Voraussetzung des Anspruches aus § 1620 der gänzliche tatsächliche Mangel von Möbeln und Hausrat im Haushalt der Tochter und ihres Mannes wäre, dann müßte man allerdings zu der Meinung gelangen, daß der Anspruch nach der Eheschließung überhaupt in der Regel ausgeschlossen wäre, wovon aber, wie gesagt, nicht die Rede sein kann. 3.

b) **Im Falle der Scheidung kann die Sorge für die Person des Kindes auf den schuldigen Ehegatten nicht schon deshalb übertragen werden, weil dies für das Kind vorteilhaft ist. BGB. § 1635.**

Bayer. Oberstes Landesgericht, I. CS. Beschluß v. 7. Februar 1903.

Nach § 1635 [1] steht die Sorge für die Person des Kindes, wenn die Ehe der Eltern geschieden und ein Ehegatte allein für schuldig erklärt ist, dem anderen Ehegatten zu; das Vormundschaftsgericht kann aber eine abweichende Anordnung treffen, wenn eine solche aus besonderen Gründen im Interesse des Kindes geboten ist. Die abweichende Anordnung enthält eine Beschränkung des nicht schuldigen Ehegatten in der ihm zustehenden Sorge für die Person des Kindes im Sinne des § 1673 (Planck 4 S. 427 Note 1), und dieser Eingriff in sein Recht wird nicht schon dadurch gerechtfertigt, daß die Übertragung auf den für schuldig erklärten Ehegatten dem Kinde vorteilhafter ist, sondern ist nur dann statthaft, wenn besondere Umstände vorliegen, die ihn im Interesse des Kindes notwendig machen, wenn ohne ihn das Interesse des Kindes einer ernstlichen Gefährdung ausgesetzt sein würde. Fr. M.

c) **Kostenvorschußpflicht des Vaters in dem von den minderjährigen Kindern gegen ihn geführten Prozeß.**

Kammergericht, XII. CS. Beschluß v. 18. Februar 1903.

Die minderjährigen Kläger, die von ihrem Vater die Zahlung einer Unterhaltsrente beanspruchen, haben in der Berufungsinstanz beantragt, ihm durch einstweilige Verfügung die Zahlung eines Kostenvorschusses aufzugeben. Der Antrag ist zurückgewiesen. Gründe:

Nach § 1654 hat der Vater die Lasten des seiner Nutznießung unterliegenden Vermögens der Kinder zu tragen und bestimmt, sich seine Haftung nach den für den Güterstand der Verwaltung und Nutznießung geltenden §§ 1384—1386, 1388. Der § 1387, aus dem die Verpflichtung des Mannes, der Frau die Kosten des von ihr geführten Prozesses vorzuschießen, hergeleitet wird, ist also hier nicht angezogen. Der § 1654 fährt vielmehr fort: „Zu den Lasten gehören auch die Kosten eines Rechtsstreits, der für das Kind geführt wird, sofern sie nicht dem freien Vermögen zur Last fallen". Diese Bestimmung setzt offenbar voraus, daß das Kind Vermögen besitzt, welches der väterlichen Nutznießung unterliegt. Ist solches Vermögen nicht vorhanden, besitzen die Kinder kein oder nur freies Vermögen, so kann auch nicht davon die Rede sein, daß der Vater die zu den Lasten des seiner Nutznießung unterliegenden Vermögens zu tragen hat. Zur Begründung des Antrages wäre also die Glaubhaftmachung dafür erforderlich gewesen, daß dem Gegner die Nutznießung an irgendwelchem Vermögen der Antragsteller zusteht. Daran fehlt es. Im Gegenteil ist durch das bei den Akten befindliche Armutszeugnis nachgewiesen, daß die Antragsteller kein Vermögen besitzen.[1]

Hz.

d) **Negative Filiationsklage während der Übergangszeit in der Mark.**

Kammergericht, III. CS. Urteil v. 24. März 1903.

Falls das bisherige Recht maßgebend ist, kann hier das ALR. insoweit keine Anwendung finden, als seine Vorschriften, welche die Vermutung und Anfechtung der Ehelichkeit eines Kindes betreffen, das gerade Gegenteil eines klaren und unstreitig rezipiert gewesenen römischen (oder anderen fremden) Gesetzes enthalten. Nun gilt aber für das allgemeine Recht der Satz, daß jeder, der ein Interesse daran hat, zur Anfechtung der Vermutung der Vaterschaft berechtigt ist; insbesondere ist auch dem Kinde ein solches Recht gegeben (Entsch. des RG. 18 S. 185). Schon danach erscheint, was freilich Rsp. 6 S. 57 in Abrede gestellt wird, hinreichend dargetan, daß es sich bei der Zulassung der Illegitimitätsklage des Kindes um einen klaren und unstreitig rezipiert gewesenen Grundsatz des allgemeinen Rechts handelt und daß deshalb die diesem Grundsatze direkt widersprechende Vorschrift in §§ 2 ff. ALR. II 2, welche das Recht zur Anfechtung der Vermutung der Vaterschaft (für die Regel) ausschließlich dem Vater vorbehält, in der Mark suspendiert ist, wie dies der erkennende Senat in ständiger Rechtsprechung bisher angenommen hat (vgl. auch Dernburg 3 § 43 S. 127; Habicht 2. Aufl. S. 588). Das Reichsgericht hat sich im Urteile vom 15. Februar 1894 IV 297/93 auch zu dieser Frage geäußert und sie in vorstehendem Sinne entschieden, indem es feststellt, daß insbesondere bei Einführung des ALR. die Zulässigkeit der Illegitimitätsklage des Kindes in allgemeiner Praxis der Gerichte beruhte.

Daß aber das bisherige Recht maßgebend ist, kann mit Rücksicht darauf, daß die Klägerin 1890 geboren ist, keinem Bedenken unterliegen. Auch für das BGB. gilt der Grundsatz, daß Gesetze in der Regel keine rückwirkende Kraft haben. Eine Ausnahme ist für § 1593 weder in dieser Bestimmung selbst noch in den Übergangsvorschriften begründet. Denn jene läßt eine rückwirkende Tendenz — etwa auf einem öffentlichen Interesse beruhend — nicht erkennen, während der Art. 203 EG. eine ganz andere Bedeutung hat: er setzt die Eigenschaft des Kindes als eines ehelich geborenen voraus und spricht von den aus diesem Verhältnisse sich ergebenden und noch fortdauernden Wirkungen, welche sich für die Zeit seit dem 1. Januar 1900 nach dem BGB. bestimmen sollen. Mit Recht führen daher die Motive zu Art. 203 EG. (S. 291) aus, daß die Ehelichkeit eines Kindes regelmäßig nach dem zurzeit seiner Geburt geltenden Recht zu beurteilen ist, also die bisherigen Gesetze darüber

[1] Das Reichsgericht hat die Beschwerde durch Beschluß vom 11. Mai 1903 zurückgewiesen und noch hervorgehoben, daß die Antragsteller nicht Gefahr laufen, im Rechtsstreite unvertreten zu sein, da sie sich das Armenrecht bewilligen lassen können. D. E.

entscheiden, ob ein vor 1900 geborenes Kind ehelich ist, und ob und inwieweit seine Ehelichkeit angefochten werden kann. Z.

e) **Anfechtung der Ehelichkeit eines vor 1900 geborenen Kindes. Aufnahme des Rechtsstreits durch die Erben des Mannes.**

OLG. Kiel, II. CS. Urteil v. 14. März 1903.

Es steht zur Frage, welche Wirkung der nach der Einlegung der Berufung erfolgte Tod des Klägers B. auf den Gang des Prozeßverfahrens hat und ob die Aufnahme des Rechtsstreits durch seinen Erben zulässig ist. Der für Ehesachen getroffene § 628 CPO. findet nach § 641 entsprechende Anwendung, wenn die Ehelichkeit eines Kindes durch den Mann seiner Mutter angefochten ist. Hiernach war die Hauptsache für erledigt zu erklären. Zwar kann der Ansicht von Habicht § 53 a. E. nicht beigetreten werden, daß die neuen §§ 640, 641 unbedingt anwendbar seien, auch wenn es sich um die Anfechtung der Ehelichkeit eines vor 1900 geborenen Kindes handelt. Auf Rechtsverhältnisse, welche nach altem Recht zu beurteilen sind, können vielmehr solche Bestimmungen eines Prozeßgesetzes nicht Anwendung finden, die an das neue Recht anknüpfen. Allein die Aufnahme eines Rechtsstreits durch die Erben gemäß § 239 CPO. setzt voraus, daß auf sie der rechtshängige Anspruch kraft Gesamtnachfolge übergegangen ist. Ob dieses der Fall, ist nach dem maßgebenden bürgerlichen Recht zu entscheiden, und zwar vorliegend, da der Kläger 1900 verstorben ist, nach dem BGB. Nach § 1922 geht das Vermögen des Verstorbenen auf die Erben über. Der Übergang des hier rechtshängig gewordenen Anspruches ist aber durch § 1593 ausdrücklich ausgeschlossen. Danach können die Erben die Unehelichkeit eines Kindes dann geltend machen, wenn ihr Erblasser die Anfechtungsklage bereits erhoben hatte. Diese Geltendmachung der Unehelichkeit, auch wenn sie durch Anstellung der Feststellungsklage erfolgt, ist jedoch ein anderer Rechtsbehelf, als die Anstrengung der Anfechtungsklage, welche allein dem präsumtiven Vater zusteht. Da somit der rechtshängig gewordene Anspruch auf die jetzigen Kläger als Erben des B. nicht übergegangen ist, so leidet der § 628 CPO. Anwendung.

An diesem Ergebnis kann auch der Umstand nichts ändern, daß nach gemeinem Recht nicht bloß der präsumtive Vater, sondern auch interessierte Dritte anfechten konnten. Denn wenn man die Fortdauer des alten Rechts bezüglich der Anfechtung eines vor 1900 geborenen Kindes annimmt und demgemäß auch die Anwendbarkeit des § 1594 BGB. in diesem Falle verneint, so führt diese Annahme nur dazu, eine neue Klage, durch welche die jetzigen Kläger ihr eigenes Recht auf Anfechtung geltend machen, nicht aber die Aufnahme des Rechtsstreits durch die Kläger zuzulassen. Gr.

f) **Verhältnis zwischen § 1666 BGB. und § 627 CPO.**

Kammergericht, I. CS. Beschluß v. 20. April 1903.

Der Ansicht, daß während eines Scheidungsprozesses die Befugnis auf Grund des § 1666 Anordnungen wegen der Sorge für die Person der gemeinschaftlichen Kinder der Streitteile zu treffen, ausschließlich dem Prozeßrichter zustehe, ist nicht beizutreten. Das Recht und die Pflicht der Sorge für die Person der in der Ehe erzeugten Kinder ist Ausfluß der elterlichen Gewalt (§ 1627) und steht deshalb, soweit nicht die elterliche Gewalt des Vaters erloschen ist oder ruht, diesem als dem gesetzlichen Inhaber derselben zu. Das Sorgerecht des Vaters kann aber eingeschränkt oder auch gänzlich aufgehoben werden (§ 1666). Die Entscheidung über die zum Schutze des Kindes erforderlichen Anordnungen liegt dem Vormundschaftsgericht ob, welches, wenn es durch den Antrag eines Interessenten oder auf andere Weise Kenntnis von dem Bedürfnis eines Einschreitens erlangt, von Amts wegen die erforderlichen Ermittelungen anzustellen und die geeigneten Anordnungen, deren Auswahl seinem freien Ermessen überlassen ist, zu treffen hat. Auf einer wesentlich anderen Grundlage beruht die in § 627 CPO. dem Ehescheidungsrichter gegebene Ermächtigung, für die Dauer des Rechtsstreites eine Anordnung wegen der Sorge für die Person der gemeinschaftlichen minderjährigen Kinder zu treffen. Voraussetzung derselben ist nicht, wie im Falle des § 1666 ein Schutzbedürfnis des Kindes. Sie beruht vielmehr auf dem Bedürfnis, einen Streit der Eltern untereinander zu regeln. Da während der Dauer eines Scheidungsprozesses sich die Ehegatten regelmäßig zu trennen pflegen, so entsteht die Frage, welchem Teil nunmehr die bisher in der gemeinschaftlichen Wohnung gemeinschaftlich erzogenen Kinder zur weiteren Erziehung zu überweisen sind. In den Motiven 4 S. 638 wird bei der Erörterung der Frage, ob eine gesetzliche Norm über die Zusprechung der Sorge für die Person der Kinder während des Scheidungsprozesses aufzustellen sei, erwogen, daß, da eine analoge Anwendung des § 1461 (jetzt § 1635) sich dadurch verbiete, daß er eine bereits erfolgte Feststellung voraussetze, welcher von den beiden Ehegatten oder ob beide der schuldige Teil sind, kaum etwas anderes übrig bleibe, als von der Anwendung des § 1461 mit Unterstellung beiderseitiger Schuld auszugehen. Diese Unterstellung werde indessen in vielen Fällen der Wirklichkeit nicht entsprechen und deshalb zu einer unbilligen Regelung führen. Lasse man Raum für das freie Ermessen des Richters, so werde weit sicherer das Richtige getroffen werden, da die tatsächlichen Verhältnisse, welche zum Prozesse geführt, oft klar und unbestritten seien, auch bevor darüber erkannt worden. Dieser Charakter des § 627 CPO. als bestimmt zur Entscheidung über einen Streit der Eltern, mußte natürlich zu einer ganz anderen Gestaltung des Verfahrens und der Entscheidung führen, als die Entscheidung auf Grund des § 1666. Hier hat der Richter völlig freie Wahl bezüglich der zu treffenden Anordnungen, insbesondere kann er auch die Sorgepflicht beiden Eltern entziehen. Dort hat er nur die Wahl, ob er die Sorge für die Person des Kindes dem einen oder andern Teile überweisen will. Hier ist das Verfahren durchweg ein amtliches, dort erfolgt es nur auf Antrag und nur auf Grund der von den Parteien vorgetragenen Behauptungen und vorgebrachten Mittel zur Glaubhaftmachung dieser. Der Umstand, daß die einstweilige Verfügung aus § 627 kein Schutzbedürfnis des

Kindes voraussetzt, hat auch dahin geführt, die Entscheidung nicht dem Vormundschaftsgericht zu überweisen. Die Motive bemerken: „Ein Bedürfnis, während der Dauer des Scheidungsprozesses in Ansehung der Sorge für die Person der Kinder die regelmäßigen Rechte des Vormundschaftsgerichts zu erweitern, liegt nicht vor."

Wenn nun auch die einstweilige Verfügung des Prozeßrichters in erster Linie dazu bestimmt ist, ein Interimistikum zwischen den Ehegatten zu schaffen, so ist doch nach der allgemeinen Fassung des § 627 eine gleichzeitige Berücksichtigung des Wohles der Kinder nicht ausgeschlossen. In dieser Beziehung ist keine Abweichung vom bisherigen Recht geschaffen. Allein dadurch ist der Vormundschaftsrichter während des Scheidungsprozesses keineswegs gänzlich ausgeschaltet. Die Stellung dieses Richters, für den ausschließlich das Wohl des Kindes maßgebend ist, wenn auch begrenzt durch die Schranken, welche ihm § 1666 zieht, ist freier als die des Prozeßrichters, indem er nicht auf das Vorbringen der Eltern beschränkt ist, sondern von Amts wegen Ermittelungen anstellt und andererseits in der Wahl seiner Anordnungen bezüglich der Unterbringung des Kindes unbeschränkt ist. Daraus folgt, daß, wenn sich ein Einschreiten auf Grund des § 1666 als notwendig ergibt, dann die im Interimistikum erlassene Bestimmung des Prozeßrichters über die Zuweisung des Kindes an einen der Ehegatten nicht im Wege steht. In den Motiven wird das ausdrücklich hervorgehoben, indem bemerkt ist: „daß diese Rechte (nämlich auf Grund des § 1666) dem Vormundschaftsgericht auch gegenüber demjenigen Elternteil zustehen, welchem im Wege einstweiliger Verfügung die Sorge für die Person der Kinder überwiesen worden ist, versteht sich von selbst". § 627³ CPO. macht dem Prozeßrichter zur Pflicht, falls ein gemeinschaftliches minderjähriges Kind der Eheleute vorhanden ist, den Erlaß einer einstweiligen Verfügung dem Vormundschaftsrichter mitzuteilen; er soll (vgl. Motive zur CP.-Novelle S. 131) in die Lage versetzt werden, rechtzeitig die zum Schutze des Kindes erforderlichen Maßregeln zu treffen. Ihm liegt die Prüfung ob, ob in dem Zeitpunkte, wo er seine Entscheidung trifft, eine Gefährdung des Wohles des Kindes durch denjenigen Elternteil vorliegt, dem die Sorge für die Person kraft Gesetzes zusteht, oder durch den Scheidungsrichter überwiesen ist. Stellt er eine Gefährdung fest, so hat er die erforderlichen Maßregeln zu treffen und kann insbesondere dem betreffenden Elternteil trotz der einstweiligen Verfügung das Sorgenrecht entziehen. Bei seiner Prüfung ist er auch keineswegs auf solche Tatsachen beschränkt, welche erst nach Erlaß der Verfügung eingetreten sind. Sch.

g) Bestellung eines Beistandes. BGB. § 1687 Nr. 3.

Kammergericht, I. CS. Beschluß v. 16. Februar 1903.

... Nach § 1687 Nr. 3 hat das Vormundschaftsgericht nicht bloß in den dort — lediglich als Beispielen — angeführten Fällen, sondern dann der Mutter einen Beistand zu bestellen, wenn es aus besonderen Gründen, gleichviel welcher Art, die Bestellung im Interesse des Kindes für nötig erachtet.

Es muß also auch die persönliche Befähigung der Mutter zur Ausübung der elterlichen Gewalt berücksichtigt werden (Prot. 4 S. 613). Das Beschwerdegericht erachtet für erwiesen, daß die Witwe A. aus bloßem zeitweisen Widerwillen gegen ihren Mann und ohne Rücksicht auf ihre Kinder, längere und kostspielige Reisen unternommen, daß sie, nur um feiner zu wohnen, die Einräumung einer früher vermietet gewesenen Wohnung im eigenen Hause bei ihrem Manne durchgesetzt, daß sie die Anschaffung neuer Möbel begehrt und überhaupt eine luxuriöse Lebensführung verlangt hat. Hieraus folgert es, daß sie nicht wirtschaftlich genug ist, um ihr die Sorge für die Person und das Vermögen ihrer minderjährigen Kinder allein anvertrauen zu können, daß vielmehr in deren Interesse die Bestellung eines Beistandes notwendig ist. Ob diese Beurteilung zutreffend ist, muß dahingestellt bleiben. Das Gesetz verletzt sie nicht, denn es handelt sich um die Beweiswürdigung und um tatsächliche Erwägungen, die dem freien pflichtmäßigen Ermessen des Gerichts unterliegen.

10

a) **Begriff und Voraussetzung der Fürsorgeerziehung. Verhältnis zur Armenunterstützung.**

Kammergericht, I. CS. Beschluß v. 24. November 1902.

Die weitere Beschwerde ist begründet. Die Rechtsausführungen des Landgerichts haben Anlaß zur nochmaligen Prüfung der in den Entscheidungen des Kammergerichts vom 23. September 1901, 18. November 1901 und 21. Mai 1902 (Rsp. 3 Nr. 63 S. 237, Nr. 108 S. 421; Jahrbuch 24 S. 158) niedergelegten Grundsätze über die subsidiäre Natur der Fürsorgeerziehung und das Verhältnis zwischen Fürsorgeerziehung und Armenpflege gegeben; diese Prüfung hat jedoch nicht dazu geführt, die dort festgestellten Grundsätze aufzugeben, welche einesteils auf dem klaren und nicht wegzudeutenden Wortlaute des Fürsorgeerziehungsgesetzes und anderenteils auf der konstanten Rechtsprechung des Bundesamts für das Heimatswesen als des höchsten Gerichtshofes in Angelegenheiten des öffentlichen Armenwesens beruhen.

Der Begriff der durch das Gesetz vom 2. Juli 1900 geschaffenen Fürsorgeerziehung ist im Gesetz gegenüber allen sonstigen Erziehungsmaßregeln scharf abgegrenzt; er ist ein bestimmt technischer. Die Regierungsvorlage, in der die im Gesetz geregelte Erziehung „Zwangserziehung“ genannt wurde, gab deshalb im § 1 eine Definition dahin: „Die Zwangserziehung im Sinne dieses Gesetzes ist die Erziehung verwahrloster oder der Verwahrlosung ausgesetzter Minderjähriger unter öffentlicher Aufsicht und auf öffentliche Kosten in einer geeigneten Familie oder in einer Erziehungs- oder Besserungsanstalt.“ Als die Streichung dieses Paragraphen beantragt wurde, weil es bedenklich und nicht üblich sei, im Gesetz eine Definition aufzustellen, wurde demgegenüber hervorgehoben (Drucksachen des Abgeordnetenhauses 1900 4 Nr. 183 S. 2), daß es zweckmäßig und sogar notwendig sei, in diesem Falle den Begriff der Zwangserziehung durch Gesetz festzulegen, weil es sich um eine Zwangserziehung unter öffentlicher Aufsicht und auf öffentliche Kosten handele, die verschieden sei von der Zwangserziehung des BGB. (§§ 1666, 1838 BGB.) und den im § 56 StGB. aufgestellten Normen. Der § 1 der Regierungsvorlage wurde in zweiter Lesung gestrichen, jedoch nicht, weil man die vorbezeichnete Verschiedenheit aufgeben wollte, sondern, weil man an den oben wiedergegebenen Bedenken festhielt und glaubte, daß der Zweck des Gesetzes und der Begriff der durch das Gesetz geordneten Zwangserziehung aus den sonstigen Bestimmungen des Gesetzes genügend deutlich erhelle. Dies trifft zu.

Nach den Vorschriften der §§ 1, 2, 9, 13 und 15 des Gesetzes stellt sich die Fürsorgeerziehung im Sinne des Gesetzes dar als diejenige auf öffentliche Kosten angeordnete Erziehung von Minderjährigen unter 18 Jahren, die gegen den Willen des Minderjährigen und des Erziehungsberechtigten durchgesetzt, von der Verwaltungsbehörde beaufsichtigt und geleitet und grundsätzlich bis zur Volljährigkeit des Minderjährigen fortgeführt wird. Von dieser Fürsorgeerziehung im technischen Sinne des Gesetzes sind die in den §§ 1666, 1838 BGB. zum Zwecke der Erziehung Minderjähriger vorgesehenen Maßnahmen wesentlich unterschieden. Die Anordnung der letzteren ist durch eine Altersgrenze nach oben nicht beschränkt; sie kann, braucht aber nicht einen Zwang gegen den Erziehungsberechtigten in sich zu schließen; über die Art der Unterbringung entscheidet das Vormundschaftsgericht; die Ausführung der vormundschaftsgerichtlichen Anordnung liegt dem, für den Minderjährigen bestellten Pfleger ob. Aus vorstehendem ergibt sich die Unhaltbarkeit der im angefochtenen landgerichtlichen Beschluß unter 1 gegebenen Ausführung, daß auch die auf Grund des § 1666 BGB. angeordneten Maßnahmen des Vormundschaftsgerichts, insbesondere die bloße Trennung von dem elterlichen Haushalt als Fürsorgeerziehung im Sinne des Gesetzes vom 2. Juli 1900 anzusehen seien.

Wann die Fürsorgeerziehung im vorentwickelten technischen Sinne des Gesetzes vom 2. Juli 1900 einzutreten hat, ist im § 1 dieses Gesetzes unzweideutig gesagt. Es ist im § 1 sowohl bei Ziffer 1 wie bei Ziffer 2 und 3 ausdrücklich vorgeschrieben, daß außer den bei den einzelnen Ziffern vorgeschriebenen besonderen Voraussetzungen jedesmal die Notwendigkeit gerade dieser durch das Gesetz neu geschaffenen, mit besonderen Garantien für die Wirksamkeit versehenen Erziehungsmaßregeln festgestellt werden muß. Zur Anwendbarkeit speziell des § 1 Ziffer 1 gehört nach dem klaren Wortlaut des Gesetzes außer dem Vorliegen der Voraussetzungen des § 1666 oder des § 1838 BGB. noch die weitere Feststellung, daß gerade die im Gesetz geregelte besondere Fürsorgeerziehung notwendig ist, um die Verwahrlosung des Minderjährigen zu verhüten. Da der in Ziffer 1 angezogene § 1666 schon dem Vormundschaftsgericht die Anordnung von besonderen Maßnahmen, insbesondere auch die der Unterbringung in einer geeigneten Familie oder in einer Anstalt „zum Zwecke der Erziehung" gestattet, so ergibt sich aus der vorstehend klar gelegten in Ziffer 1 ausdrücklich vorgesehenen Verbindung zwischen dem § 1666 BGB. und dem § 1 Ziffer 1 FEG. mit voller Sicherheit, daß die Fürsorgeerziehung im Sinne des Gesetzes vom 2. Juli 1900 dann nicht angeordnet werden darf, wenn die Maßnahmen aus § 1666 zur Verhütung der Verwahrlosung des Minderjährigen ausreichend sind. Denn alsdann ist die Fürsorgeerziehung im technischen Sinne nicht notwendig, um die Verwahrlosung zu verhüten. Sind dagegen die auf Grund des § 1666 dem Vormundschaftsgericht zu Gebote stehenden Maßnahmen nicht durchführbar oder zur Verhütung der Verwahrlosung nicht geeignet, so hat das besondere Mittel der durch das Gesetz vom 2. Juli 1900 geordneten Fürsorgeerziehung einzutreten; unter dieser Voraussetzung erscheint die Fürsorgeerziehung erforderlich. Zunächst müssen also die allgemeinen sonst für diesen Zweck zu Gebote stehenden, von der Fürsorgeerziehung in ihrer Art verschiedenen Mittel auf ihre Zulässigkeit und Wirksamkeit geprüft werden, sind sie zulässig und wirksam, so wird die Fürsorgeerziehung dadurch ausgeschlossen, sind die Mittel nicht durchführbar oder ungeeignet, so tritt die anders geartete Fürsorgeerziehung als besonderes Mittel zur Erreichung des gleichen Zweckes ein. Das spricht der Wortlaut des Gesetzes klar aus. Warum das Kammergericht, wie das Landgericht in seinem Beschlusse zu 1 ausführt, von dieser Auslegung aus eine vorläufige Unterbringung auf Grund des § 5 des FEG. überhaupt nicht anordnen und die Anordnung der Fürsorgeerziehung auf Grund des § 1 Ziffer 1 nicht davon abhängig machen könne, ob eine gesetzliche Verpflichtung des Armenverbandes bestehe oder nicht, ist nicht einzusehen. Ebensowenig ist erfindlich, warum vom entwickelten Standpunkt aus für ein sittlich noch unverdorbenes Kind niemals die Fürsorgeerziehung im technischen Sinne angeordnet werden könne. Aus den vom Kammergericht aufgestellten Grundsätzen folgt vielmehr, daß ein sittlich unverdorbenes Kind, wenn die aus § 1666 BGB. zulässigen Maßregeln sich als undurchführbar erweisen (beispielsweise, weil im Einzelfalle die gesetzliche Verpflichtung des Armenverbandes von der zuständigen Behörde verneint wird), der durch das Gesetz vom 2. Juli 1900 vorgesehenen Fürsorgeerziehung überwiesen werden kann.

In Verfolg dieser Auslegung des § 1 Ziffer 1 des FEG. hat das Kammergericht in den oben angeführten Beschlüssen darauf hinweisen müssen, daß das nach § 1666 BGB. zugelassene Mittel, das noch unverdorbene Kind von der gefährdenden Umgebung seiner Eltern zu trennen und es anderweit unterzubringen, vielfach anwendbar sei, indem die Mittel dazu aus seinem Vermögen oder dem der Unterhaltspflichtigen genommen oder von anderer Seite (beispielsweise durch Liebestätigkeit) gewährt werden könnten. Insbesondere mußte aus demselben Grunde darauf hingewiesen werden, daß es nach Lage der Gesetzgebung in Preußen möglich sei, einen dahin abzielenden Beschluß des Vormundschaftsgerichts mit Hilfe des Armenverbandes zur

Durchführung zu bringen, nämlich in denjenigen Fällen, in denen keine rein erziehlichen Aufwendungen nötig seien, sondern nur die von der Armenverwaltung gesetzlich darzubietende Hilfe unter Hinzunahme der erziehlichen Einwirkung von Vormundschaftsbehörde, Schule und Kirche ausreiche, um das durch die Trennung den schlechten Einflüssen des Elternhauses entzogene Kind vor Verwahrlosung zu behüten. Allerdings ist der Armenverband gemäß § 1 des preuß. Ausf.-G. (zu dem Reichsgesetz über den Unterstützungswohnsitz) vom 8. März 1871 nur verpflichtet, Obdach, den unentbehrlichen Lebensunterhalt und die erforderliche Pflege in Krankheitsfällen zu gewähren. Da jedoch bei den sittlich unverdorbenen, nur durch den gefährdenden Einfluß ihrer Eltern von Verwahrlosung bedrohten Kindern davon auszugehen ist, daß bei ihnen nach der Trennung von den Eltern noch besondere planmäßige und länger dauernde reine Erziehungsmaßregeln zur Verhütung der Verwahrlosung in der Regel nicht nötig sein werden, so ist die an sich innerhalb des Rahmens der gesetzlichen Verpflichtungen des Armenverbandes liegende anderweite Unterbringung nach der Trennung vom elterlichen Haushalt zur Verhütung der Verwahrlosung zunächst regelmäßig für genügend zu erachten, so daß nach dem oben erörterten Wortlaut des § 1 Ziffer 1 des Gesetzes die Fürsorgeerziehung im technischen Sinne als unzulässig anzusehen ist, sofern die gesetzliche Verpflichtung des Armenverbandes, den noch unverdorbenen und deshalb keiner besonders gearteten planmäßigen und dauernden Erziehung bedürfenden Kindern nach ihrer Trennung von den Eltern seine Hilfe zu gewähren, im Einzelfalle festgestellt wird.

Über die Frage, ob der Armenverband zu solcher Unterstützung gesetzlich verpflichtet ist, hat, wie das Kammergericht stets betont hat, nicht das Vormundschaftsgericht, sondern die Verwaltungsbehörde endgültig zu entscheiden (Rsp. 3 Nr. 63 S. 237). Den Entscheidungen des höchsten Gerichtshofes für Angelegenheiten des öffentlichen Armenwesens, des Bundesamtes für das Heimatwesen (3 S. 49, 16 S. 91, 19 S. 27, 28 S. 65 und 117, 32 S. 45 und 148, 34 S. 79 ff.), ist aber der Rechtsgrundsatz zu entnehmen, daß durch die vom Vormundschaftsgericht auf Grund des § 1666 BGB. angeordnete anderweite Unterbringung erwerbsunfähiger und vermögensloser Kinder unter Umständen eine Hilfsbedürftigkeit im armenrechtlichen Sinne hervorgerufen und damit die Verpflichtung des Armenverbandes zur Gewährung der Unterstützung in dem gesetzlich festgesetzten Umfang begründet werden kann.

Durch diese Rechtsauffassung wird, wie das Kammergericht bereits in seinem Beschluß vom 21. Mai 1902 (Jahrb. 24 A S. 158 ff.) dargelegt hat, keineswegs eine neue Belastung der Armenverbände „künstlich" herbeigeführt. Das Bundesamt für das Heimatwesen hat vielmehr auf Grund der bisherigen Landesgesetze eine solche Verpflichtung der Armenverbände ausdrücklich anerkannt. Es ist auch bisher in Fällen, wie dem hier vorliegenden, in welchen der Mutter wegen Überschreitung des Züchtigungsrechtes das Kind zu entziehen ist, in der Praxis die Hilfe der Armenverbände nie versagt worden. Das Landgericht hätte deshalb darlegen müssen, aus welchem Grunde diese Praxis nicht mehr anwendbar sein soll. Das Kammergericht hat keineswegs übersehen, daß (wie Schmitz in seinem vom Landgericht herangezogenen Aufsatz im „Recht" 1902 S. 408 betont) in einzelnen der den zitierten Entscheidungen des Bundesamtes zugrunde liegenden Fällen nicht durch vormundschaftsgerichtliche Anordnung, sondern durch polizeiliches Einschreiten die Trennung des Kindes von den Eltern veranlaßt war. Das Bundesamt hat jedoch gerade dabei Gelegenheit genommen, sich grundsätzlich über die Hilfsbedürftigkeit des Kindes infolge vormundschaftsgerichtlich angeordneter Trennung von dem elterlichen Haushalt unzweideutig auszusprechen. In seiner für das Rechtsgebiet des sächsischen BGB. ergangenen Entscheidung vom 10. März 1900 (32 S. 45 ff.) führt das Bundesamt aus, daß der Polizeibehörde nur die Befugnis zu einstweiligen Anordnungen zustehe, und daß, wenn die Polizeibehörde unter Überschreitung dieser Befugnis die Unterbringung eines, seiner erziehungsberechtigten unehelichen Mutter „aus erziehungspolizeilichen Gründen" weggenommenen Kindes als dauernde Maßregel anordne, in Ansehung der durch diese Maßregel verursachten Kosten ein Erstattungsanspruch (gegen den endgültig verpflichteten Armenverband) nicht anzuerkennen sei, weil die Polizeibehörde nicht befugt gewesen sei, die Herausgabe des Kindes an die Mutter zu verweigern. Im Anschluß hieran und im Gegensatze stellt aber das Bundesamt ausdrücklich fest (S. 46/47 a. a. O.), daß, wenn die von dem Vormundschaftsgericht als der zuständigen Behörde — auf Grund der §§ 1874, 1923 und 1803 des sächsischen BGB. — angeordnete dauernde Unterbringung zur Folge hat, „daß wegen Unvermögens der unehelichen Mutter zur Zahlung von Pflegegeldern für das ihr entnommene Kind die Armenpflege die erforderlichen Mittel bereit stellen muß, ein armenrechtlicher Anspruch auf Erstattung derselben anzuerkennen sein würde". Wie der, in der vorstehenden Entscheidung erörterte § 1803 des sächsischen BGB. und der, in der übereinstimmenden Entscheidung des Bundesamtes (32 S. 148) herangezogene § 16 des weimarischen VormGes. vom 27. März 1872, so gewähren auch die §§ 90, 91 ALR. II 2 unter den daselbst näher bezeichneten Umständen dem Vormundschaftsgericht die Befugnis, im Falle der Gefährdung des Kindes den Eltern das Erziehungsrecht zu nehmen und das Kind anderweit unterzubringen. Die in den Entscheidungen des Bundesamtes (32 S. 45 ff. und S. 148 ff.) hinsichtlich der, durch vormundschaftsgerichtliche Anordnung hervorgerufenen Hilfsbedürftigkeit des Kindes für nichtpreußische Rechtsgebiete gemachten Ausführungen treffen daher in gleicher Weise für das Gebiet des preußischen Rechts zu.

Wie das Kammergericht in seinem Beschluß vom 21. Mai 1902 (Jahrb. 24 A S. 158 ff.) dargelegt hat, ist für Preußen an diesem Rechtszustand durch § 1666 BGB. und auch durch das FEG. vom 2. Juli 1900 nichts geändert. Durch das FEG. sollten weder die Armenverbände von einer ihnen bis dahin obliegenden Last befreit und diese Last auf die Träger der Fürsorgerziehung abgewälzt, noch der Wirkungskreis des § 1666 eingeschränkt werden. Das Bundesamt für das Heimatwesen hat denn auch in seiner Entscheidung vom 12. Oktober 1901 (34 S. 79 ff. 83) anerkannt, daß an dem in seiner Entscheidung 32 S. 45 ff. für bisheriges Recht (sächs. BGB.) aufgestellten Grundsatz durch den § 1666 BGB. nichts geändert sei. Die Entscheidung vom 12. Oktober 1901 betrifft einen Fall, in welchem nicht durch polizeiliches Einschreiten, sondern durch eine auf Grund des § 1666 BGB. getroffene Anordnung der hamburgischen Vormundschaftsbehörde die Kinder von ihren Eltern, bei denen sie der Verwahrlosung ausgesetzt waren, getrennt worden sind. Für diesen Fall spricht das Bundesamt ausdrücklich aus, daß der früher aufgestellte Grundsatz, wonach die von der zuständigen Behörde ausgesprochene Entziehung des Erziehungsrechts Hilfsbedürftigkeit des Kindes und damit die Unterstützungspflicht des Armenverbandes begründen könne, aufrecht zu erhalten sei. Solange das Bundesamt an dieser seiner Rechtsprechung festhält, muß auch der Grundsatz von der Subsidiarität die Fürsorgeerziehung gegenüber den mit Hilfe der Armenbehörde zu beschaffenden anderen Maßnahmen im Sinne des kammergerichtlichen Beschlusses vom 18. November 1901 (Jahrb. 23 A S. 32 ff.) aufrecht erhalten werden. Denn ist in Hinblick auf die Rechtsprechung des obersten Gerichtshofes für das öffentliche Armenwesen anzuerkennen, daß infolge der vom Vormundschaftsgericht aus § 1656 angeordneten Trennung vom elterlichen Haushalt das Kind hilfsbedürftig werden kann und der Armenverband zur Unterstützung verpflichtet ist, so nötigt die klare Vorschrift des § 1 Ziffer 1 FEG. dazu, zunächst zu prüfen, ob nicht mit Hilfe der Armenpflege die Verhütung der Verwahrlosung zu erreichen ist.

Durch diese Rechtsauffassung wird das FEG. auch keineswegs illusorisch gemacht. Vom Standpunkte des Kammergerichts aus verbleiben (abgesehen von den Fällen des § 1 Ziffer 2 und 3) für die Anordnung der Fürsorgeerziehung im technischen Sinne alle die zahlreichen Fälle, in denen der Minderjährige infolge der bereits stattgehabten schlechten Einwirkung der Eltern einer besonders gearteten Erziehung bedürftig geworden ist: gerade für diese Fälle ist das Gesetz vom 2. Juli 1900 gegeben, welches den Minderjährigen einer „planmäßig länger dauernden Erziehung unter öffentlicher Aufsicht" (Motive) unterwerfen will, für welche bis dahin kein Raum war, weil die Armenverbände die Kosten für besondere Erziehungsmittel nicht herzugeben brauchen; diese Lücke soll durch das FEG. das sich ausschließlich auf reine Erziehungsmaßregeln beschränkt, ausgefüllt werden.

Hierdurch wird die Grenze, die sich das FEG. gesteckt hat, klar bezeichnet: die in ihm vorgesehenen strengen und dauernden Erziehungsmaßregeln sollen regelmäßig nur angewendet werden, wo eine intensive erziehliche Einwirkung auf einen wirklich Erziehungsbedürftigen zum Zwecke seiner Rettung vor der Verwahrlosung stattfinden muß, nicht aber, wo schon die Entfernung des Minderjährigen aus der ihn gefährdenden Umgebung die Gefahr seiner Verwahrlosung beseitigt. Ferner fallen unter das Gesetz auch die Fälle, in denen trotz des Mangels an den, für die anderweite Unterbringung erforderlichen Mitteln eine gesetzliche Verpflichtung des Armenverbandes im Einzelfalle nicht festgestellt wird. So wird in der Regel eine solche Feststellung für die über 14 Jahre alten Minderjährigen nicht getroffen werden können, da in diesem Alter, wie auch Schmitz in seinem Aufsatze a. a. O. S. 409 in anderem Zusammenhange hervorhebt, die Minderjährigen regelmäßig als erwerbsfähig anzusehen sein werden, und abgesehen von Ausnahmefällen die Hilfsbedürftigkeit von der Arbeitsfähigkeit ausgeschlossen wird. Danach verbleibt dem FEG. auch vom Standpunkte des Kammergerichts aus ein überaus wichtiges ausgedehntes Anwendungsgebiet.

Der angefochtene Beschluß des Landgerichts (zu 3) verweist zur Widerlegung der Auffassung des Kammergerichts unter Heranziehung des mehrerwähnten Aufsatzes von Schmitz im „Recht" 1902 S. 409/410 auf die Entstehungsgeschichte des FEG. und die dazu erlassenen Ausführungsbestimmungen. Allein mit Unrecht. An sich braucht auf die Beratungen, welche der Verabschiedung eines Gesetzes vorangegangen sind, und auf einzelne dabei ausgesprochene Meinungen nur dann zurückgegangen zu werden, wenn das Gesetz selbst unklare und unzweideutige Bestimmungen enthält. Das ist aber hier nicht der Fall: Das Gesetz sagt im § 1 mit größter Bestimmtheit und unter dreimaliger Wiederholung, daß die Fürsorgeerziehung erst angeordnet werden darf, wenn neben den sonstigen Voraussetzungen sie zur Verhütung der drohenden, begonnenen und weiter fortgeschrittenen Verwahrlosung nötig ist. Damit ist ihr Wesen als eine subsidiäre Erziehungsmaßregel deutlich gekennzeichnet, es kann auch nicht in Abrede gestellt werden, daß ihr subsidiärer Charakter in den Motiven und Ausführungsbestimmungen dementsprechend anerkannt ist. Wenn ausgeführt wird, die im Gesetze ausgesprochene Subsidiarität sei nicht in Beziehung auf die öffentliche Hilfe der Armenverbände, sondern in Beziehung auf private und sonstige Mittel angeordnet, aus denen die Maßregeln aus § 1666 BGB. zu bestreiten wären, so ist zu entgegnen, daß diese Unterscheidung im Gesetze nicht gemacht ist. In den Motiven zum Gesetze ist das Verhältnis der Fürsorgeerziehung zur öffentlichen Armenpflege nicht berührt. Daraus ist aber nichts zu folgern. Denn der Gesetzentwurf regelte nur bestimmte rein erziehliche Maßnahmen (Zwangserziehung), die zur Verhütung der Verwahrlosung Minderjähriger eingeführt werden sollten: bezüglich ihrer brauchte die Hilfe des Armenverbandes überhaupt nicht erwähnt zu werden, weil die Armenpflege für reine Erziehungsmittel keine Aufwendungen zu machen braucht; sie kam daher von vornherein nicht als konkurrierend in Betracht, und es durfte aus diesem Grunde mit vollem Recht in der Begründung des Gesetzes ausgeführt werden, daß hinsichtlich einer solchen Erziehung die Bestimmungen in §§ 90, 91 ALR. II 2 versagten. Zur Ausfüllung dieser Lücke war der Gesetzentwurf bestimmt, der nur auf die Schaffung einer besonders qualifizierten Erziehung gerichtet war. Aus dem gleichen Grunde war bei der Beratung des Gesetzes kein zwingender Anlaß, auf das Verhältnis der Zwangs- oder Fürsorgeerziehung zur Armenpflege einzugehen. Deshalb ist aber auf die von Schmitz betonte Tatsache, daß eine im Sinne des Kammergerichts eingeschränkte Anwendbarkeit der Fürsorgeerziehung von keiner Seite angedeutet sei, kein entscheidendes Gewicht zu legen. Daß bei der Beratung des Gesetzentwurfes die dort zum Ausdruck gebrachte Subsidiarität der Fürsorgeerziehung vielleicht in einem von der Auffassung des Kammergerichts abweichenden Sinne verstanden ist, braucht nicht in Abrede gestellt zu werden. Insbesondere muß jetzt nach der eigenen Erklärung des Abgeordneten Schmitz angenommen werden, daß er seine im Beschluß des Kammergerichts vom 23. September 1901 (Rsp. 3 Nr. 63 S. 237) verwertete Äußerung, worin er die Fürsorgeerziehung als „ultima ratio" bezeichnet, in einem der kammergerichtlichen Auffassung nicht entsprechenden Sinne getan hat. Allein diese und andere Äußerungen bei der Gesetzberatung dürfen die Judikatur nicht hindern, das Verhältnis des Gesetzes zu anderen Gesetzen, insbesondere zu den Bestimmungen im § 1666 BGB. und zu den gesetzlich feststehenden Verpflichtungen der Armenverbände zu prüfen und in anderer Weise zu entscheiden, als es damals bei der Beratung des Gesetzes von einzelnen Seiten beurteilt sein mag.

Der einzige Umstand, der mit einigem Grund gegen die Auffassung des Kammergerichts angeführt werden könnte, besteht darin, daß im § 2 der Regierungsvorlage, dem jetzigen § 1 des Gesetzes, das Wort „sittliche" vor dem Wort „Verwahrlosung" im ersten Absatz gestrichen und der Antrag auf Wiederherstellung der Regierungsvorlage in der Kommission des Abgeordnetenhauses unter Billigung des Regierungsvertreters abgelehnt wurde, so daß danach schon bloße körperliche Verwahrlosung die Anordnung der Fürsorgeerziehung rechtfertigen kann. Allein es lassen sich Fälle körperlicher Verwahrlosung (beispielsweise eingewurzelter gesundheitswidriger unreinlicher Angewöhnung) denken, die nur mit Hilfe von erziehlichen Maßregeln besonderer Art zu beseitigen sind und bei denen deshalb Maßnahmen aus § 1666 BGB. allein ungeeignet sind, sondern zwangsweise dauernde und planmäßige Erziehung angeordnet werden muß. Diese Veränderung der Regierungsvorlage steht also nicht notwendig der Beurteilung des Kammergerichts entgegen.

Was sodann die Ausführungsbestimmungen betrifft, so wird im Eingange der vom Minister des Innern erlassenen Ausführungsbestimmungen vom 18. Dezember 1900 die Hilfe der Armenpflege unter denjenigen Maßnahmen aufgezählt, welche die Anordnung der Fürsorgeerziehung im technischen Sinne ausschließen, sobald sie zur Verhütung der Verwahrlosung ausreichen. Diese Bestimmung steht mit dem Standpunkte des Kammergerichts im Einklange. Die von Schmitz (a. a. O. S. 409) geübte einschränkende Auslegung dahin, daß bei jenem Hinweis der Ausführungsbestimmungen auf die Hilfe der Armenpflege nur an die Fälle gedacht sei, in denen lediglich Mittellosigkeit die Quelle der drohenden Verwahrlosung bilde, findet in dem Gesetz keinen Anhalt. Wenn Schmitz insbesondere zur Begründung seiner einschränkenden Auslegung jener Ausführungsbestimmungen sagt, daß es für die Fälle, in denen die Gefahr der Verwahrlosung der Kinder in der sittlichen Verkommenheit der Eltern ihren Grund habe, für die Armenpflege an der Pflicht, die Kinder anderweit unterzubringen, fehle, so entsprechen diese Ausführungen nicht der Rechtsprechung des höchsten Gerichtshofes für das öffentliche Armenwesen. Das Bundesamt hat in den oben zitierten Entscheidungen (32 S. 45 ff. und 28 S. 117 ff.) anerkannt, daß die Hilfsbedürftigkeit der Kinder im armenrechtlichen Sinne auch dadurch hervorgerufen werden könne, daß vom Vormundschaftsgericht die Trennung des Kindes von seinen Eltern mit Rücksicht auf die moralische Minderwertigkeit („aus erziehlichen Gründen") angeordnet wird.

Endlich ist auch die Ausführung des Landgerichts (zu 2 des Beschlusses), daß die bloße Trennung von den Eltern bei schulpflichtigen Kindern niemals zur Verhütung der Verwahrlosung genügen könne, hinfällig. Das Landgericht setzt dabei selbst voraus, daß sittlich intakte Kinder, die durch den schlechten Einfluß der Eltern gefährdet werden, in Betracht kommen. Wenn in solchem Falle dem Erziehungsberechtigten auf Grund des § 1666 BGB. das Recht der Sorge für die Person des Kindes entzogen wird, so gehört es zur Pflicht der Armenbehörde, dem Kinde Obdach und den unentbehrlichen Unterhalt in solcher Weise zu gewähren, daß das Kind körperlich und sittlich nicht gefährdet wird. Ist das Kind danach in geordneten Verhältnissen untergebracht, so erfolgt die Erziehung durch die Einwirkung von Schule und Kirche, besonders aber mit Hilfe des dem Kinde bei Aberkennung des elterlichen Personensorgerechts zu bestellenden Pflegers. Über die Tätigkeit des Pflegers hat das Vormundschaftsgericht gemäß § 1937 BGB. die Aufsicht zu führen und gegen Pflichtwidrigkeiten durch geeignete Gebote und Verbote einzuschreiten. In der Aufsicht unterstützt wird das Vormundschaftsgericht nach § 1850 BGB. durch den Gemeindewaisenrat, der seinerseits darüber zu wachen hat, daß der Pfleger für die Erziehung des Kindes und ihre körperliche Pflege pflichtmäßig Sorge trägt. Sofern man nicht annimmt, daß Pfleger, Vormundschaftsgericht und Waisenrat die ihnen obliegenden Pflichten regelmäßig nicht gewissenhaft beachten, ist nicht erfindlich, warum trotz der angeführten vielfachen Kautelen das auf Grund des § 1666 BGB. in einer anderen Familie untergebrachte Kind niemals ausreichende häusliche Pflege und Erziehung erhalten sollte. Mz.

b) **Die Anordnung der Fürsorgeerziehung ist nicht dadurch bedingt, daß zunächst andere Mittel zur Abwendung der Verwahrlosung erfolglos versucht sind. Unterstützungspflicht des Armenverbandes.**

Kammergericht, I. CS. Beschluß v. 9. Februar 1903.

Das Amtsgericht hatte den Oberbürgermeister auf seinen Antrag auf Anordnung der Fürsorgeerziehung beschieden, daß vorläufig die endgültige Überweisung der Minderjährigen nicht erfolgen könne, da deren subjektive Verwahrlosung nicht erwiesen sei und deshalb — vermeintlich nach der Rechtsprechung des Kammergerichts — erst Anordnungen aus § 1666 oder § 1838 BGB. mit Hilfe eines Pflegers unter Inanspruchnahme der städtischen Armenverwaltung getroffen werden müßten. Erst wenn diese versagt hätten, werde die Fürsorgeerziehung angeordnet werden können. Das Landgericht wies die sofortige Beschwerde zurück. Der weiteren sofortigen Beschwerde wurde stattgegeben. Aus den Gründen:

Die Überweisung Minderjähriger zur Fürsorgeerziehung ist allerdings nur zulässig, wenn diese zur Verhütung der Verwahrlosung, weiterer sittlicher Verwahrlosung oder des völligen sittlichen Verderbens des Minderjährigen erforderlich ist. Diese Notwendigkeit liegt nicht vor, wenn der Zweck der Fürsorgeerziehung auf anderem Wege erreicht werden kann. In Betracht kommt namentlich, falls die Voraussetzungen des § 1666 BGB. vorhanden sind, daß das Vormundschaftsgericht auf Grund dieser Vorschrift die Sorge für die Person des Kindes den Eltern entziehen und sie, falls das Kind nicht bevormundet ist, einem Pfleger übertragen und auch anordnen kann, daß das Kind von den Eltern zu trennen und außerhalb ihres Haushaltes unterzubringen ist (BGB. §§ 1673, 1686, 1698, 1909). Eine solche Anordnung muß von den Behörden der Armenverwaltung als maßgeblich angesehen werden, so daß sie das Kind unterstützen müssen, wenn es durch die Anordnung hilfsbedürftig im armenrechtlichen Sinne wird, wenn es also noch nicht selbst für sich sorgen kann, kein Vermögen hat und auch von den Eltern oder Dritten die erforderlichen Mittel nicht erhält. Der Armenverband hat aber nach § 1 Ausf.-G. vom 8. März 1871 regelmäßig nur Obdach, den unentbehrlichen Lebensunterhalt und die erforderliche Pflege in Krankheitsfällen zu gewähren und braucht keine Aufwendungen zu reinen Erziehungszwecken zu machen. Hat also die dem Minderjährigen drohende Gefahr ihren Grund nur in der Persönlichkeit seiner Eltern und in ihrem Lebenswandel und kann sie nach Lage des Falles schon durch die bloße Trennung des Minderjährigen von seinen Eltern und seine Unterbringung außerhalb ihres Haushaltes in einer Familie oder Anstalt, wo er den gewöhnlichen erziehlichen Einwirkungen von Haus, Schule und Kirche ausgesetzt ist, beseitigt werden, so ist die Anordnung der Fürsorgeerziehung entbehrlich und abzulehnen, dagegen sind in einem solchen Falle unverzüglich die erörterten Maßregeln aus § 1666 BGB. zu treffen und, nötigenfalls auf Kosten des zuständigen Armenverbandes, zur Durchführung zu bringen. Ist dagegen der Minderjährige nach seiner natürlichen Beanlagung und Entwickelung derart erziehungsbedürftig, daß zur Verhütung seiner Verwahrlosung besondere erziehliche Maßregeln, namentlich Anstaltserziehung erforderlich sind, und lassen sich diese aus Mangel an bereiten Mitteln nicht auf dem im § 1666 Abs. 1 Satz 2, § 1838 Satz 1 BGB. vorgesehenen Wege durchführen, so ist die Anordnung der Fürsorgeerziehung geboten und nicht zu umgehen.

Diese Grundsätze hat das Kammergericht allerdings in ständiger Rechtsprechung zur Anwendung gebracht (Jahrbuch 23 A S. 32, 24 A S. 158 und Beschluß vom 24. November 1902 [vorstehend S. 78]). Es hat jedoch einmal ausgesprochen, daß die Fürsorgeerziehung erst angeordnet oder daß über ihre Anordnung erst entschieden werden dürfe, nachdem jene oder andere Maßregeln zur Sicherung einer geordneten Erziehung versagt hätten. Es hat im Gegenteil Entscheidungen, die die Überweisung zur Fürsorgeerziehung mit dieser Begründung ablehnten, stets als das Gesetz verletzend aufgehoben. Hieran ist festzuhalten. Liegen im übrigen die Voraussetzungen des § 1 FEG. vor, so darf von der Anordnung der Fürsorgeerziehung nur abgesehen werden, wenn die Erreichung ihres Zweckes anderweit sichergestellt ist (Rsp. 4 Nr. 63 m S. 278). Ist dies nicht der Fall, so muß der Minderjährige unverzüglich der Fürsorgeerziehung überwiesen werden, weil jede Verzögerung ihres Eintritts ihren Erfolg zu gefährden geeignet ist. Auch die vorläufige Unterbringung beseitigt diese Gefahr nicht, denn sie besteht nach § 5 Abs. 1 des Gesetzes nur in einer Verbringung des Minderjährigen in eine Anstalt oder in eine geeignete Familie, hat dagegen die unter öffentlicher Aufsicht in einer geeigneten Familie oder in einer Erziehungs- oder Besserungsanstalt erfolgende Fürsorgeerziehung nicht zur Folge (FEG. § 2, vgl. §§ 9 bis 12, 14, Ausführungsbestimmungen des Ministers des Innern vom 18. Dezember 1900 zu III, V bis VII). Ist dagegen die Erreichung des Zweckes der Fürsorgeerziehung auf anderem Wege als durch deren Anordnung mit Sicherheit zu erwarten, so ist diese Anordnung abzulehnen und zwar durch einen mit Gründen zu versehenden Beschluß, damit eine Nachprüfung im Rechtsmittelzuge möglich ist (§§ 3, 4, 7 FEG., Art. 6 des preuß. FrGG., § 25 FrGG.). Es ist nicht angängig, durch eine im Gesetz nicht vorgesehene Aussetzung des Verfahrens die Anordnung der Fürsorgeerziehung tatsächlich ohne solche Entscheidung abzulehnen — wenn auch nur zurzeit — und die vorläufige Unterbringung, die von der Rechtskraft der Entscheidung über die endgültige Unterbringung abhängig ist (Rsp. 4 S. 279; Jahrbuch 23 A S. 188), in einer der Absicht des Gesetzes zuwiderlaufenden Weise zu verlängern.

Bei der Prüfung der Frage, ob die Erreichung des Zweckes der Fürsorgeerziehung anderweit sichergestellt ist, hat das Vormundschaftsgericht auch die Unterstützungspflicht des Armenverbandes selbständig festzustellen. Allerdings können die dem Armenverbande vorgesetzten Behörden, die darüber endgültig zu befinden haben (vgl. Rsp. 3 Nr. 63 S. 237), zu einem anderen Ergebnis gelangen. Aber die bloße Möglichkeit, daß diese Behörden, abweichend von der ständigen Rechtsprechung des Bundesamtes für das Heimatwesen, des höchsten Gerichtshofes zur Entscheidung von Streitigkeiten über die öffentliche Unterstützung Hilfsbedürftiger, die auch vom Kammergericht unterstellte Verpflichtung der Armenverbände zur Unterstützung von Kindern im Falle einer Anordnung aus § 1666 BGB. verneinen, kann das gerichtliche Fürsorgeerziehungsverfahren nicht beeinflussen. Versagen jene Behörden einem Unterstützungsanspruche des Minderjährigen ihre Anerkennung, der vom Gericht als bestehend angenommen worden ist und zur Ablehnung des Antrags auf Anordnung der Fürsorgeerziehung geführt hat, so liegt eine neue Tatsache vor, die die Einleitung eines neuen Fürsorgeerziehungsverfahrens gestattet und erfordert. H.

c) **Fürsorgeerziehung wegen Verwahrlosung im Armenhause. Pflichten des Vormundes.**

Kammergericht, I. CS. Beschluß v. 13. Oktober 1902.

Das Amtsgericht hat angeordnet, daß die fünf Kinder der Witwe L. zum Zwecke der Erziehung in einer geeigneten Familie unterzubringen seien. Die Armenverwaltung lehnte die Ausführung dieses Beschlusses ab, brachte aber die Kinder im Armenhause unter. Demnächst ordnete das Amtsgericht aber die Unterbringung der Kinder zur Fürsorgeerziehung an, da für sie sämtlich, weil sie unter dem Einfluß der sittlich verkommenen Mutter gestanden, besondere erzieherische Maßnahmen notwendig seien. Die sofortige Beschwerde dagegen ist zurückgewiesen. Der weiteren Beschwerde ist Erfolg gegeben.

Nach §§ 1793, 1800 BGB. hat der Vormund das Recht und die Pflicht für die Person des Kindes zu sorgen. Dies Recht und diese Pflicht bestimmen sich nach den für die elterliche Gewalt geltenden Vorschriften der §§ 1631—1633 (vgl. § 1800) BGB. Im § 1631 Abs. 1 BGB. ist aber gesagt, daß die Sorge für die Person des Kindes das Recht und die Pflicht, das Kind zu *erziehen*, zu beaufsichtigen und seinen Aufenthalt zu bestimmen, umfaßt. Die Erziehung der Mündel liegt demnach in erster Linie hier den Vormündern ob, und wenn es richtig ist, daß die Kinder, trotzdem Vormünder für sie vorhanden, ohne jegliche Erziehung im Armenhause sind, so wirft sich die Frage auf, ob die Vormünder ihre Pflichten erfüllt haben. Es kann ja allerdings keinem Zweifel unterliegen, daß sich darüber, was ein Vormund, in dessen Behausung der Mündel sich nicht befindet, der sich aber mit ihm an demselben Orte befindet, in erzieherischer Beziehung zu leisten hat, keine allgemeinen Grundsätze aufstellen lassen, daß vielmehr diese Frage nur von Fall zu Fall entschieden werden kann; es unterliegt auch keinem Zweifel, daß das Maß der erzieherischen Tätigkeit eines solchen Vormundes nicht dasselbe sein kann, wie wenn er den Mündel in seiner häuslichen Gemeinschaft hätte, — ohne jegliche erzieherische Tätigkeit an den an demselben Orte mit ihm, wenn auch außerhalb seiner Behausung wohnhaften Mündeln, darf aber der Vormund nicht verharren. Wenn nun ein solcher Mündel in einer Weise untergebracht ist, daß dadurch schädliche Einwirkungen von dritter Seite her von ihm ferngehalten werden, daß er die seinem Alter entsprechende Wartung und Pflege erhält, dann muß das Maß der erzieherischen Einwirkung eines pflichttreuen Vormundes ausreichen, einer sittlichen Verwahrlosung noch unverdorbener Mündel regelmäßig vorzubeugen.

Sind Kinder obdach- und mittellos, dann hat die Armenverwaltung ihnen den notdürftigen Unterhalt, Wohnung und die erforderliche Pflege zu gewähren. Diese Gewährung darf aber nicht in der Weise erfolgen, daß die Kinder dabei der sittlichen Verwahrlosung preisgegeben sind. Sind die Kinder, wie es im vorliegenden Falle nach den Gründen des landgerichtlichen Beschlusses den Anschein haben könnte, in dem Armenhause der Verwahrlosung preisgegeben, dann wirft sich die weitere Frage auf, ob die Armenverwaltung ihre Pflicht getan hat. Denn hilfsbedürftige Kinder empfangen nur dann in einer dem Gesetz entsprechenden Weise Obdach, Unterhalt und Pflege, wenn dies, mag es auch notdürftig sein, in einer Weise geschieht, daß sie dabei wenigstens keinen Schaden leiden. Bei der Prüfung der Frage, auf welcher Unterlage die tatsächlichen Feststellungen des Landgerichts, daß die Kinder im Armenhause der Verwahrlosung preisgegeben seien, beruhe, hat sich irgend ein Anhalt aus den Akten nicht ergeben. Im Gegenteil haben die Vormünder erklärt, daß, abgesehen von dem ältesten Mädchen, welches schon verdorben sei, für die Kinder nach ihrer Unterbringung im Armenhause die Fürsorgeerziehung nicht mehr erforderlich sei; und die Verdorbenheit des ältesten Kindes hat das Landgericht selbst verneint. Hiernach hat es den Anschein, daß die Ausführungen des Landgerichts lediglich Erwägungen allgemeiner Natur sind, die zudem dem Akteninhalt zum Teil widersprechen. Damit kann aber der Beschluß in zutreffender Weise nicht begründet werden. Vielmehr darf in Fällen der vorliegenden Art die Entscheidung immer nur nach der konkreten Sachlage getroffen werden. Die Vorinstanzen haben aber beide ausreichende Ermittelungen nicht angestellt und den Mangel solcher nur durch die erwähnten allgemeinen Erörterungen, von mindestens zweifelhaftem Werte, zu ersetzen versucht. Zieht man die äußersten Konsequenzen der Ausführung des Landgerichts, dann müßte man dazu kommen, ein jedes im armenrechtlichen Sinne hilfsbedürftige Kind, das verwaist und nicht in einer Familie, insbesondere nicht bei seinem Vormund, sondern, in Ermangelung eines Waisenhauses, im Armenhause Unterkunft gefunden hat, weil es „durch den fortwährenden Verkehr mit den anderen Bewohnern des Armenhauses und ohne jegliche Erziehung“ der Verwahrlosung preisgegeben sei, der Fürsorgeerziehung für verfallen zu erklären. Einem solchen Ergebnis, das unter keinen Umständen als richtig zugegeben ist und das darauf hinausläuft, die Pflichten der Ortsarmenverbände auf die Provinzial- bezw. größeren Kommunalverbände abzuwälzen, widerstreitet aber vor allem auch das Wesen des FEG., als eine subsidiäre Maßregel. Dr. M.

d) **Begriff des „Anhörens“ im Sinne des § 4 Abs. 2 FEG. — Verhältnis des § 1 FEG. zu den §§ 55 u. 56 StGB.**

Kammergericht, I. CS. Beschluß v. 27. Oktober 1902.

Allerdings darf aus der Ausdrucksweise des Gesetzes, daß das Vormundschaftsgericht vor der Beschlußfassung die näher angegebenen Personen hören „soll“, nicht geschlossen werden, daß die Unterlassung der Anhörung die Gültigkeit des Verfahrens nicht beeinträchtigt. Vielmehr hat das Kammergericht bereits wiederholt entschieden, daß es sich hier um eine Vorschrift handele, welche von wesentlicher Bedeutung ist und deren Nichtberücksichtigung die Aufhebung der ergangenen Entscheidung rechtfertigen kann (vgl. Rsp. 3 S. 421). Allein im vorliegenden Falle ist der gesetzlichen Vorschrift bezüglich der Anhörung des zuständigen Geistlichen Genüge geschehen. Zweck der Vorschrift ist, bei der Entscheidung über die Fürsorgeerziehung deren Bedürfnis auch nach der religiösen Seite der Erziehung des Minderjährigen hin zu prüfen, zu welchem Behuf dem zuständigen Geistlichen Gelegenheit zu einer Äußerung gegeben werden soll. Nach diesem Zwecke und da das Gesetz eine Form für die „Anhörung“ nicht gegeben hat, muß es genügen, wenn dem Geistlichen überhaupt Gelegenheit gegeben ist, sich über die Fürsorgeerziehung zu äußern, und dem Vormundschaftsgericht die Äußerung vor der Beschlußfassung vorliegt. Daß letzteres sich unmittelbar selbst an den Geistlichen wendet, ist nicht erforderlich. Er hört ihn auch, wenn es die vom Amtsvorsteher eingeholte Äußerung berücksichtigt.

Ebenso unbegründet ist die Rüge, daß die Eltern zwar vom Vormundschaftsgericht, nicht aber auch vom Beschwerdegericht gehört seien, obwohl dieses weitere Ermittelungen angestellt habe, deren Ergebnis für die Entscheidung verwertet sei. Das Gesetz hat nicht vorgeschrieben, daß den Eltern, wie in § 256 StPO. dem Angeklagten, Gelegenheit gegeben werden soll, sich über jedes Beweismittel zu äußern, welches für die Feststellung des Vorhandenseins der Voraussetzungen des § 1 Verwertung findet. Es genügt, wenn das Gericht die Eltern anhört, um ihnen Gelegenheit zu geben, ihre und des Kindes Interessen zu wahren. Die Erhebung der erforderlichen Ermittelungen und die Würdigung ihres Ergebnisses liegt selbständig in der Hand des Richters. Da nun eine Anhörung der Eltern durch den Vormundschaftsrichter stattgefunden hat, so ist das Gesetz beobachtet, und es bedurfte keiner neuen Anhörung durch das Beschwerdegericht. In diesem Sinne hat das Kammergericht auch die gleiche Bestimmung im § 3 Abs. 2 des Gesetzes die Unterbringung verwahrloster Kinder vom 13. März 1878 ausgelegt (Jahrb. 7 S. 19).

Auch die weitere Rüge des Beschwerdeführers, daß sich aus § 1 Nr. 2 des FEG. in Verbindung mit § 55 StGB. ergebe, das Vormundschaftsgericht habe über das Vorhandensein strafbarer Handlungen nur dann zu befinden, wenn der Minderjährige noch nicht das strafmündige Alter erreicht habe, daß über strafbare Handlungen nach dem 12. Lebensjahre nur der Strafrichter befinden könne und daß nach § 56 StGB. nur er entscheiden könne, ob das Kind in einer Erziehungs- oder Besserungsanstalt unterzubringen sei, ist verfehlt.

§ 55 StGB. bestimmt, daß Personen, welche bei Begehung einer strafrechtlichen Handlung das 12. Lebensjahr noch nicht vollendet haben, strafrechtlich nicht verfolgbar sind, daß aber gegen dieselben nach Maßgabe der landesgesetzlichen Vorschriften die zur Besserung und Beaufsichtigung geeigneten Maßregeln getroffen werden können. Der Ausführung dieser Bestimmung diente bisher das Gesetz vom 13. März 1878, welches nunmehr durch die Vorschrift des § 1 Ziff. 2 des Gesetzes vom 2. Juli 1900 ersetzt ist.

Nach § 56 StGB. kann der Strafrichter anordnen, daß ein Angeschuldigter, welcher bei Begehung der Tat das 12., aber nicht das 18. Lebensjahr überschritten hatte, und dessen Freisprechung mangels der bei Begehung der Tat zur Erkenntnis ihrer Strafbarkeit erforderlichen Einsicht erfolgt ist, seiner Familie überwiesen oder in eine Erziehungs- oder Besserungsanstalt gebracht werden soll. Da aus sozialpolitischen Gründen eine Erweiterung dieser beiden Fälle einer Zwangserziehung erforderlich erschien, wurde in § 1642 Entw. II BGB. eine solche ganz allgemein für zulässig erklärt, wenn das Kind sittlich verwahrlost und nach der Persönlichkeit und den Lebensverhältnissen des Vaters anzunehmen ist, daß die elterliche Erziehungsgewalt zur Besserung des Kindes nicht ausreicht. Der Reichstag lehnte zwar eine diesbezügliche reichsgesetzliche Regelung ab, erklärte aber in Art. 135 EG. z. BGB., daß die landesgesetzlichen Vorschriften über die Zwangserziehung unberührt bleiben sollen, womit die Landesgesetzgebung zugleich nach Art. 3 daselbst die Befugnis erhielt, die Zwangserziehung im Rahmen des Art. 135 neu zu ordnen. Dieser Rahmen ist gegeben durch die Vorschrift des Art. 135: „die Anordnung kann außer den Fällen der §§ 1666, 1838 BGB. nur erfolgen, wenn die Zwangserziehung zur Verhütung des völligen sittlichen Verderbens notwendig ist.“ Dementsprechend erklärt § 1 Ziff. 3 FEG. die Fürsorgeerziehung für zulässig: „wenn die Fürsorgeerziehung außer diesen Fällen wegen Unzulänglichkeit der erziehlichen Einwirkungen der Eltern oder sonstiger Erzieher oder der später zur Verhütung des völligen sittlichen Verderbens des Minderjährigen notwendig ist.“ Voraussetzung ist hiernach, daß eine sittliche Verwahrlosung des Minderjährigen bereits vorliegt und mangels Zulänglichkeit der erzieherischen Maßregeln der Eltern und sonstigen Erzieher, sowie der Schule völliges sittliches Verderben zu besorgen ist. Worin die sittliche Verwahrlosung hervortritt, ob in solchen Handlungen, die sich zugleich als strafbare darstellen, oder in nicht strafbaren Handlungen, macht keinen Unterschied. Wenn Art. 135 a. a. O. die Zwangserziehung für zulässig erklärt „vorbehaltlich den Vorschriften des § 56 StGB.,“ so hat dies, worüber der Wortlaut keinen Zweifel gestattet, lediglich die Bedeutung, daß die Befugnis des Strafrichters, auf Grund des § 56 StGB. den Minderjährigen zu einer Strafe zu verurteilen oder anzuordnen, daß er einer Familie überwiesen oder in eine Erziehungs- oder Besserungsanstalt gebracht werden soll, durch die landesrechtliche Regelung der Zwangserziehung nicht beeinträchtigt wird. Hat der Strafrichter gemäß § 56 Abs. 2 eine Entscheidung über die Überweisung des Minderjährigen in eine Erziehungs- oder Besserungsanstalt getroffen, so ist damit eine Überweisung auf Grund Landesrechts ausgeschlossen. Maßregeln des letzteren müssen hier hinter der gleichartigen Maßregel nach § 56 StGB. zurücktreten. Hat dagegen der Strafrichter auf Strafe erkannt, so ist damit eine nachfolgende Anordnung einer Zwangserziehung auf Grund Landesrechts nicht ausgeschlossen (vgl. Allg. Verf. vom 6. Februar 1901 Nr. II, III), sofern der Vormundschaftsrichter die Voraussetzungen des § 1 Ziff. 3 FEG. feststellt, wobei die Straftat in Rücksicht zu ziehen ist, und das gleiche gilt, wenn der Strafrichter den Minderjährigen zwar mangels der zur Erkenntnis der Strafbarkeit seiner Handlung erforderlichen Einsicht freigesprochen aber die Verbringung in eine Erziehungs- oder Besserungsanstalt nicht ausgesprochen hat. Ist der Strafrichter mit der Aburteilung einer Straftat nicht befaßt worden, so wird dadurch die Berücksichtigung derselben für die Überweisung zur Fürsorgeerziehung nicht ausgeschlossen. Daß strafbare Handlungen für letztere nur Berücksichtigung finden dürften, wenn sie vorher vom Strafrichter festgestellt sind, ist nirgends bestimmt. Das letztere müßte dahin führen, daß Straftaten, die mangels Stellung eines Strafantrags oder wegen Verjährung nicht zur Entscheidung des Strafrichters gebracht werden können, die Fürsorgeerziehung nicht begründen können, auch wenn sie eine Verwahrlosung des Minderjährigen beweisen und völlige Verwahrlosung zu befürchten ist. Allerdings kann, wenn die Fürsorgeerziehung auf Grund von strafbaren Handlungen angeordnet wird, eine Kollision mit § 56 StGB. insofern eintreten, als nachträglich die Straftaten zur richterlichen Aburteilung gelangen und auf eine Verbringung in eine Erziehungs- oder Besserungsanstalt erkannt wird. Allein die gleiche Kollision ist auch dann möglich, wenn die Überweisung zur Fürsorgeerziehung auf andere als strafbare Handlungen gestützt und hinterher in einem Strafverfahren wegen einer Straftat auf Unterbringung gemäß § 56 Abs. 2 StGB. erkannt wird. Alsdann geht die Unterbringung auf Grund des StGB., die durch die Verwaltungsbehörde und auf Staatskosten erfolgt, der Unterbringung auf Grund des FEG. vor, da das Landesrecht nach Art. 135 EG. z. BGB. nur unbeschadet der Vorschriften des § 56 StGB. Anwendung findet. Hd.

e) **Anordnung der Fürsorgeerziehung, wenn deren Ausführung erst nach vollendetem 18. Lebensjahr oder erst nach längerer Zeit, z. B. Verbüßung einer Freiheitsstrafe, erfolgen kann.**

Kammergericht, I. CS. Beschluß v. 22. Dezember 1902.

Die Vorschrift des § 1 FEG., daß nur ein Minderjähriger, der das 18. Lebensjahr noch nicht vollendet hat, der Fürsorgeerziehung überwiesen werden darf, kann nur die Bedeutung haben, daß der Beschluß, durch den das Vorhandensein der Voraussetzungen des § 1 FEG. festgestellt und die Unterbringung angeordnet wird (§ 3 FEG.) nur ergehen kann, wenn jener Zeitpunkt noch nicht erreicht ist. Der Beschluß braucht aber nicht festzustellen, daß die Fürsorgeerziehung vor der Vollendung des 18. Lebensjahres des Minderjährigen zur Ausführung kommen werde. Eine solche Feststellung würde auch meist an der Möglichkeit scheitern, daß der Minderjährige über jenen Zeitpunkt hinaus der angeordneten Fürsorgeerziehung entzogen wird. Ein Minderjähriger kann vielmehr vor der Vollendung seines 18. Lebensjahres selbst dann der Fürsorgeerziehung überwiesen werden, wenn feststeht, daß deren Ausführung erst nach diesem Zeitpunkte erfolgen wird. Dies wird ersichtlich auch von der Begründung des Entwurfs des FEG. vom 2. Juli 1900 (S. 14, 15) angenommen und auch vom Beschwerdeführer nicht verkannt. Die Begründung führt allerdings (a. a. O.) weiterhin aus, als obere Altersgrenze empfehle sich für die Anordnung der Fürsorgeerziehung das 18. Lebensjahr und für deren Ausdehnung das Alter der Volljährigkeit u. a. deshalb, weil die Grenze für das Eingreifen derart festgesetzt werden müsse, daß der Zeitraum vom Beginn der Zwangserziehung bis zu ihrem gesetzlichen Ende ausreiche, um den Erfolg der Maßregel zu sichern, und weil, wenn die Fürsorgeerziehung kurz vor vollendetem 18. Lebensjahre angeordnet werde, für ihre Durchführung bis zum Ende der Minderjährigkeit immer noch ein Zeitraum von drei Jahren bleibe, der erforderlich, aber auch ausreichend sei, um den Erfolg sicher zu stellen. Der Beschwerdeführer erachtet im vorliegenden Falle die Anordnung der Fürsorgeerziehung für unzulässig, weil für deren Ausführung ein Zeitraum von nur $2^1/_2$ Jahren zur Verfügung stehe und weil diese Dauer nicht genüge, um das Ziel der Fürsorgeerziehung zu erreichen. Dem kann nicht zugestimmt werden. Maßgebend für die Anwendung des § 1 FEG. sind nicht jene gesetzgeberischen Erwägungen, sondern der Inhalt des Gesetzes. Der von den Vorinstanzen zur Anwendung gebrachte § 1 Ziff. 3 FEG. setzt voraus, daß die Fürsorge wegen Unzulänglichkeit der erzieherischen Einwirkung der Eltern oder sonstigen Erzieher oder der Schule zur Verhütung des völligen sittlichen Verderbens des Minderjährigen notwendig ist. Erforderlich ist also nur, daß ohne die Fürsorgeerziehung das völlige sittliche Verderben des Minderjährigen wegen Unzulänglichkeit der vorhandenen erziehlichen Einwirkungen zu besorgen ist. Dagegen braucht nicht festgestellt zu werden, daß von der Fürsorgeerziehung der beabsichtigte Erfolg zu erwarten ist. Diese Feststellung würde sich auch nur in seltenen Fällen treffen lassen. Selbst die mögliche Voraussehbarkeit der Wirkungslosigkeit der Fürsorgeerziehung berechtigt das Gericht nicht, von deren Anordnung abzusehen, wenn die gesetzlichen Voraussetzungen dafür vorliegen. Damit stimmt das Urteil des Oberverwaltungsgerichts (Entsch. 15 S. 1 ff. 7) überein, wonach ein Minderjähriger von dem Kommunalverbande nicht aus dem Grunde vorzeitig aus der Zwangserziehung entlassen werden kann, weil deren Zweck wegen völliger Bildungsunfähigkeit des Minderjährigen nicht erreicht werden könne.

Die Beschwerde macht weiter geltend, daß es unzulässig sei, die Fürsorgeerziehung anzuordnen, wenn sie erst nach längerer Zeit zur Ausführung kommen könne, da sich die Verhältnisse in der Zwischenzeit ändern könnten. Auch hierin kann dem Beschwerdeführer nicht im vollen Umfange beigetreten werden. Die Zulässigkeit der Fürsorgeerziehung ist allerdings nach den zurzeit ihrer Anordnung bestehenden Verhältnissen zu beurteilen; ist danach die Überweisung des Minderjährigen unstatthaft, so darf sie nicht wegen der bloßen Möglichkeit einer Änderung jener Umstände erfolgen (Jahrbuch 22 S. 242; Rsp. 3 Nr. 95e S. 374). Ist aber eine solche Änderung wie im vorliegenden Falle die Entlassung des Minderjährigen aus der Strafhaft gewiß, so steht nichts im Wege, die Unterbringung zu Fürsorgeerziehung alsbald anzuordnen, damit sie beim Eintritt der Änderung sofort ausgeführt werden kann. In einem solchen Falle muß zwar das Vorhandensein der Voraussetzungen des § 1 FEG. für die Zukunft festgestellt werden. Eine solche Feststellung ist aber auch in vielen Fällen angängig. Die bloße Möglichkeit eines unerwarteten Verlaufs der Dinge muß auch hierbei außer Betracht bleiben. H.

f) **Wiederholung eines rechtskräftig abgewiesenen Antrags auf Fürsorgeerziehung.**

Kammergericht, I. CS. Beschluß v. 2. März 1903.

Nachdem ein Antrag auf Fürsorgeerziehung rechtskräftig abgewiesen war, entzog das Amtsgericht dem elterlichen Gewalthaber, Schlosser R. in P., das Recht der Sorge für die Person und übertrug es einem Pfleger, zugleich ordnete es an, daß die Kinder außerhalb der elterlichen Wohnung unterzubringen seien. Dies ist geschehen. Der Magistrat in P. beantragte jedoch die Fürsorgeerziehung, weil er zur Unterbringung bezw. zur Übernahme der Kosten der Unterbringung auf die Armenpflege nicht verpflichtet sei, wie der Bezirksausschuß in P. in einer anderen Sache anerkannt habe. Die Eheleute R. hätten sich bereit erklärt, die Kinder wieder zu sich zu nehmen, und wenn die Kinder den Eltern zurückgegeben würden, seien sie der Verwahrlosung anheimgefallen. Der Antrag ist abgelehnt und die Beschwerde und weitere Beschwerde zurückgewiesen. Gründe:

In Übereinstimmung mit der Rechtsprechung des Kammergerichts (Beschluß vom 17. Februar 1902, 1 Y 102/02) nimmt das Landgericht an, daß das FEG. den Begriff der Rechtskraft in formeller und materieller Beziehung kenne; es könne daher ein rechtskräftig zurückgewiesener Antrag auf Anordnung der Fürsorgeerziehung nur auf Grund neuer, d. h. im früheren Verfahren nicht bekannt gewesener bezw. nicht vorgebrachter Tatsachen wieder eingebracht werden. Das Landgericht hat dann festgestellt, der Magistrat habe den zweiten Antrag auf nichts Neues, als nur den Umstand gestützt, daß der Bezirksausschuß in einem anderen Falle verneint habe, daß der Ortsarmenverband verpflichtet sei, die Kosten der Unterbringung von Kindern, die auf Grund des § 1666 BGB. auf Anordnung des Vormundschaftsgerichts unterzubringen seien, zu tragen. Mit Recht hat das Landgericht aber angenommen, daß hierin eine die Wiederholung des Verfahrens ermöglichende neue Tatsache nicht gefunden werden kann. Anders würde die Sache allerdings liegen, wenn zu dieser Angelegenheit selbst der Bezirksausschuß eine solche Entscheidung abgegeben und damit die Durchführbarkeit der amtsgerichtlichen Anordnung abgeschnitten hätte. Dann würde dieser für den Fall sehr erhebliche Umstand das Amtsgericht zu erneuten Erwägungen veranlaßt haben, was nunmehr zur Rettung der Kinder zu geschehen habe, und es hätte in einem solchen neuen Verfahren unbedenklich auf die früher rechtskräftig abgelehnte Fürsorgeerziehung als letztes übrig bleibendes Hilfsmittel erkannt werden können. Wn.

g) **Erstreckung der Dauer der Fürsorge des FEG. auf die auf Grund des Gesetzes von 1878 untergebrachten Minderjährigen.**

Kammergericht, I. CS. Beschluß v. 5. Mai 1902.

Ein neues Gesetz hat rückwirkende Kraft nicht nur dann, wenn es dies ausdrücklich vorschreibt, sondern auch dann, wenn sich dies durch Auslegung als sein Wille ergibt (vgl. Entsch. des RG. 40 S. 314). Das Gesetz vom 2. Juli 1900 ist kein Strafgesetz, sondern ein Gesetz über Erziehungsangelegenheiten, das an die Stelle des denselben Charakter an sich tragenden Gesetzes vom 13. März 1878 getreten ist, weil sich dieses als nicht ausreichend erwiesen hatte. Mit Rücksicht auf diesen vormundschaftlichen Inhalt muß es nach dem im Art. 210 Abs. 1 Satz 1 EG. z. BGB. zur Anerkennung gelangten Grundsatz auch auf solche Minderjährige Anwendung finden, die unter der Herrschaft des Gesetzes vom 13. März 1878 zur Zwangserziehung untergebracht worden sind. Hält der Gesetzgeber zur Erreichung des Zweckes der Fürsorgeerziehung eine Verlängerung ihrer Dauer für geboten, so muß die diese anordnende Vorschrift auch alle diejenigen Minderjährigen ergreifen, bezüglich deren beim Inkrafttreten des neuen Gesetzes das Recht der Fürsorgeerziehung noch nicht aufgehört hatte. Wenn die Fürsorgeerziehung für die nach § 1 Ziff. 1 des Gesetzes vom 2. Juli 1900 zur Verhütung der Verwahrlosung überwiesenen Minderjährigen erst mit der Minderjährigkeit endigt, so muß dies erst recht für diejenigen gelten, welche auf Grund des § 1 des Gesetzes vom 13. März 1878 wegen bereits begonnener sittlicher Verwahrlosung überwiesen worden sind. Diese Auslegung des Gesetzes vom 2. Juli 1900 wird durch dessen Entstehungsgeschichte bestätigt. (Wird ausgeführt.) Dr. M.

h) **Beschwerderecht des Gemeindevorstandes.**

Kammergericht, I. CS. Beschluß v. 14. April 1902.

Wie das Kammergericht bereits wiederholt ausgesprochen hat (Beschlüsse vom 25. November 1900 I Y 1004/01, vom 9. Dezember 1901 I Y 1160/01, abgedruckt im Jahrbuch 23 A S. 55 und vom 6. Januar 1902 I Y 1129/01) ist die Befugnis zur Einlegung von Rechtsmitteln in Fürsorgeerziehungssachen durch den § 4 Abs. 4 FEG. vom 2. Juli 1900 selbständig und in abschließender Weise dahin geregelt, daß das Beschwerderecht auf die im § 4 Abs. 3 daselbst genannten Zustellungsberechtigten beschränkt ist. Dies gilt nicht bloß für die sofortige Beschwerde, auf die sich der § 4 Abs. 4 daselbst unmittelbar bezieht, sondern auch für die sofortige weitere Beschwerde, da die für sie maßgeblichen Vorschriften des § 7 a. a. O. der Art. 3 bis 7 preuß. FrG. und die §§ 27, 29 FrGG. eine Erweiterung des Beschwerderechts nicht enthalten und der Grund der Beschränkung des Beschwerderechts, daß die Entscheidungen nicht dauernd in der Schwebe bleiben sollen, auch auf die weitere Beschwerde zutrifft.

Zu den im § 4 Abs. 3 FEG. Genannten gehört zwar auch der Gemeindevorstand, aber nur, sofern er nach Abs. 1 daselbst Antragsbehörde ist. Dies ergibt die Fassung des Abs. 3, verglichen mit der des Abs. 2. Nach Abs. 2 soll das Vormundschaftsgericht vor der Beschlußfassung in allen Fällen u. a. den Gemeindevorstand hören und, wenn die Beschlußfassung nicht auf Antrag erfolgt, zuvor „dem Landrat (Oberamtmann, Gemeindevorstand, Vorsteher der Königlichen Polizeibehörde") unter Mitteilung der Akten Gelegenheit zu einer Äußerung geben. Es kann nicht zweifelhaft sein, daß sich die Pflicht zur Anhörung auf den Gemeindevorstand, der nicht Antragsbehörde ist, und die Pflicht zur Mitteilung der Akten behufs Äußerung auf den Gemeindevorstand, der Antragsbehörde ist, bezieht. Da Abs. 3 von „dem Landrat (Oberamtmann, Gemeindevorstand, Vorsteher der Königlichen Polizeibehörde) spricht, also insoweit wörtlich mit dem Abs. 2 Satz 2 übereinstimmt, kann nicht bezweifelt werden, daß er nur denjenigen Gemeindevorstand im Auge hat, welcher Antragsbehörde ist. Der Gemeindevorstand von F. hat aber nach Abs. 1 daselbst kein Antragsrecht, weil dieser Ort weder einen Stadtkreis bildet, noch eine Stadt mit mehr als 10000 Einwohnern ist oder zu den im § 28 der hannoverschen Kreisordnung vom 6. Mai 1884 gedachten Städten gehört. H.

i) **Unzulässigkeit der weiteren Beschwerde gegen die Anweisung des die Fürsorgeerziehung ablehnenden Landgerichts an das Amtsgericht, die Sorge für die Person der Kinder dem Vater zu entziehen.**

Kammergericht, I. CS. Beschluß v. 16. März 1903.

Das Amtsgericht hatte die Kinder des Beschwerdeführers der Fürsorgeerziehung überwiesen. Auf die sofortige Beschwerde des Landesdirektoriums hob das Landgericht diesen Beschluß auf, wies aber das Amtsgericht an, die Sorge für die Person der Kinder dem Beschwerdeführer zu entziehen und einem Pfleger zu übertragen, indem die Feststellungen des Amtsgerichts zwar nicht zur Anordnung der Fürsorgeerziehung, wohl aber zur Anordnung gemäß § 1666 BGB. genügten. Die weitere Beschwerde ist unzulässig.

Sie richtet sich nicht gegen die Entscheidung des Landgerichts, insoweit dadurch der Antrag auf Fürsorgeerziehung zurückgewiesen ist; der Beschwerdeführer beschwert sich vielmehr nur darüber, daß seiner Frau die Sorge für die Person seiner Kinder entzogen worden sei. Hierüber enthält aber der Beschluß des Landgerichts keine Entscheidung. Vielmehr ist neben der Ablehnung der Fürsorgeerziehung nur das Amtsgericht darauf hingewiesen, daß es nach der Sachlage darüber zu entscheiden haben werde, daß dem Beschwerdeführer die Sorge für die Person seiner Kinder zu entziehen und ein Pfleger zu bestellen sei. Dieser Hinweis enthält keine Entscheidung, sondern bezweckt nur, das Amtsgericht zu einer der Sachlage entsprechenden Entscheidung zu veranlassen.[1] Allerdings ist im entscheidenden Teil des Beschlusses gesagt: „Das Amtsgericht wird angewiesen". Aus den Gründen ergibt sich aber, daß mit diesem Ausdruck nur die Anregung zu einer entsprechenden Entscheidung gemeint ist; denn es wird dort ausgeführt, daß, weil die Voraussetzungen des § 1666 gegeben seien, das Amtsgericht dem Vater das Recht der Sorge für die Person der Kinder entziehen und einem Pfleger gemäß § 1909 bestellen könne. Dies ist umsomehr anzunehmen, als das mit der Entscheidung über die Beschwerde des Landesdirektoriums in der Fürsorgeerziehungssache befaßte Landgericht nicht zuständig war, eine Entscheidung gegen den Vater auf Grund des § 1666 zu erlassen, hierüber vielmehr in erster Instanz vom Amtsgericht als Vormundschaftsgericht Entscheidung zu treffen war. Demgemäß hat auch das Amtsgericht entsprechend der Anregung des Landgerichts einen Pfleger bestellt mit der Begründung, daß der Mutter, welche für den verhinderten Vater die elterliche Gewalt ausübe, die Sorge für die Person ihrer Kinder in Anbetracht ihres Verhaltens entzogen werden müsse. Es enthält also nur der Beschluß des Amtsgerichts eine Entscheidung über die Sorge für die Person der Kinder, nicht auch der des Landgerichts.... Str.

k) **Verpflichtung zur Tragung der Kosten der Überführung des Zöglings im Falle einer zunächst nur vorläufigen, später aber endgültigen anderweiten Unterbringung. FEG. §§ 5, 14, 15.**

OLG. Celle, II. CS. Urteil v. 13. November 1902.

Nachdem auf Grund des § 5 die vorläufige Unterbringung angeordnet und ausgeführt war, sind die Kosten des Transports des Zöglings nach dem vorläufigen Unterbringungsorte von der Polizeibehörde vorgeschossen und ihr (§ 5[2]) später, als die Fürsorgeerziehung auch definitiv angeordnet wurde, vom Provinzialarmenverbande erstattet worden. Die Kosten der Überführung des Zöglings vom vorläufigen nach dem definitiven Unterbringungsorte hat der Ortsarmenverband getragen. Dagegen verweigert er die Erstattung der der Polizeibehörde erstatteten Kosten, er wurde jedoch verurteilt. Gründe:

Nach den §§ 14, 15 fallen die Kosten der Fürsorgeerziehung dem Provinzialverbande zur Last mit Ausnahme derjenigen, die durch die Überführung des Zöglings, durch die erste Ausstattung, durch die Beerdigung und durch die Rückreise entstehen; diese Kosten hat der Ortsarmenverband zu tragen. Die vorläufige Unterbringung stellt sich, sofern die Überweisung demnächst endgültig angeordnet wird, dar als eine antizipierte Ausführung, und es sind hinsichtlich ihrer die Grundsätze anzuwenden, die das Gesetz für die Ausführung der Fürsorgeerziehung aufstellt. Daß bezüglich der Pflicht zur Tragung der Kosten der § 5[2] eine Ausnahme hiervon, insbesondere von der Regel der §§ 14 und 15 bedeuten sollte, erscheint nicht annehmbar. Anderenfalls würden, wenn bei Anordnung der vorläufigen Unterbringung der Zög-

[1] Vgl. dagegen Rsp. 4 Nr. 63e S. 275.

ling in eine Anstalt überführt und ihm hier eine Ausstattung gewährt wird, bei demnächstiger definitiver Überweisung Kosten der erwähnten Art nicht mehr erwachsen; es würde also die Kostenbeitragspflicht des Ortsarmenverbandes, soweit es sich um die Überführung und erste Ausstattung handelt, in allen Fällen der vorläufigen Unterbringung überall nicht eintreten. Nichts spricht aber dafür, daß dies der Wille des Gesetzgebers gewesen sein sollte, vielmehr ist anzunehmen, daß an der den Ortsarmenverbänden bereits durch das Gesetz vom 13. März 1878 im § 12² auferlegten Pflicht zur Tragung der Überführungs- und Ausstattungskosten nichts geändert werden sollte. Allerdings findet diese Auffassung über das Verhältnis der §§ 5 und 15 zueinander im Wortlaut des § 5² keine Unterstützung, da dieser nur vom verpflichteten Kommunalverbande unter besonderem Hinweis auf § 14, nicht aber auf § 15, spricht. Allein einmal ist zu berücksichtigen, daß vorwiegend die Bedeutung des § 5 in der von ihm statuierten Vorschußpflicht der Polizei sowie darin liegt, daß er die Kostentragungspflicht bei Nichtbestätigung der vorläufigen Unterbringung regelt. Eine genaue Regelung der bei definitiver Anordnung sich ergebenden Kostenpflicht war nicht erforderlich, da solche in den §§ 14 und 15 erfolgte; es genügte daher der Hinweis auf diese später folgende Regelung. Ferner aber weist der . . . Satz der Motive, wonach bei Anordnung der Zwangserziehung die Kosten der vorläufigen Unterbringung als Kosten der Fürsorgeerziehung zu behandeln sind, klar darauf hin, daß der Wille des Gesetzgebers nicht dahin ging, durch den § 5² die im § 15 bestimmte Kostenbeitragspflicht der Ortsarmenverbände zu modifizieren. Wollte jener Satz nur besagen, daß auch auf die Kosten der vorläufigen Unterbringung der § 15² Anwendung finde, so hätte er richtiger seinen Platz in der Begründung des § 15 gefunden. Auch ist nicht abzusehen, warum anzunehmen wäre, daß der § 5² zum § 15² in innerer Beziehung stehe, zum Abs. 1 dagegen nicht. — Auch die Auffassung des Finanz- und des Ministers des Innern stimmt, wie sie sich aus dem gemeinschaftlichen Erlasse vom 27. August 1902 ergibt, mit der hier vertretenen Auffassung überein. Denn wenn dieser Erlaß ausschließlich die Frage, ob § 15 sich auf Minderjährige, die nach § 5 vorläufig untergebracht, aber nicht definitiv der Fürsorgeerziehung überwiesen sind, Anwendung findet, erörtert und verneint, so folgt daraus mit Notwendigkeit, daß anderenfalls nach Auffassung jenes Erlasses der § 15 Platz zu greifen hat. Der Beklagte ist daher verpflichtet, die Überführungskosten zu tragen und dem Kläger den dafür verauslagten Betrag zu erstatten. Unerheblich erscheint es, daß Beklagter die Kosten der späteren Überführung von dem vorläufigen nach dem definitiven Unterbringungsorte bestritten hat, und es braucht hier auch nicht untersucht zu werden, ob die Konsequenz der hier gebilligten Auffassung, wonach die Unterbringung am Orte der vorläufigen Unterbringung bereits als die im § 15 erwähnte „Überführung in eine Anstalt" zu behandeln ist, nicht dahin hätte führen müssen, die Kosten der späteren Überführung nach dem Orte der definitiven Unterbringung als vom Provinzialverbande zu tragende Kosten einer Änderung der Unterbringung anzusehen. Hch.

11

a) Anfechtung der Ehe, weil der Ehemann vor der Eheschließung außerehelich Kinder erzeugt und Ehebruch begangen hat?

OLG. Hamburg, III. CS. Urteil v. 13. Juni 1903.

Das BGB. hat im Anschluß an das preußische und sächsische Recht die Zulässigkeit einer Anfechtung der Ehe wegen eines Irrtums „über solche persönlichen Eigenschaften des anderen Ehegatten" anerkannt, „die ihn bei Kenntnis der Sachlage und bei verständiger Würdigung des Wesens der Ehe von der Eingehung der Ehe abgehalten haben würden". Damit ist die Frage, ob der Irrtum über persönliche namentlich auch sittliche Eigenschaften, obgleich er ein Irrtum im Motiv ist, auf die Gültigkeit der Ehe überhaupt von Einfluß sein kann, im Gegensatz zu einem Antrage, der die Anfechtungsmöglichkeit auf die engen Grenzen des kanonischen Rechts zurückzuführen trachtete (Protok. 4 S. 74), bejaht. Gleichzeitig ist damit die Zulässigkeit der Anfechtung auf den Irrtum über solche Eigenschaften beschränkt, welche bei Zugrundelegung objektiv vernünftiger Beurteilung des Wesens der Ehe auf den Heiratsentschluß des Irrenden Einfluß zu üben geeignet waren (a. a. O. S. 76 Absatz 2). Die Grenzen des Anfechtungsrechts sind damit nicht bestimmter und nicht wesentlich anders gezogen, als dies bereits in der Lehre des modernen Kirchenrechts geschehen ist (vgl. Richter, Kirchenrecht, § 270; Walter, Kirchenrecht, § 305 und Motive 4 S. 76). Auch aus dem Wortlaut des § 1333 ergibt sich das Erfordernis, daß die Eigenschaft, um den Irrtum über sie im Sinne des Anfechtungsrechts als wesentlich erscheinen zu lassen, das Wesen der Ehe selbst berühren, daß sie geeignet sein muß, die Voraussetzungen für eine gegenseitige innige Hingabe, wie sie das Wesen der Ehe mit sich bringt, und zwar nicht nach dem individuellen Empfindungsleben des Irrenden, sondern nach objektiv vernünftigem Ermessen in Frage zu stellen. Nur unter dieser Voraussetzung erscheint die Bestimmung als eine aus der Natur der Ehe gefolgerte Ausnahme von den Grundsätzen über die Rechtswirkung des Irrtums im Motiv gerechtfertigt und zugleich vereinbar mit der das öffentliche Interesse an der Aufrechterhaltung der Ehen vertretenden Tendenz der modernen Gesetzgebung....

Der außereheliche Geschlechtsverkehr Unverheirateter wird, soweit es sich nicht um besonders geartete Fälle, wie den der Verführung unbescholtener Mädchen handelt, an sich aus natürlichen Gründen nur in Ansehung des weiblichen Geschlechts vom herrschenden Rechts- und Moralitätsbewußtsein der modernen Gesellschaft unter dem Gesichtspunkt geschlechtlicher Bescholtenheit als ein Merkmal sittlichen Defektes allgemein anerkannt. Kann hiernach ein solches Verhalten eines Mannes an sich nicht als der Mangel einer im Sinne des § 1333 wesentlichen sittlichen Eigenschaft desselben in Betracht kommen, so kann hierbei aus logischen Gründen auch der Frage keine Bedeutung beigemessen werden, ob jener außereheliche Geschlechtsverkehr in seinen Folgen zu der Geburt eines Kindes geführt hat, oder nicht. Vom letzteren zufälligen Umstand können nicht die persönlichen „Eigenschaften", sondern höchstens die persönlichen „Verhältnisse" des Mannes beeinflußt werden. Der Irrtum über persönliche „Verhältnisse" ist aber vom § 1333 im Gegensatz zum entsprechenden § 1259[1] des I. Entwurfs demjenigen über die persönlichen Eigenschaften keineswegs gleichgestellt, und könnte daher nur etwa auf Grund § 1334 dann in Frage kommen, wenn er, wofür hier gar nichts vorliegt, vom Ehemanne zwecks Herbeiführung der Ehe durch arglistige Täuschung hervorgerufen wäre.

Weit zweifelhafter ist die Frage bezüglich des geschlechtlichen Verkehrs mit der Ehefrau X., durch den sich der Beklagte wissentlich eines Ehebruchs schuldig gemacht hat. Es liegt auf der Hand, daß er sich nicht nur mit der sittlichen Anschauung der Gesellschaft, sondern auch mit dem Strafgesetz in Widerspruch gesetzt hat, und die Natur des Deliktes legt die Erwägung nahe, ob die dadurch betätigte Anschauung nicht einen im Sinne des § 1333 wesentlichen sittlichen Mangel darstellt. Die Tatsache des Deliktes als solchen, für dessen moralische Bewertung die bedingte und milde Strafandrohung als Maßstab nicht außer acht bleiben darf, dürfte zu einer Bejahung dieser Frage nicht ausreichen. Wohl aber könnte man unter Umständen, nämlich dann zu diesem Ergebnis gelangen, wenn das Verhalten des Beklagten auf eine allgemeine Neigung desselben zu geschlechtlichen Ausschweifungen oder auf eine derartige Mißachtung des Institutes der Ehe zurückzuführen wäre, daß von ihm die Erfüllung der durch die eigene Eheschließung zu übernehmenden Treupflicht nicht wohl zu erwarten sein würde. In einem Prozeß, welcher die Nichtigkeitserklärung einer gehörig geschlossenen Ehe zum Ziel hat, müssen aber in dieser Richtung strenge Anforderungen an die Beweispflicht der Klägerin gestellt werden. Der Nachweis der Tatsache jenes Ehebruches selbst, auf den sich die Klägerin beschränkt hat, genügt nicht. Damit, daß der Beklagte, welchen als Unverheirateten eine eigene Treupflicht nicht band, sich in gewiß verwerflicher und zu mißbilligender Weise über die Rechte Anderer hinwegsetzte, kann noch nicht als dargetan gelten, daß es ihm bei der eigenen Eheschließung an dem Willen und moralischen Halt zur Befolgung der eigenen Treupflicht gefehlt habe. M. M.

b) **Beweislast bei der Klage der getrennt lebenden Ehefrau auf eine Rente. BGB. § 1361.**

OLG. Rostock, II. CS. Urteil v. 17. Juni 1903.

Wenn der unterhaltsberechtigte Ehegatte den Anspruch auf Gewährung des Unterhalts in Form einer Geldrente oder eines Geldbeitrags auf seine eigene Weigerung, das eheliche Leben herzustellen, gründet, so liegt ihm der Nachweis ob, daß seine Weigerung berechtigt ist. Beruht der Anspruch dagegen auf einer Weigerung des unterhaltspflichtigen Ehegatten, so genügt die

Tatsache der Weigerung. Es würde widersinnig sein, wenn in diesem Falle der Kläger beweisen müßte, daß der Beklagte die Herstellung des ehelichen Lebens verweigern dürfe. Andererseits ist in diesem Falle auch der Beklagte nicht mit der Einrede zu hören, daß seine Weigerung berechtigt sei, weil es für die Anwendlichkeit des § 1361 ohne Belang ist, ob der unterhaltspflichtige oder der unterhaltsberechtigte Ehegatte die Herstellung des ehelichen Lebens verweigern darf und verweigert (Staudinger, Anm. 2^{d} zu § 1361; im Ergebnisse übereinstimmend JW. 1902 Beilage S. 215)....

Nicht richtig erscheint die Ansicht, die „Verweigerung" der Herstellung des ehelichen Lebens erfordere begriffsmäßig eine vorherige vergebliche Aufforderung seitens des anderen Ehegatten. Eine Aufforderung ist unter Umständen erforderlich, um festzustellen, daß auf seiten des anderen Ehegatten in der Tat eine Weigerung vorliegt; solcher Feststellung aber bedarf es nicht mehr, wenn der andere Ehegatte seine Weigerung bereits ausdrücklich erklärt hat. S.

c) **Eintragung ins Güterregister auf Grund einer durch rechtskräftiges Urteil erlassenen einstweiligen Verfügung. BGB. § 1561^{3}.**

OLG. Dresden, VI. CS. Beschluß v. 10. Juni 1902.

Der Auffassung der Vorinstanzen, daß nur ein in der Hauptsache ergangenes rechtskräftiges Urteil, das die Verwaltung und Nutznießung des Mannes aufhebt, ein nach § 1561 Abs. 3 Ziff. 1 ausreichender Schuldtitel sei, steht schon der Wortlaut entgegen, denn er spricht nicht mehr, wie I § 1447, von einem rechtskräftigen, in der Hauptsache erlassenen Urteile, das den Antrag des verurteilten Ehegatten ersetze, sondern schlechthin von einer mit dem Zeugnisse der Rechtskraft versehenen Entscheidung. Eine solche ist aber auch die durch rechtskräftiges Urteil erlassene einstweilige Verfügung. Daß auch sie nicht endgültig die Beziehungen der Ehegatten regelt, ja sogar nach §§ 936, 927 CPO. wieder aufgehoben werden kann, ohne daß in der Hauptsache ein Urteil ergehen müßte, berührt nicht ihre formelle Rechtskraft. Diese ist aber allein erforderlich. Denn auch die vom Vormundschaftsgerichte bei Streitigkeiten über die Schlüsselgewalt erlassenen Entscheidungen (BGB. § 1357), die der Eintragung fähig, ja bedürftig sind, entbehren der materiellen Rechtskraft, wie die §§ 322, 325 CPO. sie bei Urteilen vorsehen (Rausnitz zu FrGG. § 18 Anm. 4). Nun ist es zwar nicht unbedenklich, bereits in einer einstweiligen Verfügung eine Anordnung gleichen Inhalts zu geben, wie sie weitergehend im ordentlichen Verfahren nicht angestrebt werden könnte, so daß das in diesem ergehende Urteil nicht durch die Entscheidung selbst, sondern nur durch deren materielle Rechtskraft sich von der einstweiligen Verfügung zu unterscheiden vermag. Allein selbst wenn man derartige einstweilige Verfügungen für unzulässig halten wollte, was immerhin bei der großen Freiheit, die §§ 938, 940 CPO. dem Gericht in der Wahl der Anordnungen lassen, zweifelhaft erscheinen muß, so ist doch sogar dann — ihre formelle Rechtskraft vorausgesetzt —

das Registergericht an sie gebunden und verpflichtet, die darin ausgesprochene Änderung der güterrechtlichen Verhältnisse der Ehegatten auf einseitigen Antrag der obsiegenden Partei ins Güterregister einzutragen. Der Beschluß (Rsp. 4 S. 99) betrifft offenbar eine durch Beschluß erlassene einstweilige Verfügung, der er zutreffend die Fähigkeit der formellen Rechtskraft abspricht, scheint aber mehr als diese für den Eintrag gleichfalls nicht zu verlangen. [Vgl. Rsp. 4 S. 163.] Annalen 24 S. 382.

d) **Zur Auslegung von BGB. § 1565 Abs. 2.**

α) OLG. Dresden, V. CS. Urteil v. 28. Dezember 1901.

Die Behauptung des Klägers, daß er den Ehebruch nicht begangen haben würde, wenn die Beklagte bei ihm geblieben wäre oder unterlassen hätte, bisher durch ihr Verhalten im Prozesse die Scheidung zu verhindern, ist nicht im Sinne einer Zustimmung der Beklagten zum Ehebruche oder einer Teilnahme daran nach § 1565² verwertbar. Ebensowenig die Äußerung der Beklagten, sie lege nur deswegen Berufung ein, um den Kläger durch die lange Dauer des Prozesses zum Ehebruche zu treiben; denn hieraus würde sich zwar entnehmen lassen, daß sie den Kläger für fähig gehalten habe, einen Ehebruch zu begehen und damit gerechnet habe, daß ihr in der Berufungsinstanz der bis dahin mißlungene Versuch einer Überführung des Klägers glücken werde, dagegen würde jene Äußerung, weil der Beklagte mit der Berufung ihren auf Scheidung gerichteten Widerklagantrag wiederholt hat, nicht dahin aufgefaßt werden dürfen, daß es der Beklagten gleichgültig sei und ihre eheliche Gesinnung nicht werde nachteilig beeinflussen können, wenn der Kläger die eheliche Treue schon verletzt habe oder künftig verletzen sollte. v. F.

β) OLG. Celle, I. CS. Urteil v. 28. Januar 1903.

Das Landgericht hält eine allgemeine Zustimmung des einen Ehegatten zum außerehelichen Geschlechtsverkehr des anderen Ehegatten, als mit dem Wesen der Ehe unvereinbar, für nicht zulässig, eine solche könne bei § 1565² unmöglich ins Auge gefaßt sein. Dem kann mit der Maßgabe beigetreten werden, daß durch eine solche allgemeine Zustimmung kein für die ganze Dauer der Ehe unentziehbares Recht des anderen Ehegatten auf außerehelichen Geschlechtsverkehr begründet wird, daß vielmehr der bislang dem ehebrecherischen Verhalten des anderen Ehegatten allgemein zustimmende Ehegatte jeden Augenblick auf den sittlichen Standpunkt der Ehe zurückkehren und für die Zukunft ein gleiches sittliches Verhalten vom Ehegatten verlangen kann. Dementsprechend würde der Beklagte auf eine frühere allgemeine Gestattung von dem Augenblick an, wo Klägerin ihm die Änderung ihrer Anschauung dem sittlichen Charakter der Ehe entsprechend kundgegeben hätte, zur Rechtfertigung eines späteren Ehebruches sich nicht mehr berufen können [vgl. Rsp. 3 S. 32]. H.

e) **Bösliche Verlassung. BGB. § 1567 Nr. 1.**

OLG. Hamburg, IV. CS. Urteil v. 21. November 1902.

Die Klägerin hat dadurch, daß sie 1899 den gerichtlichen Aufnahmebefehl und späterhin die Verurteilung zur Herstellung der häuslichen Gemeinschaft erwirkte, zur Genüge kundgegeben, daß sie bei fortbestehender Ehe in ein ferneres Getrenntleben des Beklagten nicht willige. Durch dieses ihr späteres Vorgehen wäre eine 1876 erteilte Zustimmung zur Trennung hinfällig geworden. Daß der Beklagte jenes Urteils unerachtet sich im Einverständnisse mit der Klägerin noch weiter von ihr ferngehalten habe, ist nicht daraus zu entnehmen, daß die Klägerin unterlassen hat, den Beklagten zur Befolgung des Urteils besonders aufzufordern; denn es war Sache des Beklagten, dem ihm zugestellten Urteile auch ohne Aufforderung nachzukommen und Klägerin durfte sich bei Unterlassung aller Anstalten zu ihrer Wiederaufnahme überzeugt halten, daß der Beklagte bei seiner Fernhaltung beharren wolle und daher eine Aufforderung ihrerseits nutzlos sei. Wenn aber ferner Klägerin dem Landgerichte enthüllt hat, daß sie gar nicht den Wunsch hege, mit dem Beklagten zusammenzuleben, so hat sie damit nur das auch ohnehin aus der Tatsache der Klageerhebung ersichtliche Verlangen ausgedrückt, ihre vom Beklagten gröblich mißachtete Ehe nunmehr geschieden zu sehen.... Daß sie, nachdem auch das Urteil ohne Eindruck auf den Beklagten geblieben ist, den Wunsch nach Scheidung hegt, ist kein Indiz dafür, daß sie, solange das Verhalten des Beklagten einen Scheidungsgrund noch nicht abgab, nicht die dem Beklagten ihr gegenüber obliegenden Verpflichtungen hat erfüllt sehen wollen.... M. M.

f) **Bösliche Verlassung. Berücksichtigung der der abwesenden Partei zustehenden Einwände. BGB. § 1567. CPO. § 622.**

OLG. Hamburg, I. CS. Urteil vom 14. Juli 1902.

Was unter „böslicher Absicht" zu verstehen sei, wird weder im Gesetz selbst noch auch in den Motiven ausgesprochen. Nach dem in den letzteren Ausgeführten ist jedoch davon auszugehen, daß nach dem BGB. der Begriff kein anderer ist, als nach dem gemeinen protestantischen Eherecht und daß demzufolge eine bösliche Absicht dann vorliegt, wenn der Ehegatte eigenmächtig, d. h. ohne richterliche Gestattung und gegen den Willen des anderen Ehegatten in der Absicht, die eheliche Gemeinschaft nicht fortzusetzen, sich dem anderen Teile fern hält. Dagegen ist nicht Voraussetzung, daß der klagende Teil darlegt, daß er die ehelichen Pflichten nicht verletzt habe, vielmehr ist, wenn der verklagte Ehegatte behaupten will, daß er wegen des Verhaltens des klagenden Teiles zur Fortsetzung der Ehe nicht verpflichtet sei, seine Sache, einen desfallsigen Einwand zu erheben (Entsch. des RG. 15 S. 203, 18 S. 230, 20 S. 210, 33 S. 173, 40 S. 161)....

... Für die Frage, ob das Gericht berücksichtigen darf, ob Beklagte infolge Verletzung der ehelichen Pflichten seitens des Klägers auf Scheidung zu klagen berechtigt sein würde und deshalb befugt sei, sich der ehelichen Gemeinschaft fern zu halten, kommt der § 622 CPO. in Betracht. Legt man diese Bestimmung aber auch mit dem RG. 33 S. 174 in dem weiteren Sinne aus, daß das Gericht auch gar nicht vorgeschützte Einrede instruieren und berücksichtigen darf, so liegt doch vorliegend, wo der eine Ehegatte sich lediglich zu dem Zwecke, um sich der Fortsetzung der ehelichen Gemeinschaft zu entziehen, ins Ausland begeben hat und seinen Aufenthaltsort verheimlicht, die Berücksichtigung der Einrede von Amtswegen mithin zu einer Wiedervereinigung der Ehegatten voraussichtlich nicht führen würde, zur Anwendung des § 622 keine Veranlassung vor, andrerseits würde aber auch die bei dem Nichtbekanntsein des Aufenthaltsortes der Beklagten nicht zu beseitigende Schwierigkeit entgegenstehen, daß nach weiterer Bestimmung des § 622 das Berücksichtigen von Tatsachen und die Aufnahme von Beweisen von Amts wegen nur unter der Voraussetzung zulässig ist, daß die Parteien vor der Entscheidung gehört werden. Diese Bestimmung ist zwingend, ihre Nichtbeachtung würde eine Gesetzesverletzung enthalten. M. M.

g) **Wiederholtes grundloses Verlassen der häuslichen Gemeinschaft kein Scheidungsgrund aus § 1568 BGB.**

OLG. Hamburg, I. CS. Urteil v. 8. Mai 1903.

Die Auffassung: Schon ein wiederholtes grundloses Verlassen der häuslichen Gemeinschaft rechtfertige als „schwere Verletzung der durch die Ehe begründeten Pflichten" nach § 1568 die Scheidung, verstößt gegen den klaren Willen des Gesetzes. Denn dieses erkennt im § 1567 Nr. 1 eine „Verlassung" als „böslich" und damit als Scheidungsgrund nur dann an, wenn der beklagte Ehegatte, nachdem er zur Herstellung der häuslichen Gemeinschaft rechtskräftig verurteilt worden ist, ein Jahr lang gegen den Willen des anderen Ehegatten in böslicher Absicht dem Urteile nicht Folge geleistet hat! Das BGB. gestattet also dem Richter nicht, bei einer tatsächlich stattgehabten Trennung der Ehegatten sich die Überzeugung, daß der verlassene Teil vom andern in einer den ernsten Willen, nicht wieder zurückzukehren, (den animus dirimendi matrimonii des früheren gemeinen Rechts) einschließenden Absicht verlassen sei, nach freiem Ermessen auf Grund irgend welcher dafür verwertbaren Beweismomente bilden zu dürfen, sondern bindet das Ermessen an die Voraussetzung des im § 1567 ganz bestimmt vorgeschriebenen Tatbestandes. Damit ist unvereinbar, daß der Richter das bloße Faktum einer grundlos (oder auf unberechtigte Gründe hin) einseitig und gegen den Willen des andern Teils herbeigeführten Ehetrennung, bei der dem beklagten Teile noch nicht durch rechtskräftiges Urteil die Wiederherstellung der häuslichen Gemeinschaft auferlegt und ein Trotz gegen diesen Richterspruch nicht nachgewiesen ist, auf Grund des § 1568 nach freiem Ermessen schon dadurch zu einem Scheidungsgrunde machen darf, daß er es, weil getrenntes Leben der Gatten, ohne gegenseitige Übereinkunft, gegen den § 1353 verstößt, als eine schwere Verletzung der durch die Ehe begründeten Pflichten charakterisiert. Auch die „bösliche Verlassung" ist Scheidungsgrund, nur weil sie eine schwere Verletzung der durch die Ehe begründeten Pflichten ist. Darf sie nur beim Vorhandensein des im § 1567 vorausgesetzten Tatbestandes als erwiesen angenommen werden, so ist es ausgeschlossen, eine einfache, demgemäß nicht als „böslich" zu konstatierende Verlassung für ein die Scheidung rechtfertigendes Verhalten zu erklären. Damit würde den strengeren Anforderungen des § 1567 jede praktische Bedeutung entzogen werden, und das ist selbstverständlich nicht der Zweck des § 1568. M. M.

h) **Verurteilung zu Zuchthausstrafe. § 1568 BGB.**

OLG. Braunschweig, I. CS. Urteil v. 4. Juli 1902.

Nach § 1568 kann ein Ehegatte auf Scheidung klagen, wenn „der andere ... durch ehrloses oder unsittliches Verhalten eine so tiefe Zerrüttung des ehelichen Verhältnisses verschuldet hat, daß dem Ehegatten die Fortsetzung der Ehe nicht zugemutet werden kann." Als ein derartiges Verhalten kommt vor allem die Vornahme eines entehrenden Verbrechens oder Vergehens in Betracht; dabei ist auf die Tat selbst, nicht auf die Verurteilung bezw. Bestrafung, wesentliches Gewicht zu legen. Das Gesetz weicht hinsichtlich dieses Scheidungsgrundes von § 1444 zwar insofern ab, als im Entwurf als ein Hauptfall der durch ein ehrloses Verhalten bewirkten Ehezerrüttung ein nach der Eheschließung begangenes ehrloses Verbrechen genannt ist, während das Gesetz sich jeder Exemplifikation enthält. Durch diese Veränderung hat indessen nicht die Bedeutung ehrloser Taten herabgedrückt, vielmehr nur klargestellt werden sollen, daß ein ehrloses Verbrechen oder Vergehen nicht immer, vielmehr nur dann als Scheidungsgrund gelten solle, wenn durch dasselbe im Einzelfalle tatsächlich eine Zerstörung der ehelichen Gesinnung bewirkt sei, und daß es dabei auf das Verhalten der betr. Person, nicht auf dessen strafrechtliche Folgen ankomme (vgl. Prot. 4 S. 413; Planck, Komm. § 1568 Bem. 1 Abs. 3; Erler, Ehesch.-R. S. 115). Wenngleich hiernach dem in der Verurteilung zur Zuchthausstrafe an und für sich einen Scheidungsgrund findenden Urteil des Kammergerichts (Rsp. 1 S. 255, dagegen das. S. 473) nicht zuzustimmen sein mag, so kann doch nicht bezweifelt werden, daß bei Unterstellung normaler Verhältnisse, insbesondere einer ihrem christlichen Glauben entsprechenden Gesinnung der Beklagten, dieser das Zusammenleben mit einem Manne unmöglich gemacht ist, welcher sich in der geschilderten Weise als sittlich verkommen und ehrlos gezeigt und Dritte zu schweren Straftaten (Meineid) zu verführen gesucht hat. Eine solche Unterstellung der Beklagten gegenüber ist durchaus statthaft; sie verbietet sich nicht, auch wenn es wahr sein sollte, daß die Beklagte gegen den Kläger mehrfach tätlich geworden ist; letzterer ist, wie aus dem Strafurteile zu entnehmen, auf eine tiefe Stufe der Gesittung herabgekommen und hat wesentlich an dem schon längere Zeit bestehenden ehelichen Unfrieden die Schuld. Daß sein Verbrechen die Beklagte nicht empfindlich getroffen habe, hat Kläger überall nicht behaupten mögen. Hu.

i) **Freiwillige, trotz Widerspruchs der Frau erfolgte Teilnahme an der Expedition nach Ostasien kein Scheidungsgrund.**

OLG. Dresden, V. CS. Urteil v. 27. April 1903.

Die nach China 1900 zu entsendenden deutschen Truppen wurden aus Leuten zusammengestellt, die sich dazu aus den Reihen des stehenden Heeres und aus den Mannschaften des Beurlaubtenstandes freiwillig meldeten. Der Beklagte gehörte zu den letzteren, er wurde vom Bezirkskommando eingerufen. Die Aufforderungen zu den freiwilligen Anmeldungen waren von der Militärbehörde amtlich erlassen worden. Wer sich meldete und einstellen ließ, leistete damit unzweifelhaft dem Vaterlande einen Dienst. Grundsätzlich mußte es bei dieser Sachlage auch einem Verheirateten erlaubt sein, sich zu melden. Die Rücksicht auf Weib und Kind allein konnte nicht ausreichen, um ohne weiteres jedem Ehemanne die Teilnahme an dem kriegerischen Unternehmen als verboten erscheinen zu lassen oder im Beteiligungsfalle sogleich den Vorwurf einer Verfehlung nach § 1568 gegen ihn zu gestatten. Daß es ausnahmsweise in einem Falle besonderer Hilflosigkeit oder Bedürftigkeit einer einzelnen Familie ihrem berufenen Ernährer und Beschützer allerdings als ein zur Ehezerrüttung geeignetes unverantwortliches Verhalten hätte ausgelegt werden können, wenn er unter solchen bedrängten Umständen die Seinen verlassen hätte und mit nach China gegangen wäre, soll nicht bestritten werden. In einen wirtschaftlichen Notstand aber kam die Klägerin, die nur ein Kind aus der Ehe hatte und noch arbeitsfähig war, infolge des Wegganges ihres Mannes nicht; sie erhielt überdies Unterstützung aus Staatsmitteln für sich und ihr Kind. Der Beklagte war darum rechtlich nicht behindert — und zwar selbst wenn sie damit nicht einverstanden gewesen wäre —, Kriegsdienste für Ostasien zu nehmen.

Bei dieser Sachlage kommt nichts weiter darauf an, daß der Beklagte kurz vor der Abreise in einer Gastwirtschaft geäußert hat, es sei ihm gleich, was nun aus seiner Frau und seinem Kinde würde. Diese unbedachte Rede eines kriegslustigen Soldaten reicht nicht aus, sein im übrigen einwandfreies Verhalten dem § 1568 zu unterstellen. Dasselbe muß gelten in Ansehung seines Auftretens nach seiner Rückkehr. Er hat sich da allerdings nicht wieder um seine Frau gekümmert, ihr auch keine Unterhaltsbeiträge übersendet. Eine besondere Lieblosigkeit, die ehezerrüttend hätte wirken können, lag aber darin nicht. Es ist ihm nicht zu verdenken, daß er sich um die Frau nicht mehr kümmerte, die ihm nach China eine grundlose oder unerweisliche Vorwürfe enthaltende Scheidungsklage hatte nachsenden lassen und zuletzt noch des Ehebruchs, den sie in seiner Abwesenheit begangen hatte, überführt dastand. Dr. v. F.

k) **Verzeihung im Sinne des § 1570 BGB.**

OLG. Hamburg, II. CS. Urteil v. 10. März 1903.

Die stillschweigende Verzeihung eines Scheidungsgrundes ist nicht etwa gerade an den Akt der Vollziehung des Beischlafs geknüpft; sondern der Beischlaf ist nur deshalb regelmäßig als eine den Verzeihungswillen zum Ausdruck bringende Handlung anzusehen, weil der Ehegatte, der an sich auf eine Ursache zur Scheidung sich berufen kann, dadurch zu erkennen gibt, daß nach seinem persönlichen Empfinden die Ehe durch Verschulden des anderen Teils nicht derart zerrüttet ist, daß man ihm die Fortsetzung derselben nicht zumuten könnte. Ein gleicher Schluß ist aber aus dem Verhalten des Klägers zu ziehen. Wenn er, nachdem der Prozeß schon seit April im Gange war, und die Beklagte infolge eines klägerischen Antrages auf Erlaß einer einstweiligen Verfügung am 6. Mai freiwillig die Ehewohnung verlassen hatte, sich im September Abends in die Wohnung seiner Frau begeben hat, dort bis 2 Uhr Nachts geblieben ist und auf Befriedigung seines Geschlechtstriebes gerichtete Handlungen mit ihr vorgenommen hat und an sich von ihr hat vornehmen lassen, so hat er dadurch unzweideutig zu erkennen gegeben, daß er die Verletzung der durch die Ehe begründeten Pflichten, welche er seiner Frau vorwirft, nicht für so schwerwiegend erachtet, daß er sich dadurch von einem Verkehr intimster Art mit ihr hätte abhalten lassen. Von einer unheilbaren Zerrüttung der Ehe durch die diesem Verkehr vorhergegangenen Vorfälle kann daher nicht die Rede sein. M. M.

l) Unterhaltsanspruch der geschiedenen Frau. BGB. § 1578.

α) Kammergericht, III. CS. Urteil v. 24. März 1903.

... Die Höhe der Rente ist, da der Anspruch der geschiedenen Ehefrau aus § 1578 lediglich als Unterhalts- (nicht als Entschädigungs-)Anspruch in Betracht kommt, nach den Ansprüchen zu bestimmen, welche die Klägerin als Ehefrau nach dem Stande, der Bildung, den Lebensgewohnheiten und dem Vermögen ihres Mannes vernünftigerweise an ihre Lebenshaltung stellen konnte. Nach dem Standpunkt des BGB. ist der Unterhaltsanspruch „eine auf Billigkeit beruhende Nachwirkung der Ehe" (Motive 4 S. 617): Durch die Scheidung der Ehe soll die schuldlose Ehefrau nicht schlechter gestellt werden, als sie bei fortdauernder Ehe gestanden haben würde, und die Denkschrift bezeichnet es als eine Forderung der Billigkeit, daß der unschuldige Ehegatte den ihm gegen den anderen Ehegatten während der Ehe zustehenden Anspruch auf Gewährung des Unterhalts (mit den aus der veränderten Sachlage sich ergebenden Abweichungen) auch nach Auflösung der Ehe bis zur etwaigen Wiederverheiratung behält. Hieraus folgt aber noch keineswegs, daß die Frau Anspruch auf Unterhalt in einem gewissen zahlenmäßigen Verhältnis zu den Einnahmen des geschiedenen Mannes, und zwar auch dann hat, wenn dieser seine Einnahmen nicht vollständig bei sonst standesmäßiger Lebensführung verbraucht hat, oder daß sie genau in den gleichen Verhältnissen wie in der Ehe unterhalten werden muß. Vielmehr ist in erster Reihe ihr Bedürfnis maßgebend, bemessen nach den Ansprüchen, die sie verständigerweise nach der Lebensstellung und den Einkünften des Mannes während der Ehe befriedigen konnte: nur in solchen zu standesmäßigen Auskommen erforderlichen Ansprüchen soll sie nach der Scheidung nicht beschränkt werden, und nur solche Ansprüche soll der schuldige Mann auch nach aufgelöster Ehe noch befriedigen. Es ist daher gleichgültig, ob der Beklagte ein Einkommen von 50000 oder 90000 Mark jährlich habe, ob er mehr oder weniger „fürstlich" in seiner Villa eingerichtet ist, ob er 8000 Mark allein für Weine im Jahr verausgabt und an Toiletten und Geldgeschenken „je nach Laune" große Summen für die Klägerin verwendet hat. Durch solchen Aufwand mag die Klägerin in mancher Beziehung verwöhnt sein, aber einen Anspruch auf eine derart kostspielige Lebensführung hat sie — von ihrer früheren Stellung als Dienstmädchen in diesem Haushalt ganz abgesehen — während ihrer Ehe als Frau eines so reichen früheren Ackerbürgers niemals gehabt. . . . Z.

β) OLG. Hamburg, IV. CS. Urteil v. 24. April 1903.

Da die Klägerin kein Vermögen besitzt und in den Verhältnissen, in denen die Parteien als Ehegatten gelebt haben, Erwerb durch Arbeit der Frau nicht üblich ist, so hat der Beklagte ihr in vollem Umfange den standesmäßigen, d. h. den ihrer Lebensstellung entsprechenden Unterhalt zu gewähren, soweit nicht diese Pflicht durch § 1579 [1] eingeschränkt wird. Die Lebensstellung der Klägerin ist und bleibt diejenige, die sie zurzeit der Scheidung von dem Beklagten als dessen Frau inne hatte. An späteren Veränderungen seiner Stellung nimmt sie nicht teil, weil sie nicht mehr seine Frau ist. Eine Verbesserung seiner Lebensstellung ist also für sie ohne Belang; eine Verschlechterung berührt sie nur insofern, als durch eine ungünstige Veränderung seiner Vermögenslage gemäß den Grundsätzen des § 1579 seine Unterhaltspflicht eingeschränkt werden kann. — Zurzeit der Scheidung war der Beklagte Kaufmann, wie er es noch jetzt ist, und für seine Bedeutung als solcher, mithin für seine Lebensstellung innerhalb der kaufmännischen Kreise war sein Vermögen, der Umfang und der Ertrag seines Geschäftes maßgebend. Die Höhe des der Klägerin zustehenden Unterhalts bestimmt sich also in letzter Linie nach dem Vermögen und den Einnahmen des Beklagten zurzeit der Scheidung. Er hat ihr eine solche Summe als Unterhalt zu bezahlen, wie er ihr bei verständiger Beurteilung seiner Verhältnisse damals für ihren persönlichen Verbrauch hätte aussetzen müssen, wenn er sich nur tatsächlich (z. B. für einen mehrjährigen überseeischen Aufenthalt) von ihr getrennt hätte. Bei Bemessung des der Klägerin hiernach zukommenden Unterhaltes kann selbstverständlich nicht die gesamte damalige Einnahme des Beklagten als für seinen Verbrauch verfügbar behandelt werden, denn da er ein jüngerer Kaufmann war, der zwar sehr gut verdiente, aber noch kein im Verhältnisse zu seiner Einnahme bedeutendes Vermögen angesammelt hatte, so war es für ihn ein dringendes Gebot verständiger Wirtschaft, einen großen Teil seines Einkommens zurückzulegen. Wie hoch er auf Grund vorsichtiger Schätzung der zu erhoffenden Einnahme und der gebotenen Rücklagen seinen Verbrauch zu bemessen hatte, dafür gibt der Aufwand, den er sich in den letzten Jahren vor der Scheidung gestattet hat, allerdings den besten Anhalt. Dabei kann zwar nicht der Verbrauch des letzten Jahres zu grunde gelegt werden, wenn in diesem aus besonderen Ursachen höhere Ausgaben gemacht sind, als für den Hausstand der Parteien nach seiner ganzen Einrichtung ordentlicher Weise erforderlich waren. Wohl aber ist der Verbrauch maßgebend, auf den der Beklagte sich zuletzt vor der Scheidung für die Dauer eingerichtet hatte. M. M.

m) **Ermäßigung der vertragsmäßig übernommenen Unterhaltsrente auf Grund des BGB. § 1579.**

OLG. Königsberg, III. CS. Urteil v. 2. März 1903.

... Das Reichsgericht hat zwar wiederholt ausgesprochen, daß Vergleiche über gesetzliche Unterhaltsansprüche wegen veränderter Verhältnisse der Abänderung unterliegen, insoweit sie mit der zwingenden Vorschrift des § 1614[1] in Widerspruch treten, wonach „für die Zukunft auf den Unterhalt nicht" (auch nicht teilweise) verzichtet werden kann (Entsch. 50 S. 96; Gruchot 46 S. 944). Die vorliegend zu entscheidende Frage, ob durch Wiederverheiratung des geschiedenen Ehegatten, welcher sich durch Vergleich verpflichtet hat, dem unschuldigen Ehegatten der geschiedenen Ehe eine Unterhaltsrente zu gewähren, die vertragsmäßige Pflicht auf Grund des § 1579 aufgehoben wird, findet aber durch diese Entscheidungen keine Lösung. Die Frage ist zu verneinen. In den Motiven zu I § 1454 (4 S. 619) wird ausgeführt: „Die Bestimmung des § 1495 über die Unzulässigkeit des Verzichts auf den einem Verwandten zustehenden gesetzlichen Unterhaltsanspruch ... ist auf den im § 1454 anerkannten Unterhaltsanspruch nicht übertragen, da der letztere keinen familienrechtlichen Charakter hat.... Auch praktische Gründe sprechen dafür, es den geschiedenen Ehegatten zu ermöglichen, das Verhältnis untereinander durch Vertrag, insbesondere im Wege der Kapitalabfindung zu ordnen". Dementsprechend erwähnt § 1580[3], der eine Reihe von Vorschriften über die Unterhaltspflicht der Verwandten auf den Unterhaltsanspruch der geschiedenen Frau für anwendbar erklärt, den § 1614 (I § 1495) über die Unzulässigkeit des Verzichts auf zukünftige Alimente — nicht, und Planck (Anm. 4 Abs. 3) folgert aus der Unanwendbarkeit des § 1614, „daß die geschiedenen Ehegatten über den Unterhaltsanspruch eine Vereinbarung treffen können und insbesondere ein Verzicht auf den Unterhalt zulässig ist". Bei der Beratung des BGB. ist man hiernach offenbar von der Zulässigkeit eines Vertrags über den Unterhalt des geschiedenen Gatten ausgegangen. Wenn insbesondere die Vereinbarung einer Kapitalabfindung die Wirkung haben kann, daß eine spätere Änderung der Verhältnisse auf seiten des Berechtigten oder Verpflichteten keinerlei Bedeutung hat, so liegt kein Grund vor, die Vereinbarung einer Rente anders zu beurteilen.

Kläger verweist dagegen auf den § 323 CPO., der in seinem wesentlichen Inhalt dem § 7[2] des Haftpflichtgesetzes entspricht. Den § 7[2] hat das Reichsgericht jedoch auf solche Fälle für nicht anwendbar erklärt, in welchen die Schadloshaltung durch Vergleich geregelt ist (Entsch. 23 S. 38). Die Ausführungen dieses Urteils, „daß die Umstände, welche zum Abschlusse des Vergleichs führten, entweder gar nicht oder doch nur in unzuverlässiger Weise nach außen erkennbar würden, eine Änderung hinsichtlich der zugebilligten

Rente jedoch nicht ohne Beurteilung der früher maßgebend gewesenen Verhältnisse ausgesprochen werden könne", sowie daß „es dem Gesetzgeber fern gelegen habe, eine Änderung der das Vertragsrecht regelnden Normen eintreten zu lassen", gelten auch für den § 323. Dieser durchbricht den in § 322 geregelten Grundsatz der Rechtskraft der Urteile (vgl. Gaupp-Stein zu § 323).

Im I § 1454 war auf den Unterhaltsanspruch des geschiedenen Ehegatten auch der § 1493 für anwendbar erklärt. Dieser enthielt durch die Verweisung auf I § 724[6] eine mit dem jetzigen § 323 CPO. inhaltlich übereinstimmende Vorschrift, regelte aber gleichfalls nur die Abänderung eines die Verpflichtung zur Gewährung des Unterhalts aussprechenden Urteils. Er wurde gestrichen, „weil er durch die allgemeine Vorschrift des § 293[b] (jetzt § 323) CPO. gedeckt ist" (Protokolle 4 S. 530).

Der Wortlaut des § 1579 kommt dem Kläger gleichfalls nicht in dem Sinne zu statten, daß durch denselben ähnlich wie in § 519 BGB. zu gunsten des Schenkers aus Gründen des öffentlichen Interesses wegen Kollision der Unterhaltspflicht gegenüber dem neuen Gatten mit der vertraglich geregelten Unterhaltspflicht gegenüber dem früheren Ehegatten die Beschränkung früherer vertragsmäßiger Unterhaltsansprüche angeordnet wurde. Satz 1 § 1579 regelt allein die gesetzliche Unterhaltspflicht des für schuldig erklärten Ehegatten gegenüber dem anderen Ehegatten für gewisse Fälle und beschränkt sie eventuell dahin, daß dem Verpflichteten wenigstens so viel bleiben soll, als er zum notdürftigen Unterhalt bedarf. Satz 2 fügt für den Fall der Wiederverheiratung eine neue Beschränkung hinzu. Satz 2 kann indeß keine weitergehende Bedeutung haben, als Satz 1. Aus diesem geht nicht hervor, daß, wenn der verpflichtete Ehegatte infolge veränderter Verhältnisse unfähig wird, ohne Gefährdung seines standesgemäßen Unterhalts dem andern Ehegatten Unterhalt zu gewähren, er dann befugt sein soll, sich der Erfüllung seiner vertragsmäßigen Unterhaltspflicht zu entziehen. Ebensowenig wie Kläger berechtigt gewesen wäre, auch ohne seine Wiederverheiratung wegen Veränderung seiner Verhältnisse die Erfüllung seiner vertraglichen Pflichten zu verweigern, darf er dies infolge seiner Wiederverheiratung. F.

n) **Keine Herabsetzung der durch Vergleich übernommenen Unterhaltsrente. BGB. § 1614. CPO. § 323.**

OLG. Jena, II. CS. Urteil v. 2. Mai 1903.

Der Anspruch des Klägers, daß er der Beklagten, seiner geschiedenen Frau, anstatt der ihr durch Vergleich von 1897 zugesicherten Unterhaltsrente von 40 Mark nur noch eine solche von 12 Mark zu zahlen habe, wurde zurückgewiesen. Gründe:

Die Klage des § 323 CPO. setzt eine Verurteilung zu künftig fällig werdenden wiederkehrenden Leistungen voraus, sie findet daher nicht statt, wenn die Verpflichtung zu solchen Leistungen durch Vertrag geregelt ist. Für eine analoge Anwendung des § 323 auf vertragsmäßig geschuldete Unterhaltsrenten — und sonstige künftig fällig werdende Leistungen — fehlt die Vorbedingung, die rechtliche Gleichartigkeit des Falles. Das **Urteil** ist ein Akt der Staatsgewalt, dem die Beteiligten nach Erschöpfung der durch die Prozeßordnung ihnen gegebenen Rechtsbehelfe sich zu unterwerfen gezwungen sind. Ob und unter welchen Voraussetzungen eine Verurteilung zu künftig fällig werdenden Leistungen verlangt werden kann, und inwieweit einer derartigen Verurteilung Rechtskraftwirkung beizumessen ist, ist eine Frage des Prozeßrechts, für welche von maßgebender Bedeutung ist, daß einerseits der Richter seiner Entscheidung nur die zurzeit der Erlassung des Urteils bestehenden — ihm von den Parteien vorgetragenen — tatsächlichen Verhältnisse berücksichtigen kann, andererseits aber das praktische Bedürfnis bei Ansprüchen auf künftig fällig werdende Leistungen die Zulässigkeit der Herbeiführung einer richterlichen Entscheidung ohne Rücksicht auf die Möglichkeit einer künftigen Veränderung der maßgebenden Umstände erfordert. Die CPO. gestattet deshalb in § 258 die Klage auf künftige Entrichtung, gibt aber in § 323 beiden Teilen das Recht, wegen wesentlicher Veränderung derjenigen Verhältnisse, welche für die Verurteilung zur Entrichtung der Leistungen, für die Bestimmung der Höhe der Leistungen oder der Dauer ihrer Entrichtung maßgebend waren, im Wege der Klage eine entsprechende Änderung des Urteils zu verlangen, da es unbillig wäre, einen für wesentlich andere Verhältnisse berechneten Richterspruch unabänderlich fortgelten zu lassen. Für die Entscheidung der Frage, ob die behauptete wesentliche Veränderung der Verhältnisse eingetreten ist, und für die zu diesem Zwecke notwendige Vergleichung des gegenwärtigen mit dem zurzeit des Urteils bestehenden Zustande geben die Gründe des Urteils, welche sich über die für maßgebend angesehenen Tatumstände aussprechen müssen, eine sichere Grundlage ab. Die **vertragsmäßige** Übernahme einer Unterhaltspflicht dagegen beruht auf dem eigenen Willen des sich Verpflichtenden. Abschluß und Bedingungen des Vertrags stehen im Belieben der Beteiligten. Diese können die Möglichkeit künftiger Änderung der Verhältnisse in jeder denkbaren Weise berücksichtigen. Insbesondere können sie, wenn sie einer Erhöhung oder Verminderung der Leistungsfähigkeit des Unterhaltspflichtigen oder der Bedürftigkeit des Unterhaltsberechtigten Einfluß auf das Maß des zu gewährenden Unterhalts einräumen wollen, einen dahingehenden Vorbehalt machen. Das Zustandekommen und die Anfechtbarkeit des Vertrags beurteilt sich nach dem bürgerlichen Recht. Dieses enthält aber keine Bestimmung, daß ein Vertrag über Unterhaltsgewährung wegen wesentlicher Veränderung der Verhältnisse angefochten werden könne, mag man das zurzeit des Vertragsabschlusses am Wohnorte der Streitteile in Geltung gewesene ALR., oder das jetzt geltende BGB. in Betracht ziehen. Es bietet auch ein Vertrag keine sichere Grundlage für die Entscheidung der Frage, ob sich die für die Übernahme der Unterhaltspflicht, für die Höhe und Dauer der Unterhaltsleistungen maßgebend gewesenen Verhältnisse wesentlich geändert haben, da er regelmäßig sich hierüber nicht ausspricht.

Alles dies gilt auch für einen **Vergleich** über einen auf Grund des

Gesetzes erhobenen Unterhaltsanspruch. Ein Vergleich über Unterhaltsgewährung enthält nicht den stillschweigenden Vorbehalt, er solle nur so lange maßgebend sein, als die Verhältnisse sich nicht (wesentlich) ändern. Im Gegenteil spricht die Vermutung dafür, daß durch einen Vergleich eine feste und unverrückbare Grenze der Rechte und Pflichten in Bezug auf das durch ihn geordnete Rechtsverhältnis geschaffen werden soll, und wird nicht selten gerade das Bestreben, Maß und Dauer der Unterhaltsleistungen unabhängig von künftigen Schwankungen der Leistungsfähigkeit bezw. Bedürftigkeit zu ordnen, für den Abschluß des Vergleichs maßgebend sein.

Es besteht also zwischen dem Urteil und dem Vergleiche eine wesentliche Verschiedenheit, die es ausschließt, den § 323 auf Vergleiche anzuwenden. Dies ist nicht nur die Ansicht der namhaftesten Kommentatoren, sondern findet auch in der Entstehungsgeschichte Bestätigung. Der § 323 will die im I. Entwurf des BGB. aufgenommenen, an § 7² Haftpflichtges. sich anschließenden Einzelvorschriften (§§ 724, 726, 734—736, 1493) generalisieren (Denkschrift zur CP.-Novelle S. 108; Motive 2 S. 789). Durch § 7² war aber eine Berichtigung des zur Entrichtung einer Rente verurteilenden Erkenntnisses wegen wesentlicher Änderung der maßgebenden Verhältnisse zugelassen. Auf eine durch Vergleich vereinbarte Rente war er nach allgemeiner Meinung nicht anwendbar (Eger Note 88 S. 493; Endemann Anm. 2; Coermann Anm. 2 zu § 7 und Jäger, Umwandlungsklage S. 4; ferner Entsch. des RG. 23 S. 38). In der vom Vorderrichter angeführten Entscheidung hat allerdings der Senat angenommen, daß § 323 auf Prozeßvergleiche analog anwendbar sei. Ob an dieser Ansicht festzuhalten sein wird, kann dahingestellt bleiben. Vorliegend handelt es sich zwar um einen zu gerichtlichem Protokoll erklärten, aber nicht um einen zur Beilegung eines Rechtsstreites über Unterhaltsansprüche geschlossenen, also nicht um einen Prozeßvergleich. Es kommen also die Gründe, welche sich aus der besonderen Natur des Prozeßvergleichs für die analoge Anwendung des § 323 herleiten lassen, nicht in Betracht.

Auch in § 1614¹ BGB. findet die Klage keine Stütze. Danach kann auf den Unterhalt für die Zukunft nicht verzichtet werden. Die Rücksichten auf die sittliche Grundlage der Unterhaltspflicht und auf das wegen der öffentlichen Armenpflege konkurrierende öffentliche Interesse, welche nach den Motiven 2 S. 709 maßgebend gewesen sind, könnten freilich auch für ein Verbot des Eingehens einer Verpflichtung zur Gewährung von Unterhalt, durch welche der eigene Unterhalt gefährdet wird, ins Feld geführt werden. Das BGB. hat sich jedoch eines solchen Eingriffes in die Vertragsfreiheit enthalten. In Ermangelung einer positiven Vorschrift, welche die Zusicherung künftiger Alimente nicht oder nur beschränkt zuläßt, ist sie unbeschränkt gültig. Das arg. e contrario, mit welchem der Kläger seine gegenteilige Meinung zu stützen sucht, ist überhaupt nicht zwingend und mit Rücksicht auf den positiven Charakter des § 1614¹ nicht verwertbar. Dr. B.

12

a) Einwirkung des BGB. auf Einkindschaftsverträge.

OLG. Hamburg, I. CS. Urteil v. 3. Juni 1903.

Nach bisherigem Rechte war statthaft, sich durch Vertrag rechtswirksam zur Alimentierung eines nicht blutsverwandten Kindes den gesetzlichen Vertretern des Kindes gegenüber im selben Umfange zu verpflichten, wie das Gesetz den leiblichen Vater verpflichtete. Die Rechtsverbindlichkeit eines solchen Vertrages wurde durch das Inkrafttreten des BGB. nicht alteriert, da dieses keine Bestimmung enthält, die der Übernahme einer solchen Verpflichtung durch Vertrag entgegenstünde. Ob der unter dem früheren Rechte diese Verpflichtung begründende Vertrag seinem übrigen Inhalte nach gleichzeitig ein „Einkindschaftsvertrag" war, ist dann gleichgültig. Einkindschaftsverträge kennt allerdings das BGB. nicht mehr und das EG. schweigt über sie. Aber kein Zweifel ist möglich, daß ihr Inhalt, soweit er dem neuen Rechte nicht widerspricht, in seinem rechtlichen Fortbestande nicht berührt ist. Wie daher ein Einkindschaftsvertrag, insoweit er unbezweifelbar ein auch nach dem neuen Rechte statthafter Erbvertrag ist, unverändert fortdauert, so dauert er auch unverändert fort, insoweit sein klarer und ausdrücklicher Inhalt ergibt, daß durch ihn eine Unterhaltspflicht vertraglich übernommen und begründet wurde. Nur, wo dies nicht ohne weiteres im Vertrage klargestellt ist, sondern vielmehr erst aus der Rechtsnatur der Einkindschaft als solcher, als deren stillschweigende gesetzliche, selbstverständliche Folge behauptet wird, greifen die Zweifel Platz, ob die Einkindschaft persönliche, dem Elternrechte angehörende Wirkungen und insbesondere die Wirkung einer Alimentationspflicht zu äußern vermochte, und eventuell, ob die Unterhaltspflicht als Ausfluß bloß eines durch die Einkindschaft notwendig gegebenen persönlichen Verhältnisses, das vom BGB. nicht mehr anerkannt wird, anzusehen, oder als mit den der Einkindschaft innewohnenden vermögensrechtlichen Wirkungen unlöslich verbunden und deshalb ebenso wie diese zu behandeln sein mag (Motive zum EG. S. 288 und Planck zu Art. 209 Note 5 [4]). In Hamburg sorgte Art. 33 der Vormundschaftsordnung von 1883 dafür, daß beim Abschluß von Einkindschaftsverträgen stets „die Verpflichtung zur Ernährung und Erziehung der Vorkinder" ausdrücklich übernommen wurde. . . . M. M.

b) Feststellung des Vornamens eines Kindes, wenn er im Taufschein lateinisch angegeben ist.

Kammergericht, I. CS. Beschluß v. 8. Dezember 1902.

Nach der Eintragung in das Geburtsregister hat der Arbeiter Wojciech A. die Geburt einer Tochter angezeigt. Nach dem Taufschein, der in lateinischer Sprache ausgestellt ist und bei den vorgedruckten lateinischen Worten eine deutsche, teilweise auch eine polnische Übersetzung enthält, ist aber der Arbeiter A. bei der Eintragung seiner Geburt im Kirchenbuch als Adalbertus A. verzeichnet. Auf Antrag des Vorsitzenden des Kreisausschusses beschloß das Amtsgericht eine Berichtigung des Geburtsregisters dahin, daß der Vater der Verzeichneten mit Vornamen Adalbert, nicht Wojciech heiße. Die sofortige Beschwerde desselben wurde zurückgewiesen, seiner weiteren Beschwerde jedoch stattgegeben. Gründe:

Dem Landgericht ist darin beizutreten, daß jeder zunächst denjenigen Vornamen zu führen hat, welcher ihm von dem hierzu Berechtigten, insbesondere vom Vater alsbald nach der Geburt des Namensträgers, beigelegt ist. Allein die vorgelegten Taufscheine ergeben nur, daß der betreffende katholische Pfarrer bei Eintragung des Tauffalls den Vornamen des Beschwerdeführers in der lateinischen Form Adalbertus vermerkt hat. Daß der Vater des Beschwerdeführers seinem Kinde den Vornamen nicht in lateinischer Fassung beigelegt hat, ist ohne weiteres klar. Die gedachte Eintragung beruht vielmehr offenbar darauf, daß das Kirchenbuch vom Pfarrer in lateinischer Sprache geführt ist. Aus der Eintragung des Vornamens in lateinischer Form läßt sich demgemäß auch nicht erweisen, wie der Vorname seitens des dazu Berechtigten in derjenigen Sprache bestimmt worden ist, welche dem Berechtigten geläufig war. Hätte der Vater des Beschwerdeführers der deutschen Bevölkerung angehört, so würde sich allerdings aus der Eintragung herleiten lassen, daß er dem Kinde den deutschen Vornamen Adalbert geben wollte. Diese Folgerung ist indes nicht berechtigt, sofern der Vater des Beschwerdeführers zur polnischen Bevölkerung gehörte, und wenn nach polnischem Sprachgebrauch der Vorname Adalbert eine andere Form — „Wojciech" — hat. Die lateinische Eintragung Adalbertus deckt in letzterem Falle sowohl die deutsche wie die polnische Form des entsprechenden Vornamens, und es bedarf deshalb alsdann gegenüber der Eintragung im Kirchenbuch des anderweiten Nachweises, in welcher Form der Vater des Beschwerdeführers den Namen bestimmt hat.

Das Amtsgericht hat deshalb, sofern es dies noch für erforderlich erachtet, Ermittelungen darüber anzustellen, ob der Vater des Beschwerdeführers der deutschen oder der polnischen Bevölkerung angehörte. Es hat ferner, wenn es den Vater zur polnischen Bevölkerung rechnet, sich darüber schlüssig zu machen, ob nach polnischem Sprachgebrauch der Vorname Wojciech dem deutschen Vornamen Adalbert entspricht. Wird dies bejaht, so ist endlich zu ermitteln, ob der Vater des Beschwerdeführers seinem Sohn den Vornamen in der polnischen Form Wojciech beigelegt hat. In dieser Hinsicht wird die tatsächliche Namensführung seitens des Beschwerdeführers von Belang sein. Es darf auch dabei nicht verkannt werden, daß die Behauptung des Beschwerdeführers, er sei von jeher als Wojciech benannt worden, mit der Angabe seines Ersatzreservepasses sich im Einklang befindet.

c) **Ausstattungsversprechen für die Braut in Form einer beiden Verlobten gegebenen Zusage. BGB. § 1624.**

Kammergericht, XIII. CS. Urteil v. 8. Januar 1903.

Die Vorinstanz hat die auf Zahlung an die beiden Kläger — Tochter und Schwiegersohn des Beklagten — gerichtete Klage abgewiesen, weil das

Versprechen des Beklagten, den Klägern im Falle, daß sie sich heiraten, entweder seine Wirtschaft zu übergeben oder, wenn sie dies lieber wollten, 900 Mark zu zahlen, nicht dargetan sei.

Die Gültigkeit des Versprechens ist aber nach dem BGB. anzuerkennen. Die Form der Klageerhebung läßt jedenfalls — von anderen Möglichkeiten abgesehen — den von beiden Eheleuten gemeinschaftlich erhobenen Anspruch auf Erfüllung eines vom Vater der Braut gegebenen Ausstattungsversprechens erkennen (§ 1624). Daß als Empfänger in der Zusage die Braut gedacht ist, darauf deutet besonders der Umstand, daß als Gegenstand an erster Stelle die Wirtschaft genannt wird, welche offenbar der Braut zugedacht war. Es kann dabei einstweilen dahingestellt bleiben, ob in Anbetracht der Vermögensverhältnisse des Versprechenden zu einem Teile des streitigen Betrages ein der notwendigen Form entbehrendes und daher ungültiges Schenkungsversprechen (§ 518 BGB.) vorliegt, weil jedenfalls in gleichem Umfange, wie es die Leistung gewesen wäre, auch das Versprechen gültig sein würde. Das Versprechen ist auch erwiesen.... Hiernach besteht durchaus die Möglichkeit, daß in Anbetracht der Vermögenslage des Beklagten das Versprechen gültig wäre. Diese Möglichkeit muß zur Zuerkennung des Klageanspruchs dem Grunde nach ausreichen, indem einstweilen angenommen werden darf, daß bei Abgabe des Versprechens die Vermögenslage des Versprechenden nicht außer Betracht geblieben ist. Es bedarf, da schon hiernach ein Streit über den Betrag übrig bleibt, nicht der Entscheidung darüber, ob, soweit das Versprechen als dem Bräutigam gegenüber abgegeben gilt, nach dem BGB. in gleicher Weise wie nach preußischem Recht die Rechtsgültigkeit deswegen anzunehmen sei, weil die Erfüllung des Versprechens gegenüber der Eheschließung die Gegenleistung bilden würde. v. W.

d) Religiöse Erziehung der Kinder aus Mischehen.[1]

α) Kammergericht, I. CS. Beschluß v. 13. Oktober 1902.

Das im BGB. der Beschwerdeführerin als Inhaberin der elterlichen Gewalt zugewiesene allgemeine Erziehungsrecht (§§ 1684, 1686, 1631) findet infolge des EG. Art. 134 seine Schranke in den in Geltung erhaltenen Bestimmungen der Landesgesetzgebung, welche die religiöse Erziehung der Kinder regeln. Nur wenn hierüber das hier anzuwendende ALR. nichts bestimmte, könnte die Beschwerdeführerin über die religiöse Erziehung des Sohnes Paul entscheiden. Da aber in den §§ 76 bis 81 II 2 und der dazu erlassenen Deklaration vom 21. November 1803 bestimmte Festsetzungen darüber getroffen sind, welcher Religionsunterricht den Kindern aus Ehen zwischen Personen von verschiedenem Glaubensbekenntnisse zu erteilen ist, so müssen diese gesetzlichen Anordnungen beobachtet werden. In der Deklaration ist

[1] Rsp. 6 Nr. 47d S. 290. — Nach dem ALR. steht dem Vater sowohl vor wie nach dem Tode der Frau die Befugnis zu, kraft seines eigenen Willens die Kinder in dem vom seinigen abweichenden Glaubensbekenntnisse seiner Frau erziehen zu lassen (Kammergericht, I. CS. Beschluß v. 25. Mai 1903, Pos. MSchr. S. 92).

festgestellt, daß bei Mischehen die Kinder jedesmal in der Religion des Vaters unterrichtet werden sollen, während es im übrigen bei dem § 78 II 2 verbleibt, wonach niemand ein Recht hat, den Eltern zu widersprechen, solange diese über den ihren Kindern zu erteilenden Religionsunterricht einig sind. Grundsätzlich würde also, da der Vater des Paul N. unbestritten der katholischen Kirche angehörte, sein jüngster Sohn im gleichen Glaubensbekenntnisse unterrichtet werden müssen. Es kann sich also nur fragen, ob die Sachumstände des besonderen Falles nach dem Gesetz eine Abweichung von diesem positiv gebotenen Grundsatze zulassen. Mit Recht hat die Vorinstanz dies verneint. Allerdings sind vorliegend die Eltern, so lange der Vater am Leben war, über den religiösen Unterricht der damals schulpflichtigen drei ältesten Kinder einig gewesen.... Allein diese während der Lebzeit des Vaters dokumentierte Einigkeit der Eltern über den damals den Kindern zu gewährenden religiösen Unterricht darf nicht schon zu dem Schlusse führen, daß das jüngste Kind, dessen Unterricht erst nach dem Tode des Vaters begonnen hat, nunmehr auch in der vom Glaubensbekenntnisse des Vaters abweichenden Konfession zu unterrichten ist. Das Kammergericht hat ständig (Jahrb. 5 S. 65, 9 S. 44, 20 S. 246) angenommen, daß die in der Deklaration bestimmte Ausnahme das Verhältnis nur bis zum Tode des Vaters ordnet; stirbt dieser, bevor die Kinder das Alter erreicht haben, in welchem ihnen der Religionsunterricht erteilt wird, so tritt wieder der Grundsatz in Kraft, daß Kinder aus gemischten Ehen in der Religion des Vaters zu erziehen sind; dieser Grundsatz hat auch dann zu gelten, wenn der Vater vor seinem Tode ausdrücklich oder stillschweigend einen abweichenden Willen erklärt hat; eine einzige Ausnahme hiervon läßt das Gesetz zu, wenn der Vater ein Kind während des ganzen letzten Jahres vor seinem Tode in der von der seinigen verschiedenen Konfession des anderen Ehegatten hat unterrichten lassen. Das Kammergericht hat nicht verkannt, daß diese als Wille des Gesetzes festgestellten Regeln unter Umständen Zustände hervorrufen können, deren Vermeidung bei Erlaß der Deklaration gerade bezweckt wurde; gleichwohl hat es an den angegebenen Normen festgehalten (Jahrb. 9 S. 48) und findet auch vorliegend, wo der gleiche Mißstand der Verewigung des Religionsunterschiedes in der Familie hervortritt, keinen Anlaß, seine bisherige Entscheidung zu ändern. Diese beruht auf der Erwägung, daß die Deklaration ausdrücklich dem Vater gestattet, von jeder mit seinem Ehegatten getroffenen Vereinigung über die religiöse Erziehung der Kinder, selbst wenn sie auf vertraglicher Verpflichtung beruhen sollte, alle Zeit abzugehen und selbständige Bestimmung darüber zu treffen; nur solange die Eltern einig sind, ist jedes Widerspruchsrecht ausgeschlossen. Daraus folgt, daß die bis zum Tode des Vaters bestandene Einigung auch nach dessen Tode keine Grundlage mehr sein kann für eine Erziehung, welche dem Hauptgrundsatze widerspricht, daß Kinder aus Mischehen „jedesmal in der Religion des Vaters unterrichtet werden sollen". Weil aber der Vater an Vereinbarungen nicht gebunden ist und seinen Willen inbetreff der religiösen Erziehung jederzeit zu wechseln berechtigt ist, so muß gefolgert werden, daß weder seine vordem ausdrücklich abgegebene Erklärung, die Kinder in der Konfession der Mutter unterrichten zu lassen, noch Handlungen, aus denen ein solcher Wille stillschweigend entnommen werden könnte, es im Falle des Todes des Vaters gestatten, von dem in der Deklaration anerkannten Grundsatze, daß die Kinder der Konfession des Vaters folgen, abzugehen. Nur für einen Fall hat das Gesetz selbst eine Ausnahme statuiert: wenn der Vater ein Kind wenigstens durch das ganze letzte Jahr vor seinem Tode in dem Glaubensbekenntnisse des andern Ehegatten hat unterrichten lassen (§ 82 II 2). Diese eine Ausnahme kann nicht ausdehnend ausgelegt werden; insbesondere rechtfertigt der Umstand, daß ein aus einer Mischehe stammendes Kind in der Konfession der Mutter getauft ist, nicht, es nach dem Tode des Vaters in der Religion der Mutter zu erziehen. Wn.

β) **Kammergericht, I. CS. Beschluß v. 25. Mai 1903.**

Der 1902 verstorbene A. war evangelisch; seine Witwe ist katholisch. Aus der Ehe sind fünf Kinder hervorgegangen, von denen die drei ältesten seit 1900 zur Schule gehen und im katholischen Glaubensbekenntnis unterrichtet wurden. Die Witwe hat in Aussicht gestellt, auch die beiden jüngsten jetzt fünf- und zweijährigen Kinder später in diesem Bekenntnisse unterrichten zu lassen. Im Beschwerdewege hat das Landgericht angeordnet, daß die beiden Kinder in der evangelischen Konfession zu erziehen sind, und daß das Vormundschaftsgericht der Mutter gemäß § 1687 BGB. einen Beistand zu bestellen hat, der darüber zu wachen hat, daß sie diese Verpflichtung erfüllt. Die weitere Beschwerde ist unbegründet.

Gemäß der Dekl. vom 21. Nov. 1803 und ALR. II 2 §§ 76—82 sind die ehelichen Kinder jedesmal in der Religion des Vaters zu unterrichten. Die drei ältesten Kinder bleiben hier gemäß § 82 das. außer Betracht. Die beiden jüngsten haben bisher die Schule nicht besucht, es ist nicht behauptet worden, bei ihrem Alter auch nicht anzunehmen, daß sie vor dem Tode des Vaters außerhalb der Schule einen systematischen schulmäßigen Unterricht von einer Art, wie er in den öffentlichen Schulen auf Grund der Lehrpläne erteilt wird, bereits erhalten hatten.[1] Daß der Vater sich bei Eingehung der Ehe verpflichtet hatte, die zu erwartenden Kinder katholisch erziehen zu lassen, auch bisher diesen Willen betätigt hat, daß sie katholisch getauft sind, auch bisher an allen katholischen Gebräuchen teilgenommen haben, ist unerheblich. Diesbezügliche Verträge zwischen den Ehegatten sind unwirksam. Eine dahingehende Willenserklärung des Vaters wird durch dessen Tod aufgehoben, da die Möglichkeit nicht ausgeschlossen ist, daß er hinsichtlich der religiösen Erziehung der Kinder später einen von seiner früheren Ansicht abweichenden Willensentschluß fassen und durchsetzen konnte. H.

---

[1] Vgl. Rsp. 6 S. 290.

e) **Auseinandersetzung nach BGB. § 1669. Testamentsauslegung.**

Kammergericht, I. CS. Beschluß v. 2. Februar 1903.

Der Ehemann M. ist 1901 verstorben. Nach dem wechselseitigen Testament der Eheleute M. sind der überlebende Ehegatte als Vorerbe und die gemeinschaftlichen Kinder als Nacherben mit der Maßgabe berufen, daß die Kinder erst beim Tode des Längstlebenden erben und von ihm weder Kaution noch Inventar fordern sollten. Die Ausführung der Beschwerde, daß die das Recht der Nacherben beschränkenden Bestimmungen nur unter der stillschweigenden Voraussetzung getroffen seien, daß der Vorerbe sich nicht wieder verheiraten werde, ist mangels jeder tatsächlichen Unterlage hinfällig. Allerdings ist bei Auslegung eines Testamentes nach dem auch hierbei anzuwendenden § 133 BGB. in erster Linie der wahre Wille des Erblassers zu erforschen. Allein die hiernach bestehende Auslegungsfreiheit erhält dadurch ihre Grenze, daß die Auslegung begrifflich einen erklärten Willen voraussetzt, so daß ein im Testament in keiner Weise zum Ausdruck gebrachter Wille nicht im Wege der Auslegung zur Geltung gebracht werden kann (Motive 5 S. 43 f.; Planck, Vorbem. 4 Abs. 1 vor § 2064 BGB.). In dem hier vorliegenden Testament findet sich aber nirgends eine Bestimmung, durch welche die behauptete Absicht der Erblasser zum Ausdruck gebracht sein könnte. Es handelt sich daher bei jenem Vorbringen der Beschwerde nicht um eine Auslegung, sondern um eine unzulässige Ergänzung des Willens der Erblasser.

Daß der als Vorerbe berufene Elternteil in einem Falle, in welchem die als Nacherben eingesetzten Kinder erst mit dem Tode des Vorerben erben sollen, vor Eingehung einer neuen Ehe nicht eine Auseinandersetzung mit den Kindern herbeizuführen braucht, hat das Landgericht zutreffend angenommen. Ebenso hat sich das Kammergericht bereits in seinem Beschluß vom 11. Juli 1902 (Rsp. 5 Nr. 75b S. 402) ausgesprochen. Wie dort des näheren ausgeführt und woran festzuhalten ist, sind Vorerbe und Nacherbe nicht gemeinschaftlich, sondern nacheinander Erben (§ 2139), so daß es in Ansehung des der Verwaltung des Vorerben unterliegenden Nachlasses an einer Gemeinschaft zwischen Vorerben und Nacherben und damit an der wesentlichen Voraussetzung der im § 1669 vorgesehenen Auseinandersetzungspflicht fehlt. Der § 2044 bezieht sich, wie gleichfalls im Beschluß vom 11. Juli 1902 ausgeführt wird, überhaupt nicht auf die hier allein in Betracht kommende Auseinandersetzung zwischen Vorerben und Nacherben, sondern lediglich auf die Auseinandersetzung zwischen Miterben. L.

f) **Für die Bemessung des Unterhalts, welchen der uneheliche Vater dem Kinde schuldet, sind seine Vermögens- und Erwerbsverhältnisse belanglos. BGB. § 1708.**

OLG. Hamburg, II. CS. Beschluß v. 9. Juni 1903.

Der im § 1708² in Bezug genommene § 1603¹ ist hier nicht anwendbar, weil der § 1708² sich nur auf die unter Umständen dem Vater des unehelichen Kindes obliegende, hier aber zurzeit nicht in Frage stehende Verpflichtung, das Kind über das vollendete 16. Lebensjahr hinaus zu unterhalten, bezieht. Nach § 1708[1] hat dagegen der Vater dem Kinde bis zur Vollendung des 16. Lebensjahres den vollen der Lebensstellung der Mutter entsprechenden Lebensunterhalt zu gewähren. Für die Bemessung des Umfanges dieser Verpflichtung ist bei der Verurteilung des Vaters dessen Leistungsfähigkeit überall nicht in Betracht zu ziehen, wogegen ihm unbenommen bleibt, bei der Zwangsvollstreckung die aus § 850 Abs. 4 CPO. sich ergebende Beschränkung der Zulässigkeit einer etwaigen Pfändung seines Diensteinkommens geltend zu machen. M. M.

g) **Bedarf es zur Anwendung des § 624 ALR. II 2 eines Antrags der unehelichen Mutter?**

Kammergericht, I. CS. Beschluß v. 9. Februar 1903.

Der Vater eines vor 1900 geborenen unehelichen Kindes hat auch jetzt das ihm nach § 622 ALR. II 2 zustehende Recht, das Kind nach zurückgelegtem vierten Lebensjahre selbst zu verpflegen und zu unterhalten (Jahrbuch 20 A S. 139; Rsp. 4 S. 409). Will er davon Gebrauch machen, verweigert aber die Mutter die Herausgabe des Kindes, so hört seine Unterhaltspflicht auf. Wenn jedoch das Vormundschaftsgericht findet, daß dem Vater, ohne Besorgnis eines Nachteiles für das Kind, die Erziehung nicht anvertraut werden könne, so kann es sie gemäß § 624 auf Kosten des Vaters der Mutter übertragen. Danach handelt es sich bei der Entscheidung gemäß § 624 an sich nur um die Frage, ob der Vater oder die Mutter die Kosten der Erziehung zu tragen hat. Daraus folgt jedoch nicht, daß lediglich der Vater und die Mutter an dem Verfahren auf Erlaß der Entscheidung beteiligt sind. Die Frage, ob der Vater die Kosten der von der Mutter übernommenen Erziehung zu tragen hat, berührt wesentlich auch die Art und Weise der Erziehung und somit die Sorge für die Person des Kindes. Denn erhält die Mutter vom Vater die Kosten des Unterhalts gezahlt, so wird sie in der Lage sein, für das Wohl des Kindes besser zu sorgen, als wenn sie die Erziehungskosten allein tragen muß. Aus den §§ 624, 625 ist zu entnehmen, daß mit Rücksicht hierauf das Landrecht dem Gericht auch die Pflicht auferlegt, von Amts wegen zu untersuchen und darüber zu befinden, ob dem Vater oder auf dessen Kosten der Mutter oder ob keinem der Eltern die Erziehung des Kindes anzuvertrauen sei. Denn im § 624 ist die Verpflichtung des Vaters zur Tragung der Kosten der Erziehung davon abhängig gemacht, daß das Gericht „findet, daß dem Vater, ohne Besorgnis eines Nachteils für das Kind, die Erziehung nicht anvertraut werden könne" und nach § 625 in Verbindung mit §§ 98 ff. muß das Gericht, wenn „die Aufführung beider Eltern so beschaffen ist, daß keinem von ihnen die Erziehung des Kindes anvertraut werden kann, wegen der Erziehung des Kindes an einem drittem Orte das Nötige von Amts wegen verordnen". Liegt aber nach diesen Bestimmungen des ALR., die hinsichtlich der vor 1900 geborenen unehelichen Kinder in Anbetracht ihres untrennbaren Zusammenhanges mit den §§ 621 ff. fortgelten, dem Vormundschaftsgericht von Amts wegen die Prüfung nach den bezeichneten Richtungen ob, so muß auch der Vormund für berechtigt erachtet werden, bei jenem Gericht den Erlaß einer Anordnung anzuregen, daß nicht dem Vater, sondern auf dessen Kosten der Mutter die Erziehung des Kindes zu übertragen sei. Sch.

h) **Die Unterhaltspflicht des Schwängerers bestimmt sich gemäß EG. Art. 208 nach altem Recht und danach auch die Frage der Statutenkollision.**

OLG. Hamburg, III. ZS. Urteil v. 21. Februar 1903.

Da sowohl der Vater wie die Mutter zurzeit der Konzeption, wie der Geburt der Kinder ihren Wohnsitz in Argentinien hatten, so kommt für die Frage, welche Unterhaltsansprüche die unehelichen Kinder gegen ihre Eltern haben und ob diese ihnen anteilig oder solidarisch haften, das argentinische Recht zur Anwendung. Daran ändert auch der Umstand nichts, daß im Art. 21 EG. zum BGB., dessen Rechte die Parteien jetzt unterworfen sind, die Unterhaltspflicht des Vaters gegenüber dem unehelichen Kinde sich nach den Gesetzen des Staates bestimmt, dem die Mutter zurzeit der Geburt des Kindes angehört. Denn abgesehen davon, daß der größte Teil der Alimente, die hier ersetzt verlangt werden, noch in der Zeit vor 1900 aufgewendet sind und insoweit schon aus diesem Grunde der Anwendbarkeit des neuen Rechts entzogen sind, bleiben nach Art. 208 für die Unterhaltspflicht des Vaters die bisherigen Gesetze maßgebend. Bestimmt sie sich aber nach altem Recht, so ist auch die Frage, ob deutsches oder ausländisches Recht zur Anwendung zu bringen ist, nicht nach den im EG. enthaltenen Bestimmungen des internationalen Privatrechts, sondern nach dem bisherigen Recht zu beurteilen (Planck, Vorbemerkung 5 zum EG. Art. 153; JW. 1901 S. 452). M. M.

i) **Berichtigung der im Geburts- und Heiratsregister vermerkten Anerkennung der unehelichen Vaterschaft.**

Kammergericht, I. ZS. Beschluß v. 25. Mai 1903.

Das Amtsgericht hatte beschlossen, daß der Vermerk im Heiratsregister, wonach N. die Vaterschaft zu dem unehelichen Kinde seiner Frau anerkennt, und der Vermerk im Geburtsregister, in dem diese Vaterschaftsanerkennung beurkundet wird, als unrichtig zu löschen seien, da durch die angestellten Ermittelungen die gesetzliche Vermutung eines geschlechtlichen Verkehrs des N. mit seiner jetzigen Frau während der betreffenden Empfängniszeit widerlegt sei. Die Beschwerde des Regierungspräsidenten, welcher geltend machte, daß das Kind durch die Anerkennung die rechtliche Stellung eines ehelichen Kindes des N. erlangt habe und aus dieser Stellung nicht mittels Berichtigung der betreffenden Eintragungen verdrängt werden könne, wurde zurückgewiesen, seiner weiteren Beschwerde jedoch stattgegeben. Gründe:

Allerdings kann der grundsätzliche Standpunkt des Beschwerdeführers nicht geteilt werden. Das Kammergericht hat bereits (Rsp. 3 S. 399) ausgeführt, daß, wenn jemand bei seiner Eheschließung mit der Mutter eines unehelichen Kindes seine Vaterschaft vor dem Standesbeamten anerkannt hat und dies in der über die Eheschließung vorgenommenen Eintragung beurkundet ist, zu dieser Eintragung im Berichtigungsverfahren der §§ 65, 66 Personenstandsges. vermerkt werden könne, daß der Anerkennende nicht der Erzeuger des Kindes sei. Die Entscheidung beruht, soweit dies hier von Belang ist, auf der Erwägung, daß nach dem zweifellosen Sinne des Gesetzes das Berichtigungsverfahren der §§ 65, 66 auch dann Platz greife, wenn eine Eintragung völlig der abgegebenen Erklärung entsprechend bewirkt ist, diese Erklärung aber inhaltlich unrichtig war und deshalb das Standesregister die nämliche Unrichtigkeit aufweist, und daß demgemäß auch kein Grund vorliege, die Eintragung der Anerkennung der Vaterschaft von einer Berichtigung auszuschließen, die nicht die Tatsache dieser Anerkennung, sondern diejenige der Erzeugung des Kindes durch den Anerkennenden berührt.

Bei Anwendung dieser Grundsätze, an denen auch nach wiederholter Erwägung durchweg festgehalten wird, unterliegt indessen die amtsgerichtliche Entscheidung der Beanstandung. Nach dem Akteninhalte ist daran, daß N. bei seiner Eheschließung die Vaterschaft zu dem Kinde anerkannt hat, nicht zu zweifeln. Die Eintragung der Tatsache, daß die Anerkennung stattgefunden habe, kann deshalb nicht im Berichtigungsverfahren abgeändert werden. Diese Eintragung ist richtig. Unrichtig ist nur der Inhalt der eingetragenen Anerkennungserklärung, weil die letztere das Kind als ein von N. erzeugtes bezeichnet, während es von einem anderen herrührt. In diesem Sinne heißt es in der angeführten Entscheidung, daß in dergleichen Fällen an der Anerkennung selbst durch die Berichtigung nicht gerührt werden solle und könne, und daß, soweit das Kind aus der Anerkennung an sich Rechte herzuleiten vermöge, sie ihm zufolge der wirklichen Tatsache der Anerkennung erhalten blieben. Damit erledigen sich die Bedenken des Beschwerdeführers, daß im Berichtigungsverfahren das Kind nicht aus der rechtlichen Stellung eines ehelichen verdrängt werden könne. Die tatsächlich erklärte Anerkennung der Vaterschaft mit den sich daraus ergebenden Rechtsfolgen bleibt bestehen, sie wird von der hier in Betracht kommenden Berichtigung, daß das Kind nicht von N. erzeugt sei, nicht betroffen. E.

13

a) Auch Prozeßvergleiche über mehr als 300 Mark bedürfen der Genehmigung des Vormundschaftsgerichts.

BGB. § 1822 Nr. 12. CPO. § 54.

OLG. Dresden, II. CS. Urteil v. 11. Mai 1903.

Der Klage des Mündels auf Rückzahlung der auf Grund eines nicht genehmigten Prozeßvergleiches hingegebenen 500 Mark wurde stattgegeben.

Aus den Gründen:

. . . Die zum Vergleiche nach bürgerlichem Rechte erforderliche Genehmigung ist keine rechtsgeschäftliche Zustimmung, sondern ein „obrigkeitlicher Akt“. Wenn schon der Prozeßrichter bei der Entscheidung eines

Rechtsstreites einer erheblichen Entschließung des Vormundschaftsrichters nicht vorgreifen darf, so können im Zweifel noch weniger die Prozeßparteien die Notwendigkeit einer vormundschaftsgerichtlichen Genehmigung zum Vergleiche dadurch beseitigen, daß sie ihn benutzen, um den zwischen ihnen anhängigen Prozeß beizulegen. Es stoßen sich hier nicht Normen des Prozeßrechts und des reinen Privatrechts, sondern Normen des öffentlichen Rechts, denn die Obervormundschaft steht dem Staate zu. Die meisten suchen die Kollision des Prozeß- und des Vormundschaftsrechts dadurch zu lösen, daß sie die Frage stellen, ob der gemäß § 794 Nr. 1 CPO. geschlossene Vergleich eine Prozeßhandlung sei oder nicht. Dieser Weg muß aber versagen, weil die alternative Fragestellung falsch ist (vergl. auch Entsch. des RG. 50 S. 346). Der außergerichtliche Vergleich, durch den der Streit oder die Ungewißheit der Parteien über ein Rechtsverhältnis im Wege des gegenseitigen Nachgebens beseitigt wird (§ 779 BGB.), ist ein Vertrag im Sinne des Privatrechts auch dann, wenn er einen anhängigen Rechtsstreit betrifft. Vom Prozeßvergleiche unterscheidet er sich nur dadurch, daß jener vor einem deutschen Gerichte abgeschlossen und gemäß § 160 Nr. 1 CPO. durch Aufnahme in das Protokoll festzustellen ist. Die Beurkundung des Vergleichs (durch Zusammenwirken der Parteien und des Gerichts) ist Prozeßhandlung. Mit dieser Beurkundung ist der Prozeß erledigt. Der gleiche Erfolg läßt sich dadurch erreichen, daß die Parteien zu Protokoll erklären, der Prozeß habe durch Vergleich sein Ende erlangt. Hieraus ergibt sich, daß für die Beendigung des Prozesses nicht die Beurkundung des Vergleichsabschlusses selbst, sondern nur seine Anzeige als vertragsmäßige Anerkennung seiner prozessualen Wirkungen wesentliche Bedeutung besitzt. Kommt die Beurkundung des Vergleichsinhalts hinzu, so hat diese nur den Zweck, eine vollstreckbare Urkunde über den Vergleich zu erlangen. Am Wesen des letzteren als bloßen Grundes der Beilegung des Rechtsstreites wird dadurch nichts geändert. Er ist und bleibt ein der Beseitigung des Rechtsstreites dienender Dispositionsakt, in erster Linie materiellen Rechts und nur insoweit prozeßrechtlich als er das Verfahren beendigt (Annalen 21 S. 261); lediglich in *diesem* Sinne hat ihn das Reichsgericht ein *Surrogat* der Entscheidung genannt (Entsch. 36 S. 407). Für die wissenschaftliche Entwickelung der Lehre vom Prozeßvergleiche ist jedoch dieser Ausdruck ganz unbrauchbar (vgl. besonders *Busch*, Zeitschrift 29 S. 39). Von einer Rechtskraftwirkung des Prozeßvergleichs kann keine Rede sein. Es findet ihm gegenüber deshalb auch die Geltendmachung von Einwendungen, welche den Anspruch selbst betreffen, die beschränkende Vorschrift des § 767² CPO. keine Anwendung. Man kann nicht sagen, daß durch den Vergleich der einen Partei etwas zuerkannt, der anderen etwas aberkannt sei (Entsch. des RG. 23 S. 42). Durch den Besitz einer vollstreckbaren Ausfertigung des Vergleichsprotokolls wird der Gläubiger nicht gehindert, zur Erlangung rechtskräftiger Entscheidung seinen Anspruch im Wege der Klage weiter zu verfolgen. (Vgl. die ähnlichen Fälle in Entsch. d. RG. 35 S. 360,

46 S. 306.) Erhebt sich über die Rechtswirksamkeit des Vergleichs ein Streit, so bedarf es sogar nach Befinden der Entscheidung des Prozeßgerichts darüber, ob der Prozeß durch den Vergleich erledigt sei (Entsch. des RG. 37 S. 418, 39 S. 392; Rsp. 5 S. 128).

Indem die CPO. die Art und Weise regelt, wie ein Prozeßvergleich zu beurkunden ist, und aus dem Vergleichsprotokolle die Zwangsvollstreckung zuläßt, bringt sie zum Ausdrucke, daß die Aufgabe des Prozeßrichters nicht lediglich in der Urteilsfindung besteht, sondern sich auch auf die sonstige Erledigung von Rechtsstreitigkeiten erstreckt. Ohne Zweifel aber ist der gerichtlich beurkundete Vergleich, wennschon er durch besondere Vorschrift in seiner Vollstreckbarkeit dem Urteile gleichsteht, nicht minder ein Vertrag, als außergerichtliche Vergleiche, für den deshalb alle Vorschriften des bürgerlichen Rechts über die Erfordernisse der Geschäftsfähigkeit und Verfügungsbefugnis maßgebend sind (vgl. Entsch. des RG. 48 S. 186 mit 44 S. 360). Ein aus materiell-rechtlichen Gründen unwirksamer Vergleich ist kein ausreichender Grund für die Beilegung des Rechtsstreites (Seuffert 2 S. 439).

§ 54 CPO. hatte als § 52 a. F. den Zweck, die Prozeßführung nach Maßgabe des Reichsrechts von landesgesetzlichen Beschränkungen zu befreien. In diesem Sinne sollte die allgemeine Befugnis zur Prozeßführung jede besondere Ermächtigung zu einzelnen Prozeßhandlungen ersetzen. Nachdem aber das BGB. in Kraft getreten ist, dürfte sich der Zweck jener Vorschrift des Prozeßrechts insoweit erledigt haben. Es handelt sich nicht mehr um die Entscheidung über Kollision der Reichs- und Landesgesetze, sondern gegenwärtig ist die Frage, welcher Vorschrift des Reichsrechts die stärkere, vorzugsweise Wirkung zukommt (EG. Art. 32). Diese Frage ist eine Auslegungsfrage, bei der neben der Absicht des älteren Reichsgesetzes Absicht und Inhalt der neueren Vorschrift des bürgerlichen Rechts entscheidet. Nun steht aber die Fürsorgepflicht des Staates gegenüber den Bevormundeten jedenfalls höher als die ihren Prozeßgegnern in § 54 CPO. erwiesene Rücksicht. Gegenüber der reichsrechtlichen Vorschrift in § 1822 [12] BGB. hat daher § 54 CPO. seine Anwendbarkeit auf den vorliegenden Fall unter allen Umständen verloren.

Schdt.

b) **Nachweis der Erklärung der Genehmigung nach § 1828 BGB.**

OLG. Colmar, II. CS. Beschluß v. 2. Februar 1903.

Nach § 1828 kann das Vormundschaftsgericht die Genehmigung zu einem Rechtsgeschäfte nur dem Vormund (Gewalthaber) gegenüber erklären, wodurch allerdings nicht ausgeschlossen ist, daß dieser einen Dritten zur Entgegennahme dieser Genehmigung bevollmächtigen kann, und wird nach § 16 [1] FrGG. die erteilte Genehmigung erst mit dieser Bekanntgabe wirksam. Bis dahin fehlt ihr jede rechtliche Bedeutung und ist sie der Abänderung fähig. Mit Recht ist daher zur Eintragung des Eigentums der minderjährigen X. die Vorlage der Urkunde, woraus hervorgehe, daß jener Vorschrift Genüge geschehen ist, gefordert worden.

Dr. Frz.

c) **Umfang des Aufsichtsrechts des Vormundschaftsgerichts. BGB. § 1837. Dritten steht gegen dessen Anweisungen an den Vormund keine Beschwerde zu. FrGG. § 20.**

Kammergericht, I. ZS. Beschluß v. 24. November 1902.

Der Vormund legte das Testament des X. dahin aus, daß die Tochter E. 30000 Mark und eine Ausstattung erhalten sollte. Der Vormundschaftsrichter war dagegen der Ansicht, daß der E. nicht mehr als ihren andern Geschwistern zugedacht sei und untersagte deshalb dem Vormunde bei der Großjährigkeit der E., dieser 30000 Mark und eine Aussteuer aus dem von ihm verwalteten Vermögen herauszugeben. Die weitere Beschwerde der E. ist zurückgewiesen. Gründe:

Nach § 1793 hat der Vormund das Recht und die Pflicht, für die Person und das Vermögen des Mündels zu sorgen. Diese Sorge hat er selbständig und unter eigener Verantwortung auszuüben. Dem Vormundschaftsgericht steht nach § 1837 nur die Aufsicht über die Tätigkeit des Vormundes zu. Diese Aufsicht hat sich in erster Linie darauf zu erstrecken, daß der Vormund die ihm im Gesetze ausdrücklich auferlegten Pflichten erfüllt und sich innerhalb der ihm durch das Gesetz gesetzten Schranken seiner Selbständigkeit hält. Sie bezieht sich aber auch auf jedes andere pflichtwidrige Verhalten, welches gegen treue und gewissenhafte Führung der Vormundschaft verstößt, mag es in Vorsatz oder Fahrlässigkeit bestehen. Über Pflichtverletzungen hinaus aber erstreckt sich die Befugnis des Gerichts zum Eingreifen im Wege der Aufsicht nicht und es ist nicht befugt, da, wo der Vormund unter Beobachtung der im Verkehr erforderlichen Sorgfalt handelt, sich selbst an dessen Stelle zu setzen. Bei Fragen bloßer Zweckmäßigkeit ist die Entscheidung des Vormundes ausschließlich maßgebend. Die Verantwortung hierfür trägt er nach Maßgabe des § 1833 (vgl. Planck zu § 1837 Anm. 1; Hesse, Vormundschaftsr. S. 135).

Seinem Wesen nach betrifft aber das Aufsichtsrecht lediglich das Verhältnis des Vormundes zum Gericht. Nach außen hin übt es keinen Einfluß auf die Rechtswirksamkeit von Handlungen des Vormundes, die er im Rahmen seiner gesetzlichen Befugnisse vornimmt. Handelt dieser bestimmten Anordnungen des Gerichts entgegen, so werden, soweit nicht eine Verfügungsbeschränkung im Sinne des § 1796 vorliegt, Dritte dadurch nicht berührt (Planck a. a. O. Anm. 2). Fügt andererseits sich der Vormund der Anordnung des Gerichts, so erscheint Dritten gegenüber er, nicht das Vormundschaftsgericht als Handelnder. Deshalb steht auch einem Dritten kein Beschwerderecht gegen eine Anweisung des Vormundschaftsgerichts an den Vormund zu. Aber auch gegen den Vormund hat er kein Beschwerderecht im Aufsichtswege, da letzterer lediglich den Interessen des Mündels dient. Als Recht steht ihm allein der Prozeßweg offen. Daraus ergibt sich, daß vorliegend durch die Anordnung des Vormundschaftsgerichts ein Recht der Beschwerdeführerin nicht verletzt ist. F.

d) **Der Pfleger hat über die Anstrengung eines Prozesses selbständig zu entscheiden. BGB. §§ 1837, 1915.**

Kammergericht, I. CS. Beschluß v. 2. März 1903.

Nach §§ 1837, 1915 steht dem Vormundschaftsgericht nur die Aufsicht über die Tätigkeit des Pflegers zu. Letzterer führt die Verwaltung selbstständig. In bloßen Zweckmäßigkeitsfragen hat er allein zu entscheiden (Jahrb. 21 S. 194); demnach auch darüber, ob ein Anspruch geltend zu machen und ein Prozeß anzustrengen sei. Das Vormundschaftsgericht durfte ihn kraft seines Aufsichtsrechts nur auf den vermeintlich bestehenden Anspruch hinweisen [Rsp. 6 Nr. 49b S. 302]. Z.

e) **Der nach BGB. § 1906 unter vorläufige Vormundschaft Gestellte ist im Entmündigungsverfahren — abgesehen von § 664 CPO. — nicht prozeßfähig.**[1]

OLG. Hamburg, II. CS. Beschluß v. 22. Mai 1903.

Gemäß § 114 BGB. ist der unter vorläufige Vormundschaft Gestellte im allgemeinen, da er sich durch Verträge nicht selbständig verpflichten kann, nicht prozeßfähig (CPO. § 52). Dies leidet im Entmündigungsverfahren insofern eine Einschränkung, als nach CPO. § 664 der die Entmündigung aussprechende Beschluß nicht nur vom gesetzlichen Vertreter, dem die Sorge für die Person zusteht, sondern auch vom Entmündigten selbst im Wege der Klage angefochten werden kann; und zwar hat er sich in diesem Rechtsstreit durch einen Rechtsanwalt vertreten zu lassen, der ihm auf seinen Antrag vom Vorsitzenden des Prozeßgerichts beizuordnen ist (668), der aber nicht etwa, wie im Falle des § 679, wo es sich um eine Klage auf Wiederaufhebung der Entmündigung handelt, als sein gesetzlicher Vertreter, sondern als sein Prozeßvertreter anzusehen ist (Entsch. des RG. 35 S. 352). Für diese Klage ist also der Entmündigte, auch wenn er in der Person eines vorläufigen Vormundes einen gesetzlichen Vertreter hat, prozeßfähig. Aus dieser Ausnahmebestimmung kann aber nicht gefolgert werden, daß der zu Entmündigende, wenn er unter vorläufige Vormundschaft gestellt ist, gleichwohl innerhalb des Entmündigungsverfahrens zu allen prozessualen Handlungen, insonderheit zur Erhebung von Rechtsmitteln befähigt sei. Nur insoweit steht ihm trotz der im übrigen ihm fehlenden Prozeßfähigkeit ein selbständiges Klagrecht zu, als er den Entmündigungsbeschluß selbst anfechten kann (Entsch. des RG. 34 S. 387). M. M.

f) **Die Bestellung eines Gebrechlichkeitspflegers schließt Selbsthandeln des Vertretenen nicht aus. BGB. § 1910.**

Kammergericht, I. CS. Beschluß v. 11. Mai 1903.

Diese Bestellung hat nicht die Bedeutung, den Pflegling in seiner

[1] Eine vorläufige Vormundschaft kann nicht mehr angeordnet werden, wenn der Entmündigungsantrag rechtskräftig wegen örtlicher Unzuständigkeit abgewiesen ist. Denn § 1908 hat auch dann Anwendung zu finden, wenn schon die Einleitung des Entmündigungsverfahrens abgelehnt wird (Kammergericht, I. CS. Beschluß v. 25. Mai 1903).

Geschäftsfähigkeit zu beschränken. Vielmehr hat der Pfleger nur die Stellung eines von Staats wegen für die betreffenden Angelegenheiten bestellten Prozeßbevollmächtigten. Er ist berechtigt, wirksam Rechtshandlungen für den Pflegling vorzunehmen, schließt diesen aber nicht vom Selbsthandeln aus (Motive zum BGB. 4 S. 1356, zur CPO.-Novelle S. 52). Eine Ausnahme hiervon tritt nur für einen Rechtsstreit ein. Hier erfordert das Bedürfnis des Rechtsverkehrs den Ausschluß der Möglichkeit des Nebeneinanderbestehens zweier Gleichverfügungsberechtigten. Deshalb stellt § 53 CPO. während eines schwebenden, vom Pfleger geführten Rechtsstreits den Vertretenen einer nicht prozeßfähigen Person gleich. Außerhalb dieses Falles behält der Vertretene volle eigene Verfügungsfreiheit. F.

g) **Unzulässigkeit von Vigilanzpflegschaften.**

α) Kammergericht, I. CS. Beschluß v. 27. April 1903.

Der 1902 verstorbene X. hat im Testamente 20000 Mark der Frau A. mit folgenden Maßgaben vermacht: Zur freien Verfügung erhält sie davon 5000 Mark und vom Rest auf Lebenszeit den Zinsgenuß, während das Kapital der 15000 Mark ihre Kinder nach ihrem Tode erhalten. Durch Verfügung vom 26. Januar 1903 hat das Amtsgericht den Waisenrat um Vorschlag eines Pflegers zwecks Wahrnehmung der Rechte der minderjährigen Kinder als Nacherben ihrer vorgenannten Mutter ersucht und demnächst Termin zur Verpflichtung des Benannten anberaumt. Vor Abhaltung desselben hat aber der Vater der Kinder gegen die Verfügung Beschwerde eingelegt mit dem Antrage, von der Einleitung einer Pflegschaft Abstand zu nehmen. Die Beschwerde wurde zurückgewiesen, der weiteren Beschwerde jedoch stattgegeben. Aus den Gründen:

Da die Verfügung vom 26. Januar 1903 nicht bloß die Leitung des Verfahrens betraf, sondern zugleich die Anordnung über Einleitung einer Pflegschaft enthält, so war dagegen die Beschwerde zulässig (FrGG. § 19). Auch die Befugnis des Beschwerdeführers zur Erhebung der Beschwerde unterliegt keinem Bedenken, da durch die Bestellung eines Pflegers bezw. die Entziehung der Vertretung, welche der Vorderrichter in der Anordnung des Vormundschaftsgerichts erblickt, eine Beeinträchtigung des Rechts des Vaters enthalten ist (FrGG. § 20). Ob insoweit, als der Beschwerdeführer in der weiteren Beschwerde vorträgt, daß er österreichischer Staatsangehöriger sei, weshalb nach Art. 23 EG. eine Pflegschaft über seine Kinder erst eingeleitet werden dürfe, wenn der Heimatsstaat die Fürsorge nicht übernehme und die Kinder nach dortigem Recht der Fürsorge bedürften, seinem Vorbringen, obwohl es auf einer neuen Tatsache beruht, in dieser Instanz nicht doch Berücksichtigung zuteil werden müßte, weil die Vorinstanzen, wenn auch ohne Kenntnis der Ausländereigenschaft, eine Pflegschaft, ohne deren für Ausländer erforderliche Voraussetzungen vorher festzustellen, eingeleitet, also gegen eine Vorschrift des öffentlichen Rechts verstoßen haben, kann dahingestellt bleiben, da die Bestellung auch dem BGB. widerspricht. Wie die Vorinstanzen mit Recht annehmen, ist durch das Testament die Frau A. bezüglich des Vermächtnisses von 20000 Mark in Höhe von 15000 Mark Vorvermächtnisnehmerin, während ihre Kinder als Nachvermächtnisnehmer eingesetzt sind (§ 2191). Die Wirkung dieser Zuwendung im Verhältnis der Frau A. zu den Erben besteht darin, daß erstere gegen letztere einen persönlichen Anspruch auf Auszahlung der vermachten Summe erlangt hat. Dingliche Folgen hat die Zuwendung nicht (§ 2174). Nicht anders aber gestaltet sich das Verhältnis des Vorvermächtnisnehmers zum Nachvermächtnisnehmer. Auch hier erlangt der letztere nur einen bedingten oder betagten persönlichen Anspruch gegen den ersteren bezw. dessen Erben auf Zahlung der den Gegenstand des Vermächtnisses bildenden Geldsumme (§ 2191). In den Motiven 4 S. 208 wird hierauf besonders hingewiesen: „Insbesondere kommt noch in Betracht, daß das Nachvermächtnis nicht Rechtsübergänge bestimmt, welche sich nacheinander wiederholen sollen, sondern obligatorisch wirkende Vermächtnisse für eine Reihe nacheinander Bedachten unter Beifügung von Bedingungen oder Zeitbestimmungen wiederholt.“ Daraus ergibt sich, daß Verwaltungshandlungen der Nachvermächtnisnehmer in Bezug auf das Nachvermächtnis regelmäßig erst mit dessen Anfall eintreten können und deshalb bis dahin ein Interessenstreit zwischen dem Vater als Nutznießer und Verwalter von Vermögen seiner Ehefrau als der Vorvermächtnisnehmerin und den Kindern als Nachvermächtnisnehmern nicht vorliegt. Nun weist der Vorderrichter auf die Möglichkeit hin, daß die Kinder in Zukunft in die Lage kommen können, zur Sicherung ihres Nachvermächtnisanspruches einen Arrest gegen die Vorvermächtnisnehmerin zu erwirken. Diese Möglichkeit ist, soweit es sich um einen Arrest handelt — eine Vormerkung kommt, da es sich um Sicherung eines Geldanspruchs handelt, nicht in Frage — nicht zu bestreiten, da ein solcher auch wegen eines bedingten oder betagten Anspruchs zulässig ist (CPO. § 916²), soweit die allgemeinen Voraussetzungen eines Arrestes (§ 917) vorliegen. Allein diese bloße Möglichkeit ohne einen aus der konkreten Sachlage geschöpften Anhalt für ihren tatsächlichen Eintritt rechtfertigt zurzeit nicht die Bestellung eines Pflegers. Unter der Herrschaft der preuß. VormO. wurde die Einleitung einer Vigilanzpflegschaft, die ohne Rücksicht darauf anzuordnen war, ob zurzeit vermögensrechtliche Maßregeln für die Minderjährigen, mit denen eigene Interessen des gesetzlichen Vertreters kollidierten, zu treffen waren und die lediglich eine Beaufsichtigung des Vaters oder Vormundes daraufhin bezweckte, ob einmal in der Zukunft eine Kollision eintreten werde, allgemein als unzulässig erklärt (Johow, Jahrbuch 7 S. 82; Dernburg, Vormundschaftsordn. § 99 Nr. 2). Für das BGB. aber liegt die Sache nicht anders. § 1909 bestimmt übereinstimmend mit § 86 preuß. VormO., daß, wer unter elterlicher Gewalt oder Vormundschaft steht, für Angelegenheiten, an deren Besorgung der Gewalthaber oder der Vormund behindert ist, einen Pfleger erhält. Danach hat die Bestellung nur für den konkreten Bedürfnisfall, nicht zur fortdauernden Überwachung zu erfolgen. Dementsprechend bestimmt Abs. 2: „Tritt das Bedürfnis einer Pflegschaft ein, so hat der Gewalthaber oder der Vormund dem Vormundschaftsgericht unverzüglich Anzeige zu machen". Aus § 1795, welcher nach § 1630 Abs. 2 Satz 1 auch auf den Vater Anwendung findet, ergibt sich nichts Gegenteiliges. Dort sind drei Fälle aufgezählt, in denen der Vormund von der Vertretung des Mündels ausgeschlossen ist, so daß diese durch einen Spezialpfleger erfolgen muß. Dahin gehört auch der Fall eines Rechtsstreites des Mündels mit dem Ehegatten des Vormundes (Vaters). Ein solcher Rechtsstreit würde entstehen, wenn Veranlassung vorläge, für die Kinder wegen ihres Nachvermächtnisanspruches einen Arrest gegen ihre Mutter als Vermächtnisnehmerin zu erwirken. Das Gesetz sagt aber nichts davon, daß auf die bloße Möglichkeit späterer Entstehung eines Rechtsstreites schon jetzt ein Pfleger gewissermaßen auf Vorrat zu bestellen ist. Ebensowenig wird die Ansicht des Vorderrichters durch § 1796² verbunden mit § 1630 Abs. 2 Satz 2 gestützt. Danach kann das Vormundschaftsgericht, wenn das Interesse des Kindes zu dem des Vaters oder dessen Ehegatten in erheblichem Gegensatze steht, dem Vater die Vertretungsbefugnis entziehen. Ob für eine solche Entziehung vorliegend, wo die Interessenkollision sich auf ein Arrestverfahren beschränkt, in diesem aber der Vater bereits kraft Gesetzes (§ 1795 Nr. 3) von der Vertretung ausgeschlossen sein würde, überhaupt die Rede sein könnte und ob eine solche schon jetzt erfolgen dürfte, kann dahingestellt bleiben. Denn selbst für den Fall der Bejahung würde daraus nicht folgen, daß auch schon jetzt ein Pfleger bestellt werden müßte. Die Motive 4 S. 1092 begründen den § 1651 Nr. 4 (jetzt § 1796²) damit, daß sich die Vorschrift empfehle, namentlich mit Rücksicht auf eilige und auf solche Fälle, in welchen der Vormund an der Vornahme von Rechtshandlungen für den Mündel in gewissen Angelegenheiten des letzteren für die Zukunft verhindert werden soll, ohne daß es der Anordnung einer Pflegschaft zurzeit bedürfe. Hier wird also für die Entziehung der Vertretung vorausgesetzt, daß eine Pflegschaft noch nicht angeordnet ist, weil die Bestellung eines Pflegers ohne weiteres im Umfange seiner Befugnisse dem Vater oder Vormunde die Vertretungsbefugnis entzieht.

Die vom Vormundschaftsgericht beabsichtigte Stellung eines Pflegers deckt sich also keineswegs, wie der Vorderrichter rechtsirrigerweise annimmt, mit einer Entziehung der Vertretungsbefugnis auf Grund des § 1796². Möchte man aber selbst die Bestellung eines Pflegers und daneben die Entziehung der Vetretungsbefugnis gemäß jener Vorschrift als selbständigen Akt als vom Vormundschaftsrichter angeordnet erachten, so würde jedenfalls die Berechtigung zur letzteren Anordnung noch nicht die Bestellung eines Pflegers rechtfertigen. Diese bestimmt sich nach § 1909 und ist, wie ausgeführt, zurzeit nicht zulässig. Daß als Nachvermächtnisnehmer nur die zurzeit des Todes des Erblassers vorhandenen, nicht auch etwaige nachgeborene Kinder eingesetzt sind, ist vom Vorderrichter auf Grund der Testamentsauslegung ohne Rechtsirrtum festgestellt, so daß also auch die Einleitung einer Pflegschaft auf Grund des § 1913 BGB. nicht in Frage kommt. Wn.

β) Kammergericht, I. CS. Beschluß v. 23. März 1903.

Für Richard A., dem im Testamente seiner Eltern von 1890 eine Hypothek überwiesen war, hat das Amtsgericht A. nach dem Tode des Vaters (1891) auf Antrag des Eigentümers, der jene Hypothek zurückzahlen wollte, 1900 gemäß § 1910 einen Pfleger Z. bestellt. 1902 beantragte Richard die Aufhebung der Pflegschaft. Dies wurde abgelehnt, worüber sich A. beschwerte. Auf Anregung des Beschwerdegerichts hat aber das für den letzten Wohnsitz der Witwe A. zuständige Amtsgericht B. den Z. zum Testamentsvollstrecker ernannt. Die Beschwerde des A. wurde zurückgewiesen. Auch seine weiteren Beschwerden hierüber sowie über die Nichtaufhebung der Pflegschaft blieben erfolglos. Gründe:

Im Testamente der Eltern haben diese, weil Richard nicht im stande sei, seinen Angelegenheiten selbständig vorzustehen, angeordnet, daß nach ihrem beiderseitigen Tode über das ihm zufallende Erbteil die gerichtliche Pflegschaft eingeleitet werde, und zum Pfleger den X. ernannt. Das Landgericht geht nun davon aus, daß Realpflegschaften, wie sie auf dem Boden der preuß. VormO. vom 5. Juli 1875 zugelassen waren, vom BGB. nicht anerkannt sind. Letzteres kennt, abgesehen von § 1914, nur Personalpflegschaften. Liegen die Voraussetzungen dieser oder einer Vormundschaft nicht vor, so kann der Zweck eines Testaments, den Bedachten von der Verwaltung des zugewandten Vermögens auszuschließen, nicht mehr durch Einleitung einer Verwaltungspflegschaft erreicht werden. Allein daraus folgt nicht, daß nunmehr die Verwaltung an den Bedachten übergehen müßte. Ergibt der unzweideutige Wille des Testators, daß der Bedachte unter allen Umständen von der Verwaltung ausgeschlossen und diese von der durch ihn bezeichneten oder einer vom Gericht zu bestellenden Person geführt werden soll, so liegt der Fall so, daß der Testator unter der Bezeichnung eines gerichtlichen Pflegers einen Testamentsvollstrecker bestellt hat (Jahrbuch 20 S. 21; Rsp. 3 S. 117, 4 S. 123). Die Ernennung eines solchen kann alsdann vom Gericht erfolgen. Das ist in § 2200 ausdrücklich bestimmt, gilt aber auch bezüglich der vor 1900 errichteten Testamente. Auf diesen Standpunkt haben sich die Vorinstanzen gestellt.

Die Anordnung der Pflegschaft im elterlichen Testament ist auch nicht durch das nachträgliche Testament der Witwe von 1893 wieder beseitigt worden. In ihrem gemeinschaftlichen Testament haben die Eheleute A. ihre vier Kinder zu Erben eingesetzt, sich aber selbst gegenseitig auf Lebenszeit Nießbrauch, Verwaltung und ein weitgehendes Verfügungsrecht zugewendet. Die Witwe hat diese Zuwendung angenommen, damit aber das Recht verloren, von ihren eigenen Verordnungen insofern wieder abzugehen, als der Mann ihr seinen Nachlaß in Rücksicht auf diese Verfügungen zugewendet hat (ALR. II 1 § 492). Eine solche Korrespektivität wird vermutet bei Verordnungen des Überlebenden zum Besten der gemeinschaftlichen Kinder.[1] Das aber trifft zu bezüglich der Anordnung der Pflegschaft für den zur Besorgung seiner Angelegenheiten nicht befähigten Richard. Die Witwe konnte deshalb diese zum Besten des Sohnes getroffene Verfügungsbeschränkung rechtswirksam nicht wieder beseitigen.

Der Berufung des Beschwerdeführers auf den zwischen ihm und seiner Mutter abgeschlossenen Vertrag, in welchem sie das Nichtbestehen des für die Verfügungsbeschränkung angegebenen Grundes anerkennt und sich verpflichtet, ihm die Hypothek als Abfindung auf sein Vatererbe abzutreten, — tritt der Vorderrichter mit der Erwägung entgegen, daß nach dem Physikatsattest Zweifel beständen, ob Richard zurzeit des Vertragsabschlusses dispositionsfähig gewesen sei, und deshalb von der Ernennung eines Vollstreckers nicht Abstand genommen werden könne. Diesen Ausführungen ist darin zuzustimmen, daß, wenn begründete Bedenken gegen die Rechtsgültigkeit eines eine Testamentsbeschränkung beseitigenden Vertrages vorliegen, der Nachlaßrichter berechtigt ist, dem Auftrage des Testators gemäß den zur Durchführung der Beschränkung bestimmten Vollstrecker zu ernennen und die Entscheidung über die Gültigkeit des Vertrages dem Prozeßrichter zu überlassen.

Nun weist der Beschwerdeführer darauf hin, daß die Testatoren eine bestimmte Person X. zum Pfleger berufen hätten, so daß bei der fortdauernden Gültigkeit dieser Anordnung nur dieser als Vollstrecker in Frage kommen kann. Allerdings kann in solchem Falle der Richter nur dann als zur Ernennung eines Vollstreckers ersucht angesehen werden, wenn die vom Erblasser selbst berufene Person das Amt nicht übernehmen will oder kann. Aber das trifft hier zu. X. hat die Übernahme unter Hinweis auf sein Alter abgelehnt. Allerdings sollte er damals als P f l e g e r bestellt werden. Allein die Begründung der Ablehnung ergibt, daß er sich überhaupt seines Alters wegen der Verwaltung nicht unterziehen wollte, die angetragene Verwaltung also nicht bloß unter dem Gesichtspunkte des Pflegers, sondern auch des Vollstreckers als abgelehnt gelten muß.

Bezüglich der Zuständigkeit ist darauf hinzuweisen, daß dem Beschwerdeführer, welcher das Vormundschaftsgericht für zuständig hält, die im Jahrbuche 20 S. 21 abgedruckte Entscheidung nicht zur Seite steht. Dort (S. 26) ist die Zuständigkeit des Vormundschaftsgerichts mit Rücksicht darauf angenommen, daß beide Erblasser vor 1900 gestorben waren. Vorliegend aber ist der Tod der Witwe A., mit dem die Testamentsvollstreckung erst eintreten sollte, 1901 erfolgt. Nach Art. 213 EG. kommt also für die erbrechtlichen Verhältnisse, wozu auch die Ernennung des Vollstreckers gehört, um welche

[1] Hat dagegen jeder Ehegatte über eine ideelle Hälfte des gütergemeinschaftlichen Vermögens als sein besonderes Vermögen verfügt und die Frau nur ihre eigenen Verwandten bedacht, so ist nicht anzunehmen, daß der verstorbene Mann die Witwe auch zu gunsten von i h r e n Verwandten habe binden wollen; vgl. B o l z e 7 Nr. 722 (Kammergericht, I. CS. Beschluß v. 27. April 1903).

die Erblasser ersucht haben, das BGB. zur Anwendung, nach dessen § 2200 das Nachlaßgericht zuständig ist.

Ist hiernach die Ernennung des Pflegers Z. zum Vollstrecker rechtswirksam erfolgt, so erledigt sich damit sachlich seine Bestellung zum Pfleger. Das liegt ohne weiteres in der Auslegung der testamentarischen Ernennung eines Pflegers als Anordnung einer Testamentsvollstreckung. Will der Beschwerdeführer eine ausdrückliche Entscheidung über die Aufhebung der Pflegschaft haben, so mag er sich an das Amtsgericht in A. wenden, das bei der gegenwärtigen Sachlage die Aufhebung nicht ablehnen wird. Dr. H.

14

a) Unbekanntsein der Erben.[1] BGB. § 1960.

Kammergericht, I. CS. Beschluß v. 2. März 1903.

Die 1901 verstorbene A. hat zu ihren Erben hinterlassen: ihren Mann und ihre sieben Kinder, von denen Ludwig 1902 in New-York verstarb und nach einer von seiner Frau daselbst abgegebenen eidesstattlichen Versicherung von ihr und ihren sechs Kindern beerbt wurde. Der Ehemann A. hat beantragt, da nicht feststehe, wie die Erbquote des Ludwig sich auf seine Erben verteile, für die letzteren als unbekannt einen Pfleger zu bestellen. Dies wurde abgelehnt, auch die weitere Beschwerde blieb erfolglos. Gründe:

Unbegründet ist allerdings die Ansicht des Vorderrichters, daß der Beschwerdeführer hätte dartun müssen, daß das deutsche Gericht gemäß EG. Art. 23 ff. zur Anordnung der Pflegschaft über die Erben des im Auslande verstorbenen Ludwig zuständig sei. Die Bestellung eines Pflegers ist beantragt auf Grund der §§ 1960, 1961. Der erstere betrifft die Sicherung eines Nachlasses, für welche das Nachlaßgericht, soweit ein Bedürfnis besteht, bis zur Annahme der Erbschaft Sorge zu tragen hat, und zwar von Amts wegen, wie jede vormundschaftliche Fürsorge einzutreten hat. Nach § 74 FrGG. ist aber für die Sicherung des Nachlasses jedes Amtsgericht zuständig, in dessen Bezirk das Bedürfnis der Fürsorge hervortritt. Vorliegend soll die Pflegschaft eingeleitet werden im Hinblick auf den Nachlaß der Frau A. An diesem Nachlaß war Ludwig als Miterbe beteiligt, und dieses Anteilsrecht bildet einen Bestandteil seines Nachlasses. Da nun das Vermögen sich im Bezirk des Amtsgerichts D. befindet, so ist letzteres zuständig, falls das Bedürfnis einer Fürsorge gemäß § 1960 hervortritt. Zwar ist die Beschwerde auch auf § 1961 gestützt und dieser betrifft nicht die Sicherung des Nachlasses, sondern der Nachlaßgläubiger, welche einen Anspruch gegen den Nachlaß

---

[1] Der Erbe gilt, da eine völlige Gewißheit über die Erbberechtigung überhaupt nicht erbracht werden kann, schon dann als bekannt, wenn für seine Erbberechtigung ein hoher Grad von Wahrscheinlichkeit besteht, wenn z. B. das Nachlaßgericht eingehende Erhebungen gepflogen hat und keine Anhaltspunkte vorliegen, daß außer den ermittelten Erben noch andere in Betracht kommen können (Bayer. Ob. LG. Beschluß v. 13. August 1902, Samml. 3 S. 676). Vgl. Rsp. 4 S. 410.

geltend machen wollen; insofern findet § 74 FrGG. auf ihn keine Anwendung (Rsp. 2 S. 474). Allein § 1961 greift hier überhaupt nicht Platz, weil Beschwerdeführer nicht Nachlaßgläubiger ist.

Der Vorderrichter nimmt an, daß die Erben des Ludwig nicht unbekannt seien, und begründet dies mit dem Hinweis auf die Erbeslegitimationserklärung der Witwe. Die Begründung unterliegt Bedenken. Wenn auch nicht so weit zu gehen ist, daß Erben nur dann als bekannt anzusehen sind, wenn ein Erbschein vorliegt, genügt vielmehr, wenn die tatsächlichen Verhältnisse klar liegen, aus welchen sich das Erbrecht ergibt. Daran fehlt es aber hier. Die Witwe hat zwar eidesstattlich versichert, daß sie und ihre Kinder die alleinigen Erben ihres Mannes seien. Allein das ist ein Urteil, dem ohne Angabe der tatsächlichen Unterlagen, insbesondere der für das Erbrecht maßgebenden Staatsangehörigkeit und des ehelichen Güterrechts des Verstorbenen die Möglichkeit einer richterlichen Nachprüfung abgeht, und welches deshalb zur Feststellung der Erbqualität der angegebenen Personen und insbesondere ihres Alleinerbrechts nicht ausreicht. Ebensowenig kann zur Feststellung des Nichtvorhandenseins der andern alternativen Voraussetzung des § 1960, daß nämlich ungewiß ist, ob der Erbe die Erbschaft angenommen hat, die Ausführung des Vorderrichters dienen, daß Zweifel, ob die Erben die Erbschaft angenommen haben, in den vorliegenden Urkunden und Akten keine Stütze finden. Da das Einschreiten des Nachlaßgerichts zur Sicherung des Nachlasses keines Antrages bedarf, sondern von Amts wegen Platz zu greifen hat, so hat das Gericht auch von Amts wegen die Voraussetzungen seiner Tätigkeit festzustellen. Solche Feststellungen sind von den Vorinstanzen nicht getroffen. Der negative Inhalt der Akten kann den Mangel positiver Ermittelungen nicht ersetzen.

Demungeachtet ist dem Vorderrichter im Ergebnis beizutreten. Das BGB. vertritt im allgemeinen den Standpunkt, daß die Ordnung der Verlassenschaft Sache der Erben ist. Nur wenn ein Bedürfnis für die Sicherung besteht, hat das Nachlaßgericht in den Fällen des § 1960[1] die erforderlichen Vorkehrungen zu treffen, worunter auch die Bestellung eines Pflegers fällt. Ein Bedürfnis zu einer Sicherung liegt aber hier nicht vor. Antragsteller hat selbst den gesamten Nachlaß seiner Frau im Besitz und von einer Gefährdung desselben ist nichts zu ersehen. Die vermutlichen Erben des Ludwig sind bekannt, und es handelt sich nur darum, deren Legitimation zu vervollständigen, was unter Mitwirkung der Witwe des Ludwig voraussichtlich keine Schwierigkeiten bereiten wird. Auch daß sie eine Erklärung über ihren Erbantritt nach Ludwig und als dessen Erben nach der Frau A. verweigern sollten, ist nicht anzunehmen. Legitimieren sie sich aber und treten sie die Erbschaft an, so ist für die Bestellung eines Pflegers überhaupt kein Raum mehr. Eine Pflegschaft schon jetzt anzuordnen, ehe die Miterben die präsumtiven Erben des Ludwig zu einer Vervollständigung ihrer Legitimation veranlaßt haben, besteht kein Bedürfnis. Dr. H.

b) **In der Formel des gegen einen Nachlaßverwalter erlassenen Urteils braucht die Beschränkung der Haftung nicht ausgesprochen werden. BGB. § 1973.**

Kammergericht, VIII. CS. Urteil v. 24. Juni 1903.

Die Klägerin hatte ihre Forderung gegen H. im Aufgebotsverfahren nicht angemeldet. Nach Erlaß des Ausschlußurteils ist der Beklagte als Verwalter der H.'schen Nachlaßmasse verurteilt worden, an die Klägerin x Mark zu zahlen. Hiergegen hat er Berufung eingelegt, weil er die Zahlung erst nach Befriedigung der zum Aufgebotsverfahren angemeldeten Forderungen zu leisten habe. Gründe:

... Der Vorderrichter hat eine der Einschränkung der Verurteilung entsprechende Entscheidung zwar nicht in der Formel, wohl aber in den Gründen des Urteils gegeben, wo gesagt ist, daß Beklagter einem im Aufgebotsverfahren ausgeschlossenen Nachlaßgläubiger gegenüber stets nur mit dem Nachlaßreste hafte, der nach Abzug der zur Befriedigung der nicht ausgeschlossenen Gläubiger erforderlichen Mittel übrig bleibe. Diese Entscheidung, auf deren Erlaß Beklagter allerdings einen Anspruch hatte, weil er den über den Einschränkungsantrag hinausgehenden und folglich letztern in sich einschließenden Antrag auf Abweisung der Klage gestellt hatte (vgl. Entsch. des RG. 34 S. 277), ist für genügend erachtet, weil die Heranziehung der Urteilsgründe zur Erläuterung der Urteilsformel zulässig und geboten ist (Entsch. des RG. 25 S. 214, 33 S. 4), sowie weil die Notwendigkeit, die Einschränkung der Verurteilung in der Urteilsformel auszudrücken, nicht erhellt, namentlich nicht durch den Hinweis des Beklagten auf die §§ 780, 781 CPO. dargetan wird. Denn die in letzteren behandelte „Beschränkung der Haftung" der Erben, welche nur geltend gemacht werden kann, wenn sie dem Erben im Urteil vorbehalten ist, ist wesentlich verschieden von der im § 1973 BGB. behandelten und vom Beklagten eingewendeten Befugnis des Erben oder des an dessen Stelle getretenen Nachlaßverwalters, die Befriedigung der im Aufgebotsverfahren ausgeschlossenen Nachlaßgläubiger vor Befriedigung der nicht ausgeschlossenen zu verweigern. Darüber, daß Beklagter nicht verpflichtet ist, die Klägerin in gleicher Weise wie die nicht ausgeschlossenen Gläubiger zu befriedigen, besteht nach den Gründen des angefochtenen Urteils kein Zweifel und die Besorgnis des Beklagten, er werde mit einem entsprechenden Einwande in der Vollstreckungsinstanz nur gehört werden, wenn die Einschränkung in der Formel zum Ausdruck komme, erscheint unbegründet. Zur Beschwerde über die in den Gründen sachgemäß zu seinen Gunsten getroffene Entscheidung hatte Beklagter keine Veranlassung.[1] Nl.

c) **Aufhebung der Nachlaßverwaltung. BGB. § 1984.**

OLG. Jena, I. CS. Beschluß v. 11. Juni 1903.

Nach dem Tode des Adolf A. ist auf Antrag der Erbin die Nachlaß-

[1] Rsp. 4 S. 120, Gaupp-Stein Anm. I zu § 780 CPO. und Planck, BGB. § 2059 Anm. 2 über den ähnlich liegenden Fall des in Anspruch genommenen Miterben.

verwaltung angeordnet. A. hatte einem Bruder Robert 4500 Mark vermacht. Dieser Bruder ist nach Adolf gestorben; als seine Erbin tritt die Armendirektion zu B. auf und hat gegen den Nachlaßverwalter die 4500 Mark eingeklagt; der Prozeß schwebt noch. 1903 ist die Nachlaßverwaltung aufgehoben worden, weil durch die Ausantwortung des Nachlasses an den Erben die Nachlaßverwaltung beendet sei, „nachdem wegen der Streitigkeit der Frage, ob das dem Robert zugedachte Legat an dessen Erben oder die Armendirektion auszuzahlen sei, beiden Streitteilen durch Deponierung des Legatkapitals Sicherheit geleistet worden sei." Die Beschwerde der Armendirektion wurde als unzulässig verworfen, ihrer weiteren Beschwerde jedoch stattgegeben. Gründe:

Es ist zunächst eine rechtsirrige Ansicht, daß es im Belieben des Erben stehe, eine auf seinen Antrag eingeleitete Nachlaßverwaltung zur Aufhebung zu bringen. Aus den §§ 1984 ff. ergibt sich deutlich, daß eine einmal eingeleitete Nachlaßverwaltung von ganz bestimmten, hier nicht in Betracht kommenden Ausnahmen abgesehen, auch durchgeführt werden muß, einerlei, ob sie auf Antrag des Erben oder eines Nachlaßgläubigers angeordnet ist. Andernfalls würde ja auch der Erbe das Institut der Nachlaßverwaltung zur Vexation der Gläubiger mißbrauchen können. Sodann verwechselt das Landgericht die in § 20 FrGG. zur Voraussetzung des Beschwerderechts gemachte Beeinträchtigung eines Rechts des Beschwerdeführers mit der Verschlechterung seiner ökonomischen Lage. Nach § 1985 BGB. erlangt der Nachlaßgläubiger ein Recht auf Berichtigung seiner Forderung aus dem Nachlasse gegen den Nachlaßverwalter, nach § 1986 mit § 1985² kann er vom Nachlaßverwalter verlangen, daß er den Nachlaß dem Erben erst ausantworte, nachdem seine Forderung berichtigt oder, wenn die Voraussetzungen dazu vorliegen, statt dessen ihm Sicherheit geleistet ist. In diesen Rechten wird er offenbar beeinträchtigt, wenn die Nachlaßverwaltung, wie behauptet wird und deshalb für die Frage der Zulässigkeit der Beschwerde unterstellt werden muß, vorzeitig aufgehoben wird. Das Landgericht hat aber auch den § 57³ FrGG. übersehen, der nach § 75 auf die Nachlaßpflegschaft, von der die Nachlaßverwaltung nur eine Unterart ist (§ 1975 BGB.), Anwendung findet (vgl. Planck 5 S. 87; Rausnitz, FrGG. § 76 Bem. 1 u. 14; Fuchs, FrGG. § 76 Bem. 4). Daß nicht etwa durch § 76 FrGG. die Beschwerde gegen andere als die dort erwähnten, eine Nachlaßverwaltung betreffenden Verfügungen ausgeschlossen wird, hat das Landgericht selbst anerkannt. Daß aber die Nachlaßgläubiger zu denjenigen Personen gehören, die ein rechtliches Interesse an der Änderung der die Nachlaßverwaltung vorzeitig aufhebenden Verfügung haben, bedarf nach den obigen Ausführungen keiner Darlegung.

Nicht eingegangen zu werden brauchte auf die bestrittene Frage, ob eine Aufhebung der Nachlaßverwaltung, abgesehen von dem Falle des § 1988², überhaupt zu verfügen ist. Auch wenn anzunehmen wäre, daß die Nachlaßverwaltung, abgesehen von den im Gesetze besonders vorgesehenen Fällen nur mit der Erledigung ihrer Aufgabe und dann von Rechts wegen ohne weiteres ende, eine sie aufhebende Verfügung des Nachlaßgerichts, also ein rechtlich bedeutungsloser Akt sei, so würde man doch nicht etwa sagen können, daß durch einen solchen rechtlich bedeutungslosen Akt Rechte oder rechtliche Interessen nicht beeinträchtigt werden können und folglich eine Beschwerde gegen ihn nicht gegeben sei. Denn auch materiell nichtige richterliche Handlungen müssen im Instanzenzuge beseitigt werden können, für die Zulässigkeit ihrer Anfechtung bleibt ihre materielle Nichtigkeit außer Betracht. Dr. B.

d) **Zwangsvollstreckung gegen den beschränkt haftenden Erben. BGB. §§ 1990f.**

OLG. Rostock, II. CS. Urteil v. 23. Januar 1903.

Die Klägerin ist im Vorprozesse als Erbin ihres Vaters rechtskräftig unter Vorbehalt der Beschränkung ihrer Haftung verurteilt, dem Beklagten über eine Hypothek von 10 000 Mark, zu deren Abtretung der Vater sich verpflichtet hatte, eine Abtretungserklärung in der Form des § 29 GrBO. zu erteilen. Obwohl die Hypothek nur zur Hälfte zum Nachlasse gehörte, gab das Prozeßgericht nach § 888 CPO. der Schuldnerin auf, bei Vermeidung einer Geldstrafe von 300 Mark eine Abtretungserklärung über die ganze Hypothek in öffentlich beglaubigter Form abzugeben. Auf die von der Schuldnerin nach den §§ 781, 785 CPO. erhobene Klage ist die Zwangsvollstreckung insoweit für unzulässig erklärt, als die Abtretungserklärung zu einem höheren Betrage als 5000 Mark erfolgen soll. Gründe:

Der Klägerin steht die Einrede aus den §§ 1990 und 1991 BGB. zur Seite. Nach § 1990 ist der Erbe verpflichtet, den Nachlaß zum Zwecke der Befriedigung des Gläubigers im Wege der Zwangsvollstreckung herauszugeben. Danach haftet der Erbe nur mit den im Nachlaß vorhandenen Gegenständen. Aus diesen und nur aus diesen kann der Gläubiger Befriedigung im Wege der Zwangsvollstreckung suchen. Hat der Gläubiger einen Anspruch auf Leistung eines nicht im Nachlaß vorhandenen Gegenstandes, so muß er den Schätzungswert geltend machen (Planck zu § 1991 Note 1a). Der vollstreckbare Titel des Gläubigers muß, wie Cosack, Lehrbuch § 382 IV [3] hervorhebt, auf eine Geldzahlung oder auf die Leistung bestimmter im Nachlaß vorhandener Gegenstände gerichtet sein. Vorliegend gehört aber zum Nachlaß die Hypothek nur zum Teilbetrage von 5000 Mark. Der weitere Teilbetrag ist im Nachlaß nicht vorhanden, und kommt deshalb hinsichtlich dieses weiteren Teilbetrages die Einrede aus §§ 1990/91 zur Hebung, ohne daß es darauf ankommt, ob außer der Hypothek noch weitere Vermögensobjekte zum Nachlaß gehören. Die Klägerin braucht den zu ihrem sonstigen, nicht vom Vater ererbten Vermögen gehörigen Anteil dem Nachlaßgläubiger nicht herauszugeben. S.

e) **Verpflichtung der Miterben zur Auskunftserteilung gemäß BGB. §§ 2027, 2042.**[1]

[1] Die nach bisherigem Rechte entstandene Verbindlichkeit des Mannes, den Erben seiner Frau den Bestand des Nachlasses anzugeben und die Auskunft eidlich zu bekräftigen, hat

Kammergericht, III. CS. Urteil v. 3. April 1903.

Der Kläger verlangt von den Beklagten, seinen Miterben, Auskunft über den Bestand der Erbschaft der Eheleute C., sowie über den Verbleib der Erbschaftsgegenstände, insbesondere ein Verzeichnis des Bestandes und dessen eidliche Erhärtung. Er wurde abgewiesen. Gründe:

Der § 2027 Abs. 1 setzt voraus, daß die Beklagten als „Erbschaftsbesitzer" zu gelten hätten. Erbschaftsbesitzer ist aber nach § 2018 jeder, der auf Grund eines ihm in Wirklichkeit nicht zustehenden Erbrechts etwas aus der Erbschaft erlangt hat. Diese Voraussetzung liegt unzweifelhaft nicht vor. Der Vorderrichter mag zu weit gehen, wenn er einem Miterben unter allen Umständen die Eigenschaft eines Erbschaftsbesitzers abspricht, diese Eigenschaft kann vielmehr dem Miterben zukommen, wenn er sich als Alleinerbe geriert und durch Inbesitznahme des ganzen Nachlasses kraft eigenen Erbrechts in das Miterbrecht der anderen Erben eingreift (Rsp. 5 S. 231). Von einer solchen Prätension eines in Wirklichkeit nicht bestehenden Erbrechts (oder Alleinerbrechts) ist aber auf seiten der Beklagten nicht die Rede. Unstreitig hat der Miterbe Gustav nach dem Tode der Mutter den elterlichen Nachlaß in Besitz genommen und 1901 ein Verzeichnis desselben dem Nachlaßgerichte eingereicht, dies auch demnächst mit der Maßgabe beschworen, daß die Beklagten die von ihnen inzwischen angegebenen Gegenstände mit seinem Einverständnisse aus dem Nachlasse entnommen hätten. Selbst wenn man also unterstellen wollte, daß die Beklagten noch „andere" Gegenstände erhalten und hinter sich hätten, so liegt doch auf der Hand, daß die Beklagten in den Besitz der Nachlaßsachen sich nicht auf Grund eines zu Unrecht prätendierten Erbrechts oder Alleinerbrechts gesetzt haben. — Auch der § 2027 Abs. 2 vermag das Klagebegehren nicht zu stützen. Diese Vorschrift bezieht sich, wie die Entstehungsgeschichte bestimmt ergibt, auf den possessor pro possessore (vgl. Planck Anm. 2; Prot. 5 S. 704). Nach Absatz 2 ist also nicht ein Miterbe auskunftspflichtig, wie sich auch schon aus der Gegenüberstellung des „Erben" und des „Besitzergreifenden" ergibt. Endlich aber muß angenommen werden, daß die Beklagten keinesfalls Gegenstände aus dem Nachlaß erlangt haben, bevor Gustav den Besitz namens sämtlicher Erben ergriffen hat.

Davon, daß die Beklagten etwa nach § 2030 einem „Erbschaftsbesitzer" gleich ständen, weil sie auf Grund eines Abkommens mit Gustav die angegebenen Sachen aus der Erbschaft erworben hätten, kann schon deshalb nicht die Rede sein, weil Gustav, wie sein Verhalten deutlich zeigt, nicht kraft eigenen Alleinerbrechts, sondern für alle Erben den Nachlaß in Besitz genommen hatte, mithin seinerseits keineswegs „Erbschaftsbesitzer" im Sinne des § 2018 geworden war....

Insofern im Klageantrage das Verlangen nach Aufstellung eines Ver-

nach EG. Art. 170 auch bezüglich der Eidesnorm keine Änderung erfahren (Bayer. Ob. LG., I. CS. Urteil v. 30. Oktober 1902, Sammlung 3 S. 905).

zeichnisses über die tatsächlich im Besitz der Beklagten befindlichen Nachlaßsachen und dessen Beschwörung als ein minus enthalten sein möchte, so kann zwar aus der Pflicht der Miterben zur Auseinandersetzung gemäß § 2042 deren Verbindlichkeit zur Herausgabe jener Gegenstände folgen. Allein diese Herausgabe, wenn sie überhaupt geschehen muß und nicht vielmehr die bloße Feststellung der Zugehörigkeit zum Nachlasse genügt, hat immer nur zum Zwecke der Auseinandersetzung (Teilung) und nur zur Nachlaßmasse zu erfolgen, woraus sich weiter ergibt, daß beim Vorliegen der sonstigen Voraussetzungen der allgemeinen Vorschrift des § 260 ein Verzeichnis über den Bestand der von den Beklagten in Besitz genommenen Gegenstände nicht dem Kläger, sondern nur allen Erben gemeinschaftlich gelegt zu werden braucht (vgl. §§ 432 Abs. 1, 2038, 2039), während eine Auskunftspflicht aus dem Auseinandersetzungsanspruche überhaupt nur in Ansehung der vom einzelnen Miterben zur Ausgleichung zu bringenden Zuwendungen gesetzlich anerkannt ist (§ 2057). Z.

f) **Muß der Vermerk, daß der Erblasser nicht schreiben kann, vorgelesen und genehmigt werden? BGB. § 2242 Abs. 2.**

Kammergericht, Ferien-S. Beschluß v. 18. Juli 1903.

Das Testament der A.'schen Eheleute lautet am Schluß:

„Das Protokoll ist vorgelesen, von den A.'schen Eheleuten nach Inhalt und Fassung genehmigt und von der Ehefrau B. eigenhändig unterschrieben worden (folgt die Unterschrift); der Ehemann A. erklärt, daß er infolge seiner großen Nervenschwäche nicht unterschreiben könne."

Als die Erbin eine Hypothek löschen lassen wollte, wurde dies abgelehnt, weil die Erklärung des Testators, daß er nicht schreiben könne, nicht vorgelesen und genehmigt und das Testament deshalb nichtig sei. Der weiteren Beschwerde ist stattgegeben. Gründe:

Richtig ist es, daß die in § 2242 enthaltenen Formvorschriften für die Aufnahme eines gerichtlichen Testaments zwingender Natur sind, so daß ein Verstoß dagegen die Nichtigkeit des Testaments gemäß § 125 herbeiführt. Es ist also zu prüfen, ob im Sinne des § 2242 (insbesondere Abs. 2) die Feststellung der Erklärung des Erblassers, er könne nicht schreiben, der Vorlesung und Genehmigung bedarf, um seine Unterschrift zu ersetzen, und eventuell, ob der vor der Niederschrift dieser Erklärung des Erblassers befindliche Vermerk, daß das Protokoll vorgelesen und genehmigt sei, auf jene dahinter niedergeschriebene Erklärung oder Feststellung mit bezogen werden darf.

Die erstere Frage wird von den Kommentatoren — soweit sie sich mit ihr beschäftigen — überwiegend bejaht, insbesondere von Planck, Anm. 3 zu § 2242 unter Beziehung auf Jastrow, Formularbuch I S. 51 und 179 N. 7 und Rausnitz, FrGG. § 177 N. 12, welche letzterer sich jedoch hierüber nicht ausdrücklich ausläßt — mit der Begründung, daß die Vorlesung und Genehmigung nötig sei, weil „im Protokoll" die Feststellung der Erklärung des Erblassers, nicht schreiben zu können, erfolgen müsse, das

Protokoll aber nach Abs. 1 der Vorlesung bedürfe. Schon **Planck** aber schwächt seine Ausführungen durch den Satz ab: „Der Umstand, daß die Feststellung der Unterschrift erfolgt, fällt gegenüber obigen Gründen nicht so schwer ins Gewicht, um daraus zu folgern, die Feststellung müsse an derjenigen Stelle getroffen werden, welche sonst die Unterschrift einnimmt.“ Das Reichsgericht berührt diese Frage mittelbar in der Entscheidung vom 20. Februar 1902 (Entsch. des RG. 50 S. 218), indem es für den dort vorliegenden Fall „unerörtert“ läßt: ob im zweiten Satze des Abs. 1 des § 2242 das Wort „Protokoll“ genau in demselben Sinne wie im ersten Satze gebraucht ist, und ob danach der die fragliche Feststellung enthaltende Passus des Protokolles schon vor der Verlesung mit niederzuschreiben und vorzulesen ist. Nach dem Wortlaut und Sinn sowie der Entstehungsgeschichte des § 2242 erscheint aber die Vorlesung und Genehmigung der Erklärung des Erblassers, er könne nicht schreiben, durch das Gesetz nicht geboten.

Wie schon das Reichsgericht andeutet, ist das im § 2242 in verschiedenem Zusammenhange vorkommende Wort „Protokoll“ der Natur der Dinge nach nicht immer in gleicher Weise zu verstehen. Dies stellt der Vergleich des Anfanges des ersten Satzes in Abs. 1 und des Schlußsatzes in Abs. 4 klar. In ersterem heißt es: „Das Protokoll muß vorgelesen . . . werden“, in letzterem: „Das Protokoll muß von den mitwirkenden Personen unterschrieben werden.“ Sollte in beiden Fällen das Wort „Protokoll“ völlig gleichartig verstanden werden, so müßte auch die Unterschrift der dasselbe abschließenden Personen mit vorgelesen werden. Dies aber würde wiederum einen neuen Abschluß erforderlich machen, der wiederum vorzulesen wäre, so daß ein Ende überhaupt nicht absehbar wäre. Es erscheint deshalb geboten und auch dem allgemeinen Sprachgebrauch, insbesondere der Gerichtssprache gemäß, unter demjenigen „Protokoll“, welches nach Abs. 1 Satz 1 vorgelesen werden muß, den Teil des Protokolles **bis zur Unterschrift** oder den der Unterschrift gleichgeachteten Rechtsvorgängen zu verstehen.

Daß dies dem Sinne und Zwecke des Gesetzes entspricht, ergibt sich auch aus der ursprünglich, sinngemäß gleichbedeutenden, jedoch etwas längeren Fassung, welche die beiden ersten Sätze des jetzigen Abs. 1 des § 2242 in dem dritten Absatze des § 1919 des I. Entw. dahin erhalten hatten:

> § 1919 Abs. 3: „Das Protokoll muß vorgelesen sowie von dem Erblasser genehmigt und eigenhändig unterschrieben, die Vorlesung, die Genehmigung und das Unterschreiben auch im Protokoll festgestellt werden,“

und an welche sich die jetzigen Vorschriften in Abs. 2 und 3 des § 2242 als Abs. 2 des § 1919 und als § 1920 in umgekehrter Reihe dahin anschlossen:

> § 1119 Abs. 4: „Das Protokoll muß zum Schlusse von allen mitwirkenden Personen unterschrieben werden.“

> § 1920: „Erklärt der Erblasser, daß er nicht schreiben kann, so wird seine nach den Vorschriften des § 1919 Abs. 3 erforderliche Unterschrift durch die Feststellung der Erklärung im Protokoll ersetzt.“

Diese Fassung, die an Stelle der jetzigen zuerst im § 2108 des II. Entw. beginnenden Fassung getreten ist (Prot. 5 S. 336), bringt noch deutlicher als der jetzige Gesetzestext zum Ausdruck, daß mindestens „der Schluß" (I § 1919[4]) des Protokolls der Vorlesung und Genehmigung nicht bedarf, und daß die Vorlesung dem Erblasser gegenüber sowie dessen Genehmigung durch dessen Unterschrift begrenzt wird, daß mithin seine Unterschrift nicht zur Vorlesung und Genehmigung zu bringen ist. Wenn hiervon ausgegangen wird, so kann der 2. Abs. in § 2242 nur dahin verstanden werden, daß die Feststellung jener Erklärung in vollem Umfange an Stelle der Unterschrift tritt und mithin ebensowenig wie die Unterschrift selbst der Vorlesung bedarf. Damit stehen auch die Motive (5 S. 173) im Einklange. Während darin für den Fall der Unterschrift ausdrücklich auf das Erfordernis der Vorlesung und Genehmigung der Erklärungen des Erblassers hingewiesen ist, heißt es im Anschluß daran: „Für den Fall, daß der Erblasser erklärt, er könne nicht schreiben, soll die erforderliche Unterschrift durch die Feststellung dieser Erklärung im Protokoll ersetzt werden", und es fehlt ein Hinweis darauf, daß auch diese Erklärung des Erblassers zur Vorlesung zu bringen und zu genehmigen sei. Es ist auch nicht klar, weshalb von dem Gesetzgeber die „Feststellung", d. h. ein besonderer von dem Vorlesen und der Entgegennahme der Genehmigung des Vorgelesenen begrifflich verschiedener Akt verordnet sein solle, wenn auch hier die Vorlesung und Genehmigung mit ausschlaggebend sein sollte. Der Gedanke des Gesetzgebers muß also dahin verstanden werden, daß an die Stelle der Unterschrift des Erblassers, welcher nicht schreiben zu können erklärt, die gerichtliche Beurteilung, daß dem so sei, tritt, und zwar in der Weise, daß die Erklärung nicht schreiben zn können, ebenso wie die Unterschrift lediglich durch die Vollziehung des Protokolls seitens der Gerichtspersonen gedeckt wird.

Mit den vorstehenden Erwägungen ist auch die im Jahrb. 20 S. 130 veröffentlichte Entscheidung vereinbar. Wenn dort für den Fall des § 177 FrGG. die Vorlesung und Genehmigung der Erklärung eines Beteiligten, er könne nicht schreiben, für eine wesentliche Form angesehen ist, so ist zu berücksichtigen, daß es sich dort um den Fall der Zuziehuug eines Zeugen „bei der Vorlesung und Genehmigung" handelt. Auch kann aus der Fassung dieses späteren Gesetzes ein zwingender Schluß auf den Sinn und die Bedeutung des § 2242 nicht gezogen werden. F.

g) **Schadensersatzpflicht eines Gemeindevorstehers, der bei Aufnahme eines Nottestaments im Protokolle nicht feststellte, daß dieses vorgelesen, genehmigt und unterschrieben sei, gegenüber den im Testamente Bedachten. BGB. §§ 2249, 839.**

OLG. Oldenburg, I. CS. Urteil v. 4. Juli 1903.

Ein vom Beklagten als Gemeindevorsteher gemäß § 2249 aufgenommenes Testament des X., in welchem dem Kläger eine Landstelle vermacht war, ist für ungültig erklärt worden, weil im Protokolle nicht festgestellt ist, daß es vorgelesen, vom Erblasser genehmigt und eigenhändig unterschrieben worden sei. Die Schadensersatzklage wurde für begründet erachtet. Gründe:

Die, auch von Endemann 3 S. 131 vertretene Ansicht, daß dem Erben und Vermächtnisnehmer gegen den das Testament beurkundenden Beamten, wenn dieser schuldhaft die ihm obliegende Amtspflicht verletzt und infolgedessen das Testament nichtig ist, ein Schadensersatzanspruch nicht zustehe, weil der andere, dem gegenüber die Amtspflicht zu erfüllen war, der Erblasser, nicht aber der in dem nichtigen Testament bedachte Erbe u. s. w. sei, kann nicht für richtig erachtet werden. Allerdings gibt der Wortlaut des § 839 zu Zweifeln Anlaß. Das Landgericht nimmt mit Recht an, daß die Fassung des § 839 gegen die Fassung des I. Entwurfs (§ 736) eine Einschränkung der Haftung der Beamten bezwecken und nicht jedem, auch nur mittelbar Verletzten ein Schadensersatzanspruch gewährt werden sollte; allein der Grundgedanke beider Fassungen ist derselbe geblieben; grundsätzlich soll der Beamte für den Schaden, den er schuldhaft durch Verletzung seiner Amtspflicht einem andern zufügt, dem andern verantwortlich sein. Die Fassung des § 839 hat nur genauer zum Ausdruck bringen sollen, daß nicht jeder, auch der nur mittelbar Verletzte berechtigt sein soll, Schadensersatz zu verlangen, sondern nur derjenige, dem gegenüber die Amtspflicht begründet war, dem unmittelbar Berechtigten. Dies entspricht auch im wesentlichen dem Standpunkte der gemeinrechtlichen Doktrin, des ALR., des sächs. BGB. und des Reichsbeamtengesetzes vom 31. März 1873 § 13 (vgl. Motive 2 S. 820). Die zweite Kommission hat grundsätzlich dem Entwurf I zugestimmt (vgl. Planck 2 S. 638 oben), und es kann nicht angenommen werden, daß der Gesetzgeber eine wesentlich verminderte Haftpflicht der Beamten und damit gewissermaßen einen Rückschritt gegenüber der früheren Rechtsentwickelung beabsichtigt hat.

Wenn nun § 839 bestimmt: „Verletzt ...“, so fragt es sich in jedem einzelnen Falle, wer der Dritte ist, dem gegenüber dem Beamten eine Amtspflicht obliegt. Vorliegend ist die Frage, ob der Beklagte die Amtspflicht, das Testament in rechtsgültiger Form zu beurkunden, dem Kläger gegenüber hatte, zu bejahen. Wer ein Testament errichtet, will den darin Bedachten Vermögensvorteile zuwenden, welche diese nur erlangen können, wenn das Testament gültig errichtet wird. Die im Testament Bedachten sind unmittelbar an der Gültigkeit des Testaments interessiert; sie werden geschädigt, wenn sie infolge der Nichtigkeit des Testaments das, was der Erblasser ihnen zuwenden wollte, nicht erhalten. Daraus folgt, daß der das Testament beurkundende Beamte auch ihnen gegenüber die Amtspflicht hat, die gesetzlich vorgeschriebenen Formen zu beobachten, damit sie das erhalten, was sie nach dem Willen des Erblassers erhalten sollen. — — — Zu den durch die Verletzung einer Amtspflicht unmittelbar Geschädigten gehören alle diejenigen, deren Interesse zu dienen Amtspflicht des Beamten war (vgl. auch Entsch. des RG. 46 S. 215; Seuffert 27 Nr. 136). B.

h) **In der Überlassung des Nachlasses an die Schichtgeberin liegt nicht auch die Überlassung einer Nachlaßforderung, die nicht im Nachlaßverzeichnisse aufgeführt ist.**

Kammergericht, I. CS. Beschluß v. 20. April 1903.

Die Witwe A., für die aus dem Gutsüberlassungsvertrage von 1889 „auf Abrechnung künftigen Vaterteils" 300 Mark eingetragen worden waren, hatte sich nach dem Tode ihres gütergemeinschaftlichen Mannes (1890) mit ihren Kindern auf Grund eines Verzeichnisses auseinandergesetzt, in welchem jene 300 Mark nicht mit enthalten waren. Die Kinder überließen der Witwe den Nachlaß zum Alleineigentume und die Witwe verpflichtete sich, den Wert den Kindern auszuzahlen. Als die Witwe darauf ohne Zuziehung ihrer Kinder die 300 Mark löschen lassen wollte, wurde die Löschung abgelehnt.

Gründe:

Es handelte sich bei dem Veräußerungsvertrage von 1889 um einen Gutsüberlassungsvertrag, aus dem die nicht zugezogenen Deszendenten auch ohne besonderen Beitritt ein Recht auf die für sie bedungenen Abfindungen erworben haben (EG. Art. 170; Entsch. des RG. 2 S. 272; 29 S. 173). Mit welchem Zeitpunkte hier, wo der Vertrag einen bestimmten Willen der Vertragschließenden in dieser Beziehung nicht erkennen läßt, das, wenn auch betagte oder bedingte Recht den Kindern unwiderruflich entstanden war — ob mit dem Abschlusse des Vertrages (Entsch. des RG. 2 S. 279) oder mit der Übereignung des Gutes (Prot. 1 S. 764) oder mit dem Tode des Abtretenden (Entsch. des RG. 29 S. 177; Gruchot 37 S. 985) braucht nicht geprüft zu werden; denn das Grundbuchamt ist außer stande, festzustellen, ob nicht die zum Vertrage nicht zugezogenen Deszendenten dadurch ein unwiderrufliches Recht aus demselben erlangt haben, daß sie ihm mit Bewilligung der Vertragschließenden beigetreten sind (ALR. I 5 § 75). Es verstößt daher nicht gegen das Gesetz, wenn die Vorinstanzen von der Annahme ausgehen, daß die Beschwerdeführerin das ihr im Vertrage von 1889 überwiesene Forderungsrecht mit dem Abschlusse des Vertrages erworben hat (Jahrbuch 14 S. 164, 166). Der Erwerb hat dann während des Bestehens der Ehe stattgefunden und das Recht ist daher mangels einer abweichenden Bestimmung den Ehegatten gemeinschaftlich zugefallen (ALR. II 1 §§ 372 ff.). Nach dem Tode des Ehemannes A. sind seine Erben an seine Stelle getreten und mit der Beschwerdeführerin Miteigentümer der Forderung geworden (§ 653 das.). Die demnächst erfolgte Bestellung der Hypothek für die Forderung kommt auch ihnen zu gute. Die Beschwerdeführerin kann daher über die Hypothek ohne die Kinder nur verfügen, wenn sie ihr durch den Auseinandersetzungsvertrag übereignet worden ist. Eine Übereignung auch der 300 Mark hat aber nicht stattgefunden; denn es war ihr nur die Gesamtheit der im Nachlaßverzeichnisse aufgeführten Gegenstände, nicht das Erbrecht der Kinder übereignet worden. Dieses folgt daraus, daß der Übernahmepreis genau nach den im Nachlaßverzeichnisse festgesetzten Taxwerten der dort bezeichneten Gegenstände berechnet ist und die Vormünder den minderjährigen Erben das Recht der späteren Forderung auf Leistung des Offenbarungseides vorbehalten haben; es sollte also nur der Inbegriff der Sachen des Nachlaßverzeichnisses (ALR. I 11 §§ 447—450), nicht auch die fragliche Hypothek, geteilt werden.

Die weitere Beschwerde war sonach zurückzuweisen, ohne daß geprüft zu werden brauchte, ob es, falls die Hypothek im Nachlaßverzeichnisse aufgeführt wäre, zu ihrem Übergange auf die Beschwerdeführerin noch einer besonderen Abtretung bedurfte und ob nicht vielmehr die Überlassung des Nachlasses an die Schichtgeberin dann die zu jenem Übergange erforderliche Erklärung, daß die Schichtgeberin die Hypothek von nun an als die ihrige auszuüben befugt sein solle, enthielte (ALR. I 11 § 393; Eccius, Privatr. 4 § 273 bei Anm. 49). J. M.

i) **Bürgschaften des Erblassers bei Feststellung des Nachlaßwertes.**

OLG. Kiel, I. CS. Urteil v. 9. Mai 1903.

Gegen die Pflichtteilergänzungsklage (§§ 2303, 2307) machte Beklagter geltend, daß die Klägerin sich 5000 Mark anrechnen lassen müsse, weil der Erblasser für eine gleich hohe Schuld ihres Erblassers die Bürgschaft übernommen habe. Der Einwand ist unbegründet. Beklagter hat nicht behauptet, daß er aus dieser Bürgschaft des Erblassers auf Grund der in dessen Testament enthaltenen Bestimmung, daß er sämtliche Nachlaßschulden berichtigen solle, dem Forderungsgläubiger eine Zahlung habe leisten müssen. Es handelt sich somit um eine Nachlaßverbindlichkeit im Sinne des § 2313, die von der aufschiebenden Bedingung abhängig ist, daß der Beklagte wegen Nichtzahlung des Hauptschuldners nach eingetretener Fälligkeit der Schuld aus der Bürgschaft belangt wird. Solche bedingte Verbindlichkeiten bleiben nach § 2313 bei Feststellung des Wertes des Nachlasses außer Betracht, tritt später die Bedingung ein, so hat die der veränderten Rechtslage entsprechende Ausgleichung kraft Gesetzes zu erfolgen. Es bedurfte daher auch eines sich hierauf beziehenden Vorbehalts in der Urteilsformel nicht. Gr.

k) **Rückgabe von Urkunden durch das Amtsgericht in Erbscheinssachen.**

Kammergericht, I. CS. Beschluß v. 2. März 1903.

... Es gilt allerdings als allgemeiner Verwaltungsgrundsatz, daß Schriftstücke, die im geregelten Gange des Verfahrens Bestandteile der Akten geworden sind, regelmäßig bei den Akten verbleiben sollen, solange diese selbst im öffentlichen Interesse der Rechtspflege aufbewahrt werden. Dieser Grundsatz spiegelt sich wieder in einer Reihe von Spezialvorschriften. Soweit solche jedoch für die große Mehrheit der mannigfachen Fälle, wie sie die Praxis verschiedentlich gestaltet, nicht vorhanden sind, muß die Frage, ob ein Schriftstück aus den Akten herausgegeben werden kann, nach der konkreten Sachlage entschieden werden. Nur danach kann, wo spezielle Vorschriften fehlen, die Frage beantwortet werden, ob ein Schriftstück bei den Akten entbehrlich geworden, und wenn nicht, ob es in Urschrift festzuhalten, oder ob, da es nur auf den Inhalt ankommt, die Zurückbehaltung einer beglaubigten Abschrift genügt. Der von den Vorinstanzen aufgestellte Satz, daß Urkunden, welche als Grundlage für eine Erbeslegitimation gedient haben, in Urschrift bei den Akten bleiben müssen, kann als zutreffend nicht anerkannt werden. Besondere Vorschriften bestehen über diese Fälle nicht, insbesondere enthält hierüber auch das Gesetz vom 12. März 1869 nichts. Es steht deshalb an sich nichts im Wege, daß, wenn derartige Urkunden in der Urschrift zurückgefordert werden, die Urschrift zurückgegeben wird, nachdem eine beglaubigte Abschrift für die Akten gefertigt ist (Jahrbuch 14 S. 220). In einzelnen Fällen kann die Herausgabe der Urschrift und ihre Ersetzung in den Akten durch eine beglaubigte Abschrift geradezu zu einer Notwendigkeit werden: so, wenn es sich um eine Urkunde handelt, die noch anderweit fortwährend gebraucht wird, wie z. B. eine Generalvollmacht, die der Bevollmächtigte zu seiner Legitimation nicht entbehren kann. Ob man vorliegend die beiden Urkunden, die in Ansehung der Erbeseinsetzung von allen Beteiligten als unwirksam anerkannt sind und deshalb für die Erbbescheinigung nur die negative Bedeutung gehabt haben, daß sie die Ausstellung der Erbbescheinigung nach den Grundsätzen der gesetzlichen Erbfolge nicht gehindert haben, mit den Vorinstanzen als Grundlagen der Erbbescheinigung bezeichnen darf, das mag dahingestellt bleiben; denn es kommt darauf für die zu entscheidende Frage nichts an. Jedenfalls ist kein Grund ersichtlich, weshalb die Urschriften bei den Akten bleiben müßten. Etwa die Handschrift als Beweismittel den Akten zu erhalten, dafür besteht kein Interesse, und was das Landgericht in der Gefahr der Verfälschung oder an einem sonstigen Mißbrauch ausführt, ist nicht stichhaltig. Zur Festlegung des Inhalts der Urkunden gegen solche Gefahren würde, wenn es für erforderlich erachtet wird, die Zurückbehaltung beglaubigter Abschriften genügen. Die beglaubigten Abschriften würden auch ausreichen, wenn jemand mit ihrer Hilfe die Richtigkeit der Erbbescheinigung nachprüfen wollte. Es könnte sich höchstens fragen, ob der Herausgabe der Urkunden der Umstand entgegensteht, daß das Amtsgericht sie in der Erbbescheinigung nicht nur erwähnt, sondern darin auch angegeben hat, daß sie bei den Erbbescheinigungsakten aufbewahrt werden. Das ist aber zu verneinen. Die Bemerkung über den Ort der Aufbewahrung der Urkunden war nicht geboten und kann keinen Anlaß abgeben, die Herausgabe der Urkunden, die zudem für das Erbrecht unerheblich sind, zu versagen (Rsp. 6 S. 175). P.

l) **Das Beschwerdegericht hat sich einer sachlichen Prüfung des Antrages auf Erteilung eines Erbscheins zu unterziehen, wenn es die formellen Bedenken nicht teilt, aus denen der Nachlaßrichter die Erteilung abgelehnt hat. Inhalt des Erbscheins.**

Kammergericht, I. CS. Beschluß v. 9. März 1903.

Die 1902 verstorbene Witwe D. hat testamentarisch ihre drei Kinder zu Erben eingesetzt und verfügt, daß ihr Sohn Heinrich Universalerbe, die beiden andern Kinder aber auf den ihnen gesetzlich zustehenden Pflichtteil eingesetzt sein sollten.

In Wirklichkeit stammten die drei Kinder aus der ersten Ehe ihres Mannes, waren also Stiefkinder der Erblasserin. Heinrich beantragte einen Erbschein dahin, daß er Universalerbe sei und seinen beiden Geschwistern ein Pflichtteilsanspruch nicht zustehe. Dies lehnte das Amtsgericht mit der Begründung ab, daß sich die Legitimation aus dem Testament ergebe. Die Beschwerde wurde zurückgewiesen, weil der Anspruch des Antragstellers sachlich unbegründet sei. Auch die weitere Beschwerde blieb erfolglos. Gründe:

Das Landgericht hatte infolge der Beschwerde, die sich gegen die amtsgerichtliche Entscheidung als solche, und nicht gegen die Entscheidungsgründe richtet (§ 19 FrGG.), sich der vollständigen Prüfung der Sache zu unterziehen. Wenn es daher zutreffend davon ausging (Rsp. 3 S. 375, 5 S. 350), daß das um Erteilung eines Erbscheins angegangene Nachlaßgericht die Entscheidung der Frage, ob der Antragsteller Alleinerbe oder neben ihm noch andere Erben berufen seien, nicht mit Rücksicht auf den zu Zweifeln Anlaß bietenden Inhalt des Testaments ablehnen kann, so durfte es sich nicht darauf beschränken, die Gründe des Amtsgerichts zu widerlegen und die Sache zur anderweiten Entscheidung an das Amtsgericht zurückzuweisen[1] (vgl. Jahrb. 6 S. 149, Rausnitz Anm. 9 zu § 19 FrGG.). Anderseits hat der den Erbschein Nachsuchende, wie vom Kammergericht bereits wiederholt betont ist (vgl. Beschluß vom 1. Dezember 1902, Reichs-Justizamt 3 S. 181), nach den §§ 2354 bis 2357 BGB. einen bestimmten Vorschlag hinsichtlich des dem Erbschein zu gebenden Inhalts zu machen. Über diesen bestimmten Vorschlag allein hat das Nachlaßgericht zu befinden. Der Beschwerdeführer hat einen Erbschein dahin verlangt, daß er Universalerbe nach der Erblasserin sei und den übrigen Eingesetzten ein Pflichtteilsanspruch nicht zustehe. Ein Erbschein dieses Inhalts kann aber nicht erteilt werden, selbst wenn der Beschwerdeführer als Alleinerbe anzusehen wäre. Der Erbschein ist lediglich dazu bestimmt, dem Erben sein Erbrecht (§ 2353) und bei dem Vorhandensein mehrerer Erben auch die Größe seines Erbteils (§ 2357) zu bezeugen, sowie über etwaige vom Erblasser angeordnete dinglich wirkende Beschränkungen des Erbrechts Auskunft zu geben (§§ 2363, 2364, Motive 5 S. 566). Für die Aufnahme noch anderweiter Zeugnisse, insbesondere des hier verlangten negativen Zeugnisses, daß den im Testament neben dem Beschwerdeführer auf den Pflichtteil Eingesetzten ein Pflichtteil nicht zustehe, ist im Erbschein kein Raum (vgl. Planck Anm. 4 zu § 2364; Rsp. 1 Nr. 182 S. 298). L.

15

a) **Gewerbebetrieb eines Maurermeisters.**

Kammergericht, I. CS. Beschluß v. 30. März 1903.

Der § 2 erklärt für eintragungspflichtig ein gewerbliches Unternehmen, das nach Art und Umfang einen in kaufmännischer Weise eingerichteten Geschäftsbetrieb erfordert. Es muß also namentlich Annahme einer Firma,

[1] Ebenso Rsp. 4 Nr. 26b und Beschluß v. 8. Juni 1903.

kaufmännische Buchführung, geordnete Aufbewahrung der empfangenen und von Abschriften der abgesendeten Geschäftsbriefe, in gewissen Zeiträumen und nach bestimmten Grundsätzen erfolgende Aufstellung von Inventar und Bilanz (§§ 17, 30 ff.) infolge der Art und des Umfanges des Gewerbebetriebes mit Rücksicht auf die Beteiligten, insbesondere die Lieferanten, die Angestellten und die Kunden notwendig sein. Diese Notwendigkeit ist ohne erkennbare Gesetzesverletzung festgestellt.

Bestände der Gewerbebetrieb ausschließlich oder wenigstens im wesentlichen darin, daß der Beschwerdeführer für andere, insbesondere, wie er geltend macht, für den Fiskus die Verarbeitung des vom Bauherrn beschafften Baumaterials durch seine Arbeiter übernimmt, so bedürfte die Annahme, daß das gewerbliche Unternehmen seiner Art nach einen in kaufmännischer Weise eingerichteten Geschäftsbetrieb erfordert, allerdings besonderer Begründung. Denn da die Arbeitslöhne und vom Fiskus das Entgelt für die Bauausführungen alsbald bezahlt zu werden pflegen, so würde sich ein solcher Gewerbebetrieb zunächst als ein ganz einfacher, eine kaufmännische Organisation nicht erheischender darstellen. Nach den Feststellungen der Vorinstanzen ist aber sein gewerbliches Unternehmen nicht in jener Art beschränkt. Er schafft vielfach das für andere zu verarbeitende Material, Steine, Sand, Kalk, für eigene Rechnung an, um es, zum Bauwerke verarbeitet, also als unbewegliche Sache, an den Bauherrn zu veräußern. Er übernimmt auch zuweilen die vollständige Herstellung des Bauwerkes und muß dann mit Zimmermeistern, Dachdeckern, Tischlern, Schlossern, Klempnern, Glasern, Malern und anderen Bauhandwerkern Werkverträge für eigene Rechnung schließen. Endlich errichtet er Wohngebäude in dieser Weise auch auf eigenen Grundstücken, die er vergibt, um sie zu bebauen und dann bei geeigneter Gelegenheit zu verkaufen, bis dahin aber zu vermieten. Er ist mithin nicht bloß Maurermeister, sondern auch Bauunternehmer. Sein Erwerbsgeschäft gleicht daher dem der Kaufleute, und die Annahme ist gerechtfertigt, daß die Art seines Gewerbebetriebes wegen des Zusammentreffens zahlreicher sich gegenseitig bedingender und eine rasche und sichere Abwickelung erheischender Geschäfte, im Interesse aller Beteiligten eine gewisse Übersichtlichkeit und Erkennbarkeit der geschäftlichen Verhältnisse des Unternehmens und demzufolge einen in kaufmännischer Weise eingerichteten Geschäftsbetrieb erfordert, wie denn der § 2 gerade die Bauunternehmer hat treffen und namentlich zu kaufmännischer Buchführung hat zwingen wollen (Denkschrift S. 5 ff.). Ob der Beschwerdeführer Zeit findet, diese selbst zu bewirken, und ob das Baugeschäft im Winter einige Monate ruht, ist unerheblich. Dr. B.

b) **Abgrenzung des Kleingewerbes.**

Kammergericht, I. CS. Beschluß v. 22. Dezember 1902.

... Das Landgericht nimmt selbst an, daß der Gewerbebetrieb des K. weder zurzeit der Firmeneintragung über den Umfang des Kleingewerbes hinausging, noch gegenwärtig diesen Umfang überschreitet. Es berücksichtigt lediglich die Möglichkeit und Wahrscheinlichkeit einer demnächstigen Steigerung des Betriebes. Allein für die Feststellung, ob ein der Registrierung fähiges und bedürftiges Gewerbe vorlag oder vorliegt, können grundsätzlich nur die Verhältnisse zurzeit der Entscheidung über den Eintragungsantrag bezw. diejenigen zurzeit dieser Feststellung in Betracht kommen. Es soll nicht in Abrede gestellt werden, daß, falls das Gewerbe auf den Großbetrieb angelegt ist, die Eintragung der Firma auch dann zulässig ist, wenn zurzeit der Registrierung der Gewerbebetrieb noch nicht zur vollen Entfaltung gekommen war. Dagegen geht nicht an, die Eintragung einer Firma im Hinblick darauf für statthaft zu erachten, daß das Kleingewerbe sich allmählich, dem selbstverständlichen Wunsche des Kaufmanns entsprechend, zum Großgewerbe auswachsen kann. Anderenfalls könnte die Firmeneintragung regelmäßig unter dem Gesichtspunkte des Vorliegens eines Kleingewerbes überhaupt kaum versagt werden, da die Möglichkeit der Herausarbeitung des Geschäfts zum Großgewerbe fast immer vorliegt. Allerdings hat das Landgericht auch eine Wahrscheinlichkeit der Steigerung des Geschäftsumfanges angenommen. Allein dafür, daß hier ein alsbaldiges, die Löschung erübrigendes Aufwachsen des Betriebes zum Großgewerbe in Aussicht steht, ist nichts erbracht; daß der Betrieb sich ausdehnen kann, ist noch nicht für das demnächstige Bestehen eines Großgewerbes beweisend. Auch hier läßt sich das Landgericht ersichtlich von der nicht zutreffenden rechtlichen Erwägung leiten, daß die vom Kaufmann erhoffte und nach den Umständen vielleicht auch mit der Zeit zu erwartende sukzessive Steigerung des Geschäftsumfanges gegen die Annahme des gegenwärtig vorliegenden Kleingewerbebetriebes zu verwerten ist. (Rsp. 6 Nr. 73c S. 466.) L.

c) **Aus einem gegen eine Firma erlassenen Urteil ist die Judikatsklage gegen den alleinigen Inhaber unzulässig. HGB. § 17.**

Kammergericht, XIII. CS. Urteil v. 15. Juni 1903.

Die Firma ist der Name, unter dem der Kaufmann im Handel seine Geschäfte betreibt, unter dem er klagen und verklagt werden kann. Wird eine Firma verklagt, so ist der Firmeninhaber Prozeßpartei, das Urteil also gegen diesen vollstreckbar, der Vorschrift des § 750 CPO., daß die Person, gegen die vollstreckt werden soll, im Urteil namentlich bezeichnet werde, ist durch die Angabe des kaufmännischen Namens genügt. Der Gerichtsvollzieher hat festzustellen, welche physische Person Träger dieses Namens ist. Für den Fall, daß die Firma während des Prozesses auf einen anderen übergegangen oder auch untergegangen sein sollte, können sich allerdings Schwierigkeiten ergeben, für ein neues Prozeßverfahren ist aber kein Raum. v. W.

d) **Mitübertragung einer abgeleiteten Firma an eine Zweigniederlassung; Genehmigung der früheren Firmeninhaber. HGB. §§ 22, 24.**

Kammergericht, I. CS. Beschluß v. 8. April 1903.

Die Veräußerung eines Zweiggeschäftes mit der Firma ist (Jahrbuch 15

S. 10, vgl. 18 S. 24) dann zulässig, wenn es sich um eine ursprüngliche Firma handelt; insbesondere kann das Zweiggeschäft einer offenen Handelsgesellschaft mit der Firma dann veräußert werden, wenn diese aus den Namen der gegenwärtigen Gesellschafter gebildet wird. Handelt es sich dagegen um eine abgeleitete Firma, so ist davon auszugehen, daß der frühere Geschäftsinhaber oder Mitinhaber bei der Einwilligung zur Fortführung der seinen Namen mit enthaltenden Firma die unveränderte Fortführung der Firma nur für das Geschäft als Ganzes hat gestatten wollen, nicht dagegen auch eine Vervielfältigung der Firma durch Abzweigung von Teilen des Geschäfts unter Übertragung der Teile mit der alten Firma. In solchen Fällen ist deshalb, wie das Kammergericht sowohl für das bisherige als auch für das jetzt geltende Recht ausgesprochen hat (Jahrbuch 15 S. 9; Rsp. 4 S. 462), bei der Veräußerung der Zweigniederlassung zur wirksamen Mitübertragung der Firma die Genehmigung des früheren Inhabers erforderlich, dessen Name mit in der Firma enthalten ist. Mz.

e) **Zur Auslegung des § 25 HGB.**

OLG. Hamburg, II. ZS. Urteil v. 28. Mai 1903.

Es mag dahingestellt bleiben, ob der § 25 überall unanwendbar ist, wenn es sich um das Geschäft eines Minderkaufmanns handelt.[1] Voraussetzung für seine Anwendbarkeit ist jedenfalls, daß das erworbene Geschäft unter der bisherigen Firma fortgeführt wird. Es muß also der bisherige Inhaber sein Geschäft unter einer Firma betrieben haben und der Erwerber den Betrieb unter der gleichen Firma fortsetzen. Nun bestand aber das Geschäft, das der X. führte, nur in einem handwerksmäßigen Betriebe und wird in gleicher Weise vom Beklagten fortgesetzt. Es steht ferner fest, daß eine Firma für dieses Geschäft nie eingetragen ist. Ein Grund für die Annahme, daß X., der bei dem Betriebe des Geschäfts sich seines bürgerlichen Namens bedient hat, damit eine Firma habe führen wollen und sich nach außen hin als Vollkaufmann geriert habe, liegt nicht vor, und ebensowenig läßt sich feststellen, daß, wenn der Beklagte auf Geschäftskarten rc seinen Namen mit dem Zusatze „X.'s Nachfolger" aufführte, er dadurch den Anschein habe hervorrufen wollen und hervorgerufen habe, als sei das übernommene Geschäft das unter einer Firma geführte Geschäft eines Vollkaufmanns, welches der Erwerber in gleicher Weise unter der früheren Firma fortsetze. Nur im letzteren Falle würde aber, wenn man Staub (zu § 25) folgt der § 25 auch bei einem Minderkaufmann anwendbar sein. M. M.

f) **Begriff der Reisespesen. Recht des Reisenden, auf die Reise geschickt zu werden.**

OLG. Dresden, IV. ZS. Urteil v. 3. April 1903.

Die Reisespesen gehören regelmäßig zu den vertragsmäßigen Einkünften des Handlungsreisenden, insofern sie seinen gesamten Lebensunterhalt während

[1] Vgl. jetzt JW. 1903 S. 293 Nr. 17.

der Reise zu decken bestimmt sind und er also hierbei die zu seinem Unterhalte an seinem Wohnorte sonst erforderlichen Beträge erspart. . . . Derartige Einkünfte dürfen ihm nicht grundlos entzogen werden. Er kann verlangen, daß er regelmäßig zum Reisen verwendet und nicht willkürlich zu Hause zurückbehalten wird. Zwar hat der Prinzipal den Umfang der Reisen nach seinem Ermessen zu bestimmen, soweit es das Interesse des Handelsgeschäfts erfordert, doch hat er dieses Ermessen in billiger Weise auszuüben, und zwar auch unter Berücksichtigung der dem Handlungsgehilfen durch seine Bestellung als Reisender in Aussicht gestellten Einnahmen. Verletzt er diesen vertragsmäßigen Anspruch, so hat er den Reisenden zu entschädigen, und zwar denjenigen Betrag, den jener zur Bestreitung seines Lebensunterhaltes für die Zeit aufwenden muß, während deren er diesen aus den Spesen zu bestreiten berechtigt war (Rsp. 2 S. 311, 3 S. 78). Dr. W.

g) **Für die Alternativen des HGB. § 61[1] gilt BGB. § 263.**

OLG. Hamburg, II. CS. Urteil v. 28. Mai 1903.

Die Verjährung der Ansprüche des Prinzipals aus § 61[1] beginnt mit dem Zeitpunkt, in welchem der Prinzipal Kenntnis von dem *Abschlusse* des vom Handlungsgehilfen eingegangenen Geschäfts erlangt. Da dieser Zeitpunkt hier vor Ende 1901 liegt, so wäre die im August 1902 erhobene Klage verjährt, auch wenn der Ende März zugestellte Zahlungsbefehl den jetzigen Klageanspruch zum Gegenstande hätte. Der Umstand, daß der Kläger erst 1902 die Höhe der dem Beklagten bewilligten Provision erfuhr, steht dem Beginn der Verjährung nicht entgegen. Denn das Gesetz verlangt hierfür nicht, daß der Prinzipal alle Einzelheiten des vom Handlungsgehilfen abgeschlossenen Vertrages kennen müsse. Der Zahlungsbefehl und die jetzige Klage haben aber gar nicht denselben Anspruch zum Inhalte. Der § 61[1] setzt nämlich die Folgen der Verletzung der dem Handlungsgehilfen nach § 60 obliegenden Verpflichtung in der Weise fest, daß der Prinzipal nach seiner Wahl *entweder* Schadensersatz fordern, oder aber verlangen darf, daß der Handlungsgehilfe die *für eigene Rechnung* geschlossenen Geschäfte als für Rechnung des Prinzipals eingegangen gelten lasse, und die aus Geschäften *für fremde Rechnung* bezogene Vergütung herausgebe oder seinen Anspruch auf die Vergütung abtrete. Von diesem Wahlrecht hat der Kläger Gebrauch gemacht, indem er im Zahlungsbefehl vom Beklagten *Schadensersatz* für die von ihm widerrechtlich als Handelsgehilfe gemachten Handelsgeschäfte beanspruchte. Durch die gerichtliche Geltendmachung der *einen* der vom Beklagten alternativ geschuldeten Leistungen wird das Schuldverhältnis auf die gewählte Leistung konzentriert, die gewählte Leistung gilt als die von Anfang an allein geschuldete (§ 263 BGB.), die Wahl ist unwiderruflich. In der jetzigen Klage hätte der Prinzipal also nur ebenfalls Schadensersatz verlangen können. Er hat aber Herausgabe der Vergütung verlangt, die der Beklagte aus dem von ihm für fremde Rechnung geschlossenen Geschäfte bezogen hat. Dieser Anspruch läßt sich nicht etwa unter den Begriff des *Schadensersatzes*, den der Prinzipal dadurch erlitten hat, daß der Beklagte das betreffende Kaufgeschäft zustande brachte, subsumieren. Er ist vielmehr ein Anspruch sui generis, den erst das neue HGB. geschaffen hat, und der sich charakterisiert als die Entziehung des dem Handlungsgehilfen aus dem verbotenen Geschäfte zugeflossenen Vorteils und dessen Zuwendung an den Prinzipal (vgl. Entsch. des RG. 8 S. 49). Dieser ganz selbständige Anspruch, der zuerst im August 1902 geltend gemacht worden ist, war damals längst verjährt und ist auch unbegründet, weil der Kläger wegen anderweitiger Ausübung seines Wahlrechts auf diese alternative Befugnis nicht zurückkommen konnte. M. M.

h) **Beweislast über wichtige Gründe, aus denen die Ausführung des Geschäfts unterblieben, insbesondere bei „Retouren". HGB. § 88².**

OLG. Dresden, IV. CS. Urteil v. 3. Juli 1903.

Der Kläger braucht den Abzug der „Retouren" (von seinem Umsatz) bei der Berechnung seiner Provision nicht zu dulden. Denn er hat nach §§ 65, 88² und in Ermangelung einer abweichenden Bestimmung die volle Provision zu beanspruchen, wenn die Ausführung eines Geschäftes infolge des Verhaltens des (beklagten) Geschäftsherrn unterblieb, ohne daß hierfür wichtige Gründe in der Person desjenigen vorlagen, mit dem das Geschäft abgeschlossen ist. Zwar wird der Geschäftsherr im Zweifel die Ausführung eines Geschäfts nicht ohne solche wichtige Gründe unterlassen, und aus diesem Grunde liegt dem Provisionsberechtigten in der Regel der Beweis ob, daß keine vorlagen (Staub Anm. 7 zu § 88). Aber diese Vermutung zu Gunsten des Geschäftsherrn greift bei „Retouren" nicht ohne weiteres Platz, weil er durch die Lieferung der zurückgekommenen Ware selbst zu erkennen gegeben hat, daß er bis auf weiteres solche wichtige Gründe nicht finde. Die Rücksendung allein aber ergibt solche ebenfalls nicht ohne weiteres, weil sie sehr wohl wegen Mängel der Ware erfolgt sein kann. Der Geschäftsherr schuldet also mindestens Aufschluß über den Grund der Retournierung, damit der Provisionsberechtigte (Handlungsgehilfe oder Agent) in die Lage kommt, die Wichtigkeit des Grundes zu erwägen und zu widerlegen, aus dem der Geschäftsherr nicht auf der Abnahme der Ware bestand. Der Beklagte hat aber jeden solchen Aufschluß abgelehnt. Dr. R.

i) **Vertragsschluß durch Handelsmäkler.**

OLG. Oldenburg, I. CS. Urteil v. 3. Juni 1903.

Der Beklagte hatte den M. mit dem Verkaufe von Mais beauftragt und ihm auf seine Mitteilung, er habe ein Gebot von 105, geantwortet, daß er das Gebot annehme. M. verkaufte alsbald den Mais an den Kläger und teilte dies dem Beklagten mit. Dieser lehnte jedoch den Kläger ab, weil er keine genügende Sicherheit biete; er blieb dabei auch, als ihm Kläger Sicherheit anbot. Er wurde zum Schadensersatze verurteilt. Gründe:

M. war nicht Handlungsagent des Beklagten, weil er nicht ständig mit der Vermittelung von Geschäften für ihn betraut war (§ 84). Er war Handelsmäkler, gewerbsmäßiger Vermittler von Verträgen über Gegenstände des Handelsverkehrs. Als solcher war er, da Beklagter das Gebot zu 105 akzeptierte, ermächtigt, den Mais zum gebotenen Preise zu verkaufen unter dem selbstverständlichen Vorbehalt, daß der Käufer genügend solvent war. Die Gültigkeit des von M. für den Beklagten vermittelten Geschäfts hing von der Ausstellung von Schlußnoten nicht ab, auch nicht davon, daß dem Beklagten der Name des Gegenkontrahenten noch nicht bekannt war (dieser ihm genehm sein würde). Nach § 95 HGB. ist eine Partei, welche eine Schlußnote annimmt, in der sich der Handelsmäkler die Bezeichnung der andern Partei vorbehalten hat, an das Geschäft mit der Partei, welche ihr nachträglich bekannt wird, gebunden, wenn gegen diese keine begründeten Einwendungen zu erheben sind. Die Bindung der Partei ist aber nicht auf den Fall der Ausstellung von Schlußnoten zu beschränken; sie muß auch angenommen werden, wenn, wie hier, die Partei in den Abschluß des Geschäfts gewilligt hat, ohne die Gegenpartei zu kennen, falls diese ihr nachher benannt wird und keine begründeten Einwendungen gegen sie zu erheben sind. Dies entspricht dem Bedürfnis des Handelsverkehrs und den Grundsätzen von Treu und Glauben, sowie der in den Kreisen der Kaufleute herrschenden Auffassung über die Gültigkeit solcher Geschäftsabschlüsse (vgl. Entsch. des RG. 24 S. 64, 33 S. 131, 35 S. 105, 38 S. 185).

Der Einwand, daß der Kläger keine genügende Sicherheit biete, ist dadurch hinfällig geworden, daß Kläger unverzüglich Sicherheit angeboten hat. Die etwa mangelnde Solvenz des Gegenkontrahenten hört auf ein Mangel zu sein, wenn er eine genügende Deckung gewährt oder einen genügenden Bürgen stellt. Bl.

k) **Der eine Kollektivliquidator kann nicht gegen den andern eine Gesellschaftsschuld einklagen.**

Kammergericht, II. CS. Urteil v. 8. Mai 1903.

A., B., C. und D. waren Mitglieder der 1900 aufgelösten Gesellschaft m. b. H. Liquidatoren wurden A. und B. B. und C. hatten durch Verwertung eines der Gesellschaft gehörigen Patents Einnahmen erzielt, deren Ablieferung an die Liquidationsmasse sie verweigerten. Die Gesellschaft, vertreten durch A., klagte deshalb gegen sie, wurde aber kostenpflichtig abgewiesen.

Gründe:

Die nach dem bürgerlichen Recht zur Vertretung der Gesellschaften m. b. H. berufenen Personen — Geschäftsführer bezw. Liquidatoren — sind daher gesetzliche Vertreter im Sinne der CPO. (vgl. JW. 1902 S. 310[5]; Staub, Komm. zum Ges. betr. die Gesellschaften m. b. H. S. 391, 206; Förtsch Note 1, 3 zu § 35, Note 1 zu § 70 Ges. vom 20. April 1892). Das bei Gruchot 32 S. 1185 veröffentlichte Reichsgerichtsurteil behandelt einen wesentlich anders gearteten Fall. Ist aber der erhobene Einwand der „der mangelnden gesetzlichen Vertretung", so ist gemäß § 275 Abs. 2 CPO. das Zwischenurteil, welches diese prozeßhindernde Einrede verwirft, mit der Berufung anfechtbar. Die letztere erscheint auch begründet. Die Einrede greift durch, da der Gesellschaft für den Prozeß die gesetzliche Vertretung mangelt. Der Gesellschaft sind zwei Liquidatoren bestellt, welche nur gemeinschaftlich die Gesellschaft zu vertreten befugt sind; die Vertretung durch einen Liquidator ist daher rechtsunwirksam. A. ist als Kollektivvertreter, der ohne Mitwirkung des andern handelt, falsus procurator (Staub Note 13 und Förtsch Note 2, 5, 6 zu § 35 Ges. vom 20. April 1892). Hieran vermag auch der Umstand nichts zu ändern, daß der Mitliquidator B. in einem Prozeß gegen sich selbst die Gesellschaft nicht mitvertreten kann (Entsch. des RG. 7 S. 123). Da dispositives Recht in Frage steht, so hätte die gesetzliche Vertretung der Liquidationsgesellschaft auch anders geordnet sein können. — Durch Anordnung einer Kollektivvertretung muß daher die Vertretung durch einen Liquidator auch für Fälle der vorliegenden Art jedenfalls dann als ausgeschlossen und unzulässig gelten, wenn eine anderweite Regelung der Vertretung alsbald möglich und vom Gesetz vorgesehen ist. Daß dies hier der Fall ist, ergibt sich aus §§ 66^3, 69, 46^8 Ges. vom 20. April 1892 und §§ 29, 48 BGB. (vgl. Förtsch Note 4 zu § 66; Staub Note 12, 13 zu § 66; Rehbein BGB. 1 S. 45 f.). Namentlich erscheint § 46^8 cit. anwendbar nicht nur auf den Fall, daß alle gesetzlichen Vertreter verklagt werden sollen, sondern auch auf den vorliegenden, wo die Klage gegen einen der Kollektivvertreter geht. Die Entscheidung des ROHG. 9 S. 31 spricht von dem wesentlich anders gearteten Falle, daß gegen einen Liquidatorgesellschafter die übrigen Sozien und Liquidatoren klagen, daß also die übrigen Sozien Prozeßpartei sind, nicht wie hier, eine juristische Person, die der gesetzlichen Vertretung zum Auftreten vor Gericht bedarf. Vt.

l) **Der geplante Erwerb herzustellender Anlagen seitens einer zu gründenden Aktiengesellschaft bedarf der Festsetzung im Gesellschaftsvertrage. HGB. § 186^2.**

Kammergericht, I. CS. Beschluß v. 6. Oktober 1902.

Die Eintragung einer Aktiengesellschaft, die den Bau und Betrieb einer Kleinbahn bezweckte, wurde abgelehnt, da eine qualifizierte Gründung vorliege; denn die Gründer hätten mit X. Abmachungen getroffen, wonach dieser die Bahnanlage gegen eine fast das ganze Grundkapital umfassende Vergütung herstellen soll; der Gesellschaftsvertrag enthalte jedoch die hiernach erforderliche Festsetzung nicht. Auch die weitere Beschwerde blieb erfolglos.

Gründe:

Das Kammergericht hat bereits zu der mit § 186^2 übereinstimmenden Norm in Art. 209b Abs. 2 ausgeführt, daß der Begriff der „Übernahme“ nicht nur die nach allen Richtungen hin perfekte Übereinkunft, sondern jedes Abkommen über den Erwerb durch die Aktiengesellschaft umfasse, gleichviel ob dessen Rechtsbestand vom Eintritt einer Bedingung, Zeitbestimmung 2c abhängig ist. Hierbei ist ferner ausgesprochen, daß es nicht zulässig sei, eine Aktiengesellschaft einstweilen ohne Rücksicht auf die geplante Übernahme zu errichten und die Übernahme lediglich den Vorschriften über die Nachgründung zu unterwerfen (Jahrbuch 10 S. 29). Bei Anwendung dieser Grundsätze, an denen durchweg festzuhalten war (vgl. Beschluß des Bayerischen Ob.LG. vom 20. April 1895 in Holdheims Monatsschrift 5 S. 201), stellt die weitere Beschwerde sich als unbegründet dar. Zwar wird geltend gemacht, daß ein bindender Vertrag zwischen der Aktiengesellschaft und X. nicht, auch nicht in bedingter Form, geschlossen sei, vielmehr nur als Entwurf bestehe. Allein ein derartiger Vertragsabschluß ist nicht Voraussetzung für die Anwendung des § 186. Die Aktiengesellschaft ist, weil sie als solche vor der Eintragung nicht besteht, gar nicht rechtlich in der Lage, Übernahmeverträge im Gründungszeitraum abzuschließen. Es kann sich hier immer nur um Abmachungen handeln, die von anderen, rechtsfähigen Personen im Interesse der künftigen Aktiengesellschaft statt ihrer getroffen werden. Inwieweit sich diese Abmachungen zu förmlichen Verträgen verdichtet haben, erscheint für die Feststellung des Vorliegens der Voraussetzungen des § 186² ohne Belang. Es genügt, daß unter den Beteiligten Einverständnis über eine Gestaltung der künftigen Aktiengesellschaft besteht, wonach diese eine vorhandene oder herzustellende Anlage oder sonstige Sache erwerben soll. Grade darin beruht die Bedeutung des § 186² und der mit ihm zusammenhängenden weiteren Vorschriften, daß Sicherungsmaßregeln für den Fall eines im Gründungszeitraum geplanten Erwerbs von Anlagen durch die erste zur Entstehung zu bringende Aktiengesellschaft geschaffen sind. Daß aber hier die Kleinbahn-Aktiengesellschaft völlig auf der von X. herzustellenden Bahnanlage beruht, steht nach den Erörterungen der Vorentscheidungen außer jedem Zweifel.

Die Beschwerdeführer meinen allerdings weiter, daß der § 186² deshalb außer Betracht bleibe, weil die Aktiengesellschaft auch den Bau der Kleinbahn bezwecke, sie als Bauherrin die Bahnanlage auf eigenem Grund und Boden errichten werde und danach, da X. nur als Bauausführender in Betracht komme, die Übernahme eines Vermögensgegenstandes aus fremdem Eigentum in das der Aktiengesellschaft nicht vorliege. Aber nach dem offenbaren Sinne des § 186² soll dieser alle Fälle treffen, in denen das an sich bar zu zahlende Grundkapital den Abmachungen der bei der Gründung Beteiligten gemäß sofort ganz oder teilweise durch Gegenleistungen der Aktiengesellschaft für Sachen aufgezehrt werden soll. Grade um Umgehungen nach dieser Richtung bei den Übernahmen zu verhüten, ist die Bestimmung auf herzustellende Anlagen zc erstreckt. Es kann für die Anwendung der Vorschrift unmöglich einen Unterschied machen, ob die geplante Anlage zufolge der juristischen Natur des betreffenden Rechtsgeschäfts im Falle ihrer Herstellung der Aktiengesellschaft ohne weiteres zu Eigentum zufällt oder nicht. Nach den Feststellungen soll nahezu das gesamte Grundkapital dem X. für den Bau der Bahnanlage zufließen. Dies ist geradezu ein typischer Fall des § 186². Der ganze Bestand der Aktiengesellschaft ruht auf dem Bau der Kleinbahn, dieser Bau soll von X. hergestellt werden und letzterer soll dafür fast das volle Grundkapital erhalten. Damit ist eine „Übernahme“ der Bahnanlage auf die Aktiengesellschaft in Aussicht genommen und der § 186² nebst den mit ihm zusammenhängenden Vorschriften ist für die Gründung maßgebend. L.

m) **Die Klausel „ausgeliefertes Gewicht garantiert“ ist ohne Einfluß auf die Bestimmung des Erfüllungsortes.**

OLG. Kiel, I. CS. Urteil v. 25 Mai 1903.

Der Kläger hat dem Beklagten (Engländer) 97 Tonnen Preßstroh „ausgeliefertes Gewicht garantiert“ verkauft und fordert den Kaufpreis. Beklagter will nur 84 Tonnen erhalten haben. Gründe:

Die Frage, ob deutsches oder englisches Recht anzuwenden ist, entscheidet sich darnach, welcher Ort als Erfüllungsort zu gelten hat. Aus der Vereinbarung der Klausel ist nicht zu entnehmen, daß der Vertrag in England erfüllt werden sollte. Denn sie bedeutet nicht etwa, daß der Verkäufer die Transportgefahr übernehme, in welchem Falle der Bestimmungsort zum Erfüllungsort würde (Entsch. des RG. 3 S. 111), sondern sie bestimmt nur, daß der Preis der Ware nach dem Ladegewicht berechnet werden soll, das in England festgestellt wird. Hiernach ist der inländische Wohnort des Klägers als Erfüllungsort anzusehen und die Frage, ob Kläger zu beweisen hat, daß 97, oder Beklagter, daß nur 84 Tonnen geliefert sind, nach deutschem Recht zu entscheiden. Nach dem Parteivorbringen ist davon auszugehen, daß Beklagter über die Ware verfügt und keine Nachlieferung verlangt, somit die Sendung nicht als Teilleistung, sondern als eine Leistung angenommen hat, durch die der Vertrag, wenn auch mangelhaft, erfüllt sein sollte. Ist aber die Ware als die Kaufware angenommen, so trifft den Beklagten die Beweislast für das behauptete Mindergewicht, weil er auf diesen besonderen Tatbestand den Anspruch auf Minderung gründet, ohne den Klagegrund zu leugnen (BGB § 363; Entsch. des RG. 20 S. 7). Gr.

n) **Haftung der Eisenbahnverwaltung für die von ihr angestellten Gepäckträger.**

OLG. Kiel, I. CS. Urteil v. 7. Mai 1903.

Der Kläger, der auf seiner Reise den Bahnhof X. passierte und einen Aufenthalt von $1^1/_2$ Stunden nehmen mußte, übergab daselbst seinen Handkoffer dem von der Bahnverwaltung angestellten Gepäckträger und erklärte auf dessen Frage, ob er den Koffer der Aufbewahrungsstelle übergeben solle, ihm liege nur daran, den Koffer bei der Weiterfahrt rechtzeitig am Zuge zu haben. Der Koffer kam in die Gepäckhalle und hier ist er gestohlen worden. Die Klage gegen den Eisenbahnfiskus wurde abgewiesen. Gründe:

Nach § 37 der VerkehrsO. vom 26. Oktober 1899 erstreckt sich die Haftung der Eisenbahn nur auf das Befördern des Gepäcks durch die Gepäckträger von und nach den Zügen, Abfertigungsstellen 2c innerhalb des Stationsbereiches. Der Kläger behauptet auch, es habe sich für ihn nicht um eine Aufbewahrung, sondern lediglich um die Beförderung seines Koffers zum nächsten Zuge gehandelt. Aber seine Absicht ging doch dahin, sich selbst während der nächsten $1^1/_2$ Stunden um seinen Koffer nicht zu kümmern, und die Pflicht des Gepäckträgers sollte somit nicht nur darin bestehen, daß er den Koffer zum nächsten Zuge brachte, sondern auch darin, daß er ihn bis dahin aufbewahrte. Von einem lediglich auf die Beförderung von Zug zu Zug gerichteten Auftrage kann hier mit Rücksicht auf die Länge der Zwischenzeit nicht die Rede sein. Zwar kommt bei jedem Befördern von Gepäck ein gewisses Maß von Aufbewahrung in Frage. Vorliegend aber bildet das Aufbewahren einen selbständigen Teil in der Leistung des Gepäckträgers, so daß nicht nur ein wesentlich auf Beförderung gerichteter Auftrag, sondern ein Auftrag mit gemischtem Inhalt vorlag. Da der Koffer nicht während des Transports nach der Gepäckhalle, sondern während der Aufbewahrung in dieser abhanden gekommen ist, so kommt eine Haftung der Bahnverwaltung nach § 37 nicht in Frage. . . . Der Kläger hat auch nicht etwa den Gepäckträger beauftragt, den Koffer zur Aufbewahrungsstelle zu bringen, so daß wegen schuldhafter Nichterfüllung dieses Auftrages die Bahnverwaltung zu haften hätte. Er gab vielmehr dem Gepäckträger zu erkennen, daß er auf eine die Haftbarkeit der Bahnverwaltung begründende Niederlegung des Gepäcks gegen die festgesetzte Gebühr kein Gewicht lege, sondern es dem Gepäckträger überlasse, wie er für die Aufbewahrung sorgen wolle. Gr.

o) **Klausel: Reeder behält sich das Recht vor, Güter auf Deck zu befördern. HGB. § 566.**

OLG. Hamburg, IV. CS. Urteil v. 12. Januar 1903.

Die Klausel hat keine andere Bedeutung, als die im Urteile (Hans. GZ. 1901 Nr. 60) erörterte Konnossementsklausel „mit Freiheit . . . Güter auf Verdeck zu laden“, d. h. sie berechtigte den Schiffer nur, überhaupt Decklabung zu nehmen. Zur Verladung der vom Kläger zu empfangenden Güter auf Deck diesem gegenüber hätte es also noch der Aufnahme einer speziellen Bestimmung in das Konnossement bedurft. Allerdings darf nach § 566 der Verfrachter auch ohne Zustimmung derjenigen Befrachter, deren Güter unter Deck verladen sind, Güter anderer Befrachter auf Deck verladen. Wie die Beratungen der Hamburger Kommission zu Art. 436 (Lutz, Protokolle 8 S. 3751) ergeben, ist dieser Artikel gerade aus dem Grunde in den Titel vom Frachtgeschäfte versetzt worden, um klarzulegen, daß sich die Bestimmung über Deckladung nur auf das Verhältnis des Schiffers zum einzelnen Ablader, dessen Güter auf Deck verladen würden, beziehen solle. Desungeachtet hat die fragliche Klausel für den Reeder ihre praktische Bedeutung und erscheint keineswegs nur als Überbleibsel früherer seerechtlicher Bestimmungen, welche Deckladungen unbedingt als für die Sicherheit des Schiffes gefährlich verboten (vgl. Boyens, Seerecht 2 Note 1 zu § 566; Seuffert 47 Nr. 48). Die formularmäßig verwendete, also bei der Reederei allgemein gebräuchliche Klausel des vorliegenden spanischen Konnossementes ist für den internationalen Seeverkehr bestimmt. Sie sichert, indem sie die Zustimmung aller Ladungsinteressenten zu Deckverladungen herbeiführt, daß Beschädigungen und Verluste an den auf Deck verladenen Gütern bei der Schadensberechnung in Havarie grosse Berücksichtigung finden, auch denjenigen Rechten gegenüber, welche abweichend vom § 708 des deutschen und Art. 855 des spanischen HGB. derartige Schäden und Verluste dann in großer Havarei zum Ansatz bringen, wenn die Deckverladung mit Zustimmung aller Ladungsinteressenten geschehen ist. So verhält es sich nach den Rechten von England und Nordamerika (vgl. Boyens Note 3 zu § 708). Daran, daß ihre Decladung in Havarie grosse berücksichtigt wird, ist aber die Reederei interessiert — einmal deshalb, weil sie ihre Fracht für geworfene Decksgüter nur in Havarie grosse bringen kann, wenn diese Güter selbst dazu gehören, dann auch deshalb, weil sie im letzteren Falle leichter Decladung findet. Praktische Bedeutung für die Reederei wäre der Klausel also auch dann zuzugestehen, wenn mit den Beklagten angenommen werden müßte, daß die Rücksicht, sich den Ladungsinteressenten gegenüber von der Haftung für der Decladung eigentümliche Gefahren zu befreien, die Reederei zur Aufnahme der Klausel nicht bestimmt haben könne. In dieser Beziehung ist richtig, daß für derartige Gefahren — von Verschuldungen selbstverständlich abgesehen — nach dem neueren Seerechte das Schiff den übrigen Ladungsinteressenten nicht aufzukommen hat. Denn wenn der Schiffer, von dem Verhältnisse zu dem Eigentümer der speziellen Güter abgesehen, die Freiheit hat, auf Deck zu verladen, so macht er sich den anderen Ladungsinteressenten gegenüber wenigstens regelmäßig nicht schon durch die Ausübung dieses Rechtes, sondern erst dann verantwortlich, wenn aus einer mißbräuchlichen Ausübung den Interessenten anderer Güter Schäden entstehen, wenn z. B. das Schiff überladen, das Deck für die Mannschaft zu beengt, das Decksgut unsicher verstaut gewesen ist. Aber dieser Rechtslage unerachtet hatte die Reederei Veranlassung, durch eine besondere Klausel auch die Haftung für durch Decladung anderen Gütern erwachsende Schäden ausdrücklich abzulehnen, und zwar einmal deshalb, weil, wie geführte Prozesse zeigen, sich in den beteiligten Verkehrskreisen aus dem früheren Rechte die Vorstellung erhalten hat, daß Decladung unbedingt ordnungswidrig sei, dann auch deshalb, weil sich Fälle ereignen können, bei denen sich der Vorwurf des Verschuldens dahin zuspitzt, daß für die betreffende Reise mit Rücksicht auf in Aussicht stehende besondere Gefahren Decladung überhaupt zu vermeiden gewesen sei. Gegen derartige Vorwürfe kann sich die Reederei dadurch zu sichern versuchen, daß sie die Zustimmung aller Ladungsinteressenten im Vorwege einholt.

M. M.

p) **Rechtsstellung einer Schiffskapelle. Desertion eines Schiffsmannes. Freiheitsentziehung und Ersatz des immateriellen Schadens. SeemannsO. §§ 2, 93 f. BGB. § 847.**

OLG. Hamburg, II. CS. Urteil v. 18. Juni 1903.

Der Kapellmeister X. hat im Auftrage der Beklagten für die 1901 mit der Lust-Yacht veranstaltete Reise von Hamburg über New York nach Westindien und zurück eine Schiffskapelle gesucht. Der Kläger hat sich als erster Violinist gemeldet, aber ausdrücklich bedungen, daß er nicht nebenbei zu üblichen Schiffsdiensten verwandt werde. Daraufhin hat X. ihn für die Beklagte engagiert, ohne ihr jedoch den Vorbehalt mitzuteilen. Da die Abreise bevorstand, ging Kläger sofort an Bord; die Anmusterung sollte nachgeholt werden, doch ist es dazu nicht gekommen, weil man von ihm forderte, daß er sich als Steward und Musiker anmustern lassen sollte, was er verweigerte. Als er angewiesen wurde, früh leichte Schiffsarbeiten zu verrichten, insbesondere täglich Schiffsfenster zu putzen, hat er hiergegen sofort protestiert und sich auf seinen Vertrag berufen, sich aber, auf die Schiffsdisziplin hingewiesen, schließlich gefügt. Erst auf der Rückreise hat er sich in New York dem weiteren Dienst durch Flucht entzogen. Damit hat sich der Kläger der Desertion im Sinne der alten SO. § 81² (jetzt 93) schuldig gemacht und deshalb nach § 82 den Anspruch auf die eingeklagte Heuer verloren. Mit Unrecht bestreitet der Kläger, daß auf ihn die SO. Anwendung zu finden hätte. Nach dem § 3² haben „Personen, welche, ohne zur Schiffsmannschaft zu gehören, auf einem Schiffe als Maschinisten, Aufwärter, oder in anderer Eigenschaft angestellt sind, dieselben Rechte und Pflichten, welche in diesem Gesetze in Ansehung der Schiffsmannschaft festgesetzt sind". Ein derartiger Schiffsangestellter war der Kläger, denn er war (vgl. Begründung S. 38 zur neuen SO., welche hier sachlich nicht abweicht) „zum Dienste während der Fahrt des Schiffes, gleichviel in welcher Stellung, für Rechnung des Reeders angestellt". Daß hierin nichts durch die vom Kläger beanspruchte gesellschaftliche Stellung als Künstler geändert wird, beweist schon die Erwägung, daß nie bezweifelt ist, daß z. B. der Schiffsarzt dem § 3² unterfällt (Seuffert 43 S. 73). Allerdings wäre es denkbar, daß auf einem großen Vergnügungsdampfer einer Künstlergesellschaft, wenn sie auch die Reise zur Unterhaltung der Passagiere im Engagement des Reeders mitmacht, die Stellung von Passagieren gegeben würde. Allein vorliegend ist es nicht geschehen und hat auch nicht geschehen sollen. Die Musiker sollten vielmehr, wie Schiffsleute, angemustert werden, und der Kläger hat es selbst für nötig befunden, sich gegen die Auferlegung von „üblichen" eigentlichen Schiffsarbeiten zu verwahren. Daß es zu einer Anmusterung für ihn nicht gekommen ist, änderte an seiner Stellung nichts (ROHG 18 S. 416; Hans. GZ. 1901 Nr. 20; Begr. der neuen SO. S. 49).

Unterfiel daher der Kläger dem § 3², so galten auch für ihn die §§ 81, 82. Boyens (Seerecht 1 S. 452 Note) gibt zwar zu, daß die Strafvorschriften wegen Verletzung der Disziplin alle Personen treffen müssen, welche dem § 3 unterfallen, erachtet aber die Frage wegen der Bestrafung des eigentlichen Kontraktbruches (§§ 81—83) für sehr zweifelhaft, ohne dies jedoch zu begründen. Solche Zweifel sind von anderen nicht erhoben (z. B. Stenglein, Meves, Perels, ferner das Obertribunal 27. März 1878 cit. bei Boyens) und auch gegenüber der durch § 3² klar ausgesprochenen Gleichstellung aller Schiffsangestellten nicht erfindlich. Das findet Bestätigung durch die neue SO. § 2³, welcher die unter den § 3² fallenden Schiffangestellten unter die

Schiffleute einbegreift und die alten §§ 81, 82 in ihren §§ 93, 94 für den Schiffsmann schlechthin wiederholt, ohne daß in der Begründung dazu (S. 60) auch nur ein Bedenken erwähnt wäre. — Die Anwendbarkeit des § 82 auf den Kläger wird auch nicht dadurch ausgeschlossen, daß gegen ihn ein Strafverfahren aus § 81² nicht eingeleitet ist. Der § 82 setzt lediglich voraus, daß der Tatbestand des § 81 Abs. 2 (oder 3) gegeben ist, und das ist hier der Fall. Daran wird auch nichts dadurch geändert, daß der Kläger deshalb desertiert ist, weil er vertragswidrig zu niederen Schiffsarbeiten angehalten wurde. Dies hätte dem Kläger Anlaß geben sollen, seine Entlassung gemäß § 61 Nr. 1 zu fordern. Das hat er aber nicht getan. Nach § 64 hätte er allerdings im Auslande den Dienst nicht ohne Genehmigung des Seemannsamtes verlassen dürfen. Solche Genehmigung einzuholen, war ihm aber schon auf der Hinreise in New York gewährt, wo er — in anderer Veranlassung — dem Konsul vorgeführt worden ist; er hat sich jedoch nur — und zwar erfolglos — über die Heranziehung zu Schiffarbeiten beschwert, nicht aber deshalb seine Entlassung auch nur gefordert. Der Kläger hat daher durch seine Desertion nicht nur nach § 82 den Anspruch auf die verdiente Heuer verwirkt, sondern kann deshalb auch nicht Schadensersatz für die spätere Zeit beanspruchen, denn solchen Schaden hat er durch sein widerrechtliches Verhalten selber verursacht. Hatte er 60 Tage lang sich dem Schiffsdienst unterzogen, so hätte er auch noch die wenigen Tage bis zur Rückkehr nach Hamburg an Bord bleiben können, um dann seine vollen Rechte geltend zu machen, was er jetzt verwirkt hat. Dagegen sind die sonstigen Ansprüche, welche er bis zur Desertion erworben hatte, geblieben.

Als ein solcher Anspruch kommt zunächst der auf Vergütung für die geleisteten Schiffsarbeiten in Betracht. Nach dem Engagement war der Kläger dazu nicht verpflichtet. Er hat diese Arbeiten, welche an sich nur gegen Vergütung geleistet zu werden pflegen — mag diese in der Heuer stecken oder mag Überstundenlohn gewährt werden — auf Verlangen der Beklagten unter Protest geleistet. Er kann daher den für solche Arbeiten angemessenen Lohn beanspruchen.... Ebenso gebührt ihm Ersatz für den durch den geübten Zwang erlittenen immateriellen Schaden. Denn nach § 847 BGB. kann im Falle der Freiheitsentziehung der Verletzte „auch wegen des Schadens, der nicht Vermögensschaden ist", eine billige Entschädigung in Geld verlangen. Dieser Fall ist hier gegeben. Eine Freiheitsentziehung liegt nicht nur dann vor, wenn der Tatbestand des StGB. § 239 erfüllt ist, sondern jedenfalls auch dann, wenn die freie Willensbetätigung dergestalt verletzt wird, daß der Betreffende durch widerrechtlichen Zwang genötigt wird, seine Bewegungsfreiheit zeitweilig aufzugeben und Handlungen vorzunehmen, die er ohne die Nötigung nicht vorgenommen hätte. Daß der Zwang kein absoluter war, sondern darin bestand, daß dem Kläger im Falle des Ungehorsams Disziplinarstrafen angedroht waren, ändert nichts, denn verständigerweise mußte Kläger sich dem Verlangen der Schiffsleitung fügen und wurde tatsächlich widerrechtlich der Betätigung seiner Freiheit zeitweilig beraubt. Für solches widerrechtliches und mindestens fahrlässiges Vorgehen der Schiffleitung haftet die Beklagte gemäß HGB. § 486 Nr. 3. „Schaden, der nicht Vermögensschaden ist", hat der Kläger dadurch erlitten, denn darunter ist mit Planck nicht nur wirtschaftlicher Schaden zu verstehen. Gerade der ideelle Schaden, den jemand durch solche Vergewaltigung seelisch erleidet, soll vom Täter gebüßt werden, der — mag er gleichzeitig sich strafbar gemacht haben oder nicht — wenigstens durch Geld die dem Verletzten zugefügte Unbill wieder gut machen soll. Der dem Kläger auferlegte Zwang ist nicht gering zu veranschlagen. Kläger, ein auf dem Konservatorium ausgebildeter Musiker, der angesehenen Kapellen angehört hat, hatte die Vorsicht geübt, sich ausdrücklich Freiheit von Schiffsarbeiten auszubedingen, und wurde trotzdem zu gewöhnlichen Arbeiten herangezogen, wie sie ein Mann seiner Stellung niemals verrichtet. Sind solche Arbeiten an sich nicht ehrenrührig, so mußte sich der Kläger doch degradiert und gesellschaftlich disqualifiziert fühlen, wenn er zu ganz gewöhnlichen Handarbeiten angehalten und dabei vielleicht von Passagieren, denen er sich gesellschaftlich gleich erachten durfte, gesehen wurde. Unter Berücksichtigung alles dessen und unter Hineinziehung der Vergütung für die erzwungene Arbeit hat das erkennende Gericht von dem ihm durch das Gesetz anvertrauten billigen Ermessen dahin Gebrauch gemacht, daß es dem Kläger im ganzen 400 Mark zubilligt. . . . M. M.

q) **Eintritt des schädigenden Ereignisses vor dem Abschluß des Versicherungsvertrags.**

OLG. Stuttgart, II. CS. Urteil v. 7. Mai 1903.

Der Beklagte hat gegen ein Entgelt („Prämie") die Haftung für den Ausfall übernommen, den die Klägerin hinsichtlich gewisser, von ihr als Ausstellerin in Umlauf gesetzter, mit dem Akzept des X. versehener Wechsel bei X. erleiden sollte. Auf diese Vereinbarung treffen die Merkmale des Versicherungsvertrags zu, d. h. eines Vertrags, vermöge dessen ein Teil gegen Entgelt eine Leistung an einen anderen für den Fall des Eintritts eines künftigen ungewissen und jedenfalls regelmäßig letzteren schädigenden Ereignisses verspricht. X. hatte aber bereits am Tage vor dem Vertragsschluß seine Zahlungen eingestellt, diese Tatsache ist jedoch auf die Gültigkeit des Vertrags ohne Einfluß; vgl. hierzu einerseits — außer HGB. § 785, ALR. II 8 §§ 1953, 2025/8, 2200 — Lewis, Versicherungsrecht S. 30; Stobbe-Lehmann, Privatrecht 3 S. 389; Goldschmidt, Handelsrecht 1 S. 583; König in Endemanns Handbuch 3 S. 746; andererseits Vivante in Goldschmidts Zeitschr. 39 S. 481; Ehrenberg das. S. 324.

Was bei Versicherungsverträgen in dem hier fraglichen Punkt die Regel bildet, ist bei der Mannigfaltigkeit der für eine Versicherung in Betracht kommenden Gegenstände und Gefahren kaum zu entscheiden. Vielmehr muß die Entscheidung auf Grund des einzelnen Vertrags getroffen werden. Hier sollte die Klägerin gegen die Gefahr eines Ausfalls bezüglich ihrer

Wechselforderungen gegen X. gesichert werden. Das schädigende Ereignis war also eine solche Gestaltung der Vermögenslage des X., daß die Forderungen gegen ihn nicht mehr oder wenigstens nicht mehr voll befriedigt werden konnten. Es ist einleuchtend, daß der Zeitpunkt des Eintritts einer derartigen Gestaltung der Vermögenslage des X. für Dritte, und so auch dem Gläubiger, regelmäßig schwer, ja überhaupt nicht wahrnehmbar ist, da ihnen eben der hierzu erforderliche genaue Einblick in die Verhältnisse des Schuldners fehlt, zumal wenn es sich, wie hier, um eine Person handelt, die in den mannigfaltigsten Geschäftsbeziehungen steht; und gerade die Abwendung bezw. Verminderung der sich aus der mangelnden sicheren Kenntnis der Verhältnisse des Schuldners ergebenden Gefahren für den Gläubiger ist es, auf welche ein Versicherungsvertrag wie der hier vorliegende, abzielt. Hiernach muß für Versicherungsverträge der hier in Rede stehenden Art — ähnlich wie bei der Transport- —, insbesondere der Seeversicherung, bei der die Beteiligten häufig ebenfalls zurzeit des Abschlusses des Versicherungsvertrags über die Frage des Eintritts eines Schadens nicht unterrichtet sind (vgl. hierzu Vivante und Ehrenberg a. a. O.) in der Regel als der Willensmeinung der Kontrahenten entsprechend angenommen werden, daß der Versicherer für einen Ausfall des Versicherten hinsichtlich der versicherten Forderung haftbar sein soll nicht bloß dann, wenn künftighin erst die den Ausfall bewirkende Verschlechterung der Vermögenslage des Schuldners eintritt, sondern auch schon dann, wenn der Schaden zwar bereits vor Abschluß des Vertrags eingetreten war, hiervon aber zurzeit des Abschlusses die Parteien keine Kenntnis gehabt haben. Würde man die Haftung auf den ersterwähnten Fall beschränken, so würde dies zu eigentümlichen Konsequenzen führen; dem Versicherer stünde z. B., auch wenn geraume Zeit nach Eingehung der Versicherung die Vermögensunzulänglichkeit des Schuldners zur Deckung der Forderung an den Tag käme, noch die Möglichkeit offen, durch Erbringung des Nachweises, daß diese Vermögensunzulänglichkeit in Wirklichkeit objektiv schon vor Eingehung des Versicherungsvertrags vorhanden gewesen sei, sich seiner Verpflichtung zu entziehen, oder man vergegenwärtige sich den Fall, daß zwar zurzeit der Eingehung des Vertrags eine Vermögensunzulänglichkeit des Schuldners bereits eingetreten war, daß sich aber nachher die Vermögenslage des Schuldners noch verschlechtert hat; von dem Standpunkt, welcher die objektive Ungewißheit als maßgebend erachtet, müßte man folgerichtig dazu gelangen, eine Haftung des Versicherers für den etwa nach Abschluß des Versicherungsvertrags noch weiter entstehenden Ausfall als begründet zu erachten, dessen Berechnung natürlich zu großen Schwierigkeiten führen würde. . . . H.

16

a) **Der Frachtführer darf sich nicht mit Löschung eines Durchschnittsquantums begnügen.**[1] **BinnenschGes. §§ 56, 42.**

OLG. Hamburg, II. CS. Urteil v. 16. April 1903.

Nach § 56[2] findet der § 42[1] auf das Löschen entsprechende Anwendung. Darnach hat der Frachtführer die ihm hinsichtlich der Beladung oder Löschung obliegenden Arbeiten mit tunlichster Beschleunigung auszuführen. Eine Minimal- bezw. Maximalleistung genügt nicht. Was die ordnungsmäßige Besatzung eines Kahns beim Laden und Löschen gehörig leisten kann, das kann der Absender bezw. Empfänger von ihr fordern (Mittelstein, Binnenschiffahrtsrecht 1 S. 191 Note 1), wird das nicht geleistet, so ist der Schiffer nicht mehr lade- bezw. löschbereit und der Lauf der freien Lade- bezw. Löschzeit wird gehemmt. Unter normalen Verhältnissen wird man allerdings wohl mit einem Durchschnittsminimalquantum von 50 Tonnen (gleich 50000 kg) rechnen können, wie es hier der Sachverständige getan hat. Dafür läßt sich auch auf die §§ 29, 32, 33, 38, 48, 51 verweisen, ohne daß jedoch mit dem Sachverständigen gesagt werden kann, daß auf einer Tagesleistung von 50 Tonnen die einschlägigen Bestimmungen des Gesetzes aufgebaut seien, denn insbesondere sind Lade- und Löschzeit für Ladungen über 500000 kg abgestuft nach 100 Tonnen pro Tag. Jedenfalls versagen aber vorliegend diese Gesichtspunkte, wo vereinbarungsgemäß die Partien an die verschiedensten Löschplätze beordert werden durften und beordert sind. Ein solches vielfaches Hin- und Herlegen des Kahns, namentlich an die Seite verschiedener Seeschiffe hat derartige Unterbrechungen des Löschens im Gefolge, daß der hier erörterte Gesichtspunkt seine praktische Anwendbarkeit verliert. M. M.

b) **Künftig drohende Gefahr.**[2] **BinnenschGes. § 78.**

α) OLG. Hamburg, I. CS. Urteil v. 21. November 1902.

Der klagende Versicherungsverein behauptet, zur Errettung des dem Beklagten gehörenden Kahns nebst der beim Kläger versicherten Ladung aus gemeinsamer Eisgefahr 1452 Mark aufgewandt zu haben. Seine Klage auf den nach der Dispache den Beklagten treffenden Havariegrossebeitrag wurde abgewiesen. Gründe:

Anfang Januar kam der mit Kohlen beladene Kahn bei Magdeburg an und mußte, da der Hafen überfüllt war, auf dem Strom liegen bleiben. Es herrschte starker Frost, und nach 14 Tagen hatte das feste Eis ungefähr

[1] Ist das Schiff im Ganzen verfrachtet, so hat sich der Schiffer lediglich darum zu kümmern, ob die Gesamtlöschzeit des § 29 Abs. 2 BSchG. eingehalten wird, während es ihn nicht berührt, ob die einzelnen Empfänger die Löschfristteile, die im Verhältnis unter ihnen bezw. zwischen ihnen und dem Befrachter auf sie entfallen mögen, richtig ausnutzen oder nicht (OLG. Karlsruhe, Beschluß v. 28. Oktober 1898).

[2] Die Voraussetzung des § 78: „Anwendung der Rettungsmaßregeln durch den Schiffer" ist gegeben, wenn die Gesellschaft, bei der der Schiffer wegen seines Schiffes versichert war, Schiff mit Ladung heben läßt; sie hat dabei für den Schiffer gehandelt (OLG. Karlsruhe, II. CS. 22. Februar 1901, Rechtspraxis 2 S. 59).

Meterdicke gewonnen. Nun veranlaßte der Agent X., der den Kläger vertrat und an den der Kahnschiffer sich gewandt hatte, die Löschung der Kohlen, um Kahn und Ladung, die sonst beide im Eisgang verloren gegangen sein würden, aus der gemeinsamen Eisgefahr zu retten. Später veranlaßte die Behörde Eissprengungen, so daß der Kahn auch den dann eintretenden Eisgang unversehrt bestanden hat. Aus diesem Sachverhalt geht hervor, daß X. und eventuell der Kahnschiffer die Ladung löschen ließen, wenn sie damit überhaupt nicht bloß das Interesse der Ladung, sondern auch des Kahns haben wahrnehmen wollen, nicht um Kahn und Ladung aus einer unmittelbar drohenden gegenwärtigen Gefahr zu erretten, sondern um Kahn und Ladung von einer künftigen Gefahr, nämlich der Gefahr durch späteren Eisgang, zu sichern, einer Gefahr, die dann durch die Eissprengungen beseitigt wurde und überhaupt nicht zu einer gegenwärtigen gemeinsamen Gefahr für Kahn und Ladung geworden ist. Hiernach fehlt es an dieser gesetzlichen Voraussetzung für die große Haverei. M. M.

β) OLG. Hamburg, IV. CS. Urteil v. 27. September 1901.

Nicht schon eine erst in Zukunft zu befürchtende Gefahr, deren Eintritt vorgebeugt werden soll, genügt zur Annahme der großen Haverei, sondern es muß eine schon eingetretene, unmittelbar drohende gemeinsame Gefahr für Schiff und Ladung vorliegen (vgl. Hans. GZ. 1885 Nr. 72 S. 167; ROHG. 21 S. 157), welcher die verschiedenen im Schiffe vereinigten Werte gemeinsam und in gleicher Weise ausgesetzt sind. Hier bestand zunächst nur eine Gefahr der Beschädigung der Ladung durch das eindringende Wasser, welche mit dem Fortschreiten der Entlöschung der Ladung sich stetig für die noch im Kahne verbliebenen Ladungsteile verringerte, da der Eintritt von Wasser mit der fortschreitenden Entlastung des Kahnes abnahm; eine Gefahr für den Kahn selbst d r o h t e damals nur einzutreten, wenn die Herausschaffung der durch das eindringende Wasser gefährdeten Ladung aus dem Kahne unterblieb und dadurch die Gefahr eines Sinkens des Kahnes hervorgerufen wurde, sie bestand zurzeit der Anordnung des Auspumpens des Wassers aus dem Kahne nicht, und es war auch damals noch durchaus fraglich, ob dieselbe überhaupt eintreten werde, und es erscheint deshalb ausgeschlossen, die auf Veranlassung des Ladungsversicherers unternommenen Maßregeln als zur Errettung von Schiff und Ladung aus einer gemeinsamen Gefahr erforderlich anzuerkennen. M. M.

c) **Einfluß des Ausschlusses der Haftung für die Leute und der Annahme eines fremden Schiffes für die teilweise Ausführung des Frachtvertrages auf die Beitragspflicht zur großen Haverei.**

OLG. Hamburg, III. CS. Urteil v. 16. Mai 1903.

Nach § 78² hat Beklagte als Ladungsinteressentin die große Haverei mit dem Kläger als Schiffseigner gemeinschaftlich zu tragen, doch ist nach § 79² der Beteiligte, dem ein Verschulden (das die Gefahr herbeigeführt hat) zur Last fällt, dem Beitragspflichtigen für den Verlust verantwortlich, den er durch Verteilung des Schadens in Havariegrosse erleidet. Dieses Verschulden braucht kein persönliches zu sein, auch das nach HGB. § 485 und § 3 des BinnenschGes. vom Schiffseigner zu vertretende Verschulden der Schiffsbesatzung fällt darunter.[1] Auch das ist mit der neueren Rechtsprechung unbedenklich anzunehmen, daß der Kahneigentümer, der seinen Kahn schleppen läßt und dessen Führung dadurch im wesentlichen dem Schlepperkapitän anvertraut, diesen damit zur wichtigsten Person der Schiffsbesatzung macht und also für etwaiges Verschulden desselben mit den gesetzlichen Beschränkungen (HGB. § 486; BinnenschGes. § 4) haftet. Andererseits wirken vertragsmäßige Haftungsbeschränkungen, wie die im § 87 der Bedingungen der „Kette" abgelehnte Haftung für Verschulden des Schiffers nicht bloß gegenüber den durch Abschluß eines Frachtkontraktes begründeten vertraglichen Pflichten des Schiffeigners, sondern auch gegenüber der gesetzlichen Haftung nach HGB. § 451 und BinnenschGes. § 3 (Hans. GZ. 1902 Nr. 89 S. 208). Ein Ladungsinteressent kann sich also gegenüber dem Reeder auf die strengere gesetzliche Haftung des letzteren für seine Leute dann nicht berufen, wenn im Frachtkontrakt der Reeder solche Haftung ausgeschlossen. Dies gilt einerlei, ob es sich um ein Verschulden in bezug auf die Ausführung des Vertrages oder um außerkontraktliches Verschulden handelt. Das Einstehen für Verschulden gemäß HGB. § 704 und BinnenschGes. § 79 ist keine Besonderheit, sondern nur Ausfluß der allgemeinen Bestimmungen, HGB. § 485 und BinnenschGes. § 3.

Vorliegend entsteht freilich die weitere Frage, ob ein Gleiches auch dann gilt, wenn der den Havariegrossebeitrag Fordernde selbst nicht in kontraktlichem Nexus zum Beitragspflichtigen steht. Denn der Kläger hat nicht mit der Beklagten, sondern diese hat den Frachtvertrag mit der „Kette" geschlossen und letztere hat wieder seine Ausführung teilweise dem Kläger übertragen. Hätte die „Kette" ihren eigenen Kahn benutzt und geschleppt und forderte für die diesem geleistete Hilfe Havereibeitrag von der Ladungsinteressentin, dann würde nach Obigem die Beklagte der „Kette" als ihrer Kontrahentin Verschulden der Besatzung wegen § 87 der Bedingungen der Kette nicht vorwerfen können. Die Beklagte kann aber nicht günstiger deshalb gestellt werden, weil die „Kette" einen fremden Kahn benutzt hat und daher dessen Eigentümer dem Ladungsinteressenten als der andere Beteiligte der Havariegrossegemeinschaft gegenübertritt. Die Beklagte wußte bei Übergabe der Ladung gemäß dem mit der Kette geschlossenen Vertrage, daß dessen Ausführung durch den einheitlichen Schleppzug erfolgen werde. Es konnte ihr gleichgültig sein, ob der zum Transport benutzte Kahn ihrer Kontrahentin der „Kette" oder einem Dritten gehörte. Entstand nun durch einen Havariegrossefall eine Interessengemeinschaft, so kann der ihr angehörende Ladungsinteressent sich nicht den zufälligen Umstand zunutze machen, daß der zuerst belangte Beteiligte (hier der Kläger) nicht sein Gegenkontrahent im Fracht-

[1] Das bestimmt HGB. § 702 Abs. 3 bezw. BinnenschGes. § 79 Abs. 3. D. E.

vertrage ist. Wäre die Hilfe dem ganzen Schleppzuge geleistet und dann der Hilfslohn vom Schlepper der Kette eingefordert worden, so würde Beklagte der „Kette" gegenüber wegen § 87 der Bedingungen den Einwand des Verschuldens aus BinnenschGes. § 79 nicht haben erheben können. Nun hat nicht der Kläger den Schlepper engagiert, sondern die von der Beklagten gewählte Schleppgesellschaft hat den Kahn des Klägers gemietet. Sie war die Unternehmerin des Transports, und ihre Haftung für das Verschulden ihrer Leute steht in Frage.

Der Kläger hat sich auf § 432 HGB. berufen und gemeint, er sei als Unterfrachtführer in den Vertrag der Beklagten mit der „Kette" eingetreten und könne sich daher auch auf die darin enthaltenen Befreiungsklauseln berufen. In der Tat hat das ROHG. 7 S. 99 (ebenso Eger, Frachtrecht 2 S. 53) erkannt, daß ein von der Eisenbahn beauftragter Rollfuhrmann sich auf die Beschränkung der Haftung auf eine bestimmte Wertgrenze dem Empfänger gegenüber ebenso berufen könne, wie die Eisenbahn selbst. Freilich unterliegt die direkte Anwendung des § 432 auf vorliegenden Fall erheblichen Zweifeln. Denn die „Kette" hat ja nicht den weiteren Transport dem Kläger übertragen, sondern nur dessen Kahn benutzt, um das Mehl darin zu verladen, die Schleppleistung aber selbst besorgt. Allein das begründet keinen ausschlaggebenden Unterschied. Von Unterfrachtführer läßt sich nicht nur da sprechen, wo zeitlich mehrere Frachtführer einander folgen, sondern auch wo mehrere Frachtführer sich qualitativ in die verschiedenen Leistungen teilen: der eine verlädt, der andere nimmt die Ladung nur in seinen Kahn, der dritte schleppt diesen 2c. Bezüglich der Aufnahme des Mehls in den Kahn trat also Kläger — nach dem Wortlaute des § 432 — in den ursprünglichen Frachtvertrag der Beklagten mit der „Kette" ein und war nicht weiter verpflichtet als diese. Auch gegen den Einwand eigenen Verschuldens gegenüber seiner Forderung auf Beitrag zur Havariegrosse kann der Kläger also sich darauf berufen, daß seine Verpflichtung nie weiter gegangen sei, als die der „Kette". M. M.

d) Bewachungskosten; Zwischenhafen gemäß § 82 Ziff. 5.

α) OLG. Hamburg, III. CS. Urteil v. 22. April 1902.

Der Schiffer ist während des Überwinterns seines Kahnes nicht verpflichtet, stets selbst am Bord des Kahnes anwesend zu sein. Vielmehr ist er berechtigt, die Bewachung des beladenen Schiffes einem Dritten, einer geeigneten Person der Schiffsmannschaft oder einem sonstigen geeigneten Wächter, zu übertragen und selbst an Land zu gehen, um sich dort anderweitigen Verdienst, eventuell einen anderen, sich billiger stellenden oder ihm aus sonstigen Gründen zusagenderen Aufenthalt zu suchen. Tut er dies aber nicht, sondern unterzieht er sich selbst der, einen ständigen Aufenthalt an Bord erfordernden Mühe und Verantwortlichkeit mit sich bringenden Bewachung und stellt er sich also selbst als Wächter zur Bewachung des beladenen Kahnes, so ist es folgerichtig, ihm ebenso, wie einer von ihm mit der Bewachung betrauten dritten Person, eine

angemessene, in Havariegrosse mit zu berechnende Vergütung für seine Bewachungstätigkeit zuzubilligen. ... Hierfür spricht die Entstehungsgeschichte. Nach dem Entw. § 63 (jetzt § 66) sollten die gewöhnlichen Überwinterungskosten in Ermangelung einer besonderen Vereinbarung dem Frachtführer zur Last fallen. Diese Bestimmung wurde durch die Reichstagskommission — Bericht von 1895 Nr. 253 S. 1078 — mit Rücksicht auf die Regelung dieser Frage bei § 81 (jetzt § 82) gestrichen. Zum § 81 der Vorlage wurde im Interesse der Kleinschiffer auf dem Rheine beantragt, eine Ziffer 5 einzufügen, daß im Falle des durch Eisgefahr notwendig gewordenen Aufsuchens eines Zwischenhafens bestimmte, hierdurch entstehende Kosten zur großen Haverei zu rechnen seien. Dazu sollten nach dem Antrage auch die Löhne der Schiffsmannschaft am Orte der Überwinterung gehören. Unter Ablehnung einer besonderen Gesetzgebung für die Rheinschiffer einigte man sich dann (daselbst S. 1079) — unter Beschränkung der Ausgaben für die Schiffsmannschaft auf die „für die Bewachung des beladenen Schiffes erforderlich gewordenen Kosten" — auf die schließlich Gesetz gewordene Fassung der neuen Ziffer 5 (Rsp. 2 Nr. 154c S. 370). Die Höhe der Vergütung von 4 Mark für den Tag entspricht dem Satze, der in verschiedenen gleichliegenden Fällen, zum Teil auf Grund von Gutachten vernommener Sachverständigen für angemessen erachtet ist (Hans. GZ. 1899 Nr. 8, 1901 Nr. 55, 1902 Nr. 52). M. M.

β) OLG. Hamburg, III. CS. Urteil v. 22. Juni 1901.

Kläger kehrte, nachdem er die Reise 1 km weit fortgesetzt hatte, nach dem Abgangshafen zurück und blieb dort während der Eiszeit. Die Reise gilt deshalb als angetreten. Auch darf man aber das Wort „Zwischenhafen" nicht so pressen, wie Beklagte es will. Es entspricht dem „Nothafen" des HGB. Art. 708 (§ 706) Ziff. 4. Das Hans. Oberlandesgericht hat (Hans. GZ. 1899 Nr. 56 S. 148) eingehend ausgeführt, daß auch der Abgangshafen sehr wohl als Nothafen in Betracht kommen kann, wenn das auslaufende Schiff alsbald Haverei erleidet und daher nach begonnener Reise gezwungen wird, wieder in den Abgangshafen zurückzukehren. Wenn das Gesetz „Zwischenhafen" gesetzt hat, so hat es dabei an den regelmäßigen Fall gedacht, daß auf der zu durchmessenden Stromstrecke ein Hafen zwischen Abgangs- und Ankunftshafen aufgesucht wird. Dadurch wäre es aber keineswegs ausgeschlossen, die Bestimmung auch da anzuwenden, wo als nächster sicherer Hafen sich nur ein Hafen am Unterlaufe eines Nebenflusses darstellen würde, obschon bei normalem Verlauf der Reise dieser Hafen nicht passiert würde. Ebensowenig würde sogar ein etwas jenseits des Abgangshafens liegender Hafen ausgeschlossen erscheinen, wenn letzterer genügende Sicherheit für das in Not geratene Schiff böte, der Abgangshafen aber (etwa lokaler Verhältnisse wegen) nicht. Da der Abgangshafen hier nach begonnener Reise in Rücksicht auf den Platz, wo die Eisnot eintrat, als der nächste Sicherheit bietende Hafen angelaufen wurde, so war er als „Zwischenhafen" anzuerkennen. ... M. M.

e) **Verhältnis der Pfandklage gegen einen Schiffer zur persönlichen Klage.**

OLG. Hamburg, II. CS. Urteil v. 5. Mai 1903.

Das Landgericht war nicht zuständig, über den Klagantrag (nämlich persönliche Verurteilung des Schiffers wegen der dem, von ihm geführten Kahn, geleisteten Hilfe in Schiffahrtsgefahr) zu entscheiden. Der § 97 regelt nur die Zuständigkeit für die Pfandklage. Gründe, aus welchen sich die Zuständigkeit der Hamburgischen Gerichte für die gegen den Beklagten persönlich gerichtete Klage ergeben könnte, bestehen nicht. Sollte in der Klage auch die Pfandklage als eine auf ein Minus gerichtete Klage angestellt sein, so handelt es sich doch immer nur um eine eventuell angestellte Klage, mit der das Gericht auch nur für den Fall befaßt ist, daß es die prinzipale, auf das majus gerichtete Klage als unbegründet zurückweisen sollte. Zu einer solchen Entscheidung kann das Gericht aber nicht kommen, wenn es für die prinzipale Klage nicht zuständig ist. Anders würde die Sache wohl dann zu beurteilen sein, wenn der Kläger ausdrücklich beantragt hätte, das Gericht möge über die Pfandklage entscheiden, wenn es sich für die prinzipale Klage nicht zuständig erachte. Dieser Antrag ist aber nicht gestellt.

In dieser Instanz hat sich die Sachlage jedoch dadurch geändert, daß die persönliche Klage nicht aufrecht erhalten und nur noch Entscheidung über die Pfandklage beantragt ist. Hierin liegt keine Klagänderung. In der Klagbegründung sind alle Unterlagen für eine Pfandklage gegeben und, wie aus einer Bemerkung in der Urteilsbegründung hervorgeht, hat der Kläger nur deshalb den Beklagten persönlich belangen zu können geglaubt, weil er den Kahn zu neuen Reisen ausgesandt hat (§ 114 BinnenschGes.). Daß im Klagantrage die Absicht, ev. die Pfandklage anstellen zu wollen, nicht besonders ausgedrückt ist und Kläger auch im Laufe des Verfahrens nicht ausdrücklich einen bestimmt formulierten Eventualantrag gestellt hat, ist nicht von Bedeutung. Das Reichsgericht hat sogar weitergehend ausgesprochen, daß, wenn nur eine beschränkte Haftung des Schiffseigners begründet, der Klagantrag aber auf unbeschränkte Verurteilung gerichtet worden ist, der Richter die Beschränkung in die Urteilsformel von Amts wegen aufzunehmen habe. M. M.

f) **Wer das Schiff erst nach dessen Belastung mit dem Schiffsgläubigerrecht erwirbt und verwendet, haftet nicht persönlich aus § 114.**

OLG. Hamburg, I. CS. Urteil v. 27. Mai 1903.

Der Beklagte hat den Dampfer N nach stattgehabter Kollision (mit dem klägerischen Schiff) erworben und sodann in Kenntnis der vom Kläger erhobenen Ersatzansprüche zu neuen Reisen ausgeschickt oder — was dem gleichsteht — auf Grund neu abgeschlossener Verträge zum Schleppen verwendet. Der Kläger stützt seine Ansicht, daß dadurch eine persönliche Haftung des Beklagten begründet werde, auf § 114. Allein diese Vorschrift setzt das Bestehen der Forderung eines Schiffsgläubigers voraus, für welche der Schiffseigner an sich nur mit Schiff und Fracht haftet. Die Fälle, in denen eine solche beschränkte Haftung eintritt, bezeichnet § 4, und von den dort aufgeführten Fällen kann hier nur der unter 3 aufgeführte in Betracht kommen, „wenn der Anspruch auf das Verschulden einer Person der Schiffsbesatzung gegründet wird". Die weitere Frage, unter welchen näheren Voraussetzungen eine Haftung des Schiffseigners für Verschulden von Personen der Schiffsbesatzung eintritt, regelt § 3, der den Schiffseigner für den Schaden verantwortlich macht, welchen eine Person der Schiffsbesatzung einem Dritten durch ihr Verschulden in Ausführung ihrer Dienstverrichtungen zufügt. Es kann nicht zweifelhaft sein, daß die angeführten Bestimmungen sich nur auf Fälle beziehen, wo die Schiffsbesatzung, deren Verschulden zu vertreten ist, vom Schiffseigner angestellt worden ist. Er soll für die nachteiligen Folgen des Verschuldens seiner Leute aufkommen, jedoch soll seine Haftung auf Schiff und Fracht beschränkt sein, wobei ihm dann aber, damit er die Befriedigung aus dem Schiff nicht erschwert oder vereitelt, bei Strafe einer gleichzeitigen persönlichen Haftung verboten wird, das Schiff auf neue Reisen zu senden. Damit eine persönliche Haftung des Schiffseigners gemäß § 114 eintreten kann, ist also zunächst das Vorliegen eines Anspruchs, für den er gemäß §§ 3 und 4 nur mit Schiff und Fracht haftet, erforderlich. Ein solcher ist aber gegen den Beklagten nie existent geworden. Er hat das Eigentum am Schiffe zu einer Zeit erworben, als die Vorbedingungen des § 114 in bezug auf seinen Verkäufer X. eingetreten waren, dieser mithin nicht nur mit Schiff und Fracht, sondern auch beschränkt persönlich haftete, und es liegt auch auf der Hand, daß das auf dem Schiffe ruhende Pfandrecht durch den Eigentumswechsel nicht beeinträchtigt werden konnte, und Beklagter daher verpflichtet ist, sich die Zwangsvollstreckung in das Schiff wegen der hier fraglichen Forderung gefallen zu lassen, dagegen liegt ein rechtlicher Grund, welcher mit dem Eigentumserwerb auch eine persönliche Haftung des Beklagten neben derjenigen des X. hat eintreten lassen, nicht vor. Insbesondere konnte der Umstand, daß Beklagter das Schiff zu neuen Reisen ausgesendet hat, ihn nicht persönlich haftbar machen, da, wie bemerkt, das Präjudiz des § 114 gegen ihn nicht anwendbar ist, und er im übrigen auch durch nichts gehindert war, das Schiff bestimmungsgemäß zu benutzen. . . . M. M.

17

a) **Bedeutung eines unausgefüllten Wechselblanketts.**

OLG. Braunschweig, II. CS. Urteil v. 23. Januar 1902.

Der Kläger will auf Verlangen des X., dem er eine Heiratsvermittelungsgebühr von 2000 Mark zugesichert hatte, in einer dunkeln Stube ein Wechselblankett über 2000 Mark in dem Glauben, das von X. als Provisionsschein bezeichnete Papier sei ein einfacher Schuldschein, an der für die Annahmeerklärung bestimmten Stelle unterschrieben haben. X. hat das Wechselformular ausgefüllt und mit Blankoindossament dem Beklagten weiter begeben. Die Klage auf Ungültigerklärung des Akzepts wurde abgewiesen. Gründe:

Welche Bedeutung und Wirkung die auf einem Wechselformular als Blankoakzept erscheinende Namensschrift für den Fall hat, daß dem Unterzeichner der Geschäftswille, einen Wechsel zu akzeptieren, gefehlt hat, ist streitig. Es muß jedoch in solchem Falle abweichend von den von Rehbein zu Art. 7 Anm. 3 geäußerten Bedenken in Übereinstimmung mit Entsch. des RG. 14 S. 91; Grünhut, Wechselrecht 1 § 64 Note 2 und Staub, WO. Art. 7 Anm. § 10 die Entstehung einer wechselmäßigen Verpflichtung des Unterzeichners und seine Haftung dritten gutgläubigen Erwerbern gegenüber angenommen werden. Denn wird ein Wechselformular, welches die Verkehrsbestimmung, als Wechsel ausgefüllt zu werden, offensichtlich an sich trägt, in blanko unterzeichnet, so wird nach feststehenden Grundsätzen im Verhältnis zu dritten gutgläubigen Erwerbern angenommen, daß der Unterzeichner den Empfänger des Blanketts zu dessen Ausfüllung ermächtigt habe. Das allgemeine Interesse an der Sicherheit des Wechselverkehrs fordert, daß der Unterzeichner für den Inhalt, den diese Erklärung nach ihrer äußeren Erscheinung hat, einsteht. Er kann aus Umständen, unter denen seine Blankounterschrift zu stande gekommen ist, dem Dritten gegenüber, welcher diesen Umständen fremd gegenübersteht, die materielle Ungültigkeit seiner Unterschrift wegen mangelnder Willensübereinstimmung selbst dann nicht herleiten, wenn die formale Verpflichtungserklärung auf ein arglistiges Verhalten des Empfängers des Blanketts zurückzuführen ist. Der gutgläubige Erwerber ist berechtigt, die Wirkungen des Papieres lediglich nach der in der ordnungsmäßigen Form vorliegenden sichtbaren Verpflichtungserklärung zu beurteilen und darf nicht darunter leiden, daß eine wechselmäßige Erklärung überhaupt nicht gewollt ist. Es ist daher zwischen der vertragswidrigen Ausfüllung eines zur Vervollständigung gegebenen Blanketts und zwischen der rechtswidrigen Ausfüllung eines zu anderen Zwecken in blanko unterzeichneten Papieres dann nicht zu unterscheiden, wenn dieses Papier die Merkmale eines Wechselformulars an sich trägt. Da das Wechselformular vor der Ausfüllung wenigstens einen Teil desjenigen urkundlichen Inhalts enthielt, den es bei vollständiger Ausfüllung zum Ausdruck zu bringen nach seiner äußeren Natur bestimmt war, so treten nicht die Grundsätze der Fälschung (Rehbein), sondern der mißbräuchlichen Ausfüllung ein.

Bei Anwendung dieser Grundsätze liegt hier eine Ungültigkeit des Akzepts weder in dem vom Kläger alternativ hervorgehobenen Sinne der Unechtheit einer Urkunde (§ 256 CPO.) vor — denn die Urkunde ist authentisch und über ihre formale Beweiskraft besteht kein Streit —, noch fehlt ihr die materielle Bedeutung eines wechselrechtlichen Akzepts. Denn der formelle Blankoskripturakt war trotz des ihm angeblich anhaftenden Willensmangels geeignet, die einem Akzept zukommende rechtliche Wirkung zu erzeugen (Art. 21² WO.). Der daraus hervorgehende Anspruch (Art. 23¹) ist nicht mit einer Einrede gegen jeden Erwerber des Wechsels derart behaftet, daß der Anspruch nicht wider den Willen des Klägers durchgesetzt werden könnte, sondern eine Einrede steht dem Kläger nur gegen X. und dessen schlechtgläubigen Rechtsnachfolgern zu. Hdt.

b) **Prolongation eines Wechsels berührt eine begründet gewesene materiellrechtliche Einrede nicht.**

OLG. Hamburg, I. CS. Urteil v. 8. Mai 1903.

Bei Wechselprolongation ist der neue Wechsel ein völlig selbständiger Träger der aus ihm hervorgehenden Rechte und Pflichten, soweit es sich um die rein wechselrechtliche Tragweite der Wechselunterschrift, des Akzeptes, des Indossamentes handelt. Das ändert aber, wo das dem neu ausgestellten Wechsel zu Grunde liegende materielle Obligationsverhältnis unverändert dasjenige des früheren Wechsels bleibt, der durch den neuen, nur mit verändertem, hinausgeschobenen Zahlungstermine versehenen (prolongierten) Wechsel ersetzt wird, nichts an einer bereits dem früheren Wechsel gegenüber zwischen denselben Wechselverpflichteten untereinander begründet gewesenen materiellen Einrede. Die Einrede, die hier der Akzeptant dem Aussteller schon bei Einklagung des ersten Wechsels hätte entgegenstellen können, wurde dadurch gar nicht berührt, daß die sämtlichen Beteiligten den Zahlungstermin der Wechselschuld durch Ausstellung einer neuen, alle durch die frühere Urkunde begründet gewesenen gegenseitigen Rechte und Pflichten lediglich fortsetzenden Wechselurkunde hinausschoben. Einer besonderen Behauptung des Beklagten dafür, daß die 1899 über die Bezahlung der Wechselschuld getroffene Vereinbarung bei den späteren Prolongationen der Wechselschuld aufrecht erhalten sei, bedurfte es also keineswegs. Vielmehr hatte bei der Liquidität der auf die Vereinbarung von 1899 gestützten Einrede der Kläger darzutun, daß und wodurch seine übernommene Verpflichtung, die vom Beklagten empfangenen 1500 Mark zur Tilgung der Wechselschuld verwenden zu müssen, erloschen sei. M. M.

c) **Der Akzeptant kann nicht einwenden, daß der Aussteller den Wechsel dem Kläger nur zur Sicherstellung einer inzwischen getilgten Forderung indossiert hat.**

Kammergericht, XIII. CS. Urteil v. 20. März 1902.

Die Klägerin macht einen durch Indossament wechselmäßig auf sie übergegangenen Wechsel geltend; wenn sie auch vom Wechselprozeß Abstand genommen hat, so können ihr doch nur die nach Art. 82 WO. zulässigen Einreden entgegengesetzt werden. Dahin gehört die Einrede, daß sie nur die Rechte eines Pfandgläubigers an der Wechselforderung habe, überhaupt nicht, wenn die Begebung des Wechsels auch materiell die Sicherstellung der Klägerin wegen ihrer Ansprüche an den Aussteller bezweckte, so ist die Sicherstellung doch durch Übertragung der Wechselrechte bewirkt und damit von der ursprünglichen materiellen Vereinbarung abgelöst worden. An dieser zwischen der Klägerin und dem Aussteller getroffenen Vereinbarung hat der Beklagte keinen Teil, er kann daher auch eine ihm unmittelbar gegen die Klägerin zustehende Einrede daraus nicht herleiten, insbesondere auch nicht die Einrede der Arglist. Der Beklagte hat sich durch sein Akzept verpflichtet, dem Wechselinhaber 400 Mark zu zahlen, diese Verpflichtung wird durch Vereinbarungen zwischen den verschiedenen Wechselberechtigten in keiner Weise berührt, die Geltendmachung des Wechsels enthält daher unter keinen Umständen einen Mißbrauch des formalen Rechts der Klägerin dem Beklagten gegenüber.

Kann sich aber der Beklagte auf das Verhältnis zwischen der Klägerin und dem Aussteller nicht berufen, so hat auch keine Prüfung stattzufinden, ob die Klägerin rechtlicherweise den ihre Forderung an den Aussteller übersteigenden Betrag nur in dessen Interesse geltend machen könnte; übrigens ist keineswegs zuzugeben, daß die Klägerin entweder sich als Beauftragte des Ausstellers ansehen lassen müsse oder dem Vorwurf einer Unredlichkeit ausgesetzt sei. v. W.

d) **Der Rückvermerk des Ausstellers auf den Remittenten stellt kein Inkassogiro dar.**

OLG. Hamburg, I. ZS. Urteil v. 7. Juli 1902.

Der vom Beklagten angenommene, „an die Order von Herrn N. N." zahlbare Klagewechsel trägt auf der Rückseite unter der Stempelmarke den Vermerk des Ausstellers: „An die Order des Herrn N. N.". Das Landgericht sieht darin ein Inkassogiro des Ausstellers auf den Remittenten, das nicht nur überflüssig, sondern unzulässig sei, weil nach Art. 36 WO. das erste Giro mit dem Namen des Remittenten unterzeichnet sein müsse. Es beruft sich hierfür auf die Entsch. des RG. 47 Nr. 28. Allein dieses Urteil hat einen vom vorliegenden ganz verschiedenen Fall vor Augen. Dort klagte der Remittent im Regreßwege gegen den Aussteller aus einem Wechsel, den er ursprünglich als Mitaussteller unterzeichnet und nach Durchstreichung seines Namens und in blanko Girierung durch den Aussteller weiter indossiert und in Umlauf gesetzt hatte, und das Reichsgericht erwog, daß dieser Wechsel, nachdem er durch den letzten Inhaber mangels Zahlung protestiert war, durch einen nicht legitimierten Inhaber, also nicht ordnungsmäßig protestiert worden sei, ein gerade formell-wechselrechtlich ganz anders gearteter Tatbestand als vorliegend. Hier klagt der Wechselinhaber gegen den Akzeptanten aus einem Wechsel, auf dessen Rückseite der Aussteller die Zahlungsanweisung der Vorderseite an Order des Remittenten wiederholt hat.... Wenn auch die Aufschrift des bloßen Namens auf der Rückseite zur Girierung, d. h. zur Übertragung der Wechselrechte aus dem Wechsel genügt, so ist doch nicht jede mit dem Namen unterzeichnete Erklärung auf der Rückseite des Wechsels ein Indossament im Sinne des Art. 36, auch nicht die Wiederholung der vorderseitigen Adresse des Remittenten, an dessen Order gezahlt werden soll. Als etwas weiteres ist der erste Vermerk des Ausstellers hier nicht aufzufassen. Dieser Vermerk berührt die Legitimation durch die vom ersten Indossament des Remittenten ausgehende und zusammenhängende Reihe von Indossamenten nicht im mindesten. Es bedarf daher auch keines Eingehens auf die etwaigen Rechtsfolgen der im Verhandlungstermin erfolgten Durchstreichung dieses überflüssigen Vermerks. M. M.

e) **Vereinbarung, daß ein Teil der Wechselsumme bei Verfall prolongiert werden solle. Verpflichtung des Akzeptanten, bei Verfall des Wechsels einen Prolongationswechsel einzusenden.**

OLG. Rostock, I. CS. Urteil v. 18. März 1902.

Nach den dem Klagewechsel zu Grunde liegenden Vereinbarungen hatte der Kläger die Hälfte des Wechselbetrags auf drei Monate nach Verfall zu prolongieren. Der Beklagte war danach nicht verpflichtet, vor oder bei Fälligkeit des Klagewechsels den Prolongationswechsel einzusenden. Dadurch würde er sich der Gefahr ausgesetzt haben, sowohl aus dem Klage- wie aus dem Prolongationswechsel in Anspruch genommen zu werden. Vielmehr war es Sache des Klägers, der den am Wohnorte des Beklagten zahlbaren Wechsel in Umlauf gesetzt hatte, dafür zu sorgen, daß dem Beklagten zur Verfallzeit gegen seinen Prolongationswechsel die Hälfte der Wechselsumme zur Bezahlung des Klagewechsels am Zahlungsorte zur Verfügung stand. Nachdem der Klagewechsel bei Verfall mangels Zahlung protestiert und vom Kläger wieder eingelöst worden war, war das Recht des Beklagten, die Prolongation der Hälfte der Wechselsumme zu begehren, nicht davon abhängig, daß er einen bezüglichen Prolongationswechsel anbot. Denn es war über die Form, in welcher die Prolongation bewirkt werden sollte, nichts vereinbart, und es konnte die Prolongation ohne Ausstellung eines neuen Wechsels lediglich durch Stundung des entsprechenden Teiles erfolgen. Glaubte der Kläger über den zu stundenden Betrag einen neuen Wechsel fordern zu können, so hatte er dem Beklagten auf sein in erster Instanz gestelltes Begehren der Prolongation mindestens frei zu lassen, für die Hälfte der Wechselsumme statt barer Zahlung einen Prolongationswechsel zu geben. Es besteht auch kein Rechtssatz, der den Kläger berechtigte, wegen Unsicherheit des Beklagten die Prolongation zu verweigern. Ob nach den bei Staub, HGB. Anm. 30 des Exkurses vor § 373 entwickelten Grundsätzen der Kläger wegen Irrtums über die Kreditwürdigkeit des Beklagten das der Wechselausstellung zu Grunde liegende Rechtsgeschäft hätte anfechten dürfen, kann dahingestellt bleiben, weil solche Anfechtung nicht erfolgt ist und weil überdies auf Grund der Anfechtung nur die Rückgängigmachung des Geschäfts, nicht aber lediglich die Aufhebung der einen wesentlichen Teil der Vertragsberedungen bildenden Kreditbewilligung hätte begehrt werden können.... S.

f) **Legitimation aus einem Blankoindossament.**

OLG. Hamburg, II. CS. Urteil v. 29. November 1902.

Auf dem Klagewechsel befindet sich als erstes Blankoindossament das des Ausstellers A., ihm folgten das des B. und sodann das Vollindossament des Klägers, welcher den mangels Zahlung protestierten Wechsel vom Nachmann eingelöst hat. Die Vorinstanz meint, der Kläger habe den Wechsel nicht anders erwerben können, als mittels Begebung seines Vormannes B. Diese Ansicht ist aber irrig. Nach Art. 10 gehen alle Rechte aus dem Wechsel durch das Indossament auf den Indossator über; dieser ist daher auch zur Weiterbegebung des Wechsels legitimiert, und dies kann nicht allein dadurch geschehen, daß er den Wechsel seinerseits mit einem weiteren Indossament, Voll- oder Blankoindossament, versieht und so als Wechselverpflichteter in den Wechselnexus eintritt, sondern er kann auch den Wechsel weiterbegeben, ohne daß er seinen Namen auf den Wechsel setzt und als Inhaber und Weiterbegebender im Wechsel auftritt, indem er entweder das Blankoindossament ausfüllt oder auch den Wechsel so, wie er ist, weitergibt. Auf diese Weise kann der in blanko indossierte Wechsel in unveränderter Gestalt von Hand zu Hand gehen, und der jeweilige Erwerber, der zum letzten Indossanten in keinerlei Beziehung steht, ist legitimiert, alle Rechte aus dem Wechsel geltend zu machen, ohne daß dabei die materiellen Gründe, auf denen die verschiedenen Begebungen beruhten, in Betracht kommen. Der jeweilige Erwerber braucht sich um diese in keiner Weise zu kümmern, womit freilich nicht ausgeschlossen ist, daß, wenn ihm bekannt ist, daß derjenige, von dem er den Wechsel erhält, rechtswidrig verfügt, ihn die Einrede der Arglist entgegenstehen würde. Vorliegend hat X. als Prokurist des Beklagten den mit den Blankoindossamenten des A. und des B. versehenen Wechsel von letzterem erhalten, um ihn für den Beklagten (Akzeptanten) zu diskontieren, statt dessen habe ihn aber X. dem Kläger gegeben, damit dieser sich daraus für eine Forderung an den Beklagten befriedige. Dies war ein rechtsgültiger Begebungsvertrag. Zwar behauptet der Beklagte, X. habe gegen sein Verbot so gehandelt, und er sei auch in dem Augenblick, wo es geschah, nicht mehr sein Prokurist gewesen. Daß dies aber der Kläger, als er den Wechsel erhielt, gewußt habe, ist nicht behauptet. Der Darlegung, X. sei von B., dem letzten Indossanten, ermächtigt gewesen, den Wechsel an den Kläger zu begeben, bedurfte es nicht (vgl. Staub, WO. § 4 zum Art. 13).... Aus Art. 10 folgt, daß, wenn wie hier, der Wechsel auf Grund eines Blankoindossaments an den Akzeptanten gelangt, dieser ihn auch in der oben angeführten Weise, durch einfache Weitergabe zu begeben, legitimiert ist. M. M.

g) **Hingabe in blanko indossierter Wechsel „in Depot"; Wirkung auf die für diese Wechselschuld eingegangene Bürgschaft.**

WO. Art. 10. BGB. § 1292.

OLG. Stuttgart I. CS. Urteil v. 16. Januar 1903.

Die klagende Bank erhielt vom Bankier W., der der Klägerin einen Saldo schuldete, im Hinblick auf diese Schuld einen in blanko girierten Wechsel „in Depot". Die Barzahlung erfolgte jedoch nicht, vielmehr kam W. in Konkurs. Die Klägerin verlangte nun vom Beklagten, welcher dem W. für diesen Wechsel in besonderer Urkunde Bürgschaft geleistet hatte, Bezahlung, da W. ihr den Wechsel verpfändet habe. Die Klage wurde abgewiesen.

Gründe:

Durch die Übergabe eines in blanko indossierten Wechsels gehen auf den Wechselinhaber alle Rechte aus dem Wechsel über, nicht aber die außerhalb des Wechsels bestehenden Nebenrechte, wie die Ansprüche gegen den Bürgen aus der für die Wechselschuld geleisteten Bürgschaft (vgl. Staub, WO. § 40 zu Art. 10; Entsch. d. RG. 41 S. 172). Die Klägerin hätte einen Anspruch gegen den Beklagten erlangt, wenn ihr der Wechsel (genauer: Wechselforderung oder Rechte aus dem Wechsel) verpfändet worden wäre. Aber eine solche Verpfändung kann nicht angenommen werden. Dazu genügt nach BGB. § 1292 die Einigung des (Wechsel-)Gläubigers und des Pfandgläubigers und die Übergabe des indossierten Papiers. Unter der Einigung ist (vgl. § 1205 [1]) verstanden, daß beide Beteiligte darüber einig sind, daß dem Gläubiger das Pfandrecht zustehen solle. Hier hat W. den Wechsel „in Depot gegeben", um der Klägerin Sicherheit für deren am 15. November 1901 fällige Forderung gegen ihn zu leisten. Diese Sicherheit konnte aber auch ohne Verpfändung der Wechsel gewährt werden: die bloße Übergabe der in blanko girierten Wechsel setzte die Klägerin in den Stand, die Wechsel zu verwerten oder die Wechselforderung bei Verfall einzuziehen, und die Berechtigung, sich in solcher Weise mittels der Wechsel zu befriedigen, erlangte sie dadurch, daß ihr, wie außer Streit ist, W. das Recht hierzu einräumte, für den Fall, daß er seine in Betracht kommende Schuld bei Verfall nicht bezahlen würde. Die zu Sicherungszwecken erfolgende Übergabe eines in blanko indossierten Wechsels stellt also nicht notwendig eine Verfaustpfändung der Wechselforderung dar; es kann eine — bedingte oder unbedingte — fiduziarische Übertragung der Wechselforderung vorliegen; daraus, daß wirtschaftlich der Erfolg einer zu Sicherungszwecken geschehenen Übergabe eines in blanko indossierten Wechsels der Verpfändung des Wechsels nahekommen wird, folgt nicht, daß in allen derartigen Fällen ein Verpfändungswille auf seiten der Beteiligten zu unterstellen oder das Rechtsgeschäft als Verpfändung der Wechselforderung aufzufassen ist. Eben weil der Gläubiger in der Regel ausreichend gesichert ist, wenn ihm ein in blanko indossierter Wechsel — auch ohne dessen Verpfändung — mit dem Recht (unbedingt oder unter gewissen Umständen) darüber zu verfügen, eingehändigt wird, werden die Beteiligten in der Regel in einem derartigen Fall nicht an eine Verpfändung denken und eine solche nicht beabsichtigen. Eine Verpfändung kann etwa gewollt sein mit Rücksicht auf eine, wie die Beteiligten wissen, für die in Betracht kommende Wechselforderung bestehende hypothekarische oder bürgschaftliche Sicherheit; wenn aber derartige besondere Umstände nicht obwalten, ist die Absicht der Verpfändung eines mit Blankoindossament übergebenen Wechsels nicht als selbstverständlich anzusehen. Sie wird auf seiten des Sicherung begehrenden Gläubigers keineswegs immer bestehen, weil seine Stellung unter Umständen (z. B. in Konkurs des Schuldners) günstiger ist, wenn ihm der zu Sicherungszwecken übergebene in blanko girierte Wechsel nicht (bloß) verpfändet ist (vgl. Staub, HGB. Anm. 67 zu § 368). . . . Der Ausdruck: „in

Depot geben" ist vieldeutig; er kann, muß aber nicht die Bedeutung haben „zum Pfand geben". Nach Lage der Sache liegt kein Grund vor, hier den Ausdruck anders als in seinem nächstliegenden Wortsinn zu verstehen; hiernach war damit eben gesagt, die Klägerin sollte die in blanko indossierten Wechsel in Besitz und Gewahrsam nehmen und von der ihr hierdurch eingeräumten Möglichkeit, durch Verwertung des Wechsels oder Einzug der Wechselsumme sich Barmittel zu verschaffen, erst Gebrauch machen, wenn W. bis zum 15. November 1901 die ihm obliegende Zahlung nicht leisten würde. . . . H.

b) **Die Nachsichtfrist eines eigenen Wechsels wird dem Wechselbürgen gegenüber durch gegen ihn erhobene Klage aus der Wechselbürgschaft in Lauf gesetzt.**

OLG. Hamburg, II. CS. Urteil v. 21. Oktober 1902.

Geklagt ist gegen die Erbin des Bürgen X. aus einem eigenen, auf 3 Monate nach Sicht gestellten Wechsel. Auszugehen ist davon, daß die einfache Präsentation eines nach Sicht gestellten Wechsels nicht bewirkt, daß die Nachsichtfrist vom Tage der Präsentation an zu laufen beginnt. Sollte also der Wechsel am 18. Januar 1901 dem Aussteller präsentiert sein, so würde sich daraus noch nicht ergeben, daß der Wechsel am 18. April 1901 fällig geworden sei. Dagegen ist der Wechsel durch die Erhebung der Klage gegen die Beklagte dieser gegenüber fällig geworden. Wie nämlich das Reichsgericht (Entsch. 8 S. 67) dargelegt hat, ist dem Aussteller des eigenen Nachsichtwechsels gegenüber der Klagezustellung die Herbeiführung der Fälligkeit des Wechsels zuzuschreiben. Vorliegend konnte nicht gegen den Aussteller geklagt werden. Die Klage gegen die Erbin des Bürgen führte jedoch nicht herbei, daß der Wechsel gegenüber dem Aussteller oder dessen Rechtsnachfolgern fällig wurde. Wohl aber setzte die Klagerhebung der Beklagten gegenüber die Nachsichtfrist in Lauf und führte ihr gegenüber den Verfall des Wechsels herbei. Wer auf einem Wechsel neben dem Aussteller seinen eigenen Namen mit der Bezeichnung „als Bürge" unterschrieben hat, haftet ebenso, als ob er den Wechsel selbst als Aussteller unterschrieben hätte (Entsch. des RG. 8 S. 68). M. M.

18

a) **Der Erwerber der Konkursmasse darf nicht einen „Konkursmasseausverkauf" ankündigen.**[1]

OLG. Dresden, IV. CS. Urteil v. 23. September 1902.

Unter „Konkursmasse" wird das gesamte, einer Zwangsvollstreckung unterliegende Vermögen des Gemeinschuldners verstanden, welches ihm zurzeit der Konkurseröffnung gehörte. Zu dessen Veräußerung ist nur der Verwalter berechtigt. Das veräußerte Vermögen hört dann auf, die „Konkursmasse" zu bilden, weil es Eigentum des Erwerbers wird. Letzterer kommt also über-

[1] Ebenso RG., I. Strafsen. JW. 1903 S. 146 Nr. 54.

haupt nicht in die Lage, eine „Konkursmasse“ zu verkaufen oder auszuverkaufen, sondern kann das lediglich mit ihm selbst gehörigen, aus einer Konkursmasse nur herrührenden Vermögensstücken tun. Kündigt er einen „Konkursmasse-ausverkauf“ an, so macht er eine unrichtige Angabe insofern, als dieser Ausdruck in seinem technischen Wortsinn die Behauptung in sich schließt, der Verwalter betreibe den Ausverkauf. Diese Behauptung enthält eine Angabe tatsächlicher Art über geschäftliche Verhältnisse, nämlich über die Person des Verkäufers und den unmittelbaren Anlaß zum Verkauf. Sie ist auch den Anschein eines besonders günstigen Angebotes zu erwecken geeignet, insofern ein großer Teil des Publikums in einem vom Verwalter betriebenen Ausverkauf eine besonders vorteilhafte Kaufgelegenheit erblickt und auch mit Rücksicht darauf erblicken darf, daß der Verwalter sich in der Regel in ungünstigerer Geschäftslage als ein Gewerbtreibender bei normalem Geschäftsgang befinden und daß ihm an beschleunigter Veräußerung sämtlicher Waren besonders viel gelegen sein wird, von ihm also eine niedrigere Preisstellung als von einem Dritten zu erwarten ist. Erfolgt die Anzeige des Konkurswaren-ausverkaufs weiter noch, wie hier, durch Plakate im Schaufenster eines Ladens, somit in Mitteilungen, welche für einen größeren Kreis von Personen (nämlich das vorübergehende Publikum) bestimmt sind, so liegt im Zweifel schon hiernach ein Verstoß gegen § 1 d. Ges. v. 27. Mai 1896 vor. Dies wird auch nicht durch die etwaige Tatsache ausgeschlossen, daß der Erwerber die vormalige Konkursmasse zu ebenso niedrigen Preisen ausverkauft, als es annehmbar der Verwalter getan haben würde. Denn auch abgesehen davon, daß das Publikum hiermit nicht ohne weiteres rechnen kann, daß es daher auf die Person des Verkäufers einiges Gewicht legen wird und in dessen falscher Bezeichnung somit eine Irrführung begründet ist, bedarf es einer solchen, d. i. eines Widerspruchs zwischen der Vorstellung des Publikums in Bezug auf die Vorteilhaftigkeit des Angebots und dessen objektiver Beschaffenheit zur Rechtfertigung des Anspruchs auf Unterlassung der unrichtigen Angabe überhaupt nicht. Denn das Gesetz will nicht ausschließlich den Interessen des kaufenden Publikums dienen, sondern wesentlich auch den ehrlichen Geschäftsmann gegen die Nachteile schützen, die ihm von Gewerbsgenossen im Wettbewerbe um die Kundschaft durch Anwendung unlauterer Mittel zugefügt werden. Dr. W.

b) **Bezeichnung: „alleiniger Vertreter der Fabriken in X.“**

OLG. Hamburg, II. CS. Urteil v. 24. September 1901.

Der Beklagte nennt sich auf den Zirkularen „alleiniger Vertreter und General-depositär der Holzwollefabriken zu X.“ Dies kann von jedem Leser, der mit den tatsächlichen Verhältnissen nicht vertraut ist, füglich nur dahin verstanden werden, daß der Beklagte sich dem Publikum gegenüber als alleinigen Vertreter der s ä m t l i c h e n in X. bestehenden Holzwollefabriken ausgeben wolle. Ist aber die Bezeichnung so zu verstehen, so enthält sie (wird näher ausgeführt) eine unwahre Angabe über geschäftliche Verhältnisse. Die Angabe ist auch geeignet, den Anschein eines besonders günstigen Angebotes hervorzurufen. Denn dadurch, daß der Beklagte sich als den alleinigen Vertreter für „Hamburg und Export" ausgibt, wird bei denjenigen Geschäftstreibenden in Hamburg, welche auf den Erwerb der in X. hergestellten Holzwolle reflektieren, der Glaube hervorgerufen werden können, es sei für sie vorteilhaft, ja notwendig, sich wegen des Ankaufs an den Beklagten zu wenden, wie denn auch weiter das interessierte Publikum aus der Kundgebung zu folgern berechtigt ist, daß sich außer der vom Beklagten vertretenen in X. bestehenden Fabriken andere dort mit der Herstellung von Holzwolle nicht befassen. M. M.

c) **Angaben tatsächlicher Art. Ges. v. 27. Mai 1896 § 1.**

OLG. Hamm, VI. CS. Urteil v. 4. Juli 1903.

Das Inserat des Beklagten „Geldschränke für jeden Beruf, für jedes Geschäft. Unerreichte Auswahl, einzig am Platze. Enorme billige Preise, kulante Bedingungen" enthält keine Angaben tatsächlicher Art. Die Worte: „unerreichte Auswahl" an sich betrachtet, stellen ebensowenig wie die vorangehenden Anpreisungen: „für jeden Beruf" 2c, und die nachfolgenden: enorm billige Preise", „kulante Bedingungen", feinste Ausführung" sich als Behauptungen über einen in der Gegenwart bestehenden Zustand, mithin nicht als Angaben tatsächlicher Art, dar; sie sind sämtlich, wie das „große Lager" und das „besonders billig", in der Entsch. des RG. 44 S. 11 als subjektive Kundgebungen, als der reklamehafte Ausdruck für vermeintliche oder wirkliche Vorzüge des Geldschrankgeschäftes des Beklagten zu bezeichnen. Die Verbindung der Worte: „unerreichte Auswahl" mit dem weiteren: „einzig am Platze" nötigt nicht zu einer anderen Beurteilung. Der Beklagte sagt mit den beiden Ausdrücken nicht, daß er das einzige in D. bestehende Geldschrankgeschäft besitze; auch nicht, daß eine Auswahl an Geldschränken, wie er sie biete, sonst am Platze nicht zu finden sei; er stellt vielmehr lediglich eine Mehrheit von Ausdrücken nebeneinander, welche, für sich allein betrachtet, in das Gebiet allgemein gehaltener marktschreierischer Reklame gehören, und auch in ihrem Zusammenhange die Grenze dieses Gebietes gegenüber dem der Angaben tatsächlicher Art nicht überschreiten. Lobende, auch übertriebene Urteile über sein Geschäft sind dem Beklagten nicht gesetzlich verboten; auch das „einzig am Platze" bleibt nach der Auffassung des Berufungsgerichts für sich und im Zusammenhalte mit dem sonstigen Inhalte der Reklame innerhalb des gesetzlich Erlaubten, und kann hier nicht auf dieselbe Stufe gestellt werden mit Redewendungen wie: „größtes Lager am Platze", „einzige „Niederlassung", „gelesenste Zeitung am Platze", „einzige Fabrik der Branche" und ähnlichen von der Rechtsprechung unter die Angaben tatsächlicher Art subsumierten Ausdrücken. N.

d) **Bezeichnung einer Ware als amtlich geschützt.**

OLG. Hamburg, I. CS. Urteil v. 2. Mai 1902.

Der Aufdruck: Das Bild einer Moschee mit der wahrheitswidrigen Unterschrift marque déposée auf den Zigarettenschachteln des Beklagten, enthält eine Mitteilung an einen größeren Kreis von Personen, welche über geschäftliche Verhältnisse unrichtige Angaben tatsächlicher Art macht. Auch sind diese Angaben geeignet, den Anschein eines besonders günstigen Angebots hervorzurufen. Daß ein solcher Anschein bei jedem nachdenkenden und erfahrenen Menschen hervorgerufen werden muß, ist zur Erfüllung des Gesetzes nicht erforderlich; es genügt, wenn die Angaben auf das den Artikel kaufende Publikum oder auf einen erheblichen Teil desselben den Eindruck machen können, als ob ein besonders günstiges Angebot vorzuliegen scheine. Daß jenes der Fall ist, wenn jemand seine Ware in einer Darstellung in Verkehr bringt, als wenn für sie ein gesetzlich geschütztes Warenzeichen bestände, ist mit dem Urteil des III. CS. vom 15. März 1902 (Bf. III 10/02) unbedenklich anzunehmen. Denn das ist ja gerade der allgemein bekannte und anerkannte Grund und Zweck der Ausstattung einer Ware mit einem Warenzeichen, daß man sie als besonders lobenswert von Waren anderer Verkäufer unterscheiden und sie als eine bei der Kundschaft beliebte und deshalb auch dem weiteren Publikum begehrenswerte kennzeichnen will, welche am bestimmten Zeichen sofort und untrüglich zu erkennen, der bereits gewonnenen wie der weiter zu werbenden Kundschaft vorzüglich gelegen sein muß. Es ist dem Gerichte aber auch nicht zweifelhaft, daß der Nimbus amtlicher Anerkennung und gesetzlichen Schutzes, welcher mit dem angemaßten Warenzeichen der Ware aufgedruckt wird, ihr einen Anschein besonders günstigen Angebots verleiht. Der Beklagte meint allerdings, mit der französischen Unterschrift marque déposée sei gar nicht auf eine Eintragung in Deutschland hingewiesen und das Bestehen eines deutschen Markenschutzes nicht vorgespiegelt. Allein er gibt selbst zu, eben dieses Zeichen beim Patentamt angemeldet zu haben und durch Einleitung eines Widerspruchsverfahrens an der Erreichung der Eintragung in die Zeichenrolle bisher gehindert worden zu sein. Daß er trotzdem nicht lassen konnte, im Publikum den Glauben zu erwecken, das Zeichen sei für ihn eingetragen und ihm geschützt, beweist, welchen geschäftlichen Wert er darauf legte, diese unrichtige Angabe zu verbreiten. Ohne daher Gewicht darauf zu legen, daß in der Wahl einer Moschee als Warenzeichen ein Hinweis auf türkischen Tabak gefunden werden könnte, und obwohl das Warenzeichen zur Zeichenrolle angemeldet ist und deswegen die Schlußfolgerungen im wesentlichen wegfallen, welche das angeführte Urteil des OLG. daran knüpfen, daß, wer sich ein Warenzeichen eintragen lasse, damit zu erkennen gebe, daß er die damit verknüpften Kosten nicht scheue, muß das Gericht der Auffassung beipflichten, daß das Angebot einer Ware unter einem angeblich eingetragenen Warenzeichen den Anschein eines besonders günstigen Angebots der Ware enthält, weil, ob mit Recht oder Unrecht ist gleichgültig, das Publikum den Vorzug der amtlichen Gewährleistung des Schutzes der Marke auf die Güte der Ware zu übertragen geneigt ist und sich vorstellt, daß eine Ware, deren Nachahmung in Hinsicht der äußeren Darbietung man durch ein amtliches Verfahren zu hindern bemüht ist, eben von besonderer Güte und darum nachahmenswert sei. M. M.

e) **Wettbewerb durch Gebrauch einer Firma.**

OLG. Kiel, II. CS. Urteil v. 1. April 1902.

Die Aktiengesellschaft „Flensburger Eisenwerk" klagt gegen den Inhaber der Firma „Flensburger Maschinenfabrik" auf Unterlassung des Gebrauchs dieser Firma mit der Behauptung, daß der Beklagte keinen fabrikmäßigen Betrieb habe und daß er keine Maschinen herstelle. Die Klage wurde abgewiesen. Gründe:

Der Zusatz „Flensburger Maschinenfabrik" zum Namen des Beklagten enthält eine Angabe tatsächlicher Art über geschäftliche Verhältnisse, da durch sie die Tatsache, daß Maschinen im Geschäftsbetriebe des Beklagten fabrikmäßig hergestellt werden, kundgegeben wird. In der Führung eines solchen Firmenzusatzes darf ferner der Tatbestand einer für einen größeren Kreis von Personen bestimmten Mitteilung gefunden werden, da die Führung der Firma eine Kundbarmachung ihres Wortlautes durch Wort oder Schrift zum Inhalt hat. Es ist auch die in den Worten „Flensburger Maschinenfabrik" enthaltene Angabe tatsächlicher Art, falls sie unrichtig ist, geeignet, den Anschein eines besonders günstigen Angebots hervorzurufen, da die Tatsache fabrikmäßiger Herstellung vermöge Verbilligung der Herstellungskosten und der vorauszusetzenden Größe des Umsatzes in der Regel für eine Verbilligung des Preises der hergestellten Waren im Gegensatz zu den Erzeugnissen eines Handwerksbetriebes Gewähr leistet. Das Klagerecht der Klägerin endlich folgt aus dem Umstande, daß sie Waren gleicher oder verwandter Art herstellt. Allein der Beklagte betreibt eine Fabrik, wenn auch von nur geringem Umfange. Insbesondere spricht dagegen nicht der Umstand, daß er die Gußteile der von ihm hergestellten Maschinen in auswärtigen Gießereien herstellen läßt. Denn unbestritten werden die zu den Maschinen (Pasteurisierungsapparate) gehörigen Trommeln vom Beklagten selbst hergestellt. Daraus ergibt sich, daß seine Arbeit nicht lediglich Montierarbeit ist, und da die Trommel kein ganz untergeordneter Bestandteil der Maschinen ist, so liegt in der Tätigkeit ein „Herstellen" von Maschinen. Ein solches hat nicht zur Voraussetzung, daß sämtliche Teile der Maschine im eigenen Betriebe angefertigt werden. Selbst größere Fabrikbetriebe beziehen manche Maschinenteile, und darunter nicht selten die durch Guß hergestellten, von auswärts. Daß endlich der Zusatz „Flensburger Maschinenfabrik" den Anschein erweckt, als ob sämtliche Bestandteile der hergestellten Maschinen oder doch deren größerer Teil in Flensburg hergestellt würden, kann nicht zugegeben werden; diese Ortsbezeichnung gilt vielmehr dem gesamten Betriebe. . . . Gr.

f) **Tatsächliche Angaben; Wahrheitsnachweis; Gegenüberstellung eigener und Konkurrenzfabrikate; berechtigtes Interesse.**

OLG. Hamm, VI. CS. Urteil v. 13. Juni 1903.

Der Kläger bringt das nach ihm benannte A.'sche, Beklagter das vom Chemiker B. erfundene Backpulver auf den Markt. In einem Reklamezettel mit der Überschrift: „Was sagen die Hausfrauen von B.'s Backpulver?" druckt

Beklagter Anerkennungsschreiben, darunter auch das folgende: „Frau X. schreibt: Ihre Präparate sind vorzüglich, das Backpulver weit besser wie das von A., welches man stets durchschmeckt" ab und behauptet, daß diese Angaben über die beiden Backpulver der Wahrheit entsprächen, wurde aber verurteilt. **Gründe:**

Die Behauptung, welche Beklagter über das Erzeugnis des Klägers aufstellt oder verbreitet, ist eine Behauptung **tatsächlicher Art.** Denn mit dem Satze, daß „man" das A.'sche Backpulver „stets durchschmeckt", wird eine diesem Backpulver innewohnende, mit körperlichen Sinnen wahrnehmbaren, den Geschmack des damit hergestellten Gebäckes unangenehm beeinflussende, den Genuß störende Eigenschaft desselben behauptet, und **nicht** bloß (wie mit der insoweit unverfänglichen Angabe, das B.-Backpulver sei „weit besser" als das von A.) ein allgemeines **Urteil** über den Konkurrenzartikel ausgesprochen. Daß Beklagter die in der Zuschrift der Frau X. aufgestellte Behauptung über das Durchschmecken durch seine in Händler- und Konsumentenkreise gebrachte Reklamezettel **verbreitet,** ist ebenso unbedenklich wie die Annahme, daß dies **zu Zwecken des Wettbewerbs** unternommen wird und **geeignet** ist, den Betrieb des Geschäfts des Klägers **zu schädigen.** Unstreitig sollen die Reklamezettel das Publikum veranlassen, die beiden Backpulver zu prüfen und zu vergleichen, — und selbstverständlich wird sich der Umsatz des klägerischen Backpulvers verringern, wenn in weiteren Kreisen der Käufer die Auffassung Platz greift, zu welcher der Reklamezettel hinführen will und kann, daß nämlich dieses Backpulver durchschmecke, also eine es nicht empfehlende Eigenschaft besitze. Die auf § 6^2 gestützte Einrede der Beklagten ist nicht begründet. Allerdings macht der Kläger in der Öffentlichkeit für sein Backpulver Reklame; er publiziert und verschickt Abdrücke von Schreiben, in denen Hausfrauen sein Backpulver rühmen; auch kommen in diesen Schreiben allgemein gehaltene Urteile über Konkurrenzfabrikate vor, z. B. daß das A.'sche von 8 erprobten das beste sei; daß kein anderes Backpulver dieselben empfehlenswerten Eigenschaften besitze; daß die Ausstellerin es dem N.'schen vorziehe; daß eine andere Verfasserin zum Backmehl von M. kein Vertrauen habe u. dergl. Es erhellt aber nicht, daß in einer dieser vom Kläger verbreiteten Reklamen hinsichtlich der Konkurrenzfabrikate über subjektive allgemeine Kritiken herausgehende Behauptungen tatsächlicher Art aufgestellt würden und ebensowenig, daß daselbst das B.'sche Backpulver überhaupt nur erwähnt wird. Unter diesen Umständen ist ein **berechtigtes Interesse** der Beklagten an der Verbreitung des Schreibens der Frau X. zu verneinen. Es kann nicht anerkannt werden, daß gegenüber gesetzlich nicht angreifbaren Reklameveranstaltungen der Konkurrent, der seinerseits bei der Gegenreklame wider das Gesetz verstößt, hierfür ein berechtigtes Interesse geltend machen dürfe. Im übrigen redet § 6^2 lediglich von „Mitteilungen", welche unter der Voraussetzung eines berechtigten Interesses des Mitteilenden oder des Empfängers eine Klage des Verletzten ausschließen sollen. Es soll damit die kaufmännische Auskunfterteilung geschützt werden; unter Umständen können auch sonstige im Verkehrsleben vorkommende Auslassungen über andere auf den Schutz des Abs. 2 sich berufen (vgl. JW. 1898 S. 579[27]). Überall aber handelt es sich dabei um von Person zu Person ergehende mündliche oder schriftliche Äußerungen, — nicht um den Inhalt von Reklamezetteln, deren Leser auch sprachgebräuchlich nicht der „Empfänger" einer „Mitteilung" ist. Ein berechtigtes Interesse dieser Leser an dem Inhalte des Reklamezettels behauptet der Beklagte selbst nicht, und es bedarf nicht der Ausführung, daß ein solches im Sinne des Abs. 2 nicht besteht (vgl. JW. 1903 S. 297[28]).

Der dem Beklagten obliegende Beweis der **Wahrheit** der von ihm verbreiteten Behauptung ist allerdings geführt. Zugleich ist aber festgestellt, daß das Durchschmecken nicht bloß für das Fabrikat des Klägers charakteristisch, sondern **allen** derartigen Pulvern, auch **dem des Beklagten**, eigen ist. Auf diese Feststellung und auf die Erwägung, daß das X.'sche Schreiben nach seinem Zusammenhange das A.'sche Backpulver im Gegensatze zum B.'schen als durchschmeckend hinstelle, stützt das Landgericht seine weitere Annahme, das der Reklamezettel als Ganzes gewürdigt, eine nicht erweislich wahre Behauptung verbreite. Diese Schlußfolgerung trifft jedoch nicht zu. Allerdings enthält das X.'sche Schreiben, in seinen Inhalt zerlegt, zwei verschiedene Behauptungen tatsächlicher Art, eine ausdrückliche: „Das Backpulver von A. schmeckt man stets durch", und eine sinngemäß zu folgernde: „Das Backpulver des Beklagten schmeckt man nicht durch." Soweit nun die Klage auf § 6 gestützt werden soll, kann nur die **erstere** Behauptung in Frage kommen. Der § 6 will die **üble Nachrede** im Konkurrenzkampfe treffen und setzt voraus, daß über Waren rc **eines anderen** Behauptungen aufgestellt oder verbreitet werden, welche nicht erweislich wahr sind. Ist die über die Ware des anderen aufgestellte Behauptung wie hier wahr, so wird sie nicht dadurch unwahr, daß eine nebenhergehende zweite, — sich auf die Ware des **anderen nicht** beziehende — Behauptung unwahr ist. Der Klaganspruch erscheint jedoch gerechtfertigt aus dem Gesichtspunkte der schwindelhaften Reklame. Der § 1 redet allgemein von Waren, hinsichtlich derer unrichtige Angaben gemacht werden, trifft somit auch Angaben, welche jemand über **eigene** Waren macht. Daß das X.'sche Schreiben eine unrichtige Angabe tatsächlicher Art über die Beschaffenheit von Waren enthält, indem es in nicht mißverständlicher Weise das B.'sche Backpulver im Gegensatze zu dem A.'schen als nicht durchschmeckend hinstellt, ist bereits ausgeführt (vgl. auch JW. 1901 S. 211[14]). Diese Angabe ist enthalten in für einen größeren Kreis von Personen bestimmten Mitteilungen, deren Begriff in § 1 nach der Wortfassung und der Absicht des Gesetzes ein weiterer ist, als der oben dargelegte einer Mitteilung im Sinne des § 6[2]. Auch ist der Gegensatz, in welchen das Fabrikat der Beklagten zu dem des Klägers gestellt wird, geeignet, das Urteil des Publikums über die Güte des Angebots zu beeinflussen und in der Durchschnittsmasse der Konsumenten die Meinung zu bilden, daß sie sich besonders gut dabei stehen, wenn sie bei der Wahl eines Backpulvers sich für das des Beklagten entscheiden. Endlich ist der Beklagte derjenige, welcher durch Wiedergabe der X.'schen Zuschrift in seinem Reklamezettel Angaben im Sinne des § 1 macht. Dies muß auch dann gelten, wenn er die Ausstellung des X.'schen Schreibens nicht veranlaßte. Wer zu Reklamezwecken einen fremden Gedanken unter Bezeichnung des Urhebers wiedergibt, verbreitet diesen Gedanken, und die Angabe, die er macht, ist nicht lediglich und auch nicht an erster Stelle die Kundbarmachung der Tatsache, daß der andere dem Gedanken Ausdruck gegeben habe, sondern er macht den Inhalt des fremden Gedankens durch dessen bestätigende Wiederholung zu seiner eigenen Angabe. Jedenfalls aber würde in einer solchen Wiederholung, wenn sie, wie hier, durch Abdruck auf Reklamezetteln geschieht, eine „Veranstaltung" erblickt werden müssen, darauf berechnet und geeignet, Angaben im engeren Verstande, nämlich mündliche oder schriftliche Mitteilungen, zu ersetzen (§ 1[4]). Darauf, ob Beklagter einzelne Worte des Schreibens der Frau X. in seinen Reklamezetteln durch Unterstreichen oder Fettdruck hervorgehoben hat oder nicht, kann es nicht ankommen. Unerheblich ist auch, ob Beklagter die Überzeugung hat, daß das Backpulver des Klägers einen sodaartigen Nachgeschmack hat, den das B.'sche nicht habe. N.

g) **Die Klage aus § 6 ist eine Klage aus unerlaubter Handlung. CPO. § 32.**

OLG. Stuttgart, I. CS. Urteil v. 7. April 1902.

Die in W. wohnhafte Beklagte hat eine Ankündigung, wonach der Kläger ihr Patent verletzte, an sämtliche Brauereien in St. geschickt. Die Einrede der örtlichen Unzuständigkeit des Landgerichts wurde verworfen. Gründe:

Nach § 6 ist nicht erlaubt, Behauptungen der dort bezeichneten Art zu verbreiten; denn der Verletzte kann „den Anspruch geltend machen, daß die Wiederholung oder Verbreitung der Behauptungen unterbleibe"; eine Handlung aber, deren Vornahme untersagt werden kann, ist eine solche, die überhaupt nicht vorgenommen werden soll, die somit nicht gestattet ist. Unerlaubt sind aber nicht bloß solche Handlungen, bezüglich deren dem Handelnden ein Verschulden zur Last fällt: die Übertretungen des StGB. z. B. sind ohne Frage unerlaubte Handlungen, Bestrafung erfolgt aber wegen ihrer (nach weitverbreiteter, wenn nicht herrschender Ansicht), ohne daß dem Täter Vorsatz oder Fahrlässigkeit nachgewiesen zu werden braucht (vgl. Entsch. des RG. 38 Nr. 48 S. 184). Ebenso ist die Verletzung der Rechte des Patentinhabers eine unerlaubte Handlung, die, auch wenn sie nicht vorsätzlich oder fahrlässig erfolgt, einen Anspruch des Patentberechtigten auf Unterlassung erzeugt. Das Gesetz ist nicht gehindert, eine Handlung schlechthin — ohne Rücksicht darauf, ob dem Handelnden ein Verschulden zur Last fällt — für unerlaubt zu erklären und an ihre Vornahme Ansprüche des dadurch in seinen Interessen Verletzten zu knüpfen, und das ist nun auch im § 6 geschehen. Der Gesetzgeber kann allerdings auch an erlaubte Handlungen Rechtsfolgen zugunsten des dadurch Geschädigten knüpfen, wie dies in § 1 des Haftpflichtgesetzes und §§ 833, 835 BGB. geschehen ist: der Betrieb einer Eisenbahn, das Halten von Tieren und das Hegen von Wild sind zweifellos erlaubte Handlungen und doch kann aus ihnen eine Schadensersatzpflicht des Betriebsunternehmers, des Tierhalters und Wildhegers entspringen; aber beim § 6 ist — wie gezeigt — die Sachlage eine andere.

Nicht jede Klage, die durch eine unerlaubte Handlung veranlaßt ist, stellt eine „Klage aus einer unerlaubten Handlung" im Sinne des § 32 CPO. dar. Vertragsverletzungen sind z. B. zweifellos nicht erlaubt; aber der durch eine Vertragsverletzung erzeugte Anspruch ist kein Anspruch aus einer unerlaubten Handlung, sondern ein Anspruch aus dem Vertrag, ein Anspruch, der seinen Rechtsgrund in dem Vertrag und nur seinen Anlaß in der unerlaubten Handlung hat; ebenso ist der Untersagungsanspruch des Patentberechtigten gegen denjenigen, der ohne (grobe) Fahrlässigkeit das Patent verletzt hat, kein Anspruch aus einer unerlaubten Handlung, sondern ein Anspruch, der nur seinen Anlaß in dieser Handlung, seinen Rechtsgrund aber im absolut wirkenden Patentrecht hat (vgl. Entsch. des RG. 24 Nr. 85).

Es fragt sich daher, ob der Untersagungsanspruch aus § 6 seinen Rechtsgrund in der unerlaubten Handlung dessen hat, der Behauptungen der dort bezeichneten Art verbreitet, oder aber — wie das Reichsgericht sich ausdrückt — „in einem absoluten Recht, dessen Inhaber es (durch die Klage gegen die Beeinträchtigung reagierend) geltend macht." In Entsch. d. RG. 44 Nr. 78 ist ein „Recht auf Schutz gegen unlautern Wettbewerb" als ein Recht im Sinne des § 37 ² HGB. anerkannt. Von diesem Standpunkt aus ließe sich vielleicht sagen: Der § 6 enthalte eine diesem Recht des Geschädigten entsprechende Verpflichtung des Schädigers; die Klage auf Unterlassung der Verbreitung einer Behauptung der in § 6 bezeichneten Art habe somit ihren Grund in einem (absoluten) Recht des Klägers und sei demnach keine Klage „aus" einer unerlaubten Handlung.

Das Berufungsgericht vermag aber jener Ansicht des Reichsgerichts nicht beizupflichten. Ein Schutzgesetz, wie das Wettbewerbsgesetz muß nicht notwendig dem Schutz von Rechten, kann vielmehr auch dem Schutz berechtigter Interessen oder von Rechtsgütern dienen (vgl. Staub, HGB. Anm. 14 zu § 37). Unser Recht kennt aber kein Privatrecht auf „Schutz gegen unlautern Wettbewerb", sondern nur eine Reihe von Vorschriften, die gewisse Wettbewerbshandlungen als unerlaubt (weil gegen die guten Sitten verstoßend) erklären und dem dadurch Geschädigten oder doch an deren Unterlassung Interessierten einen Anspruch auf Unterlassung und unter Umständen auf Schadensersatz gewähren; den Inhalt des angeblichen „Rechts auf Schutz gegen unlautern Wettbewerb" würde lediglich der Anspruch darauf bilden, daß jedermann derartige Handlungen unterläßt, soweit sie den berechtigten Interessen des Betreffenden zuwiderlaufen. In gleicher Weise ließen sich aus den §§ des StGB., deren Verletzung privatrechtliche Ansprüche begründet, Rechte auf Schutz gegen Körperverletzung, Beleidigung rc ableiten. Das BGB. stellt aber — nach der herrschenden und richtigen Ansicht — in § 823 Leben, Körper, Gesundheit und Freiheit als Rechtsgüter dem „Eigentum und sonstigen Rechten" gegenüber und die Entsch. des RG. 51 Nr. 86 lehnt mit Recht ab, eine nicht abgeschlossene Reihe sogenannter Persönlichkeits- oder „Individualrechte" als Privatrechte anzuerkennen; in diese Kategorie fiele aber auch das angebliche „Recht auf Schutz gegen unlautern Wettbewerb". Der Verstoß der Beklagten gegen § 6 verletzt daher kein (absolutes) Recht des Klägers, so daß der erhobene Anspruch seinen Grund in diesem Recht hätte; die Klage ist vielmehr eine Klage „aus unerlaubter Handlung" im oben dargelegten Sinne, die Zuständigkeit des LG.St. ist begründet. H.

h) **Begriff des „Verletzten" nach § 6.**

OLG. Frankfurt, I. CS. Urteil v. 18. Dezember 1901.

Der Kläger ist Geschäftsführer der Ges. m. b. H. „A. Tonwerke", welche ebenso wie Beklagter geschäftliche Beziehungen mit der Firma „X. Tonwerke" unterhält Letzterer hat Äußerungen über die Person des Klägers, die Leistungsfähigkeit der A. Tonwerke und die Güte des von diesen gelieferten Tons gemacht, deren Unterlassung verlangt wird.

Aus den Gründen:

Die Äußerungen betreffen zum Teil das Erwerbsgeschäft, sowie die Waren und gewerblichen Leistungen der A. Tonwerke, zum anderen Teil die Person des Klägers, als des Leiters des Geschäftes. Bezüglich der ersteren ist Kläger nicht klageberechtigt, denn es handelt sich um die Tonwerke, eine Ges. m. b. H., die als solche juristische Persönlichkeit besitzt; Kläger ist an dieser Gesellschaft nur als Geschäftsführer und außerdem als Besitzer des vierten Teils der Geschäftsanteile beteiligt. Nicht er ist deshalb der Verletzte; als solcher könnte er höchstens dann angesehen werden, wenn er alle oder doch nahezu alle Geschäftsanteile besäße, denn im wirtschaftlichen Sinne würde es sich dann um sein Geschäft handeln. Dieser Fall liegt aber hier nicht vor.

Von den weiteren Äußerungen, nämlich „auch die zahlreichen Differenzen mit den Kunden bewiesen die Mangelhaftigkeit der Lieferungen der A. Tonwerke" und „Kläger verstehe nichts vom Tongeschäft", enthalten die ersteren auch ein persönliches Moment, letztere sind ausschließlich persönlicher Natur. Ob bei Äußerungen dieser Art der persönlich Betroffene, auch wenn er nicht Inhaber des Erwerbsgeschäftes ist, zur Klage aus § 6 legitimiert sei, ist streitig. Der Wortlaut spricht für die Verneinung, denn die Behauptungen tatsächlicher Art, welche das Gesetz bekämpfen will, beschränkt es auf solche: „welche geeignet sind, den Betrieb des Geschäfts oder den Kredit des Inhabers zu schädigen." Es ist auch nicht anzunehmen, daß die Absicht des Gesetzgebers weiter gegangen sein sollte, als dem Inhaber des Geschäftes Schutz zu gewähren, denn dieser allein ist Erwerbsgenosse und Konkurrent des anderen

Teiles und hat unter einem unlauteren Wettbewerb des Letzteren in erster Linie zu leiden. Der Leiter des Geschäftes ist nur Vertreter des Inhabers und wenn er auch in vielen Fällen unter dessen Schädigung mitzuleiden haben wird, so befinden sich doch auch andere Personen, namentlich Kommanditisten, stille Gesellschafter und in sonstiger Weise am Gewinn Beteiligte in gleicher Lage. Will man daher nicht dazu gedrängt werden, die Berechtigung zur Klage aus § 6 ins Ungemessene auszudehnen, so wird man dabei stehen bleiben müssen, daß als „der Verletzte“ nur der Inhaber des Geschäftes anzusehen ist und daß der Geschäftsleiter, wenn sich die Äußerungen gegen ihn richten, auf denjenigen Schutz beschränkt ist, welchen das StrGB. für solche Fälle an die Hand gibt. Der Kläger behauptet zwar, daß er auch selbst Gruben besitze und daraus an die X. Tonwerke liefere. Allein hierauf kann der Kläger kein eigenes Klagerecht gründen, weil sich die fraglichen Äußerungen auf die A. Tonwerke beschränkten.... Sch.

i) **Verhältnis des Abs. 1 und 2 des § 6.**

OLG. Hamburg, III. CS. Urteil v. 18. Dezember 1902.

Sollte schon der Umstand, daß wie hier ein Zirkular (Kläger mache dem Beklagten vertragswidrige Konkurrenz) in geschäftlichem Interesse des Versenders oder seiner Kunden abgesandt wird, dazu genügen, ein „berechtigtes Interesse“ im Sinne des § 6[2] anzunehmen, dann wäre damit die ganze so wichtige Anordnung des Abs. 1 geradezu illusorisch gemacht. Denn Abs. 1 käme immer dann nicht zur Anwendung, wenn irgend etwas im Interesse des Wettbewerbs geschehe. Das zeigt das Unmögliche solcher Auslegung. Ebensowenig ist natürlich die Folgerung möglich, daß in allen Fällen des geschäftlichen Wettbewerbes, entgegen der ausdrücklichen Vorschrift des Abs. 1, die Beweislast den Kläger treffen müsse. Der Sinn der Ausnahmebestimmung des Abs. 2 ist vielmehr der, daß, wenn besondere Umstände das an sich unter Abs. 1 fallende Verfahren rechtfertigen sollten (wie z. B. die Tätigkeit der Auskunfteien), dessen Folgen nicht eintreten sollen. Davon ist hier gar nicht die Rede. Übrigens liegt der Fall hier auch so, daß, im Falle Kläger eidlich ableugnet, eine Verpflichtung, keine Konkurrenz zu machen, eingegangen zu sein, gleichzeitig auch erwiesen wäre, daß Beklagter, der ja nur persönliche mündliche Abmachung mit dem Kläger behauptet, auch wider besseres Wissen seine Behauptung im Zirkular aufgestellt haben muß. Daran, ein solche aufzustellen, kann nie ein „berechtigtes“ Interesse bestehen. Die volle Beweislast für die Wahrheit der von ihm aufgestellten Behauptungen trifft aber nach der klaren Gesetzesvorschrift den Beklagten (JW. 1901 S. 86 Nr. 21). M. M.

k) **Bezeichnung: „seitheriger Betriebsführer des X.“**

OLG. Dresden, VIII. CS. Urteil v. 24. September 1902.

Die Klägerin A. verlangt, daß den Beklagten — der Gesellschaft B. & C., sowie den Gesellschaftern B. und C. — unter Strafandrohung der Weitergebrauch der Bezeichnung „seitheriger Betriebsingenieur bei der Firma A.“

[1] Anfügung der Worte: „früher W.'sche Räume“: JW. 1898 S. 174 Nr. 51.

bei der Aufführung des Beklagten C. in ihren öffentlichen Anpreisungen untersagt werde, während sie sich gegen die Aufführung des B. als „seitherigen Sozius der Firma A." nicht wendet. Vor der Gründung der beklagten Firma und Eröffnung ihres auf die Erzeugung und den Vertrieb der von der Klägerin geführten Waren (Armaturen) gerichteten Geschäfts in den von dieser bis dahin innegehabten Räumen waren B. Mitinhaber und kaufmännischer Leiter und C. Betriebsingenieur der Klägerin. Die Beklagten haben in ihren Zirkularen auf die frühere Tätigkeit der Beklagten B. und C. hingewiesen, hervorgehoben, daß ihre Geschäftsräume bisher von der Klägerin innegehabt worden seien, und daneben Angaben gemacht, welche den Glauben erwecken mußten, als ob ihre Firma nicht neu gegründet, sondern eine Fortsetzung derjenigen der Klägerin sei... Daraus allenthalben in Verbindung mit dem Umstande, daß solche Drucksachen auch Kunden der Klägerin zugegangen sind, geht hervor, daß die Beklagten den Anschein zu erwecken suchten, daß die Firma A. nicht mehr bestehe und in der beklagten Firma, der die haupttechnische und kaufmännische Kraft der Klägerin nunmehr angehörten, ihre Nachfolgerin erhalten habe, daß also nur die Firma gewechselt habe, das unter ihr betriebene Fabrikations- und Handelsgeschäft aber das nämliche geblieben sei. Ihr Zweck dabei kann nur der gewesen sein, bisherige Kunden der Klägerin abspenstig zu machen und neue Kunden, die sonst der altbewährten Firma der Klägerin zugefallen sein würden, zu sich herüberzuziehen; damit haben sie auch Erfolg gehabt. Es mag dahingestellt bleiben, ob das Wettbewerbsges. hier Anwendung finden kann. §§ 6 und 8 schlagen jedenfalls nicht ein. Ersterer ist nicht anwendbar, weil nicht über das Erwerbsgeschäft der Klägerin nicht erweislich wahre Behauptungen tatsächlicher Art verbreitet worden sind. Letzterer kommt nicht in Betracht, weil nicht die Firma der Klägerin benutzt worden ist. Höchstens könnte § 1 in Frage kommen. Es fehlt aber hierzu zum größten Teile an der Unrichtigkeit der gemachten Angaben, da nur die Angaben, welche auf eine bereits länger bestehende Firma hinweisen, unrichtig sind. Auch kann es zweifelhaft sein, ob die durch die teils wahren, teils unrichtigen Angaben im Zusammenhalte beabsichtigte und erreichte Gesamtwirkung unrichtigen Angaben tatsächlicher Art im Sinne des § 1 gleichzustellen ist. Jedenfalls ist aber der Tatbestand des § 826 BGB. gegeben. Die Motive allein machen zwar, auch wenn sie unsittlicher Art sind, eine Handlung nicht zu einer gegen die guten Sitten verstoßenden; die objektiven Umstände, unter denen die Handlung vorgenommen wird, müssen so beschaffen sein, daß sie in Verbindung mit den Motiven gegen die guten Sitten verstoßen (Planck, Note 2^b zu § 826 mit Note 1 zu § 138). Der Maßstab für den Begriff der guten Sitten ist aus dem herrschenden Volksbewußtsein zu entnehmen — „dem Anstandsgefühl aller billig und gerecht Denkenden" (JW. 1901 S. 349; Entsch. des RG. 48 S. 118). Gerade gegen den Mißbrauch der Gewerbefreiheit durch gewinnsüchtige Ausbeutung oder durch Vergewaltigung anderer soll in Ergänzung des Wettbewerbsgesetzes der § 826 Schutz gewähren, und zwar kann die Klage dann auch auf Unterlassung gerichtet werden, wenn ein unerlaubtes Verhalten bereits verwirklicht ist, aber weitere Eingriffe zu besorgen sind, wenn also mit der Klage die Fortsetzung oder Vollendung der verübten bezw. begonnenen Schädigung verhütet werden soll (Entsch. des RG. 48 S. 241). In diesem Sinne haben die Beklagten gegen die guten Sitten gehandelt; sie haben, indem sie im Publikum, besonders auch bei Kunden der Klägerin als Wirkung herbeizuführen unternahmen und auch erreichten, daß die beklagte Firma an die Stelle der Klägerin getreten sei, letzterer zu ihren eigenen Gunsten den geschäftlichen Boden abzugraben gesucht und darin Erfolg gehabt.

Die Klage ist aber auch noch jetzt begründet, denn nach dem bisherigen Verhalten der Beklagten, die sich selbst durch die Klagezustellung nicht von ihrem rechtswidrigen Beginnen haben abhalten lassen, besteht die Gefahr, daß sie ihr Vorgehen wiederholen werden. Die beklagte Firma besteht seit zu kurzer Zeit, um nicht wieder der Versuchung ausgesetzt zu sein, sich auf die frühere unlautere Weise zum Nachteile der Klägerin Kunden zu verschaffen. . .

Gegen die erbetene Form der sonach über die Beklagten zu verhängenden Verurteilung besteht jedoch ein Bedenken. Die Bezeichnung C.'s in Verbindung mit derjenigen B.'s in der gerügten Weise würde unverfänglich sein, wenn nicht daneben noch erkennbar wäre, daß die Beklagten in dem oben bezeichneten Sinne auf unlautere Konkurrenz ausgehen. Die Verurteilung ist daher entsprechend beschränkt worden. J. M.

l) **Annahme und Gebrauch einer Firma, die mit einem früher eingetragenen Warenzeichen identisch ist.**

OLG. Hamburg, I. CS. Urteil v. 14. Januar 1903.

Die Klägerin war dadurch, daß Beklagter die Worte „K. frères" für sich als Warenzeichen hat eintragen lassen, an sich nicht gehindert, eine gleichlautende Firma zu gebrauchen und in das Handelsregister eintragen zu lassen. „Die Wahl eines Wortzeichens kann die spätere freie Wahl von Firmen in den durch das HGB. gewährleisteten Grenzen nicht in Frage stellen. Wer ein Wortzeichen so wählt, daß es auch die zulässige Bezeichnung einer Firma abgeben kann, kann diese letztere Wahl nicht verhindern" (Staub, HGB. Anm. 25 zu § 37). Dem wird auch im § 13 des Warenzeichengesetzes Ausdruck gegeben. Dagegen macht, wer seine ihm rechtmäßige zustehende Firma zum Zwecke des unlauteren Wettbewerbs benutzt, sich nach Maßgabe des Wettbewerbsgesetzes haftbar. Der § 8 das. gewährt Schutz nicht bloß gegen denjenigen, der sich unbefugt einer ihm nicht zustehenden Firma bedient, sondern auch gegen denjenigen, der zwar an sich zur Führung der Firma berechtigt ist, der sie aber in einer Weise führt, welche darauf berechnet und geeignet ist, Verwechselungen herbeizuführen (Staub, a. a. O. und Kent, WBG. S. 349). Der vom Gesetz gegen den Gebrauch der Firma in einer derartig unlauteren Weise gewährte Schutz besteht aber nicht in dem Recht, die Löschung der Firma zu verlangen, sondern in einem Anspruch auf die Unterlassung ihres unlauteren Gebrauchs, und der die Löschung und die Untersagung des Gebrauchs der klägerischen Firma betreffende prinzipale Antrag der Widerklage, der sich auch nicht auf § 826 BGB. stützen läßt, erscheint hiernach ohne weiteres unbegründet." [Es wird dann ausgeführt, daß der eventuelle Antrag der Widerklage begründet sei und demgemäß der Klägerin bei Strafe verboten, die Worte „K . . . frères" auf Zigaretten oder auf Umhüllungen und Verpackungen von Zigaretten anzubringen.] M. M.

m) **Urteilsveröffentlichung gemäß § 13.**

OLG. Hamm, VI. CS. Urteil v. 14. Februar 1903.

. . . Die Veröffentlichung des Urteils soll dazu dienen, „das irregeführte Publikum aufzuklären und sein Vertrauen dem soliden Geschäftsbetriebe zuzuführen" (Motive zu § 13). Hier bedarf es einer derartigen Aufklärung nicht. Sollte bei einem oder mehreren Abnehmern des Beklagten eine Irreführung dahin bewirkt sein, daß sie glaubten, vom Beklagten die teurere Paketware des Klägers zu beziehen, so sorgte letzterer jedenfalls, wie er selber vorträgt, durch seine Rundschreiben und seine Agenten dafür, daß der Kreis der Getäuschten nicht zu groß wurde. Überdies hat der Beklagte die beanstandeten Preislisten nur während kurzer Zeit verschickt; zwischen dem Beginn der Geschäftsverbindung der Parteien und der Klageerhebung, seit der der Beklagte den falschen Zusatz in Ankündigungen und Rechnungen nicht mehr verwendet, liegt kaum ein Vierteljahr. N.

Dazu: OLG. Hamm, VI. CS. Urteil v. 8. Juli 1903.

Mit der Berufung verlangt die Klägerin Zuerkennnung der Publikationsbefugnis. Dieser Anspruch, der materiell nach § 13⁴ begründet erscheint, ist, obschon er erst jetzt geltend gemacht, trotz Widerspruchs der Beklagten nach § 529 mit § 268² CPO. zulässig. . . . Dagegen stellt sich der jetzt „neu" erhobene Schadensersatzanspruch nicht als Erweiterung des ursprünglich allein auf Unterlassung gerichteten Klaganspruchs im Sinne des § 268 Z. 2 und 3, sondern als ein von letzterem gänzlich verschiedener Anspruch dar; zu seiner Begründung gehört die neue Behauptung, daß ein Schaden entstanden sei (vgl. Entsch. des RG. 40 S. 9 und Entsch. des RG. in Blatt für Patentwesen 1901 S. 259). Die Erhebung des Schadensersatzanspruches in dieser Instanz ist daher eine unzulässige Klageänderung im Sinne der §§ 527, 529 CPO. N.

n) **Trotz strafgerichtlich angeordneter Bekanntmachung darf der Verletzte auf eigene Kosten die Verurteilung des Gegners noch anderweitig veröffentlichen.**

OLG. Colmar, I. CS. Urteil v. 7. Dezember 1902.

Das Schöffengericht hatte den Kläger aus § 4 verurteilt und den Beklagten ermächtigt, die Verurteilung in das Elsässer Journal einmal einzurücken. Der Beklagte hat jedoch außerdem auf seine Kosten den verfügenden Teil dieses Urteils in anderen Zeitungen veröffentlicht. Der Kläger hat deshalb beantragt, unter Androhung einer Geldstrafe die weitere Veröffentlichung zu untersagen. Allein dem Beklagten steht das Recht auf solche Veröffentlichungen zu. Nach dem das Preßgesetz beherrschenden Grundsatz der Freiheit der Presse darf alles veröffentlicht werden, dessen Veröffentlichung nicht durch allgemeine oder besondere Gesetze untersagt ist. Der Veröffentlichung der schöffengerichtlichen Urteilsformel stehen weder der § 226 noch die §§ 823 und 826 BGB. entgegen. Zutreffend nämlich führt der erste Richter aus, daß bezüglich der Frage, auf welche sich die schöffengerichtlichen Verhandlungen erstrecken, längere Zeit in einer Anzahl von Zeitungen von beiden Parteien eine Polemik sich entsponnen und der Beklagte deshalb ein Interesse daran hatte, durch Bekanntmachung des Urteils der Öffentlichkeit zu zeigen, welches Ergebnis das in jenen Veröffentlichungen mehrerwähnte Strafverfahren gehabt habe. Die bisherigen Veröffentlichungen des Beklagten geben daher keinen Anlaß zur Beanstandung. Auch für die Zukunft läßt sich mangels desfallsiger Anhaltspunkte jetzt noch nicht das Bedürfnis des Beklagten von der Hand weisen, zur Wahrung seiner berechtigten Geschäftsinteressen das Strafurteil auch fernerhin bekannt zu machen. Denn das bisherige Verhalten des Klägers gewährt keine Bürgschaft dafür, daß er nicht trotz seiner obigen Verurteilung die unlautere Anpreisung seiner Fabrikate fortsetzen wird. Auch den § 13 kann der Kläger nicht anrufen; denn durch die zur Strafe und im öffentlichen Interesse bewirkte Bekanntmachung der Verurteilung waren die zur Wahrung berechtigter Interessen des Beklagten für nötig zur erachtenden anderweiten Veröffentlichungen nicht ausgeschlossen Fr.

19

a) Befugnis von Behörden zur Beschwerde.

Kammergericht, I. CS. Beschluß v. 21. Mai 1902.

Der Landrat beantragte, für die katholische Schulgemeinde in X. ein Grundbuchblatt anzulegen und darauf die bei der Gemeinheitsteilung für die Schulgemeinde ausgewiesenen Grundstücke einzutragen und in Abt. II einen dem § 6 des Rezesses entsprechenden Vermerk aufzunehmen, daß die Grundstücke bei demnächstiger Einrichtung der Schulvikarie zu deren Fundation verwendet werden. Die Eintragung dieses Vermerks wurde abgelehnt. Die weitere Beschwerde des Landrats wurde nicht zugelassen. Gründe:

Ob und wie eine dem § 6 des Rezesses entsprechende Bemerkung eingetragen werden kann, bedarf der Entscheidung nicht, weil der Landrat zur Einlegung von Rechtsmitteln in dieser Sache nicht befugt erscheint. Die GrBO. enthält über die Legitimation zur Beschwerde keine besonderen Vorschriften. Nach der Denkschrift ist absichtlich davon Abstand genommen, da sich aus dem Fehlen derartiger Vorschriften in den preußischen Grundbuchgesetzen keine Unzuträglichkeiten ergeben hatten. Im wesentlichen wird auch in Grundbuchsachen derselbe Standpunkt einzunehmen sein, den § 20 FrGG. vertritt, daß nämlich die Beschwerde nicht als Popularbeschwerde zuzulassen ist, vielmehr nur derjenige beschwerdeberechtigt erscheint, der durch eine Verfügung des Grundbuchamts in seinen Rechten beeinträchtigt ist. Behörden sind danach nur soweit beschwerdeberechtigt, als sie zur Vertretung der Beteiligten in deren privatrechtlichen Interessen berufen oder für Ersuchen an die Grundbuchämter für besonders zuständig erklärt sind. Die Aufsichtsinstanzen als solche haben aber ein Beschwerderecht für die ihnen unterstellten Personenkreise und Anstalten nicht. Sie können nur kraft ihres Aufsichtsrechts darauf hinwirken, daß von den zur Vertretung berufenen Organen Rechtsmittel eingelegt werden (Jahrbuch 2 S. 13, Rsp. 1 S. 483 Nr. 9). Vorliegend beruft sich der Landrat zu seiner Legitimation auf einen Auftrag der Regierung zur Ordnung der Grundbuchangelegenheiten der katholischen Schulgemeinde X. und auf seine Stellung als Aufsichtsbehörde der Markgemeinde, d. h. der die Markgenossenschaft bildenden Miteigentümer, deren Besitz geteilt worden. Daß ihm die Vertretung der Schule oder der Markgemeinde im privatrechtlichen Sinne zustehe, hat er aber selbst nicht behauptet, insbesondere aber auch nicht, daß er etwa der Schulgemeinde von der Regierung zum Vertreter bestellt sei. Er hat auch den Eintragungsantrag und die Rechtsmittel nicht namens der Schule oder der Markgemeinde angebracht, offenbar also auch nicht als deren Vertreter handeln wollen. Endlich kann auch nicht von einer Vertretung der Schulvikarie die Rede sein, denn abgesehen davon, ob sie, wenn sie bereits eingerichtet wäre, Rechtssubjektivität haben würde, kann sie jedenfalls, so lange sie noch nicht besteht, nicht Träger von Rechten sein und nicht für sich die Eintragung von Rechten beanspruchen, auch nicht als Rechtssubjekt vertreten werden. B.

b) **Darf der Notar die in einem von ihm beurkundeten Akt enthaltenen Parteianträge einschränken? GrBO. § 15.**

Kammergericht, I. CS. Beschluß v. 14. April 1902.

Die Eigentümerin hat durch notariellen Akt ihr Grundstück verkauft und aufgelassen; der Erwerber bewilligte und beantragte dabei Eintragung eines Nießbrauchsrechts und eines Restkaufpreises für die Verkäuferin. Bei Überreichung der Urkunde beantragte der Notar Vollziehung der bewilligten Eintragungen mit Ausnahme des Nießbrauches. Die Vorinstanzen verlangen Beibringung des den Nießbrauch betreffenden Antrages des Käufers in beglaubigter Form.

Die weitere Beschwerde ist unbegründet. Ihre Annahme, daß die Eintragung des Nießbrauches nicht beantragt sei, ist irrig. Wenn man mit den Motiven zum 1. Entwurfe der GrBO. (S. 52) unter dem Antrage das gegenüber dem Grundbuchamte gestellte Begehren zu verstehen hat, so ist dieses Begehren gestellt, sobald es dem Grundbuchamte zugegangen ist (vgl. § 130 BGB.). Das ist aber vorliegend der Fall. Die Urkunde, in der der Antrag enthalten ist, ist dem Grundbuchamte überreicht. Allerdings kann von der Stellung eines Antrages nur da die Rede sein, wo die Überreichung mit Wissen und Willen des Antragstellers erfolgt ist. Es muß aber aus den

Umständen klar erhellen, daß es an dieser Voraussetzung fehle, daß also der Antrag gegen den Willen des Erklärenden an das Grundbuchamt gelangt sei (Jahrbuch 4 S. 118, Turnau-Förster 2 S. 86 vor Anm. 7). Dafür spricht aber lediglich die Behauptung des Notars, der geltend macht, die in der Urkunde niedergelegten Anträge hätten nur ausschließlich das den Nießbrauch betreffende dem Grundbuchrichter unterbreitet werden sollen. Daß der Notar die Anträge der Beteiligten nicht ändern, sondern nur im Rahmen der von ihm beurkundeten oder beglaubigten Erklärungen seinerseits Anträge stellen kann, bestreitet der Beschwerdeführer nicht und ist auch angesichts des § 13 GrBO. nicht zu bestreiten (Rsp. 5 S. 199). Hiernach kommt es auf seine Erklärung, daß der Nießbrauch nicht eingetragen werden sollte, nicht an. Dem Grundbuchrichter liegt also in beachtlicher Weise nur die Urkunde vor,[1] in der die Eintragung des Nießbrauches neben der des Eigentums des Käufers und des Restkaufgeldes beantragt ist. Es beschwert daher die Beteiligten nicht, wenn das Begehren des Notars, nur das Eigentum und das Restkaufgeld einzutragen, abgelehnt ist, und noch weniger gereicht es ihnen zum Nachteil, daß sich das Amtsgericht mit der formgerechten Zurücknahme des Antrages durch den Käufer begnügt. Mz.

c) **Eintragung einer Apothekengerechtigkeit. — Unrichtigkeit des Grundbuches durch unrichtiges Verfahren des Grundbuchführers.**

Kammergericht, I. CS. Beschluß v. 9. März 1903.

Es kann dahingestellt bleiben, ob die Apothekengerechtigkeit als eine selbständige Gerechtigkeit im Sinne des Art. 40 preuß. Ausf.-G. zum BGB. zu erachten ist, so daß für sie gemäß Art. 27² Ausf.-G. zur GrBO. ein besonderes Grundbuchblatt angelegt werden könnte, oder ob sie, weil sie mit einem bestimmten Grundstück verbunden ist, der Selbständigkeit trotz ihrer Vererblichkeit und Veräußerlichkeit entbehrt (vgl. über den Begriff der selbständigen Gerechtigkeiten in Preußen § 395 ALR. I 20, § 14 Hyp.-Ordn. v. 20. Dezember 1783 und über die Begründung von Realapothekengerechtigkeiten § 1 rev. Apoth.-Ord. v. 11. Oktober 1801, Gewerbesteueredikt v. 2. November 1810, JW. 1902 S. 40 Nr. 43). Rechtsirrtümlich ist jedenfalls, wenn die Vorinstanzen meinen, Apothekengerechtigkeiten könnten auf dem Grundbuchblatt nicht vermerkt werden, weil sie nicht zu den im § 8 GrBO. gemeinten Rechten gehörten. Letzteres ist zwar richtig. Wenn § 8 bestimmt, daß Rechte, die dem jeweiligen Eigentümer eines Grundstücks zustehen, auf Antrag auch auf dem Blatte dieses Grundstücks zu vermerken seien, so ergibt sich aus dem Worte „auch“, daß nur solche Rechte gemeint sind, die dem jeweiligen Eigentümer eines Grundstücks gegen ein anderes Grundstück zustehen, die also sowohl subjektiv-dinglich, als auch objektiv-dinglich sind; und dies bestätigt auch die Denkschrift, wo zu § 8 ausgeführt wird, die zur Bestellung solcher Rechte erforderliche Eintragung erfolge ausschließlich auf dem Blatte des zu

[1] Vgl. Rsp. 2 S. 154. A. M. Kammergericht, 13. Juni 1892, Rh. NotZ. S. 181.

belastenden Grundstücks, es sei aber, weil diese Rechte gemäß § 96 BGB. als Bestandteile des berechtigten Grundstücks gälten, sowie zur Sicherung derjenigen, deren Zustimmung zur Aufhebung oder Änderung des Rechts erforderlich sei, angezeigt, solche Rechte auf Antrag auch auf dem Blatte desjenigen Grundstücks vermerken zu lassen, dessen jeweiligem Eigentümer sie zuständen (Predari, Achilles-Strecker Anm. 2 zu § 8). Unzutreffend aber ist es, wenn die Vorinstanzen hieraus folgern, daß subjektiv-dingliche Rechte, die nicht zugleich auch objektiv-dinglich sind, der Eintragungsfähigkeit entbehren. Im BGB. allerdings sind nur solche dem jeweiligen Eigentümer eines Grundstücks zustehende Rechte behandelt, welche ein anderes Grundstück belasten, und demzufolge trifft auch die GrBO. nur über die Eintragung dieser subjektiv-dinglichen Rechte Bestimmung. Durch die Reichsgesetzgebung unberührt sind aber gemäß Art. 74 EG. unter anderem die hier in Betracht kommenden landesgesetzlichen Vorschriften über Realgewerbeberechtigungen, also Berechtigungen zum Betriebe eines Gewerbs, die mit einem Grundstück verbunden sind, nicht aber ein anderes Grundstück belasten (Planck Anm. 1 zu Art. 74). In Preußen gibt es keine gesetzliche Bestimmung, durch welche die Eintragung einer solchen Berechtigung, wenn sie gemäß § 96 BGB. Bestandteil eines Grundstücks ist, auf das Grundbuchblatt dieses Grundstücks verboten wäre. Im Gegenteil ist im § 9 Ausf.-Verf. v. 20. November 1899 der zweite Abschnitt des Bestandsverzeichnisses ganz allgemein für die Vermerke über Rechte die dem jeweiligen Eigentümer eines auf dem Grundbuchblatt verzeichneten Grundstücks zustehen, bestimmt worden, ohne daß unterschieden ist, ob das Recht ein anderes Grundstück belastet oder nicht. Danach sind in Preußen Apothekengerechtigkeiten, welche mit einem Grundstück verbunden sind, auf das Grundbuchblatt dieses Grundstücks eintragbar (Predari S. 33; Achilles-Strecker Anm. 2 zu § 8).

Es kommt jedoch im gegebenen Falle nicht hierauf an. Eine Neueintragung der Apothekengerechtigkeit steht nicht, wie die Vorinstanzen annehmen, in Frage, vielmehr verlangt der Beschwerdeführer Wiederherstellung des aus Versehen, ohne einen materiellen Rechtsgrund veränderten Grundbuchs in den frühern Zustand. Würde die auf dem alten Titelblatt vermerkt gewesene Apothekengerechtigkeit als aus Versehen gelöscht zu erachten sein, so würde die Anwendung des § 54 Satz 1 GrBO. in Frage kommen, wonach, wenn sich ergibt, daß das Grundbuchamt unter Verletzung gesetzlicher Vorschriften eine Eintragung vorgenommen hat, durch die das Grundbuch unrichtig geworden ist, von Amts wegen ein Widerspruch einzutragen ist; denn unter § 54 Satz 1 fällt auch die Löschung eines nicht erloschenen Rechts (Turnau-Förster 2 S. 269 Anm. II 1 zu § 54). Es würde dann aber die Beschwerde nur den Erfolg haben können, daß gemäß §§ 71², 54¹ Satz 1 GrBO. ein Widerspruch gegen die Löschung eingetragen, nicht, daß die Eintragung der Gerechtigkeit wiederhergestellt würde. Jedoch ist eine Löschung der Gerechtigkeit nicht als geschehen zu erachten. Der Grundbuchrichter hat nicht die Löschung angeordnet und dadurch ein Versehen begangen, sondern der Grundbuchführer hat die Verfügung des Richters versehentlich falsch ausgeführt. Der Grundbuchrichter hatte bei Zurückführung des Grundbuchs auf das Kataster formularmäßig verfügt: „Auf dem Titel ist der bisherige Vermerk zu unterstreichen". Damit konnte nur gemeint sein, daß die auf dem Titelblatt enthaltenen Eintragungen betreffend die zum Grundstück gehörenden Ländereien rot unterstrichen werden sollten, da nur diese durch Eintragungen auf dem neuen Titelblatt erledigt und von der Zurückführungsverfügung betroffen wurden. Der Grundbuchführer hat aber versehentlich das ganze Titelblatt durchstrichen und damit auch den Vermerk über die Apothekengerechtigkeit, auf den sich die Verfügung des Richters nicht bezog. Danach ist nicht aus Versehen des Richters eine Löschung erfolgt, sondern es ist eine Verfügung des Richters vom Grundbuchführer fehlerhaft ausgeführt. Dieser Fehler kann dadurch behoben werden, daß der Grundbuchrichter den Grundbuchführer anweist, die Verfügung ordnungsmäßig auszuführen und zu diesem Behufe die Durchstreichung des alten Titelblatts, soweit sie die Apothekengerechtigkeit betrifft, in geeigneter Weise wieder zu beseitigen. Geschieht dies, so werden allerdings zwei Titelblätter bestehen, von denen sich das eine auf die Grundstücksländereien, das andere auf die zum Grundstück gehörende Apothekengerechtigkeit bezieht. Es wird aber der Grundbuchrichter, nachdem auf dem alten Titelblatt die Durchstreichung des die Gerechtigkeit betreffenden Vermerks wieder beseitigt sein wird, zu prüfen haben, ob behufs Zusammenfassung der Eintragungen auf einem Titelblatt die Eintragung bezüglich der Gerechtigkeit aus dem alten Titelblatt auf das neue, und zwar in Spalte „Bezeichnung des Rechts", zu übertragen sein wird. Pos. MSchr. 1903 S. 56.

d) **Berichtigung des Grundbuchs ohne Bewilligung des Betroffenen ist nur zulässig beim Ausschluß jeder Möglichkeit einer Verletzung desselben. GrBO. §§ 22, 29.**

Kammergericht, I. CS. Beschluß v. 30. März 1903.

Dem Beschwerdeführer ist darin Recht zu geben, daß, wenn fest stände, daß durch die Auflassung des Grundstücks an seinen Sohn Gustav die durch den Vermerk Abt. II Nr. 7 dinglich gesicherte Verpflichtung erloschen wäre, der Nachweis als dem § 29 GrBO. entsprechend geführt angesehen werden müßte, da die Tatsache der Auflassung beim Grundbuchamte offenkundig ist. Nach dieser Richtung hat jedoch der Vorderrichter Zweifel nicht erhoben, vielmehr richtet sich sein Bedenken allein dagegen, ob mit der Auflassung des Grundstücks an den Sohn Gustav die Verpflichtung ihr Ende gefunden hat. Er geht davon aus, daß, wenn die Berichtigung des Grundbuchs ohne Bewilligung des davon Betroffenen erfolgen soll, der Nachweis der Unrichtigkeit ein solcher sein muß, daß jede Möglichkeit einer Verletzung des eingetragenen Berechtigten ausgeschlossen ist. Dem ist unbedenklich zuzustimmen. Hinsichtlich der Tragweite der durch den Vermerk gesicherten Verpflichtung kommt er dann zu dem Ergebnis, „daß der Umstand allein, daß die einmalige Veräußerung an einen der Söhne stattgefunden habe, nicht beweise, daß der Vermerk jetzt jeder Wirkung entbehre", er hegt also Bedenken, ob sich die Verpflichtung des Grundstückseigentümers in einer einmaligen Auflassung an einen der Söhne erschöpft habe, oder ob sie sich nicht auf den Fall, daß der Beschwerdeführer der Grundstückseigentümer ist, schlechthin erstreckt, also bei einem späteren Rückerwerb von neuem wieder Platz greift. Ein Rechtsirrtum ist dabei nicht ersichtlich. Trägt der Grundbuchrichter aus tatsächlichen, durch Rechtsirrtum nicht beeinflußten Erwägungen Bedenken, durch den Inhalt der vorgelegten Urkunden den Nachweis der Unrichtigkeit des Grundbuchs als erbracht anzusehen, so kann dem mit der weiteren Beschwerde nicht entgegengetreten werden. E.

e) **Anlegung eines Grundbuchblattes.**

Kammergericht, I. CS. Beschluß v. 25. Mai 1903.

Die Regierung hatte die Anlegung eines Grundbuchblattes für drei Parzellen der Domäne R. beantragt. Der Antrag trägt oben links die Bezeichnung: Kgl. Regierung, Abteilung für direkte Steuern, Domänen und Forsten, und er ist unterschrieben mit einem Namen. Beigefügt war außer einer Ausfertigung des Kaufvertrages über die Parzellen mit der katholischen Schulgemeinde M. und dem vorgeschriebenen Zeugnis über den Eigenbesitz des Fiskus, ein vom Katasteramt ausgefertigter Auszug aus den vorläufigen Fortschreibungsverhandlungen für den Gutsbezirk A., dem die Domäne zugehört. Der Antrag wurde zurückgewiesen, der weiteren Beschwerde jedoch stattgegeben. Gründe:

Zu Unrecht haben die Vorinstanzen die Form des Antrages bemängelt. Nach Art. 1 der Verordnung vom 13. November 1899 erhalten die Domänen ein Grundbuchblatt nur auf Antrag des Eigentümers oder eines Berechtigten. Es handelt sich bei diesem Antrage nicht um eine zu einer Eintragung erforderliche Erklärung, wozu auch die Erklärungen und Ersuchen einer Behörde, auf Grund deren eine Eintragung erfolgen soll (im Sinne des Art. 9 Ausf.-G. zur GrBO.), gehören, sondern um einen reinen Eintragungsantrag, der grundbuchmäßig keiner besonderen Form bedarf (§ 30 GrBO.). Besondere Vorschriften sind nur gegeben für die Eintragungsbewilligung, die sonstigen zur Eintragung erforderlichen Erklärungen und die sonstigen Voraussetzungen einer Eintragung der Rechte und Rechtsverhältnisse eines Grundstücks (§ 29 GrBO., Art. 16 ff. Verordnung vom 13./11. 1899), nicht aber für diejenigen sog. Anträge, durch welche nur die Tätigkeit des Grundbuchamtes zur Herbeiführung der Eintragung auf Grund der in den vorgeschriebenen Formen beigebrachten Erklärungen in Bewegung gesetzt wird (§ 13 GrBG.). Eine Erklärung der Behörde, auf Grund deren eine Eintragung erfolgen soll, im Sinne des Art. 9 cit. ist hier z. B. die Erklärung über den Eigenbesitz der Parzellen, sie ist deshalb ordnungsmäßig unterschrieben und mit dem Stempel versehen; der weitere „Antrag" gibt nur die Anregung, daß auf Grund jener Erklärung das Grundbuchamt durch

Anlegung des Grundbuchblattes die begehrte Eintragung vornimmt. Der Art. 1 der Verordnung vom 13./11. 1899, der die Notwendigkeit des Antrages eingeführt hat, steht im Gegensatze zu Art. 16 das., der für die Anlegung der Grundbuchblätter von physischen Privatpersonen das Verfahren von Amts wegen vorsieht. Die unter VIII. der Kabinetsorder vom 31. Dezember 1825 betr. Abänderung in der Organisation der Verwaltungsbehörden gegebenen Vorschriften für „Verträge“ und andere Urkunden, deren Ausfertigung bei einer Abteilung (der Regierung) erfolgt, greifen bei diesem der rechtsgeschäftlichen Bedeutung entbehrenden Antrage auch nicht Platz. Als Antrag genügte deshalb grundbuchmäßig hier ein gewöhnliches Schreiben der Regierung, wie es mit der Unterschrift des Abteilungsdirigenten vorliegt.

Ebenso zu Unrecht bemängeln die Vorinstanzen den vorgelegten Auszug aus den vorläufigen Fortschreibungsverhandlungen. Der Art. 24 Ziff. 2 der Verordnung vom 13. 11. 1899, auf den von ihnen hingewiesen wird, kommt hier gar nicht in Betracht. Die Artt. 21 ff. das. behandeln den Fall, daß der Eigenbesitzer eines Grundstücks, der für dasselbe die Anlegung eines Grundbuchblattes beantragt, Personen, die, ohne sich im Besitz des Grundstücks zu befinden, das Eigentum daran in Anspruch nehmen, im Wege des Aufgebotsverfahrens mit ihrem Rechte ausschließen lassen will. In solchem Falle hat der Antragsteller dem Aufgebotsrichter allerdings einen beglaubigten Auszug aus dem Steuerbuch über das Grundstück vorzulegen. In den Fällen der hier zu entscheidenden Art kommen dagegen die Artt. 16 ff. in Betracht. Danach hat nach Art. 17 das Grundbuchamt die Katasterbehörde um Erteilung eines beglaubigten Auszugs aus dem Steuerbuch zu ersuchen. Diese Vorschrift greift nicht nur dann Platz, wenn das Grundbuchblatt von Amts wegen angelegt wird, sondern auch dann, wenn für ein buchungsfreies Grundstück der Antrag auf Anlegung eines Blattes gestellt ist (Achilles-Strecker S. 493 Anm. 3[a]). Das Grundbuchamt darf also, wenn die Anlegung eines Grundbuchblattes für ein buchungsfreies Grundstück beantragt wird, ohne daß ein beglaubigter Auszug aus dem Steuerbuch vorgelegt ist oder wenn ein ungeeigneter oder unrichtiger Auszug vorgelegt wird, deshalb nicht ohne weiteres die Anlegung des Blattes ablehnen, sondern es hat das Katasteramt um den Auszug zu ersuchen. Es kann die Anlegung erst dann ablehnen, wenn etwa ein Steuerbuchsauszug nicht beschafft werden kann. Vorliegend bestehen aber keine Bedenken, den vorgelegten Katasterauszug als Grundlage für die Anlegung des Grundbuchs zu benutzen. Der Fiskus ist Eigentümer der Domäne R. Es soll aber nicht für bestehende selbständige Katasterparzellen des Domanialgrundstücks das Grundbuch angelegt, sondern nur für Trennstücke, die von selbständigen Katasterparzellen abgetrennt und deshalb durch vorläufige Fortschreibung vom Katasteramte spezialisiert werden mußten. Der vorgelegte Katasterauszug (Auszug aus den vorläufigen Fortschreibungsverhandlungen) enthält links den alten Bestand, rechts die demnächst zu veräußernden Parzellen unter neuen Nummern und den Restbestand. Außerdem ist rechts noch der zukünftige Erwerber der Parzellen mit dem Zusatz N. E. (d. h. neuer Eigentümer) angegeben. Die hier in Frage kommende Eintragung ist analog derjenigen zu behandeln, wenn von einem Grundstücke, das ein Grundbuchblatt schon hat, ein Teil abgeschrieben werden soll. Im letzteren Falle soll ein beglaubigter Auszug aus dem Steuerbuch, sowie eine vom Fortschreibungsbeamten beglaubigte Karte vorgelegt werden, aus denen Lage und Größe des Teiles, der abgeschrieben werden soll, ersichtlich sind. Der Teil muß regelmäßig eine besondere Nummer im Steuerbuch haben (§ 30 Ausf.=Verf. vom 20. 11. 1899). Ebenso ist zu verfahren bei der **Anlegung** eines Grundbuchblattes für einen reellen Teil eines buchungsfreien, keine selbständige Katasterparzelle bildenden Grunstücks, der als selbständiges Grundstück ins Grundbuch gebracht werden soll. Besondere Vorschriften für diesen Spezialfall sind nicht vorhanden, aber die Analogie mit dem erörterten Fall der Abschreibung liegt auf der Hand und ist unabweisbar. Für die Erteilung des Auszugs und der Karte gelten die für den Fall § 58 preuß. GrBO. erlassenen Anweisungen (§ 30 Ausf.=Verf). Diese Anweisungen sind jetzt im § 39 Ziff. 2 und im § 40 der Anweisung I vom 21. Februar 1896 für das Verfahren bei der Fortschreibung enthalten. Das Katasteramt hat den Beteiligten aus den vorläufigen Fortschreibungsverhandlungen einen Auszug nach dem der vorerwähnten Anweisung beigefügten Muster VIII, sowie eine Karte (Handzeichnung) zu erteilen. Linksseitig (im alten Bestand) ist der Flächeninhalt anzugeben, rechtsseitig ist zunächst die abgezweigte Besitzung nach ihren einzelnen Parzellen und dann das Restgrundstück nachzuweisen. Der vorgelegte Auszug entspricht demnach den Vorschriften für die Eintragung einer abgezweigten Parzelle als selbständiges Grundstück ins Grundbuch (**Achilles=Strecker** S. 521 ff. Anm. 2 Abs. 2); **er ist ein Auszug aus dem Steuerbuch**; denn auch die Fortschreibungsverhandlungen gehören dazu. Daß die zukünftigen neuen Erwerber auf der rechten Seite des Auszugs schon eingetragen stehen, ist für die vorliegende, zunächst begehrte Eintragung ins Grundbuch überflüssig, aber auch unschädlich, denn der Vermerk über den zukünftigen neuen Erwerber ist nur eine vorläufige Eintragung; die endgültige Berichtigung der Grundsteuerbücher durch Eintragung der Eigentumsveränderung erfolgt erst nach der Auflassung und Eintragung der Erwerber ins Grundbuch. Wn.

f) **Sind bei der Beantragung der Eintragung einer verzinslichen Grundschuld die Zinstermine anzugeben?**

OLG. Rostock, II. CS. Beschluß v. 18. Juni 1903.

Das Grundbuchamt hat die (vom Vollstreckungsgericht) beantragte Eintragung einer Grundschuld abgelehnt, weil der Antrag über die Zinszahlungstermine keine Angaben enthält. Allein, wenn ein an das Grundbuchamt gerichtetes Ersuchen einer zuständigen Behörde Zinszahlungstermine für die einzutragenden Grundschulden nicht angibt, so ist damit für das Grundbuchamt gegeben, daß eine vertragsmäßige Festsetzung der Zinszahlungstermine nicht stattgefunden hat. Fehlt es an einer vertragsmäßigen Bestimmung, so richtet sich in Ermangelung besonderer gesetzlicher Vorschriften für Grundschulden die Fälligkeit der Zinsen nach den allgemeinen Grundsätzen des BGB., und diese treten ein, ohne daß sie in dem Ersuchen angegeben oder zu Grundbuch eingetragen werden. Das Ersuchen ist mithin vollständig, und das Grundbuchamt hat keine Veranlassung und damit auch keine Berechtigung, weitere Angaben hinsichtlich der Zinszahlungstermine von der ersuchenden Behörde zu begehren. S.

g) **Für mehrere Indossanten eines Wechsels kann zur Sicherung ihres Regreßanspruches keine gemeinschaftliche Hypothek eingetragen werden. GrBO. § 48.**

Kammergericht, I. CS. Beschluß v. 4. Mai 1903.

Eine Eintragung nach den gestellten Anträgen würde dem § 48 widersprechen, da Bruchteile, nach denen die Hypothek unter die Gläubiger geteilt wäre, nicht angegeben sind, die Hypothek nach dem Inhalt der Bewilligung unter den Gläubigern auch nicht geteilt sein soll und ein sonstiges Gemeinschaftsverhältnis im Sinne des § 48 lediglich aus dem Vorhandensein der Indossamente unter den mehreren Indossanten desselben Wechsels nicht besteht. Die Gemeinschaft, von der § 48, abgesehen von der Teilung eines Rechts nach Bruchteilen, spricht, ist nur die Gemeinschaft zur gesamten Hand in den Fällen, in denen das Recht des BGB. sie kennt, nämlich die Gesellschaft, die Gemeinschaft der Miterben und die Gütergemeinschaften. Mehrere Indossanten eines Wechsels als solche sind, was den Regreßanspruch gegen den Aussteller und andere Verpflichtete, um dessen Sicherung es sich hier handelt, anlangt, nicht gemeinschaftlich berechtigt. Vielmehr ist die Rechtslage unter ihnen regelmäßig die, daß nur derjenige, welcher infolge Nichtbezahlung der Wechselsumme seitens des Ausstellers oder Akzeptanten seinerseits die Regreßsumme hat zahlen müssen, insoweit den wechselmäßigen Regreßanspruch gegen letztere hat. Dieser bedingte Anspruch auf die Regreßsumme, der für einen jeden Indossanten gegen seine Vormänner, insbesondere gegen den Aussteller oder Akzeptanten aus dem selbständigen Rechtsgrund seines Indossaments entspringt, ist es, der hier durch die Eintragung der Sicherungshypothek gesichert werden soll. Wenn mehrere Indossanten im einzelnen Falle im Verhältnis zueinander für die Regreßsumme zu gleichen Teilen verpflichtet sind, so macht dieser Umstand im Verhältnis zum Aussteller oder Akzeptanten sie noch nicht zu gemeinschaftlich Berechtigten auf die Regreßsumme; vielmehr bleibt auch in diesem Falle der Satz grundsätzlich unberührt, daß der Regreßanspruch eines jeden Indossanten gegen den Aussteller oder Akzeptanten aus dem selbständigen Rechtsgrund seines Indossaments und seiner Zahlungsleistung entsteht. Daß vorliegend der Rechtslage unter den Beteiligten etwa eine abweichende Gestaltung gegeben worden sei, ist nicht genügend ersichtlich. Für eine jede der selbständigen bedingten Forderungen der verschiedenen Indossanten aus ihren verschiedenen Rechtsverhältnissen zum Aussteller oder Akzeptanten des Wechsels muß deshalb eine besondere Hypothek in Höhe der einem jeden zu sichernden Summe, für welche er sein Indossament gegeben hat, bestellt und eingetragen werden (vgl. auch Jahrb. 20 S. 101). Pos. MSchr. 1903 S. 91.

h) **Zum Begriffe der „Eintragung" und des „Widerspruchs" im Sinne des § 71 Abs. 2 GrBO.**

Kammergericht I. CS. Beschluß v. 11. Juli 1903.

Der § 71 gewährt gegen die Entscheidungen des Grundbuchamts das Rechtsmittel der Beschwerde. In Abs. 2 wird sie jedoch gegen Eintragungen versagt und nur Abhilfe nach § 54, d. h. durch Eintragung eines Widerspruchs vorgesehen. Was das Gesetz hier unter Eintragungen versteht, ist nicht ausdrücklich gesagt. Faßt man das Wort rein formalistisch auf, so umfaßt die Eintragung alles, bis auf jeden Buchstaben und jedes Interpunktionszeichen, die im Grundbuche sich befinden. Daß aber dies nicht der Wille des Gesetzes ist, erhellt aus dem Verhältnis, in welches die Eintragungen zur Zulässigkeit des Widerspruchs gegen solche gesetzt sind. Das Wesen des letzteren ergibt sich aus § 899 verb. m. § 894 BGB. Nach diesen kann ein Widerspruch gegen die Richtigkeit des Grundbuches eingetragen werden, wenn der Inhalt des Grundbuches in Ansehung eines Rechts am Grundstücke, eines Rechts an einem solchen Rechte oder einer Verfügungsbeschränkung mit der wirklichen Rechtslage nicht im Einklange steht. Zweck des Widerspruchs ist danach der Schutz bestehender, aber aus dem Grundbuche nicht hervorgehender Rechte gegen die Gefahren des öffentlichen Glaubens (vgl. Motive 3 S. 237 ff.). Auch in allen übrigen Gesetzesstellen, wo ein Widerspruch sonst noch erwähnt wird, ist an diesem Begriff festgehalten (vgl. BGB. §§ 927^3, 1139, 1140, 902^2; GrBO. §§ 18^2, 23^1). Dient aber der Widerspruch dem Schutze eintragungsbedürftiger Rechte, so können, wenn § 71^1 GrBO. bestimmt, daß eine Beschwerde gegen eine Eintragung unzulässig ist, jedoch im Beschwerdewege die Eintragung eines Widerspruchs verlangt werden kann, unter den „Eintragungen" nur solche Einträge gemeint sein, gegen die zum Schutze gegen die Wirkungen des öffentlichen Glaubens des Grundbuches die Eintragung eines Widerspruchs zulässig und notwendig ist, welche des Schutzes durch einen Widerspruch fähig und bedürftig sind, nicht aber Einträge, die den Bestand der Rechte unberührt lassen und eine rein formale, die durch das Grundbuch gesicherten Rechte nicht berührende Bedeutung haben, das findet eine Bestätigung in der Denkschrift zu § 71 Abs. 2, wo die Ausschließung der Beschwerde zur Anfechtung einer Eintragung damit begründet wird, daß dies die Rücksicht auf die Rechtsstellung erheische, welche durch die Eintragung für Dritte geschaffen sei. Um eine solche rein formale Eintragung handelt es sich z. B., wenn eine die Identität nicht in Zweifel stellende Schreibweise des Namens des Berechtigten in Frage kommt. Schreibt der Grundbuchrichter den Namen anders als er geschrieben werden mußte oder trägt er etwa einen ganz anderen Vornamen ein, so hat das Eingetragene unbedenklich einen Anspruch auf Berichtigung; zum Schutze dieses Berichtigungsanspruchs kann aber nicht etwa ein Widerspruch eingetragen werden, da durch die Richtigschreibung niemandes Recht verletzt wird und niemand vorhanden ist, gegen den der Widerspruch eingetragen werden könnte. In diesem Falle steht daher keine Eintragung im Sinne des § 71² in Frage. Dann aber ist nach Abs. 1 zur tatsächlichen Richtigstellung der Unrichtigkeit die Beschwerde zulässig. Anderenfalls würde der Berechtigte eines Schutzes überhaupt entbehren. So liegt auch hier der Fall. Jeder Berechtigte hat einen Anspruch darauf, daß sein Stand im Grundbuche überhaupt und naturgemäß richtig angegeben wird (AV. v. 20. November 1899 § 4). Für einen Widerspruch ist, da es sich nicht um die Verletzung eines eintragungsbedürftigen Rechts handelt, kein Raum. Es bleibt dem eingetragenen Berechtigten deshalb nur die Möglichkeit der Berichtigung im Wege der Beschwerde, und diese ist rechtlich gegeben, da es sich nicht um eine „Eintragung" im Sinne des Abs. 2 handelt. Das Kammergericht hat bereits wiederholt ausgesprochen, daß ein Widerspruch nicht zulässig ist, wo es sich nicht um ein durch den Schutz des öffentlichen Glaubens bedrohtes Recht handelt (Jahrbuch 21 S. 289, Beschl. v. 16/2 03, Y 127/03). F.

i) **Auf dem Briefe einer nur auf einem Miteigentumsanteile eingetragenen Hypothek sind auch die unter einer früheren Nummer eingetragenen nur den anderen Miteigentumsanteil belastenden Hypotheken und Grundschulden als im Range vorgehend auszuführen.**

GrBO. § 57 Nr. 4.

Kammergericht, I. CS. Beschluß v. 18. Mai 1903.

Der § 57 Nr. 4 GrBO. und übereinstimmend § 38 Abs. 2 Nr. 4 der Ausf.-Verf. vom 20. November 1899 bestimmen, daß in den Brief aufzunehmen ist die kurze Bezeichnung der Eintragungen, welche der Hypothek im Range vorgehen oder gleichstehen. Über die Ausführung dieser Vorschrift, wenn die Hypothek nur auf einem ideellen Anteil ruht, fehlt es an einer ausdrücklichen Anordnung. Auch die Formulare (Anl. B, D, G zur Ausf.-Verf.), lassen diesen Fall unberücksichtigt. Der Beschwerdeführer nimmt an, daß in diesem Falle als im Range vorgehend nur diejenigen Eintragungen gelten könnten, welche auf dem betreffenden Anteil voreingetragen seien, während die Vorinstanzen der Ansicht sind, daß alle älteren Eintragungen als voreingetragen aufzuführen seien. Der letzteren Ansicht ist beizutreten.

Steht das Eigentum an einer Sache mehreren nach Bruchteilen zu, so erwächst für jeden Miteigentümer ein Herrschaftsrecht über die Sache in ihrer Totalität, jedoch beschränkt durch das gleiche Recht der anderen Teilnehmer. Man hat dies dahin ausgedrückt, daß nicht die Sache, sondern das Eigentumsrecht geteilt sei. Die Sache bleibt ein einheitliches Ganzes, in Ansehung deren jedem Miteigentümer ein Anteil an jedem kleinsten, begrifflich überhaupt faßbaren Teile und an sämtlichen im Eigentumsbegriff enthaltenen Befugnissen zusteht (Endemann, Einführ. 2 § 70 Nr. 2; Cosack,

Lehrb. § 271 Nr. III 1; Entsch. d. RG. 20 S. 272). Daraus ergibt sich, daß die Belastung „des Bruchteiles eines Grundstücks", wie sie das BGB. gestattet (§§ 1106, 1114, 1192, 1199) und die Zwangsvollstreckung in den Bruchteil (CPO. § 864[2]) nicht in dem Sinne zu verstehen ist, daß sie sich auf einen ablösbaren Teil erstreckt. Beide ergreifen das Grundstück in allen seinen Teilen, nur vorbehaltlich der gleichartigen Rechte der anderen Miteigentümer. Durch das Vorhandensein ideeller Anteile wird also die Einheitlichkeit des Grundstücks nicht beeinträchtigt, und diese tritt grundbuchmäßig darin hervor, daß nur ein Grundbuchblatt angelegt wird, und daß die Belastungen der zweiten und dritten Abteilung, mögen sie sich auf das ganze Grundstück oder nur auf einzelne Anteile beziehen, in fortlaufender Nummernfolge eingetragen werden. Diese rechtliche Gestaltung des Miteigentums zu ideellen Anteilen führt dahin, daß jede Belastung, weil das ganze Grundstück ergreifend, in Ansehung jeder späteren Belastung als im Range vorgehend anzusehen ist, und an dieser rechtlichen Auffassungsweise kann der Umstand nichts ändern, daß wirtschaftlich die auf einzelnen Anteilen ruhenden Hypotheken ihre Befriedigung in der Zwangsvollstreckung nur in der dem Anteil entsprechenden Quote des Erlöses zu suchen haben. Daraus folgt, daß jede unter einer früheren Nummer eingetragene Hypothek (BGB. § 879) auf dem Briefe jeder später eingetragenen Hypothek als im Range vorgehend aufzuführen ist. Damit allein ist auch der Zweck des Gesetzes, durch die Angabe der der Hypothek vorgehenden oder gleichstehenden Hypotheken unmittelbar aus dem Briefe die Prüfung der Sicherheit zu ermöglichen, erreichbar. Denn sobald sich zwischen die Belastung der einzelnen Anteile eine auf allen Teilen ruhende Hypothek schiebt, hängt die Sicherheit der dieser nachstehenden, auf einzelnen Anteilen haftenden Hypotheken nicht bloß davon ab, wie hoch derselbe Anteil schon vorher belastet ist, sondern auch von der Belastung der anderen Anteile. Denn wird in der Zwangsversteigerung die auf einen Anteil fallende Hebung durch die auf diesem Anteil haftenden Anteilshypotheken erschöpft, so muß die nachfolgende Gesamthypothek ganz aus dem anderen Anteil befriedigt werden und entzieht hierdurch den auf diesem Anteil nachfolgenden Hypotheken die Befriedigung. Deshalb kann die Sicherheit der einer Gesamthypothek nachstehenden Anteilshypotheken richtig nur beurteilt werden, wenn nicht bloß die Vorhypotheken desselben Anteils, sondern auch die des anderen Anteils angegeben sind. Selbstverständlich muß aus dem Briefe bezüglich jeder vorgehenden oder gleichstehenden Hypothek ersichtlich sein, ob es sich um eine Gesamt- oder Anteilshypothek handelt, und auf dem Anteil welches Miteigentümers die Anteilshypothek ruht. Diesem Erfordernis entspricht der vorliegende Grundschuldbrief. Die Beschwerde ist auch insofern nicht begründet, als sie sich gegen den Vermerk: „Sämtlich im Range vorgehend" richtet. Dieser Vermerk beruht auf den Eintragungen in den Musterformularen D, F, G zur Ausf.-Verf., die als Bestandteil dieser für den Grundbuchrichter in gleicher Weise bindend sind, als der Inhalt der Verfügung selbst.

k) **Bedenken des Grundbuchrichters gegen die objektive Richtigkeit eines behördlichen Zeugnisses über 44 jährigen Besitz. Verord. v. 13. November 1899 Art. 20.**

Kammergericht, I. CS. Beschluß v. 19. Januar 1903.

Allerdings ist davon auszugehen, daß Besitzzeugnisse öffentlicher Behörden über einen vor 1900 vollendeten 44jährigen Besitz die Grundlagen sind, auf welche hin im Geltungsbereich der preuß. GrBO. ein Grundbuchblatt für ein Grundstück des Eigenbesitzers angelegt wird, und daß deshalb das Grundbuchamt ein solches Besitzzeugnis auf die Richtigkeit seines Inhalts grundsätzlich nicht nachzuprüfen hat. Dieser Gedanke findet seinen Ausdruck in der Fassung der Eingangsworte des Art. 20: „Als Eigentümer ist einzutragen wer das Grundstück im Eigenbesitz hat . . .“ Damit hat aber der Grundbuchrichter nicht verpflichtet werden sollen, unter allen Umständen auf ein solches Besitzzeugnis hin ein Grundbuchblatt für den Antragsteller anzulegen. Wie das Kammergericht in den Beschlüssen vom 24. September 1900 Y. 605/00 und vom heutigen Tage Y. 1516/02 angenommen hat, ist vielmehr der Grundbuchrichter zur Ablehnung der beantragten Anlegung des Grundbuchblatts, trotz des vorgelegten, dem Art. 20 entsprechenden Besitzzeugnisses, dann berechtigt, wenn er nach Maßgabe des ihm anderweit vorliegenden Materials gegründeten Zweifel an der objektiven Richtigkeit des Besitzzeugnisses haben durfte. In solchen *Ausnahmefällen* erscheint das Besitzzeugnis nicht als die genügende Grundlage für die Anlegung des Grundbuchblatts. Denn wenn der Inhalt dieses Zeugnisses vom Grundbuchrichter auch nicht nachzuprüfen ist, so würde es doch der Stellung des Grundbuchrichters, dessen Eintragungen im Grundbuch mit der objektiven Wahrheit sich in Übereinstimmung befinden sollen, nicht entsprechen, wenn man ihn nötigen wollte, auf den Inhalt einer Urkunde, an dessen objektiver Wahrheit er nach den ihm anderweit amtlich bekannt gewordenen Tatsachen Zweifel hat, eine Eintragung zu gründen. Der Grundbuchrichter verletzt deshalb auch vorliegend kein Gesetz, wenn er den Antrag der Regierung ablehnte. Denn die Gemeinde D. hat gegen die Anlegung des Grundbuchblatts auf den Namen des Fiskus protestiert und behauptet, sie habe das Grundstück selber 60 Jahre lang im Eigenbesitz gehabt. Diese Behauptung findet eine Unterstützung durch den Inhalt des Flurbuchs und des früheren Katasters. . . .

Pos. MSchr. 1903 S. 54.

20

a) **Umfang des staatlichen Aufsichtsrechts über Familienstiftungen.**[1]

Kammergericht, I. CS. Beschluß v. 29. Juni 1903.

Nach der Stiftungsurkunde sollte die Verwaltung der Stiftung durch

---

[1] Für die dem öffentlichen Rechte angehörende Frage der Beaufsichtigung gilt das bisherige Recht. Ist die Verwaltung oder Aufsicht einem Gericht übertragen, so ist dieses, sonst aber stets, auch wenn die Aufsicht einer anderen Behörde zusteht, das Amtsgericht, in dessen

einen Haupt- und einen Nebenvorsteher erfolgen. 1898, nach dem Tode des damaligen Hauptvorstehers, verzichtete der zunächst berufene G., und an seiner Stelle wurde ein anderer Vorsteher verpflichtet. 1902 stellte G. aus verschiedenen Gründen das Verlangen, nunmehr ihn als Hauptvorsteher zu bestellen. Das Amtsgericht wies den Antrag zurück. Bevor das Landgericht auf die hiergegen von G. eingelegte Beschwerde entschied, verfügte das Amtsgericht durch Beschluß vom 7. April 1903 die Entlassung der beiden derzeitigen Vorsteher A. und C. wegen nicht ordnungsmäßiger Führung der Verwaltung. Durch Beschluß vom 8. April hat darauf das Landgericht auf die Beschwerde des G. das Amtsgericht angewiesen, diesen zum Hauptvorsteher zu bestellen. Der von A. hiergegen eingelegten Beschwerde ist stattgegeben.

Gründe:

Es handelt sich um die Frage, ob die Aufsichtsbehörde berufen ist, Streitigkeiten über die Vorstandschaft einer Stiftung, wenn ihr diese Entscheidung durch die Stiftungsurkunde nicht ausdrücklich übertragen ist, zu entscheiden. Dieselbe ist zu verneinen. Das ALR. erwähnt eine staatliche Einwirkung auf Familienstiftungen nur bei der Prüfung und Bestätigung von Stiftungsurkunden und Familienbeschlüssen. Indessen ist in der Verwaltungspraxis niemals zweifelhaft gewesen, daß es sich hierbei nur um speziell hervorgehobene Ausflüsse eines bestehenden allgemeinen Oberaufsichtsrechts des Staates handelt, und auch in der Rechtsprechung des Kammergerichts ist ein solches grundsätzlich anerkannt (Jahrbuch 18 S. 131). Hieran ist durch die neue Gesetzgebung nichts geändert (vgl. Crusen-Müller, Ausf.-G. zum BGB. S. 40 litt. α S. 51 N. 2[b]). Diese Oberaufsicht ist aber nicht etwa der obervormundschaftlichen gleich, sondern greift, soweit nicht die Stiftungsurkunde der Aufsichtsbehörde eine weitere Befugnis verleiht, nur insoweit Platz, als die Stiftung derselben zu ihrer Erhaltung und zur Erreichung ihrer Zwecke bedarf (Jahrbuch 18 S. 133). Damit sind die Grenzen für das Einschreiten der Aufsichtsbehörde gesteckt.

Vorliegend hat die Stiftungsurkunde der Aufsichtsbehörde ein Recht zur Entscheidung von Streitigkeiten über die Vorstandschaft nicht beigelegt. Zwar ist in § 6 bestimmt, daß die Stiftungsvorsteher zur gewissenhaften Beobachtung ihrer Verbindlichkeiten vom Gericht mittels Handschlages wie Vormünder zu verpflichten sind. Allein damit ist dem Gericht nicht die Bestellung der Vorsteher gleich den Vormündern übertragen, sondern der Richter hat nur, um den Vorstehern die Pflichten ihres Amtes besonders zum Bewußtsein zu bringen, eine feierliche Form ihrer Bestellung angeordnet und diese der

Bezirk die Stiftung ihren Sitz hat, für die Aufnahme und Genehmigung eines Familienbeschlusses berufen. Dies gilt für alle bestehenden Familienstiftungen in Preußen, auch solche aus nicht-landrechtlichen Gebieten (Beschluß v. 29. Sept. 1902, Jahrbuch 25 S. 38). Bei Familienfideikommissen ist das Verfahren für Familienbeschlüsse im Ges. v. 15. Febr. 1840 erschöpfend geregelt; auch die nach diesem Gesetz bestellten gemeinschaftlichen Vormünder ist deshalb der § 1804 BGB. unanwendbar (Beschluß v. 19. Jan. 1903, a. a. O. S. 214).

Bestellung der Vormünder nachgebildet. Über die Person der Vorsteher hat er selbst ausführliche Bestimmungen getroffen. Entsteht Streit über das Recht jemandes auf das Amt des Vorstehers, so ist es zwar Ausfluß des Aufsichtsrechts der Behörde, daß sie auf Anrufen einschreitet. Indessen können die infolge von Streitigkeiten zu treffenden Anordnungen, wie das Kammergericht im Beschlusse vom 4. Mai 1903 (1 Y 311/03) ausgeführt hat, nur die Natur eines Interimistikums haben, bis durch einen Familienbeschluß oder, soweit es sich um Individualrechte handelt, durch Richterspruch im ordentlichen Rechtswege entschieden ist. Eine solche einstweilige Regelung wird aber vom Antragsteller G. gar nicht bezweckt. Er will vielmehr von der Aufsichtsbehörde eine endgültige Entscheidung darüber haben, daß ihn sein Verzicht auf die Vorsteherschaft nicht mehr bindet, und auf Grund dieser Entscheidung soll ihn die Aufsichtsbehörde alsdann in die Stellung des Hauptvorstehers einsetzen. Das Landgericht hat diesem Antrag stattgegeben. Hierzu war es indessen nach den vorstehenden Ausführungen nicht befugt.

Übrigens handelt es sich vorliegend nicht ausschließlich um die vom Landgericht allein geprüfte Frage nach der Endgültigkeit des Verzichts des Antragstellers. Da kein Familienmitglied zur Übernahme des Amtes eines Vorstehers rechtlich verpflichtet ist, hatte der Verzicht jedenfalls zurzeit seiner Abgabe die Wirkung, daß nunmehr das zunächst berufene Mitglied in das Amt des Vorstandes einrückte. Demgemäß ist A. aus seiner bisherigen Stellung als Nebenvorsteher in die des Hauptvorstehers eingerückt und als solcher verpflichtet. Solange er aber nicht rechtswirksam aus seinem Amte entfernt ist, war die Einsetzung eines neuen Vorstehers ausgeschlossen. Diese Entfernung kann, soweit die Stiftungsurkunde nichts anderes bestimmt, nur im Wege der Klage, nicht im Aufsichtswege erfolgen. Vorliegend aber sieht die Stiftungsurkunde gerade die Klage als den Weg zur Entfernung eines Vorstehers vor, indem sie behufs Anstellung derselben die Bestellung eines Kurators anordnet. Ein solcher ist vom Amtsgericht am 7. April 1903 bestellt. Damit ist dem Bedürfnis der Stiftung und dem Willen des Stifters Genüge geschehen. Dagegen war das Amtsgericht zur definitiven Entlassung der beiden Vorsteher im Aufsichtswege nicht befugt. Diese Maßregel war daher, das Amt des Beschwerdeführers als Hauptvorsteher zu beendigen, nicht geeignet. Solange er aber nicht rechtswirksam aus seinem Amte entfernt ist, war die Verpflichtung eines anderen Hauptvorstehers nicht zulässig. F.

b) Welches Gericht hat zu ermitteln, ob für einen Ausländer im Inlande eine vormundschaftliche Fürsorge anzuordnen ist?

OLG. Dresden, VI. CS. Beschluß v. 28. Oktober 1901.

Die österreichische Staatsangehörige X., die in A. wohnt, hat zu B. außerehelich geboren. Die Amtsgerichte A. und B. streiten darüber, welches von ihnen festzustellen hat, ob der Heimatsstaat die Fürsorge übernimmt. Aus den Gründen:

Das hierfür zuständige Gericht wird vom FrGG. nicht ausdrücklich bestimmt. Die Feststellung bildet aber eine Vorfrage für die Entscheidung darüber, ob im Inlande eine Vormundschaft anzuordnen ist. Diese Entscheidung ist aber stets von dem Gerichte zu treffen, dem die Anordnung der Vormundschaft nach den allgemeinen Vorschriften über die örtliche Zuständigkeit obliegen würde, wenn es sich um einen Inländer handelte. Die Feststellung bildet einen Teil der Ermittelungen, die das zuständige Vormundschaftsgericht von Amts wegen (FrGG. § 12) vor seiner Entschließung über die Anordnung einer Vormundschaft vorzunehmen hat. Das Gericht des Geburtsortes als solches ist nicht verpflichtet, jene Feststellung vorzunehmen. Wenn jenes Gericht und das für die Anordnung der Vormundschaft zuständige Gericht nicht das nämliche ist, so wird auch in der Regel das Gericht des Geburtsortes keine Kenntnis von der Geburt des fürsorgebedürftigen Ausländers erhalten. Denn nach § 48 FrGG. hat der Standesbeamte die Geburtsanzeige bei dem „Vormundschaftsgerichte" einzureichen. Darunter ist das im einzelnen Falle örtlich zuständige Vormundschaftsgericht zu verstehen (vgl. Fuchs Anm. 2; Schultze-Görlitz Anm. 2; Rausnitz, FrGG. § 48 Anm. 2). Übersendet der Standesbeamte die Anzeige, wie hier einem örtlich unzuständigen Gerichte, so hat dieses die Anzeige an das zuständige Gericht abzugeben (vgl. Dorner § 36 Anm. 7, auch die Denkschrift zu § 36). Sollte übrigens die Kindesmutter vor ihrer Niederkunft die österreichische Staatsangehörigkeit verloren haben — was bei ihrem langjährigen Aufenthalte in Deutschland nicht ausgeschlossen ist (vgl. Unger, System 1 S. 297) —, ohne daß sie Deutsche geworden wäre, so würde sie nach Art. 29 EG. in privatrechtlicher Beziehung zwar weiter als Österreicherin zu behandeln sein. Ihre Tochter müßte aber, solange sie in Deutschland ihren Wohnsitz oder Aufenthalt hat, lediglich nach den inländischen Gesetzen beurteilt werden. Es würde also in diesem Falle Art. 23 gar nicht eingreifen. Für die Entscheidung des Zuständigkeitsstreites war die Frage nach der Staatsangehörigkeit des Kindes nicht ausschlaggebend, da so, wie geschehen, auch zu entscheiden gewesen wäre, wenn feststünde, daß es im Zeitpunkte seiner Geburt keinem Staate angehört habe. Annalen 24 S. 360.

c) **Keine Beschwerde aus § 20 FrGG. wegen Verletzung einer Sittenpflicht.**

Kammergericht, I. CS. Beschluß v. 6. Juli 1903.

A. beantragte beim Vormundschaftsgericht, daß dem Vormund seiner entmündigten Mutter, welcher hiermit einverstanden war, gestattet werde, auf dem Grundstück des Antragstellers stehende Hypotheken, die aber nicht mündelsicher waren, für die Mutter zu erwerben, da sein Grundstück sonst zur Zwangsversteigerung käme. Das Vormundschaftsgericht lehnte ab. Die Beschwerde wurde als unzulässig zurückgewiesen. Auch der weiteren Beschwerde, die darauf gestützt war, daß, da nach § 1624 BGB. eine naturalis obligatio der Eltern zur Unterstützung ihrer Kinder bestehe und dementsprechend ein natürliches Recht des Kindes, § 20 FrGG. aber zwischen klagbaren und nichtklagbaren Rechten nicht unterscheidet, das Landgericht sachlich hätte prüfen müssen, ist der Erfolg versagt. Gründe:

Nach § 20 steht auf dem Gebiete der freiwilligen Gerichtsbarkeit die Beschwerde jedem zu, dessen Recht durch eine Verfügung beeinträchtigt ist. Unter „Recht" ist aber nur dasjenige zu verstehen, was die Gesetze selbst als solches anerkennen, d. h. was sie mit dem Schutze der Staatsgewalt bekleidet haben. Dieser Schutz äußert seine regelmäßigen Wirkungen in der Klagbarkeit eines Anspruchs. Doch erkennt das BGB. in einzelnen Fällen Obligationen mit unvollkommenen Rechtswirkungen an, indem ihnen zwar die Klagbarkeit fehlt, durch positive Vorschrift aber in bestimmter Richtung eine vom Recht anerkannte Bedeutung beigelegt ist. Soweit diese Wirkungen reichen, genießt der Berechtigte des staatlichen Schutzes, und ein Eingriff durch eine gerichtliche Verfügung stellt eine Beeinträchtigung eines Rechts dar, zu dessen Schutze dem Beeinträchtigten eine Beschwerde nach § 20 FrGG. zusteht. Über die gesetzlich anerkannten Wirkungen hinaus versagt der staatliche Rechtsschutz, und zwar ohne Unterschied zwischen dem ordentlichen Rechtswege und andern Rechtsbehelfen. § 1624 BGB. beruht auf der Anerkennung der Ausstattungsgewährung als einer sittlichen Pflicht. Das BGB. hat nicht alle derartigen Pflichten als rechtsschutzbedürftig anerkannt, jedoch einzelnen derselben in gewisser Richtung eine Bedeutung beigelegt. Dahin gehört der § 1624, wonach Ausstattungen, welche die vermögensrechtlichen Verhältnisse der Eltern nicht übersteigen, nicht als Schenkungen gelten sollen. Auf diese rechtliche Beurteilung einer zugewendeten Ausstattung hat der Ausgestattete einen Rechtsanspruch. Darüber hinaus steht ihm ein Schutz zur Erfüllung einer vorhandenen sittlichen Pflicht zur Ausstattung nicht zu. F.

d) **Die Anwendung der Pflegschaft zwecks Führung eines Prozesses ist für den Prozeßgegner kein Grund zur Beschwerde.**[1]

Kammergericht, I. CS. Beschluß v. 2. März 1903.

Das Amtsgericht hatte für die 1896 unehelich geborene A. einen Pfleger zwecks Wahrnehmung ihrer Rechte in dem bei jenem Gerichte gegen B. schwebenden Prozesse wegen Gewährung von Unterhalt bestellt. Die Beschwerde und weitere Beschwerde des B. sind zurückgewiesen. Gründe:

Nach §§ 20, 29⁴ FrGG. steht die Beschwerde jedem zu, dessen Recht durch die anzufechtende Entscheidung beeinträchtigt ist. Hiernach genügt zur Anfechtung nicht, daß die Verfügung auf die rechtlichen Beziehungen des Beschwerdeführers von Einfluß ist und daß er insofern ein Interesse an ihrer Änderung hat; vielmehr ist stets erforderlich, daß eine Beeinträch-

[1] Der Abwesenheitspfleger hat, wenn sich herausgestellt hat, daß der Abwesende gestorben ist, zwar das Recht, die Aufhebung der Pflegschaft zu beantragen, um dadurch die Endigung seines Amtes herbeizuführen. Er ist aber nicht berechtigt, die Anordnung einer Nachlaßpflegschaft zu verlangen, da sie mit der Aufhebung der Abwesenheitspflegschaft rechtlich nicht zusammenhängt; er darf sich daher auch nicht über die Ablehnung seines Verlangens beschweren (Bayer. Ob. LG., I. CS. Beschluß v. 16. Okt. 1902, Sammlung 3 S. 841).

tigung seines Rechtes vorliegt (Denkschrift zu § 19). Der Beschwerdeführer hat zwar infolge seines Prozesses mit der Pflegebefohlenen ein rechtliches Interesse an der Aufhebung der Pflegschaft, weil dann der Pfleger zur Vertretung der Klägerin nicht mehr berechtigt ist. Er hat aber kein Recht darauf, daß der Klägerin kein Pfleger, kein gesetzlicher Vertreter zur Wahrnehmung ihrer Rechte in dem Prozesse bestellt werde. Die Anordnung der Pflegschaft kann das Recht der Pflegebefohlenen und das ihres bereits vorhandenen gesetzlichen Vertreters, des Inhabers der elterlichen Gewalt oder des Vormundes, beeinträchtigen. Den Rechten des Prozeßgegners der Pflegebefohlenen tut sie aber keinen Abbruch. Er kann daher auf § 20 FrGG. ein Beschwerderecht nicht stützen (vgl. Rausnitz, Anm. 4 zu § 20). Ebensowenig gibt ihm der § 57 das. die Befugnis zur Beschwerde (vgl. § 63 das.). Auf die Nr. 3 könnte er sich unter Umständen berufen, wenn das Vormundschaftsgericht die Anordnung einer Pflegschaft abgelehnt hätte, weil er ein rechtliches Interesse an einer ordnungsmäßigen Vertretung der Pflegebefohlenen habe (Rausnitz Anm. 3 zu § 57). Die Schaffung einer solchen Vertretung berechtigt ihn aber nicht zur Beschwerde (Jahrbuch 24 S. 152). J. M.

e) **Beschwerde über die Auswahl des Vormundes.**

OLG. Jena, I. CS. Beschluß v. 28. Mai 1903.

Zum Vormund des minderjährigen A. ist B., ein Bruder seiner Mutter, bestellt. Darauf hat Z., der Mann einer Schwester des Vaters des Mündels, beantragt, als Vormund den C., den Bruder des Vaters des Mündels, und als Gegenvormund den B. zu bestellen, bezw. den letzteren als Vormuud zu entlassen. Das Amtsgericht hat dies abgelehnt. Die Beschwerde des Z. und des C. ist als unzulässig zurückgewiesen. Der weiteren Beschwerde des Z. wurde stattgegeben. Gründe:

Die Frage ist, ob und von wem die Auswahl des Vormundes durch das Vormundschaftsgericht mit Beschwerde angegriffen werden kann. Daß diese Auswahl unanfechtbar sei, ist nirgends bestimmt, auch schwerlich erwünscht. Nur kann die Anfechtung nicht den Erfolg haben, daß eine bereits geschehene Vormundsbestellung rückwirkend ungültig wird. Das Landgericht hat nun mit Recht angenommen, daß vorliegend die Legitimation zur Beschwerde auf § 20 FrGG. nicht gestützt werden kann. Durch die Auswahl eines Vormundes kann wohl ein Recht des Mündels, nicht minder ein Recht des Ausgewählten und ein Recht eines trotz gesetzlicher Berufung bei der Auswahl Übergangenen im Sinne des § 20 beeinträchtigt werden, so daß ein Beschwerderecht dieser Personen gegen die Auswahl des Vormundes unzweifelhaft gegeben ist. Allein keiner dieser Fälle liegt vor, und es ist insbesondere von den Beschwerdeführern erster Instanz ein subjektives Recht, sei es, selbst zum Vormund bestellt zu werden, sei es auf Bestellung eines bestimmten Dritten, nicht beansprucht worden. Wohl aber wird die Beschwerde durch § 57 Ziff. 9 FrGG. getragen. Das Landgericht hat auch weder verkannt, daß die Auswahl des Vormundes eine Entscheidung über eine die Sorge für die Person des Mündels betreffende Angelegenheit ist, noch daß beide Beschwerdeführer als nahe Verwandte bezw. Verschwägerte des Mündels zu denjenigen Personen gehören, welche ein berechtigtes Interesse haben, diese, die Sorge für die Person des Mündels betreffende Angelegenheit wahrzunehmen. Es hat also insbesondere die in der Rechtsprechung aufgetauchte Ansicht, wonach unter den Entscheidungen im Sinne des § 57⁹ nur solche über bestimmte einzelne Angelegenheiten, nicht aber solche allgemeineren Inhalts, wie die Vormundsbestellung, zu verstehen seien, nicht gebilligt, und zwar mit Recht, da weder der Wortlaut des Gesetzes, noch sonstige Gründe zu einer so engen Auslegung nötigen. Danach hätte das Landgericht die Frage der Zulässigkeit der Beschwerde bejahen müssen (Rsp. 3 S. 309; Weißler zu § 57 Bem. 2ᵈ; Josef, Lehrbuch S. 200). Das Landgericht hält aber die Anwendung des § 57⁹ auf den Fall der Auswahl des Vormundes durch den § 60 Ziff. 1 FrGG. für ausgeschlossen; es nimmt unter Berufung auf den „Grundsatz a potiore minus" an, daß der Gesetzgeber diese im Interesse möglichst baldiger Schaffung gesicherter Verhältnisse getroffene Bestimmung auch in dem Sinne getroffen habe, daß er anderen Personen ein Rechtsmittel gegen die Bestellung des Vormundes nicht habe geben wollen."

Diese Ausführung, die durch Berufung auf Mitteilungen aus der Entstehungsgeschichte des § 57 Ziff. 9 bei Schultze-Görlitz, FrGG. S. 131, 132 und die Anm. 5 zu § 1779 BGB. in Plancks Kommentar zu stützen versucht wird, übersieht, daß, wenn sie richtig ist, nicht bloß die Anwendung des § 57⁹, sondern auch die des § 20 durch den § 60 Ziff. 1 ausgeschlossen, also nicht bloß denjenigen, welche ein berechtigtes Interesse an der Wahrnehmung der persönlichen Angelegenheiten des Mündels haben, sondern auch denjenigen, deren Recht durch die Auswahl des Vormunds verletzt ist mit alleiniger Ausnahme der trotz gesetzlicher Berufung Übergangenen, also auch dem Mündel selbst und dem zur Ablehnung der Vormundschaft Berechtigten, die Beschwerde gegen die Auswahl des Vormundes versagt ist. Eine Bestimmung von solcher Tragweite, die überdies durch das bloße Interesse an „möglichst baldiger Schaffung gesicherter Verhältnisse" legislatorisch nicht zu rechtfertigen wäre, würde vom Gesetzgeber ausdrücklich und im Zusammenhang mit den übrigen Vorschriften getroffen worden sein, die von der Legitimation zur Beschwerde handeln. Der Gesetzgeber hat sich übrigens selbst über das Verhältnis des § 57⁹ zu den von der sofortigen Beschwerde handelnden Bestimmungen, also insbesondere dem § 60 ausgesprochen, nämlich im Abs. 2 § 57, wonach der Abs. 1 Nr. 9 auf die sofortige Beschwerde keine Anwendung findet. Diese Bestimmung ist allerdings dahin zu verstehen, daß, wenn die Voraussetzungen vorliegen, unter denen eine Beschwerde nur als sofortige zugelassen ist, auch die Frage der Legitimation zur Beschwerde besonders geprüft werden muß, und zwar unter Ausschluß des § 57 Ziff. 9. Hieraus ergibt sich aber für den besonderen Fall des § 60 Ziff. 1 mehr nicht, als daß die Überzehung eines vom Gesetz zum Vormund berufenen nur von diesem selbst mit Beschwerde gerügt werden kann, nicht aber, daß gegen die Auswahl des Vormunds schlechthin nur dann eine Beschwerde gegeben sein soll, wenn ein gesetzlich Berufener übergangen ist, und nur dem Übergangenen. Nichts anderes ist auch aus den Bemerkungen bei Schultze-Görlitz zu entnehmen. Dort ist nur mitgeteilt, daß die Bedenken der Regierung gegen eine Zulassung der Beschwerde in weiterem Umfang, als im Entwurf vorgesehen, auch damit begründet wurden, daß sich die Notwendigkeit einer näheren Bezeichnung des Kreises der Beschwerdeberechtigten schon mit Rücksicht auf die Fälle der sofortigen Beschwerde ergebe, da sonst der Zweck der letzteren völlig vereitelt werden würde und daß diesem, insbesondere auch gegen den von der Reichstagskommission eingefügten § 57 Ziff. 9 sprechenden Bedenken durch die Hinzufügung des Abs. 2 § 57 Rechnung getragen werden sollte. Von einer Vereitelung des Zweckes der sofortigen Beschwerde kann aber nur in den Fällen die Rede sein, für welche sie vorgeschrieben ist, und das FrGG. ist in keinem Stadium seiner Entstehung soweit gegangen, die Anfechtung der Vormundsbestellung schlechthin der Beschränkung der sofortigen Beschwerde zu unterwerfen. Wenn Planck a. a. O. bemerkt, daß aus der Nichtanhörung des Gemeindewaisenrats oder der Nichtberücksichtigung von Angehörigen des Mündels oder des Bekenntnisses desselben niemand das Recht der Beschwerde ableiten könne, ein einmal, wenn auch unter Nichtbeachtung des § 1779 BGB., bestellter Vormund bleibe es und könne nur unter der Voraussetzung des § 1886 entlassen werden, so unterstützt diese Bemerkung die Argumentation des Landgerichts in keiner Weise. Sie ist aber auch, hingesehen auf dem mehrfach erwähnten § 60 Ziff. 1 FrGG., offenbar unrichtig. Dr. B.

f) **Gegen den Beschwerdebeschluß, der die angeordnete vorläufige Vormundschaft aufhebt, findet die einfache weitere Beschwerde statt. Keine vorherige Mitteilung der Beschwerdeschrift an den Antragsteller FrGG. §§ 60, 12.**

Kammergericht, I. ZS. Beschluß vom 7. Mai 1903.

Die weitere Beschwerde ist als sofortige bezeichnet; als solche wäre sie verspätet, doch kommt es hierauf nicht an, da vorliegend nicht die sofortige, sondern die einfache weitere Beschwerde zugelassen ist. Nach § 60 Nr. 5 findet die sofortige Beschwerde statt gegen eine Verfügung, durch die ein Volljähriger unter vorläufige Vormundschaft gestellt wird. Soweit eine Verfügung aber der sofortigen Beschwerde unterliegt, ist auch gegen die Entscheidung des Beschwerdegerichts nur die sofortige weitere Beschwerde gegeben (§§ 29^2, 63, 57—62). Es wäre also eine Entscheidung des Landgerichts, durch welches die vorläufige Vormundschaft aufrechterhalten, die Beschwerde also zurückgewiesen worden, auch nur mit sofortiger weiterer Beschwerde anfechtbar gewesen. Daß aber auch gegen eine Beschwerdeentscheidung, durch welche die vorläufige Vormundschaft aufgehoben ist, die sofortige weitere

Beschwerde gegeben ist, folgt aus den mitgeteilten Vorschriften nicht und ist auch sonst nirgends vorgeschrieben.

Die weitere Beschwerde konnte jedoch keinen Erfolg haben. Allerdings hat das Landgericht die Beschwerde des P. gegen die Anordnung der vorläufigen Vormundschaft der Antragstellerin nicht zur Erklärung mitgeteilt. Eine Gesetzesverletzung ist jedoch darin nicht zu finden. Eine solche Mitteilung zur Erklärung ist nicht vorgeschrieben, sie ist aber auch durchaus kein Erfordernis des Verfahrens in Angelegenheiten der freiwilligen Gerichtsbarkeit, denn dieses kennt eigentliche Parteien, die einander gegenüberstehen, nicht. Das Gericht hat daher, ebenso wie es die ihm erforderlich erscheinenden Beweise von Amts wegen zu erheben und sonstige Ermittelungen anzustellen hat (§ 12), auch allein nach seinem pflichtmäßigen Ermessen zu bestimmen, ob es auf eine Beschwerde einem anderen Interessenten Gelegenheit zu einer Erklärung geben will oder nicht. L.

g) Zur Anwendung des § 60 Nr. 6 FrGG.

Kammergericht, I. CS. Beschluß v. 16. März 1903.

Zu den Verfügungen, welche erst mit der Rechtskraft in Wirksamkeit treten (§ 60 Nr. 6), gehören nach § 53[1] die Verfügungen, durch welche auf Antrag die Ermächtigung oder die Zustimmung eines anderen zu einem Rechtsgeschäft ersetzt wird (Denkschrift S. 48). Zu den Fällen aber wiederum, in denen auf Antrag die Zustimmung eines anderen zu einem Rechtsgeschäft ersetzt wird, gehört der hier vorliegende Fall, in welchem bei einer Meinungsverschiedenheit mehrerer Pfleger über Vornahme eines Rechtsgeschäfts (nämlich der Erfüllung einer Verbindlichkeit durch Zahlung) das auf Grund der §§ 1915, 1797[1] BGB. angegangene Vormundschaftsgericht einer der verschiedenen Meinungen der Pfleger beigetreten ist. Nach §§ 1915, 1797[1] können mehrere Pfleger grundsätzlich nur in ihrer Gesamtheit wirksam handeln und Rechtsgeschäfte vornehmen. Können sich die mehreren Pfleger über ein vorzunehmendes Rechtsgeschäft nicht einigen, so wird durch die Verfügung, mit welcher das Vormundschaftsgericht einer der verschiedenen Meinungen beitritt, die Zustimmung desjenigen oder derjenigen Pfleger ersetzt, welche der vom Vormundschaftsgerichte nicht gebilligten Meinung waren. Auf eine solche Verfügung des Vormundschaftsgerichts trifft das zu, was die Begründung zum § 53 als gemeinsames Kriterium der Verfügungen, durch welche die Zustimmung eines anderen zu einem Rechtsgeschäft ersetzt wird, hervorhebt. Ist die Verfügung einmal in Wirksamkeit getreten und ist damit die Vornahme der im Streite gewesenen Handlung ermöglicht, so kann die Verfügung in ihren Folgen nicht mehr rückgängig gemacht werden, ohne die Rechtssicherheit zu gefährden. Wie denn auch die Denkschrift zum § 82 die Anwendbarkeit des § 53 auf die §§ 1629, 1797[1] und § 1798 BGB. ausdrücklich hervorhebt.

h) Keine weitere Beschwerde gegen die Gründe des der Beschwerde stattgebenden Beschlusses.

OLG. Colmar, II. CS. Beschluß v. 23. März 1903.

Das Landgericht hat die Zwischenverfügung des Grundbuchamts aufgehoben und die Sache zur anderweitigen Prüfung und Entscheidung zurückverwiesen. Die Gründe führen aus, daß noch zu untersuchen sei, ob der Eintragung nicht anderweitige Hindernisse entgegenständen, und weisen dann auf zwei Punkte hin, bezüglich welcher eine Ergänzung des Antrags und seiner Unterlagen erforderlich sei. Durch diese Entscheidung sind aber die Beschwerdeführer nicht beschwert. Der entscheidende Teil des angefochtenen Beschlusses gibt durch Aufhebung der Zwischenverfügung der Beschwerde in vollem Umfange statt und spricht in seinem weiteren Teile dann nur aus, was im Grunde genommen selbstverständlich ist, daß nämlich das Grundbuchamt, bevor es die beantragte Eintragung vornehme, den Antrag nochmals dahin prüfen solle, ob der beantragten Eintragung nicht anderweitige Hindernisse entgegenständen. Denn durch den angefochtenen Beschluß ist, wie nicht anders möglich war, nur über diejenigen Punkte entschieden worden, welche Gegenstand der Beschwerde waren, und das Grundbuchamt ist auch nur insoweit an die Beschwerdeentscheidung gebunden. Im übrigen aber ist es vollständig frei in seiner Beurteilung des Antrags der Beschwerdeführer und wäre dies auch selbst dann, wenn das Landgericht die Eintragung ausdrücklich angeordnet hätte, denn diese Anordnung würde selbstverständlich voraussetzen, daß der Eintragung außer den geprüften und durch die Beschwerde beseitigten nicht noch anderweitige Hindernisse entgegenständen.

Man wird auch der Auffassung sein müssen, daß das Grundbuchamt in Fällen der hier fraglichen Art zur erneuten Prüfung des Antrags unter dem Gesichtspunkte der durch die Entscheidung des Beschwerdegerichts geschaffenen Rechtslage von Amts wegen verpflichtet ist. Eines ausdrücklichen Hinweises auf diese Prüfungspflicht hätte es deshalb im angefochtenen Beschlusse nicht bedurft; aber unzulässig ist ein solcher selbstverständlich nicht. Ebensowenig kann es dem Landgerichte verwehrt sein, das Grundbuchamt auf die seiner Auffassung nach der Eintragung entgegenstehenden anderweitigen Hindernisse aufmerksam zu machen. An diese — lediglich belehrenden — Ausführungen ist das Grundbuchamt bei seiner nunmehr zu treffenden Entscheidung nicht gebunden. Es hat vielmehr, wenn es eine erneute Prüfung des Antrags nach der angedeuteten Richtung hin vornimmt, nach freiem Ermessen zu entscheiden, ob es sich der Auffassung des Landgerichts anschließen will oder nicht. Es ist vollständig frei, dem Antrage trotz der vom Landgerichte geäußerten Bedenken nunmehr ohne weiteres stattzugeben, wenn es diese Bedenken nicht teilt. Daß dies auch die Auffassung des Landgerichts ist, geht aus dem entscheidenden Teil des Beschlusses sowohl als aus dessen Gründen hervor, insbesondere läßt auch der Wortlaut des entscheidenden Teiles keinen begründeten Zweifel daran, daß das Grundbuchamt selbständig prüfen und entscheiden solle. Dr. Frz.

i) **Keine Bestellung eines Pflegers gemäß § 88 FrGG., wenn der Erblasser vor 1900 gestorben ist.**[1]

Kammergericht, I. CS. Beschluß v. 29. Dezember 1902.

Der § 88, der sich in dem „Nachlaß- und Teilungssachen" behandelnden 5. Abschnitte (§§ 72—99) und insbesondere unter den das Erbauseinandersetzungsverfahren regelnden §§ 86—98 findet, steht ersichtlich im engsten Zusammenhange mit der Gestaltung, die das Teilungsverfahren in den §§ 86—99 erhalten hat, namentlich mit dem § 89, wonach die Ladung der Beteiligten durch öffentliche Zustellung unzulässig ist, und mit den §§ 91³, 93², 95 Satz 2, wonach gegen nicht erschienene Beteiligte Versäumnisfolgen eintreten (vgl. § 97²). Dieser Zusammenhang, der Inhalt des § 88 und seine Stellung im System ergeben, daß es sich in Ansehung dieser Pflegschaft, wie der Nachlaßpflegschaft (BGB. §§ 1960, 1961) nicht um eine vormundschaftsrechtliche, sondern um eine erbrechtliche, insbesondere um eine das Erbauseinandersetzungsverfahren betreffende Vorschrift handelt. Sie kann dann aber nicht zur Anwendung kommen, wenn der Erblasser vor 1900 gestorben ist. Nach EG. Art. 213 bleiben in diesem Falle für die erbrechtlichen Verhältnisse die früheren Gesetze maßgebend und nach § 189 FrGG. gelten, soweit im EG. z. BGB. zugunsten der Landesgesetze Vorbehalte gemacht sind, diese auch für die Vorschriften der Landesgesetze über diejenigen Angelegenheiten der freiwilligen Gerichtsbarkeit, welche Gegenstand des FrGG. sind. Zu den Vorbehalten des § 189 gehören nicht nur die Vorschriften des dritten Abschnitts (Art. 55 ff.), sondern auch die Übergangsvorschriften des vierten Abschnitts (Art. 153 ff.) des EG. (Denkschrift zur GrBO. § 81, Begründung zum preuß. FrG. Art. 137). Das Erbteilungsverfahren regelt sich also, wenn der Erblasser vor 1900 gestorben ist, nach dem Landesrechte, hier nach AGO. I 46 §§ 1—25, die im Art. 144 Nr. 1 preuß. FrG. nur „unbeschadet der Übergangsvorschriften" aufgehoben worden sind (vgl. Begründung a. a. O.). Diese Bestimmungen kennen aber die Bestellung eines Pflegers für das Erbteilungsverfahren durch das Nachlaßgericht nicht. Dr. B.

k) **Die Bestimmung des mit der Vermittelung der Erbauseinandersetzung zu betrauenden Notars durch den Erblasser ist unverbindlich.**[2]

OLG. Colmar, I. CS. Beschluß v. 18. März 1903.

Dahingestellt kann bleiben, ob der Erblasser den Erben rechtsverbindlich die Bedingung auferlegen darf, daß sie den Nachlaß vor einem bestimmten Notar teilen lassen müßten; denn tatsächlich hat der Erblasser nur seinen Willen dahin ausgesprochen, daß die Teilung durch Notar M. erfolgen solle.

---

[1] Dadurch, daß das Nachlaßgericht die Auseinandersetzung zu vermitteln hat, geht nicht die Verwaltung des Nachlasses auf das Gericht über; es darf insbesondere nicht die Befriedigung der Gläubiger selbst in die Hand nehmen, Nachlaßforderungen einziehen und sich in das Rechtsverhältnis zwischen dem Pfandgläubiger einer Nachlaßforderung und dem Drittschuldner einmischen (Bayer. Ob. LG., I. CS. Beschluß v. 18. Dez. 1902, Sammlung 3 S. 1048).

[2] Dies trifft auch für preuß. FrG. Art. 21 zu.

Diese Bestimmung ist aber unverbindlich. Das Gesetz legt nirgends dem Erblasser die Befugnis bei, in fraglicher Richtung maßgebende Bestimmungen zu treffen, vielmehr ist die Ernennung des Teilungsbeamten durch § 31 Ausf.-G. zum FrGG. uneingeschränkt dem Nachlaßgericht übertragen. Aus dem Umstand, daß das Gesetz den Erblassern die Befugnis erteilt hat, Testamentsvollstrecker zu ernennen und ihnen damit zufolge des § 2204 BGB. die Möglichkeit gegeben hat, bestimmte Personen mit der Auseinandersetzung zu betrauen, ist nicht zu schließen, daß das Gesetz auf der einfachen Willenserklärung bezüglich der Auseinandersetzung durch einen bestimmten Notar, der nicht Testamentsvollstrecker, verbindliche Wirkung für das Nachlaßgericht habe beilegen wollen, um so weniger, weil der bezeichnete § 31 nicht einmal die Andeutung einer Einschränkung der bezeichneten Befugnis des Nachlaßgerichts enthält. Allerdings wird das Gericht, sofern nicht besondere Umstände gegen die Ernennung des bezeichneten Notars sprechen, wohl regelmäßig aus Achtung vor dem Willen des Erblassers dessen Anordnung entsprechen; allein die Nichtbeachtung dieser Anordnung stellt keine Gesetzesverletzung dar. Übrigens steht nicht einmal fest, daß der Erblasser, der die Teilung durch Notar M. gewünscht hat, wollte, daß eventuell der Amtsnachfolger desselben zum Teilungsbeamten ernannt werde; im Testament ist darüber nichts enthalten, und wenn man aus dem Umstand, daß der Erblasser nach dem Tode M.'s das Testament bei dessen Nachfolger ließ, auf einen bezüglichen Willen des Erblassers schließen wollte, so würde doch keine *testamentarische* Bestimmung mehr in Frage stehen, sonach von einer Verbindlichkeit des Willens des Erblassers erst recht nicht die Rede sein können. Dr. Frz.

l) **Einfache Beschwerde im Falle des § 142 FrGG., wenn es sich nicht um einen Widerspruch handelt, sondern um den Antrag eines Dritten auf Löschung der zu Unrecht erfolgten Eintragung in das Handelsregister.**

Kammergericht, I. CS. Urteil v. 2. Februar 1903.

Nach § 142 kann das Registergericht eine Eintragung wieder löschen, wenn sie mangels einer wesentlichen Voraussetzung unzulässig war. Dem Beteiligten ist vorher eine Frist zum Widerspruch zu bestimmen. Wird solcher erhoben, so findet gegen die ihn zurückweisende Verfügung die *sofortige* Beschwerde statt. Anders liegt der Fall, wenn ein Dritter, der durch die Eintragung in seinen Rechten beeinträchtigt ist oder das zur Vertretung des Handelsstandes berufene Organ die Löschung einer zu Unrecht erfolgten Eintragung beantragt. An sich kommt auch hier, wie die Motive hervorheben, der § 142 zur Anwendung. Da es sich aber hier nicht um einen Widerspruch handelt, so greifen für das Beschwerdeverfahren nicht die in § 142³ angezogenen Abs. 3 und 4 des § 141 Platz. Danach ist aber die Beschwerde die einfache (Rsp. 5 S. 445). L.

m) **Ordnungsstrafverfahren gegen Genossenschaften.**

Kammergericht, I. CS. Beschluß v. 6. Juli 1903.

Zufolge einer Anregung des Registerrichters erklärte der Vorstand der eingetragenen Genossenschaft m. b. H. dem Amtsgerichte am 17. April 1903, er beabsichtige bei Veröffentlichung der Bilanz die Mitgliederbewegung für 1902 u. a. dahin anzugeben: ausgeschieden 53. Das Gericht stellte jedoch fest, daß nicht 53, sondern 54 ausgeschieden seien und verständigte hiervon den Vorstand. Dieser bestritt dies und suchte die Differenz durch Mitteilung eines Verzeichnisses der Abgänge für 1902 aufzuklären. Der Gerichtsschreiber berichtete, daß sich im Laufe der Jahre Differenzen zwischen dem vom Vorstande geführten Verzeichnis und der gerichtlichen Liste der Genossen eingeschlichen zu haben schienen. Hierauf forderte der Richter die Einreichung des Verzeichnisses behufs Vergleichung. Der Vorstand lehnte dies mit Rücksicht darauf ab, daß erst am 22. April 1903 das Verzeichnis vorgelegen habe und daß eine spezielle Aufstellung der Abgänge für 1902 übersendet worden sei. Zugleich überreichte er die Bekanntmachung der Bilanz, welche die Mitgliederbewegung entsprechend dem Entwurf enthält. Das Amtsgericht gab nunmehr dem Vorstande durch Verfügung vom 28. April 1903 unter Androhung von 50 Mark Ordnungsstrafe für jedes Vorstandsmitglied auf, binnen drei Tagen das Genossenverzeichnis einzureichen. Der Einspruch des Vorstandes wurde verworfen und die Strafe gegen jedes Vorstandsmitglied festgesetzt. Die Beschwerde des Vorstandes wurde zurückgewiesen, seiner weiteren Beschwerde jedoch stattgegeben. Gründe:

Nach § 30 Genoss.-G. hat der Vorstand einer eingetragenen Genossenschaft ein Verzeichnis der Genossen zu führen und es mit der bei Gericht geführten Liste der Genossen in Übereinstimmung zu halten. Daß hier der Vorstand ein Verzeichnis führt, zieht das Amtsgericht nicht in Zweifel. Es ist lediglich zu der Überzeugung gelangt, daß dieses Verzeichnis mit der gerichtlichen Liste nicht übereinstimme. Daß dies die Auffassung des Gerichts war, ergibt sich klar bereits aus der strafandrohenden Verfügung, in der es heißt, bei der neuerlichen Prüfung der Genossenliste habe sich herausgestellt, daß zwischen ihr und der Vereinsliste erhebliche Differenzen bestehen müßten. Alsdann aber ist nicht einzusehen, welcher Grund für das Amtsgericht vorlag, in der Weise, wie dies geschehen, gegen den Vorstand vorzugehen. Es kann von der Erörterung abgesehen werden, ob etwa unter besonderen Umständen das Registergericht die Einreichung des vom Vorstande zu führenden Genossenverzeichnisses erzwingen kann, um festzustellen, ob es mit der gerichtlichen Genossenliste übereinstimme. Der gegebene Fall bietet keinen Anlaß, hierüber zu entscheiden. Denn sowohl die strafandrohende Verfügung, als auch der Tatbestand des amtsgerichtlichen Beschlusses gehen davon aus, daß hier Differenzen in den Listen bestehen, und zwar in der Ziffer der vorhandenen Genossen. Auch das Landgericht bemerkt, das Gericht habe sichere Kenntnis davon gehabt, daß die Listen nicht übereinstimmten. Bei dieser Sachlage war das Gericht, sofern es nicht zu einer Verständigung mit dem Vorstande zu gelangen vermochte, jedenfalls darauf angewiesen, der klaren Vorschrift des Gesetzes gemäß die Vorstandsmitglieder im Ordnungsstrafverfahren anzuhalten, die Übereinstimmung des vom Vorstande geführten Verzeichnisses mit der gerichtlichen Genossenliste herzustellen. Die Klarlegung der Einzelheiten und des Grundes der Unterschiede blieb diesem Verfahren vorbehalten. Denn es war gegenüber einer strafandrohenden Verfügung nunmehr Sache der Vorstandsmitglieder, die Übereinstimmung der Listen zu erweisen oder die Nichtübereinstimmung zu rechtfertigen. Wahrscheinlich hätten diese nach dem von ihnen in der Angelegenheit beobachteten Verfahren alsbald die Erteilung einer Abschrift der gerichtlichen Liste nachgesucht, um die Aufklärung der Differenzen herbeizuführen. Über eine etwaige Weigerung der Vorstandsmitglieder, die Ausgleichung zu veranlassen, weil die gerichtliche Liste unrichtig sei, wäre alsdann zu entscheiden gewesen. Das Amtsgericht hat insofern gegen das Gesetz verstoßen, als es, statt im Ordnungsstrafverfahren sachgemäß die nach seiner Feststellung gerechtfertigte Aufforderung an die Vorstandsmitglieder zur Herstellung einer Übereinstimmung der Listen zu erlassen, ein gesetzlich nicht begründetes vorbereitendes Ordnungsstrafverfahren zur Aufklärung der Differenzen in den Listen einleitete. Die Vorstandsmitglieder brauchten der Aufforderung, das vom Vorstande geführte Genossenverzeichnis zu diesem Zwecke einzureichen, nicht zu entsprechen, und danach sind die Strafen gegen sie zu Unrecht festgesetzt.

Hierdurch rechtfertigt sich die Aufhebung der Vorentscheidungen nebst der strafandrohenden Verfügung, ohne daß darauf Gewicht gelegt zu werden braucht, ob nicht das Verfahren schon deswegen als ordnungswidrig zu beanstanden ist, weil es gegen den Vorstand als Organ und nicht, wie dies dem § 160 Genoss.-G. entsprochen hätte, gegen die einzelnen Vorstandsmitglieder eingeleitet und fortgesetzt ist. Ob das Amtsgericht nunmehr trotz des Umstandes, daß der Vorstand ersichtlich willens ist, die Übereinstimmung der Listen herzustellen, zur Einleitung eines anderweiten Ordnungsstrafverfahrens behufs Herbeiführung dieser Übereinstimmung Anlaß nehmen kann, ist gegenwärtig nicht zu erörtern. Ebensowenig kann hier näher darauf eingegangen werden, ob die Weigerung des Amtsgerichts, dem Vorstande behufs Aufklärung der Differenzen eine Abschrift der gerichtlichen Genossenliste zu erteilen, irgend zu begründen ist, vgl. Bekanntmachung vom 1. Juli 1899 (RGBl. S. 347) § 26² mit § 9 Abs. 2 Satz 1 HGB. Fr.

n) **Keine Beschwerde gegen den Beschluß, durch den das Amtsgericht ein versichertes Seeschiff für reparaturunwürdig erklärt.**

FrGG. §§ 145, 146.

Kammergericht, I. CS. Beschluß v. 30. März 1903.

Das Amtsgericht hat den 1902 gesunkenen, demnächst wieder gehobenen Dampfer auf Antrag des Eigentümers nach Vernehmung von Sachverständigen für reparaturunwürdig erklärt. Die Beschwerde des Versicherers wurde als unbegründet verworfen. Auf weitere Beschwerde wurde die Beschwerde als unzulässig erachtet. Gründe:

... Der § 873 HGB. enthält materielle Bestimmungen darüber, was nach Feststellung der Reparaturunfähigkeit oder Reparaturunwürdigkeit des Schiffes zwischen dem Versicherer und dem Versicherten Rechtens ist: der Versicherte darf das Schiff oder Wrack öffentlich verkaufen; bei Verkauf besteht der Schaden im Unterschiede zwischen dem Reinerlös und dem Versicherungswerte, der Versicherer haftet für die übernommene Gefahr bis zum Verkaufe, steht auch für den Eingang des Kaufpreises ein ꝛc (vgl. auch § 874). Das Verfahren ist im § 873 nicht selbständig geordnet. Dieser verweist vielmehr insoweit auf den § 530 HGB.: Die Feststellung hat „auf dem im § 530 vorgeschriebenen Wege" zu geschehen, wenn sie die Rechtsfolgen des § 873 haben soll. Der § 530 ist also die Verfahrensvorschrift zur Erzielung der materiellen Folgen des § 873. Hieraus muß hergeleitet werden, daß es ein besonderes Verfahren auf Feststellung der Reparaturunfähigkeit oder -unwürdigkeit gemäß § 873 überhaupt nicht gibt. Das Gesetz erkennt nur ein Verfahren auf Feststellung der dringenden Notwendigkeit des Schiffsverkaufs gemäß § 530 an, auf die sogen. Kondemnation, mit der Maßgabe, daß, wenn diese Feststellung wegen Reparaturunfähigkeit oder -unwürdigkeit des Schiffes erfolgt, im Verhältnisse zwischen dem Versicherer und dem Versicherten der § 873 gilt. Diese Auffassung vertritt auch offenbar das Reichsgericht (Entsch. 21 S. 88), das in einem Falle, in welchem der gehörige Ausspruch der Reparaturunfähigkeit bestritten war, zu den, den §§ 873, 530 genau entsprechenden Art. 877, 499 des alten HGB. ausgeführt hat: „Zufolge Art. 499 soll durch einen Ausspruch des Ortsgerichts nach Anhörung von Sachverständigen festgestellt werden, daß ein Fall dringender Notwendigkeit vorliegt, und hiernächst dem Schiffer die Befugnis zum Verkaufe des Schiffes erteilt werden. Dieser Ausspruch ist die vom HGB. verlangte Kondemnation. Eine solche hat hier stattgefunden; damit ist den Anforderungen, die das Handelsgesetzbuch in formeller Hinsicht aufstellt, Genüge geschehen" ... Das Reichsgericht geht sodann näher darauf ein, ob nach Art. 877 die förmliche Feststellung gerade der Reparaturunfähigkeit ꝛc durch den Kondemnationsausspruch Vorbedingung für die Zulässigkeit des Schiffsverkaufs dem Versicherer gegenüber sei, und bemerkt bei Verneinung dieser Frage: „daß Art. 877 formell nur eine Kondemnation im oben erörterten Sinne fordert. Die Kondemnation muß erfolgt sein auf Grund einer Feststellung, nach welcher sich das Schiff im Zustande der Reparaturunfähigkeit oder der -unwürdigkeit befindet. Eine ausdrückliche Bezeichnung des Kondemnationsgrundes im Kondemnationsspruch ist jedoch nicht erforderlich". ...

Die hier niedergelegte Ansicht, daß es der Ausspruch nach Art. 499 (jetzt § 530) — die Kondemnation — auf der besonderen Grundlage der festgestellten Reparaturunfähigkeit ꝛc des Schiffes sei, welcher die Rechte aus Art. 877 (jetzt § 873) gewährt, ist nach dem Gesetz unbedenklich zutreffend. Sie findet nunmehr ihre Bestätigung gerade im § 145 FrGG. Der letztere gedenkt überhaupt nicht der Angelegenheit des § 873; er erwähnt diesen

Paragraphen nicht einmal, behandelt vielmehr, soweit dies in Betracht kommt, lediglich die Angelegenheit des § 530, sicherlich in der Voraussetzung, daß diese zugleich diejenige des § 873 sei, wie auch die Denkschrift zum FrGG. insoweit schlechthin von der „Feststellung der Notwendigkeit des Verkaufs eines Schiffes" spricht (Hahn 7 S. 72). Träfe die erwähnte Ansicht nicht zu, so wäre eine Zuständigkeit des Amtsgerichts als Gerichts der freiwilligen Gerichtsbarkeit für die Feststellung der Reparaturunfähigkeit 2c eines Schiffes aus dem Gesetze nicht zu begründen. Denn der § 145 (vgl. § 149) FrGG. zählt die Angelegenheiten, für die das HGB. außerhalb des Bereichs der Registerführung eine gerichtliche Mitwirkung vorsieht und die im Wege der freiwilligen Gerichtsbarkeit erledigt werden sollen, im einzelnen auf; unter ihnen ist, wie bemerkt, die Angelegenheit des § 873 nicht erwähnt. Da aber nicht daran zu zweifeln ist, daß die Feststellung der Reparaturunfähigkeit 2c des Schiffes als Geschäft der freiwilligen Gerichtsbarkeit in Betracht kommt, so ergibt sich wiederum, daß im Sinne des § 145 FrGG. diese Feststellung als eine nach § 530 [1] vom Gerichte zu erledigende Angelegenheit zu gelten hat. Handelt es sich aber danach bei der gedachten Feststellung um eine solche gemäß § 530 [1], so findet gegen die dem Antrage stattgebende Verfügung nach § 146 [3] FrGG. kein Rechtsmittel statt.

Die gegen diese Rechtsansicht geltend gemachten Gründe greifen nicht durch. Das Landgericht geht von der allgemeinen Zulässigkeit von Beschwerden in Sachen der freiwilligen Gerichtsbarkeit aus und verlangt, um die Ausschließung von Rechtsmitteln in einer Angelegenheit von einer derartigen Tragweite anerkennen zu können, eine unzweideutige Gesetzesvorschrift. Eine solche liegt aber, wie erörtert ist, im § 146 [3] vor. Die Vorinstanz bleibt, wenn sie für die Beurteilung der Beschwerde das Vorliegen einer Verfügung gemäß § 530 verneint, die Antwort schuldig, auf welche vom hier entscheidenden § 145 FrGG. betroffene Gesetzesvorschrift hin sonst die Verfügung erlassen sein soll. Das Landgericht reiht ferner die Fälle aneinander, in denen der § 146 [3] FrGG. die Anfechtung ausschließt, bemerkt, das es sich dabei um einfache Fragen handle, die alsbald endgültig entschieden werden müßten, und meint, daß hiermit die Feststellung der Reparaturunwürdigkeit eines Schiffes im Heimatshafen nicht zu vergleichen sei. Dies sind indessen lediglich Erwägungen, die vielleicht den Gesetzgeber hätten veranlassen können, den Ausspruch der Reparaturunfähigkeit 2c wenigstens unter Umständen einem Rechtsmittel zu unterwerfen. Nach Lage des bestehenden Rechts treffen diese Ausführungen nicht zu. Insbesondere kann der zufällige Umstand, daß das Schiff hier im Heimatshafen für reparaturunwürdig erklärt ist, die Auslegung des Gesetzes nicht beeinflussen. Der § 873 hält der Natur der Sache nach sicherlich vor allem den Fall im Auge, in welchem das Schiff fern vom Heimatshafen reparaturunfähig geworden ist. Daß aber alsdann der Versicherte ein großes Interesse daran hat, die Feststellung des Verkaufsrechts durch schleunigen unanfechtbaren Rechtsspruch zu erlangen, ist nicht zu bezweifeln. Ob etwa das Gesetz eine Ablehnung der Feststellung der Reparaturunfähigkeit 2c des im Heimatshafen liegenden Schiffes rechtfertigen könnte, ist gegenwärtig nicht zu erörtern. Ist dem Antrage gemäß bei einer derartigen Sachlage die Reparaturunfähigkeit 2c festgestellt, so tritt der § 146^3 FrGG. ein. Auch die fernere Ausführung, daß die Feststellung nach § 873 sachlich von derjenigen nach § 530 verschieden sei, ist rechtsirrig. Die Feststellung nach § 530 wie diejenige nach § 873 soll das Recht zum Verkaufe des Schiffes begründen; sie dient zur Deckung des Schiffers bezw. des Versicherten. Der § 530 begreift die allgemeine Feststellung, daß der Schiffsverkauf dringend notwendig sei. Selbstverständlich ist ein Hauptfall, in dem diese Notwendigkeit vorliegt, derjenige der Reparaturunfähigkeit (Lewis-Boyens, Seerecht 1 S. 387). Der § 873 betrifft einen Anwendungsfall der gedachten Feststellung, eben denjenigen, in welchem die dringende Notwendigkeit des Schiffsverkaufs auf der Reparaturunfähigkeit 2c beruht. Wie der § 873 im engeren Rahmen dieselbe Feststellung zum Gegenstande hat wie der § 530, so ist das Verfahren auch in beiden Fällen das gleiche, nämlich das des § 530. Der Antrag auf Feststellung mit den Rechtsfolgen des § 873 ist derjenige auf Feststellung aus § 530, und die Verfügung des Gerichts hierüber wird deshalb vom § 146^3 FrGG. betroffen.

Das Amtsgericht hat auch tatsächlich auf den Antrag als einen nach § 530 angebrachten entschieden. Es sagt in seinem Beschlusse: der Antrag sei nach § 873 an sich zulässig, die Feststellung habe auf dem Wege des § 530 zu erfolgen, und für diese Feststellung sei nach § 145 FrGG. das angerufene Amtsgericht zuständig. Aus diesen Anführungen ergibt sich, daß die Entscheidung auf Grund des im § 145 FrGG. zitierten § 530 HGB. ergangen ist, und, da die Entscheidung dem Antrage stattgegeben hat, kann sie zufolge § 146^3 nicht angefochten werden.

o) **Auf die Auseinandersetzung zwischen Fideikommißfolgern und den Erben des letzten Besitzers finden seit 1. Januar 1900 die Vorschriften des BGB. über den Nießbrauch Anwendung.**

OLG. Breslau, VII. CS. Beschluß v. 15. November 1902.

Nach § 212 II 4 ALR., das nach EG. Art. 89 unberührt geblieben ist, geschieht die Auseinandersetzung wegen der Nutzungen des letzten Jahres und der noch vorhandenen Früchte zwischen dem Fideikommißfolger und dem Erben des letzten Besitzers nach den bei der Lehre vom Nießbrauche erteilten Vorschriften (§ 151 I 21). Hierbei sind nicht die Grundsätze, die das ALR. für den Nießbrauch aufstellt, in das Fideikommißrecht inhaltlich übernommen der Art, daß sie einen Bestandteil des Sonderrechts für die Fideikommißgüter bildeten, sondern es handelt sich um eine Inbezugnahme, eine Verweisung. Nach EG. Art. 4 und Art. 87 Ausf.-G. zum BGB. treten aber — soweit in Gesetzen auf Vorschriften verwiesen ist, welche durch das BGB., das EG. oder das preuß. Ausf.-Ges. außer Kraft gesetzt werden — an deren Stelle die entsprechenden neuen Vorschriften. Auch ist durch Art. 89 preuß. Ausf.-G.

das ALR. I. 21 (mit alleiniger Ausnahme der §§ 45, 46) ausdrücklich aufgehoben und keine Ausnahme für das Fideikommißrecht gemacht worden, was anderenfalls bei der sorgsamen Abfassung des Art. 89 wohl geschehen wäre. Es finden daher für die Auseinandersetzung die §§ 592 ff., 1047, 1055 BGB. Anwendung. Sch.

21

a) Streitwert bei Vergleich über Alimente.[1] GKG. § 9a.

OLG. Stuttgart, I. CS. Beschluß v. 14. Mai 1903.

Die Klägerin hatte den Beklagten als den Vater ihres unehelichen Kindes auf Grund eines mit ihm geschlossenen Vergleichs belangt. Ihr Anwalt berechnete seine Gebühren nach dem $12\,^1/_2$fachen Betrage der jährlichen Alimentenrate, während das Landgericht den § 9a anwandte. Die Beschwerde wurde zurückgewiesen. Gründe:

Der § 9a beruht, wie die Entstehungsgeschichte ersehen läßt (Reichstagsverh. 1897 Nr. 54; ferner Hahn, Mat. 8 S. 284), auf der Erwägung, daß, wenn die Gebühr für Ansprüche auf gesetzliche Alimente, insbesondere für Verpflegungsgelder der im außerehelichen Beischlaf erzeugten Kinder, nach § 9 CPO. berechnet wird, eine Überlastung der meist unvermöglichen Partei eintritt, welche auch für den Alimentationsberechtigten selbst nachteilig wirkt. Deshalb wurde für Fälle dieser Art dadurch Abhilfe geschaffen, daß die Zahl der einzurechnenden Jahre herabgesetzt wurde. Dieser gesetzgeberische Grund trifft nun aber in gleichem Maße zu, ob der Alimentenanspruch unmittelbar auf das Gesetz gestützt wird oder ob er durch Anerkenntnis oder Vergleich festgelegt und dadurch rechtlich auf einen andern Grund gestellt worden ist. Auch der Wortlaut des Gesetzes verbietet es nicht, die Fälle der letzteren Art unter § 9a zu stellen. Die „auf gesetzlicher Vorschrift beruhenden“ Alimentenforderungen sind nicht bloß diejenigen, welche ihren unmittelbaren Klagegrund im Gesetz haben, sondern alle diejenigen, deren Berechtigung das Gesetz anerkannt und gesetzlich festgestellt hat, weil die Verhältnisse den Unterhaltsanspruch als gerechtfertigt erscheinen lassen. Ihr Charakter als Alimentenforderung wird dadurch nicht berührt, daß die Erfüllungspflicht durch Anerkenntnis oder Vergleich geregelt worden ist. Für den Gebührenansatz trifft der etwa für die Zuständigkeitsfrage maßgebende Gesichtspunkt nicht zu, nachdem der Gesetzgeber den § 9a absichtlich außer Zusammenhang mit der Zuständigkeitsfrage ins GKG. eingestellt hat. H.

Dazu: **Räumung eines zum Bordellbetrieb vermieteten Hauses.**

OLG. Hamburg, I. CS. Beschluß v. 17. Juni 1903.

... Wenngleich die auf Räumung des Hauses gerichtete Klage auf das Eigentum des Klägers gestützt war, rechtfertigt es sich doch nicht, den Rechtsstreit als einen im Sinne der CPO. § 6 um den „Besitz“ des Hauses ge-

[1] Der Streitwert des Anspruchs auf Leistung des Offenbarungseides über den Bestand des Nachlasses ist nach freiem Ermessen zu bestimmen (Bayer. Ob. LG., I. CS. Beschluß v. 5. Dez. 1902, Sammlung 3 S. 1015).

führten aufzufassen, da der Beklagte sich in der entgeltlichen Benutzung des Hauses auf Grund einer Vereinbarung befunden hat, die zu unsittlichem Zwecke erfolgt und deshalb dem erklärten Willen des Klägers gegenüber, sie nicht weiter gelten zu lassen, nicht aufrecht zu erhalten war, also den Widerspruch des Beklagten gegen den Räumungsanspruch nicht rechtfertigte. Der Streitwert war deshalb auf Grund des § 3 CPO. und unter Berücksichtigung des § 9ª nach freiem Ermessen zu bestimmen. Danach konnte das Interesse des Klägers an der Räumung auf mehr als den Betrag einer Jahresmiete nicht anerkannt werden. M M.

b) **Streitwert nach GKG. § 11.**

OLG. Rostock, I. CS. Beschluß v. 8. Juni 1903.

Ein auf den Namen des A. lautender Hypothekenschein alten Rechts (jetzt Grundschuldbrief) über 2000 Mark ist dem Kläger nach seiner Behauptung von einem angeblichen Singularsukzessor des A. als Pfand für eine Schuld von 675 Mark übergeben und befindet sich im Besitze des Klägers; er begehrt Feststellung, daß das ihm eingeräumte Pfandrecht zu Recht besteht.

Die Beklagten, die Erben des A., bestreiten, daß A. den Schein jemals fortgegeben, insbesondere dem angeblichen Verpfänder geschenkt habe. Sie begehren Abweisung und widerklagend Herausgabe des Scheins. Der Streitwert wurde auf 2675 Mark festgesetzt, auf Beschwerde des Klägers jedoch auf 1600—2100 Mark herabgesetzt. Gründe:

Die Parteien streiten materiell darüber, wem von ihnen in dem von ihnen behaupteten Umfange das Recht am Schein, bezw. an der darin verbrieften Forderung zusteht. Entspringen nun auch die von den Parteien geltend gemachten Ansprüche aus verschiedenen Rechtsverhältnissen, so richten diese sich doch auf dieselbe Sache bezw. dasselbe Rechtsverhältnis derart, daß sie sich in Beihalt ihrer Begründung gegenseitig ausschließen. Daher war davon auszugehen, daß Klage und Widerklage im Sinne des § 11 denselben Streitgegenstand betreffen (Pfafferoth, 7. Aufl. Anm. 2 zu § 11). S.

c) **Anordnung einer Beweisaufnahme. GKG. § 18 Nr. 2.**

OLG. Oldenburg, I. CS. Beschluß v. 30. Mai 1903.

Der Klagantrag war gerichtet auf „Hergabe eines auf Verlangen eidlich zu bekräftigenden" Nachlaßinventars. Als es hergegeben war und der Kläger dessen eidliche Bekräftigung verlangte, erging ein „Beweisbeschluß", nach welchem der Beklagte den entsprechenden Eid „zu leisten hatte". Im neuen Verhandlungstermine verzichtete jedoch der Kläger auf die Ableistung des Eides, worauf der Beklagte die Gerichtskosten übernahm, zu denen sodann eine Beweisgebühr angesetzt wurde. Die Erinnerung dagegen wurde verworfen, auf Beschwerde jedoch für begründet erachtet. Denn die als „Beweisbeschluß" bezeichnete Anordnung der Eidesleistung hatte sachlich keine Beweisaufnahme zum Gegenstande. Es handelte sich nicht um eine „Anordnung, die in Bezug auf zwischen den Parteien streitige Tatsachen auf die Erlangung derjenigen Sachkenntnis hinzielte, welche dem Gericht als Grundlage seiner

Entscheidung nötig erschien" (Rittmann, GKG. § 18 Anm. II. 1); vielmehr bildete der vom Beklagten zu leistende Eid einen Teil der vom Kläger verlangten Leistung, auf die durch Urteil hätte erkannt werden müssen (Entsch. d. RG. 14 Nr. 113). Es fehlt hiernach an einer sachlichen Unterlage für die Ansetzung der Beweisgebühr nach § 18 Nr. 2. Auch die Gebühr nach § 43[1] ist nicht entstanden, da ein Urteil auf Leistung des Eides nicht ergangen ist. Burl.

d) **Vergleichsgebühr gemäß GKG. § 21.**

OLG. Rostock, I. CS. Beschluß v. 22. Januar 1903.

Die Klägerin hat gegen A., B. und C. als Solidarschuldner auf Zahlung von 800000 Mark geklagt und sich nach kontradiktorischer Verhandlung mit A. und B. verglichen. Bei Fortsetzung des Rechtsstreits gegen C. hat sie unter Vorbehalt ihrer weitergehenden Ansprüche ihren Antrag auf Zahlung von 200000 Mark abgemindert und nach erfolgter Beweiserhebung sich auch mit C. wegen der gegen ihn erhobenen Ansprüche — auch der vorbehaltenen, verglichen. Für den Rechtsstreit gegen C. ist eine Verhandlungsgebühr nach einem Streitwerte von 800000 Mark mit 4040 Mark angesetzt. Auf Beschwerde des C. wurde sie auf 1040 Mark herabgesetzt. Gründe:

Wenngleich die Klägerin im Hinblick auf die wahrscheinliche Grenze der Zahlungsfähigkeit des C. ihren Klagantrag gegen denselben unter Vorbehalt und ausdrücklicher Aufrechterhaltung ihrer sämtlichen geltend gemachten Ansprüche auf 200000 Mark beschränkt hatte, so ergriff doch der Vergleich die Klagansprüche in ihrem ursprünglich weitergehenden Betrage; denn sie verzichtete darin auf alle im gegenwärtigen Prozesse erhobenen und vorbehaltenen Ansprüche. Ob die Gebühr für diesen Vergleich nach einem Werte von 800000 Mark oder doch nur von 200000 Mark zu berechnen sein würde, bedarf keiner Erörterung, weil sie neben der in derselben Instanz bereits von einem Streitwerte von 800000 Mark wegen des Vergleichs zwischen der Klägerin und A. und B. berechneten gleichen Gebühr nicht nochmals erhoben werden darf.

Was sodann die zweite im § 21 für den Wegfall der Verhandlungsgebühr mit den Worten „ohne daß die Anordnung einer Beweisaufnahme oder eine andere gebührenpflichtige Entscheidung voraufgegangen ist" aufgestellte Voraussetzung anlangt, so ist im Hinblick auf die beim Erlaß des GKG. und der Novelle dazu obwaltende Absicht der gesetzgebenden Faktoren, die Abschließung gerichtlicher Vergleiche tunlichst zu begünstigen, der von Pfafferoth (Anm. 3 zu § 21) vertretenen Auslegung dahin zu folgen, daß der Wegfall der Verhandlungsgebühr durch einen zwischen der kontradiktorischen Verhandlung und der Vergleichsaufnahme liegenden gebührenpflichtigen Akt nur rücksichtlich desjenigen Teiles des Streitgegenstandes ausgeschlossen wird, auf welchen dieser Akt sich bezieht (vgl. auch § 12). Im Sinne des GKG. war vorliegend zur Zeit des Erlasses des Beweisbeschlusses der besteuerungsfähige Streitgegenstand durch die veränderten Parteianträge auf 200000 Mark beschränkt. Die Beweisanordnung betraf also im Vergleich mit dem ursprünglich rechtshängig gewordenen und zur kontradiktorischen Verhandlung gelangten Streitgegenstand von 800000 Mark nur einen Teil dieses Streitgegenstandes. Demgemäß ist auch durch den zweiten Satz des § 21 der Wegfall der rücksichtlich des ursprünglichen Streitgegenstandes erwachsenen Verhandlungsgebühr nur in betreff des Teilbetrages von 200000 Mark ausgeschlossen und kann folgeweise die Verhandlungsgebühr nur von diesem Teilbetrage, also mit 1040 Mark von Bestand bleiben, während die wegen der überschießenden 600000 Mark um 3000 Mark erhöhte Verhandlungsgebühr in Wegfall kommt. S.

e) **Kostenberechnung, wenn zwischen Beweisaufnahme und Vergleich ein Urteil über den Grund des Anspruches ergangen ist. GKG. §§ 22, 23.**

OLG. Hamburg, II. CS. Beschluß v. 14. Juli 1903.

Nach § 22 Abs. 1 wird die Beweisgebühr nur zur Hälfte erhoben, wenn die angeordnete Beweisaufnahme nicht stattgefunden hat; nach Abs. 2 gilt dasselbe, soweit bezüglich des durch die Beweisanordnung betroffenen Gegenstandes ein Vergleich aufgenommen wird. Der Abs. 2 setzt also im Gegensatz zum ersten voraus, daß die Beweisaufnahme stattgefunden hat; denn sonst würde es des zweiten Absatzes nicht bedurft haben. Ungeachtet also eine volle Beweisgebühr bereits erwachsen ist, soll sie dennoch infolge des später über den durch die Beweisaufnahme betroffenen Gegenstand geschlossenen und gerichtlich aufgenommenen Vergleiches nachträglich auf die Hälfte reduziert werden. Davon, daß dies nicht geschehen solle, wenn zwischen der Beweisaufnahme und dem Vergleich ein Zwischenurteil liegt, enthält das Gesetz nichts. Es kann auch keinen Unterschied begründen, daß dieses Zwischenurteil im Verfahren über den Grund des Anspruches ergangen und rechtskräftig geworden ist, dagegen der Vergleich erst im Verfahren über die Höhe des Anspruches erfolgt ist. Denn der Umstand, daß das Gericht für zweckmäßig erachtet hat, das Verfahren über Grund und Anspruch zu trennen, ist für den Streitgegenstand ganz bedeutungslos. Im Verfahren über das quale ist der Streitgegenstand derselbe gewesen wie im Verfahren über das quantum: nämlich der Anspruch auf Ersatz eines Kollisionsschadens von 558 Mark; nicht etwa ist dort nur ein Teil dieses Anspruches und hier ein anderer Teil desselben Gegenstand des Streites gewesen, sondern in betreff des identischen und einheitlichen Streitgegenstandes hat in dem lediglich aus Zweckmäßigkeitsgründen nach quale und quantum getrennten Verfahren eine Beweisaufnahme und sodann eine Vergleichaufnahme stattgefunden, wie es im § 22² allein und ohne Unterschied, ob ein Zwischenurteil in der Mitte liegt oder nicht, vorausgesetzt wird. Daß auch im Verfahren über das quantum vor dem Vergleichsschluß eine Beweisaufnahme stattgefunden hat, kann vollends kein Grund sein, dem § 22² die Anwendbarkeit zu versagen. Nicht durchschlagend ist das Argument des Vorderrichters, daß es irrationell sein würde, daß eine Häufung der gebührenpflichtigen Akte zu einer Minderung der Kosten führe. Der legislatorische Grund wird in der Begünstigung des Vergleiches zu finden sein. Überdies würde das Argument zuviel beweisen; denn es würde auch für den Fall zutreffen, wo zwischen der Beweisaufnahme und der Vergleichaufnahme kein Zwischenurteil in der Mitte liegt.

Die Erinnerung gegen die Ansetzung der vollen Beweisgebühr ist somit begründet, nicht aber die gegen die Ansetzung einer vollen Entscheidungsgebühr. Der § 23 Abs. 2 bestimmt, daß die Entscheidungsgebühr auch für die Aufnahme eines zur Beilegung des Rechtsstreits abgeschlossenen Vergleiches zu erheben sei, jedoch nur in Höhe von $^3/_{10}$ des Normalsatzes. Nicht aber wird hier bestimmt, daß wenn schon vorher eine volle Entscheidungsgebühr entstanden ist, diese durch die später infolge der Vergleichsaufnahme entstandene geringere Entscheidungsgebühr nachträglich beseitigt oder gemindert werden solle, wie dem Obigen zufolge eine derartige nachträgliche Minderung der bereits entstandenen vollen Beweisgebühr in der Tat für den Fall des § 22 Abs. 2 angeordnet ist. Im vorliegenden Rechtsstreit ist zweimal eine Entscheidungsgebühr entstanden, eine volle durch das im Verfahren über das quale ergangene Zwischenurteil und eine in Höhe von $^3/_{10}$ durch die Vergleichaufnahme. Nach dem Prinzip des § 28, wonach jede der im § 18 bezeichneten Gebühren in jeder Instanz rücksichtlich eines jeden Teiles des Streitgegenstandes nur einmal erhoben wird, absorbiert die entstandene volle Gebühr die Teilgebühr, nicht umgekehrt. M. M.

f) **Keine Anrechnung der Kosten eines Zahlungsbefehls auf den Vorschuß des Gläubigers, wenn er klagt.**

OLG. Oldenburg, I. CS. Beschluß v. 27. Dezember 1902.

Nachdem der Schuldner dem Zahlungsbefehl widersprochen und der Gläubiger beim Landgericht geklagt hatte, erforderte von ihm die Gerichtsschreiberei einen Kostenvorschuß von 81 Mark ohne Abzug der für den Zahlungsbefehl bereits bezahlten Gerichtsgebühr. Die Erinnerung des Klägers wurde verworfen. Gründe:

Der § 81 bezweckt, der Staatskasse bei Einleitung eines Rechtsstreites eine Sicherheit für den Eingang der Gerichtskosten zu verschaffen und bestimmt als festen Satz der in Form eines Vorschusses zu leistenden Sicherheit die höchste Gebühr, welche nach der Taxe für einen Akt der Instanz als Gebühr gefordert werden kann. Die Kostenvorschußpflicht und die Höhe des Vorschusses ist also unabhängig davon, ob und welche Gerichtskosten künftig in Wirklichkeit entstehen. Wenn § 37³, § 41² (vgl. auch § 30) eine Anrechnung von vorher bereits erwachsenen Gerichtskosten (Kosten eines Zahlungsbefehls bezw. eines Sühnetermins) auf die Gebühren des entstehenden Rechtsstreites anordnet, so können diese Anordnungen in Übereinstimmung mit Roos, GKG. S. 52 und Pfafferoth S. 193 Abs. 2 nur dahin verstanden werden, daß eine solche Anrechnung der vorher erwachsenen Kosten auf die demnächst im Laufe des Rechtsstreites wirklich entstandenen

Gebühren bei deren Ansatz stattfinden soll. Im § 37 ist nämlich ausgesprochen, daß die erhobene Gebühr des Zahlungsbefehls auf die Gebühr des entstehenden Rechtsstreites angerechnet werden soll. Damit ist gesagt, daß die bezeichneten Mahnkosten angerechnet werden sollen auf den Gesamtbetrag der erwachsenen Gerichtsgebühren des entstehenden Rechtsstreites, keineswegs ist aber dadurch vorgeschrieben, daß diese Anrechnung gerade auf diejenige Gebühr, welche taxmäßig für den einzelnen höchsttarifierten Akt der Instanz angesetzt werden und nach welcher die Höhe des zu erhebenden Kostenvorschusses bemessen werden muß, erfolgen soll. Kosten-(Gebühren-)vorschuß ist etwas anderes als Gebühr, und deshalb kann jene Vorschrift über die Anrechnung von Gebühren auf Gebühren bei der Berechnung des Gebührenvorschusses keinen Einfluß äußern. N.

g) **Für getrennte Berufungen gegen Teilurteile ist je ein Vorschuß zu erfordern.**

OLG. Hamburg, III. CS. Beschluß v. 9. April 1903.

Die Beklagten haben gegen das Teilurteil vom 12. Dezember 1901 wegen 6700 Mark und gegen das Teilurteil vom 27. November 1902 wegen 3866 Mark Berufung eingelegt. Die Vorschußberechnung ist für jede Berufung, nach den genannten Beträgen gesondert, erfolgt. Die Erinnerung der Beklagten, daß nur ein Vorschuß von der Gesamtsumme zu berechnen sei, ist nicht begründet. Der Erlaß von Teilurteilen hat für die Instanz, die sie erläßt, zwar die Anwendung des § 12^2 GKG. zur Folge. Dagegen eröffnen die gegen solche Urteile eingelegten Rechtsmittel verschiedene Instanzen, so daß der Kostenvorschuß für den von jedem Teilurteile betroffenen Teil des Streitgegenstandes mit Recht besonders berechnet ist. Eine Verbindung der Verhandlungen über die beiden Berufungen ist nicht erfolgt, würde aber auch auf die bereits vorher entstandene Vorschußpflicht nicht zurückwirken können Pfafferoth S. 29; Entsch. des RG. 13 Nr. 90). M. M.

h) **Der Fiskus, der selbst vergleichsweise die Prozeßkosten übernommen hat, kann nicht die Rückerstattung eines vom Gegner geleisteten Gebührenvorschusses an den letzteren verlangen. GKG. §§ 87^2, 98^4.**

OLG. Celle, II. CS. Beschluß v. 11. Oktober 1900.

Nachdem gegen den Eisenbahnfiskus der Klaganspruch seinem Grunde nach für gerechtfertigt erklärt war, haben sich wegen des Betrages die Parteien außergerichtlich verglichen, wobei der Fiskus auch die gesamten Kosten übernahm. Demnächst hat er bei dem Prozeßgericht beantragt, mit Rücksicht auf die ihm zustehende Gebührenfreiheit die Rückzahlung des von den Klägern erhobenen Gebührenvorschusses an die letzteren anzuordnen. Der Antrag ist zurückgewiesen. Gründe:

Der Antrag ist ungerechtfertigt, weil nach § 87^2 eine Zurückzahlung bereits bezahlter Kostenbeträge, soweit der Gebührenansatz bestehen bleibt, nicht stattfindet und die von diesem Grundsatze im § 98^4 verordnete Ausnahme nicht auch den hier vorliegenden Fall umfaßt, in welchem die Kosten freiwillig übernommen sind. Wenn in den §§ 86, 90 die Fälle einer Auferlegung der Kosten durch gerichtliche Entscheidung und einer Übernahme der Kosten besonders nebeneinander erwähnt werden und hiernach in § 98⁴ als Voraussetzung für die Rückzahlung eines Vorschusses eine Auferlegung der Kosten an die gebührenfreie Person — und noch dazu unter besonderem Hinweis auf den § 86 — gefordert wird, so folgt hieraus, daß eine bloße Übernahme der Kosten dem Gegner gegenüber, wie sie stattgefunden hat, den Antrag auf Rückzahlung eines Vorschusses nicht rechtfertigt (vgl. auch Pfafferoth S. 345). Wenn der Beschwerdeführer den § 98⁴ überhaupt nicht für anwendbar erachtet, so entzieht er damit seinem Begehren selbst die gesetzliche Unterlage, da es alsdann lediglich bei der Regelvorschrift des § 87² bewenden müßte. Es ist aber auch nicht abzusehen, weshalb der § 98⁴, der ganz allgemein von Personen redet, denen die Gebührenfreiheit zusteht, nur auf den im Abs. 1 und nicht auch auf den im Abs. 2 geregelten Fall der Gebührenfreiheit bezogen werden soll, der nach §§ 8, 114 preuß. GKG. auch die Gebührenfreiheit des preußischen Fiskus vor den preußischen Landesgerichten umfaßt. Mag nun aber auch die Gebührenfreiheit des preußischen Fiskus mit Simeon (preuß. GKG. Anm. 11 zu § 8) an sich auch auf Kosten zu erstrecken sein, die gesetzlich einer Privatperson zur Last fallen, vom Fiskus aber vertragsmäßig übernommen sind, so kann doch aus der bloßen Tatsache der Gebührenfreiheit des Fiskus eine Durchbrechung der gesetzlichen Regel des § 87² nicht ohne weiteres, sondern nur insoweit gefolgert werden, als sie in einer bestimmten Vorschrift zur gesetzlichen Anerkennung gebracht worden ist. Diese Vorschrift ist im Abs. 4 § 98 enthalten, und sie ist als Ausnahmevorschrift eng auszulegen und ihrem Wortlaute entsprechend auf den Fall der Auferlegung der Kosten durch gerichtliche Entscheidung zu beschränken (Rsp. 4 Nr. 91f S. 394). Hch.

i) Zur Auslegung des GKG. § 92.

OLG. Hamburg, IV. CS. Beschluß v. 13. Mai 1903.

Die Anordnung des Landgerichts, daß die Gerichtskosten, die dem abgewiesenen Kläger A. auferlegt waren, von dessen Auftraggeber X. eingezogen werden sollten, wurde auf Beschwerde des X. aufgehoben. Gründe:

... Der vom Landgericht herangezogene § 92 vermag nicht seine Anordnung zu rechtfertigen, weil der im § 86 ausgesprochene Grundsatz, daß Schuldner der entstandenen Gebühren derjenige ist, dem durch gerichtliche Entscheidung die Kosten auferlegt sind — hier der Kläger A. — keineswegs durch § 92 in der Weise umgestaltet wird, daß ein Dritter, für dessen Rechnung nach der einseitigen Angabe des Kostenschuldners der Rechtsstreit geführt ward, gehalten sein sollte, sich der gegen ihn verfügten Beitreibung der vom Kostenschuldner nicht gezahlten Gebühren gefallen zu lassen, lediglich weil das bürgerliche Recht den Satz kennt, daß der Auftraggeber für die von seinem Beauftragten schuldig gewordenen Gerichtskosten diesem aufzukommen hat. Vielmehr ist die Tragweite des § 92 nur die, daß er als Komplement der vorhergehenden Paragraphen, namentlich auch des § 86, die

Bestimmungen des bürgerlichen Rechts insoweit mittelbar zu Bestimmungen auch des GKG. macht (vgl. Entsch. d. RG. 16 S. 310), daß dem Kostenschuldner nach § 86 gleichgestellt werden solche Personen, die nach Ausweis des maßgebenden Urteils für den Kostenschuldner aufzukommen haben, oder nachträglich kraft Gesetzes an seine Stelle treten (Rittmann zu § 92; Roos S. 380—384), wovon hier keine Rede sein kann. M. M.

22

a) **Gehört die Anfertigung von Entwürfen eidesstattlicher Versicherungen zum Prozeßbetrieb?[1] GebO. § 13 Ziff. 1.**

Kammergericht, XI. CS. Beschluß v. 2. Januar 1903.

Es kann dahingestellt bleiben, ob sich die Herstellung von Entwürfen eidesstattlicher Versicherungen, welche zur Durchführung eines Antrages auf Erlaß einer einstweiligen Verfügung notwendig sind, wenn sie seitens des als Bevollmächtigten des Antragstellers fungierenden Anwalts angefertigt sind, nicht schlechtweg als eine Tätigkeit darstellt, welche den Prozeßbetrieb betrifft und deshalb unter § 13 Ziffer 1 fällt, eine besondere Gebührenliquidation des Anwalts alsdann also nicht rechtfertigen würde; jedenfalls muß die Herstellung eines solchen Entwurfs dann als in den Prozeßbetrieb fallend erachtet werden, wenn die eidesstattliche Versicherung vom Antragsteller selbst abgegeben ist und der Entwurf, wie hier, nur den Inhalt der Begründung des Antrages reproduziert. Denn es handelt sich dabei dann nur um eine besonders qualifizierte Form der Parteierklärung für das Prozeßverfahren. Sch. G.

b) **Höhe der Prozeßgebühr, wenn ein Teilbetrag eingeklagt, jedoch infolge Widerklage wegen der ganzen Forderung der Rechtsstreit ans Landgericht verwiesen ist.**

OLG. Kiel, II. CS. Beschluß v. 7. November 1902.

Der Kläger hatte von einer Forderung von 2500 Mark 300 Mark vor dem Amtsgericht eingeklagt. Die Beklagte beantragte, widerklagend festzustellen, daß die ganze Forderung nicht fällig sei und den Rechtsstreit an das Landgericht zu verweisen. Kläger beantragte Abweisung der Widerklage. Das Landgericht, an das der Rechtsstreit verwiesen worden war, verurteilte den Beklagten zur Zahlung der vollen 2500 Mark, setzte aber die Prozeßgebühr

[1] GebO. § 43 ist nicht auf den Fall, in welchem ein Anwalt zum Prozeßbevollmächtigten und ein anderer mit der Vertretung in der mündlichen Verhandlung beauftragt ist, zu beschränken, sondern trifft auch den Fall, daß die Bestellung eines Rechtsanwalts zum Prozeßbevollmächtigten nicht erfolgt ist. Daher hat nach § 103 Abs. 1 LVG. v. 30. Juli 1883 der Unterliegende die Gebühren eines Rechtsanwalts des Gegners nur in Höhe von $^5/_{10}$ der Prozeßgebühr für jede Instanz zu erstatten (OberverwG., II. S. Bescheid v. 11. Okt. 1901, Entsch. des OberverwG. 40 S. 447). — Der Anwalt, der in einer Schwurgerichtssache gleichzeitig mit der Zustellung der Anklageschrift an den Angeschuldigten diesem zum Verteidiger bestellt ist, erhält neben der Gebühr des § 63 die des § 67 GebO. (OLG. Kiel, II. CS. Urteil v. 29. Mai 1903).

des vor dem Amtsgericht aufgetretenen Prozeßbevollmächtigten des Klägers nur nach dem eingeklagten Betrage von 300 Mark fest. Der Beschwerde hierüber wurde stattgegeben. Gründe:

Da ein Wechsel in der Person des Anwalts infolge der Verweisung des Rechtsstreits an das Landgericht stattfinden mußte, sind die Gebühren der Anwälte beider Instanzen zu erstatten (§ 91² CPO.). Die Prozeßgebühr stellt die Entschädigung für den Prozeßbetrieb dar, und zwar in Gestalt einer Pauschalgebühr ohne Rücksicht auf die im einzelnen Falle aufgewendete Mühe. Durch die Verhandlung über die Widerklage ist dem klägerischen Vertreter erster Instanz neben der Verhandlungsgebühr auch die Prozeßgebühr nach einem Objekt von 2500 Mark erwachsen. Die Prozeßgebühr erwächst stets mindestens in Höhe der Verhandlungsgebühr. Eine besondere abweichende Vorschrift für einen Fall, wie den vorliegenden, enthält die GebO. nicht. Gr.

c) **Prozeßgebühr in der Berufungsinstanz.**

α) OLG. Hamburg, I. CS. Beschluß v. 22. Oktober 1902.

Der Kläger hat in der Berufungsschrift erklärt, er beschränke die Beschwerdesumme vorläufig und unter Rechtsvorbehalt auf 300 Mark. Er behielt sich also das Recht vor, seinen Antrag später bis zum vollen Umfange des Streitobjekts I. Instanz zu erweitern.[1] Das erschien zulässig, weil die Berufungsanträge lediglich zur Vorbereitung der mündlichen Verhandlung dienen und deshalb vor oder in dieser beliebig verändert oder erweitert werden können. Eine endgültige Erklärung, daß der Antrag in der Berufungsinstanz auf 2100 Mark beschränkt werde, hat der Kläger erst in der mündlichen Verhandlung abgegeben. Unter diesen Umständen mußte der Beklagte sich von dem Standpunkte aus auf seine Verteidigung vorbereiten, daß der Kläger in der mündlichen Verhandlung einen auf das ganze Streitobjekt I. Instanz gerichteten Antrag stellen könne. Dementsprechend mußte die Information des beklagtischen Anwalts erfolgen, und da die Prozeßgebühr die Vergütung für den Geschäftsbetrieb einschließlich der Information bildet, so hat hiernach der beklagtische Anwalt Anspruch auf eine nach dem Streitobjekt I. Instanz in seinem vollen Umfange zu berechnende Prozeßgebühr.

β) OLG. Hamburg, IV. CS. Beschluß v. 8. Mai 1903.

Die Auffassung des Landgerichts, daß, da über die zwar getrennt eingelegten Berufungen gegen die Urteile vom 31. Mai und 12. Juli 1902 in der Berufungsinstanz in demselben Termine verhandelt ist, nur eine Prozeßgebühr nach dem zusammenzurechnenden Streitwerte beider Berufungen anzusetzen ist, stimmt mit der Rechtsprechung des OLG., wie sie im Beschlusse des II. CS. vom 30. Mai 1895 zum Ausdruck gelangt, überein. . . . M. M.

d) **Weitere Verhandlungsgebühr erfordert kein Verhandeln über das Beweisergebnis.**

[1] Dieses Recht ist aber selbstverständlich und sein ausdrücklicher Vorbehalt dürfte deshalb die obige Schlußfolgerung nicht rechtfertigen können.

OLG. Hamburg, II. CS. Beschluß v. 6. Januar 1903.

Die Ansicht, die in § 17 vorgesehene Erhöhung der Verhandlungsgebühr findet nur dann statt, wenn die weitere Verhandlung in einer Deduktion aus dem Beweismaterial bestehe, findet im Gesetz keine Stütze, insbesondere wird auch durch den vom Landgericht angezogenen § 25 der § 17 nicht berührt. Da hier der Kläger nach erfolgter Beweisaufnahme auf die Klagforderung verzichtet und seine Kostentragungspflicht anerkannt hat, hat eine weitere, nicht kontradiktorische Verhandlung nach Maßgabe der so veränderten Sachlage stattgefunden, indem der Beklagte ein Anerkenntnisurteil bezüglich der Kosten beantragte, wofür dem Anwalt gemäß § 17 eine Erhöhung der Verhandlungsgebühr um $^1/_4$ der Normalgebühr des § 13 zukommt; hier somit, da die weitere Verhandlung nur die Kosten von 100 Mark betraf, um 1 Mark. M. M.

e) **Neben der Prozeßgebühr keine besondere Gebühr für den Antrag aus § 715 CPO.**[1]

α) OLG. Hamburg, III. CS. Beschluß v. 20. Dezember 1902.

Nach § 29 umfassen die Gebühren des § 13 die gesamte Tätigkeit des Anwalts bis zur Beendigung der Instanz. Nach feststehender Rechtsprechung des Reichsgerichts (JW. 1898 S. 437[13]), welche von den Änderungen der Novelle vom 20. Mai 1898 nicht berührt wird, gehört auch ein auf § 715 CPO. gestützter Antrag auf Rückgabe einer Sicherheit in diesem Sinne noch zur Instanz. Der Umstand, daß nach der jetzigen Fassung des § 24 GebO. auch die Tätigkeit gemäß § 47 Nr. 16 GKG. zu denjenigen Geschäften gehört, für welche eine Gebühr von $^2/_{10}$ berechnet werden kann, entscheidet nicht über die Frage, ob diese Gebühr neben der Prozeßgebühr gefordert werden kann. Die §§ 23, 24 GebO. sind nur bestimmt, die Höhe der Gebühren an sich zu regeln, und umfassen sowohl solche Fälle, in denen diese Gebühren neben der Prozeßgebühr besonders erhoben werden können (z. B. bei der Tätigkeit gemäß § 38 Nr. 1, 2 GKG. auf Grund §§ 23, 30[3] GebO.), wie solche, in denen die Gebühr nur dann erhoben werden kann, wenn die Tätigkeit des Anwalts auf den betreffenden Akt ausschließlich beschränkt ist (z. B. bei der Tätigkeit gemäß § 47 Nr. 1—12 GKG., für welche zwar in § 23 GebO. eine Gebühr ausgeworfen, aber in § 29[6] daselbst angeordnet ist, daß sie mit der Prozeßgebühr des § 13 abgegolten wird). Die Bestimmungen derjenigen Fälle, in denen Gebühren besonders zu erheben sind, ist durch § 30 ff. GebO. erfolgt, und dort ist wohl (§ 30[3]) das umständlichere Verfahren der Rückforderung einer Sicherheit aus § 109 Abs. 1 und 2 CPO. (§ 38[2] GKG.), nicht aber das einfachere Verfahren einer Rückforderung aus § 715 CPO. (§ 47[16] GKG.) erwähnt. In letzterem Fall kann daher die Gebühr des § 24 nur dann gefordert werden, wenn nicht schon der Anspruch auf die Prozeßgebühr begründet ist. Dem steht auch nicht der Umstand entgegen, daß in § 29 GebO. unter 6 zwar die in den Nr. 1—12 des § 47

[1] Ebenso Rsp. 2 S. 269, 4 Nr. 62a S. 270 und 5 S. 227; dagegen Rsp. 2 Nr. 129 d*β* S. 270 und OLG. Celle in der JW. 1903 S. 119.

GKG. erwähnten Akte, nicht aber diejenigen der Nr. 16 § 47 als zur Instanz gehörig besonders erwähnt sind, da die Aufzählung des § 29, wie sich aus dem vorangestellten Wort „insbesondere" ergibt, keine erschöpfende sein sollte. M. M.

β) OLG. Posen, IV. CS. Beschluß v. 19. März 1903.

... Daraus, daß der § 29² nur die in Nr. 1—12 des § 47 GKG. bezeichneten Angelegenheiten als zur Instanz gehörig aufführt, hat man gefolgert, daß die im § 47 Nr. 16 erwähnten, in der Aufzählung nicht enthaltenen Anträge nicht zur Instanz gehören. Allein diese Folgerung ist irrig. Sie würde zutreffen, wenn die im § 29 enthaltene Aufzählung erschöpfend wäre, so daß alle dort nicht erwähnten Anträge als nicht zur Instanz gehörig zu erachten wären. Aber aus den Worten: „Zur Instanz gehören insbesondere", folgt, daß nur einzelne Beispiele hervorgehoben werden, ohne daß der Begriff der Instanz auf die dort aufgezählten Anträge zu beschränken ist. Daß § 47 Nr. 16 GKG. nicht auch besonders hervorgehoben ist, mag auf einem redaktionellen Versehen beruhen. Aber maßgebend dafür war, daß Nr. 16 neben der Rückgabe einer Sicherheit auch noch Gesuche um Erteilung des Zeugnisses der Rechtskraft aufführt, hinsichtlich der letzteren aber bereits im § 35 GebO. bestimmt ist, daß hierfür weder dem Anwalte der Instanz, noch dem Anwalte der Zwangsvollstreckung eine besondere Gebühr zustehe. Auf keinen Fall kann die Weglassung der Nr. 16 für die gegnerische Ansicht verwertet werden. Denn es ist klar, daß die Stellung eines Antrages gemäß § 715 CPO. in „die gesamte Tätigkeit des Rechtsanwalts von dem Auftrage bis zur Beendigung der Instanz (§ 29¹ GebO.)" mit hineinzubeziehen ist. Ziel und Zweck der Klage ist, alles zu erreichen, um den geltend gemachten Anspruch zur Verwirklichung zu führen. Erst wenn dieses Ziel erreicht ist, hat das Prozeßverfahren sein Ende erlangt. Die Sicherheitsleistung selbst ist daher noch ein Akt des Prozeßbetriebes. Sie erzielt die vorläufige Vollstreckbarkeit des ergangenen Urteils und damit die Verwirklichung desselben im Wege der Zwangsvollstreckung, daher wird diese Tätigkeit durch die Prozeßgebühr mit abgegolten (Entsch. des RG. 3 S. 329, 11 S. 364; JW. 1897 S. 323, 1898 S. 262). Es muß aber auch das nämliche gelten von der auf Rückerlangung der Sicherheit nach Rechtskraft des Urteils ausgeübten Tätigkeit des Anwalts. Durch diese Rückerlangung wird der zum Zwecke der Durchführung des Anspruchs verminderte Vermögenszustand des Klägers in den früheren Stand gesetzt und der Klaganspruch erst zur vollen Befriedigung geführt (JW. 1892 S. 372 1898 S. 437¹³; Gruchot 44 S. 207). Die Gegner, insbesondere Willenbücher (Anm. 3 § 13 GebO.) wollen den Antrag aus § 715 CPO. gleich behandeln dem Antrage auf Rückgabe einer Sicherheit gemäß § 109 CPO., in welchem Falle gemäß Nr. 3 § 30 GebO. die Gebühr besonders erhoben wird. Allein diese Gleichstellung ist verfehlt. Zunächst ließe sich schon e contrario folgern, daß, weil § 30 GebO. den Antrag gemäß § 109 besonders, also neben den Pauschalgebühren des § 13 GebO. honoriert, den Antrag aus § 715 aber an dieser Stelle unerwähnt läßt, im letzteren Falle die Gebühr nicht neben der Prozeßgebühr gefordert werden darf. Gegen die Gleichstellung der Anträge aus § 715 und § 109 spricht weiter die verschiedene Behandlung beider, sowohl im GKG. (§ 38 Nr. 2 und § 47 Nr. 16) wie in der GebO. (§ 23 und § 24). Aber auch die innere Natur beider Anträge ist verschieden. Sie sind nach Inhalt und Umfang keineswegs gleich, woraus sich eben die verschiedenartige Tarifierung in den Gesetzen erklärt. Nach § 109 hat der Rechtsanwalt zu prüfen, ob die Veranlassung für eine Sicherheitsleistung weggefallen ist, eine Prüfung, die unter Umständen mühevoll und schwierig sein kann. Der Gegner ist dort zur Erklärung aufzufordern und ihm eine Frist zu bestimmen. Der antragstellende Anwalt wird unter Umständen die Erklärung des Gegners zu beantworten haben. Für diese verhältnismäßig umfangreiche Tätigkeit eine besondere Gebühr neben der Prozeßgebühr zuzubilligen, erschien gerechtfertigt. Ganz anders im Falle des § 715. Hier hat der Anwalt lediglich ein Zeugnis des Gerichtsschreibers über die Rechtskraft des ergangenen Urteils beizubringen. Für diese höchst geringfügige Mühewaltung eine besondere Gebühr neben der Prozeßgebühr zuzusprechen, kann nicht beabsichtigt sein. Endlich kommt in Betracht, daß Anträge vorliegender Art auf der Grundlage des bisherigen Rechts zur Instanz gerechnet wurden (JW. 1883 S. 278, 1892 S. 372, 1898 S. 437 [13]). Die Bestimmungen der Novelle vom 17. Mai 1898 stehen grundsätzlich auf demselben Standpunkt. Nachdem in § 29 der Begriff der „Instanz" näher erläutert ist, wird in § 30 [3] ausdrücklich verordnet, daß Anträge nach § 109 CPO. besonders zu vergüten sind. Diese Anträge werden also aus der Instanztätigkeit des Anwalts herausgehoben. Es wäre doch Veranlassung gewesen, hier auch die Anträge aus § 715 zu nennen, wenn man ihnen die gleiche Behandlung wie jenen aus § 109 hätte zu teil werden lassen wollen. Das aber ist nicht geschehen. R.

γ) OLG. Jena, I. CS. Beschluß v. 30. April 1903.

Entscheidend hierfür ist der Inhalt des § 29 [1], wonach die im § 13 genannten Gebühren die gesamte Tätigkeit des Rechtsanwalts vom Auftrage bis zur Beendigung der Instanz umfassen. Das Gesetz sagt nicht, mit welchem Akt es die Instanz als beendigt ansieht. Auch die §§ 30, 31 GKG., auf welche der § 26 GebO. wegen der Bestimmung des Umfangs einer Instanz — zunächst überdies auch nur im Sinne des § 25 GebO. — verweist, geben über diese Frage keinen Aufschluß. Im Sinne der CPO. wird die Instanz im allgemeinen mit der Zustellung des Endurteils der Instanz als beendigt angesehen (Entsch. d. RG. 44 S. 360). Allein diese Begriffsbestimmung ist für die Auslegung des § 29 nicht ohne weiteres verwendbar. Vielmehr hat die Rechtsprechung schon früher entschieden, daß z. B. die Erwirkung der Klausel, die Stellung einer Sicherheit, von welcher die vorläufige Vollstreckbarkeit eines Urteils abhängt, und dergleichen Handlungen, ohne

Rücksicht darauf, ob sie vor oder nach der Zustellung des Endurteils vorgenommen werden, noch zur Instanz gehören. Man wird im Hinblick auf den der GebO. zugrunde liegenden gesetzgeberischen Gedanken des Pauschalsystems sämtliche Handlungen des Rechtsanwaltes als an sich unter den § 29[1] fallend ansehen müssen, die als zur völligen Erledigung seines auf die Vertretung in der Instanz gerichteten Auftrags gehörig betrachtet zu werden pflegen. Dann fällt aber auch die Stellung des in Rede stehenden Antrags in den Kreis derjenigen Tätigkeit, welche gemäß § 29[1] durch die Prozeßgebühr mit abgegolten wird. Meyer-Irmler S. 44 und ihm folgend Willenbücher S. 111 nehmen das Gegenteil an. Allein die Aufzählung in § 29[2] ist nur exemplifizierend („Zu der Instanz gehören insbesondere"). Es ist auch nicht richtig, die Tätigkeit im Falle des § 715 CPO. mit derjenigen im Falle des § 109 CPO. auf eine Linie zu stellen. Denn in letzterem hat der Rechtsanwalt den Wegfall der Veranlassung für die Sicherheitsleistung besonders darzutun und zunächst den Antrag auf Bestimmung einer Frist und demnächst denjenigen auf Anordnung der Rückgabe der Sicherheit zu stellen, in ersterem nur den Antrag auf die Anordnung der Rückgabe, der lediglich mit dem Eintritt der Rechtskraft des Urteils zu begründen ist. Demgemäß hält auch die GebO. jene Tätigkeit der $^3/_{10}$-Gebühr, diese nur der $^2/_{10}$-Gebühr für wert und stellt die letztere in den § 24, wo nach dem Ausspruch der Motive solche Handlungen zusammengestellt sind, „die gewöhnlich ein so geringes Maß von Tätigkeit erfordern, daß sie in die Bauschgebühr für die betreffende Instanz oder den Betrieb der Zwangsvollstreckung hineingezogen werden können" und nur dann zu vergüten sind, „wo diese Möglichkeit nicht obwaltet" (vgl. Meyer-Irmler S. 66). Die Fälle, in denen der Rechtsanwalt neben der Prozeßgebühr, die für den Geschäftsbetrieb als solchen gewährt wird, eine besondere Gebühr für einzelne Geschäfte zu berechnen befugt ist, erscheinen nach § 29[1] als Ausnahmefälle (Entsch. d. RG. 9 S. 330) und erfordern daher zu ihrer Annahme eine zweifelsfreie gesetzliche Grundlage. St.

δ) OLG. Hamburg, IV. CS. Beschluß v. 3. Juni 1903.

Daß die Zurückforderung prozessualer Sicherheiten zum Prozeßbetriebe gehört und deshalb zur Instanz gehört, hat das Reichsgericht (Gruchot 44 S. 208) ausgesprochen. Durch die veränderte Fassung der GebO. und des GKG. vom 20. Mai 1898 ist darin insoweit eine Änderung eingetreten, als für die Tätigkeit in dem durch CPO. § 109 neu eingeführten Verfahren die nach § 23 Nr. 1 GebO. mit $^3/_{10}$ anzusetzende Gebühr nach ausdrücklicher Vorschrift des § 30 Nr. 3, verbunden mit § 38 Nr. 2 GKG., besonders erhoben wird. Dagegen ist nichts geändert an der bisherigen Rechtslage, in betreff der $^2/_{10}$ Gebühr, die nach § 24 GebO. zu berechnen ist für Fälle des § 47 Nr. 16 GKG., also auch für die hier in Frage stehende unter CPO. § 715 fallende sehr einfache Tätigkeit der Rückforderung einer bestellten Sicherheit gegen Vorlage des Zeugnisses der Rechtskraft des für vorläufig vollstreckbar erklärten Urteils. Hier bleibt es folglich bei der Regel des § 29 GebO., daß die im § 13 benannten Gebühren, die ganze Instanz, zu welcher auch die Tätigkeit gemäß CPO. § 715 gehört, umfassen. M. M.

f) **Vergleichsgebühr des bevollmächtigten Rechtsanwalts, der zugleich als Mitglied des Gläubigerausschusses bei den Verhandlungen mitwirkt, die zur Beilegung eines für die Konkursmasse geführten Rechtsstreites stattfinden.**

OLG. Oldenburg, I. CS. Urteil v. 27. Mai 1903.

Der Kläger, ein Rechtsanwalt, beansprucht die Vergleichsgebühr vom beklagten Konkursverwalter, der sie verweigert, weil der Kläger, wo immer über den Vergleich verhandelt worden sei, nicht in seiner Eigenschaft als Prozeßbevollmächtigter in dem für die Masse geführten Rechtsstreite, sondern als Mitglied des Gläubigerausschusses tätig geworden sei. Der Beklagte wurde verurteilt. Gründe:

Da der Kläger als Prozeßbevollmächtigter mit dem Sach- und Streitstande des durch den Vergleich beigelegten Prozesses bekannt war, so ergibt sich ohne weiteres, daß er bei den über den abzuschließenden Vergleich stattgehabten Verhandlungen diese Kenntnis verwertete. Eine scharfe Scheidung zwischen dem, was der Kläger als Prozeßbevollmächtigter, und dem, was er als Mitglied des Gläubigerausschusses äußerte, ist vollständig undurchführbar. ... Die Sitzung des Gläubigerausschusses hat der Kläger allerdings nur in seiner Eigenschaft als Ausschußmitglied berufen. Für die in der Sitzung über die Genehmigung des Vergleichs gepflogene Beratung ist indessen auch hier davon auszugehen, daß der Kläger zugleich als der mit der Lage der Sache vertraute Prozeßbevollmächtigte tätig geworden ist. Burl.

g) **Berechnung der Gebühren, wenn der Streitwert im Nachverfahren geringer ist, als im Urkundenprozesse. GebO. § 28.**

OLG. Posen, IV. CS. Beschluß v. 25. September 1902.

Nach § 28 gilt zwar das Nachverfahren als besonderer Rechtsstreit, doch muß sich der Rechtsanwalt die Gebühr des Urkundenprozesses auf die gleiche Gebühr des ordentlichen Verfahrens anrechnen. In der Literatur wird darüber gestritten, wie diese Anrechnung zu erfolgen hat, wenn, wie hier, nur ein Teil des ursprünglichen Streitgegenstandes in das ordentliche Verfahren gelangt ist. In diesem Falle will Willenbücher S. 136 Anm. 2 denjenigen Betrag bewilligen, der übrig bleibt, wenn von der Prozeßgebühr des Urkundenprozesses die Prozeßgebühr desjenigen Betrages abgerechnet wird, wegen dessen der Rechtsstreit nicht in das ordentliche Verfahren gediehen ist mit der Maßgabe, daß niemals mehr als die volle Gebühr für den ursprünglichen Streitgegenstand erhoben werden darf (§ 12² GKG.). Auch Pfafferoth (Anm. 2 und 3 zu § 28 GKG. und Anm. 2 zu § 12) vertritt im wesentlichen denselben Standpunkt und glaubt zur Vermeidung von Unbilligkeiten die Anwendung des § 12 GKG. nicht entbehren zu können. Bei der richtigen Auslegung des § 28 bedarf es dieses Hilfsmittels gar nicht, da sie stets zu richtigen Ergebnissen führt. Der Anwalt hat hiernach auf die Prozeßgebühr des ordentlichen Verfahrens denjenigen Betrag anzurechnen, den er bereits von dem in das ordentliche Verfahren übergegangenen Teile des Streitgegenstandes als Prozeßgebühr für den Urkundenprozeß erhalten hat. Bei einem Streitgegenstande von 120 Mark beträgt die Prozeßgebühr für das ordentliche Verfahren 7 Mark. Hierauf ist anzurechnen die Gebühr, die der Anwalt für denselben Streitgegenstand für die Vertretung im Urkundenprozesse erhalten hat, nämlich $^{6}/_{10}$ von 7 Mark, also 4 Mark 20 Pfg. Er hat somit nur den Überschuß mit 2 Mark 80 Pfg. zu erhalten. R.

h) **Begriff der Vollstreckungsinstanz.**

Kammergericht, II. Ferien-CS. Beschluß v. 10. August 1903.

Der Prozeßbevollmächtigte hatte gegen den Schuldner, der im Termine zur Leistung des Offenbarungseides nicht erschienen war, einen Haftbefehl erwirkt und demnächst einen Gerichtsvollzieher mit der Verhaftung beauftragt. Hierfür liquidierte er zweimal die Vollstreckungsgebühr. Die eine Gebühr wurde dem Kläger abgesetzt und seine Beschwerde hierüber zurückgewiesen. Denn nach § 32 bildet das Verfahren zur Abnahme des Offenbarungseides eine besondere Instanz der Zwangsvollstreckung. Nach § 31 gehören deshalb zu dieser Instanz alle weiteren Vollstreckungshandlungen „bis zu der durch die Maßregel zu erlangenden Befriedigung des Gläubigers", hier also bis zur Leistung des Eides. Hieraus folgt, daß nicht bloß der Antrag auf Erlaß des Haftbefehls, sondern auch der dem Gerichtsvollzieher erteilte Auftrag zur Verhaftung einen Teil der besonderen Vollstreckungsinstanz des § 32 bilden und durch die einmalige Vollstreckungsgebühr abgegolten werden (Entsch. des Ehrengerichtsh. 5 S. 123 Nr. 31). B. M.

23

a) **Auch Zeugen vom Stande der Fabrikanten sind regelmäßig ohne besonderen Nachweis eines Erwerbsverlustes zu entschädigen.**

OLG. Celle, Straffenat. Beschluß v. 1. Oktober 1902.

Der Verfügung der Oberrechnungskammer vom 26. September 1889, daß Zeugen aus dem Stande der Fabrikanten, Bankiers ꝛc durch Wahrnehmung gerichtlicher Termine der Regel nach eine Erwerbsversäumnis nicht erlitten und daß deshalb von solchen Personen regelmäßig ein besonderer Nachweis dafür zu erbringen sei, daß die Versäumung eines Erwerbes stattgefunden habe, ohne solchen Nachweis aber Entschädigung für Erwerbsversäumnis nicht zugebilligt werden könne, war nicht beizupflichten. Sie läßt sich in dieser Allgemeinheit aus den maßgebenden Vorschriften des § 2 nicht herleiten. Auch ist nicht anzuerkennen, daß die Annahme, solche Personen erlitten der Regel nach durch Wahrnehmung von Terminen keine Erwerbsversäumnis, einem Erfahrungssatz entspräche. Denn es ist keineswegs als das Regelmäßige anzusehen, daß Fabrikanten, Bankiers ꝛc ihre Arbeitskraft nicht voll ausnutzten in ihrem Geschäftsbetriebe. Widmen sie ihre ganze Tätigkeit ihrem Geschäft, so erleiden sie, wenn sie ihm auf längere Zeit entzogen werden, der Regel nach eine Erwerbsversäumnis. Unter Berücksichtigung derselben ist ihnen nach § 2² eine Entschädigung zu gewähren, während den im § 2³ aufgeführten Personen eine Entschädigung auch dann zu gewähren ist, wenn bei ihnen die Versäumnis eines Erwerbes nicht stattgefunden hat. Vorliegenden Falles ist der Zeuge (Uhrenfabrikant) während eines vollen Tages (von morgens 5 Uhr bis abends 10 Uhr) seinem Geschäft infolge seiner Vernehmung entzogen worden. Seine Angabe, daß er dadurch den Erwerb, den er andernfalls durch seine Tätigkeit in seinem Geschäft gehabt haben würde, eingebüßt habe, ist glaubhaft, auch ohne Beibringung einer besonderen Bescheinigung hierfür. Mit Rücksicht darauf, daß er, wie dem Gericht bekannt ist, ein Geschäft von großem Umfange betreibt und selbst darin tätig ist, war ihm der Entschädigungssatz von 1 Mark für die Stunde zu gewähren. Hsr.

b) **Als Zeugen vernommene Rechtsanwälte.**

OLG. Dresden, VII. CS. Beschluß v. 22. Mai 1902.

Wenn der Beschwerdeführer darauf hinweist, zu welchen Folgerungen es führt, wenn der Rechtsanwalt seine Gebühren als Zeuge nicht nach der GebO. für Rechtsanwälte berechnen könne, so ist ihm — vgl. übrigens JW. 1892 S. 422⁶ — entgegenzuhalten, daß die GebO. für Zeugen grundsätzlich auf einem ganz anderen Standpunkt steht und im Interesse einer geordneten Rechtspflege zur Vermeidung allzu hoher Kosten davon absieht, dritten durch den Prozeß in Mitleidenschaft gezogenen Personen allen Schaden zu vergüten, der ihnen durch ihre Befragung als Zeuge entsteht; vielmehr weist sie diese Personen, auch wenn sie sich besonders günstiger Erwerbsverhältnisse erfreuen und sonst ihre Gebühren anders und für sie selbst günstiger berechnen können, durchgängig (von den Fällen der §§ 13 und 14 abgesehen) auf die von ihr festgesetzten Durchschnittssätze an. J. M.

c) **„Hamburger Norm" für Architekten und Ingenieure.**

OLG. Hamburg, IV. CS. Beschluß v. 27. April 1903.

Daran, daß die Auswahl der Sachverständigen nach CPO. § 404 durch das Prozeßgericht zu erfolgen hat, wird nichts dadurch geändert, daß ihre Ernennung auf Vorschlag der Gewerbekammer geschieht. Der Sachverständige beruft sich deshalb mit Unrecht darauf, daß er im Auftrage der Gewerbekammer tätig geworden sei und deshalb der Berechnung seiner Gebühren eine andere gesetzliche Bestimmung, als die der GebO. für Zeugen zugrunde zu legen berechtigt sei. Unanwendbar ist für die vom Sachverständigen beanspruchte Zugrundelegung der „Hamburger Norm" der § 13, denn unter den besonderen Taxvorschriften, die darnach zu berücksichtigen sind, können nur obrigkeitlich festgesetzte, nicht auch von privaten Vereinigungen aufgestellte Taxen verstanden werden. Es entscheidet hiernach der § 4, dessen Voraussetzung, daß die dem Sachverständigen aufgetragene Untersuchung und Sachprüfung schwierig war, hier zweifellos zutrifft. Der Sachverständige hat deshalb für die ihm aufgetragene Leistung eine Vergütung nach dem üblichen Preise derselben und für die außerdem stattfindende Teilnahme am Termine die in § 3 bestimmte Vergütung zu beanspruchen. — Daß der übliche Preis für Ingenieure in der angesehenen Stellung des Sachverständigen sich zu bemessen hat nach der „Hamburger Norm", ist wiederholt vom OLG. und auch vom Reichsgericht ausgesprochen. Regelmäßig werden für die Anfertigung schriftlicher Gutachten und dazu erforderlicher Vorarbeiten die §§ 4, 24 jener Norm heranzuziehen sein, wonach diese besonderen Gebühren außerhalb der Gebührenordnung stehen und nach der darauf verwendeten geistigen Arbeit, nach der fachlichen Stellung des Beauftragten und nach der wirtschaftlichen Bedeutung der Frage zu bewerten sind. Wenn der Sachverständige statt dementsprechend seine Forderung in einer Pauschsumme zu stellen, den Wert seiner Arbeit bemessen hat nach der darauf verwendeten Zeit, und dabei für seine eigene Tätigkeit die Ansätze der §§ 4, 25 (20 Mark für die erste, 5 Mark für jede fernere Stunde), für seine Hilfsarbeiter entsprechend geringere, in dieser Instanz als verauslagt glaubhaft gemachte Ansätze zugrunde gelegt hat, so ist gegen dies Verfahren nichts einzuwenden, sofern nur die sich ergebende Gesamtsumme sich in den Grenzen der §§ 4, 24 der Norm hält, so daß sie als üblicher Preis anzusehen ist. Das ist aber anzunehmen. Dagegen war für die Wahrnehmung des Termins, in dem sich die Parteien ohne Teilnahme des Sachverständigen verglichen haben, nur der Satz des § 3 GebO., auf den deren § 4 verweist, zu gewähren. Glaubte der Sachverständige sich auf seine mündliche Vernehmung noch besonders vorbereiten zu müssen, so wird er für die darauf verwendete Zeit, jedenfalls nach Lage des gegenwärtigen Falles, durch die ihm für sein Gutachten zugebilligte Gebühr mit entschädigt. M. M.

24

a) **Das Grundbuchblatt für Staatschausseen wird nicht gebührenfrei angelegt.**[1] **Berechnung des „gemeinen Wertes" dabei.**

Kammergericht, I. CS. Beschluß v. 13. Oktober 1902.

Für mehrere dem hannov. Provinzialverbande gehörige Chausseen ist bei dem Amtsgerichte auf Antrag der Landesbauinspektion ein Grundbuchblatt angelegt und hierfür nach Maßgabe der 7 ha betragenden Größe eine Gebühr von 3 Mark berechnet. Die Beschwerde und die weitere Beschwerde wurden zurückgewiesen. Gründe:

Der weiteren Beschwerde war der Erfolg zu versagen. Da es sich um

[1] Der Kreisausschuß, auf dessen Antrag für ein Trennstück auf Grund 44 jährigen Eigenbesitzes ein Grundbuchblatt angelegt wird, kann dafür nicht Gebührenfreiheit beanspruchen, weil kein „Ersuchen" im Sinne des § 7 preuß. GKG. vorliegt (Kammergericht, Ferien-S. Beschluß v. 2. Aug. 1902). — Dagegen erhält er die Abschrift eines Grundbuchblattes kostenfrei, wenn sie ihm auf sein Ersuchen in seiner Eigenschaft als öffentliche Behörde deshalb zu erteilen ist, weil er als Behörde zur Einsicht des Grundbuches berechtigt ist (Kammergericht, I. CS. Beschluß v. 24. Febr. 1902).

die erste Anlegung des Grundbuchblattes in einem Bezirk, in dem das Grundbuch noch nicht als angelegt anzusehen ist, handelt, so kommt nicht § 62 preuß. GKG. n. F., sondern nach § 143 Abs. 2 Satz 2 daselbst der § 69 preuß. GKG. a. F. (vgl. § 56 Gesetz vom 28. Mai 1873 und § 11 des dazu gehörigen Kostentarifs) zur Anwendung. Durch Art. 30 Nr. I Ausf.-G. zur GrBO. sind die §§ 69 bis 72 preuß. GKG. a. F. nur „unbeschadet der weiteren Anwendung bis zur Anlegung des Grundbuches" gestrichen worden. Dies ist lediglich deshalb geschehen, weil das preuß. GKG. nach Art. 86 § 2 Ausf.-G. zum BGB. eine Fassung erhalten sollte, in welcher nur die dauernd geltenden Vorschriften aufgenommen wurden, während die nur für eine Übergangszeit geltenden Bestimmungen ausgeschieden wurden (Begründung des Ausf.-G. zur GrBO. Art. 29 S. 26).

Es kann auch nicht Gebührenfreiheit auf Grund des § 7 oder 8 preuß. GKG. in Anspruch genommen werden. Eine besondere Anordnung im Sinne des § 7 Satz 1, durch welche für Rechtssachen der vorliegenden Art eine gänzliche oder teilweise Gebührenfreiheit bewilligt wäre, besteht nicht. Ein auf Ersuchen einer Verwaltungsbehörde auszuführendes Geschäft, welches ein öffentliches Interesse beträfe, steht nicht in Frage (Satz 2). Unter Verwaltungsbehörden in diesem Sinne sind nur Staatsbehörden zu verstehen. Es gehören dazu zwar der Provinzialrat, der Bezirksausschuß und, wie wiederholt ausgesprochen (Jahrbuch 18 S. 154), unter Umständen der Kreisausschuß, weil diese Behörden zur Mitwirkung bei den Geschäften der allgemeinen Landesverwaltung berufen sind (Ges. vom 30. Juli 1883 § 4; Kreis-O. für Hannover § 87), aber nicht das Landesdirektorium, da es nur die Geschäfte der kommunalen Provinzialverwaltung wahrzunehmen hat. Das öffentliche Interesse berührt ferner zwar die Herstellung von Chausseen, aber nicht die nach Art. 1 der Verordnung vom 13. November 1899 nicht erforderliche Anlegung eines Grundbuchblattes für das Straßenland. Diese Anlegung des Buchblattes für die bereits längst in das Eigentum übergegangenen Wegeflächen erfolgt ausschließlich im Interesse des Kommunalverbandes als Eigentümers (vgl. Mügel 3. Aufl. Anm. 2 zu § 7 S. 47 f.). Daß die fiskalische Gebührenfreiheit nicht mit der Verwaltung und Unterhaltung der Staatschausseen auf die Provinzialverbände übergegangen ist, kann nicht bezweifelt werden (Jahrbuch 3 S. 191).

Die sonach mit Recht in Ansatz gebrachte Gebühr für die erste Anlegung eines Grundbuchblattes und für das zu diesem Zwecke stattfindende Verfahren wird nach § 69 preuß. GKG. a. F., wie nach § 11 des Kostentarifs vom 28. Mai 1873 nach der Summe der Werte der auf dem Grundbuchblatte verzeichneten Grundstücke erhoben. Das Gesetz geht dabei augenscheinlich davon aus, daß jedes Grundstück einen Wert hat. Es kann nicht mit der Behauptung, daß ein gebuchtes Grundstück wertlos sei, die Tätigkeit des Gerichts unentgeltlich in Anspruch genommen, es muß vielmehr stets mindestens die niedrigste im Gesetze vorgesehene Gebühr entrichtet werden.

Aber auch zu einer Herabsetzung der erforderten Gebühr liegt kein Anlaß vor. Bei der Berechnung des dem Gebührenansatze zugrunde zu legenden Wertes der gebuchten Grundstücke ist nach § 21 Nr. 1 preuß. GKG. deren gemeiner Wert in Betracht zu ziehen. Der Beschwerde kann nicht zugestanden werden, daß Chausseen, also öffentliche Wege einen gemeinen Wert nicht haben. Es mag zwar richtig sein, daß die Kosten der Unterhaltung solcher Wege deren Erträge übersteigen, namentlich wenn es sich, wie behauptet wird, um sogenannte Staatschausseen handelt, auf denen die Erhebung von Chausseegeld nicht stattfindet. Aber dies beweist noch nicht die Wertlosigkeit des Straßenareals. Der Wert einer Sache wird nicht durch den derzeitigen Nutzen bestimmt, den die Sache ihrem Eigentümer leistet, sondern durch den, den sie leisten **kann**, und ihr gemeiner Wert ist der Nutzen, den sie **jedem** Eigentümer leisten kann (ALR. I 2 §§ 111—113). Nicht der Nutzen, sondern die Nutzbarkeit bildet den Wertmesser, und solche wohnt auch den zu öffentlichen Wegen verwendeten Grundstücken, und zwar mit Rücksicht auf ihre Tauschfähigkeit inne. Die öffentlichen Wege können zwar nicht vom Eigentümer eigenmächtig durch Veräußerung ihrer Bestimmung, dem öffentlichen Verkehre zu dienen, entzogen werden, aber der Staat ist berechtigt, die Land- und Heerstraßen, unbeschadet seiner Unterhaltungspflicht, so wie er es zum gemeinen Besten dienlich findet, zu verändern und zu verlegen, und über den dadurch gewonnenen Boden kann der Eigentümer frei verfügen (ALR. II 15 §§ 2 ff., 4. 11. 20—22). Inwieweit diese Vorschriften durch den Übergang der Staatschausseen, ihrer Verwaltung und Unterhaltung auf die Kommunalverbände gemäß § 18 Ges. vom 8. Juli 1875 beeinflußt sind, braucht nicht geprüft zu werden. Jedenfalls sieht auch § 57 des Zuständigkeitsgesetzes vom 1. August 1883 (vgl. § 60 das.) die Einziehung und Verlegung öffentlicher Wege vor (**Germershausen**, Wegerecht 2. Aufl. 1 § 11 S. 150 ff.). Die Veräußerung der zu öffentlichen Wegen verwendeten Grundstücke ist also nicht unbedingt ausgeschlossen, nicht schlechthin unmöglich. Deshalb muß solchen Grundstücken ein Tauschwert und damit ein gemeiner Wert beigelegt werden. Dieser gemeine Wert besteht in dem Preise, der sich bei einer Veräußerung des Grund und Bodens erzielen läßt. Dieser Preis ist vorliegend mit 20 Pfg. für 1 qm nicht zu hoch berechnet. Hsr.

Dazu: Kammergericht I. CS. Beschluß v. 11. Mai 1903.

A. ließ der Stadt D. eine Parzelle auf, die er zugleich aus der Mithaft für zwei Hypotheken entließ und die zur Verbreiterung einer öffentlichen Straße dienen sollte. Die Stadt übernahm die Kosten und beanspruchte Gebührenfreiheit. Dies wurde abgelehnt. **Gründe**:

Das vom Landgericht verneinte Vorliegen eines öffentlichen Interesses bei Vornahme der in Frage kommenden gerichtlichen Geschäfte reicht für sich allein zur Begründung der Gebührenfreiheit aus § 7[1] preuß. GKG. nicht aus; es muß vielmehr weiter hinzutreten, daß die Geschäfte auf Ersuchen einer Verwaltungsbehörde ausgeführt sind. Diese Voraussetzung muß schon deshalb verneint werden, weil der Magistrat sich nicht in seiner Eigenschaft als Ortsobrigkeit mit amtlichen Anträgen an das Amtsgericht gewendet hat, sondern bei den vom Amtsgericht vorgenommenen rein privatrechtlichen Geschäften als Partei wie irgendwelche Privatperson beteiligt war. Auch ein sonstiger Fall der Gebührenfreiheit ist nicht gegeben. Daß einer Stadtgemeinde, insoweit sie Grundstücke zur Anlage von Straßen erwerbe, Gebührenfreiheit nach § 7 zustehe, entspricht in dieser Allgemeinheit weder dem Wortlaut der erwähnten Vorschrift noch der erkennbaren Absicht des Gesetzes. Dr. H.

b) **Gebührenfreiheit der Ansiedlungskommission.**

Kammergericht, I. CS. Beschluß v. 22. Dezember 1902.

A. hatte sein Grundstück mit Inventar für 84000 Mark dem B., der Kosten und Stempel übernahm, verkauft und aufgelassen. B. verkaufte dasselbe Grundstück mit Ausschluß des Inventars an die Ansiedlungskommission, die die Kosten einschließlich derjenigen der Auflassung von A. an B., sowie die Stempel beider Kaufgeschäfte übernahm. Der Präsident der Ansiedlungskommission beantragte, die von B. geforderten Kosten demselben zu erstatten, da in seinem Auftrage B. bei Abschluß des Vertrages mit A. gehandelt habe, der Fiskus aber nach § 10 des Ges. v. 26. April 1886 Kostenfreiheit genieße. Der Antrag wurde zurückgewiesen, der weiteren Beschwerde jedoch stattgegeben. Gründe:

Der Ansicht, daß ein Erwerbsgeschäft, durch das ein Dritter ein Grundstück zu dem Zwecke erwirbt, um es der Ansiedlungskommission zu übertragen, nur dann Gebührenfreiheit genieße, wenn der Erwerber ausdrücklich als Vertreter der Kommission auftrete, kann nicht zugestimmt werden. Denn der § 10 des Ges. v. 26. April 1886 erstreckt sich auch auf solche Akte der nichtstreitigen Gerichtsbarkeit, welche, ohne die in den §§ 1, 2 das. erwähnte Ansiedlungstätigkeit rechtsgeschäftlich zu betreffen, zu ihr in einer rein tatsächlichen Beziehung stehen. Diese Auffassung ist näher begründet worden im Beschlusse vom 13. Oktober 1902 I Y 1107/02; daselbst ist ausgeführt: Die Materialien zum Gesetz vom 26. April 1886 lassen keinen Schluß auf die Tragweite des § 10 zu. Es bleibt nur übrig, diese Tragweite aus der allgemeinen Tendenz und aus dem Wortlaute der Norm zu erläutern. Offenbar hat der § 10 den Zweck, das Ansiedlungsgeschäft zu verbilligen und zu erleichtern. Es sollen die Schwierigkeiten und Weiterungen vermieden werden, die sich aus der Belastung der Ansiedlungskommission selbst und sonst Beteiligter mit den Kosten u. s. w. der durch die Ansiedlungstätigkeit hervorgerufenen Akte der freiwilligen Gerichtsbarkeit ergeben können. Das Gesetz hat, dieser allgemeinen Tendenz entsprechend, für die Gewährung der Kostenfreiheit eine möglichst weitgehende Fassung erhalten. Es befreit alle „aus Anlaß" der §§ 1, 2 stattfindenden Akte der nicht streitigen Gerichtsbarkeit, einschließlich der Grundbuchvornahmen, von Kosten und Stempeln. Danach trifft die Befreiung u. a. alle diejenigen Akte der freiwilligen Gerichtsbarkeit, einschließlich des Grundbuchwesens, welche durch käufliche Erwerbungen von Grundstücken zu dem im § 1 bezeichneten Zwecke **veranlaßt** sind. Eine Einschränkung dahin, daß hiernach nur solche Erwerbsakte von der Befreiung betroffen werden, bei denen die Kommission als unmittelbare Kontrahentin des Geschäfts beteiligt ist, läßt sich nach dem Gesetz nicht rechtfertigen. **Veranlaßt** durch die Ansiedlungstätigkeit, „**aus Anlaß**" derselben erfolgt sind auch solche Akte, die auf Anregung der Kommission im Hinblick auf eine von dieser für die Ansiedlungsaufgabe geplante Erwerbung zum Zwecke der letzteren stattfinden. In vollem Einklange hiermit steht das Reskript vom 29. Mai 1899 (**Hoyer-Gaupp** S. 114), wonach die im Gesetz bewilligte Kosten- und Stempelfreiheit für alle im Bereiche der Kommission vorfallende Akte der nicht streitigen Gerichtsbarkeit in Anspruch zu nehmen ist, gleichviel ob sie dem Ansiedlungszwecke unmittelbar oder nur mittelbar dienen.

Vorliegend hat B. nach der maßgebenden amtlichen Bescheinigung des Präsidenten nicht nur auf Anregung, sondern sogar im ausdrücklichen Auftrage der Ansiedlungskommission das Grundstück erworben, um es demnächst auf diese zu übertragen. Daß es hiernach die auf §§ 1, 2 beruhende Ansiedlungstätigkeit war, welche den Ankauf und Eigentumserwerb des Grundstücks durch B. veranlaßt hat, kann nicht bezweifelt werden. An dieser Auffassung vermag auch der Umstand nichts zu ändern, daß B. das einschließlich des Inventars angekaufte Grundstück unter Ausschluß dieser Gegenstände weiterverkauft hat, und zwar zu einem Preise, der den Erwerbspreis nach Abzug des auf das vom Weiterverkauf ausgeschlossene bewegliche Zubehör entfallenden Betrages überstieg. Der Erwerb des auf die Ansiedlungskommission nicht übertragenen beweglichen Beilasses ist auf den Betrag der hier streitigen Kosten ohne Einfluß gewesen, und daß B. das Grundstück aus Anlaß der Ansiedlungstätigkeit erworben hat, wird durch den gleichzeitigen Erwerb des Beilasses nicht ausgeschlossen. R.

c) **Die Knappschaftsvereine genießen keine Gebühren- und Stempelfreiheit beim Erwerbe von Grundstücken für die von ihnen errichteten und verwalteten Krankenhäuser. Preuß. GKG. § 8 Nr. 2.**

Kammergericht, I. CS. Beschluß v. 2. März 1903.

Der Oberschlesische Knappschaftsverein hat Grundstücke, lediglich zur Benutzung für das Knappschaftslazarett in X. erworben. Sein Antrag auf Absetzung der die baren Auslagen und die Hälfte der Auflassungsstempel übersteigenden Kosten ist abgewiesen; auch die weitere Beschwerde blieb erfolglos.

Gründe:

Da eine Sondervorschrift, kraft deren die Knappschaftsvereine Gebühren- und Stempelfreiheit genießen, nicht besteht, können sie dieser Vergünstigung nur teilhaftig werden, sofern sie als öffentliche Krankenanstalten oder milde Stiftungen im Sinne des § 8 Nr. 2 preuß. GKG., § 5[d] StStG. anzusehen sind. Das Vorliegen dieser Voraussetzungen ist indes zu verneinen. Nach den im wesentlichen mit dem Gesetze vom 10. April 1854 übereinstimmenden

§§ 165—186 des Berggesetzes vom 24. Juni 1865 besteht für die Arbeiter der Bergwerke ein gesetzlicher Zwang zur Bildung von Knappschaftsvereinen, welche den Zweck haben, ihre Mitglieder und deren Angehörige zu unterstützen. Aus Vereinsmitteln sind in Krankheitsfällen freie Kur, Arzneien und Krankengeld, ferner Invalidenunterstützung, Sterbegeld, Witwenversorgungen und Erziehungsbeihilfen zu gewähren. Die hierzu erforderlichen Geldmittel werden durch Geldbeiträge der Arbeiter nach Maßgabe ihres Lohnes und der Werkseigentümer aufgebracht. Die Verwaltung erfolgt unter Aufsicht des Staates durch die Knappschaftsvorstände. Durch die Bestätigung ihrer Statuten erlangen diese Vereine die Rechte einer juristischen Person. Hieraus folgt, daß die jenen Vereinen gehörigen, den Vereinszwecken dienenden Krankenhäuser nicht unter den Begriff der öffentlichen Krankenanstalten im Sinne der erwähnten Vorschriften fallen. Mit Recht ist in den Vorinstanzen darauf hingewiesen, daß bei der Beratung des StStG. in der Kommission der Begriff der öffentlichen Anstalten ohne Widerspruch auf die im Eigentum oder unter der Verwaltung des Staates oder einer Kommune stehenden beschränkt worden ist, zu denen die Zulassung von jedermann, sei es auch nur unter gewissen Voraussetzungen, beansprucht werden könne. Auch die gleiche, in § 4 des Kostengesetzes vom 10. Mai 1851 enthaltene Bestimmung ist in der Verwaltungspraxis allgemein dahin ausgelegt worden, daß nur die öffentlichen, nicht die Privatanstalten, deren Benutzung ausschließlich auf eine Korporation beschränkt sei, die Kostenfreiheit genießen sollten (vgl. Hoyer-Gaupp, Komm. 5. Aufl. S. 86 und 87). Mag auch von dem Erfordernis abgesehen werden, daß die Anstalten im Eigentum oder unter der Verwaltung einer juristischen Person stehen und die Vergünstigung auch sonstigen Korporationen für die von ihnen errichteten und verwalteten Anstalten zugestanden werden (vgl. das Reskript des Justizministers vom 31. Dezember 1880 bei Simeon, Kostengesetze 3. Aufl. S. 17 und Jahrbuch 23 B S. 33), so ist doch daran festzuhalten, daß der Kreis der Benutzungsberechtigten ein offener, nicht ein geschlossener, durch die Mitgliedschaft bezeichneter sei. Ist das letztere der Fall, wie bei den Knappschaftsvereinen, so fehlt das Merkmal der Öffentlichkeit auch dann, wenn der Kreis der Berechtigten groß ist und einen wesentlichen Teil der Bevölkerung innerhalb eines räumlichen Bezirks umfaßt. Auch der Umstand, daß auch dem Verein nicht angehörige Personen, soweit es unter Berücksichtigung der erkrankten Mitglieder und ihrer Angehörigen möglich sei, Aufnahme in die Krankenanstalten des Vereins fänden, ist nicht durchschlagend. Denn die Knappschaftslazarette dienen nach gesetzlicher Vorschrift zur Aufnahme der Mitglieder und ihrer Angehörigen, welche gemeinschaftlich mit den Eigentümern der Bergwerke die Kosten ihrer Errichtung und Unterhaltung tragen; eine entgegenstehende Bestimmung des Statuts würde gegen das Gesetz verstoßen. Ist nach dem Statut nebenbei auch die Aufnahme von Nichtmitgliedern zulässig, so ist eine solche außerhalb des eigentlichen Zwecks der Anstalten liegende Bestimmung nicht geeignet, ihren Charakter zu bestimmen und sie zu öffentlichen Anstalten zu machen.

Es bedarf keiner Ausführung, daß der Knappschaftsverein auch als eine milde Stiftung im Sinne der erwähnten Vorschriften nicht anzusehen ist. Denn milde Stiftungen sind solche, die lediglich den Zweck der Gewährung von Unterstützungen Hilfsbedürftiger verfolgen, während hier allen Mitgliedern ohne Rücksicht auf ihre Hilfsbedürftigkeit ein durch das Gesetz gesicherter Anspruch auf Unterstützung zusteht und die Mittel durch Umlage erhoben werden (vgl. **Hoyer-Gaupp** S. 87 Anm. 46 und **Hummel-Specht** Anm. 20, 21 zu § 5). W. H.

d) **Einheitliches Rechtsgeschäft. Preuß. GKG. § 40². StStG. § 10³.**

α) Kammergericht, I. CS. Beschluß v. 5. Januar 1903.

Wann die mehreren in einer Verhandlung beurkundeten Erklärungen „dergestalt in einem inneren Zusammenhange stehen, daß sie ein einheitliches Rechtsgeschäft" bilden, ist im Einzelfall nach den konkreten Umständen zu beurteilen. Von entscheidender Bedeutung ist dabei der Wille der bei der Verhandlung Beteiligten. Ist dieser Wille darauf gerichtet, durch die verschiedenen abgegebenen Erklärungen einen einheitlichen wirtschaftlichen Erfolg zu erzielen, so ist anzunehmen, daß die Beteiligten die durch die verschiedenen Erklärungen hervorgerufenen Rechtswirkungen zu einem einheitlichen Ganzen zusammenfassen wollten, d. h. daß sie die Errichtung eines, infolge des zwischen den einzelnen Erklärungen bestehenden engen Zusammenhanges einheitlichen Rechtsgeschäfts beabsichtigten (**Mügel** 3. Aufl. Anm. 2 zu § 40). Vorstehende Grundsätze sind im angefochtenen Beschlusse beachtet. Der Inhalt der hier in Frage stehenden Verhandlung ist auch geeignet, die vom Landgericht darauf gegründete Annahme, daß Vater und Sohn M. den Abschluß eines einheitlichen Rechtsgeschäfts gewollt haben, zu rechtfertigen. Denn, wenn daselbst der 68 Jahre alte Vater unter Ausbedingung eines Ausgedinges das bisher von ihm bewirtschaftete Obergut nebst Zubehör seinem Sohne verkauft und letzterem gleichzeitig sein Pachtrecht an dem bisher von ihm bewirtschafteten Pachtlande abtritt, so erscheint die Annahme unbedenklich, daß Vater und Sohn bei Erklärung des Kaufgeschäfts und der Abtretung den einen wirtschaftlichen Erfolg erstrebt haben, daß die bisher vom Vater teils mit eigenem, teils mit Pachtland betriebene gesamte Oberwirtschaft auf den Sohn zum Weiterbetrieb übergehen und der Vater sich auf das Altenteil zurückziehen sollte. Nach Vorstehendem haben die Vorinstanzen mit Recht der Berechnung der Gebühren den § 40² zugrunde gelegt. W.

β) Kammergericht, I. CS. Beschluß v. 24. November 1902.

In derselben notariellen Verhandlung, durch die A. sein Grundstück dem B. verkaufte, bevollmächtigte er den X., das Grundstück dem B. aufzulassen. Der Notar berechnete für diese Vollmacht eine besondere Gebühr. Dies wurde gemißbilligt. Gründe:

Wie das Kammergericht bereits ausgesprochen hat, ist der Wille, ein einheitliches Rechtsgeschäft zur Beurkundung zu bringen, insbesondere dann anzunehmen, wenn die mehreren Erklärungen auf denselben wirtschaftlichen Erfolg abzielen (Jahrbuch 24B S. 3). Diese Voraussetzung liegt aber hier unbedenklich vor. Der wirtschaftliche Erfolg, den die bei der Verhandlung Beteiligten herbeiführen wollten, war die Übereignung des Grundstücks von A. auf B. Der Kaufvertrag wurde abgeschlossen, um die Eigentumsübertragung rechtlich erzwingbar zu machen und für die demnächstige Auflassung die obligatorische Grundlage zu schaffen. Aber auch die Erklärung der Auflassungsvollmacht verfolgte keinen anderen wirtschaftlichen Zweck, als die Eigentumsübertragung in die Wege zu leiten. Die Gemeinsamkeit des wirtschaftlichen Zweckes macht den Kaufvertrag und die Auflassungsvollmacht zum einheitlichen Rechtsgeschäft im Sinne des GKG. Beide Akte sind von dem nämlichen Gesichtspunkte der Vermittelung des Eigentumsüberganges von A. auf B. beherrscht.

Mit Recht hat aber auch das Landgericht auf die Rechtsvermutung im § 40³ hingewiesen. Auf denselben Gegenstand im Sinne dieser Norm beziehen sich die mehreren Erklärungen, wenn die Sache oder Leistung, deren Wert die Gebührenberechnung bestimmt, bei den mehreren Erklärungen die gleiche ist (Mügel S. 133 und der dort angeführte Beschluß der Breslauer Notare). Hier ist Gegenstand des Kaufvertrags das veräußerte Grundstück; sein, dem vereinbarten Preise gleichzusetzender Wert ist für die Gebührenberechnung hinsichtlich der Beurkundung des Kaufvertrags maßgebend. Aber auch die Auflassungsvollmacht betrifft das Grundstück; der Wert der auf den Kaufvertrag gestützten Auflassung drückt sich wiederum in dem Kaufpreis aus (Mügel S. 87), und nach § 39⁴ ist bei Vollmachten zum Abschluß eines bestimmten Rechtsgeschäfts grundsätzlich der für dieses maßgebende Wert in Ansatz zu bringen. Der Kaufvertrag und die Vollmacht beziehen sich also auf denselben Gegenstand, das mit x Mark zu bewertende Grundstück. Da die Erklärungen auch in einer Urkunde zusammengefaßt sind, trifft der § 40³ zu ... Dr. H.

γ) Kammergericht, I. CS. Beschluß v. 16. März 1903.

Die 5 Gesellschafter der Ges. m. b. H. „Kaffeerösterei Java" haben notariell ihre Geschäftsanteile dem Liquidator N. N. mit der Befugnis, das Geschäft unter der Firma „Kaffeerösterei Java, N. N." weiterzuführen, gegen Entgelt abgetreten. Der Notar hat dafür unter Annahme 5 selbständiger Abtretungserklärungen Gebühren und Stempel berechnet. Aus den Gründen:

Das Landgericht versagt dem Notariatsakte den Charakter der Einheitlichkeit, weil, wenn auch wirtschaftlich die Gesamtheit der Einzelverträge einen Kauf des ganzen von der Gesellschaft betriebenen Geschäfts darstelle, doch juristisch jeder Vertrag selbständig sei, so daß die Nichtigkeit oder Anfechtbarkeit des einen die Gültigkeit der anderen nicht beeinträchtige. Damit ist indessen der Begriff des einheitlichen Rechtsgeschäfts im Sinne des § 40² verkannt. Die Motive dazu gehen davon aus, daß die Entscheidung der

Frage, ob mehrere Erklärungen eine selbständige Bedeutung haben, oder nur Teile eines Rechtsgeschäfts bilden, von der Ermittelung der Absicht der Parteien abhängt. Damit ist der maßgebende Ausgangspunkt richtig getroffen. Denn soweit die Verfügungsfreiheit der Kontrahenten reicht, kann für die Einheitlichkeit mehrerer rechtsgeschäftlicher Erklärungen allein ihr Wille in Betracht kommen. Wieviel Personen als Erklärende aufgetreten sind, ob es sich um gleichartige oder um verschiedenartige Erklärungen handelt und ob es sich um Bestandteile eines einheitlichen Rechtsgeschäfts handelt, bei denen jede Erklärung in ihrem Bestande durch die andere rechtlich bedingt ist, ist dabei nicht ausschlaggebend; vielmehr kommt es allein darauf an, ob die Erklärenden ihre Erklärungen nicht bloß rein äußerlich in einer Urkunde verlautbart haben, sondern sie in einen inneren — wenn auch nicht eine juristische Abhängigkeit voneinander bedingenden — Zusammenhang haben bringen wollen. So hat das Kammergericht ständig entschieden. Wann ein solcher Zusammenhang anzunehmen ist, kann freilich nicht nach festen Grundsätzen, muß vielmehr als von der Auslegung des Willens der Beteiligten abhängig von Fall zu Fall bestimmt werden. Indessen ist in den bisherigen Entscheidungen (Jahrbuch 24 B S. 4; Y 1379—1381/02) ausgeführt worden, daß die Absicht, ein einheitliches Rechtsgeschäft abzuschließen, u. a. anzunehmen ist, wenn die mehreren Erklärungen auf denselben wirtschaftlichen Erfolg abzielen. Das eben trifft hier zu. Die Cedenten sind die alleinigen Inhaber der Geschäftsanteile. Indem jeder seinen Anteil abgetreten hat, wurde der beabsichtigte Erfolg erreicht, daß das Geschäft als ein Ganzes überging. Der Herbeiführung dieses Erfolges durch eine Übertragung des Geschäftsvermögens durch den Liquidator stand im Wege, daß dieser zugleich der Erwerber war. Er wurde deshalb am einfachsten dadurch erreicht, daß jeder Gesellschafter seinen Geschäftsanteil an den Erwerber abtrat. Diese Abtretungserklärungen zielten also auf einen einheitlichen, gemeinschaftlich herbeizuführenden wirtschaftlichen Erfolg ab. Darnach aber stehen die durch die Einheitlichkeit der Absicht aller Interessenten getragenen Erklärungen derselben in einem derartigen inneren Zusammenhange, daß sie ein einheitliches Rechtsgeschäft bilden. Es kommt also für die Berechnung der Beurkundungsgebühr der § 40² zur Anwendung, wonach die Gebühr des § 35 nur einmal zu erheben ist, aber unter Zusammenrechnung der Gegenstandswerte der einzelnen Erklärungen.

Dagegen finden auf die Berechnung der Stempelabgaben nicht die gleichen Grundsätze Anwendung. Für die Einheitlichkeit der in einer Urkunde enthaltenen mehreren Geschäfte im Sinne des § 10³ StStG. ist nicht die Absicht der Parteien maßgebend, auch nicht einmal der Umstand, daß die mehreren Rechtsgeschäfte rechtlich miteinander in Beziehung gesetzt und von einander abhängig gemacht sind. Vielmehr erfordert sie, daß die mehreren Erklärungen „sich nach civilrechtlichen Begriffen nur als Bestandteile eines einheitlichen Rechtsgeschäfts darstellen". (JW. 1899 S. 199 Nr. 59, 1902

S. 195 Nr. 50; Entsch. des RG. 42 S. 180; Mügel, GKG. § 40 Anm. 9.) Das trifft z. B. zu, wenn mehrere Berechtigte zur gesamten Hand eine gemeinschaftliche Forderung abtreten, nicht aber, wenn, wie hier, jeder von mehreren Gesellschaften seinen Anteil, über den ihm ein selbständiges Verfügungrecht zusteht, veräußert. (Heinitz, StStG., Tarifstelle 2 Anm. 8ª.) Hier würde in der Abtretung des Anteils jedes Gesellschafters selbst dann ein stempelrechtlich selbständiges Geschäft liegen, wenn die Gesellschafter derartig gemeinschaftlich kontrahiert hätten, daß die Gültigkeit jeder Abtretung durch die Gültigkeit der übrigen Abtretungen bedingt wäre. Demnach hat der Notar den Stempel mit Recht für die Abtretung jedes Gesellschafters berechnet.

Zn.

e) **„Übertragungsverträge" nach § 58 Nr. 2 preuß. GKG.**

Kammergericht, I. CS. Beschluß v. 30. März 1903.

1886 hatte Frau A. für 66000 Mark ein Grundstück erworben. Sie hat es durch notarielle Verhandlung vom 22. Juni 1900, die sich als ein Kaufvertrag bezeichnet, für 66000 Mark, wovon 56000 Mark durch Übernahme von Hypotheken, 10000 Mark durch Barzahlung berichtigt werden sollten, und zwar unter Verzinsung des letzteren Betrages vom Tage des Vertragsschlusses und gegen Vorbehalt des lebenslänglichen Nießbrauchs, dessen Jahreswert auf 3500 Mark festgesetzt wurde, an ihre Tochter B. verkauft und aufgelassen, wobei der Wert des Grundstücks auf 79650 Mark angegeben wurde. Die nach diesem Betrage aus § 58 Nr. 1 preuß. GKG. berechnete Gebühr für die Eigentumseintragung will die Kostenschuldnerin herabgesetzt haben, weil ein Übertragungsvertrag im Sinne des § 58 Nr. 2 vorliege. Diese Ansicht ist unbegründet. Einem Übertragungsvertrage liegt der Zweck zugrunde, die Erbfolge schon bei Lebzeiten des künftigen Erblassers zu regeln. Hieraus folgt, daß einerseits dem Veräußerer, der durch die Überlassung seines Vermögens, insbesondere seines Grundstücks, gewöhnlich seine wirtschaftliche Tätigkeit aufgibt und aus dem selbsttätigen Erwerbsleben ausscheidet, durch den Vertrag eine Versorgung für den Rest seines Lebens zugewendet, andrerseits dem erbberechtigten Annehmer, zutreffendenfalls auch seinen Geschwistern eine Erbabfindung gewährt werden muß, und es ist selbstverständlich, daß bei Berücksichtigung des auf den Annehmer entfallenden Erbteils der Annahmepreis hinter dem allgemeinen Verkehrswerte, dem wirklichen Entgelte des Grundstücks zurückbleiben muß (Entsch. des RG. 13 S. 186, 29 S. 173, Jahrbuch 19 S. 138). Es kann berechtigtem Zweifel unterliegen, ob der Vertragsinhalt nicht schon deshalb, weil er die Absicht der Veräußernden ergibt, ihre wirtschaftliche Tätigkeit im früheren Umfange fortzusetzen, und sie auch in Zukunft die Nutzungen zieht und die Lasten des Grundstücks trägt und außerdem noch die Zinsen des bedungenen baren Entgelts erhält, dem Begriff des Übertragungsvertrages widerspricht. Jedenfalls waltet gegen die Ausführung des Vorderrichters kein Bedenken ob, daß der Vertrag nicht die Absicht ergibt, der Annehmerin eine Erbabfindung zu gewähren. Mit Recht ist darauf Gewicht gelegt, daß der Annahmepreis sich mit dem 1886 gezahlten Erwerbspreise deckt, und hierzu noch der Vorbehalt des Nießbrauchs hinzutritt. Ob, wie die Beschwerde geltend macht, die Absicht der Vertragschließenden nicht darauf gerichtet war, der Frau A. die ihr durch den Erwerb des Grundstücks erwachsenen Aufwendungen zu erstatten, und ob in Bezug auf die sonstigen Bedingungen zwischen dem vorliegenden und dem 1886 geschlossenen Vertrage eine Verschiedenheit obwaltet, ist für die Beurteilung der rechtlichen Natur des vorliegenden Vertrages ohne Belang. E.

f) **Keine Gebührenpflicht für Auskünfte des Grundbuchrichters im Korrespondenzwege. GKG. § 66 Nr. 3.**

Kammergericht, I. CS. Beschluß v. 16. Februar 1903.

A. hatte, unter Hinweis darauf, daß ihm eine Hypothek verpfändet worden, angefragt, ob die Post noch zu Recht bestehe. Das Amtsgericht hatte auf das Schreiben den Vermerk gesetzt: „Urschriftlich zurück mit dem Bemerken, daß die Hypothek noch zu Recht besteht. Als Eigentümer sind am 29. Oktober 1902 die Eheleute N. eingetragen worden zufolge Auflassung vom 25. Oktober 1902." Hierfür wurde nach § 66 Nr. 3 eine Gebühr berechnet. Auf weitere Beschwerde wurde jedoch angeordnet, daß sie nicht zu erheben sei. Gründe:

Der zweite Abschnitt des GKG. enthält in den §§ 33—56 die Vorschriften über die Gebühren für gerichtliche Urkunden, während der dritte Abschnitt die gerichtlichen Geschäfte bei Führung der Grundbücher zum Gegenstande hat. Aus dieser systematischen Anordnung darf nicht gefolgert werden, daß, wenn der im dritten Abschnitt sich findende § 66 eine Gebührenvorschrift über „Bescheinigungen des Grundbuchrichters über den Inhalt des Grundbuches" trifft, hierunter keinesfalls gerichtliche Urkunden verstanden sein könnten. In den §§ 57—70 werden die Gebühren in Grundbuchsachen im Zusammenhange behandelt. Zu den Grundbuchsachen aber gehören Atteste über den Inhalt der Grundbücher, deshalb sind sie im dritten Abschnitt behandelt, ohne daß sich daraus ein Schluß gegen ihre Urkundenqualität ergibt (vgl. Mügel § 49 Nr. 1; Pfafferoth § 49 Nr. 4).

Bescheinigungen, welche über Tatsachen oder Verhältnisse ausgestellt werden, welche urkundlich nachgewiesen oder offenkundig sind, stellen Urkunden der freiwilligen Gerichtsbarkeit dar, auf welche der vierte Abschnitt (Art. 31—65) preuß. FrG. Anwendung findet (vgl. das. Art. 31; GKG. § 49 Nr. 1). Hierher gehören insbesondere Zeugnisse über Einträge in die bei Gericht geführten öffentlichen Bücher (vgl. Pfafferoth § 49 Nr. 2). Daraus ergibt sich, daß, wenn § 66 Nr. 3 die Erhebung einer Gebühr für Bescheinigungen des Grundbuchrichters über den Inhalt des Grundbuches anordnet, hierunter nur solche Zeugnisse verstanden werden können, welche in einer den gesetzlichen Vorschriften über gerichtliche Urkunden entsprechenden Form ausgestellt sind. Eine derartige gerichtliche Urkunde liegt aber hier nicht vor, da das Schreiben des Richters nicht mit Siegel oder Stempel versehen ist, wie es nach

Art. 54 preuß. FrG. erforderlich gewesen wäre, um ihm jenen Charakter zu verleihen. Es handelt sich vielmehr lediglich um eine im Korrespondenzwege erteilte Auskunft (vgl. Jahrbuch 3 S. 212). — Aber auch § 108 GKG. greift nicht Platz. Wie der Ausdruck „für ein gerichtliches Geschäft" ergibt, bezieht er sich nur auf Handlungen, welche das Gericht als Akte der freiwilligen Gerichtsbarkeit vornimmt. Dahin gehört aber nicht eine geschäftliche Korrespondenz mit einer Behörde oder Privatperson, mag das Gericht zu einer solchen verpflichtet sein oder nicht. Wollte man das Gegenteil annehmen, so würde dies dazu führen, daß eine im Korrespondenzwege erteilte, nicht urkundlichen Charakter tragende Auskunft des Grundbuchrichters mit einer höheren Gebühr belegt wäre, als eine in vollständiger Urkundsform nach § 66 erteilte Bescheinigung. Die Haftung des Grundbuchrichters für die Auskunft kommt dabei nicht in Betracht. Der Richter ist für alle Handlungen und Erklärungen, die in den Rahmen seiner Berufstätigkeit fallen, haftbar, auch soweit sie nicht gebührenpflichtig sind (BGB. § 839). Das GKG. hat diesen Gesichtspunkt nicht zum Ausgange der Gebührenpflichtigkeit gemacht. Spr.

g) **Wiederholte Erteilung einer Bescheinigung. GKG. § 74³.**

Kammergericht, I. CS. Beschluß v. 25. November 1901.

Die offene Handelsgesellschaft A. hatte 1900 viermal Auszüge über die Rechtsverhältnisse der Firma erbeten und in der Weise erhalten, daß ihr auf richterliche Anordnung der Gerichtsschreiber eine von ihm beglaubigte Abschrift der bezüglichen Eintragung in Abt. A des Registers erteilte; der Inhalt dieser Abschriften war stets der gleiche. 1901 beantragte die Firma wiederum die Erteilung eines Registerauszuges, diesmal aber „mit der Bescheinigung der Richtigkeit durch den zuständigen Richter, da vom Grundbuchamt eine derartige Bescheinigung erfordert werde". Sie erhielt hierauf eine Ausfertigung derselben Eintragung aus der Abt. A, die wiederum wörtlich den gleichen Inhalt hatte, wie die früher erteilten Abschriften, jedoch befand sich darunter die Unterzeichnung „Königliches Amtsgericht, Abt. 10" nebst der Unterschrift des Registerrichters. Hierfür wurden 10 Mark Gebühr berechnet. Der weiteren Beschwerde der Kostenschuldnerin wurde stattgegeben. Gründe:

Nach § 9² HGB. kann von den Eintragungen im Handelsregister eine Abschrift gefordert werden, während nach § 33 GrBO. der Nachweis der Befugnis zur Vertretung einer Handelsgesellschaft durch ein Zeugnis des Gerichts über die Eintragung geführt wird. In welcher Art und von welchen Beamten diese Abschriften und Zeugnisse ausgestellt werden, ist den Landesjustizbehörden überlassen. In Preußen ist in der Verf. vom 7. November 1899 (JMBl. S. 313) vorgesehen: „Der Richter ... hat die im § 9³ HGB. und im § 33 GrBO. erwähnten Bescheinigungen und Zeugnisse auszustellen" (§ 2). „Die Beglaubigung von Abschriften der Eintragungen ... liegt dem Gerichtsschreiber ob" (§ 7). Danach sind also verschiedene Beamte des Registergerichts mit der Ausstellung von Zeugnissen gemäß § 33 GrBO.

und mit der Beglaubigung von Abschriften der Registereintragung befaßt. In dem hier vorliegenden Falle hatten die vordem erteilten Registerauszüge stets bestanden in beglaubigten Abschriften der Registereintragung (§ 7 der Verf.), während der 1901 beantragte Auszug ein vom Richter gemäß § 2 das. ausgestelltes Zeugnis war. Dieser Unterschied bezog sich aber nur auf die äußere Form, im Inhalt stimmte das richterliche Zeugnis wörtlich mit den beglaubigten Abschriften überein, denn beide gaben nur den Inhalt der Registereintragung wortgetreu wieder, bei der in der Zwischenzeit keine Veränderung nachgetragen war. Diese Identität des Inhaltes ist aber für die hier streitige Gebührenberechnung von allein maßgebender Bedeutung.

Im § 74² GKG. ist die Gebühr für eine aus dem Handelsregister erteilte Bescheinigung, sowie für beglaubigte Abschriften oder Auszüge aus demselben gleichmäßig auf $^1/_{10}$ der im § 72 unter 1ª bestimmten, je nach der Gewerbesteuerklasse abgestuften Sätze festgesetzt. Der bei der Revision des GKG. neu hinzugefügte Abs. 3, wonach für die wiederholte Erteilung einer Bescheinigung, einer Abschrift oder eines Auszuges nur noch eine Gebühr von 1 Mark erhoben wird, sollte, wie die Motive bemerken, den Beschwerden des Handelsstandes über die Höhe der Gebühren für Auszüge aus dem Handelsregister abhelfen und „für die wiederholte Erteilung eines bereits einmal erteilten Zeugnisses" die erniedrigte feste Gebühr von 1 Mark einführen. Hieraus ist zu folgern, daß jedesmal, wenn der Inhalt des Registers in der Zwischenzeit keine Änderung erfahren hat, für das wiederholte Zeugnis die ermäßigte Gebühr anzusetzen ist; unter „wiederholter Erteilung eines Zeugnisses" ist zu verstehen, die Erteilung eines dem Inhalte nach gleichen, wenn auch zu einem späteren Zeitpunkte erteilten Zeugnisses (so auch Beschluß v. 9. Juli 1901, Y 514/01). Ist aber der Inhalt allein maßgebend für die Berechnung der Gebühr für ein wiederholtes Zeugnis, so kann die Ermäßigung der Gebühr nicht dadurch ausgeschlossen werden, daß das inhaltlich gleiche Zeugnis vordem in der äußeren Form der beglaubigten Abschrift oder eines Auszuges oder sonst einer Bescheinigung erteilt gewesen war. Hierfür spricht auch der Wortlaut des § 74; der Abs. 2 stellt die aus dem Handelsregister erteilte Bescheinigung, die beglaubigten Abschriften und Auszüge nebeneinander und unter sich hinsichtlich der Kostenberechnung völlig gleich, in gleicher Weise behandelt der Abs. 3 die wiederholte Erteilung einer Bescheinigung, einer Abschrift oder eines Auszuges. Daraus folgt, daß diese drei, äußerlich verschiedenen Arten von Zeugnissen aus dem Register in betreff der Kostenbehandlung einander gleichgestellt sind. Dr. M.

h) **Für die Bescheinigung, die sich sowohl auf die Vertretung einer Gesellschaft, als auch auf die Regelung der Gesamtprokura erstreckt, ist die Gebühr des § 74 GKG. doppelt zu erheben.**

Kammergericht, I. CS. Beschluß v. 12. Mai 1902.

Dem Antrage der Aktiengesellschaft entsprechend, bescheinigte das Amtsgericht: daß zur Zeichnung der Firma die Unterschrift zweier Direktoren oder eines Direktors und eines Prokuristen oder zweier Prokuristen erforderlich ist; daß die derzeitigen Vorstandsmitglieder sind: A., B., C. und daß als Prokuristen im Sinne vorstehender Bestimmung bestellt sind: X., Y., Z. Dafür wurden, da es sich um die wiederholte Erteilung derselben Bescheinigung handelte, 2 Mark angesetzt. Auf Beschwerde der Kostenschuldnerin wurde die Gebühr auf 1 Mark herabgesetzt. Der weiteren Beschwerde des Oberstaatsanwalts wurde stattgegeben. Gründe:

... Auszugehen ist davon, daß die Bank eine Bescheinigung über ihre Registereintragung mit ganz bestimmtem Inhalt verlangt hatte und daß das Registergericht ihr diese Bescheinigung ausgestellt hat. Diese verhielt sich über die Legitimation zur Vertretung der Bank. Auch wenn im § 2 der Verf. vom 7. November 1899 die Erteilung einer solchen Bescheinigung nicht ausdrücklich erwähnt ist, so ist doch jedenfalls nicht unzulässig, daß der Registerrichter auf den besonderen Antrag der eingetragenen Aktiengesellschaft solche Bescheinigung ausstellt. Welche Rechtswirkung ihr beizumessen ist und ob sie im Grundbuchverkehr als ausreichender Legitimationsnachweis anerkannt werden muß, kommt hier nicht in Betracht gegenüber der Tatsache, daß die Bank gerade eine solche Bescheinigung begehrt hatte. Über die Gebühr dafür bestimmt § 74^2 ganz allgemein, daß „für eine aus dem Handelsregister erteilte Bescheinigung" ebenso wie für beglaubigte Abschriften oder Auszüge aus demselben in allen Fällen außer den Schreibgebühren ein Zehntel der im § 72 unter 1a bestimmten Sätze, mindestens aber 1 Mark zu erheben ist. Im Anschlusse hieran bestimmt Absatz 3 wiederum mit offenbar beabsichtigter Allgemeinfassung, daß „für die wiederholte Erteilung einer Bescheinigung, einer Abschrift oder eines Auszuges" die Gebühr von 1 Mark erhoben wird. Daß das hier erteilte Attest eine Bescheinigung aus dem Handelsregister im Sinne des § 74 ist, kann nicht wohl bezweifelt werden. Folglich ist die Gebühr des § 74 dafür zu entrichten, und zwar, da es sich um ein wiederholtes Attest handelt, die ermäßigte Gebühr des Absatz 3. Hinsichtlich des Betrages der Gebühr verweist § 74 wieder auf § 72 Ziffer 1a, und in letzterer ist für die Eintragung der Firma des Einzelkaufmanns das Prinzip der Abstufung der Eintragungsgebühr nach den Gewerbesteuerklassen aufgestellt. Für die Bescheinigung aus dem Register ist also $^1/_{10}$ dieser in § 72 Nr. 1a normierten Gebührensätze zu erheben. Diese Sätze sind aber nach Ziffer 4 auch für die Eintragung einer Prokura besonders zu entrichten. Denn § 72 beruht auf dem grundlegenden Prinzip, daß für die Eintragung eines Einzelkaufmannes, einer Handelsgesellschaft und einer Prokura je besondere Gebühren nebeneinander anzusetzen sind. Dieser Grundsatz erklärt sich aus der bis zum 1. Januar 1900 festgehaltenen Dreiteilung des Handelsregisters auf Grund der Instruktion vom 12. Dezember 1861, in der das Prokurenregister selbständig neben dem Firmen- und dem Gesellschaftsregister stand. Trotzdem jetzt in Preußen das Handelsregister nur noch aus zwei

Abteilungen besteht und das Prokurenregister weggefallen ist (§§ 16, 29 Nr. 4, § 32 Nr. 5 der Verf. vom 7. November 1899), so hat doch diese Veränderung auf das Gebührenwesen keinen Einfluß gehabt. In betreff der Gebühren gilt die Eintragung der Prokura noch immer als ein selbständig neben der Eintragung der Firma und der Gesellschaft bestehender Akt, der neben diesem selbständig kostenpflichtig ist und ebenfalls dem in § 72 Ziffer 1a tarifierten Gebührensatze unterliegt. Dieser für die Eintragung der Prokura festgehaltene Grundsatz muß aber auch auf den Gebührenansatz für Zeugnisse und Abschriften festgehalten werden, die sich auf die Prokureneintragung beziehen; diese sind selbständig mit der gleichen Gebühr zu belegen, welche für Zeugnisse und Abschriften betreffs der Firmen und Handelsgesellschaften entrichtet werden müssen.

Hieraus folgt, daß vorliegend für das Zeugnis die Gebühr des § 74 zweimal zu erheben ist. Denn die Bescheinigung bezieht sich sowohl auf die Registereintragung betreffs der Mitglieder des Vorstandes (Spalte 5 des Registers B § 32 Nr. 4 der Verf. vom 7. November 1899) als auch auf die Registereintragung betreffs der Prokura (Spalte 6 des Registers B). Allerdings sollte das Attest darüber Auskunft geben, wer zur Vertretung der Gesellschaft berechtigt ist; da aber nach dem Statut ein Direktor und ein Prokurist und zwei Prokuristen gemeinschaftlich vertretungsberechtigt sind, so mußte das Attest auch die Namen der Prokuristen (Spalte 6 des Registers B) mit aufführen, das Attest bezog sich also auch auf die Registereintragung über die Prokura. Der Umstand, daß in dem einen Attest zwei Bescheinigungen — über die Vorstandsmitglieder und über die Prokuristen — äußerlich zusammengefaßt sind, ist für die Gebührenfrage unerheblich; Mügel (Note 3 zu § 74) weist zutreffend auf § 73² GKG. hin, wonach die dort vorgesehene Gebührenerleichterung nur da eintritt, wo sich die mehreren Eintragungen auf dieselbe Gruppe (Firmen, Gesellschaften oder Prokuren) beziehen, aber bei gleichzeitiger Eintragung in mehrere der drei Gruppen für jede derselben die Gebühr besonders zu erheben ist. Mz.

i) **Eintragungen in das Schiffsregister bei Verlegung des Heimatshafens. GKG. § 78.**

Kammergericht, I. CS. Beschluß v. 30. März 1993.

Die Schiffahrtsaktiengesellschaft in A. meldete beim Amtsgericht daselbst zur Eintragung in das Schiffsregister an, daß ihr Sitz unter Änderung ihrer Firma nach B. und demgemäß dorthin auch der Heimatshafen für ihre 36 Schiffe verlegt worden sei, und beantragte nach Löschung dieser Schiffe im Schiffsregister die Akten dem Amtsgericht B. zur Eintragung der Schiffe in das dortige Register zu übersenden. Das Amtsgericht A. verfügte demgemäß die Eintragung der Verlegung des Heimatsortes, schloß die Registerblätter, ließ die Eintragung auf den Schiffsbriefen vermerken und gab diese mit den Akten an das Amtsgericht B. ab, bei welchem die Beschwerdeführerin nochmals die Eintragung ihrer Schiffe beantragte. Es erfolgte hierauf die

Eintragung der einzelnen Schiffe in das Schiffsregister zu B. sowie die Erteilung von Schiffsbriefen. Hierfür sind erhoben: die Gebühr aus § 78 Nr. 1 für die Eintragung der Schiffe, und die volle Gebühr des § 78³ für die Schiffsbriefe. Die Beschwerde der Kostenschuldnerin wurde zurückgewiesen, der weiteren Beschwerde jedoch stattgegeben. Gründe:

... § 78 enthält in Nr. 1 den Gebührensatz für die Eintragung des Schiffs, einschließlich der Verhandlungen zur Feststellung der Voraussetzungen der Eintragung und in Nr. 2 den Gebührensatz für die Eintragung von Veränderungen ohne Unterschied, ob dabei das Schiff auf ein neues Blatt eingetragen wird. Der Entscheidung bedarf die Frage, welcher dieser beiden Gebührensätze zur Anwendung kommt. Tatsächlich hat die Eintragung der bisher in einem anderen Schiffsregister eingetragenen Schiffe nach Verlegung ihres Heimatsortes in den Bezirk des Amtsgerichtes B. in das dortige Schiffsregister stattgefunden. Hierdurch wird aber die Annahme nicht ausgeschlossen, daß es sich hierbei um die Eintragung einer Veränderung im Sinne des § 78 Nr. 2 gehandelt hat. Nach § 124 Nr. 4 des BinnenschG. vom 20. Mai 1898 ist bei der Anmeldung des Schiffs zur Eintragung neben anderem der Heimatsort anzugeben, nach § 125² ist diese Angabe in die Eintragung aufzunehmen, und zwar nach § 38 der Verfügung vom 11. Dezember 1899 (JMBl. S. 753) in Spalte 4 des Registers. Eine Verlegung des Heimatsorts ist als eine Veränderung der eingetragenen Tatsachen nach § 126¹ gleichfalls zur Eintragung anzumelden, und zwar, wie der Zusammenhang dieser Vorschrift mit Abs. 4 ergibt, ohne Unterschied, ob der neue Heimatsort innerhalb desselben Registerbezirks oder in einem anderen liegt, nur daß in diesen beiden Fällen die Form der Eintragung voneinander verschieden ist. Während im letzteren Falle der neue Heimatsort in Spalte 4 neben dem bisherigen, und außerdem in Spalte 8 „Veränderungen in den eingetragenen Tatsachen mit Ausschluß der Eigentumsveränderungen" die Verlegung des Heimatsortes anzugeben ist (§§ 38, 40, 24 Abs. 2, 29 der Verf.), gelten für die Eintragung der Verlegung dieses Ortes in einen anderen Registerbezirk besondere Vorschriften. Die bisherige Registerbehörde hat hiernach nach Eintragung der Veränderung in Spalte 4 und 8 und nach Schließung des Blattes den Schiffsbrief mit einer beglaubigten Abschrift des Registerinhalts und mit den Registerakten der neuen Registerbehörde zur Bewirkung der Eintragung zu übersenden (§ 126⁴ BinnenschG. §§ 11, 40, 30 Abs. 1 der Verf.) und die neue Eintragung des Schiffes erfolgt von Amts wegen (§§ 38, 24³ der Verf.). Daß die Verlegung des Heimatsortes eines Schiffes, auch wenn sie in einen anderen Registerbezirk erfolgt, lediglich als der Eintritt einer Veränderung in den eingetragenen Tatsachen aufgefaßt wird, ist aus diesen Vorschriften klar erkennbar. Naturgemäß ist mit dieser Veränderung ein Ausscheiden des Schiffes aus dem bisherigen und ein Übergang in ein neues Register verbunden; die hierdurch bedingte Löschung im alten und Eintragung in das neue Register ist aber lediglich die Form, in welcher sich die Eintragung der Veränderung vollzieht. Das Schiff war und bleibt ein registriertes Schiff, es wird nur von dem einen Register in das andere übertragen, mit der aus der Verschiedenheit der Registerbehörden sich ergebenden Besonderheit, daß die Registrierung des Schiffes während einer Zwischenzeit unterbrochen ist. Eine Eintragung des Schiffes in das Schiffsregister im Sinne des § 78 Nr. 1 preuß. GKG. beruht dagegen immer auf einer den Erfordernissen des § 124 BinnenschG. genügenden Anmeldung, und, wie der Inhalt der erwähnten Kostenvorschrift selbst deutlich ergibt, auf der vorgängigen Feststellung der Voraussetzungen der Eintragung. Für eine solche Feststellung ist aber bei der Eintragung, die sich an die Verlegung des Heimatsorts eines Schiffes in einen anderen Registerbezirk anschließt, kein Raum, sie muß von Amts wegen erfolgen und besteht in der Übernahme des Inhalts der früheren Eintragung. Die neue Registerbehörde ist auch nicht in der Lage, die Eintragung auf Grund einer Nachprüfung ihrer Voraussetzungen abzulehnen, ihre Prüfung kann sich nur auf die Verlegung des Heimatsortes, also auf die Veränderung der hierauf bezüglichen früheren Eintragung erstrecken, und es ist daher anzunehmen, daß, wenn das Gesetz die Eintragung eines Schiffes in das Schiffsregister schlechthin mit einem höheren Satze besteuert, es hierbei nur den mit einer besonderen Mühewaltung des Richters verknüpften Fall der ersten Eintragung auf Grund der §§ 124, 125 BinnenschG. im Auge hat, nicht aber auch die durch eine Verlegung des Heimatsortes veranlaßte Eintragung, die sachlich auf die Eintragung einer Veränderung hinausläuft. Erwägungen gleicher Art haben auch bei Anwendung des § 72 Nr. 3a und b preuß. GKG. dazu geführt, im Falle der Verlegung des Gesellschaftssitzes einer Aktiengesellschaft für die Eintragung in das Handelsregister des neuen Sitzes nicht die Gebühr für die Eintragung der Gesellschaft, sondern nur die geringere für eine „sonstige Eintragung" für gerechtfertigt zu erachten (Jahrbuch 17 S. 166). Nun kommt zwar in Betracht, daß das Gesetz den Fall, wenn bei Eintragung einer Veränderung die Übertragung des Schiffes auf ein anderes Blatt erfolgt, dem Gebührensatze des § 78 Nr. 2 unterworfen, dagegen den Fall der Übertragung des Schiffes in ein anderes Register nicht ausdrücklich erwähnt hat. Aber auch dieser Umstand ist nicht geeignet, die aus anderen Gründen sich klar ergebende Absicht des Gesetzes, die Anwendung des § 78 Nr. 2 auch auf diesen zweiten Fall zu erstrecken, auszuschließen. Will man nicht mit der Beschwerde annehmen, daß das Gesetz an dieser Stelle sich des Unterschiedes zwischen Blatt und Register nicht bewußt gewesen ist, so bleibt die Tatsache bestehen, daß das Gesetz den einen Anwendungsfall erwähnt hat, einen zweiten nicht. Gegenüber dem starken Übergewicht der Gründe, welche für die Anwendbarkeit des Gesetzes auch auf diesen zweiten Fall angeführt sind, kann die erwähnte Tatsache nicht ausschlaggebend in die Wagschale fallen. Nach alledem ist unter Abweichung von Mügel (preuß. GKG. 3. Aufl. Anm. 1 zu § 78) anzunehmen, daß für die durch die Verlegung des Heimatsortes bedingte Eintragung eines Schiffes in das Schiffsregister der neuen Registerbehörde die Gebühr aus § 78 Nr. 2, nicht aus § 78 Nr. 1 Platz greift.

Nach § 125³ BinnenschG. ist von der Registerbehörde über die Eintragung eine Urkunde (Schiffsbrief) zu erteilen, in welche der vollständige Inhalt der Eintragung aufzunehmen ist. Der Zusammenhang dieser Vorschrift mit den vorangehenden Bestimmungen läßt erkennen, daß das Gesetz die Erteilung des Schiffsbriefes für den Fall der ersten auf Grund der vorschriftsmäßigen Anmeldung erfolgten Eintragung des Schiffes in das Register angeordnet hat. Nur diesen Fall der Erteilung des Schiffsbriefes kennt das Gesetz, und die Annahme ist gerechtfertigt, daß das Kostengesetz, wenn es in § 78 Abs. 3 für die Erteilung des Schiffsbriefes eine bestimmte Gebühr auswirft, auch nur diesen Fall im Auge hat. Bei Eintragung einer Veränderung in das Schiffsregister ist im § 126³ BinnenschG. der Vermerk der Eintragung auf dem Schiffsbrief angeordnet. Wird mit der Eintragung einer solchen Veränderung aus Gründen äußerer Ordnung, wie im Falle der §§ 33, 40, 43³ der Verfügung vom 11. Dezember 1899, die Ausfertigung eines neuen Schiffsbriefes verbunden, so dient diese Neuausfertigung im Grunde nur zur Kenntlichmachung der eingetragenen Veränderung, und es greift alsdann die geringere Gebühr Platz, welche für den Vermerk einer Veränderung auf dem Schiffsbriefe vorgesehen ist. Dr. W.

k) **Begriff der Vermittelung einer Auseinandersetzung unter Gemeinschaftsgenossen. GKG. §§ 86, 88. GebO. für Notare § 10.**

α) Kammergericht, I. CS. Beschluß v. 30. März 1903.

§ 10 der GebO. für Notare regelt die Gebühr des Notars für die „Vermittelung einer Auseinandersetzung“ und entspricht den §§ 86, 88 GKG. Ersterer bestimmt die Gebühr für das Erbteilungsverfahren, letzterer erklärt die Vorschriften über Erbteilungen auch auf die Auseinandersetzung von Gütergemeinschaften oder sonstigen Gemeinschaften, sowie auf die Auseinandersetzung geschiedener Eheleute entsprechend anwendbar. Demgemäß lautete § 10 in seiner früheren Fassung (als § 11): „Wird dem Notar die Leitung einer Erbteilung oder der Auseinandersetzung von Gütergemeinschaften oder sonstigen Gemeinschaften oder der Auseinandersetzung geschiedener Eheleute übertragen, so“ u. s. w. Inhaltlich hat durch die neue Fassung, welche er durch Art. 134 preuß. FrG. erhalten, hieran nichts weiter geändert werden sollen, als daß er nunmehr auch auf die Vermittelung der Auseinandersetzung Anwendung findet, welche das Gericht dem Notar gemäß Art. 21 preuß. FrG. überträgt. Hieraus ergibt sich, daß der § 10 zur Anwendung kommt, wenn die Interessenten einer Rechtsgemeinschaft sich auseinandersetzen wollen und hiermit der Notar beauftragt wird. Der Auftrag muß sich also auf dasjenige, was zur Auseinandersetzung erforderlich ist, als eine Einheit erstrecken. Werden dem Notar Einzelaufträge erteilt zu Beurkundungen von Teilung einzelner Gegenstände, Versteigerungen, eidesstattlicher Versicherungen, Verkäufen, Vermittelung hypothekarischer Darlehne u. s. w., so liegt die „Vermittelung einer Auseinandersetzung" selbst dann nicht vor, wenn der Inbegriff jener Einzelgeschäfte die vollständige Auseinandersetzung der Gemeinschaftsgenossen darstellt. Es fehlt dann an der Vermittelung des Notars. Deshalb ist es rechtsirrtümlich, wenn der Beschwerdeführer darauf das Gewicht legt, daß durch seine Tätigkeit das gesamte Vermögen des Erblassers teils versilbert, teils durch beurkundete Tätigkeit in Natur geteilt sei.... Die Tätigkeit blieb immer lediglich die Ausführung verschiedener einzelner Notariatsgeschäfte, die zwar bestimmt waren, die Auseinandersetzung der Erben herbeizuführen, die aber keine Vermittelung der Auseinandersetzung durch den Notar, sondern lediglich die Ausführung einzelner Geschäfte enthalten, mit denen ihn die Erben zur Durchführung der unter sich selbst vorgenommenen Auseinandersetzung beauftragt hatten. Die gegen die Absetzung der Gebühr aus § 10 erhobene Beschwerde des Notars ist deshalb unbegründet.... Sch.

β) Kammergericht, I. CS. Beschluß v. 11. Juli 1903.

Die Eheleute A. hoben durch notariellen Vertrag den Güterstand der Gütergemeinschaft auf und ersetzten ihn durch vollständige Gütertrennung. Der § 4 enthält nach Bestimmung der Gegenstände, die das Alleineigentum jedes der beiden Ehegatten bilden sollten, den Schlußsatz: „Hierdurch ist die Auseinandersetzung erfolgt." Da der zahlungspflichtige Ehemann die Höhe der berechneten Gebühren beanstandete, setzte sie das Amtsgericht unter Zugrundelegung eines Objekts von 300000 Mark auf 390 Mark fest. Das Landgericht verneinte dagegen, daß eine Vermittlung im Sinne des § 10 gewollt gewesen sei und stattgefunden habe, und setzte die Gebühren auf 120 Mark herab. Die weitere Beschwerde des Notars hatte keinen Erfolg.

Gründe:

Nach § 10[1] erhält der Notar für die Vermittlung einer Auseinandersetzung, die ihm vom Gericht oder von dem Beteiligten übertragen ist, das Zweifache des im § 57 preuß. GKG. bestimmten Gebührensatzes B. Daneben steht ihm im Falle der Beurkundung eines das Verfahren abschließenden Vertrages gemäß § 10[2] die Gebühr für diese Beurkundung noch besonders zu. Der § 10 unterscheidet hiernach zwischen einer vermittelnden und einer bloß beurkundenden Tätigkeit des Notars, wie auch der § 86 preuß. GKG., der zwar eine besondere Beurkundungsgebühr neben der Vermittlungsgebühr nicht kennt (Abs. 1), bezüglich des gerichtlichen Erbteilungsverfahrens der das Auseinandersetzungsverfahren leitenden Tätigkeit die bloß beurkundende Tätigkeit des Gerichts im Abs. 4 gegenüberstellt. Eine bloß beurkundende Tätigkeit liegt dann vor, wenn die Beteiligten über die von ihnen vorzunehmende Auseinandersetzung materiell einig sind und lediglich den Auseinandersetzungsvertrag dieser Willenseinigung entsprechend vom Notar beurkunden lassen. Bei der bloßen Beurkundung handelt es sich nur um die Wiedergabe der von den Beteiligten abgegebenen Erklärungen; doch muß der Notar grundsätzlich auch hier, um die Erklärungen entsprechend dem wahren Willen der Beteiligten beurkunden zu können, mit diesen über die von ihnen abzugebenden

Erklärungen verhandeln. Wenn daher auch, worauf die Beschwerde hinweist, der Niederschrift der Urkunde, insbesondere des § 4, Verhandlungen des Notars mit den Eheleuten voraufgegangen sind, so läßt dies noch nicht auf eine vermittelnde Tätigkeit im Sinne des § 10[1] schließen. Eine solche Vermittlung setzt vielmehr, wie aus der Gegenüberstellung der vermittelnden und der bloß beurkundenden Tätigkeit im § 10 Abs. 1 und 2 GebO. und im § 86 Abs. 1 und 4 preuß. GKG. erhellt, etwas weiteres, als das bloße Vorbringen irgend welcher Verhandlungen voraus. Es gehört dazu, daß der Notar eine auf Herbeiführung der bis dahin noch nicht bestehenden Einigung der Beteiligten gerichtete Tätigkeit über die Art der Teilung entwickelt hat (Jahrbuch 12 S. 285). Gerade mit Rücksicht auf die durch eine solche vermittelnde Tätigkeit, insbesondere durch „Herbeischaffung des in Betracht kommenden Materials" erwachsende größere Arbeit sind, wie in der Begründung zum jetzigen § 10 (früheren § 11) hervorgehoben ist, die Gebühren durch § 10, wie geschehen, geregelt. Daß dem Beschwerdeführer eine derartige vermittelnde Tätigkeit von dem Beteiligten übertragen wäre oder daß sie wenigstens tatsächlich stattgefunden hätte, ist nicht ersichtlich. St.

l) **Gebühr für Eintragung des Erstehers.**

Kammergericht, I. CS. Beschluß v. 22. Juni 1903.

Für die Eintragung des Eigentümers wird nach § 58 Ziff. 1 preuß. GKG. eine Gebühr nach dem Werte des Grundstücks berechnet. Handelt es sich um einen Verkauf des Grundstücks, so ist nach § 21 Ziff. 1 daselbst als Wert der Betrag des vereinbarten Kaufpreises mit Hinzufügung des Wertes der vorbehaltenen Nutzungen und ausbedungenen Leistungen anzusetzen. Die entsprechende Anwendung dieses Grundsatzes muß dahin führen, die Gebühr für die Eintragung des Erstehers nach dem Betrage des Meistgebots einschließlich des Wertes der bei Feststellung des geringsten Gebotes berücksichtigten und deshalb bestehen bleibenden Rechte zu berechnen (Jahrbuch 17 S. 152). Wird in einem Kaufvertrage für ein Grundstück und das dazu gehörige mitverkaufte bewegliche Inventar ein einheitlicher Kaufpreis festgesetzt, so folgt aus der Natur der erwähnten Gebühr, daß sie lediglich nach dem auf das Immobile, das Grundstück mit seinen Bestandteilen, entfallenden verhältnismäßigen Teile des Kaufpreises zu berechnen ist (Jahrbuch 17 S. 142). Dieser Satz ist auch auf das Meistgebot im Zwangsversteigerungsverfahren anzuwenden. Durch den Zuschlag erwirbt der Ersteher ohne weiteres auch das Eigentum am beweglichen Zubehör, auf das sich die Versteigerung erstreckt hat (§§ 90[2], 55[2] ZwVG., 97, 98 BGB.). Das Meistgebot umfaßt deshalb nicht bloß das Grundstück, sondern auch die von der Versteigerung betroffenen beweglichen Gegenstände. Es würde also auch hier der Natur der Gebühr, welche die Abgeltung der Eintragung des Eigentums im Grundbuch bildet, widersprechen, ihr das volle Meistgebot, auch soweit es zur Vergütung für die Überlassung des von der grundbuchlichen Eintragung nicht betroffenen Eigentums an den beweglichen Gegenständen gedient hat, zu grunde zu legen.

Der § 24 preuß. GKG. gibt dem Gericht, selbst wenn es der Kostenschuldner an dem erforderlichen Nachweise fehlen läßt, eine genügende Handhabe für die Ermittelung des entsprechenden Wertteiles. Mit Recht weist übrigens die Beschwerde darauf hin, daß nach der ständigen Rechtsprechung des Kammergerichts der Ersteher eines Grundstücks gemäß § 10[1] StempelG. eine gesonderte Stempelberechnung nach Maßgabe des auf das Grundstück und des auf den mitversteigerten beweglichen Beilaß entfallenden Anteils an dem Meistgebot herbeizuführen in der Lage ist. Zn.

m) **Voraussetzungen der Kostenfreiheit aus § 61.**

Kammergericht, I. CS. Beschluß v. 4. Mai 1903.

Das Amtsgericht, das auf Grund der ihm mitgeteilten Flurbuchsanhänge des Katasteramts Eintragungen von Teilungen und Zusammenlegungen der in Abt. 1 des Grundbuchblattes verzeichneten Parzellen bewirkt hatte, hat hierfür die Gebühren aus § 62 GKG. vom Eigentümer erfordert und dessen Erinnerung, daß die Eintragungen lediglich zur Erhaltung der Übereinstimmung zwischen dem Grundbuch und dem Kataster erfolgt seien, zurückgewiesen. Das Landgericht ordnete dagegen die Niederschlagung der Kosten an. Die weitere Beschwerde des Oberstaatsanwalts blieb erfolglos. Gründe:

Nach § 29 der Ausf.-Verf. vom 20. November 1899 bleiben für das Verfahren behufs Erhaltung der Übereinstimmung zwischen den Grundbüchern und Steuerbüchern die bisherigen Vorschriften maßgebend. Nach den Anweisungen für die Fortschreibungsbehörden vom 21. Februar 1896 und der Verfügung des Justizministers vom 5. Juli 1877 liegt den Katasterämtern die Feststellung und Fortschreibung derjenigen Änderungen ob, welche die Grundstücke in ihren durch die Steuerbücher nachzuweisenden tatsächlichen und rechtlichen Beziehungen erfahren. Nach § 13 der Anweisung I vom 21. Februar 1896 haben sie, sobald für einen Bezirk die Zurückführung des Grundbuchs auf die Steuerbücher erfolgt ist, dafür zu sorgen, daß alle Abweichungen und Unvollständigkeiten in der Bezeichnung der Grundstücke in den Steuerbüchern beseitigt werden, zu diesem Zwecke die ihnen vom Amtsgerichte zukommenden Nachrichten stets rechtzeitig zu berücksichtigen, und ihrerseits dem Amtsgerichte von allen Fortschreibungen vollständig Kenntnis zu geben, die unabhängig von der Eintragung eines Eigentumswechsels im Grundbuch erfolgen. Dem letzteren Zweck dienen, soweit nicht — wie etwa im Falle der Berichtigung materieller Irrtümer — besondere Anzeigen zu erstatten sind (§§ 18[6], 23 Nr. 3 der Anweisung I und zu IV, V Abs. I der Verf. vom 5. Juli 1877), die jährlichen Flurbuchsanhänge; in diese sind aufzunehmen: die Veränderungen, welche die einzelnen Parzellen durch Teilung, Grenzberichtigung oder aus sonstigem Anlaß in ihrer Form erlitten haben, ferner die Bestandsveränderungen, sowie die Änderungen der Parzellennummern (§ 93, 33, 19, 41 der Anw. I und zu VI der Verf.). Auf Grund der Flurbuchsanhänge werden die dort vermerkten Veränderungen in das Grundbuch übernommen (zu VII Abs. I der Verf.). Die Flurbuchsanhänge beruhen sonach, ebenso wie die auf ihrer Grundlage erfolgten Eintragungen im Grundbuche, ihrem ganzen Inhalte nach auf dem Zwecke der Erhaltung der Übereinstimmung zwischen den Grundbüchern und den Steuerbüchern. Diese Übereinstimmung soll nach den erwähnten Vorschriften dadurch gewahrt werden, daß alle Form- und Bestandsveränderungen der Grundstücke, aus welchen Ursachen sie auch entstanden sein mögen, aus den Fortschreibungsprotokollen, soweit nicht besondere Mitteilungen erfolgen, auf Grund der Flurbuchsanhänge in das Grundbuch übernommen werden. Die im § 61 GKG. gewährte Kostenfreiheit für die zum Zwecke der Erhaltung der Übereinstimmung zwischen Grundbüchern und Steuerbüchern bewirkten Eintragungen muß sich daher auf sämtliche Eintragungen erstrecken, die auf Grund der Flurbuchsanhänge der Katasterämter im Grundbuch erfolgen. Diese Kostenfreiheit beruht, wie die Begründung ergibt, auf der Erwägung, daß die von ihr betroffenen Eintragungen von Amts wegen und im öffentlichen Interesse bewirkt werden, und dieser gesetzgeberische Grund greift bei den auf den Flurbuchsanhängen beruhenden Eintragungen ausnahmslos durch, weil sie in jedem Falle zur Erhaltung der im öffentlichen Interesse gebotenen Übereinstimmung zwischen Grund- und Steuerbüchern ohne Zutun des Eigentümers und unabhängig von seinem Willen, unter Umständen sogar gegen seinen Willen erfolgen. Dabei ist es kostenrechtlich ohne Belang, ob die Veränderungen der Grundstücke, welche vom Katasteramte in die Fortschreibungsprotokolle aufgenommen und von dort in die Flurbuchanhänge übergegangen sind, in Maßnahmen des Eigentümers ihren Anlaß haben. Soweit der Beschluß des Amtsgerichts und die ihm zu grunde liegende Verfügung des Oberlandesgerichtspräsidenten auf diesen Umstand das entscheidende Gewicht legen, kann ihnen nicht beigetreten werden. Denn auch wenn die Veränderungen auf Handlungen des Eigentümers zurückzuführen sind, erfolgt nicht nur ihre Aufnahme in die Steuerbücher, sondern auch ihre durch die Flurbuchanhänge ermittelte Übernahme in die Grundbücher im öffentlichen Interesse, nämlich zur Erhaltung der Übereinstimmung zwischen den Grundbüchern und Steuerbüchern. Es ist deshalb nicht gerechtfertigt, die Kostenfreiheit lediglich auf Veränderungen zu beziehen, die durch die Berichtigung irrtümlicher Angaben der Steuerbücher veranlaßt werden; eine solche Einschränkung findet weder im Wortlaute noch im Zwecke der Gesetzesvorschrift einen Anhalt.

Der § 62 GKG. erstreckt sich nicht auf Eintragungen, die auf Grund der Flurbuchanhänge erfolgen, da er nach seinem Wortlaute nur Platz greift bei Eintragungen, die nicht unter § 61 fallen. Die im § 62 vorgesehene Gebühr für Vermerke, die durch eine ohne Eigentumsveränderung stattfindende Teilung von Grundstücken veranlaßt werden, kommt daher nur zur Anwendung, wenn die Eintragung einer solchen Teilung im Grundbuche auf Grund der gemäß §§ 29, 30 GrBO. abgegebenen Erklärung des Eigentümers, insbesondere in den Fällen der §§ 5, 6 daselbst, erfolgt. Vorliegend, wo es sich um die Eintragung von Vermerken auf Grund der Flurbuchsanhänge handelt, ist deshalb nicht § 62, sondern § 61 GKG. maßgebend. Dr. W.

n) **Gebühren und Stempelpflichtigkeit der Bestellung eines Erbbaurechts.**

Kammergericht, I. Ferien-CS. Beschluß v. 25. Juli 1903.

I. Nach § 67 preuß. GKG. sind bezüglich der Gerichtskosten die für Grundstücke gegebenen Vorschriften auf solche Berechtigungen entsprechend anwendbar, für welche die sich auf Grundstücke beziehenden Vorschriften gelten. Das trifft nach § 1017[1] BGB. für das Erbbaurecht zu. Beide Teile haben ihre Einigung vor dem Grundbuchrichter erklärt (BGB. § 1015, GrBO. § 20), und ihrem Antrage gemäß ist für das Erbbaurecht ein besonderes Grundbuchblatt angelegt (GrBO. § 7). Für die Eintragung des rechtswirksam begründeten Erbbaurechts ist danach mit Recht eine Gebühr aus § 58 preuß. GKG. angesetzt (Mügel zu § 67 Nr. 3).

II. Hinsichtlich des Stempelansatzes bestimmt die Tarifstelle 8 Abs. 1: „Auflassungen von inländischen Grundstücken, Bergwerken, unbeweglichen Bergwerksanteilen oder selbständigen Gerechtigkeiten im Geltungsgebiet der GrBO. vom 5. Mai 1872" sind mit 1 % des Wertes des veräußerten Gegenstandes zu verstempeln. Abs. 2 fügt noch hinzu, daß die Abgabe nur zu erheben ist, falls der Eigentumsübergang im Grundbuche vermerkt ist. Des Ausdrucks „Auflassung" hatte sich die frühere preußische Gesetzgebung (EEG. § 1) nur in Anwendung auf die Veräußerung des Eigentums an Grundstücken bedient. § 3 GrBO. bestimmte aber, daß die für Grundstücke gegebenen Vorschriften auch für Bergwerke und Gerechtigkeiten gelten sollten, und nach § 69 EEG. sollte, wenn für selbständige Gerechtigkeiten Grundbuchblätter eingerichtet waren, die Veräußerung und der Erwerb des Eigentums an ihnen, ihre Belastung und Verpfändung nach den Vorschriften des EEG. beurteilt werden. Mit Rücksicht auf diese Gleichstellung der selbständigen Gerechtigkeiten mit Grundstücken hat die Tarifstelle 8 den Erwerb beider unter dem Begriff der „Auflassung" zusammengefaßt. Diese Gleichstellung mit dem Eigentum findet sich auch jetzt im Reichsrecht bezüglich der einzigen reichsrechtlichen selbständigen Gerechtigkeit, des Erbbaurechts, wieder (BGB. § 1017, GrBO. §§ 7, 20), und es kann deshalb für die Anwendung der Tarifstelle 8 ebensowenig wie für das frühere preußische Recht etwas verschlagen, daß die Reichsgesetze nur beim Erwerb des Eigentums an Grundstücken sich des technischen Ausdrucks „Auflassung" bedienen. Der Wortlaut der Tarifstelle läßt keinen Zweifel darüber, daß sie den Erwerb selbständiger Gerechtigkeiten hinsichtlich der Stempelpflichtigkeit in gleicher Weise treffen will, wie den Grundstückserwerb.

Die Entstehung solcher selbständigen, d. h. vom Grundbesitz unabhängigen, durch Eintragungs- und Belastungsfähigkeit den Grundstücken gleichgestellten Gerechtigkeiten beruht auf historischer Entwickelung, und es hat in der Wissenschaft und Praxis des preußischen Rechts stets als anerkannten Rechtens gegolten, daß dazu auch die Superfizies gehört, sofern sie nicht an ein herrschendes Grundstück gebunden, sondern als subjektiv persönliches Recht begründet ist (Entsch. d. Obertrib. 37 S. 148; Dernburg, Preuß. Privatrecht 1 § 63 Nr. 2, Krech-Fischer, Preuß. ZwVG. § 1 Note 17c; Turnau, Preuß. GrBO. 1 S. 28). Da mit dem Inkrafttreten des BGB. das Superfiziarrecht in das Erbbaurecht des BGB. übergegangen ist, so fällt nunmehr dieses unter die Tarifstelle 8 (Heinitz, StStG. S. 276; Hummel-Specht S. 456, 494).

Mit Recht hat aber der Vorderrichter weiter angenommen, daß vorliegend der Anflassungsstempel nicht zum Ansatz zu bringen ist, weil bei der Auflassung die das Veräußerungsgeschäft enthaltenden, in an sich stempelpflichtiger Form ausgestellten Urkunden in Ausfertigung vorgelegt seien und demnach Abs. 3 der Tarifstelle 8 zutreffe. Das Stempelsteueramt hatte sich gutachtlich dahin ausgesprochen, der obligatorische Vertrag scheide aus, denn er enthalte kein Veräußerungsgeschäft, sondern nur eine Verpflichtung zur Bestellung des Erbbaurechts. Für ihn komme die Tarifstelle 8 nicht in Betracht, sondern die Tarifstelle 71. Dieser Auffassung war das Amtsgericht beigetreten. Dagegen wendet sich das Landgericht mit der Ausführung, daß der notarielle Vertrag allerdings nur obligatorischer Natur sei, er enthalte nur das Kausalgeschäft für die nachfolgende Auflassung. Allein gerade derartige obligatorische Verträge, durch welche die Verpflichtung zur Übertragung des Eigentums begründet werde, habe der Stempeltarif in Abs. 3 im Sinne. Dem ist lediglich beizutreten (Heinitz S. 293; Hummel-Specht S. 508). Damit ist aber zugleich die weitere Annahme des Vorderrichters gerechtfertigt, daß, wenn damit auch der Auflassungsstempel fortfällt, nunmehr der obligatorische Vertrag als lästiges Veräußerungsgeschäft über ein einer unbeweglichen Sache gleichgeachtetes Recht der Besteuerung aus Tarifstelle 32 [1] unterliegt. Daß diese Verstempelung bisher nicht erfolgt ist, macht die in ihrer Verbindung das Veräußerungsgeschäft enthaltenden notariellen Urkunden nicht ungeeignet, den Auflassungsstempel auszuschließen (Jahrbuch 2 S. 185). Dagegen ist der Urkundenstempel nunmehr auf Grund des § 31 preuß. GKG. zu den Gerichtskosten einzuziehen ... R.

o) **Kosten der Beschwerden in Vormundschaftssachen.**

Kammergericht, I. CS. Beschluß v. 11. Juli 1902.

Auf eine Anzeige des Vormundes, daß sein Mündel es bei der Mutter, bei der es sich in Erziehung befand, schlecht habe, beschloß das Vormundschaftsgericht nach stattgehabter Sachuntersuchung, der Mutter das Recht der Sorge für die Person ihres Kindes nicht zu entziehen. Die hiergegen gerichtete Beschwerde des Vormundes wurde auf dessen Kosten zurückgewiesen. Seiner weiteren Beschwerde ist stattgegeben. Gründe:

Die Kosten sind erwachsen durch die Beschwerde, welche die Einschränkung oder Entziehung der elterlichen Gewalt der Mutter zum Gegenstande hatte. Allein mit dieser Beschwerde verfolgte der Vormund kein eigenes Interesse, sondern er vertrat dabei das Wohl seines Mündels und handelte gemäß § 57 Nr. 9 FrGG. in dessen Vertretung; demnach erscheint die Beschwerde nur als Anregung einer durch das Vormundschaftsgericht von Amts wegen zu übenden Tätigkeit, welche durch die allgemeine Gebühr des § 92 preuß. GKG. mit abgegolten wird. Das Kammergericht hat in ständiger Rechtsprechung die Gebührenfreiheit, welche § 95 GKG. für die Verhandlungen und Verfügungen des Vormundschaftsgerichts festsetzt, auch auf die in höherer Instanz tätigen Vormundschaftsgerichte erstreckt, so daß Gebühren für Beschwerden außer Ansatz bleiben, insoweit sie dem Mündel zur Last fallen würden (Jahrbuch 9 S. 38; Mügel, Anm. 6 zu § 1, Anm. 6 zu § 95 GKG.). Demnach hat die Gebühr für die Beschwerde außer Ansatz zu bleiben. Die baren Auslagen der Beschwerde fallen, da der Vormund namens des Mündels den Antrag auf Einschränkung des Erziehungsrechtes der Mutter gestellt und mit der Beschwerde verfolgt hat, dem Mündel zur Last (§ 1 GKG.). Hat der Vormund gegen besseres Wissen oder in grober Fahrlässigkeit die durch seine Anzeige erwachsenen Auslagen verschuldet, so steht dem Mündel das Rückgriffsrecht gegen ihn zu. L.

25

a) Verhältnis des Entwurfs zur Beurkundung. GebO. § 8.

Kammergericht, I. ZS. Beschluß v. 22. Dezember 1902.

Der § 8 normiert die Gebühr für Anfertigung des Entwurfs auf $^{8}/_{10}$ der für die Beurkundung bestimmten Gebühr, doch darf der Notar, wenn er auf Grund eines von ihm gefertigten Entwurfes demnächst das Rechtsgeschäft beurkundet, im ganzen nicht mehr als die für die Beurkundung des Rechtsgeschäfts bestimmte Gebühr erheben. Voraussetzung für die Begrenzung der Gebühr ist also, daß der gefertigte Entwurf die Grundlage des beurkundeten Geschäfts ist. Allgemein läßt sich eine Regel dafür, wann dies der Fall ist, nicht aufstellen. Nur so viel ergibt sich aus dem Wortlaut des Gesetzes, daß nicht erforderlich ist, daß das beurkundete Geschäft mit dem Entwurfe wörtlich übereinstimmt, denn auch bei Abweichungen in Einzelheiten kann nach dem gewöhnlichen Sprachgebrauche der Entwurf immer noch die Grundlage des Geschäfts sein. Hätte das Gesetz eine völlige Übereinstimmung im Auge gehabt, so würde dies zweifellos in bestimmter Weise zum Ausdruck gebracht sein. In der Kommission des Abgeordnetenhauses wurde bei Beratung des § 8 die Frage angeregt, ob, wenn mehrere Entwürfe gefertigt seien, für alle Entwürfe oder nur für den letzten liquidiert werden könne, worauf der Regierungskommissar antwortete, daß dies nach der Lage des Falles zu entscheiden sei (Mügel § 8 Anm. 3). Damit wurde anerkannt, daß nicht jede Änderung eines Entwurfs ein neuer Entwurf sei. Derselbe Grundsatz muß aber auch für das Verhältnis eines Entwurfs zu einer Beurkundung gelten. Entgegenzutreten ist auch der in der Beschwerde vertretenen Meinung, daß das Rechtsgeschäft nur dann auf Grund des Entwurfs beurkundet sei, wenn die geänderten Dispositionen der Beteiligten durch Zusätze am Rande oder

Schlusse des Entwurfs zum Ausdrucke gebracht werden könnten. Das beruht auf einem unhaltbaren, weil nicht das Wesen des Vertrags erfassenden Formalismus. Während durch einen bloßen Randvermerk ein Rechtsgeschäft in ein rechtlich völlig verändertes Geschäft umgewandelt werden kann, werden umgekehrt nebensächliche Änderungen eine teilweise Änderung der Fassung und infolgedessen eine Umschreibung des Entwurfs im Gefolge haben können, ohne daß deshalb im ersteren Falle der Entwurf noch als Grundlage der Beurkundung anzusehen ist, im letzteren Falle er den Charakter der Grundlage des beurkundeten Geschäfts verliert. Als maßgebend muß angesehen werden, ob ein anderes Geschäft beurkundet ist, als im Entwurfe verlautbart war. Ausschlaggebend hierfür ist aber nicht schon jede Änderung in einem wesentlichen Punkte. Wird z. B. der Kaufpreis erhöht oder erniedrigt, so kann deshalb das Geschäft immer noch dasselbe bleiben. Andererseits genügt nicht immer, daß die rechtliche Natur unverändert bleibt. Auch ein Wechsel in der Person der Vertragschließenden kann den Vertrag auf eine ganz veränderte Grundlage stellen. Er muß es aber nicht notwendig. Maßgebend mnß immer die konkrete Sachlage bleiben.

Vorliegend sollte nach dem Entwurfe D. allein als Käufer eintreten, während im beurkundeten Vertrage die Ehefrau D. als Mitkäuferin eingetreten ist. Zuzugeben ist, daß damit gewisse rechtliche Änderungen, und zwar nicht bloß im Verhältnis der Eheleute D. untereinander, sondern auch zum Verkäufer eingetreten sind. Allein in der Hauptsache ist der Kaufvertrag derselbe geblieben, wie er bereits im Entwurfe niedergelegt war. Nach letzterem würde die Frau D. Miteigentümerin zur gesamten Hand geworden sein. Nach dem Vertrage ist sie Mitkontrahentin geworden und hat das Grundstück mit ihrem Manne zu ideellen Anteilen, zugleich aber auch die Rechte und Pflichten einer Mitkontrahentin dem Verkäufer gegenüber erworben. Allein diesen veränderten rechtlichen Wirkungen kann nicht die Bedeutung beigelegt werden, daß der im übrigen unveränderte Kaufvertrag nicht mehr als auf Grund des Entwurfs beurkundet anzusehen ist. Nach dem Willen der Beteiligten handelte es sich nur um ein einziges Rechtsgeschäft, und es ist nicht ihre Absicht gewesen, daß mit der Hereinziehung der Frau D. der ursprüngliche Auftrag beendet und ein neuer Auftrag zu einem anderen Rechtsgeschäft erteilt sein sollte. H.

b) Begriff der gebührenfreien Nebengeschäfte des Notars.

GebO. § 15.

Kammergericht, I. CS. Beschluß vom 2. März 1903.

Die A.-Bank teilte dem Notar X. mit, daß sie dem N. ein erststelliges Hypothekendarlehn von 65000 Mark bewilligt, und fügte hinzu: ... daß der amtierende Notar nach Einsicht des Grundbuches und der unerledigten Anträge der Bank eine Bestätigung des Inhaltes übersendet, daß ... (gewisse) Amtshandlungen vollzogen sind und er dafür haftet, daß mit dem Darlehn der Bank alsbald die sämtlichen demselben im Range nach vorgehenden

Hypothekenkapitalien weggefertigt werden und das Bankdarlehn dadurch sofort den bedungenen Hypothenrang erhalten wird ..." Von den eingetragenen 2 Hypotheken sollte die eine von 42500 Mark gelöscht, die andere zurücktreten. Der Notar sah die Grundakten ein, nahm an demselben Tage die Vorrechtseinräumung, sowie die Schuld- und Verpfändungsurkunde über das Bankdarlehn auf und teilte dies am nächsten Tage der Bank mit dem Hinzufügen mit, daß „der Eintrag der Hypothek an nächst offener Rangstelle nach Vorgang von 42500 Mark Kapitalien gesichert" erscheine und daß er „selbst der Bank dafür hafte, daß mit dem Bankdarlehn die sämtlichen demselben im Range vorgehenden Hypothekenkapitalien, soweit nicht ihr Rangrücktritt gesichert sei, und zwar alsbald weggefertigt werden" könnten, dementsprechend auch zur Wegfertigung durch ihn gelangen würden, und dadurch das Bankdarlehn sofort den geforderten Hypothekenrang erhalten werde. Unter seiner Haftung erkläre er, daß außer einer inhaltlich mitgeteilten Eintragung in Abt. II „besondere Lasten, Dispositionsbeschränkungen und Vormerkungen auf dem Pfandobjekte im Grundbuche nicht eingetragen" seien. Nachdem hierauf die Darlehnsvaluta eingegangen war, erfolgte deren Auszahlung, sowie die Aufnahme des Löschungsantrages bezüglich der Hypothek von 42500 Mark. Der Notar hat dann Gebühren eingefordert: 1. für den Sachbetrieb, insbesondere auch für Grundakteneinsicht (Objekt: 65000 Mark) § 15 Geb.O., 2. für die Vorrechtseinräumung, 3. für die Schuld- und Verpfändungsurkunde, 4. für die Gelderhebung, 5. für den Löschungsantrag. Die Gebühr zu 1 wurde auf Antrag des Schuldners abgesetzt. Die weitere Beschwerde des Notars blieb erfolglos. Gründe:

Ob die Auffassung der Vorinstanzen oder die des Beschwerdeführers bezüglich der Gewährleistung richtig ist, braucht nicht entschieden zu werden. Denn im ersteren Falle hat der Beschwerdeführer dafür, daß der Schuldner die voreingetragenen Lasten mit dem Bankdarlehn zur Löschung bringe, Gewähr übernommen und gegen den Art. 89[1] preuß. FrG. verstoßen (Begründung des preuß. FrG. Art. 89 S. 53); er kann nicht für das verbotene Geschäft eine nach § 25 GebO. festsetzbare Gebühr in seiner Eigenschaft als Notar beanspruchen. Ist aber die Ansicht des Beschwerdeführers — daß er nur für den mitgeteilten Inhalt des Grundbuches die Haftung übernommen habe — richtig, so handelt es sich, wie das Beschwerdegericht bedenkenfrei feststellt, bei der Tätigkeit, die durch die streitige Gebühr abgegolten werden soll, um gebührenfreie Nebengeschäfte. Die Bank wollte das Darlehn nur gewähren und deshalb sollte auch die Schuld- und Verpfändungsurkunde nur aufgenommen werden, wenn der Vorrang der zu bestellenden Hypothek vor allen anderen in Abt. III eingetragenen Lasten sichergestellt wäre. Lediglich behufs Feststellung dieser Voraussetzung hat der Beschwerdeführer die Grundakten eingesehen und mit dem Eigentümer konferiert. Das Ergebnis dieser Ermittelungen hat er der Bank mitgeteilt und dabei hat er erklärt, daß er für die Richtigkeit dieser Mitteilung einstehe, eine Haftung, die sich eigentlich von selbst verstand. Die Benachrichtigung erfolgte, um die durch sie bedingte Übermittelung der Darlehnsvaluta an den Beschwerdeführer behufs ihrer Auszahlung zu veranlassen. Danach kann nicht bezweifelt werden, daß die in Rede stehenden Verrichtungen des Beschwerdeführers keine selbständige Bedeutung haben, sondern bloße Nebengeschäfte in Ansehung der Aufnahme der Schuld- und Pfandurkunde und des Empfanges, der Verwahrung und der Auszahlung der Darlehnssumme sind und daß insbesondere die Einsicht der Grundakten nur eine Vorarbeit darstellt.

Ist dies aber der Fall, so kann eine Gebühr aus § 15 GebO. nicht in Ansatz kommen. Diese Vorschrift ändert an dem Grundsatze des § 56 preuß. GKG. (vgl. § 5 GebO. f. N.), wonach für Nebengeschäfte nichts besonders berechnet werden darf, nichts, und es darf nach ihr nur für solche Tätigkeiten eine Gebühr berechnet werden, welche die Bedeutung eines selbständigen Geschäftes haben (Begründung der GebO. § 16; Drucks. d. AbgH. 1895 2 Nr. 8 S. 20). In dieser Begründung (zu § 9 S. 15) wird die Frage, „ob dem Notar nicht neben der Gebühr für den Entwurf eine weitere Gebühr zu gewähren sei, wenn die Aufstellung des Entwurfs besondere Vorarbeiten (Ermittelungen aus Akten, Grundbüchern, Urkunden, Kirchenbüchern oder Standesregistern, Aufstellungen von Stammbäumen, Berechnungen u. dergl.)" erfordert, erörtert, aber verneint, „weil eine befriedigende Abgrenzung der Fälle, in welchen eine über das gewöhnliche Maß hinausgehende Tätigkeit des Notars stattfindet, sich nicht erzielen" lasse und weil für die praktisch wichtigsten Fälle die Vereinbarung einer vom Gesetze abweichenden Vergütung zugelassen sei (§ 26 GebO.). Aus wesentlich gleichen Erwägungen wurde bei der Kommissions- und der Plenarberatung des Entwurfs im Abgeordnetenhause die Festsetzung einer Gebühr für besondere Vorarbeiten beantragt und abgelehnt, und bei der letzteren Gelegenheit hat der Regierungsvertreter ohne Widerspruch nochmals betont, daß der Notar, wenn eine — zulässige — Vereinbarung nicht erfolgt, für Vorarbeiten nicht besonders liquidieren darf, da eine Bestimmung in dieser Beziehung nicht getroffen ist, und daß namentlich auch die Generalklausel des jetzigen § 15 GebO. hierzu keine Befugnis gibt (Drucks. 3 Nr. 91 S. 5 zu § 9; Stenogr. Ber. 3 S. 1694). Mag auch hierbei überwiegend unterstellt worden sein, daß die Vorarbeiten, besonders die Einsicht von Grundakten, erfolgen, um die Fassung des Entwurfs zu bestimmen, so muß doch unbedenklich dasselbe gelten, wenn sie bewirkt werden, um festzustellen, ob die Voraussetzungen für die Beurkundung eines bestimmten Entwurfs oder für die Vornahme eines anderen gebührenpflichtigen, rechtlich selbständigen Geschäftes vorliegen (vgl. Weißler, Notariat S. 392, 426; Mügel Anm. 2, 5 zu § 15 S. 377). E.

c) **Der Notar, der aus § 81² preuß. GKG. für die Erbbescheinigungsversicherung die Gebühr erhält, kann für den zugleich mitaufgenommenen Antrag auf Erlaß der Erbbescheinigung nicht noch eine besondere Gebühr fordern.**

Kammergericht, Ferien-ZS. Beschluß v. 30. August 1902.

Vorliegend bildet die eidesstattliche Versicherung das Hauptgeschäft, neben welcher der Antrag auf Erteilung und Zusendung des Erbscheins jede selbständige Bedeutung verliert, so daß lediglich die Gebühr des GKG. § 81 ^{2} anzusetzen ist. Allerdings ist der Notar, der lediglich einen Antrag auf Erteilung eines Erbscheins aufnimmt, die Gebühr auf Grund des GKG. § 34 zu liquidieren berechtigt. Dieser Fall liegt indes hier nicht vor; wie der Notariatsakt klar ausweist, handelte es sich um Ausstellung einer eidesstattlichen Versicherung, welche die Grundlage für den vom Antragsteller erstrebten Erbschein bilden sollte; und der Antrag auf Erteilung des Erbscheins in der Fassung: „Ich beantrage Ausstellung einer Erbbescheinigung und Übermittelung derselben an den Notar N." erscheint im unmittelbaren Anschlusse an die eidesstattliche Versicherung lediglich als eine Verfügung des Antragstellers über letztere, nicht als ein selbständiges, daneben beurkundetes Geschäft, ebensowenig aber als das Hauptgeschäft. Daß bei anderer Fassung der Notariatsakte die Sachlage anders aufgefaßt werden könnte und die Gebühr anders zu berechnen wäre, kann hier dahingestellt bleiben. Daß aber die Gebühr des § 81 ^{2} sich auf die von Notaren aufgenommenen eidesstattlichen Versicherungen bezieht, was bei dem Hinweise des Abs. 2 auf Abs. 1 zweifelhaft sein könnte, ist bereits im Beschlusse vom 15. Juni 1896 ausgeführt (Jahrbuch 16 S. 257). Hsr.

d) **Der Notar, der auf Aufforderung des Amtsgerichts das Testament persönlich abliefert, kann Reisekosten und Tagegelder nicht vom Gericht, sondern nur von den Erben beanspruchen.**

Kammergericht, I. ZS. Beschluß v. 22. September 1902.

Auf Aufforderung des Amtsgerichts lieferte der Notar N. ein von seinem Amtsvorgänger errichtetes Testament, das er in Verwahrung hatte, persönlich ab und verlangte vom Gericht Diäten und Reisekosten. Die Zahlung wurde abgelehnt. Gründe:

Vom Gericht konnte der Notar die Tagegelder und Reisekosten überhaupt nicht fordern. Nach der GebO. für Notare kann der Notar grundsätzlich die Gebühren für die Ausübung seiner Berufstätigkeit von derjenigen Person fordern, welche dieselbe in Anspruch genommen hat. Hier ist aber die Berufstätigkeit des Notars vom Nachlaßgericht nicht in Anspruch genommen. Im § 2259 BGB. ist für jeden, der ein Testament im Besitz hat, die Ablieferungspflicht im Falle des Todes des Testators begründet. Es ist aber davon auszugehen, daß auch die Amtspflicht, eine öffentlichrechtliche Verpflichtung des Notars, besteht, den gesetzlichen Vorschriften zu genügen, nämlich das Testament abzuliefern. Die Aufforderung des Nachlaßgerichts hierzu ist nur eine Anregung zur Erfüllung der gesetzlichen Verpflichtungen, aber zufolge derselben handelt der Ablieferer nicht im Auftrage des Gerichts und für dasselbe. Demnach kann der Notar den Ersatz seiner Unkosten nur von den Erben beanspruchen, die ihm auf Grund des mit dem Erblasser eingegangenen Verwahrungsvertrages oder aus dem auf gesetzlicher Vorschrift beruhenden Dienstverhältnis des Notars haften (Rsp. 2 S. 374). Spr.

e) **Der Notar kann für eine Unterschriftsbeglaubigung unter einem Antrage auf Umschreibung einer Hypothek nur die Gebühr des § 43 preuß. GKG. fordern.**

Kammergericht, I. Ferien-CS. Beschluß v. 29. August 1903.

Der § 43 GKG. bildet eine Ausnahme von der Regel des § 42. Für eine Reihe rechtsgeschäftlicher Akte soll eine geringere Gebühr erhoben werden, als dies nach dem §. 42 der Fall wäre. Für diese Ermäßigung ist, wie der Inhalt des § 43 erkennen läßt, nicht im begrifflichen Unterschied eigengearteter Rechtsakte, sondern der gesetzgeberische Wunsch bestimmend gewesen, in einzelnen gesonderten Rechtsgebieten die Vornahme von Notariatshandlungen gegenüber den allgemeinen Tarifsätzen zu verbilligen. Mit dieser Vergünstigung sind die Grundbuch- und Schiffspfandsachen bedacht. Von vornherein ist also davon auszugehen, daß alle im Gesetz zu den Grundbuchsachen gerechneten Akte der in § 43 bezeichneten Art im weitesten Sinne vom § 43 getroffen werden und nur solche Ausnahmen anzuerkennen sind, die deutlich aufgestellt werden. Umschreibungen von Grundbuchrechten auf andere Personen sind von jeher zu den Grundbuchsachen, speziell Eintragungen gezählt und im Grundbuchrecht behandelt worden. Der Gesetzgeber nimmt sie von den Vorrechten des § 43 nicht ausdrücklich aus, und es ist auch kein vernünftiger Grund ersichtlich, aus dem bei der Gebührenbemessung die Umschreibung im Grundbuche gegenüber den übrigen Eintragungen eine grundsätzlich verschiedene Behandlung erfahren sollte.

Tatsächlich gibt aber auch der Wortlaut zu begründeten Zweifeln über die Tragweite des § 43 keinen Anlaß. Die Vorschrift stammt aus der Zeit, als die GrBO. vom 5. Mai 1872 galt, und daher ist nur natürlich, wenn sich der Gesetzgeber der damals maßgebenden Terminologie angepaßt hat. Aus dem dritten Abschnitt jener GrBO. geht nun klar hervor, daß die „Einschreibungen" (§ 44) lediglich in Eintragungen und Löschungen getrennt und unter Eintragungen auch die Umschreibungen jeglicher Art, für die ein technischer Ausdruck im Gesetz nicht vorhanden ist, begriffen werden. § 32 sagt: „Mündliche Anträge auf Eintragungen oder Löschungen...." § 33: „Schriftliche, zu einer Eintragung oder Löschung erforderliche Anträge...."; vgl. ferner §§ 38, 39, 46 daselbst. Der dritte Abschnitt der preuß. GrBO. handelte vom Verfahren in Grundbuchsachen und zerfiel in vier Unterabteilungen: 1. Allgemeine Bestimmungen. 2. Eintragung des Eigentümers. 3. Verfahren bei Eintragungen in der zweiten und dritten Abteilung. 4. Löschungen. Auch hier fällt die Sonderung in Eintragungen und Löschungen ins Auge. In der Unterabteilung drei, mit der Überschrift Eintragungen, werden in den §§ 79—87 auch der Übergang der Rechte auf andere Personen und ihre Umschreibung geregelt. Die Unterscheidung zwischen Eintragungen und

Löschungen war eine gesetzgeberisch technische. Das preuß. GKG. bestimmte in § 43 die Gebühren mit Bezug auf die preuß. GrBO. Die unter Nr. 1 jenes § 43 in der alten wie neuen Fassung vorkommende Wendung der „Eintragung der Löschung" ist daher aus der Terminologie der früheren GrBO. zu erklären und demzufolge dahin zu verstehen, daß darunter auch die Umschreibung einer Hypothek begriffen ist. Der Notar hat hiernach für die Beglaubigung der Unterschrift über den Antrag auf Umschreibung einer Hypothek von 3000 Mark nur die in § 43 ermäßigte Gebühr von zwei Mark zu fordern. P.

26

a) **Für den „Nennwert" (Reichsstempelges. Tarif Nr. 2a) kommt der Amortisationszuschlag nicht in Betracht.**

OLG. Hamburg, I. CS. Urteil v. 27. Oktober 1902.

Wie auch beklagter Fiskus anerkennt, verbindet das RStG. mit dem „Nennwert" denselben Begriff, der im Handel mit Wertpapieren diesem Worte beigelegt wird. Im Handel versteht man aber unter Nennwert (Nominalwert), wie schon das Wort besagt, unzweifelhaft die äußere Wertbezeichnung, welche der Aussteller und Ausgeber dem Papier verleiht, im Gegensatz zum Kurswert, dem Wert, den das Papier im Verkehr nach der über den inneren Wert desselben bestehenden Meinung, und nach Maßgabe von Angebot und Nachfrage besitzt. Als „Nennwert" wird im amtlichen Kursbericht der Betrag des Kapitals, über welchen das Papier lautet, angegeben, und in Prozenten dieses Nennwerts wird regelmäßig der Kurs notiert. Dieser Nennwert wird vom Schuldner verzinst, nach ihm werden beim An- und Verkauf die Zinsen, die zu zahlende Courtage berechnet. Der in dieser Weise begrifflich feststehende Nennwert kann auch dadurch keine Änderung erfahren, daß das Papier bei der Amortisation mit einem Zuschlage von 5, 10 2c % zurückbezahlt werden soll. Wenn in solchem Falle der Kurswert pari, also ebenso hoch wie der Nennwert notiert ist, so kann das nur heißen, daß für ein über 500 Mark lautendes Papier auch 500 Mark zu zahlen sind, nicht aber, daß der Preis, je nachdem der Amortisationszuschlag 5, 10 oder 25 % beträgt, 525, 550 oder 625 Mark ausmacht. Der Nennwert ist und bleibt 500 Mark. In Salings Börsenpapiere 7. Aufl. wird völlig im Sinne dieser Entscheidung bemerkt S. 159f.: „Die Rückzahlung findet bisweilen auch über pari statt, namentlich bei Pfandbriefen der Hypothekenbanken werden die gezogenen Stücke mit einem Zuschlag zum Nennwert, dem sogen. Amortisationszuschlag, eingelöst." Wenn Cosack, HR. § 66 Nr. 4 scheinbar im Sinne des Beklagten sagt: „Die Summe, die der Schuldner nach Ablauf der Kreditfrist herauszuzahlen verspricht, heißt Nennwert", so ist dabei nur an den regelmäßigen Fall gedacht, denn unter Nr. 11 heißt es weiter: „Das herauszuzahlende Kapital ist regelmäßig der Nennwert, nicht selten wird auch die Herauszahlung des Nennwerts mit einem Zuschlag versprochen. „Nennwert" ist also auch hiernach in Fällen der vorliegenden Art der Betrag, über den das Papier ausgestellt ist, und Rückzahlungsbetrag der Nennwert mit Zuschlag. Vorliegend kann der um 25 % höhere Rückzahlungsbetrag um so weniger als Grundlage für die Stempelabgabe angenommen werden, weil es unbestimmt und von im Belieben der Klägerin stehenden Voraussetzungen abhängig war, ob bei Einlösung der Darlehnsgenußscheine ein Zuschlag von 25 % bezahlt werden würde. M. M.

b) **Korrespondenzvertrag oder förmliche Vertragsurkunde? Einheitliches Rechtsgeschäft des § 10^3 StStG.**

OLG. Celle, II. CS. Urteil v. 27. November 1902.

Die klagende Bank sandte 1901 an Personen, mit denen sie in Kontokorrentverkehr zu treten wünschte, ihre Geschäftsbedingungen mit einem Begleitschreiben, in dem sie bat, das eine Exemplar unterschrieben zurückzugeben. Nach Nr. V der Geschäftsbedingungen sollte die Klägerin berechtigt sein, die bei ihr ruhenden Aktien und Kuxe ihrer Kunden in den Gesellschafterversammlungen zu vertreten, und nach Nr. VI sollten alle bei der Klägerin ruhenden oder künftig in ihren Besitz gelangenden Wertpapiere für die Forderungen der Klägerin aus dem Kontokorrentverkehre als Faustpfand haften. Die Empfänger haben sodann eins der ihnen übersandten Exemplare, nachdem sie die auf ihm vorgedruckte Erklärung des Einverständnisses unterzeichnet hatten, zurückgesandt. Aus den Gründen:

In den zwischen der Klägerin und ihren späteren Vertragsgegnern gewechselten Schriftstücken sind förmliche Vertragsurkunden zu befinden, die unter § 1 Abs. 1 u. 2 Ges. vom 31. Juli 1895 fallen. Denn es ist hier nicht ein Briefwechsel oder ein Austausch schriftlicher Mitteilungen erfolgt in dem Sinne, daß diese beiderseitigen Mitteilungen zum Verständnisse der getroffenen Abmachungen in ihrem Zusammenhange und ihrer wechselseitigen Ergänzung herangezogen werden müßten, sondern jedes der beiden unter den Kontrahenten ausgetauschten Exemplare der Geschäftsbedingungen enthält den gesamten Inhalt des abgeschlossenen Vertrages und ist für sich allein verständlich. — Bei einem Austausche mehrerer gleichlautender Vertragsurkunden genügt ferner, wenn jede Partei das für die Gegenseite bestimmte Exemplar unterschreibt (BGB. § 126 Abs. 2; vgl. Entsch. d. RG. 42 S. 181).... Für die Frage, ob die in Nr. V und VI enthaltenen Abmachungen nur als Bestandteile des in seiner Gesamtheit einheitlichen Kontokorrentvertrages aufzufassen sind, kommt nichts darauf an, ob diese einzelnen Abreden durch den Abschluß und die Gültigkeit des Vertrages bedingt sind, sondern darauf, ob sie in den gesetzlichen Rahmen des Hauptvertrages fallen und ohne Änderung seiner rechtlichen Natur nur zur näheren Bestimmung seines Inhaltes dienen. Letzteres ist für die in der Nr. V ausgesprochene Bestimmung unbedingt zu verneinen. Eine derartige Vollmacht zur Vertretung von Papieren des Kunden hat mit dem Kontokorrentvertrage — wenngleich sie das Vorhandensein eines solchen voraussetzt — an sich nichts zu tun und enthält ein selbständiges Rechtsgeschäft. Daß aber eine unter Pos. 73 fallende Vollmacht vorliegt, ist deshalb anzunehmen, weil dadurch die Klägerin in völlig ausreichender Weise auch die Ermächtigung erhielt, die Rechte aus den Papieren im Namen ihrer Kunden geltend zu machen, und weil es ohne Bedeutung ist, ob die Klägerin von dieser Ermächtigung auch tatsächlich Gebrauch zu machen pflegt oder nicht.

Die Nr. VI enthält eine Pfandbestellung an Wertpapieren und Wechseln, bei der — soweit es sich um Inhaber- und Orderpapiere handelt — die Voraussetzungen, die das BGB. §§ 1292, 1293 für die Verpfändung solcher Papiere aufstellt, ausreichend gewahrt sind. Ein Pfandrecht an den einzelnen Papieren würde auf Grund dieser Abmachung für die Klägerin entstehen, wenn sie in den Besitz der Inhaberpapiere oder der an sie indossierten Orderpapiere gelangte. Es kann zweifelhaft sein, ob diese Pfandbestellung lediglich einen Bestandteil des Kontokorrentvertrages im Sinne des § 10³ StStG. ausmacht. Heinitz (S. 584 Nr. 2) verneint dies und will jede Sicherstellung, auch wenn sie vermöge ihrer akzessorischen Natur nur einen Bestandteil des gleichzeitig beurkundeten Hauptgeschäfts bildet, dennoch in stempelsteuerlicher Hinsicht als selbständiges Geschäft behandelt sehen. Diese Auffassung ist aber nicht zu billigen. Das HGB. gibt im § 355 nur ganz allgemein an, worin das Wesen des Kontokorrentvertrages besteht, ohne aber seinen Inhalt im einzelnen irgendwie zu begrenzen. Es ist also gerade hier den Vertragschließenden ein weiter Spielraum gelassen in der Normierung der einzelnen Bestimmungen, die den Inhalt des Vertrages im konkreten Falle ausmachen sollen. Diese je nach Lage des Falles verschiedenen einzelnen Bestimmungen bilden dann, sofern sie an sich nur mit dem Wesen des Kontokorrentvertrages vereinbar sind, in ihrer Gesamtheit gerade den Vertrag, den die Parteien abschließen wollten. Wie es den Vertragschließenden freisteht, einen Kontokorrentvertrag zu schließen, in dem die Nr. VI fehlt, so muß diese Klausel andererseits auch, wenn sie aufgenommen wird, als ein nach dem Willen der Kontrahenten bei dem Geschäftsabschlusse für maßgebend erachteter und insofern dem Hauptgeschäft wesentlicher Bestandteil im Sinne des § 10³ gelten. Mit dieser Auffassung stimmt die notorische Tatsache überein, daß Sicherheitsabreden der fraglichen Art zu Gunsten der Bankiers regelmäßig bei dem Abschlusse von Kontokorrentverträgen vereinbart werden. Die hier vertretene Auffassung deckt sich auch mit der Ansicht des Reichsgerichts (JW. 1899 S. 155 u. 506). Hch.

c) **Stempelfrist für undatierte Zusätze zum Vertrage.**

Kammergericht, I. CS. Beschluß v. 27. Oktober 1902.

Bei der Auflassung überreichen die Erschienenen den das Veräußerungsgeschäft enthaltenden privatschriftlichen Kaufvertrag vom 1. August 1896, nach dessen § 1 A. dem B. das Gut mit allem Inventar für 220000 Mark verkauft. Der Vertrag, der unterzeichnet ist durch die Namen A. und B., ist mit einem als § 11 bezeichneten Zusatz: „der Kaufpreis beträgt 220000 Mark, und zwar für die Immobilien 187000 Mark und für die Mobilien, nämlich ... in Summa 33000 Mark" versehen. Der Zusatz ist gleichfalls von A. und B. unterschrieben, enthält jedoch keine besondere Zeitangabe. Zum Kaufvertrage ist am 19. August 1896 ein Naturalstempel von 1981 Mark 50 Pfg. verwendet worden. Auf die Erinnerung des Revisors, daß bei dem Mangel einer Zeitbestimmung des Zusatzes sich nicht erkennen lasse, ob die Frist des § 10 StStG. gewahrt sei und deshalb der Stempelberechnung der ungetrennte Kaufpreis von 220000 Mark zugrunde zu legen sei, wurde ein weiterer Stempel von 218 Mark 50 Pfg. zu den Gerichtskosten erhoben. Der weiteren Beschwerde des B. wurde stattgegeben. Gründe:

Die Rechtsausführungen des Landgerichts sind zutreffend. Die Anwendung des höchsten Steuersatzes bei Zugrundelegung des im Vertrage einheitlich festgesetzten Gesamtpreises für das Grundstück und den beweglichen Beilaß würde nur ausgeschlossen werden, wenn der die Angabe der Einzelpreise enthaltende als „Zusatz" bezeichnete, unterhalb der Vertragsunterschriften befindliche § 11 innerhalb einer zweiwöchigen Frist nach dem Tage der Ausstellung des Vertrages auf die Vertragsurkunde gesetzt worden wäre (§§ 10, 16[a]). Mit Recht ist ferner das Landgericht davon ausgegangen, daß als Tag der Ausstellung des Kaufvertrages entsprechend der Zeitangabe auf der Vertragsurkunde der 1. August 1896 anzusehen sei, da der Nachweis der früher oder später erfolgten Ausstellung nicht mit Sicherheit für geführt erachtet werden könne. Dagegen läßt sich nach der Auskunft des Provinzialsteuerdirektors nicht mehr bezweifeln, daß die Frist gewahrt ist. Hiernach ist die Vertragsurkunde bereits am 8. August 1896 dem Steueramte vorgelegt worden. Daß sie damals bereits mit dem Zusatze versehen war, läßt schon der auf der Urkunde befindliche Vermerk über die Verwendung eines Stempelbetrages von 1981 Mark 50 Pfg. erkennen, der sich zusammensetzt aus dem Stempel von 1 $^0/_0$ des Immobilienpreises von 187000 Mark und von $^1/_3$ $^0/_0$ des Preises für das Inventar von 33000 Mark. ... Z.

d) **Zur Auslegung der Tarifstelle 25d.**

Kammergericht, I. CS. Beschluß v. 8. Dezember 1902.

Die Beschwerdeführer A. und B., die 1896 eine allgemeine Gemeinschaft des Erwerbes errichtet hatten, erwarben 1900 ein Grundstück und wurden als Miteigentümer zu gleichen Anteilen eingetragen. Am 29. März 1902 haben sie sodann vor dem Grundbuchrichter ihre Einigung erklärt, daß das Eigentum an jenem 260000 Mark werten Grundstück auf B. allein übergehen solle. Hierbei ist die Urschrift eines als Auseinandersetzungsvertrag bezeichneten schriftlichen Vertrages vom gleichen Tage mit dem Bemerken vorgelegt worden, daß hiernach A. seine Rechte am Grundstück dem B. gegen Zahlung von 18000 Mark überlassen habe. Nachdem B. als Alleineigentümer eingetragen worden, hat der Gerichtsschreiber den einprozentigen Wertstempel von 121000 Mark erhoben, indem er dem Betrage der eingetragenen Hypotheken von 224000 Mark das Entgelt von 18000 Mark hinzurechnete und die Hälfte als den Wert des Gegenstandes annahm. Auf Erinnerung wurde der Stempel auf 867 Mark herabgesetzt. Das Landgericht hat ihn dagegen auf 1300 Mark festgesetzt. Die weitere Beschwerde wurde zurückgewiesen. Gründe:

Wenn die Staatskasse gegen den Stempelansatz des Gerichtsschreibers nichts erinnert hat, so folgt daraus nicht, daß dieser Ansatz ihr gegenüber Rechtskraft erlangt hat. Die Erinnerung war an keine Frist gebunden; auch nach Erlaß des amtsgerichtlichen Beschlusses konnte die Staatskasse den Stempelansatz anfechten; naturgemäß mußte sie sich hierzu der Beschwerde gegen den amtsgerichtlichen Beschluß bedienen. Die Beschwerde war daher zulässig und das Landgericht befugt, den Ansatz auch über den vom Gerichtsschreiber festgesetzten Betrag hinaus zu erhöhen. Es liegt nach dem Protokoll vom 29. März 1902 die Auflassung eines Grundstücksanteils an einen Miteigentümer vor. Den Ausgangspunkt der Erwägungen hat daher die Frage zu bilden, ob die Tarifstelle 8 zur Anwendung kommt. Der Auflassungsstempel wird durch die Vorlegung einer das Veräußerungsgeschäft enthaltenden Urkunde ausgeschlossen. Wollte man mit dem Amtsgericht verneinen, daß der Vertrag vom 29. März 1902 als die Urkunde über das Veräußerungsgeschäft anzusehen sei, so würde die ordnungsmäßige Verstempelung dieses Vertrages der Steuerbehörde zu überlassen sein und für das Gericht nur die Erhebung des Auflassungsstempels in Frage kommen. Einstweilen würde indes die Voraussetzung dieser Stempelerhebung fehlen und das Verfahren zu erneuern sein, weil der Grundbuchrichter die im erwähnten Falle gebotene Belehrung der Beteiligten verabsäumt hat, und die Kostenrechnung nicht die vorgeschriebene Eröffnung enthält (§ 16 der Verf. vom 29. Februar 1896 und Allgem. Verf. vom 13. Juni 1900). Der Vertrag vom 29. März 1902 ist jedoch zur Ausschließung des Auflassungsstempels geeignet. Er enthält die Festsetzung, daß A. das Grundstück unter Aufgabe seines Miteigentums dem B. zum Alleineigentum überlasse; und hierdurch ist die durch die Auflassung vollzogene Veräußerung des Eigentumsanteils des A. an B. beurkundet worden. Das Entgelt ist auf 18000 Mark festgesetzt, und die Annahme ist nicht begründet, daß hierin eine Abweichung von der unter den Beteiligten hinsichtlich des Wertes der Gegenleistung getroffenen Verabredung im Sinne des Abs. 4 der Tarifstelle 8 liege. Ob der Erwerber die Hypotheken übernommen hat, braucht an dieser Stelle nicht erörtert zu werden. Denn auch bei Bejahung der Frage folgt daraus nicht, daß die Übernahme der Hypotheken in der Urkunde wahrheitswidrig verschwiegen ist; sie enthält die Bestimmung, daß durch den Vertrag alle Ansprüche der Gesellschafter gegeneinander hinsichtlich des Grundstücks erloschen sein sollten, und diese Bestimmung gestattet den Schluß, daß A. dadurch auch von der ferneren Haftung für die Schulden befreit werden sollte.

Der Stempel ist daher nicht für die Auflassung, sondern für den Vertrag vom 29. März 1902 anzusetzen. Dieser Vertrag unterfällt indes, wiewohl er zwischen 2 Gesellschaftern geschlossen und als Auseinandersetzungsvertrag bezeichnet ist, weder dem Abs. 1 noch dem Abs. 2 der Tarifstelle 25 d. Er betrifft nicht die Überlassung der Rechte am Gesellschaftsvermögen; auch nicht die Abfindung eines Gesellschafters bei Auflösung der Gesellschaft. Vielmehr ist im Eingange des Vertrages ausdrücklich das Fortbestehen der Gesellschaft unter denselben Gesellschaftern festgestellt, und die Beschwerdeführer haben selbst behauptet, daß die Gesellschaft bis zum 1. Juli 1902 tatsächlich bestanden hat. Der Vertrag betrifft aber ebensowenig die Überlassung einer Sache seitens der Gesellschaft zum Sondereigentum an einen Gesellschafter im Sinne des Abs. 2; denn diese Vorschrift setzt gleichfalls eine endgültige Auseinandersetzung bei Auflösung der Gesellschaft oder beim Ausscheiden eines Gesellschafters voraus. Vor allem ist aber die Anwendung des Abs. 1 wie des Abs. 2 davon abhängig, daß rechtlich und tatsächlich ein besonderes, selbständiges, vom Vermögen der Gesellschafter getrenntes Gesellschaftsvermögen besteht, welches ganz oder teilweise in das Sondervermögen eines Gesellschafters übergehen soll (Heinitz, Anm. V 3 zu Tarifst. 25, Hummel-Specht Anm. 44 dazu). Bei der rechtlichen Natur des vorliegenden Gesellschaftsverhältnisses muß dieses Erfordernis verneint werden. Die unter der Herrschaft des ALR. begründete Gesellschaft ist nach § 178 I 17 zu beurteilen; für die Rechte und Pflichten der Gesellschafter in Bezug auf das gemeinschaftliche Vermögen ist deshalb der Abschnitt 1 des Titels 17, der vom gemeinschaftlichen Eigentum handelt, maßgebend (§§ 182, 198 das.). Es besteht deshalb an jedem einzelnen Bestandteil des gemeinschaftlichen Vermögens ein gemeinschaftliches Eigentum zu gedachten, qualitativ gleichen Anteilen, während ein Gesellschaftsvermögen im Sinne des § 718 BGB. rechtlich ausgeschlossen ist. Die Annahme des Amtsgerichts, daß das nach dem 1. Januar 1900 erworbene Grundstück einen Bestandteil des Gesellschaftsvermögens im Sinne des neuen Rechts bilde, ist irrig, da nicht EinfG. Art. 181, sondern Art. 170 zur Anwendung kommt, und hiernach auch das unter dem neuen Recht erworbene Vermögen nach den älteren Vorschriften zu beurteilen ist (Habicht S. 223, 309). Das Grundstück befand sich sonach, wie auch der Eintragungsvermerk zum Ausdruck bringt, im Miteigentum der beiden Gesellschafter, und durch den Vertrag ist der Eigentumswechsel des einen auf den anderen übertragen. Ein solcher Vertrag, wenn auch zum Zwecke einer teilweisen Auseinandersetzung zwischen Mitgliedern einer landrechtlichen Gesellschaft geschlossen, unterfällt nicht der Tarifstelle 25 (vgl. Hummel-Specht Anm. 44 und das dort mitgeteilte Reskript des Finanzministers vom 5. Januar 1897). Auf den in der Beschwerdeschrift mehrfach hervorgehobenen Widerspruch zwischen dem Kammergericht und dem RG. in Bezug auf die Auslegung des Abs. 1 der Tarifstelle 25 d, der übrigens seit dem im Jahrbuch 24 B S. 26 abgedruckten Beschlusse nicht mehr besteht, braucht sonach nicht eingegangen zu werden. Es ist auch kein Raum für die Anwendung der Stempelermäßigung in Abs. 3 der erwähnten Tarifvorschrift. Vielmehr ist der Vertrag als ein gewöhnliches Veräußerungsgeschäft nach Tarifstelle 32 mit 1 % des Wertes der Gegenleistung einschließlich des Wertes der ausbedungenen Leistungen und vorbehaltenen Nutzungen zu versteuern.

In Bezug auf die Wertbemessung konnte kein Zweifel bestehen, daß der Erwerber B. auch die darauf haftenden Hypotheken allein und selbstschuldnerisch übernommen hat. Diese Hypotheken dienten zur Sicherung für zwei Darlehne, die von den beiden Mitgliedern nach dem 1. Januar 1900 aufgenommen waren. Nach § 427 BGB. hafteten beide dafür als Gesamtschuldner, während sie nach § 426 im Verhältnis zueinander zu gleichen Anteilen verpflichtet waren. Dieses Verhältnis entspricht ihren Eigentumsanteilen am Grundstücke und steht mit keiner Bestimmung des Gesellschaftsvertrages im Widerspruche. Der im Vertrage vom 29. März 1902 ausgesprochene Zweck, beide Gesellschafter mit ihren Ansprüchen gegeneinander hinsichtlich des Grundstückes abzufinden, konnte nur dadurch erreicht werden, daß A. von der Ausgleichsverpflichtung bezüglich der Hypothekenschulden seinem Mitgesellschafter gegenüber befreit wurde. Die Annahme ist deshalb gerechtfertigt, daß B. durch den Vertrag den Anteil des A. an den Gesamtschulden übernommen hat, und der Wert des Gegenstandes dieser ausbedungenen Leistung tritt im Betrage von 112000 Mark der im Vertrage festgesetzten baren Vergütung von 18000 Mark hinzu, so daß der Stempelberechnung der Betrag von 130000 Mark zugrunde zu legen ist. Dr. H.

e) **Stempelkosten eines notariellen Testaments. Tarifstellen 45, 66.**

Kammergericht, I. CS. Beschluß v. 9. Dezember 1901.

1900 haben die Eheleute dem Notar eine verschlossene Schrift mit der Angabe übergeben, daß sie ihren letzten Willen enthalte. Der Notar nahm über die Errichtung des Testaments ein Protokoll auf, das er mit der Schrift in einem Umschlage verschloß und in die besondere amtliche Verwahrung des Amtsgerichts brachte. Zum Testament ist ein Stempel von 3 Mark verwendet; es wurden aber 1 ½ Mark als Stempel für das Notariatsprotokoll nachgefordert. Aus den Gründen:

Nach Tarifstelle 45 sind Notariatsurkunden, welche die Stelle einer im Tarif versteuerten Verhandlung vertreten, wie diese zu besteuern, sonst aber dem Feststempel von 1 ½ Mark zu belegen. Wenn also vorliegend das notarielle Protokoll über die Errichtung des gemeinschaftlichen Testaments ein Teil der Testamentsurkunde selbst ist, so kann nur der Stempel für letztwillige Verfügungen nach Tarifstelle 66 angesetzt werden, nicht aber daneben noch der Protokollstempel. Die Testatoren haben beabsichtigt, ein öffentliches Testament vor dem Notar durch Übergabe einer Schrift zu errichten; nach §§ 2232, 2238, 2240 bis 2242 BGB. gehört aber dazu notwendig die Aufnahme des Protokolls, welches die Erklärungen der Testatoren wiedergibt; das durch Übergabe einer Schrift errichtete öffentliche Testament gelangt erst durch die Aufnahme des Protokolls zur Vollendung, Protokoll und übergebene Schrift zusammen bilden erst die

Testamentsurkunde. Diese Einheitlichkeit beider Bestandteile findet auch äußerlich darin ihren Ausdruck, daß beide gemeinschaftlich versiegelt werden müssen (§ 2246). Die Ausführung der weiteren Beschwerde, das Testament werde schon durch die Übergabe der Schrift und die Abgabe der Erklärung gemäß § 2238 perfekt, und es träte dazu als selbständiger Akt die Aufnahme des Protokolls, trifft hiernach nicht zu. Einen solchen Abschnitt im Verfahren der Testamentserrichtung gibt es nicht, das Testament ist ein einheitlicher Akt, zu dessen Vollendung die Aufnahme des Protokolls als notwendiger Bestandteil zugehört. Das Protokoll bildet also einen Teil der Testamentsurkunde, es tritt im Sinne der Tarifstelle 45 an die Stelle der im Tarif einer besonderen Steuer unterworfenen Testamentsurkunde und ist deshalb als Notariatsurkunde nicht noch besonders stempelpflichtig. K.

f) **Stempelpflichtigkeit von Schuldurkunden, welche vom Gläubiger und Schuldner unterschrieben sind und zugleich für etwaige Streitigkeiten den zuständigen Gerichtsort bestimmen. Tarifstellen 71, 77.**

Kammergericht, Ferien-CS. Beschluß v. 26. Juli 1902.

Aus der Schuldurkunde von 1901 sind auf dem Grundstücke des A. zu Gunsten der Sparkasse B. 1800 Mark Darlehn hypothekarisch eingetragen. Die Urkunde ist unterzeichnet von A. und den Vorstandsmitgliedern der Sparkasse, die Unterschrift des ersteren ist notariell beglaubigt. Sie bestimmt: „Für alle wegen der durch die vorstehende Urkunde verbrieften Forderungen etwa entstehenden Rechtsstreitigkeiten soll nach Wahl der Gläubigerin B. der zuständige Gerichtsort sein." Auf eine Beanstandung des Rechnungsrevisors, der hierin einen nach Pos. 71^2 des Stempeltarifs zu versteuernden Nebenvertrag erblickt und deshalb auch die Unterschriftsbeglaubigung gemäß Pos. 77 mit dem gleichen Betrage für stempelpflichtig erklärt, hat der Gerichtsschreiber diese Stempel von je 1.50 Mark vom Vorstande der Sparkasse eingefordert. Die Erinnerung der Sparkasse ist zurückgewiesen. Ihrer Beschwerde hat das Landgericht hinsichtlich des nach Pos. 71 eingeforderten Stempels stattgegeben. Die weitere Beschwerde des Oberstaatsanwalts ist begründet.

Die Urkunde stellt sich ihrem Inhalte nach als ein Vertrag dar und kennzeichnet sich auch äußerlich als solcher durch die Unterzeichnung seitens beider Vertragsparteien. Insbesondere finden sich gegenseitige Vereinbarungen nicht nur im letzten mit „Wir" beginnenden Absatze, sondern auch in dem voraufgehenden Inhalt, durch den beispielsweise die halbjährige Kündigungsfrist als eine von beiden Teilen innezuhaltende festgesetzt wird. Wenn die getroffenen Vereinbarungen zum größten Teil lediglich in der Form einer vom Schuldner allein abgegebenen Erklärung zum Ausdruck gebracht sind, so erklärt sich dies damit, daß für den Vertrag ein ursprünglich nur für einseitige Schuldverschreibungen entworfenes Formular benutzt ist; daraus ist aber nicht zu folgern, daß die Unterschriften der Vorstandsmitglieder der Sparkasse nicht auf den ganzen Inhalt der Urkunden zu beziehen seien. Für diese Ansicht ist auch sonst kein Anhalt vorhanden, insbesondere wäre die

Bestimmung des Gerichtsorts durch eine einseitige Erklärung des Schuldners zwecklos gewesen, da diese Bestimmung rechtswirksam nur durch Vereinbarung zu treffen war. Die Vereinbarung des Gerichtsstandes ist aber ein über den Rahmen der Schuldverschreibung hinausgehender Nebenvertrag, der nach Pos. 71 Nr. 2 zu versteuern ist... Dagegen kommt die Befreiung aus Pos. 77^{e}, da sich die Unterschriftsbeglaubigung auf die Vereinbarung des Gerichtsstandes miterstreckt, nicht zur Anwendung, und daher ist gemäß Pos. 77 für die Beglaubigung der Stempel mit 1,50 Mark einzuziehen. H.

g) **Wert für Berechnung des Stempels zu einer Vollmacht für ein Verfahren, betreffend eine einstweilige Verfügung auf Zahlung von Alimenten während des Ehescheidungsprozesses.**

Kammergericht, I. CS. Beschluß v. 3. November 1902.

Die vom 5. November 1901 ab für die Dauer des Scheidungsprozesses beanspruchten Alimente von täglich 4 Mark bilden den stempelrechtlichen Gegenstand der Vollmacht vom 30. Dezember 1901. Für die Berechnung seines Wertes ist der § 6 StStG. allein maßgebend. Nach dem vom Landgerichte angewandten § 6^{9} ist bei Nutzungen und Leistungen von unbestimmter Dauer, sofern nicht die beiden nächstfolgenden Absätze Anwendung finden oder anderweite, die längste Dauer begrenzende Umstände in der Urkunde angegeben sind, das 12$^1/_2$fache des einjährigen Betrages als Wert anzusehen. Da die Dauer der geforderten Geldrente unbestimmt ist und auch nicht, wie dies Abs. 10 und 11 vorsehen, schlechthin von der Lebenszeit einer Person oder mehrerer abhängt, so ist der Wert des Gegenstandes richtig berechnet, sofern nicht anderweite, die längste Dauer begrenzende Umstände in der Urkunde angegeben sind, in welchem Falle der Gesamtwert der auf diese Zeit entfallenden Nutzungen oder Leistungen nach Maßgabe des § 6 Abs. 12 zu ermitteln und, wenn er weniger als das 12$^1/_2$fache des einjährigen Betrages ausmacht, der Stempelberechnung zu Grunde zu legen ist (arg. Satz 2 das.).

Es fragt sich also, ob Umstände jener Art in der Vollmachtsurkunde oder in dem Schriftsatze vom 30. Dezember 1901, der auch nach dieser Richtung als in der Vollmacht in Bezug genommen gelten muß, angegeben sind. Diese Frage ist zu verneinen. Die Alimente werden für die Dauer eines Scheidungsprozesses gefordert. Das Reichsgericht (24 S. 373) hat zwar mit Bezug auf das Verfahren über den Antrag auf eine einstweilige Verfügung, welche das Getrenntleben der Frau während des Scheidungsprozesses und die Verpflichtung des Mannes, die Kosten des Unterhalts der Frau während des Getrenntlebens zu tragen, zum Gegenstande hat, ausgeführt, der § 3 CPO. schreibe als Regel vor, daß der Streitwert nach freiem Ermessen festzusetzen sei; der § 9 das. stelle sich als eine Ausnahme von jener Regel dar und betreffe nur solche Rechte, deren Dauer sich auf eine lange Reihe von Jahren, mindestens auf 12$^1/_2$ Jahre erstrecke oder zu erstrecken pflege, das Recht auf Unterhalt während des Scheidungsprozesses sei aber von vorübergehendem Bestand und habe nur eine verhältnismäßig kurze Dauer; denn nach allgemeiner Erfahrung sei als gewiß anzunehmen, daß ein Scheidungsprozeß die Dauer von einigen Jahren im höchsten Maße nicht übersteige und in keinem Falle die im § 9² CPO. vorausgesetzte Dauer erreiche. Diese Erwägungen lassen sich jedoch für das Stempelrecht nicht verwerten, weil ihm die Vorschrift des § 3 CPO. unbekannt ist. Es ist deshalb unzulässig, der stempelrechtlichen Wertberechnung diejenige Dauer eines Verhältnisses zugrunde zu legen, die sich aus einer Schätzung nach freiem Ermessen als die längste ergibt. Die Begrenzung der längsten Dauer muß vielmehr nach Stempelrecht in Tatsachen ihren Grund haben, deren Einfluß auf die Dauer des Verhältnisses erkennbar und berechenbar ist. Es genügt insbesondere nicht, daß Verhältnisse der fraglichen Art erfahrungsgemäß eine gewisse Dauer nicht zu überschreiten pflegen. Es ist vielmehr erforderlich, daß das Verhältnis einen bestimmten Zeitraum nicht überdauern kann. Da aber jeder feste Anhalt fehlt, um die längste Dauer eines Scheidungsprozesses auch nur annähernd zu bestimmen, so muß die stempelrechtliche Regel zur Anwendung kommen, daß bei Nutzungen oder Leistungen von unbestimmter Dauer das $12^1/_2$fache des einjährigen Betrages als Wert anzusehen ist. Irgend welche Umstände, aus denen sich die längste Dauer gerade dieses Prozesses herleiten ließe, sind ebensowenig angegeben. Die Angabe im Schriftsatze vom 30. Dezember, daß die Dauer des Scheidungsprozesses auf zwei Jahre zu bemessen sei, kann, da der Antrag nicht in dieser Weise beschränkt ist, nicht maßgebend sein; sie könnte vielmehr, mit Rücksicht auf den Arrestanspruch, nur dazu führen, daß als Wert des Gegenstandes mindestens der zweijährige Betrag der Alimente zuzüglich des Betrages für die Zeit vom 5. November bis zum 30. Dezember 1901 anzusehen ist. ... Auch die Behauptung, daß schon im Sommer 1902 der Scheidungsprozeß rechtskräftig beendigt worden sei und damit die Leistungspflicht aufgehört habe, ist ohne Belang, weil das Stempelrecht eine, dem § 16² Erbschaftssteuerges. (Fassung vom 24. Mai 1891) entsprechende Vorschrift nicht enthält.

Der § 6⁹ StStG. ist daher richtig angewendet worden. Die Dauer der Alimente ist allerdings nicht bloß durch die des Scheidungsprozesses, sondern auch noch außerdem durch die Lebenszeit der Frau B. und ihrer beiden Töchter bedingt. Der Abs. 12 das. ist daher analog dahin anzuwenden, daß der nach dieser Zeit gemäß Abs. 10, 11 zu berechnende Wert nicht überschritten werden darf.

27

a) Streitwert bei Feststellungsklagen.

OLG. Kiel, III. CS. Beschluß v. 14. Juli 1903.

Beantragt ist, festzustellen, daß die Kündigung des bei dem Beklagten unablöslich belegten X.'schen Fideikommißkapitals unzulässig und Beklagter schuldig ist, die Zinsen für 1903 zu zahlen. Das Landgericht hat den Streitwert auf den Betrag des Kapitals (ca. 114679 Mark) festgesetzt. Der Auffassung des Beklagten, daß der Wert, weil unschätzbar, auf 2000 Mark festzusetzen sei, ist nicht beizutreten, da ein vermögensrechtlicher Anspruch in Frage steht. ... Bei Feststellungsklagen ist der Wert nicht schlechthin aus dem Wortlaut des Klagantrags zu entnehmen, vielmehr ist zu berücksichtigen, worin die Abweichungen des vom Beklagten eingenommenen Standpunktes bestanden haben, durch welche das rechtliche Interesse der Kläger an der Feststellung begründet ist (JW. 1896 S. 293). Als eigentlicher Streitpunkt ergibt sich hier die Frage, ob die nach der ursprünglichen Schuldverschreibung vom Beklagten übernommene Reallast, wie Kläger behaupten, unkündbar, oder, wie Beklagter behauptet, gemäß § 55 des Reallastenablösungsgesetzes vom 3. Januar 1873 kündbar ist. Die Kläger wollen mit der Klage erreichen, daß die Reallast in Höhe der ganzjährigen Kapitalzinsen von 6879 Mark jährlich auf unbeschränkte Dauer an sie fortbezahlt werden, während sie sich nach dem Standpunkte des Beklagten mit dem 18fachen Betrage derselben müßten abfinden lassen und in Zukunft nur die Zinsen dieses Ablösungskapitals von 123822 Mark erhalten würden, d. h. nach einem Zinsfuße von 4% berechnet 4952 Mark 88 Pfg. jährlich. Der wirtschaftliche Wert dessen, was die Kläger erreichen wollen, besteht danach in der Differenz der bisher gezahlten Reallast von 6879 Mark und diesem Zinsbetrage, und stellt sich mithin auf 1926 Mark 12 Pfg. jährlich. Unter Zugrundelegung dieses Jahreswertes ist der Wert des von den Klägern beanspruchten Rechts auf eine alljährlich wiederkehrende Leistung gemäß § 9 CPO. zu berechnen. Der § 9a GKG. trifft hier nicht zu. Gr.

b) **Der Gerichtsstand des § 34 CPO. ist auch gegen den Bürgen der Prozeßpartei begründet.**

OLG. Kiel, III. CS. Urteil v. 26. Mai 1903.

Der § 34 ist seinem Wortlaut nach nicht auf Klagen gegen die Partei selbst beschränkt. Daß er als Ausnahme von der Regel des allgemeinen Gerichtsstandes einschränkend interpretiert werden müsse, ist nicht anzuerkennen. Dem im § 34 geschaffenen besonderen Gerichtsstande des sachlichen Zusammenhanges liegt der Gedanke zugrunde, daß das Gericht des Hauptprozesses am besten über die sich an diesen anschließenden Gebührenansprüche zu erkennen vermag. Die Motive fügen hinzu, die Bestimmung solle den Anwälten erleichtern, die Vertretung ausländischer Prozeßparteien ohne vorherige Einsendung eines Gebührenvorschusses zu übernehmen, und sie solle die vorherige gerichtliche Festsetzung der einzuklagenden Gebühren und Auslagen erübrigen, welche schwer zu vermeiden sein würde, wenn die Klage vor anderen Gerichten erhoben werden müßte. Diese gesetzgeberischen Erwägungen treffen ebensosehr bei Klagen gegen den Bürgen, wie gegen die Partei selbst zu (vgl. Seuffert, Gaupp-Stein zu § 34). Wenn die älteren Kommentare durchgängig betonen, daß der Gerichtsstand des § 34 nur für Klagen gegen die Partei gegeben sei, so soll damit offenbar nur der Gegensatz zum Prozeßgegner hervorgehoben, nicht aber der hier gebilligten Auffassung entgegengetreten werden (vgl. auch Busch 24 S. 254). Gr.

c) **Vereinbarung des Gerichtsstandes. — Sind ungarische Kläger zur Sicherheitsleistung nach § 110 CPO. verpflichtet?**

OLG. Stettin, III. CS. Urteil v. 3. April 1903.

1. Die Zuständigkeit des Landgerichts X. ist nach deutschem Prozeßrecht an sich gegeben (§§ 12, 13 CPO.). Die Frage, ob und unter welchen Voraussetzungen dieser gesetzliche Gerichtsstand durch Parteivereinbarung ausgeschlossen werden konnte, ist aber nach deutschem Recht zu beurteilen, denn es handelt sich hierbei um eine prozessuale Frage, und für die Entscheidung derartiger Fragen ist das Recht des Prozeßortes bindend. Nach § 40 muß sich jede Vereinbarung über die Zuständigkeit auf ein bestimmtes Rechtsverhältnis beziehen; andernfalls ist sie ohne rechtliche Wirkung. Vorliegend hat sich aber das Abkommen nicht bloß auf das damals beabsichtigte Geschäft, sondern auf den ganzen zukünftigen Geschäftsverkehr der Parteien bezogen. Der Beklagte hat auch die Einrede der Unzuständigkeit nicht bloß bezüglich jenes Geschäfts, sondern zugleich bezüglich der späteren Geschäfte erhoben. Es kann aber nicht angenommen werden, daß der ganze zukünftige Geschäftsverkehr als ein bestimmtes Rechtsverhältnis im Sinne des § 40 anzusehen sei. — Läge aber auch ein bestimmtes Rechtsverhältnis vor, oder wäre das ungarische Recht anzuwenden und danach ein bestimmtes Rechtsverhältnis überhaupt nicht erforderlich, so wäre doch dem Beklagten nicht hinsichtlich des Sinnes der Abrede zuzustimmen. Wenn ein Gerichtsstand vereinbart wird, so ist damit noch nicht gesagt, daß der Gerichtsstand ausschließlich sein und daß die Vereinbarung beide Teile binden soll. Der Wille kann vielmehr auch dahin gehen, daß der vereinbarte Gerichtsstand ein bloß zulässiger sein und nur den einen Teil binden soll. Was nun im einzelnen Falle gemeint ist, hängt von den Umständen ab und ist Auslegungssache. Vorliegend hatten nicht beide Teile, sondern offenbar nur die Klägerin ein Interesse daran, etwaige Streitigkeiten durch die ungarischen Gerichte entscheiden zu sehen; wenigstens hat der Beklagte nicht angegeben, weshalb es auch ihm lieber sein mußte, in Budapest zu prozessieren, als in X. Es muß deshalb angenommen werden, daß durch die Vereinbarung über die Zuständigkeit des ungarischen Gerichts zwar der Klägerin ein Recht gegen den Beklagten, nicht aber auch dem Beklagten ein Recht gegen die Klägerin eingeräumt werden sollte. Der Beklagte müßte sich deshalb trotz der Vereinbarung auch gefallen lassen, in seinem gesetzlichen Gerichtsstande verklagt zu werden.

2. Nach § 110 CPO. würde der Beklagte nicht berechtigt sein, Sicherheit zu verlangen, wenn er in Ungarn im gleichen Falle auch keine Sicherheit zu leisten haben würde. Nun ist Österreich-Ungarn, ebenso wie das Deutsche Reich, 1899 dem Haager Abkommen beigetreten, und aus Art. XI ergibt sich, daß in Ungarn einem als Kläger auftretenden Deutschen wegen seiner Eigenschaft als Ausländer eine Sicherheitsleistung nicht auferlegt werden darf.

Das Abkommen begründet also zweifellos formelle Gegenseitigkeit zwischen Deutschland und Ungarn, d. h. ein deutscher Kläger ist in Ungarn nicht schlechter gestellt als ein ungarischer. Der § 110 CPO. verlangt aber mehr, denn danach soll die Befreiung nur eintreten, wenn im gleichen Falle in Ungarn ein deutscher Kläger ebenso gutgestellt sein würde wie in Deutschland (materielle Gegenseitigkeit), und diese Voraussetzung würde nicht zutreffen, wenn etwa in Ungarn auch von einem ungarischen Kläger eine Sicherheit verlangt werden könnte (Entsch. des RG. 51 S. 1). Der Beklagte hat jedoch erklärt, er wolle nicht behaupten, daß im gleichen Falle in Ungarn auch ein Ungar zur Sicherheitsleistung verpflichtet sein würde, und an sich ist letzteres auch sehr unwahrscheinlich. Demnach darf davon ausgegangen werden, daß der Fall des § 110 Ziff. 1 gegeben ist. M.

d) **Zur Erhebung der Widerklage auf Scheidung genügt, daß die Vollmacht nur allgemein für die Vertretung im Scheidungsprozesse ausgestellt ist. CPO. §§ 81, 613.**

OLG. Oldenburg, I. CS. Urteil v. 11. Juli 1903.

Das Landgericht hatte wegen Ehebruchs des Beklagten geschieden und diesen für schuldig erklärt. Für ihn legte der Rechtsanwalt X. Berufung ein und beantragte widerklagend, die Ehe wegen Ehebruchs der Frau zu scheiden, indem er folgende Vollmacht des Beklagten überreichte: „Ich erteile dem X. uneingeschränkte Prozeßvollmacht, mich in dem von meiner Frau vor dem Landgericht A. angestellten Scheidungsprozesse zu vertreten und alle den Rechtsstreit betreffenden Prozeßhandlungen wahrzunehmen. CPO. §§ 77, 78, 79, 81, 82.“ — Aus den Gründen:

Wenn nach § 613 „der Bevollmächtigte des klagenden Ehegatten einer besonderen, auf den Rechtsstreit gerichteten Vollmacht bedarf“, so erscheint allerdings unzweifelhaft, daß auch der eine Widerklage erhebende Ehegatte als „klagender Ehegatte“ im Sinne des Gesetzes anzusehen ist. Daß aber die Vollmacht des Beklagten eine besondere Ermächtigung zur Erhebung der Widerklage enthalten müsse, läßt sich weder aus dem Gesetze selbst, noch aus seiner Entstehungsgeschichte rechtfertigen.

In der Reichstagskommission zur Beratung der CP.-Novelle „entstanden Zweifel darüber, was unter der »besonderen, auf den Rechtsstreit gerichteten Vollmacht« zu verstehen sei. Während verschiedene Mitglieder hierin lediglich eine Spezialvollmacht im Gegensatze zur Generalvollmacht erblickten, präzisierte ein Regierungsvertreter den Begriff dahin, daß in der Vollmacht die causa der Klage, also insbesondere der Scheidungsgrund, spezialisiert werden müsse, derart, daß sich der Bevollmächtigte auf einen andern Grund nicht berufen dürfe. Es rechtfertige sich dieses aus der höchst persönlichen Natur der Ehesachen, bei denen ja auch eine Vertretung im Willen ausgeschlossen sei. Religiöse und sittliche Rücksichten ließen als ausgeschlossen erscheinen, daß der Anwalt z. B. die Scheidungsgründe beliebig wähle.“ Diese Auslegung fand aber in der Kommission allseitigen Widerspruch.

Schließlich „wurde auf Antrag als die einstimmige Meinung der Kommission ausdrücklich festgestellt, daß unter der im § 573 b [jetzt § 613] vorgesehenen Vollmacht lediglich eine auf den speziellen Ehestreit gerichtete Vollmacht zu verstehen sei, welche ohne weiteres die Ermächtigung in sich schließe, alle bezüglichen Klagegründe geltend zu machen." Hiernach bedarf es nur einer besonderen für den einzelnen Eheprozeß auszustellenden Vollmacht, dagegen nicht einer Spezialisierung dieser Vollmacht.

Daß die einem Anwalt erteilte Generalvollmacht, die Prozesse des Vollmachtgebers zu führen, von ganz eigenartig gelegenen Fällen abgesehen, schon nach allgemeinen Auslegungsregeln wegen der höchst persönlichen Natur der Ehesachen den Willen des Machtgebers nicht dartut, eine Scheidungsklage zu erheben, liegt auf der Hand. Schreibt nun das Gesetz im Hinblicke auf die „persönliche Natur der Ehesachen" (Begründung bei Art. I § 573b) bei Beibringung einer besonderen Vollmacht vor, so ergibt sich an sich aus dieser Vorschrift nur, daß für den Ehestreit als solchen eine Vollmacht erforderlich ist. Es mag dabei auch gefolgert werden können, daß der jedesmal in Frage stehende Ehestreit bestimmt bezeichnet werden muß, daß z. B. anzugeben ist, ob es sich um eine Scheidungs- oder Herstellungsklage handelt. Dagegen hat die weitergehende Forderung, daß die Klagegründe oder die prozessualen Angriffsmittel in der Vollmacht bezeichnet werden müßten, im Gesetze keinen Anhalt. Wurde dies mit Recht in der Reichstagskommission für die einzelnen Scheidungsgründe der Klage festgestellt, so muß dasselbe für die Erhebung der Widerklage angenommen werden. Das Gesetz verlangt nichts weiter, als eine „besondere, auf den Rechtsstreit gerichtete Vollmacht". In der Reichstagskommission wurde zutreffend bemerkt, es „sei kaum anzunehmen, daß ein Anwalt im Scheidungsprozesse Gründe im Widerspruche mit der Partei geltend mache". Ebensowenig ist anzunehmen, daß der Anwalt, den der im Scheidungsprozesse Beklagte mit seiner Vertretung betraut hat, ohne Einvernehmen mit ihm eine Widerklage erheben wird. Hiernach ist in Ermangelung durchschlagender Gegengründe die allgemeine Regel des — in der vorgelegten Vollmacht auch angeführten — § 81 auch auf die im § 613 bezeichnete Vollmacht anwendbar (vgl. auch Petersen-Anger, Gaupp-Stein zu § 613).

Burl.

e) **Eine in der Urteilsformel in Bezug genommene Anlage ist mit dem Urteil zuzustellen. CPO. § 170[1].**

OLG. Karlsruhe, II. CS. Urteil v. 3. März 1903.

Es kann dahingestellt bleiben, inwieweit es nach § 313 Ziff. 5 zulässig ist, in der Urteilsformel auf bei den Akten befindliche sonstige Schriftstücke Bezug zu nehmen, und bejahendenfalls, ob derartige Urteilsanlagen nur, soweit sie von sämtlichen bei der Urteilsfällung beteiligten Richtern unterzeichnet sind (vgl. § 315), oder auch ohne solche Unterzeichnung, als ergänzender Urteilsinhalt angesehen werden können. Jedenfalls muß, wenn im Tenor hinsichtlich des Gegenstandes der Verurteilung nicht auf einen zugestellten

Parteischriftsatz, sondern auf ein seines großen Umfanges wegen dem Urteil nicht selbst einverleibtes gerichtliches Verzeichnis zahlreicher Ausstände, das als Anlage des Urteils diesem angeschlossen ist, Bezug genommen ist, daran festgehalten werden, daß eine ordnungsmäßige Zustellung eines solchen Urteils nur dann vorliegt, wenn zugleich mit dem Urteil auch beglaubigte Abschrift dieses gerichtlichen Verzeichnisses zugestellt wurde (vgl. § 170), da ohne solche für den Zustellungsempfänger nicht mit Sicherheit erkennbar ist, welcher Inhalt dem gegen ihn ergangenen Urteil überhaupt zukommt. Hieran vermag auch der Umstand, daß aus der Urteilsbegründung sich ergibt, daß das Gericht eine Verurteilung schlechthin nach Maßgabe eines Parteiantrags erlassen wollte, schon deshalb nichts zu ändern, weil nach der in Theorie und Praxis vorherrschenden, auch vom Gerichtshof gebilligten Meinung die richterliche Entscheidung, nur soweit sie im Urteilstenor zum Ausdruck gelangt ist, der Rechtskraftwirkung fähig ist. Dr. E.

f) **Bedeutung der „Ladung" im § 187 CPO.**

OLG. Dresden, V. CS. Urteil v. 11. Oktober 1902.

Am 19. April ist die Klageschrift dem Vater der Beklagten, da diese selbst in der Wohnung nicht angetroffen worden war, auf dem Felde zugestellt worden. Danach sind die Vorschriften des § 181 über die Zustellung verletzt. Gleichwohl ist die Klagezustellung nach § 187 als am 26. April 1901 gültig bewirkt anzusehen, weil die Klageschrift an diesem Tage in die Hände der Beklagten gelangt ist. Zwar spricht § 187 anscheinend nur davon, daß die Zustellung einer Ladung als mit dem Zeitpunkte bewirkt anzusehen ist, in welchem die Partei nach ihren Eklärungen die Ladung erhalten hat. Allein es kann nach Sinn und Zweck der Vorschrift kein begründeter Zweifel darüber obwalten, daß unter Ladung das die Ladung enthaltende Schriftstück nach seinem gesamten Inhalte, hier also die Klageschrift mit der ihr eingefügten Ladung zu verstehen ist und daß sich die mit der nachmaligen Empfangnahme des Schriftstücks seitens der Partei verknüpfte Teilung der geschehenen Gesetzesverletzung nicht bloß auf die im Schriftstücke enthaltene Ladung, sondern auf dessen Gesamtinhalt erstreckt. Darauf weist auch die dem jetzigen § 187 beigegebene Begründung hin, nach der „die Vorschrift auf die Zustellung von Schriftstücken, die eine Ladung überhaupt nicht enthalten, keine Anwendung finden solle." Vor allem aber spricht für diese Ansicht der Zweck der Bestimmung, die gerade den Mißständen abhelfen soll, die sich namentlich bei Ersatzzustellungen durch die Rüge von Verstößen gegen Formvorschriften ergeben haben. Diese vom Gesetzgeber für nötig erachtete Abhilfe würde aber gerade im praktisch häufigsten Falle der Klagezustellung versagen, wenn man ängstlich am buchstäblichen Sinne des Wortes „Ladung" haften und in einem Falle der vorliegenden Art wohl die in der Klageschrift enthaltene Ladung, nicht aber die Klage im übrigen als wirksam zugestellt behandeln wollte (vgl. auch Gaupp-Stein, Bem. III Abs. 2 zu § 187 CPO.). Dr. v. F.

g) **Erfordernisse einer Zustellung nach § 198.**

Kammergericht, II. CS. Urteil v. 19. Dezember 1902.

Allerdings kann die im § 198 zugelassene Zustellung nur im Einverständnisse beider Anwälte, mit ihrer Einwilligung und Mitwirkung erfolgen. Dies ist aber hier geschehen. Indem der Rechtsanwalt A. am 23. Mai 1902 die Ausfertigung des Urteils mit einer von ihm unterschriebenen und datierten Bescheinigung, daß er das Urteil dem Prozeßbevollmächtigten des Beklagten heute zugestellt habe, dem Rechtsanwalt B. zugehen ließ, gab er deutlich zu erkennen, daß er die Zustellung von Anwalt zu Anwalt vornehmen wollte; denn diese Handlung enthielt, soweit die Mitwirkung des A. erforderlich war, bereits den Zustellungsakt selbst. Gegenüber diesem durch den Zustellungsakt betätigten Willen, die Zustellung von Anwalt zu Anwalt zu bewirken, ist die Angabe der Kläger, A. habe die Zustellung nicht vornehmen wollen, die Absendung des Urteils beruhe vielmehr auf einen in seinem Bureau vorgekommenen Versehen, unerheblich. Die Wirkung der von ihm ausgegangenen Zustellung trat mit der Annahme des zwecks Zustellung übersandten Urteils durch B. ein, und es bedurfte nur noch der Ausstellung des Empfangsbekenntnisses gemäß § 198², um die Zustellung perfekt werden zu lassen. Daß B. das Urteil mit der Bescheinigung des A. angenommen und behalten hat, ist unstreitig. Dadurch gab er bereits dem gegnerischen Anwalt zu erkennen, daß er sich auf die von diesem veranlaßte Zustellung von Anwalt zu Anwalt einließ und zur Mitwirkung dabei bereit war, wie er denn auch noch am 23. Mai seinem Auftraggeber schrieb: „Ich übersende Ihnen das mir heute zugestellte Urteil".

Die Ausstellung des Empfangsbekenntnisses ist allerdings ein Erfordernis, ohne welches die Zustellung nicht perfekt werden konnte. Nicht erforderlich ist dagegen, daß sie der Empfangnahme unmittelbar nachfolgte, sie konnte vielmehr auch später erfolgen, nur mußte die Tatsache der Verwirklichung des Zustellungsaktes in der Zeugnisurkunde richtig angegeben werden. Nun ist bereits in dem Schreiben des B. vom 14. Juli 1902 ein dem § 198² entsprechendes Empfangsbekenntnis enthalten, da daselbst B. den A. darauf aufmerksam macht, „daß Sie mir das am 26. April 1902 verkündete Urteil am 23. Mai 1902 zugestellt hatten, bevor ich es Ihnen am 3. Juni zustellen ließ", dieses Schreiben auch, mit Datum und Unterschrift versehen, dem A. zugegangen ist. Indem B. endlich unterm 9. Dezember 1902 das dem § 198 entsprechende, dem A. am 11. dess. zugestellte Empfangsbekenntnis ausgestellt hat, ist auch dadurch der für die Wirksamkeit der Zustellung erforderlichen Ausstellung des Empfangsbekenntnisses genügt und die Zustellung des Urteils mit dem daselbst angegebenen Zeitpunkte als wirksam erfolgt anzusehen. V.

h) **Aufnahme des unterbrochenen Rechtsstreits gegen einzelne Rechtsnachfolger. CPO. §§ 239 ff.**

OLG. Kiel, II. CS. Urteil v. 26. Mai 1903.

Die Klägerin, die von der 1901 verstorbenen Mutter ihres Mannes zur

Universalerbin eingesetzt worden, hat gegen den zweiten Mann der Erblasserin auf Anerkennung der Rechtsbeständigkeit des Testaments geklagt. Der Beklagte ist gestorben, nachdem er Berufung eingelegt hatte. Die jetzigen Beklagten, welche die Klägerin zur Aufnahme des Rechtsstreits geladen hat, bestreiten nicht, Rechtsnachfolger des ursprünglichen Beklagten zu sein, sie behaupten aber, daß noch andere Erben vorhanden seien. Ob dies richtig ist, kann dahingestellt bleiben. Die CPO. (§§ 239 ff.) enthält keinerlei Vorschrift, daß der Prozeß nur für und gegen alle Rechtsnachfolger aufgenommen werden könne. Ein Grund, warum prozessual nicht jeder einzelne Rechtsnachfolger zur Aufnahme des Rechtsstreits an Stelle des verstorbenen Rechtsvorgängers verpflichtet und berechtigt sein sollte, ist nicht abzusehen. Nur darauf ist die Frage abzustellen, ob der Klaganspruch nach dem materiellen Recht gegen jeden einzelnen Rechtsnachfolger oder von ihm verfolgt werden kann, oder ob dies nur bezüglich der Gesamtheit der Erben der Fall ist. Nur aus dem materiellen Rechte kann der zur Aufnahme geladene Erbe seine Sachlegitimation bestreiten, die Einrede der mehreren Streitgenossen erheben. Im BGB. besteht aber keine Bestimmung, nach welcher — auch wenn die Erbschaft noch nicht geteilt sein sollte — nur alle Erben gemeinschaftlich verklagt werden könnten. Das Gegenteil ist nach den §§ 2058 ff. der Fall, wenn es sich um eine Schuldverbindlichkeit des Erblassers handelt. Umsomehr muß das Gegenteil gelten, wenn es sich um eine Feststellungsklage über die Rechtswirksamkeit eines Testaments handelt. Auch wegen der Prozeßkosten läßt sich gegen diese Auffassung kein Bedenken erheben, weil alle Erben nach § 2058 für die Nachlaßschulden als Gesamtschuldner haften. Gr.

28

a) **Schreibgebühren für eine zweite zur Weitergabe an den Auftraggeber des gegnerischen Anwalts bestimmte Abschrift.**

Kammergericht, XIV. CS. Beschluß v. 5. Oktober 1903.

Das Landgericht hat Schreibgebühren abgesetzt, die dafür berechnet wurden, daß der Anwalt des obsiegenden Beklagten dem Gegner von einem Schriftsatze ein zweites Exemplar erteilt hatte. In seiner Beschwerde macht der Beklagte geltend: Die Anwälte des Landgerichts seien dahin übereingekommen, daß die vorbereitenden Schriftsätze dem Gegner stets in 2 Exemplaren zuzustellen seien. Es sei häufig unbedingt notwendig, daß der Gegner seiner Partei selbst das ihm zugestellte Exemplar nicht aushändige, da es im Interesse einer schleunigen Orientierung und eines angemessenen Geschäftsbetriebes liege, daß ein jeder Anwalt seine Handakten stets vollständig habe. Da nun die Herstellung zweier Abschriften mittels der Schreibmaschine dieselbe Zeit wie die Herstellung einer Abschrift erfordere, so würde es zu unnötiger Arbeit führen, wenn der Gegner den Schriftsatz nur in einem Exemplar erhielte und ihn dann erst für seinen Auftraggeber abschreiben lassen müßte. Allein durch einen Beschluß der beim Landgericht zugelassenen Anwälte kann eine Partei,

Kosten, die ihr nicht nach den Gesetzen zur Last fallen würden, zu tragen nicht verpflichtet werden. Im übrigen setzen die Ausführungen der Beschwerde voraus, daß die Mitteilung der gegnerischen Schriftsätze vom Anwalt an die Partei unter allen Umständen gerechtfertigt sei. Dies kann aber nicht zugegeben werden; es ist in jedem Einzelfalle zu erwägen und zu entscheiden, ob die Herstellung einer Abschrift für die Partei sich als eine notwendige oder nützliche Aufwendung darstellt (Entsch. des RG. 28 S. 407). Irgendwelche Umstände, die den klägerischen Anwalt gehindert haben, die ihm zugegangene Abschrift selbst an den Kläger zur Kenntnisnahme und Informationserteilung weiterzusenden, sind nicht behauptet. K.

b) **Wann können die in nichtstreitigen Angelegenheiten erwachsenen Kosten ersetzt verlangt werden?**

OLG. Hamburg, I. CS. Urteil v. 31. Oktober 1902.

Der Anspruch des Klägers auf Erstattung der Kosten, welche durch Beauftragung seiner Anwälte mit der Abfassung der von ihm im Verfahren vor dem Vormundschaftsgericht abgegebenen Erklärungen erwachsen sind, ist unbegründet. Die Pflicht zur Kostenerstattung beruht entweder auf gesetzlicher Vorschrift, oder auf dem allgemeinen Grundsatz der Verpflichtung zum Ersatz widerrechtlich zugefügten Schadens. Keine dieser Voraussetzungen liegt hier vor. Die Bestimmung der CPO., wonach die im Prozeß unterliegende Partei die dem Gegner erwachsenen, zur zweckentsprechenden Rechtsverfolgung oder Rechtsverteidigung notwendigen Kosten zu erstatten hat, kann nicht analog ausgedehnt und dahin verallgemeinert werden, daß die Erstattungspflicht Folge des Unterliegens auch in jedem anderen, nicht im Prozeß vor den ordentlichen Gerichten ausgetragenen Streitverfahren sei. Es würde auch nicht einmal anerkannt werden können, daß die Erklärung auf den Antrag der Beklagten, zu welcher (der von ihr geschiedene) Kläger vom Vormundschaftsgericht aufgefordert war, die Inanspruchnahme der Tätigkeit eines Anwaltes notwendig erforderte, und daß mithin die aufgewendeten Kosten zur Rechtsverteidigung des Klägers notwendig waren. — Ferner aber war das fragliche Verfahren weniger ein solches über eine Streitsache der Eltern, als vielmehr ein auf Antrag eingeleitetes amtliches Ermittelungsverfahren im Interesse des Kindes, in welchem die Vernehmung des Vaters angeordnet war. Es versteht sich danach von selbst, daß die Auflage der Kosten auf die mit ihrem Antrage abgewiesene Antragstellerin sich selbstverständlich nur auf die Kosten der Behörde beziehen konnte, und nicht auf die den Eltern im Verhältnis zueinander erwachsenen Kosten.

Der Anspruch kann auch nicht auf § 823 BGB. gestützt werden, weil keine widerrechtlich vorsätzliche oder fahrlässige Schadenszufügung oder Verletzung eines klägerischen Rechts vorliegt. M. M.

c) **Auslagen vor der Klagerhebung.**

OLG. Hamburg, I. CS. Beschluß v. 4. Mai 1903.

Verhandlungen, welche der mit Erhebung einer Klage beauftragte Anwalt vor Erhebung der Klage behufs Information und gütlicher Beilegung der Sache mit seinem Auftraggeber und der Gegenpartei führt, werden nach der zurzeit herrschenden Ansicht zu den Mühewaltungen des Anwalts gerechnet, welche, wenn es demnächst zur Erhebung der Klage kommt, durch die Prozeßgebühr abgegolten werden. Hieraus aber folgt, daß Auslagen des Anwalts für Porti und Schreibgebühren, welche durch solche Verhandlungen erwachsen, vom kostenpflichtigen Gegner erstattet werden müssen. M. M.

d) **Erstattungsfähigkeit der Kosten einer Streitverkündung.**

OLG. Rostock, II. CS. Beschluß v. 23. Februar 1903.

Gegen den in die Prozeßkosten verurteilten Beklagten sind auch die der Klägerin durch eine Streitverkündung an X. erwachsenen Kosten festgesetzt. Es muß davon ausgegangen werden, daß die Kosten der Streitverkündung zu den Kosten des Rechtsstreits gehören und als solche vom unterliegenden Teil zu tragen sind unter der Voraussetzung, daß die Streitverkündung zur zweckentsprechenden Rechtsverfolgung oder Verteidigung notwendig war. Sie wird durch den Rechtsstreit verursacht; sie bezweckt, einem Dritten Gelegenheit zu geben, sich am Rechtsstreit zu beteiligen. Damit fällt sie in den Rahmen des anhängigen Prozesses (vgl. Petersen § 73 Note 5, Seuffert § 74 Note 7; Struckmann-Koch § 74 Note 6; a. A. Gaupp-Stein § 74 Note 4). Hier war die Streitverkündung an X, welcher als Bürge von der Klägerin im Falle ihres Unterliegens in Anspruch genommen werden sollte, eine zweckentsprechende Rechtsverfolgung. Allerdings hat der Beklagte keine Abschrift des Schriftsatzes erhalten; diese Unterlassung macht jedoch die Streitverkündung, deren wesentliche Erfordernisse der § 73[1] CPO. festsetzt, nicht ungiltig und ist deshalb für die Kostentragung einflußlos. Dagegen ist eine Mitteilung der Klagschrift oder sonstiger vorbereitender Schriftsätze nicht vorgeschrieben, und deshalb sind die durch solche überflüssige Mitteilung erwachsenen unnötigen Mehrkosten nicht erstattungsfähig. S.

e) **Verklarungskosten sind nicht zu erstatten.**

OLG. Hamburg, I. CS. Beschluß v. 15. April 1903.

Die den seerechtlichen Vorschriften über die Verklarung (jetzt HGB. §§ 522—525) —, die seit alters bei den Seeschiffahrt treibenden Nationen gegolten haben, vom BinnenschG. nachgebildeten Vorschriften (§§ 11—14) über die Berechtigung und (sobald der Schiffseigner oder ein Ladungsinteressent sie verlangt) Verpflichtung des Flußschiffers, amtsgerichtliche Beweisaufnahme über den tatsächlichen Hergang eines Unfalles, der das Schiff oder die Ladung betroffen hat, sowie über den Umfang des eingetretenen Schadens und die zu seiner Abwendung oder Verringerung angewendeten Mittel zu beantragen, betreffen einen, dem Interesse des Schiffseigners und der Ladungsbeteiligten dienenden Akt der freiwilligen Gerichtsbarkeit. Sein Zweck ist die alsbaldige Klarstellung, ob der durch den Unfall eingetretene Schaden die Voraussetzungen der großen oder der besonderen Haverei hatte, und die Kosten der Verklarung gehören, als Kosten für die Ermittelung der Schäden, zu den Havereikosten. Daß die Verklarung, indem sie Aufschluß über die Entstehung des Unfalls gibt, zugleich geeignet ist, vorläufigen Aufschluß über etwaiges Verschulden der Schiffsbesatzung oder eines Dritten zu gewähren, kann aus ihr nicht einen, „zu zweckentsprechender Rechtsverfolgung oder Rechtsverteidigung" vorgenommenen Akt im Sinne des § 91 CPO. machen, die einen entstandenen Rechtsstreit und einen vorhandenen Streitgegner voraussetzt. Wird also die Verklarung, — wie dies meistens geschieht und auch hier geschah —, in einem später entstehenden Rechtsstreite über Schadensersatzansprüche als Beweismittel verwendet, so werden dadurch die für sie aufgewendeten Kosten ebensowenig zu Kosten des Rechtsstreits, wie etwa die Kosten, die nach Seeschiffskollisionen durch Verwendung eines vom Schiffer zu den Seeamtsverhandlungen zugezogenen Anwalts entstanden sein mögen, wenn später die Seeamtsakten als Beweismittel im Schadensersatzprozesse verwendet werden. Wie weit derartige Kosten einen durch den schuldigen Schadensstifter verursachten und deshalb von ihm mit zu ersetzenden Schaden bilden können, steht hier nicht in Frage. M. M.

f) Kostenpflicht wegen verzögerter Entgegennahme der Auflassung. CPO. § 93. BGB. § 433.

OLG. Braunschweig, I. CS. Beschluß v. 16. Mai 1903.

Dem Klageantrage auf Entgegennahme der Auflassung und Eintragung des Restkaufgeldes hatte der Beklagte nach der Klagezustellung entsprochen. Er wurde in die Kosten verurteilt. Gründe:

Es ist verfehlt, wenn das angefochtene Urteil die nach § 93 CPO. zu stellende Frage, ob Beklagter zur Klage Veranlassung gegeben hat, lediglich auf Grund der vom Verzuge des Gläubigers handelnden §§ 293 ff. BGB. beantwortet. War Beklagter nur mit der Annahme der ihm geschuldeten Leistung, der Auflassung, im Verzuge, so verletzte er dadurch ein Recht des Klägers nicht: als Gläubiger war er dem Kläger zu nichts verpflichtet. Hatte aber der letztere einen Anspruch darauf, daß Beklagter die Auflassung entgegennahm, so war dieser insofern Schuldner, und wenn er mit der Erfüllung der Verpflichtung säumig war, so befand er sich in Leistungsverzug. Die Grundsätze vom Schuldnerverzuge (§§ 284 ff. BGB.) kommen daher wesentlich in Betracht.

Im allgemeinen ist Annahme einer geschuldeten Leistung nur ein Recht, keine Pflicht des Gläubigers. Eine Ausnahme macht das BGB. beim Kaufe: Nach § 433² hat der Käufer die gekaufte Sache „abzunehmen", d. h. tatsächlich, körperlich in Empfang zu nehmen. Ob diese Vorschrift auch auf unbewegliche Sachen anzuwenden ist, mag zweifelhaft erscheinen (Crome System 2 § 215 Ziff. 4). Gibt man die Möglichkeit auch zu, so ist doch jedenfalls dann für die Anwendung kein Raum mehr, wenn der Käufer die unbewegliche Sache bereits in Besitz genommen hat. Mit solcher Inbesitznahme ist die Abnahme vollendet, die etwaige Abnahmepflicht erfüllt; es gehört dazu nicht auch, daß Käufer sich das Eigentum übertragen läßt.

Zum Eigentumsübergange bedarf es auf seiten des Käufers nur der vor dem Grundbuchrichter dem Verkäufer gegenüber abzugebenden Erklärung des Erwerbswillens; eine derartige Handlung des Käufers hat mit einer körperlichen Abnahme der Sache nichts gemein. Nur in Ansehung gekaufter Sachen bestimmt das Gesetz eine Abnahmepflicht des Käufers; als Gegenstand der Annahme bezeichnet es dagegen schlechthin die Leistungen des Schuldners (§§ 293 ff.). Die Auflassung eines verkauften Grundstücks ist eine Leistung des Verkäufers, zu deren Annahme der Käufer berechtigt, aber nicht ohne weiteres auch verpflichtet ist. Freilich ist dem Verkäufer eines Grundstücks gar häufig damit allein nicht gedient, daß er sich des Besitzes entledigen kann (vergl. § 303): Solange er noch Eigentümer ist, haftet er, z. B. wegen der öffentlichen Lasten (Steuern, Abgaben 2c) dem Staate und den sonstigen öffentlich rechtlichen Verbänden, und wenn er dieserhalb auch gegen den Käufer Ansprüche haben mag, so hat er doch ein Interesse daran, daß er seiner Verpflichtung gegen den Verband überhoben wird. Aus einem derartigen Interesse mag sich folgern lassen, daß es dem Parteiwillen entspricht, daß der Käufer dem Verkäufer gegenüber zur Entgegennahme der Auflassung verpflichtet ist (Crome § 163 Z. I). Noch weniger ist eine solche Verpflichtung zu beanstanden, wenn, wie hier, das Restkaufgeld einzutragen ist. Hypothekbestellung und Eigentumsübertragung sind gegenseitige Leistungen, die, wenn im Kaufvertrage nichts anderes bestimmt ist, tunlichst gleichzeitig gegeneinander auszutauschen sind. Nun gehört aber zur Bestellung der Hypothek deren Eintragung, und diese darf nach § 40 GrBO. erst erfolgen, wenn der Käufer auf Grund der Auflassung als Eigentümer eingetragen ist. Stünde nun dem Verkäufer kein Mittel zu Gebote, das Grundstück dem Käufer ohne und selbst wider dessen Willen zu übereignen, so könnte er die Bestellung der Hypothek nicht erwirken. Auf diese Leistung aber, die mit der Verpflichtung des Käufers, den vereinbarten Kaufpreis zu zahlen, auf eine Linie zu stellen ist, gibt der Vertrag dem Verkäufer unzweifelhaft einen Anspruch; und da dieser Anspruch sich nicht realisieren läßt, ohne daß das Grundstück dem Käufer aufgelassen wird, so ist der letztere dem Verkäufer gegenüber auch verpflichtet, hierzu das Seinige zu tun, mithin die Auflassung entgegenzunehmen. Hdt.

g) „Sofortiges" Anerkenntnis bei Klagänderung CPO. § 93.

OLG. Dresden, II. CS. Urteil v. 20. März 1903.

Der Beklagte ist in der Hauptsache auf Grund seines Anerkenntnisses verurteilt. Wenn das Landgericht im Eingange der Gründe den sonstigen Streitstoff, sowie die Beweisergebnisse gewürdigt hat, so geschah dies, um die Verfügung über den streitig gebliebenen Kostenpunkt zu rechtfertigen. Daß die Klägerin einen besonderen Antrag gestellt hat, den Beklagten auf Grund seines Anerkenntnisses zu verurteilen, erhellt nicht. Man kann indessen diese Frage (Entsch. des RG. 3 S. 200, 1894 S. 139 und 314, Seuffert 41 S. 453, Gruchot 38 S. 122b) dahingestellt lassen; denn die Entscheidung in der Hauptsache ist von keinem Teile angefochten.

Die hiernach zulässige Berufung gegen die Kostenentscheidung ist aber unbegründet, weil die Voraussetzungen des § 93 vorliegen. Der Klaganspruch (Freigabe des gepfändeten Wagens) ist überhaupt erst in der mündlichen Verhandlung durch Bezugnahme auf bestimmte Eigentumserwerbsvorgänge begründet worden. Vorher war dem Beklagten Gelegenheit zur Prüfung des beanspruchten Eigentumsrechts nicht gegeben. Nun ist aber das Klaganführen (käuflicher Erwerb) für widerlegt zu erachten; denn der Wagen wurde der Klägerin bei ihrer Gründung von der A.-Gesellschaft m. b. H. gegen Aktien zum Eigentum überlassen. Das kann nicht anders verstanden werden, als daß die A.-Gesellschaft Aktien der zu gründenden Aktiengesellschaft übernahm und als Gegenleistung hierfür den Wagen in die Gesellschaft einlegte. Danach ist der Wagen eine Gründereinlage der A.-Gesellschaft gewesen, da nach § 187 HGB. nicht bloß die bei Feststellung des Gesellschaftsvertrags beteiligten, sondern auch diejenigen Aktionäre als Gründer zu gelten haben, die andere als durch Barzahlung zu leistende Einlagen machen. Der Erwerb der Klägerin beruht daher nicht auf einem Kaufe, sondern auf dem eingegangenen Gesellschaftsvertrage (Entsch. des RG. 2 S. 303, 20 S. 246). Der Klaganspruch wäre also ohne Klagänderung überhaupt nicht zu halten gewesen, und wenn ihn der Beklagte gleichwohl nach Kenntnisnahme von dem Beweisergebnisse anerkannte, so ist das Anerkenntnis ein sofortiges im Sinne des § 93. Dr. W.

h) **Zur Auslegung von CPO. § 99 Abs. 1.**

OLG. Hamburg, II. CS. Urteil v. 20. Januar 1903.

Wenn der Berufungskläger in der Hauptsache vollständig befriedigt wird oder die Hauptsache sich in anderer Weise vor der Verhandlung zu seinen Gunsten erledigt, so wird damit die Anfechtung des durch die Berufungseinlegung mit umfaßten Kostenpunktes für die Berufungskläger nicht ausgeschlossen, die Berufung ist nur in der Hauptsache erledigt, wegen des Kostenpunktes bleibt sie anhängig. Liegt aber die Sache so, daß der Berufungskläger seinerseits nach Einlegung der Berufung die ihm im angefochtenen Urteile auferlegten Verpflichtungen dem Gegner gegenüber ohne Vorbehalt vollständig erfüllt, so verzichtet er damit stillschweigend auf eine Anfechtung des Urteils in der Hauptsache, er entsagt insoweit der Berufung und verliert damit in Konsequenz des § 99 auch das Recht, eine Abänderung des allein noch unerledigt gebliebenen Kostenpunktes zu verlangen. Diesen Standpunkt vertritt die Entsch. des RG. 18 S. 420 (vgl. auch Gaupp-Stein, Seuffert zu § 99). M. M.

i) **Keine weitere Beschwerde gegen eine vom Landgericht nach § 99[3] erlassene Beschwerdeentscheidung.**[1]

α) OLG. Rostock, I. CS. Beschluß v. 1. Dezember 1902.

---

[1] Vgl. dagegen den Beschluß des RG. II. CS. v. 20. Jan. 1903 (JW. S. 97). Rechtsmittel gegen das Urteil, das die Hauptsache für erledigt erklärt und über die Kosten entscheidet: daselbst S. 237 Nr. 6.

Nach erledigter Hauptsache sind durch das Urteil des Amtsgerichts die Kosten dem Beklagten auferlegt. Dessen sofortige Beschwerde hatte Erfolg. Die weitere Beschwerde des Klägers wurde nicht zugelassen. Gründe:

Der § 99³ ist dahin auszulegen, daß die sofortige Beschwerde gegen die Entscheidung über den Kostenpunkt nur dann zulässig ist, wenn nach Lage des Falles in der Hauptsache ein Rechtsmittel gegeben sein würde. Letzteres ist aber vorliegend nicht der Fall, da in der Hauptsache, falls sie nicht erledigt wäre, die auf Berufung gegen das amtsgerichtliche Urteil ergehende zweitinstanzliche Entscheidung des Landgerichts allemal die letzte sein würde. Allerdings hat der II. CS. des Reichsgerichts das ausgesprochene Prinzip nicht allgemein, insbesondere nicht für die Zulässigkeit einer weiteren Beschwerde entscheidend sein lassen wollen, vielmehr diese letztere zugelassen, wenn nur die Voraussetzungen der §§ 567, 568 CPO. gegeben waren (JW. 1900 S. 647, 1901 S. 187), allein für diese Einschränkung des obigen Prinzips, wie solches aus dem § 99³ zu grunde liegenden legislatorischen Gedanken als ein allgemein anwendbares zu folgern ist, fehlt es an einem ausreichenden Grunde, wie denn auch neuerdings der I. CS. jenes Prinzip in einem dem vorliegenden im wesentlichen gleichgearteten Falle angewendet hat (Seuffert 57 Nr. 197). S.

β) OLG. Cöln, I. CS. Beschluß v. 20. Dezember 1902.

Für die vorliegende weitere Beschwerde fragt es sich, ob deren Zulässigkeit nach den allgemeinen Grundsätzen (§ 568) zu beurteilen ist, wie der II. CS. des Reichsgerichts angenommen hat (vgl. JW. 1900 S. 647), oder ob auch hierfür die Urteilsnatur der ursprünglichen Entscheidung maßgebend bleibt, so daß eine weitere Anfechtung der Entscheidung des Beschwerdegerichts davon abhängig ist, daß auch gegen eine weitere Entscheidung in der Hauptsache ein Rechtsmittel möglich sein würde. Letztere Ansicht vertritt der I. CS. bei Seuffert 57 Nr. 197 (vgl. auch JW. 1901 S. 6), und es muß dieser Meinung wegen ihrer größeren Folgerichtigkeit beigetreten werden, da der Gesetzgeber, welcher im § 568 die Beschwerden in Kostensachen wesentlich eingeschränkt hat, nicht beabsichtigt haben kann, im Falle des § 99³ die Beschwerde wegen Entscheidungen über den Kostenpunkt in einem größeren Umfange zuzulassen, als die Anfechtung einer in der Hauptsache ergehenden Entscheidung möglich ist. Mz.

k) **Kostenfestsetzung im Anwaltsprozesse, wenn der Anwalt des Gegners weggefallen ist.**

OLG. Posen, IV. CS. Beschluß v. 20. April 1903.

Nachdem das landgerichtliche Urteil dem Beklagten zugestellt worden war, starb der Prozeßbevollmächtigte des Klägers. Der Rechtsstreit gelangte in die Berufungsinstanz, in der beide Parteien durch Anwälte vertreten waren und der Kläger kostenpflichtig abgewiesen wurde. Der Beklagte beantragte Kostenfestsetzung, wurde jedoch zurückgewiesen. Gründe:

Die Entscheidungen, welche mit Rücksicht auf § 179² CPO. den Grundsatz aufstellen (vgl. Entsch. des RG. 13 S. 311; Gruchot 30 S. 455 und 33 S. 1145), daß im Anwaltsprozesse das Verfahren gemäß § 244 CPO. dann nicht unterbrochen wird, wenn der Anwalt nach Zustellung des Urteils und vor Einlegung des Rechtsmittels stirbt, haben einen Fall, wie den vorliegenden, nicht vor Augen gehabt und keine Veranlassung gefunden, einen solchen in den Bereich ihrer Erörterung zu ziehen. Grundsätzlich findet für das Verfahren vor dem Landgericht der Anwaltszwang statt; er erstreckt sich auf das ganze Verfahren vor dem Prozeßgericht (Gaupp-Stein Anm. III zu § 78). Auch in den Ausnahmefällen (§ 78) erstreckt sich die Befreiung vom Anwaltszwange nur auf die betreffende Handlung selbst, nicht auf das sich daran anschließende Verfahren (Anm. IV a. a. O.). Vgl. auch Struckmann-Koch (Anm. 3 zu § 78 und Anm. 2 zu § 104): „Auch das Kostenfestsetzungsverfahren ist — abgesehen vom § 104² — vom Anwaltszwange nicht ausgenommen". Desgl. Sydow-Busch Anm. 3 zu § 164: Für das — an die Anbringung des Gesuchs — sich anschließende weitere Verfahren vor den Landgerichten (z. B. Zustellung des Beschlusses) besteht Anwaltszwang". Diese Ansicht wird auch vom Reichsgericht geteilt (Entsch. 9 S. 390).

Das Kostenfestsetzungsverfahren bildet ein zur ersten Instanz gehöriges selbständiges Nach-Verfahren, das als ein Teil des Rechtsstreits ebensowohl von der Unterbrechung oder Aussetzung des Hauptprozesses mitbetroffen wird, als es selbständig unterbrochen werden kann und daher in beiden Fällen erst nach der Aufnahme wieder statthaft ist (Gaupp-Stein Anm. I. zu § 105 CPO.). Mit Recht geht deshalb das Landgericht davon aus, daß durch den Tod der klägerischen Prozeßbevollmächtigten das Verfahren gemäß § 244¹ unterbrochen ist. R.

l) **Anwendung des Art. 12 des Haager Abkommens vom 14. November 1896 auf die Kosten der Widerklage.**

OLG. Karlsruhe, I. CS. Urteil v. 11. Februar 1903.

Allerdings spricht der Art. 12 nur von den Kosten, in welche der Kläger verurteilt ist, und erwähnt den Fall der Widerklage nicht. Nach deutschem Rechte bilden jedoch die Kosten der in demselben Prozesse verhandelten Klage und Widerklage zusammen als ein untrennbares Ganzes die Kosten des Rechtsstreits (vgl. auch GKG. § 11, GebO. für RA. § 10). Eine Ausscheidung der Kosten der Klage oder der Widerklage ist bei der Art der Gebührenberechnung undurchführbar und darf auch im Urteile nicht verfügt werden, insbesondere auch nicht auf Grund des § 96 CPO. Dies hätte, falls bei einem deutschen Gericht ein unter Art. 12 fallender Rechtsstreit geführt wird, zur Folge, daß der obsiegende deutsche Beklagte, wenn er eine Widerklage erhoben hat und wenn nur für die Kosten der Klage das ausländische Vollstreckungsurteil verlangt werden dürfte, eine Vollstreckbarkeitserklärung überhaupt nicht oder nur für vereinzelte, zufällig nur die Klage berührende Aufwendungen erreichen könnte. Ein solches Ergebnis ließe sich aber nicht billigen. Denn einerseits muß angenommen werden, daß das Abkommen, indem es als Äquivalent für die Aufhebung der dem ausländischen Kläger obliegenden Sicherheitsleistung dem inländischen Beklagten für die aufgewendeten Kosten den Anspruch auf das Vollstreckungsurteil einräumte, einen durchgreifenden Schutz gewähren wollte, und andererseits erscheint ausgeschlossen, daß bedeutsame prozessuale Befugnisse des vom ausländischen Kläger belangten Beklagten beeinträchtigt werden sollten, wie es der Fall wäre, wenn der Beklagte, um den Schutz des Abkommens sich zu sichern, die Erhebung einer Widerklage unterlassen müßte. Ist sonach davon auszugehen, daß Art. 12 auf die Kosten einer, bei einem deutschen Gericht erhobenen, in demselben Prozesse verhandelten Widerklage zu erstrecken ist, so gebietet der das gesamte Abkommen tragende Grundsatz der Gegenseitigkeit, daß der deutsche Richter die Kosten der ausländischen Widerklage, sofern sie mit der Klage in demselben Prozesse verhandelt worden ist, als unter das Abkommen fallend ansieht, und zwar auch dann, wenn etwa das ausländische, hier das ungarische Recht im Gegensatz zum deutschen eine Scheidung der Kosten der Klage und der Widerklage zulassen sollte. Bad. Rechtsprax. 1903 S. 126.

m) **Läßt der Armenanwalt für seine Partei[1] die Kosten festsetzen, so verliert er das Recht aus § 124 CPO.**

OLG. Dresden, IX. CS. Beschluß v. 16. Februar 1903.

Nachdem die Kosten für die Klägerin festgesetzt waren, beantragten und erwirkten deren Prozeßvertreter in 1. (Rechtsanwalt X.) und 2. Instanz (Rechtsanwalt Y.) anderweite Kostenfestsetzung auf ihren eigenen Namen. Der Beschwerde des Beklagten wurde stattgegeben. Gründe:

Durch § 124 ist dem Armenanwalte ein selbständiges Recht auf Kostenerstattung neben dem Rechte verliehen, das der armen Partei nach dem ihr günstigen Schuldtitel zusteht. An sich wären daher X. und Y. berechtigt gewesen, die Kostenfestsetzung im eigenen Namen zu betreiben (Gruchot 45 S. 652). Indessen hatten sie diese Berechtigung bereits verloren, als sie die jetzt angefochtenen Beschlüsse beantragten. Denn ihr früheres Verhalten schließt die Erklärung in sich, daß sie gewillt seien, jene Berechtigung nicht geltend zu machen. X. hat in seinem früheren Festsetzungsantrage gesagt: „er überreiche ... unter Beifügung seiner Handakten und der des Rechtsanwalts Y. Berechnung der der Klägerin erwachsenen Kosten ... mit dem Ersuchen, sie festzusetzen 2c". Damit hat er für sich und Y. zu erkennen gegeben, daß sie davon absehen wollten, die Festsetzung im eigenen Namen zu beantragen, und von dieser Auffassung ist, wie der Festsetzungsbeschluß zeigt, auch das Landgericht ausgegangen. Allerdings ließ der Antrag nicht erkennen, ob Rechtsanwalt Y. dem für ihn darin ausgesprochenen Verzicht

---

[1] Durch die Bewilligung des Armenrechts erlangt die arme Partei nicht auch den Anspruch auf Erstattung der Gebühren, die sie schon vorher gezahlt hatte, oder auf Rückzahlung des bereits gezahlten Vorschusses, selbst wenn dem Gegner die Kosten des Verfahrens auferlegt werden. (Bayer. Ob. LG., I. CS. Beschluß v. 18. Okt. 1902. Sammlung 3 S. 851.)

im voraus zugestimmt habe, indessen hat er unterlassen, jenen Festsetzungsbeschluß, nachdem er zu seiner Kenntnis gekommen war, anzufechten. Dr. v. F.

29

a) **Die Gegenseitigkeit (CPO. § 328 Nr. 5) ist hinsichtlich des Kantons Zürich[1] verbürgt.**

OLG. Hamburg, V. CS. Urteil v. 6. Juli 1903.

„Gegenseitigkeit" liegt dann vor, wenn die Urteile der Gerichte desjenigen deutschen Staates, in dem das Vollstreckungsurteil begehrt wird, in demjenigen Staat, dessen Gericht das zu vollstreckende Urteil erlassen hat, ohne Nachprüfung der Gesetzmäßigkeit der Entscheidung, also ohne Zurückgehen auf die materielle Richtigkeit derselben zur Vollstreckung zugelassen werden. Diese Gegenseitigkeit kann verbürgt sein durch Staatsverträge, durch Gesetze, aber auch durch die ständige Übung der Gerichte oder der sonst zuständigen Organe des fremden Staates. Staatsverträge, welche die Gegenseitigkeit der Vollstreckung verbürgten, sind nun weder zwischen Deutschland, noch Hamburg und dem Schweizer Bunde oder dem Kanton Zürich geschlossen. Mangels eines solchen Vertrages aber ist die Regelung dieser Frage nach Schweizer Recht den einzelnen Kantonen überlassen (Leske-Löwenfeld 1 S. 481[3]). Das Züricher Rechtspflegeges. vom 2. Dezember 1874 bis 13. Juni 1880 bestimmt im § 752: „für den Vollzug ausländischer Civilurteile sind die Vorschriften der betreffenden Staatsverträge, wo solche bestehen, maßgebend. Urteilen aus Staaten, mit welchen keine Staatsverträge bestehen, kann zwar der hierseitige Richter nach freier Würdigung aller Verhältnisse Vollziehung gewähren, unter allen Umständen aber nur dann, wenn das fragliche Urteil unzweifelhaft rechtskräftig und von einem Richter ausgefüllt ist, welcher an sich kompetent war, und dessen Kompetenz auch nicht durch die hierseitige Gesetzgebung ausgeschlossen wird". In dieser Bestimmung ist eine Verbürgung der Gegenseitigkeit nicht enthalten. Der Züricher Richter ist danach nicht verpflichtet, die Vollstreckung deutscher Urteile zuzulassen, er kann es nur, es ist seinem Ermessen überlassen, und auch das nur nach freier Würdigung aller Verhältnisse, also auch unter Nachprüfung der materiellen Richtigkeit des fremden Urteils. Aus diesem Grunde nimmt denn auch Klein (Böhm's Zeitschrift 7 S. 327 Anm. 9) an, daß im Kanton Zürich die Gegenseitigkeit nicht verbürgt sei. Trotz jener unzulänglichen Bestimmung aber wird die Gegenseitigkeit als verbürgt anzusehen sein, wenn die Züricher Gerichte tatsächlich regelmäßig, ohne eine Nachprüfung der materiellen Richtigkeit der deutschen Urteile vorzunehmen, deren Vollstreckung zulassen. In dieser Richtung kommt ein Urteil des Züricher Obergerichtes von 1877 in Betracht, das die Vollstreckung eines Urteiles des badischen Kreisgerichts Waldshut unter der prinzipiellen Begründung gewährte, daß eine Verweigerung der Exekution

[1] Ebenso OLG. Karlsruhe, III. CS. Urteil v. 22. Dezember 1902 (Bad. Rechtspraxis 1903 Nr. 6).

gegenüber Urteilen eines civilisierten Staates, dessen Rechtspflege der besten Achtung genieße, und die nach sorgfältiger Wahrung der vorgeschriebenen Rechtsformen erlassen worden seien, nicht im Sinne des § 752 cit. liege. Weiter hat das Obergericht Zürich am 18. Dezember 1884 dem OLG. Karlsruhe erklärt: „Unbedenklich kann beigefügt werden, daß überhaupt Urteile von Gerichten des Deutschen Reiches bei diesseitigen Gerichten anstandslos vollstreckt zu werden pflegen.“ (Busch, Zeitschrift 10 S. 491.) Endlich führt ein Urteil des Handelsgerichts zu Zürich vom 9. Januar 1885 (Koppers, Zusammenstellung S. 61) aus, nachdem es die Bedeutung des cit. § 752 erörtert hat: „Das Gesagte läßt sich dahin zusammenfassen, daß nach Zürichschem Rechte, vorbehaltlich allfällig die Reziprozität, die Zwangsvollstreckung den Urteilen von Gerichten ausländischer Staaten zu gewähren ist, wenn diese Staaten die formellen und materiellen Requisite eines gehörigen Rechtsganges erfüllen, d. h. eine ordentliche Justiz besitzen, — ohne daß der Richter berechtigt wäre, die Urteile einer Nachprüfung mit Bezug auf ihre materielle Richtigkeit zu unterwerfen. Daß jenes Erfordernis bei den Gerichten des Deutschen Reiches in vollem Maße vorhanden sei, ist von den Gerichtsstellen des diesseitigen Kantons nie bezweifelt worden.“ Ein von dieser Praxis abweichendes Erkenntnis eines Züricher Gerichts ist nicht bekannt geworden. M. M.

b) **Unrichtige Datierung des Urteils bei der Berufungseinlegung.**[1]

OLG. Bamberg, I. CS. Urteil v. 13. Dezember 1902.

In dem Schriftsatz, durch den das Rechtsmittel eingelegt wurde, ist als Tag der Verkündung des angefochtenen Urteils der 18. bezeichnet, während das richtige Datum der 16. Oktober ist. Der hierauf gestützte Einwand wurde verworfen. Gründe:

Gemäß § 518 Ziffer 1 ist allerdings die Bezeichnung des angegriffenen Urteils ein notwendiger Bestandteil des Berufungsschriftsatzes. Allein die Gültigkeit der Berufungseinlegung wird nicht durch jede beliebige Unrichtigkeit in der Bezeichnung des Urteils beseitigt; nur ein wesentlicher Mangel, d. h. ein solcher, welcher geeignet ist, bei dem Berufungsbeklagten einen berechtigten Zweifel an der Identität des angefochtenen Urteils zu erregen, würde das Rechtsmittel unwirksam machen. Hierüber hat das Gericht nach freiem Ermessen zu befinden. Die Unrichtigkeit des Datums der Verkündung kann nur dann einen Zweifel hervorrufen, wenn noch ein anderer Rechtsstreit zwischen denselben Parteien vor dem nämlichen Landgerichte in dem gleichen Jahre anhängig gewesen und auch in diesem ein Urteil ergangen wäre, auf das sich möglicherweise die Berufung ebenfalls hätte beziehen können (Gaupp-Stein, § 518 Anm. II Ziff. 1; JW. 1885 S. 184 Nr. 12). Vorliegend besteht aber kein weiterer Prozeß zwischen den Parteien, und es ist kein weiteres

[1] Ebensowenig erfordert der § 518 Ziffer 3, daß für die Ladung des Gegners gerade die Worte des Gesetzes, insbesondere der Zusatz „über die Berufung“ gebraucht werden (Bayer. Ob. LG. II. CS. Urteil v. 18. März 1903, Sammlung 4 S. 201).

Urteil ergangen, als das am 16. Oktober verkündete. Es liegt offenbar nur ein Versehen, eine Verwechslung des Tages der Urteilsverkündung mit jenem des Aushangs des Urteils (§ 216 Abs. 2 CPO.), dem 18. Oktober, welch letzterer gleichfalls auf der Urteilsausfertigung vermerkt war, vor. Es war sonach hier jede Möglichkeit eines Zweifels an der Identität des angefochtenen Urteils ausgeschlossen. Die Berufungsbeklagten sind auch tatsächlich nicht im Zweifel gewesen; denn sie haben ihre Verteidigung gegen das richtige Urteil gewendet. Sch.

c) **Selbständige Anwendbarkeit des § 538 Nr. 3 CPO. auf einzelne Posten einer Klagerechnung.**[1]

Kammergericht, VI. CS. Urteil v. 22. Mai 1902.

Der Kläger will zufolge verschiedener selbständiger Aufträge zweier Versicherungsinspektoren der Beklagten Aufwendungen gemacht haben. Das Landgericht hat die Klage abgewiesen, weil die Inspektoren zur Erteilung der Aufträge für die Beklagte nicht befugt gewesen seien. Aus den Gründen:

Das Reichsgericht (8 S. 362) hat allerdings ausgesprochen, daß der Streit über einen einzelnen Rechnungsposten der über ein einheitliches Gesellschaftsguthaben aufgestellten Rechnung nur für die Feststellung der Höhe des klägerischen Guthabens als Rechnungsfaktor in Betracht komme, so daß insofern nicht ein Streit über Grund und Betrag, sondern nur über den Betrag des Anspruchs vorliege. Wollte man letzteres auch hier für zutreffend erachten, so würde für eine Entscheidung gemäß § 538 Nr. 3 über den Grund des einzelnen Rechnungspostens kein Raum sein; vielmehr könnte allenfalls nur eine Zurückverweisung wegen der ganzen Forderung in Frage kommen. So aber liegt die Sache hier nicht: Es handelt sich um eine Reihe verschiedener Ansprüche des Klägers aus mehreren besonderen Aufträgen, deren Verbindlichkeit für die Beklagte zwar in gleichartiger Weise von der Vertretungsbefugnis der Inspektoren abhängig war, welche aber an sich durchaus selbständig und voneinander unabhängig sind. Auf diese einzelnen selbständigen Ansprüche hat daher, soweit sie nach Grund und Betrag streitig sind, auch zutreffendenfalls § 538 Nr. 3 selbständige Anwendung zu finden, während eine Zurückverweisung der Sache im ganzen untunlich ist. Sonach war bei Post 1, weil der Anspruch seinem Grunde nach nicht gerechtfertigt war, die Klage ab- und die Berufung zurückzuweisen; bei Post 2 war, weil der Anspruch seinem Grunde nach gerechtfertigt und der Betrag unbestritten ist, die Beklagte ohne weiteres zu verurteilen; bei Post 3 aber war, da der Anspruch dem Grunde nach gerechtfertigt und der Betrag bestritten

[1] Über die Anwendbarkeit des § 538³ auf die Sachen, in denen das Berufungsgericht bereits vor 1900 Beweis beschlossen hatte, führt das RG. im Urteil v. 17. Juni 1903 (I 72/03) aus: „Sofern die Beweiserhebung nach Maßgabe des älteren Rechts schließlich nach dem 1. Jan. 1900 zu dem Ergebnis führt, daß die Sache zur Entscheidung nach Grund und Betrag des Anspruchs reif ist, kann von einer Anwendung des § 538 Nr. 3 nicht die Rede sein . . . Reicht das beschaffte Beweismaterial zur Entscheidung über Grund und Betrag aus, so ist eine Entscheidung gemäß § 538 Nr. 3 weder mehr erforderlich noch zulässig."

ist, ein Urteil aus § 538 Nr. 3 zu erlassen, während bei den übrigen Posten eine entsprechende Entscheidung bis nach Erledigung des Beweisbeschlusses vorzubehalten war. SchmB.

d) **Keine Zurückverweisung gemäß CPO. § 538 Nr. 3, wenn der erste Richter bereits über den Betrag des Anspruchs befunden hat und dabei zur Klagabweisung gelangt ist.**

Kammergericht, VI. CS. Urteil v. 22. Juni 1903.

Bei einer rein wörtlichen Auslegung würde freilich der § 538 Nr. 3 stets dann anzuwenden sein, wenn ein nach Grund und Betrag streitiger Anspruch vorlag und die deswegen erhobene Klage durch das angefochtene Urteil abgewiesen wurde. Es erscheint jedoch eine engere Auslegung geboten, nämlich dahin, daß die Abweisung der Klage gerade deshalb erfolgt sein muß, weil der Anspruch vom ersten Richter seinem Grunde nach für nicht gerechtfertigt angesehen wurde. Dagegen erscheint diese Vorschrift nicht anwendbar, wenn die erstinstanzliche Entscheidung bereits auf das Gebiet des Betrages übergriff, schon über den letzteren mit befand und dabei zur Klagabweisung gelangte; denn offenbar ist es nicht die Absicht des Gesetzes, daß der Streit über den Betrag des Anspruchs wiederholt in erster Instanz verhandelt und entschieden werden soll; vielmehr soll die Sache zur Verhandlung über ihn nur dann dorthin zurückverwiesen werden, wenn er bis dahin noch nicht Gegenstand der erstinstanzlichen Entscheidung gewesen ist (vgl. Motive der CP.-Novelle § 500 S. 119, Entsch. des RG. 47 S. 369). Da nun (wie dargelegt wird) der erste Richter hier bereits über den Betrag des Anspruchs entschieden hat und aus Gründen, welche dem Gebiete des betraglichen Streites angehören, zur Klagabweisung gelangt ist, so erscheint eine Zurückverweisung der Sache an ihn, damit er zum zweiten Male über den Betrag des Anspruchs befinde, nicht als zulässig; sondern ist das Berufungsgericht gehalten, selbst die Sache vollständig zu erledigen und den Betragsstreit zum Austrag zu bringen. SchmB.

e) **Wesentlicher Mangel des Verfahrens.**

α) OLG. Colmar, I. CS. Urteil v. 6. Februar 1903.

Klage sowohl wie Widerklage haben Rechnungsverhältnisse zum Gegenstand. Anstatt daß nun der erste Richter sich zunächst die notwendigste Unterlage für die Entscheidung, eine Rechnungsaufstellung, verschafft hat, erließ er den Beschluß: „X. wird zum Sachverständigen ernannt, um das Rechnungsverhältnis der Parteien zu prüfen und die weiteren beiderseitigen Forderungen festzustellen." Hierdurch hat er die Feststellung und Prüfung des gesamten Prozeßmaterials dem Sachverständigen übertragen. Allein die CPO. kennt nur eine Begutachtung bestimmt bezeichneter Punkte durch Sachverständige, nicht aber eine durch Sachverständige zu treffende Feststellung des gesamten Rechnungsverhältnisses, der sämtlichen streitigen und nicht streitigen Ansprüche und Erinnerungen, wie es die Aufgabe im vorliegenden Verfahren ist. Anstatt aber ein solches gemäß § 348 vor einem beauftragten Richter anzuordnen, hat er, um es zu umgehen, den Sachverständigen zu Funktionen zugelassen, die zu den richterlichen Funktionen im vorbereitenden Verfahren gehören, und hat dadurch unzulässigerweise eine Art vorbereitendes Verfahren vor einem Sachverständigen geschaffen. Das Verfahren I. Instanz leidet sonach an einem wesentlichen Mangel. Frdthl.

β) OLG. Cassel, II. CS. Urteil v. 9. Februar 1903.

Das angefochtene Urteil, das die Klage infolge einer nur eventuell geltend gemachten Gegenforderung abgewiesen hat, erscheint prozessual unzulässig. Die Aufrechnung bewirkt das Erlöschen der aufgerechneten Forderung und der Forderung, gegen die aufgerechnet ist. Das auf Grund der Aufrechnung abweisende Urteil hat also notwendig den Inhalt, daß das Klagerecht beseitigt und für die Zukunft völlig wirkungslos gemacht und zugleich das Nichtbestehen der Forderung des Beklagten auf Grund der Aufrechnung rechtskraftfähig festgestellt wird. Gelangt das Gericht überhaupt zur Würdigung der geltend gemachten Aufrechnung, so kann die Entscheidung nur das Nichtbestehen der Kompensationsforderung zum Ausdruck bringen, was, wenn sie überhaupt nicht bestand, durch Verurteilung des Beklagten, wenn sie als Aufrechnung wirksam war und dadurch zum Nichtbestehen gebracht ist, durch entsprechende Abweisung der Klage geschieht. Das ergangene Urteil will aber nach seinem Inhalt weder das Klagerecht noch das Recht des aufrechnenden Beklagten als erloschen betrachten. Das erstere soll noch dahin wirksam sein, daß daraufhin das Erlöschen der Gegenforderung des Beklagten zur Feststellung gebracht werden kann; das Recht des Beklagten soll dahin bestehen, daß es klageweise geltend gemacht oder zur Aufrechnung auf andere Forderungen des Klägers oder auf Forderungen von Zessionaren des Klägers benutzt werden kann, vorbehaltlich der dem Gegner gegebenen Möglichkeit, die Erschöpfung der Aufrechenbarkeit der Forderung dadurch darzulegen, daß bei der ersten Aufrechnung die damalige Klagerechnung aufrechenbar bestand. Eine solche Verschiebung der Entscheidung der dem Gericht durch Erhebung der Klage und Entgegenstellung einer Aufrechnungsforderung unterbreiteten Ansprüche aus dem anhängigen in einen künftigen Rechtsstreit verstößt nicht nur gegen das materielle Recht, sondern ist auch prozessual unstatthaft. Das mit diesem Urteil abschließende Verfahren leidet hiernach an einem wesentlichen Mangel, und es war, um den Parteien nicht die Entscheidung des erstinstanzlichen Gerichts über die Ansprüche selbst zu entziehen, zweckmäßig, die Sache in die I. Instanz zurückzuverweisen. F.

f) **Versäumnisurteil gegen den Berufungsbeklagten.**

OLG. Hamburg, II. CS. Urteil v. 20. Dezember 1902.

Der Beklagte hat sich für den Einwand, daß der Vertrag anders niedergeschrieben sei, als verabredet, auf das Zeugnis seiner Frau bezogen, während Klägerin gegenbeweislich ihren Reisenden X. benannt hat. Auf Grund der beeidigten Aussage des X. wurde der Klage entsprochen. Der Beklagte hat Berufung eingelegt, die Beeidigung seiner Frau beantragt und den Zeugen

X. als unglaubwürdig bezeichnet — wofür er sich auf Akten bezog. Die Beifügung dieser Akten sowie die wiederholte Vernehmung der Zeugen wurde beschlossen. Der Zeuge X. war jedoch nicht gefunden, so daß nur die Frau des Beklagten vernommen wurde. Die ausgebliebene Klägerin wurde durch Versäumnisurteil abgewiesen. Gründe:

Die Auffassung des § 542 ² CPO. dahin, daß die zulässigerweise beantragte Beweisaufnahme das in Aussicht gestellte Ergebnis gehabt habe, ist nicht zu billigen. Allerdings wird sie nicht nur ersichtlich von allen Kommentaren geteilt, sondern sie ist auch in den Motiven S. 312f. ausdrücklich anerkannt und bei der Beratung des § 483 in der Reichstagskommission (Hahn 1 S. 719ff.) wiederholt. Hier hat der Abg. Gaupp vom Standpunkt der Motive aus darzutun gesucht, daß danach die Beweiswürdigung des II. Richters sich bei Widerstreit zwischen den in erster und zweiter Instanz vernommenen Zeugen gründen würde auf eine Abwägung des Beweiswertes wirklich abgegebener und bloß fingierter Zeugenaussagen, welche letzteren sich jeder Wertschätzung entziehen; dies sei mit der freien Beweiswürdigung unverträglich. Gaupp hat deshalb die Streichung des ganzen Absatzes 2 beantragt, was dahin führen werde, daß das Ausbleiben des Berufungsbeklagten die Bedeutung habe, dieser gebe dem Berufungsantrage statt. Dieser Antrag ist abgelehnt worden; ihm wurde entgegengehalten, daß er ignoriere, daß zu gunsten des Berufungsbeklagten ein Urteil schon ergangen sei. Dagegen ist niemand auf die von Gaupp erhobenen Bedenken gegen die Abwägung fingierter und wirklich erhobener Beweise aufgetreten. Vielleicht findet dies darin seine Erklärung, daß gleichzeitig ein Antrag Bähr zur Beratung stand, wonach die vom Berufungskläger angebotenen Beweise erhoben werden sollten, was jedoch als zu Verzögerungen führend und dem Charakter des Versäumnisverfahrens widerstreitend abgelehnt wurde. Das erkennende Gericht erachtet das Bedenken Gaupps für durchschlagend. Von den Kommentaren übt ersichtlich nur Seuffert an der herrschenden Meinung eine Kritik dahin, daß die fragliche Beweiswürdigung „eine eigentümliche und wenig praktische Einrichtung" sei. Sie würde sich aber nicht nur so charakterisieren lassen, sondern ein geradezu unfüllbares Verlangen an den erkennenden Richter stellen! Die Abwägung der Beweiskraft einer wirklich erfolgten und einer fingierten Beweisaufnahme ist ein Unding, wenn sie gemäß § 286 nach freier Überzeugung des Gerichts erfolgen soll. Nur Tatsachen können dem Richter eine Überzeugung wecken, nicht Fiktionen. Fiktionen haben keine Beweiskraft, weil sie nicht auf Tatsachen, sondern auf gesetzlicher Annahme beruhen. Fingierte Beweise und erhobene Beweise sind daher inkommensurable Größen, deshalb das Verlangen, sie in eine Relation zu bringen und gegeneinander zu bestimmen, unlogisch und auf etwas Unmögliches gerichtet ist. Ein derartiges Verfahren ist unvereinbar mit der Beweistheorie, wonach nicht die Zahl, sondern nur der innere, frei zu würdigende Wert der Beweise entscheidet, wo also die Beweise nicht gezählt, sondern geschätzt werden. Diese in der Natur der Sache begründeten Sätze finden in dem vorliegenden Falle eine geeignete Illustrierung. . . .

Der Wortlaut des 2. Abs. hindert nicht, sondern zwingt geradezu, einer anderen Auslegung den Vorzug zu geben! Das Gesetz weist den Richter an, anzunehmen, daß die zulässigerweise beantragte Beweisaufnahme das in Aussicht gestellte Ergebnis gehabt habe. Welches Ergebnis stellt denn die beweispflichtige Partei in Aussicht? Sie stellt Behauptungen auf und tritt dafür Beweis an, um dadurch den Beweis ihrer Behauptungen zu erbringen. Sie stellt nicht nur in Aussicht, daß der Zeuge das Behauptete bekunden, sondern auch, daß ihr unter Beweis verstelltes Vorbringen zu dem Ergebnis führen wird, daß der Beweis zur Überzeugung des Gerichts erbracht wird. Wenn die benannten Zeugen, z. B. nahe Angehörige, zwar das Behauptete bekundet haben, der Eindruck ihrer Aussagen aber keine überzeugende Kraft hatte, so hat die Beweisaufnahme das vom Beweisführer in Aussicht gestellte Ergebnis nicht gehabt. Das Gesetz schreibt also mit klaren Worten vor, daß das Gericht annehmen soll, das vom Berufungskläger in Aussicht gestellte Beweisergebnis sei erreicht. Was auch in erster Instanz an Beweisen tatsächlich erbracht sein mag: da die jetzt zulässigerweise beantragten Beweise einen vollen fingierten Erfolg haben sollen, so hat der Richter nicht mehr Beweise zu würdigen, sondern der Fiktion des Gesetzes einfach Folge zu geben und den vom Berufungskläger angetretenen Beweis als geführt anzusehen. Es ist also gar kein Raum für das — unmögliche — Abwägen erhobener und fingierter Beweise. Diese Auslegung widerspricht nicht dem Charakter des Versäumnisverfahrens. . . . Auch bei ihr bleibt weiter das erstinstanzliche Urteil die Grundlage. Zu seiner Bekämpfung muß der Berufungskläger eventuell Behauptungen aufstellen. Soweit ihr Zugeständnis wegen der widerstreitenden früheren Behauptungen der säumigen Partei nicht fingiert wird, muß er für solche Tatsachen Beweise antreten, deren fingiertes Ergebnis dem Gericht ermöglicht, jene Tatsachen als widerlegt zu behandeln, und nunmehr, soweit das Vorbringen den Berufungsantrag rechtfertigt, der Berufung durch Versäumnisurteil Folge zu geben. Eine so weit greifende Fiktion beeinträchtigt die Rechte des säumigen Teils nicht, weil durch dessen Einspruch der Prozeß in die alte Lage zurückversetzt wird. Eher würde die herrschende Auffassung zu einer Beeinträchtigung des säumigen Teils führen, da das Gericht danach in eine einseitige Beweiswürdigung eintreten müßte, die auch nach erfolgtem Einspruch eine tatsächliche Fortwirkung zu äußern imstande sein kann. Endlich läßt sich auch nicht einwenden, daß hier der säumige Teil für seine Säumnis „bestraft" würde, wie dies in der Kommission dem Antrag Gaupp entgegengehalten ist. Die hier vertretene Auffassung des § 542 gibt keinen Raum für solche Befürchtung. Beweisantretungen sind erfordert und diese müssen zulässigerweise erfolgt sein, insbesondere also auch dem säumigen Teil rechtzeitig mitgeteilt sein, wenn das Gericht sie bei Erlaß eines Versäumnisurteils berücksichtigen soll. Der säumige Teil ist daher in der Lage, damit rechnen zu können, was ihm bevorsteht. M. M.

g) **Anschließung an die Beschwerde.**

Bayer. Oberstes Landesgericht, II. CS. Beschluß v. 7. Juli 1902.

Ob es im Beschwerdeverfahren eine Anschließung an die Beschwerde gibt, ist bestritten. Gaupp-Stein (zu § 573 Note 6) bejaht unter Hinweis auf das praktische Bedürfnis; dieser Ansicht ist beizupflichten. Wenn durch die Einlegung der Beschwerde die Möglichkeit geschaffen wird, daß die Entscheidung zum Nachteil des Gegners abgeändert wird, so muß diesem das Recht zustehen, nun auch seinerseits die Entscheidung anzugreifen. Die Anschließung ist auch im Kostenpunkte zulässig, wenn der Gegner in der Hauptsache ein Rechtsmittel eingelegt hat (JW. 1886 S. 245 [1]). B. M.

h) **Keine Beschwerde gegen die Terminsbestimmung des Vorsitzenden.**

OLG. Hamburg, I. CS. Beschluß v. 18. September 1903.

Ein einen Antrag auf Zurückverlegung eines Termins abweisender Beschluß, welcher mit der Beschwerde angefochten werden könnte, ist in den Verfügungen des Vorsitzenden (der die Erteilung eines früheren als den auf die Klageschrift gesetzten Termins ablehnte), nicht enthalten. Die Zurückverlegung eines Termins kann nur vom Gericht beschlossen werden und setzt, wenn es sich um Zurückverlegung des auf die Klage bestimmten Termins handelt, die geschehene Zustellung der Klage voraus. Die durch den Vorsitzenden gegebene Terminsbestimmung zur Verhandlung über eine Klage ist keine Entscheidung, und seine Weigerung, einen früheren Termin zu bestimmen, ist keine Entscheidung, durch welche ein das Verfahren betreffendes Gesuch zurückgewiesen wird, so wenig, wenn sie nach der geschehenen Terminsbestimmung erfolgt, als wenn sie etwa gleichzeitig mit der Terminsbestimmung ausgesprochen wird. Mit Recht bemerkt deshalb Gaupp (zu § 216 Note 20), daß gegen die Angemessenheit der Terminsbestimmung durch zu späte Ansetzung nur die Beschwerde im Dienstaufsichtswege (nicht nach § 567) statthaft sei. Hieran ändert auch der § 261^2 nichts (Gaupp zu § 261 II c). M. M.

30

a) **Wechselklage gegen ausgeschiedene Gesellschafter.**

OLG. Dresden, IV. CS. Urteil v. 19. Juni 1903.

Das Landgericht hat die im Wechselprozeß erhobene Klage aus zwei Wechseln vom 6. Oktober 1902, welche das Akzept L. & Co. tragen, gegen den früheren Gesellschafter L. abgewiesen, weil am 16. Oktober 1902 ins Handelsregister eingetragen worden ist, daß er ausgeschieden sei, und weil nicht feststehe, daß die undatierten Akzepte vorher geschrieben seien. Gründe:

Der Beklagte haftet aus den Akzepten der Firma G. L. & Co. im Zweifel nicht, wenn sie geschrieben sind, erst nachdem sein Ausscheiden aus ihr in das Handelsregister eingetragen und bekannt gemacht war (§ 15 HGB.). Also ist die Tatsache, daß sie vorher geschrieben sind, zur Begründung des

Anspruchs erforderlich (§ 592 CPO.). Eine Vermutung für sie besteht nicht (Staub § 7 zu Art. 21 WO.). Sie kann aber nicht durch Urkunden bewiesen werden, wie der Kläger selbst erklärt, und die Eideszuschiebung, deren er sich bedient hat, ist nicht zulässig. Endlich konnte er nach der herrschenden und richtigen Auslegung von § 596 CPO. in der Berufungsinstanz nicht mehr vom Wechselprozeß abstehen (Entsch. des RG. 5 S. 351). Dr. W.

b) **Urkundenprozeß. Nachbringung urkundlicher Beweise. Nachweis der Vollmacht desjenigen, der für den Aussteller den Wechsel unterzeichnete, gehört nicht zur Klagebegründung. CPO. §§ 592 f.**

OLG. Hamburg, IV. CS. Urteil v. 28. November 1902.

Wenn auch der Wortlaut des § 593² die Nachbringung von Urkunden ohne Beschränkung auf die mündliche Verhandlung erster Instanz für zulässig erklärt, so hat doch nach der Entstehungsgeschichte dieser Abänderung des bisherigen § 556 die nachträgliche Beibringung urkundlicher Beweise, welche für die Begründung des Klaganspruches notwendig waren, nach Eintritt der Rechtshängigkeit doch nur bis zum Schlusse derjenigen mündlichen Verhandlung, auf die das Urteil in erster Instanz ergeht, für zulässig erklärt werden sollen. Dahin ging der bei den Verhandlungen der Reichstagskommission gestellte Antrag (Hahn 8 S. 378), welcher Annahme fand, und es fehlt in den weiteren Materialien an jedem Anhalte dafür, daß die allgemein gehaltene Wortfassung des Gesetzes eine weitergehende Änderung der früheren Bestimmungen dahin bezweckte, daß die Nachbringung von urkundlichen Beweisen für die klagebegründenden Tatsachen auch noch in der Berufungsinstanz zulässig sein solle.

Es bedarf aber des urkundlichen Nachweises der Prokuraerteilung an den Unterzeichner des Namens des Ausstellers überhaupt nicht. Nach §§ 602, 592 genügt, wenn die sämtlichen zur Begründung des Anspruches erforderlichen Tatsachen durch Urkunden bewiesen werden können. Es bedarf deshalb allerdings für die Klage gegen den Akzeptanten eines Wechsels, dessen Akzept von einem Vertreter geleistet worden ist, des urkundlichen Nachweises der Vertretungsbefugnis (Entsch. des RG. 13 S. 370, 32 S. 118), denn die Bevollmächtigung desjenigen, welcher das Akzept gezeichnet hat, gehört zu den, zur Begründung der Wechselforderung erforderlichen Tatsachen. Anders aber liegt es hinsichtlich der Wechselunterschrift des Ausstellers, dessen Berechtigung aus dem Wechsel vollkommen unabhängig davon ist, ob seine Namensschrift auf dem Wechsel von ihm selbst oder von einem Vertreter herrührt oder aber von einem Dritten unbefugt auf den Wechsel gesetzt wurde, und dessen Legitimation zur Geltendmachung der sich aus der Wechselurkunde ergebenden Forderung an den Akzeptanten überhaupt nicht zu den zur Begründung des Anspruches erforderlichen Tatsachen gehört. Als ein wesentliches Erfordernis eines Wechsels bezeichnet allerdings der Art. 4 WO. auch die Unterschrift des Ausstellers mit seinem Namen oder seiner Firma, und es verhindert auch der Mangel der Unterschrift eines Ausstellers auf einer im übrigen dem Art. 4 entsprechenden Urkunde die Entstehung eines Wechsels und damit auch einer wechselmäßigen Verpflichtung der in der Urkunde mit ihren Namen aufgeführten Personen; aber zur Begründung des Anspruches gegen den Akzeptanten auf Bezahlung der Wechselsumme ist nicht die Niederschrift des Namens des Ausstellers durch diesen selbst oder durch eine zu seiner Vertretung legitimierte Person erforderlich, und selbst wenn unbefugt die Namensschrift einer Person oder eine Firma als Aussteller auf den Wechsel gesetzt wäre, würde dieses ohne Einfluß auf die Verbindlichkeit des Akzeptanten aus seinem auf die Wechselurkunde gesetzten Akzepte sein, die beim Vorliegen eines formell gültigen Wechsels zur Begründung des Anspruches auf Bezahlung der Wechselsumme gegenüber dem Akzeptanten nur der sich aus dem Akzept selbst ergebende Nachweis der Übernahme der Verpflichtung zur Einlösung des Wechsels bei Verfall gehört. M. M.

c) **Zulässigkeit des Urkundenprozesses für Zug um Zug-Leistungen. — Enthält die Pflicht zur Aushändigung einer Urkunde über die Abtretung (BGB. § 410) eine Zug um Zug-Leistung?**

OLG. Hamburg, IV. CS. Urteil v. 20. April 1903.

Unter den Kommentatoren ist streitig, ob bei einem Anspruch des Zessionars auf Leistung in Rücksicht auf die demselben nach § 410 BGB. obliegende Verpflichtung zur Aushändigung der Abtretungsurkunde eine Leistung Zug um Zug im Sinne der §§ 273, 274 BGB. vorliegt. Bei Beratung des BGB. (Mugdan II S. 584) wurde in der Kommission angeregt, im Gesetze klar zum Ausdruck zu bringen, daß die Befugnis des Schuldners, die Leistung an den Zessionar zu verweigern, ihrem Wesen nach ein Zurückbehaltungsrecht sei, das vom Zessionar durch Sicherheitsleistung abgewendet werden könne. Die Mehrheit lehnte es jedoch ab, die Frage zu entscheiden, ob es sich um ein Zurückbehaltungsrecht wegen eines „fälligen Anspruchs" (§ 273 BGB.) des Schuldners auf Aushändigung einer Abtretungsurkunde handele, oder lediglich die Leistungspflicht von der Aushändigung einer solchen Urkunde abhängig sei und erachtete es nicht für erforderlich, dem Zessionar durch eine besondere Vorschrift das Recht einzuräumen, die Aushändigung einer Abtretungsurkunde durch eine Sicherheitsleistung zu ersetzen.

Dieses Gericht trägt nun kein Bedenken, die Frage, ob die Befugnis des Schuldners, nur gegen Aushändigung der Zessionsurkunde zu leisten, ein „fälliger Anspruch" im Sinne des § 273 BGB. sei, zu verneinen. Ein Anspruch im Sinne des BGB. liegt nach § 194 nur dann vor, wenn jemand das Recht hat, von einem anderen ein Tun oder ein Unterlassen zu verlangen; der „Anspruch" unterliegt auch der Verjährung. Ein solches Recht besitzt aber der debitor cessus gegenüber dem Zessionar nicht. Er kann von diesem nicht die Herausgabe der Abtretungsurkunde seinerseits verlangen, er kann nicht selbständig gegen den Zessionar vorgehen. So lange dieser Leistung nicht verlangt, ist er dem debitor cessus zu nichts verpflichtet.

Von einem Anspruch des debitor cessus gegen den Zessionar kann deshalb nicht die Rede sein. Seine Befugnis, nur gegen Aushändigung der Abtretungsurkunde zu leisten, ist deshalb kein Recht auf ein Tun des Zessionars, sondern lediglich eine Einschränkung seiner eigenen Leistungspflicht. Er ist zum Leisten nur verpflichtet gegen Sicherheit gegen eine nochmalige Inanspruchnahme. Diese Sicherung braucht aber gar nicht einmal durch den Zessionar bewirkt zu werden. Sie kann ebensowohl nach § 410 Abs. 2 durch eine schriftliche Anzeige des Zedenten von der Zession beschafft werden. Wollte man derartige, zur Sicherung des leistenden Schuldners gegen wiederholte Inanspruchnahme gegebene Vorschriften dahin auslegen, daß durch sie stets dem Schuldner ein Zurückbehaltungsrecht im Sinne des § 273 BGB. gegeben und eine Zug um Zug-Verbindlichkeit nach § 274 geschaffen werde, so würde es schließlich nur noch Zug um Zug-Verpflichtungen geben und, falls für solche der Urkundenprozeß unzulässig wäre, diese Prozeßart völlig beseitigt sein, denn auch der Wechselschuldner braucht nach Art. 39 WO. nur gegen Aushändigung des quittierten Wechsels zu zahlen und jeder Schuldner hat nach § 368 BGB. nur gegen Quittung zu leisten. Alle diese, lediglich zur Sicherung gegen wiederholte Ansprüche gegebenen Vorschriften geben deshalb dem Schuldner keinen selbständigen Anspruch gegen den Gläubiger, in allen diesen Fällen kommt eine Zug um Zug-Leistung im Sinne des § 274 BGB. nicht in Frage.

Aber auch wenn eine Leistung Zug um Zug in Frage stünde, würde dieses Gericht nicht anstehen, die Klage im Urkundenprozeß mit der herrschenden Ansicht (Struckmann-Koch, CPO. § 592 Note 2) für zulässig zu erachten. Daß bei der Beratung des Entwurfs der CPO. (Nordd. Prot. S. 1089) eine abweichende Meinung zum Ausdruck gekommen ist, kann dem nicht entgegenstehen, da dieselbe im Gesetz keinen Platz gefunden hat. Der § 592 CPO. läßt vielmehr die Klage im Urkundenprozeß zu ohne Rücksicht darauf, ob derselben fällige Gegenansprüche entgegenstehen oder nicht. Ist dieses der Fall, so gehört auch nicht, wie Beklagte ausgeführt hat, zur Klagbegründung, daß Kläger die ihm obliegende Gegenleistung bewirkt oder angeboten habe. Diese Behauptung stellt sich vielmehr als Replik gegenüber der Einrede des nichterfüllten Vertrages dar. Es würde deshalb, selbst wenn es sich um eine Zug um Zugleistung handelte, die Klage genügend begründet gewesen sein, obwohl Kläger nicht behauptet hatte, daß er dem Beklagten die Abtretungsurkunde angeboten habe. Diese Behauptung wie das Angebot selbst erfolgte vielmehr noch rechtzeitig gegenüber der Einrede des Beklagten im Wege der Replik.

Wenn Beklagter weiter ausgeführt hat, daß das angefochtene Urteil insofern fehl gehe, als es ihn zur Leistung gegen Herausgabe der Zessionsurkunde und der beglaubigten Abschrift, nicht aber des Originals der Vollmacht verurteile, so ist demgegenüber zu beachten, daß § 410 BGB. lediglich die Aushändigung der Abtretungsurkunde vorschreibt nicht aber auch die Herausgabe der Vollmacht des Vertreters, welcher jene Urkunde für den Zedenten unterschrieben hat. Auf Herausgabe dieser Vollmacht hat der Beklagte deshalb überhaupt kein Recht. Das Urteil des Landgerichts, welches auch deren Aushändigung vorschreibt, geht in dieser Richtung zu weit. Die Sicherheit dafür, daß diejenigen Personen, welche zu Protokoll des Notars die hier fragliche Forderung auf den Kläger übertragen haben, zur Vertretung der Zedenten befugt waren, wird durch das notarielle Protokoll selbst gegeben und war deshalb Kläger nicht verpflichtet, irgend einen weiteren Nachweis außer der Urkunde zu erbringen oder dem Beklagten auszuhändigen.

Hans. GZ. 1903 Beibl. S. 202.

d) **Daraus, daß wegen des Grundgeschäfts geklagt ist, kann im Wechselprozesse Rechtshängigkeit nicht hergeleitet werden.**

OLG. Dresden, IV. CS. Urteil v. 18. Dezember 1902.

Die Klage aus dem Wechsel ist im Wechselprozesse erhoben. Dieser dient, wie der Urkundenprozeß überhaupt, zur Geltendmachung besonders gestalteter und beurkundeter Ansprüche und ermöglicht, unter Ausschließung aller Einwendungen, die nicht mit den im Urkundenprozesse zulässigen Beweismitteln bewiesen werden können, die Erwirkung eines vorläufigen zur Zwangsvollstreckung geeigneten Urteils. In diesem wird, unbeschadet der zulässigen Einwendungen, darüber befunden, ob die urkundlichen Unterlagen das Sachgesuch rechtfertigen. Ist das der Fall, so kann auf die Frage, ob das Sachgesuch auch nach dem der Ausstellung der Klagurkunden (Wechsel) unterliegenden Rechtsverhältnisse begründet sei, bezw. ob nach diesem der Kläger an sich behindert gewesen wäre, von den Klagurkunden Gebrauch zu machen, erst im Nachverfahren (§ 599) zurückgekommen werden. Hat aber der jetzige Kläger schon vor Einleitung des Wechselprozesses das Ursprungsverhältnis der Parteien selbst zum Ausgangspunkte eines Rechtsstreits im ordentlichen Verfahren gemacht und daraus Ansprüche abgeleitet, denen der Beklagte widersprochen hat, so ist im Vorprozesse etwas anderes streitig als im vorliegenden Wechselprozesse, der sich damit befaßt, ob der Klagewechsel den vom Kläger daraus abgeleiteten Anspruch auf vorläufige Verurteilung des Beklagten begründet. Daher decken sich die in beiden Rechtsstreiten erhobenen Ansprüche ebensowenig, wie wenn der Beklagte früher gegen den Kläger verneinende Feststellungsklage erhoben und ihn dadurch genötigt hätte, seine Ansprüche aus dem Ursprungsverhältnisse zu entwickeln (Entsch. d. RG. 21 S. 393). . . . Schdt.

e) **Wechselprozeß. Tragweite der im ordentlichen Verfahren ergehenden Entscheidung über die Prozeßkosten. CPO. § 600.**

Kammergericht, XIII. CS. Beschluß v. 18. April 1903.

Der Beklagte, im Wechselprozeß unter Vorbehalt seiner Rechte verurteilt, hat Berufung eingelegt. Schon vor Zustellung der Berufungsschrift ist jedoch im ordentlichen Verfahren in erster Instanz der Kläger rechtskräftig abgewiesen und mit sämtlichen Prozeßkosten belastet worden. Den Antrag des Beklagten, ihm auch die in der Berufungsinstanz erwachsenen Kosten festzusetzen, hat das Landgericht zurückgewiesen, weil es einen geeigneten Titel vermißt. Die Beschwerde hierüber ist begründet.

Wird dem Beklagten im Wechselprozesse die Ausführung seiner Rechte vorbehalten, so bleibt der Rechtsstreit im ordentlichen Verfahren anhängig. Der Wechselprozeß und das sich daran anschließende ordentliche Verfahren bilden materiell nur einen einzigen Prozeß, der durch das Vorbehaltsurteil, das nur in betreff der Rechtsmittel und der Zwangsvollstreckung als Endurteil, sonst als Zwischenurteil anzusehen ist, in zwei Abschnitte zerfällt. Im ordentlichen Verfahren und auf die gegen das Vorbehaltsurteil eingelegte Berufung kann gleichzeitig nebeneinander verhandelt werden. Wenn sich aber dadurch, daß das im ordentlichen Verfahren ergangene Urteil die Rechtskraft beschreitet, bevor über das Rechtsmittel im Wechselprozesse entschieden ist, ergibt, daß der Anspruch des Klägers unbegründet war (§ 600 [2]), so wird der in der Berufungsinstanz noch anhängige Wechselprozeß durch die rechtskräftige Entscheidung, die den Rechtsstreit definitiv beendet, mitbeendigt. Denn in diesem Falle wird das frühere Urteil aufgehoben, der Kläger abgewiesen und über die Kosten anderweit entschieden (§ 302 Abs. 4 Satz 2). Ebenso wie der widersprechende Beklagte durch das Urteil im Urkundenprozesse in der Hauptsache nur provisorisch vorbehaltlich der Ausführung seiner Rechte in der Fortsetzung des Prozesses im ordentlichen Verfahren verurteilt werden kann, hat auch die Entscheidung über den Kostenpunkt im Vorbehaltsurteil nur provisorischen Charakter. Auch über den Kostenpunkt, und zwar über die Gesamtkosten des Wechselprozesses und des ordentlichen Verfahrens wird einheitlich, definitiv nach den allgemeinen Regeln der §§ 91 ff. erst im ordentlichen Verfahren in der Endentscheidung (§ 321) entschieden. Mithin ist durch das Urteil im ordentlichen Verfahren, wie dies auch der Hinweis auf §§ 91, 600 ergibt, über die sämtlichen Kosten des Wechselprozesses mit entschieden worden, gleichviel, ob sie bereits zur Zeit der Verkündung des Urteils entstanden waren oder erst später entstanden sind. Dieses Urteil bildet somit den Titel für die Erstattung der im Wechselprozeß in der Berufungsinstanz erwachsenen Kosten. v. W.

f) Zur Auslegung des § 603 Abs. 2 CPO.

OLG. Dresden, Ferien-CS. Urteil v. 7. August 1903.

Der Klagewechsel ist auf den Beklagten A. in Berlin gezogen und enthält keinen Zahlungsort. Das Landgericht L. würde daher nur dann örtlich zuständig sein, wenn der Kläger gleichzeitig einen anderen Wechselverpflichteten verklagt hätte, der seinen allgemeinen Gerichtsstand bei jenem Gericht hat. Als solcher Verpflichteter kommt nur die Firma X. in Betracht. Sie ist auch in der Klage als mitverklagt bezeichnet. Es würde zur Begründung der Zuständigkeit des Landgerichts L. auch nicht erforderlich gewesen sein, daß die Klage jener Firma eher zugestellt wurde, als dem A. (Entsch. des RG. 36 S. 364), wie auch im allgemeinen die nachträgliche Heilung der bei der

Klagerhebung noch nicht begründeten Zuständigkeit nicht ausgeschlossen ist (das. 52 S. 136). Dennoch muß für die Fälle des § 603² erfordert werden, daß die Zustellung an den Wechselverpflichteten, der seinen allgemeinen Gerichtsstand bei dem vom Kläger angegangenen Gerichte hat, mindestens bis zum Schlusse der mündlichen Verhandlung erfolge, auf die das Urteil ergeht; denn sonst gebricht es an der für den Gerichtsstand erforderlichen Voraussetzung, daß mehrere Wechselverpflichtete gleichzeitig verklagt werden, insofern, als „verklagt" nur derjenige erscheint, gegen den die Klage wirklich erhoben, d. h. dem sie zugestellt ist. Ob in anderer Hinsicht schon die Einreichung der Klage genügt, um gewisse prozeßrechtliche Beziehungen zwischen den Parteien hervorzurufen (Sächs. Archiv 13 S. 109), ist für die Zuständigkeitsfrage belanglos. Erfolgt die Zustellung an einen der Verpflichteten, die ihren allgemeinen Gerichtsstand im Bezirke des mit der Sache befaßten Gerichts haben, nicht mindestens bis zum Schlusse der ersten Instanz, so ist der gleichzeitigen Verhandlung gegen die mehreren Wechselverpflichteten, zu deren Ermöglichung der § 603² überhaupt gegeben ist, der Boden entzogen. Die Bestimmung, dem Wechselgläubiger die Anstellung der Klage an seinem Wohnorte zu ermöglichen, hat die Vorschrift nicht. Dr. W.

31

a) **Hat Vorabentscheidung über vorläufige Vollstreckbarkeit in der Berufungsinstanz auch dann zu erfolgen, wenn in erster Instanz ein Antrag auf vorläufige Vollstreckbarkeit noch nicht gestellt war?**

CPO. § 718.

α) Verneint vom OLG. Dresden, IV. CS. Urteil v. 20. Januar 1903.

Abgesehen von dem gegenwärtig nicht vorliegenden Falle des § 534 CPO. (vgl. JW. 1889 S. 286 Nr. 13) können bei der in § 718 CPO. angeordneten Vorabentscheidung nur die in den §§ 709—713 erwähnten Anträge berücksichtigt werden, soweit sie vor dem Schlusse der mündlichen Verhandlung gestellt sind, auf die das angefochtene Urteil erging (Seuffert 45 Nr. 150; Busch, Zeitschr. 17 S. 478 [Rsp. 5 S. 118 f.] — a. M. Sächs. Annalen 19 S. 284). Wollte man für die Zwecke dieser Vorabentscheidung die Nachholung derartiger, in erster Instanz versäumter Anträge etwa auf Grund § 529 zulassen, so würde dadurch der Sondervorschrift in § 714 entgegengehandelt und ihre Wirksamkeit geradezu vereitelt werden. Dabei soll indessen nicht darüber abgesprochen werden, wie zu verfahren sei, wenn es sich um Geltendmachung tatsächlicher Umstände handelt, die sich erst nach Schluß der Verhandlung in früherer Instanz ergeben haben und aus diesem Grunde nicht schon in letzterer geltend gemacht werden konnten, z. B. daß die Aussetzung der Vollstreckung dem Gläubiger einen schwer zu ersetzenden Nachteil bringen würde. ... Das jetzt nachgebrachte Erbieten zur Sicherheitsleistung ist aber im Hinblick auf § 714 unbeachtlich; es stand nichts im Wege, daß der Kläger sich schon in erster Instanz dazu erbot.

Es soll zwar nicht verkannt werden, daß die in §§ 709—713 erwähnten Anträge in zweiter Instanz, und zwar nicht nur in Beziehung auf das zu erlassende Urteil, sondern auch in Beziehung auf die nachträgliche Vollstreckung des ersten Urteils neu angebracht werden können, und daß in solchem Falle das Berufungsgericht durch ein dem Endurteile zur Hauptsache vorausgehendes einstweiliges Teilurteil entscheiden kann (Petersen-Anger, Gaupp-Stein zu § 714, Annalen 3 S. 60, Sächs. Arch. 9 S. 248, 643). Insoweit besteht aber keine das Berufungsgericht zu einer Vorabentscheidung nötigende Vorschrift, vielmehr untersteht seinem Ermessen, ob es, wenn es den Rechtsstreit wegen der vorläufigen Vollstreckbarkeit für entscheidungsreif hält, insoweit ein Teilurteil erlassen will oder nicht (§§ 301^2, 532) ... Schdt.

β) Bejaht vom Kammergericht, VI. CS. Urteil v. 18. Juni 1903.

Die Motive und Reichstagskommissionsprotokolle (Hahn S. 430 und 802) ergeben keineswegs, daß der § 608 des Entwurfs III, welcher dem jetzigen § 718 zu grunde liegt, sich nur auf den Fall beziehen sollte, wo der Antrag auf vorläufige Vollstreckbarkeit bereits in erster Instanz gestellt war. Die Streichung des anfänglich im § 608 hinter „Vollstreckbarkeit" eingeschobenen Satzes „sofern dieselbe nicht den alleinigen Gegenstand der Verhandlung bildet", als überflüssig war berechtigt, weil, wenn nur über die Vollstreckbarkeit in zweiter Instanz zu urteilen ist, eine Vorabentscheidung allerdings nicht ergehen kann. Die Zurückziehung des Pfafferottschen Antrages in der Reichstagskommission ergibt nur, daß man die Berufung allein wegen der Vollstreckbarkeit ohne Anfechtung der in der Hauptsache ergangenen erstinstanzlichen Entscheidung für zulässig erachtet, was später auch das Reichsgericht (20 S. 423, 25 S. 424) gebilligt hat; dagegen spricht jene Zurückziehung nicht gegen die Anwendbarkeit des jetzigen § 718 in einem Falle der hier fraglichen Art.

Die allgemein gehaltene Fassung des Gesetzes spricht für den vom Kläger vertretenen Standpunkt und läßt keine Unterscheidung der Art zu, ob der Antrag in erster Instanz gestellt war oder nicht. Daß solche Unterscheidung nicht gerechtfertigt ist, ergibt auch die Entstehungsgeschichte des § 718 (Busch, Zeitschr. 17 S. 482). Durch eine Berufung auf §§ 714, 557 kann die gegnerische Ansicht nicht begründet werden, weil die Berufungsinstanz im Anschlusse an §§ 529, 268 die Gelegenheit zur Nachholung des in erster Instanz unterbliebenen Antrages auf vorläufige Vollstreckbarkeit ebenso wie zur Nachholung von Einreden und Beweisanträgen bietet. Der hier vertretene Standpunkt wird nicht blos verschiedentlich in der Theorie (Wilmowski-Levy zu § 656, Falkmann, Zwangsvollstr. II. Aufl. S. 43 Nr. 19) geteilt wird, sondern auch unter andern vom OLG. Köln (Archiv für Civilrecht 65 S. 34) und vom OLG. Kiel (Seuffert 39 Nr. 269), sowie vom Kammergericht (Perl-Wreschner 1898 S. 46) und anscheinend auch vom Reichsgericht (JW. 1898 S. 286 Nr. 13) gebilligt, indem sich in letzterer Entscheidung der Satz befindet: „Um ganz andere Fälle handelt es sich, wenn durch das Rechtsmittel die in der früheren Instanz unterbliebene Erklärung der Vollstreckbarkeit des ergangenen Urteils erfolgt, §§ 653, 496, 656; oder in der Rechtsmittelinstanz der Antrag, das frühere Urteil, soweit es durch die Rechtsmittelanträge nicht angefochten ist, für vorläufig vollstreckbar zu erklären, gestellt worden ist, und hierüber gemäß § 656 vor Entscheidung der Sache entschieden worden ist". SchmB.

b) **Keine Vollstreckungsklausel für eine vor Rechtskraft der Vorabentscheidung über den Grund des Anspruchs ergangene, für vorläufig vollstreckbar erklärte Verurteilung zur Zahlung der Klagesumme. CPO. § 732.**

OLG. Colmar, I. CS. Beschluß v. 6. Mai 1903.

Das Landgericht hat durch Vorabentscheidung (§ 304 CPO.) den Klaganspruch für begründet erklärt, auf Antrag über den Betrag verhandelt und demnächst durch eine für vorläufig vollstreckbar erklärte Endentscheidung den Beklagten zur Zahlung von 160 Mark verurteilt. Keines der beiden Urteile hat die Rechtskraft beschritten. Der Gerichtsschreiber hat jedoch die Verurteilung mit der Vollstreckungsklausel versehen. Deren Zulässigkeit wird vom Beklagten mit Recht gemäß § 732 CPO. angefochten.

Nach § 304² ist jene Vorabentscheidung in betreff der Rechtsmittel als Endurteil anzusehen. Sie kann also, obgleich sie an sich die Natur eines Zwischenurteils hat und deshalb nur nach §§ 512, 548 anfechtbar wäre, selbständig angefochten werden. Im Falle des Erfolges solchen Rechtsmittels ergibt sich von selbst, daß, nachdem in der höheren Instanz der Grund des Anspruchs für hinfällig erklärt worden, die Verurteilung über dessen Höhe nicht bestehen bleiben kann. Der Bestand dieser Verurteilung ist also durch die Rechtskraft der Vorabentscheidung aufschiebend bedingt und vermag vor deren Eintritt keine Wirkung auf Vollstreckungsfähigkeit zu äußern, selbst dann nicht, wenn die Verurteilung für vorläufig vollstreckbar erklärt worden. Dieser Ansicht läßt sich allerdings das Bedenken entgegenhalten, daß zufolge der gesonderten Behandlung des Grundes und der Höhe der Gläubiger ohne zwingenden Grund schlechter gestellt wird. Denn während er vor Rechtskraft der Vorabentscheidung die Verurteilung zur Zahlung zwangsweise nicht vollstrecken lassen kann, hat er, wenn über Grund und Höhe in demselben Urteile entschieden wird, nicht nur die Aussicht, sondern unter Umständen sogar ein Recht auf eine vorläufige Vollstreckbarkeitserklärung der Verurteilung. Allein dieses Bedenken tritt gegen die ausschlaggebende Erwägung zurück, daß ein Abgehen von der grundsätzlichen Behandlung des über die Höhe ergehenden Urteils als eines durch die Rechtskraft der Vorabentscheidung bedingten, zu Unzuträglichkeiten und Verwirrungen führen müßte, die der Gesetzgeber schwerlich gewollt hat. Demzufolge kann die in Rede stehende Verurteilung des Beklagten als ein der Zwangsvollstreckung fähiger Titel hier nicht zugelassen werden. Frdthl.

c) **Kann gegen die Ehefrau auf Duldung der Zwangsvollstreckung in das Gesamtgut geklagt werden?[1] CPO. § 740.**

[1] Rsp. 6 S. 242; vgl. Falkmann, Zwangsvollstr. 2. Aufl. § 21 Note 20.

OLG. Posen, IV. CS. Urteil v. 23. April 1903.

Der Kläger hatte 1898 gegen den Mann der Beklagten allein eine Forderung erstritten. Der Zwangsvollstreckung in das angebliche Gesamtgut hatte die Beklagte widersprochen und bestritten, daß sie in Gütergemeinschaft lebe. Aus den Gründen:

Der Berufungsantrag bezweckt, wenn schon er auf Zahlung einer Geldsumme gerichtet ist, doch seiner ganzen Tendenz nach nichts weiter als die Feststellung, daß ein gegen den Mann der Beklagten ergangenes, rechtskräftiges Urteil in das Gesamtgut vollstreckbar sei. Nur in diesem Sinne ist das Begehren das Klägers aufzufassen und berechtigt. Allerdings wird gegenüber § 740, welcher zur Zwangsvollstreckung in das Gesamtgut ein gegen den Mann ergangenes Urteil für genügend erklärt, der Regel nach eine besondere Klage gegen die Frau beim Widerspruche der letzteren nicht zugelassen werden dürfen. Wie aber bereits die Motive S. 152 eine solche nicht grundsätzlich ausschließen, vielmehr in gewissen Fällen ausdrücklich für erforderlich erklären, so lassen sich Fälle denken, in denen ein Klagerecht des Gesamtgläubigers gegen die Frau auch dann wird anzuerkennen sein, wenn die Zwangsvollstreckung aus einem gegen den Mann allein ergangenen Urteile ernstliche Bedenken an sich nicht entgegenstehen, wohl aber aus tatsächlichen Gründen auf Schwierigkeiten stößt. Ein solcher Ausnahmefall liegt hier vor. Die Beklagte hat bestritten, daß sie in Gütergemeinschaft lebe und damit ein Hindernis für die Zwangsvollstreckung in das Gesamtgut erschaffen, über das um so weniger hinwegzukommen war, als sie sich im Besitze einer die Ausschließung der Gütergemeinschaft aussprechenden Urkunde befand. Der Kläger hat unter diesen Umständen ein sehr erhebliches Interesse daran, die Haftung des Gesamtgutes auch durch einen der Beklagten gegenüber ergehenden Schuldtitel feststelleu zu lassen, zumal die Beklagte den Anspruch nach wie vor bestreitet und die Zwangsvollstreckung in das Gesamtgut nur nach Überwindung dieses Widerstandes zulässig ist. R.

d) **Unterschied zwischen dem Vollstreckungs- und dem Faustpfandrecht.[1] Prozeßrechtliche Erlöschungsgründe des ersteren.**

OLG. Dresden, II. CS. Urteil v. 29. Mai 1903.

Der Kläger ließ Wagen bei A. pfänden, gestattete dann aber unter Aufrechterhaltung seines Pfandrechtes dem A., die Wagen dem R. zu verkaufen und diesem zu übergeben. Hierauf ließ der Beklagte dieselben Wagen bei R. pfänden und versteigern. Die Klage auf Auszahlung des hinterlegten Erlöses wurde abgewiesen. Gründe:

Durch die Pfändung erwirbt der Gläubiger ein Pfandrecht am gepfändeten Gegenstande; ob es aber ein Faustpfandrecht des bürgerlichen Rechts sei, bleibt eine offene Frage. Allerdings ist es im Verhältnis zu anderen Gläubigern zu behandeln „wie ein durch Vertrag erworbenes Faustpfand-

[1] Die Pfändung von Aktien überträgt nicht das mit den Aktien verbundene Stimmrecht (OLG. Frankfurt 28. Januar 1903).

recht". Es bestehen jedoch immerhin erhebliche Unterschiede, z. B. kann anders als beim Faustpfandrecht (§ 1205 BGB.) dem Schuldner der Gewahrsam der gepfändeten Sache verbleiben (§ 808 CPO.). Zugleich ist mindestens zweifelhaft, ob die symbolische Besitzübertragung auf den Gerichtsvollzieher im Wege der Ersichtlichmachung der Beschlagnahme dem Schuldner den Besitz im materiellrechtlichen Sinne völlig entzieht, ob namentlich der Ersitzungsbesitz dadurch unterbrochen werden kann. Wenn nun auch nach der herrschenden Ansicht auf das Vollstreckungspfandrecht (vgl. Annalen 17 S. 165, 18 S. 65) die für das Faustpfandrecht gesetzlich anerkannten Erlöschungsgründe mindestens entsprechende Anwendung zu finden haben, so ist doch damit nicht gesagt, daß es für das Pfändungspfandrecht nicht auch prozeßrechtliche Erlöschungsgründe geben könnte. Nach materiellem Rechte würde das Faustpfandrecht des Klägers durch den Verkauf an R. nicht erloschen sein, weil dieser das Pfandrecht gekannt hat. Zu erörtern bleibt daher, wie sich dazu das Prozeßrecht verhält.

An die Stelle der Übergabe zum Faustpfand tritt beim Vollstreckungspfand die Wegnahme der Sache durch den Gerichtsvollzieher; dabei ist wesentlich, daß dieser die Sache in Besitz nimmt. Will er die gepfändete Sache im Gewahrsam des Schuldners belassen, so ist die Wirksamkeit der Pfändung durch ihre Ersichtlichmachung bedingt (§ 808). Indessen neben dieser letzteren ist ebenso wesentlich, daß der Schuldner im Gewahrsam verbleibt; denn nur ihm gegenüber hat der Gerichtsvollzieher und durch ihn der Gläubiger die Füglichkeit, das Pfandrecht im Wege des Vollstreckungsverfahrens zu verwirklichen. Gegenüber Dritten versagt die Macht des Gerichtsvollziehers (vgl. auch § 809, Entsch. des RG. 21 S. 364). Nach der herrschenden Meinung geht zwar das ordnungsmäßig begründete Pfändungspfandrecht durch unerlaubte oder zufällige Entfernung der Pfändungszeichen und auch durch rechtswidrige Besitzübertragung an Dritte nicht ohne weiteres verloren. Allein daraus folgt nicht, daß der Gläubiger nun auch sein Pfandrecht behielte, wenn er die Entfernung der Pfändungszeichen oder die Besitzübertragung auf einen Dritten dem Schuldner gestattet (vgl. Entsch. des RG. 35 S. 336, Rsp. 2 S. 58). Da die Vorschriften über die Ersichtlichmachung des Pfandrechts öffentlich rechtlicher Natur sind, entziehen sie sich einer Änderung durch die Beteiligten. Daraus folgt, daß die vom Gläubiger gestattete Beseitigung der Pfändungszeichen notwendig das Pfandrecht zum Erlöschen bringen muß, und zwar selbst dann, wenn der Gläubiger auf das Pfandrecht nicht verzichten will, sondern sich dieses vorbehält. Der Vorbehalt der Fortdauer des Pfandrechts ist, ganz ebenso wie im Fall einer Rückgabe des Faustpfands (§ 1253^1 BGB.), unwirksam.

Auch die Zustimmung zur Übergabe der im Gewahrsam des Schuldners verbliebenen Sachen an einen Dritten steht mit den zwingenden Vorschriften in § 808 in Widerspruch; zum mindesten dann, wenn jene Übergabe vom Schuldner ohne Mitwirkung des Gerichtsvollziehers bewerkstelligt wird. Daß der Gläubiger dabei den Willen gehabt, auf sein Pfandrecht zu verzichten, ist für dessen Erlöschen nicht erforderlich. Es erlischt auch, wenn es vom Gläubiger ausdrücklich und vertragsmäßig vorbehalten wird, lediglich durch den Wegfall einer wesentlichen Bedingung seiner prozeßrechtlichen Wirksamkeit. Dr. W.

e) **Unpfändbare Sachen. CPO. § 811 Nr. 1 u. 5.**

α) OLG. Dresden, VI. CS. Beschluß v. 28. April 1903.

Der Beschluß des Ferien-CS. vom 20. August 1902 hat zwar ausgesprochen, daß das damals gepfändete Sofa dem Schuldner, einem Klempner, entbehrlich sei, weil unter dem angemessenen Hausstande nicht ein standesgemäßer zu verstehen sei und der Hausstand des Schuldners durch den Mangel eines Sofas nicht auf eine unangemessene Dürftigkeit herabgedrückt werde. Allein der jetzt entscheidende Senat hat wiederholt unter ähnlichen Verhältnissen, wie im vorliegenden Falle, angenommen, daß ein Sofa zur Erhaltung eines angemessenen Hausstandes unentbehrlich ist (Beschlüsse vom 26. Februar, vom 10. Oktober 1901 und vom 24. Juni 1902, wo es sich um einen Schlosser bez. Maurer, Kaufmann handelte). Durch die Novelle ist der § 715 Ziffer 1 dahin ausgedehnt worden, daß die zur Erhaltung eines angemessenen Hausstandes unentbehrlichen Gegenstände unpfändbar sind. Hierdurch hat Fürsorge getroffen werden sollen, daß dem Schuldner auch diejenigen Sachen nicht genommen werden dürfen, die er zur Fortführung seines Hausstandes in einem den Umständen nach angemessenen Umfange notwendig braucht (Hahn, Mat. 8 S. 403). Hiernach ist es unumgängig, im einzelnen Falle die persönlichen und sonstigen Verhältnisse des Schuldners zu berücksichtigen. Ob auch der einfache Tagelöhner nach der regelmäßigen Lebenshaltung derartiger Personen auf Belassung eines Sofas in seiner Wohnung Anspruch habe, kann hier unentschieden bleiben. Denn da der Schuldner Bäcker ist, so ist anzunehmen, daß er sich seither in Lebenshaltung und Hausstand über den Kreis gewöhnlicher Arbeiter erhoben und demnach unter allen Umständen zu denjenigen Personen gehört habe, bei denen nach den Anschauungen und gewohnten Bedürfnissen der neueren Zeit ein Sofa als unentbehrlicher Bestandteil eines ihren Verhältnissen angemessenen Hausstandes gilt und mithin zu dessen Fortführung notwendig ist, daher würde allerdings durch den Mangel eines Sofas der Hausstand des Schuldners auf eine unangemessene, eine proletarische Dürftigkeit herabgedrückt werden (Gaupp zu § 811 Va). Annalen 25 S. 92.

β) OLG. Posen, Ferien-CS. Beschluß v. 11. September 1902.

Durch den längeren Nichtgebrauch der im Gewahrsam des Gläubigers gepfändeten Gegenstände wird die Anwendung des § 811 Nr. 1 u. 5 zugunsten der Schuldner nicht ausgeschlossen, mögen sie wider ihren Willen des Besitzes entsetzt worden sein oder freiwillig die Sachen bei dem Gläubiger zurückgelassen haben. Jedenfalls haben die Schuldner — welche Rechte an den Sachen sie auch dem Gläubiger früher eingeräumt haben — der Zwangsvollstreckung in die Sachen widersprochen, und die Berechtigung dieses Widerspruchs ist ohne Rücksicht auf etwaige frühere Abmachungen mit dem Gläubiger nach Maßgabe der gesetzlichen Vorschriften zu prüfen (vgl. Petersen-Anger zu § 811 Anm. I 1, II 8) . . .

Hinsichtlich der unter § 811 Nr. 1 ihrer Art nach fallenden Gegenstände bleibt namentlich festzustellen, ob die Schuldner etwa durch Neuanschaffung solcher Sachen in die Lage versetzt sind, die in den Händen des Gläubigers bisher gebliebenen und gepfändeten ganz oder teilweise entbehren zu können. Im übrigen erscheinen einzelne Stücke des gepfändeten Hausrats ohne weiteres als zur Erhaltung eines „angemessenen Haushalts“ nicht erforderlich (Rehkronen, Serviettenringe). Die Pfändbarkeit der zum Gebrauch und Verbrauch im Tischlereibetriebe dienlichen Werkzeuge und Materialien wäre trotz des § 811 Nr. 5 dann gegeben, wenn der Schuldner den Betrieb seines Handwerks nicht bloß unterbrochen, sondern erkennbar gänzlich aufgegeben hätte. Hinsichtlich der Werkzeuge und der zur Verarbeitung bestimmten Materialien, deren erstere namentlich in teilweise erheblicher Zahl gleicher Gattung gepfändet worden sind, können nur diejenigen Stücke von der Pfändung ausgeschlossen werden, deren der Schuldner zu eigenhändiger Fortsetzung seiner Erwerbstätigkeit, sei es in einem oder in mehreren Exemplaren, notwendig bedarf, wogegen auf den Bedarf der etwa von ihm anzunehmenden Gewerbegehilfen keine Rücksicht zu nehmen ist. Zur Verarbeitung bestimmte Vorräte, sei es von Rohstoffen oder fertigen Fabrikaten (z. B. Schlösser) sind nur insoweit von der Pfändung auszuschließen, als sie den sofortigen Arbeitsbedarf des Schuldners zu decken bestimmt sind, wogegen die für eine längere Zeit hinaus beschafften Materialien dem Zugriff des Gläubigers unterliegen (vgl. Pos. Monatsschr. 1900 S. 37). Letzteres gilt auch von fertigen Erzeugnissen der Erwerbstätigkeit des Schuldners.

Dazu: OLG. Posen, V. CS. Beschluß v. 20. Juni 1903.

Die Frage, ob ein Gegenstand zur persönlichen Fortsetzung eines Handwerks unentbehrlich ist, ist unter Berücksichtigung der gesamten Tätigkeit zu entscheiden, die der Betrieb des Handwerks mit sich bringt. Ein Gegenstand, der im Betrieb eines Handwerks nur zu gewissen Zeiten oder Zeiträumen gebraucht wird, hört mit Ablauf dieser Zeit nicht auf, unentbehrlich zu sein. Ist ein Eisschrank zum Betriebe des Fleischerhandwerks im Sommer unentbehrlich, so ist er auch im Winter der Pfändung nicht unterworfen, weil die Fortsetzung der Erwerbstätigkeit zu beachten ist. Im übrigen ist für die Frage, ob die Voraussetzungen des § 811 Nr. 5 vorliegen, der Zeitpunkt der Pfändung maßgebend. Betreibt der Schuldner zur Zeit der Pfändung ein Handwerk mit der Absicht es fortzusetzen und ist der gepfändete Gegenstand zur persönlichen Fortsetzung der Erwerbstätigkeit unentbehrlich, so ist eine nachträgliche Änderung in der Erwerbstätigkeit des Schuldners ohne Bedeutung. Denn der § 811 ist ein im öffentlichen Interesse erlassenes Verbotsgesetz und zwingender Natur. Die Pfändung, die dagegen verstößt, ist nichtig; sie begründet kein Pfandrecht. Ein solches kann daher auch durch eine nachträgliche Änderung der Erwerbstätigkeit des Schuldners allein, ohne einen neuen Pfändungsakt, nicht hergestellt werden (vgl. Entsch. des RG. 18 S. 393, Hahn Mat. 8 S. 414, Reincke CPO. zu § 811). Ließe man den Zeitpunkt der Entscheidung des Vollstreckungs- oder Beschwerdegerichts maßgebend sein, so würde der gesetzgeberische Zweck des § 811 in den meisten Fällen vereitelt werden können. Der Handwerker, dem das ganze Handwerkszeug im Wege der Pfändung weggenommen und damit die Möglichkeit, das Handwerk zu betreiben, entzogen ist, würde dann mit der Berufung auf § 811 Nr. 5 die Freigabe des Handwerkszeugs nicht erreichen können, da er zur Zeit der Entscheidung des Vollstreckungsgerichts das Handwerk nicht mehr betreibt. Der Schuldner, dem die notwendigsten Kleidungsstücke im Wege der Zwangsvollstreckung weggenommen sind (§ 811 Nr. 1), würde sich auf deren Unentbehrlichkeit nicht berufen können, wenn er zwischen der Pfändung und der Entscheidung des Vollstreckungsgerichts von der Armenpflege Ersatz erhalten hat. Pos. MSch. 1903 S. 11. 116.

γ) OLG. Dresden, VI. CS. Beschluß v. 17. Februar 1903.

Die „sonstigen persönlichen Leistungen" müssen nicht in gewöhnlicher, ungelernter körperlicher Arbeit bestehen; sie können auch höherer Art, insbesondere kaufmännische Dienste sein. Andernfalls hätte es ihrer Erwähnung neben der Handarbeit nicht besonders bedurft. Auch kaufmännische Dienste, die der Verpflichtete in Person zu leisten hat, fallen unter § 811 Ziffer 5. Die Reichstagskommission hat sich bestrebt, dem jetzigen § 811 Ziffer 5 eine Fassung zu geben, bei der für einen Schluß vom Gegenteile möglichst wenig Raum sei (vgl. Hahn 8 S. 517). Man würde daher dem Sinne des Gesetzes nicht gerecht werden, wenn man einem Handlungsagenten oder Handlungsgehilfen den Schutz des § 811 Ziffer 5 lediglich deshalb abspräche, weil er keine Handarbeit oder ihr ähnliche körperliche Arbeit verrichte.

Weiter ist dem Beschwerdeführer das gepfändete Fahrrad zur persönlichen Fortsetzung seiner Erwerbstätigkeit unentbehrlich. Er hat die Kundschaft seiner Firma in der näheren und bisweilen auch die in der weiteren Umgebung von R. zu besuchen. Diese Reisen, also ganz eigentlich körperliche Leistungen, bilden einen wesentlichen Bestandteil der Obliegenheiten, die er der Firma gegenüber übernommen hat. Wenn ihm das Fahrrad als Beförderungsmittel genommen wird, würde er entweder alle Wegestrecken zu Fuß zurücklegen oder kostspielige Beförderungsmittel benutzen müssen. Im ersten Falle müßte er seine Erwerbstätigkeit ganz wesentlich einschränken; es würde ihm nicht möglich sein, in der gleichen Zeit eine gleich große Zahl von Kunden, besonders entfernt wohnende, zu besuchen. Auch wenn er die Eisenbahn oder ein Fuhrwerk zum Fortkommen benutzen würde, könnte er seine Erwerbstätigkeit nicht in der bisherigen Weise fortsetzen. Denn um die Kosten dieser Beförderungsmittel würde sich das Ergebnis seiner Erwerbstätigkeit schmälern, dafern ihre Aufwendung seine Erwerbstätigkeit überhaupt noch als wirtschaftlich aussichtsreich erscheinen ließe und er nicht der hohen Kosten wegen davon absehen müßte, entfernt wohnende Kunden noch aufzusuchen. In dieser Beziehung war dem OLG. Kiel (Rsp. 4 S. 152) beizutreten, während die Gründe des OLG. Bamberg (Rsp. 1 S. 227) wenigstens für den vorliegenden Fall nicht für zutreffend erachtet werden können. Annalen 25 S. 90.

32

a) **Ist der zur Herbeiführung der Zwangsvollstreckung hinterlegte Betrag an den Prozeßbevollmächtigten oder an die Partei zurückzuzahlen? Zuständigkeit des Kammergerichts für die weitere Beschwerde.**

Kammergericht, I. CS. Beschluß v. 20. April 1903.

... Die den Amtsgerichten durch die preuß. Hinterlegungsordnung zugewiesenen Geschäfte gehören, wie in den Motiven (Drucks. des AbgH. 1878/9 Nr. 8 S. 54) und in der Begründung zu Art. 84 Ziffer XIX Ausf.-G. zum BGB. anerkannt und auch bereits im Beschlusse vom 6. Februar 1902 (Jahrbuch 23 S. 165) ausgesprochen ist, zu den Angelegenheiten der freiwilligen Gerichtsbarkeit; für die Entscheidung über die weitere Beschwerde ist daher gemäß Art. 6, 7 preuß. FrG. das Kammergericht zuständig.

In der Sache selbst stützt sich die angefochtene Entscheidung auf den Sinn und die Bedeutung, welche der Eintragung in Spalte 1 des vom Beschwerdeführer unterzeichneten Annahmegesuches beizumessen ist. In der Spalte 1 ist, entsprechend dem im § 13 der Allg. Verf. v. 23. Dezember 1899 empfohlenen Formular 2 (JMBl. S. 879) zwecks Anleitung zur Ausfüllung dieser Spalte 1 der Vermerk vorangesetzt: „Name, Stand oder Gewerbe und Wohnort des Hinterlegers und, falls die Hinterlegung in dessen Vertretung von einer anderen Person bewirkt wird, dieser Person". Daneben findet sich die Eintragung: „Rechtsanwalt S. als Prozeßvertreter des A." Wenn das Landgericht diesem Inhalt entnimmt, daß der Beschwerdeführer bei der Hinterlegung nicht für sich, sondern namens seines Machtgebers als dessen Prozeßvertreter gehandelt hat, so läßt diese Auslegung einen Rechtsirrtum nicht erkennen. Denn wird bei Abgabe einer rechtsgeschäftlichen Erklärung oder Vornahme einer Rechtshandlung die Person, welche die Erklärung abgibt oder die Rechtshandlung vornimmt, mit einem Zusatz wie: „als Prozeßvertreter", „als Vormund des" aufgeführt, so soll nach allgemeinem Sprachgebrauch durch den Zusatz ausgedrückt werden, daß die betreffende Person nicht für sich, sondern in ihrer genannten Eigenschaft als Vertreter des im Zusatz bezeichneten Dritten hat für diesen handeln wollen und gehandelt hat. Ist hiernach davon auszugehen, daß der Beschwerdeführer die 6000 Mark namens des Klägers als dessen Prozeßbevollmächtigter hinterlegt hat, so ist daraus zu folgern, daß dem Kläger, nicht dem Beschwerdeführer die Rechte aus der Hinterlegung, insbesondere das Recht auf Rückgabe zusteht. Denn da die Herbeiführung der vorläufigen Vollstreckbarkeit des

Urteiles zum Prozeßbetrieb gehört (Entsch. des RG. 9 S. 329), die Hinterlegung also innerhalb der dem Beschwerdeführer nach § 81 CPO. zustehenden Vertretungsmacht erfolgt ist, so ist die rechtliche Wirkung der Hinterlegung lediglich in der Person des Klägers, nicht auch in der des Beschwerdeführers eingetreten (§ 85 CPO., § 164 BGB.). Der Beschwerdeführer kann daher das Verlangen der Auszahlung nicht auf ein eigenes Recht, sondern nur auf das des Klägers als dessen Vertreter stützen. Da die Prozeßvollmacht aber nur zur Empfangnahme der vom Gegner zu erstattenden Prozeßkosten, dagegen nicht zur Empfangnahme irgend welcher anderer Zahlungen ermächtigt, so bedarf es für den Beschwerdeführer zur Vertretung des Klägers bei der Auszahlung des Nachweises einer besonderen dahingehenden Ermächtigung. — Darin wird durch die Tatsache, daß der Beschwerdeführer in Spalte 4 als Empfangsberechtigter bezeichnet ist, nichts geändert; denn das Annahmegesuch ist nicht vom Kläger, der selbstverständlich den Beschwerdeführer mit voller rechtlicher Wirkung als Empfangsberechtigten hätte bezeichnen können, sondern allein vom Beschwerdeführer selbst ausgestellt, und letzterer kann dadurch, daß er sich selbst zum Empfangsberechtigten bezeichnet, nicht zur Vornahme einer Rechtshandlung berechtigt werden, die an sich über den Rahmen seiner Vertretungsmacht hinausgeht. Etwas anderes wäre es natürlich, wenn nicht erkennbar gemacht wäre, daß der Beschwerdeführer die 6000 Mark lediglich als Vertreter des Klägers hinterlegte. Gr.

b) **Einwendungen gegen die Pfändung von Mietzinsraten. Deren Übergang auf den Ersteher. CPO. § 766. BGB. § 573.**

OLG. Jena. Ferien-CS. Beschluß v. 29. Juli 1903.

Das Amtsgericht hat wegen einer Forderung des Gläubigers A. die Mietforderung des Schuldners B. an X. gepfändet und zur Einziehung überwiesen, den Beschluß auch dem Drittschuldner am 3. Mai 1902 zustellen lassen. X. hatte nämlich im Hause Nr. 1, das der minderjährigen Tochter des Schuldners Ida gehörte, eine Mietwohnung für 168 Mark, postnumerando vierteljährlich zu bezahlen, inne. Der Schuldner hat kraft seines Nutznießungsrechtes den Vertrag mit X. für sich im eignen Namen abgeschlossen; er war also bezüglich des Mietzinses forderungsberechtigt, nicht seine Tochter. Daß dies im Beschlusse nicht angegeben ist, ist für die Wirksamkeit der Pfändung ohne Bedeutung. Der bis zum 1. April fällige Mietzins war zurzeit der Pfändung bereits bezahlt. Der Beschluß ist bei Lage des Falles nach § 832 so zu verstehen, daß durch ihn gepfändet wurden die am 1. Juli, 1. Oktober und später fällig werdenden Mieten. Das Haus wurde aber versteigert und am 21. Juni 1902 dem M. zugeschlagen. Nach § 56 ZwVG. gebühren vom Zuschlag an dem Ersteher die Nutzungen; falls aber das Grundstück einem Mieter überlassen ist, finden nach § 57 ZwVG. die §§ 573 Satz 1 und 574 BGB. entsprechende Anwendung. Nach § 573 Satz 1 (§ 1056) ist die Pfändung und Überweisung, dafern sie eine „Verfügung" darstellt, wirksam für das 2. und 3. Quartal, so daß die am 1. Juli und 1. Oktober fälligen Mieten an den Gläubiger zu zahlen wären. Andernfalls wäre für die Mieten nach dem 21. Juni 1902 der § 574 (dazu § 1056) maßgebend, wonach nur der gutgläubige Mieter, d. h. der Mieter, der vom Eigentumswechsel bei der Zahlung nichts wußte, innerhalb gewisser Grenzen geschützt wird. Der Senat erblickt in der Pfändung eine „Verfügung" und verweist hierfür auf die Urteile des OLG. Dresden, wo zugleich das von gegnerischer Seite Vorgebrachte zutreffend gewürdigt und zurückgewiesen wird (Rsp. 4 S. 229, 7 S. 24; auch 3 S. 358; vgl. Fuld, Mietrecht S. 222; Mittelstein, Miete S. 282; Örtmann, Schuldverhältnisse § 573 Note 2; v. Staudinger zu § 573 BGB.; Fischer-Schäfer, ZwVG. § 57[5]; Wolff, ZwVG. § 57 Note 2; a. M. Rsp. 7 S. 25; Reinhard, ZwVG. § 57 III 2a und e; JW. 1902 S. 58). Der Drittschuldner hat am 1. Juli die Miete für das 2. Quartal an den Pfändungsgläubiger und die Miete für das 3. Quartal am 1. Oktober an den Ersteher gezahlt. Das Amtsgericht hat die Einwendungen, die die Ida B. und der Drittschuldner gegen den Pfändungsbeschluß erhoben hatten, als unstatthaft zurückgewiesen. Das Landgericht hat dagegen die Sache zurückverwiesen zur Entscheidung der Frage, ob die Mieten nach BGB. § 1654 und CPO. §§ 862[2], 861 Satz 2 der Pfändung unterworfen seien. Die weitere sofortige Beschwerde des Gläubigers ist nur bezüglich der Miete für das 2. Quartal begründet.

1. Der Rechtsbehelf des § 766 CPO. ist nur während der Zwangsvollstreckung gegeben und findet nach ihrer Beendigung nicht mehr statt (Gaupp-Stein zu § 766 Note 29, Seuffert 46 Note 77; auch Entsch. des RG. 8 S. 270, 23 S. 330). Beendet wird sie jedenfalls durch die Befriedigung des Gläubigers, die vorliegend nicht in einem Vollstreckungsverfahren erfolgen, sondern wegen der ratenweise fällig werdenden Pfandforderung nur ratenweise eintreten konnte. Die Zwangsvollstreckung zerfiel also in mehrere Akte, deren jeder sein selbständiges Ende durch teilweise Befriedigung des Pfandgläubigers zu finden bestimmt war. Nun hat der erste Akt durch freiwillige Zahlung der gepfändeten Forderung, soweit diese am 1. Juli fällig wurde, sein Ende gefunden. Damit war die Zwangsvollstreckung bezüglich dieses Teiles der Bemängelung nach § 766 entrückt.

2. Nicht beendet ist dagegen die Zwangsvollstreckung bezüglich der am 1. Oktober 1902 fällig gewordenen Mietrate. Hier ist die Einwendung der Ida B. nach §§ 862[3], 766 zulässig. Ebenso konnte auch der Drittschuldner den Weg des § 766 einschlagen, wenn ihn die Art und Weise der Zwangsvollstreckung beschwerte. Ist die Forderung, die der Schuldner gegen ihn hat, der Pfändung nicht unterworfen, so beschwert ihn eine Verfügung, die ihm aufgibt, statt an den Schuldner (der sein Gläubiger ist) an den Pfändungsgläubiger zu zahlen. Wenngleich er nach § 836[2] berechtigt ist, letzterem zu zahlen, verpflichtet ist er nicht dazu. Hier hat er überdies bereits gezahlt, und zwar nicht an den Pfandgläubiger. Dieser verlangt von ihm (nochmals) Zahlung. Der Drittschuldner wahrt mithin sein Interesse, wenn

er geltend macht, der Pfandgläubiger sei zur Zahlungsforderung nicht befugt. Der Umstand, daß nach der Einwendung des Drittschuldners der Schuldner B. Zahlung der Mietsrate fordern kann, ändert nichts an der Sache, es steht ja dahin, ob dieser wirklich von ihm Zahlung verlangen wird (Gaupp-Stein § 766 I 3 und § 836 II, Entsch. des RG. 34 S. 380, Seuffert 41 S. 239). Somit war es bezüglich der am 1. Oktober fälligen Mieten bei der angefochtenen Entscheidung zu belassen. Dr. B.

c) **Ungültigkeit der Pfändung einer Forderung durch ein unzuständiges Gericht sowie wegen mangelhaften Inhaltes des Pfändungsbeschlusses.**

OLG. Darmstadt, II. CS. Urteil v. 3. Juli 1903.

1. Die 1900 in A. verstorbene A. hat vier Erben, darunter den C. in M. Die Parteien sind Gläubiger dieses C., haben dessen Erbansprüche gepfändet und streiten jetzt über die Wirksamkeit der Pfändungsbeschlüsse. Da die Pfändung für den Kläger durch das Amtsgericht A. der Zeit nach die älteste ist, muß zunächst geprüft werden, ob sie, obwohl von einem nicht zuständigen Gerichte erlassen, Gültigkeit hat. Der Pfändungsbeschluß ist weder durch Erinnerung noch durch Beschwerde angefochten worden; damit sei er, behauptet der Kläger, rechtskräftig geworden. Nach § 828 ist als Vollstreckungsgericht dasjenige Amtsgericht zuständig, bei welchem der Schuldner seinen allgemeinen Gerichtsstand, also seinen Wohnsitz hat. Das ist hier M. Das Amtsgericht daselbst war also zur Pfändung des Erbanteiles des Schuldners C. und zwar gemäß § 802 ausschließlich zuständig. Es wird geltend gemacht, die einzige Wirkung der Ausschließlichkeit sei die durch § 40 angeordnete Unzulässigkeit der Prorogation. Dies ist eine irrige Auffassung. Der § 40 CPO. befindet sich im Titel „Vereinbarung über die Zuständigkeit der Gerichte" und gibt mit seiner Vorschrift, daß Vereinbarung unzulässig sei, wenn für die Klage ein ausschließlicher Gerichtsstand bestehe, nur eine Ausnahme hinsichtlich der nach den §§ 38, 39 als Regel möglichen Prorogation. Dadurch sind also keineswegs die Wirkungen der Ausschließlichkeit des Gerichtsstandes bestimmt oder gar auf Unzulässigkeit der Prorogation beschränkt. In der CPO. gibt es keine Vorschriften über die Wirkung von Beschlüssen unzuständiger Gerichte (Seuffert 38 S. 196). Über diese Wirkungen führt das Reichsgericht (Seuffert 38 S. 196) aus: „Die auf solche Beschlüsse (d. i. eines unzuständigen Gerichtes) gegründeten Vollstreckungsmaßregeln müssen deshalb als absolut ungültige angesehen werden"; desgl. JW. 1887 S. 114[14]: „Die Maßregel bleibt trotz ihrer tatsächlichen Aufrechterhaltung beim Mangel der Zuständigkeitsvoraussetzungen stets unwirksam". Vgl. auch Entsch. d. RG. 9 S. 365; Seuffert 50 Nr. 207; Gaupp-Stein, Petersen-Anger, Struckman-Koch zu § 828. Dagegen sagt Seuffert zu § 828 Note 2c: „Vollstreckungshandlungen eines unzuständigen Gerichts können vom Schuldner auf dem im § 766 bezeichneten Wege angefochten werden. Werden sie nicht angefochten, so sind sie ebenso wie andere Entscheidungen eines

unzuständigen Gerichts wirksam. Daher kann der Drittschuldner der gegen ihn vom Gläubiger erhobenen Klage gegenüber die Unzuständigkeit des Gerichts, welches die Pfändung rc verfügte, nicht rügen; es wäre auch ganz unerhört, wenn ein nicht übergeordnetes Gericht über die Zuständigkeit eines anderen Gerichts urteilte". Ihrem Wortlaute nach spricht diese Stelle nur vom Drittschuldner, nicht von anderen Gläubigern desselben Schuldners. Es ist nicht recht zu ersehen, ob hier auch solchen anderen Gläubigern gegenüber unanfechtbare Wirksamkeit angenommen werden soll; es wäre dies wohl auch nicht in Einklang zu bringen mit in § 829 Anm. 3 und § 766 Anm. 2d vertretenen Anschauungen. Der Senat schließt sich den Ansichten an, welche wegen der gesetzlichen Ausschließlichkeit des Gerichtsstandes den Beschlüssen eines unzuständigen Gerichtes innerhalb der Zwangsvollstreckung jede Wirkung absprechen, die Folgen der § 829 CPO. ff. durch einen solchen Beschluß nicht eintreten lassen.

Die Pfändung vom 24. April 1900 war demnach mit dem Landgerichte unbeachtet zu lassen, denn auch dem nachgehenden Pfandgläubiger, der bei der ersten Pfändung als ganz unbeteiligter Dritter erscheint, dem weder zugestellt wird, noch Gelegenheit gewährt ist, sich etwa nach § 766 oder § 793 zu beteiligen und die dort vorgesehenen Rechtsmittel zu ergreifen, muß gestattet sein, in einem Rechtsstreite zwischen ihm und einem anderen Gläubiger über Rang nach den von ihnen erwirkten Pfändungen jene Unwirksamkeit geltend zu machen. Rechtsprechung und Theorie gestatten sogar dem Drittschuldner wahlweise das Rechtsmittel aus § 766 oder die Einrede der Unwirksamkeit in dem vom Gläubiger gegen ihn gemäß § 835 erhobenen Rechtsstreit (vgl. die Zitate in JW. 1887 S. 113; Gaupp-Stein, Struckmann-Koch; auch noch über solche Anfechtung einer auf Grund Arrestbefehls unrichtig erfolgten Einweisung: Seuffert 46 N. 149); umsomehr muß dem weiteren Gläubiger im Rangstreite mit anderen Gläubigern die gleiche Befugnis zuerkannt werden.

2. In zweiter Linie stützt der Kläger seinen Vorrang auf die dem § 859 vollständig angepaßte Pfändungsverfügung des Amtsgerichts M. vom 22. Februar 1901 und bestreitet dadurch legitimiert die Wirksamkeit der Pfändung für den Beklagten wegen mangelhaften, den Vorschriften nicht entsprechenden Inhalts des Beschlusses. Daselbst ist „die Forderung des Schuldners an C., D., E., F., G. und H. aus Pacht und Erbschaft gepfändet" und weiter angeordnet: „die Drittschuldner dürfen an den Schuldner nicht mehr zahlen. Der Schuldner hat sich jeder Verfügung über die Forderung, insbesondere der Einziehung derselben, zu enthalten. Zugleich wird dem Gläubiger die bezeichnete Forderung auf Höhe des erwähnten Betrags zur Einziehung überwiesen." Der § 859 gestattet die Pfändung des Anteils eines Miterben am Nachlaß, nicht aber die Pfändung an den einzelnen zum Nachlaß gehörigen Gegenständen, welch letztere für unstatthaft erklärt ist. Dem entgegen hat das Amtsgericht auch Pachtausstände gepfändet, obwohl aus dem Gesuche ersichtlich war, daß es sich um zum Nachlasse gehörige

Pachtausstände handelte. Die Unwirksamkeit dieses Teils der Pfändung hat der Beklagte zugegeben.

Wenn auch im wesentlichen den Ausführungen des Landgerichts über Pfändung der „Forderung aus Erbschaft", über das Verbot „die Drittschuldner dürfen an den Schuldner nicht mehr zahlen" und das in ähnlicher Weise an den Schuldner gerichtete Verbot sowie die in gleicher Form ausgesprochene Überweisung zustimmte und deshalb die Ausführung des Klägers, welche hierin nur eine Pfändung von Geldforderungen findet, nicht für stichhaltig zu erachten ist, so muß der Beschluß wegen Ungenauigkeit seines Inhaltes, auch soweit er einen Erbschaftsanteil des Schuldners pfänden wollte, als unwirksam angesehen werden. Bei Pfändung eines Erbschaftsanteils erscheinen die Miterben des Schuldners als Drittschuldner im Sinne von §§ 829, 857, die Pfändung wird also durch Zustellung des Beschlusses an diese bewirkt (Entsch. des RG. 49 S. 408; Petersen-Anger § 859 A. 4, § 857 A. 3 und 5[a]; Gaupp-Stein § 859 A. III; Seuffert § 859 A. 2). Nun sind im Beschlusse zwar Drittschuldner verzeichnet, aber sechs Personen, während der Schuldner zum Nachlaß nur drei Miterben, die drei erstgenannten Drittschuldner hat. Es ist weiter nicht im Beschlusse unterschieden und angegeben, wer von diesen sechs Personen als Drittschuldner hinsichtlich der zuerst genannten Pachtforderung, wer von ihnen als Drittschuldner hinsichtlich einer „Forderung aus Erbschaft" in Betracht kommt. Endlich ist aber auch der in Betracht kommende Nachlaß gar nicht angegeben, so daß aus dem Beschlusse allein nicht ersehen werden kann, um welchen Erbanteil es sich eigentlich handelt und dies umsoweniger, als sechs Personen als Drittschuldner aus Pacht und Erbschaft darin genannt sind. Für die Wirkung der Pfändung kann aber nur der Inhalt des Pfändungsbeschlusses für sich allein in Frage kommen. Der Pfändungsantrag wird den Beteiligten nicht zugestellt und eine Pfändungsbenachrichtigung nach § 845 hat unter bestimmter Voraussetzung keine andere Wirkung, als die Zurückdatierung des Pfandrechts, sofern solches überhaupt besteht. Wie bei der Forderungspfändung nach § 829 bestimmte Bezeichnung der Forderung sowohl hinsichtlich des Drittschuldners als bezüglich des Schuldgrundes und Gegenstandes zu fordern ist (Gaupp-Stein, Seuffert zu § 829 Anm. 2), so muß auch bei der Pfändung anderer Vermögensrechte, insbesondere von Erbschaftsanteilen ähnliche Genauigkeit gefordert werden, wenn die Pfändung als wirksam angesehen werden soll. Zwar hat das Reichsgericht (Entsch. 42 S. 330) entschieden, daß eine Bezeichnung des Drittschuldners im Zahlungsverbote selbst nicht zu fordern sei, wenn nur im Pfändungsbeschlusse deutlich gemacht sei, an wen das Verbot sich richtet, daß unbedingt die namentliche Bezeichnung des Drittschuldners im Pfändungsbeschlusse nicht zu verlangen sei, andererseits eine bloße Bezeichnung der Forderung ihrer Art und Höhe nach nicht genüge, daß es vielmehr konkreter Beurteilung unterstehe, ob der Drittschuldner etwa durch

Bezugnahme auf Verträge oder sonstige Urkunden oder sonstwie so genau bezeichnet sei, daß er das Zahlungsverbot als an ihn gerichtet erkennen mußte. Allein vorliegend fehlt es bezüglich des Erbschaftsanteils an jeder solchen Bezugnahme oder sonstigen Bezeichnung. Dr. B.

d) **Pfändung der Eigentümergrundschuld.**

OLG. Dresden, VII. CS. Urteil v. 26. Februar 1903.

Zufolge des § 857[6] bedarf die Pfändung einer Grundschuld, wenn, wie dies bei der Höchstbetragshypothek des § 1190 BGB. zutrifft, die Erteilung eines Briefes ausgeschlossen ist, der Eintragung im Grundbuch gemäß § 830 Satz 4. Der Abs. 6 spricht von Grundschulden schlechthin, ohne hinsichtlich einzelner Arten eine Ausnahme zu machen, er trifft also sämtliche Grundschulden und damit auch solche, die bestehen, ohne eingetragen zu sein, nämlich auch die Grundschulden, die in den Fällen der §§ 1163[1], 1177[1] BGB. dem Eigentümer des Pfandgrundstücks zustehen (Rsp. 3 S. 198, 4 S. 320 und 487, 6 S. 134, Annalen 23 S. 174; a. A. Rsp. 4 S. 75). Eine Anwendung des § 830[2] ist ausgeschlossen, da es bei der Eigentümergrundschuld an einem Drittschuldner fehlt. Der Pfändung zugänglich sind ferner nicht bloß die Rechte, die der Eigentümer infolge des Eintritts der Voraussetzungen für die Entstehung der Grundschuld bereits endgültig erworben hat, sondern auch die ihm als eventuellen Inhaber einer Höchstbetragshypothek bedingt zustehenden Rechte. Zur Giltigkeit der Pfändung dieser bedingten Rechte bedarf es aber der Eintragung genau ebenso, wie bei der Pfändung jener unbedingten Rechte des Eigentümers des Pfandgrundstücks (Rsp. 3 S. 201).

Nach § 894 BGB. steht dem Inhaber der Eigentümergrundschuld in den Fällen des § 1163[1] gegen denjenigen, auf dessen Namen die Hypothek eingetragen ist, der Anspruch auf Bewilligung der Umschreibung zu. Das OLG. hat in früheren Entscheidungen ausgesprochen, daß die Zwangsvollstreckung auch in diesen Berichtigungsanspruch durch Pfändung und Überweisung desselben zulässig sei, sich aber über die Wirkungen einer solchen Pfändung in verschiedenem Sinne geäußert. Nach der Entscheidung (Annalen 21 S. 461) soll dadurch der Pfändungsgläubiger die Befugnis erlangen, die Umschreibung der Hypothek auf seinen Namen statt auf den des Pfändungsschuldners zu fordern, während er nach der Rsp. 2 S. 152 daraufhin die Umschreibung auf den Namen seines Schuldners und damit nach § 1287 BGB. ohne weitere Eintragung die Entstehung eines Pfandrechtes an der Eigentümergrundschuld für sich herbeizuführen vermag. Es kann unerörtert bleiben, ob der einen oder anderen dieser Rechtsansichten beizutreten und nicht vielmehr — die Zulässigkeit der Pfändung einmal vorausgesetzt — davon auszugehen sei, daß sich der Pfändungsgläubiger durch eine Pfändung der besprochenen Art nur die Möglichkeit der Umschreibung der Hypothek auf seine Schuld bloß mit der Wirkung eröffne, um ohne weitere Schwierigkeiten die nach wie vor erforderliche Eintragung der Pfändung der Eigentümergrundschuld veranlassen zu können. Jedenfalls ist ausgeschlossen, daß der

Pfändungsgläubiger schon durch den auf Pfändung des Berichtigungsanspruchs gerichteten Beschluß und dessen Zustellung an den Drittschuldner ein Recht an der Eigentümergrundschuld erwerbe. Jener § 830 CPO., der die Eintragung der Pfändung als Voraussetzung für die Entstehung eines Pfandrechts fordert, würde sonst bedeutungslos werden. Nach den angeführten Entscheidungen des Oberlandesgerichts erwirbt der Pfandgläubiger denn auch erst dann ein Recht an der Eigentümergrundschuld, wenn er diese auf Grund des Pfändungsbeschlusses, sei es nun auf sich, sei es auf seinen Schuldner, umschreiben läßt, wobei nur der Eintragung einer Vormerkung oder eines Widerspruchs, die hier nicht in Frage kommen konnte, noch die Bedeutung einer dinglichen Wirkung beigelegt wird. Dr. W.

e) **Die Pfändung einer Eigentümergrundschuld unabhängig von Aufnahme eines Zahlungsverbots in den Pfändungsbeschluß.**

OLG. Colmar, II. CS. Beschluß v. 24. Juni 1903.

... Die Pfändung einer Eigentümerhypothek erfolgt gemäß § 830 (Rsp. 6 S. 134). In dem Beschlusse, durch den die dem Schuldner zustehende „Eigentümerhypothek" gepfändet worden, ist nun ein Drittschuldner nicht bezeichnet, namentlich ist auch kein Verbot an ihn erlassen worden, an den Schuldner zu zahlen (§ 829¹). Der Beschwerdeführer leitet hieraus mit Unrecht die Unwirksamkeit der Pfändung her. Seine Auffassung, daß, weil nur der § 857² — und nicht der § 830 — das Nichtvorhandensein eines Drittschuldners berücksichtige, bei der Pfändung in der Form des § 830 immer ein Drittschuldner vorhanden sein oder doch wenigstens in den Pfändungsbeschluß aufgenommen werden müsse, ist zweifellos irrig. Schon der § 857⁶, auf dem die Anwendung des § 830 vorliegend beruht, schreibt nur eine „entsprechende" Anwendung des letzteren vor, und es ist auch überdies selbstverständlich, daß die Bestimmungen über die Pfändung einer durch Hypothek gesicherten Forderung (§ 830) bei Pfändung der Eigentümerhypothek nur insoweit zur Anwendung kommen können, als die eigentümliche Natur der letzteren dies gestattet. Ist ein Drittschuldner dabei nicht vorhanden, liegt also eine Eigentümergrundschuld vor — was meistens der Fall sein wird und vorliegend aus dem Inhalt der Beschwerde hervorgeht —, so müssen selbstverständlich diejenigen Vorschriften außer Betracht bleiben, welche sich auf den Drittschuldner beziehen. Insbesondere kann dann von einem an den Drittschuldner zu richtenden, in den Pfändungsbeschluß aufzunehmenden Verbot, an den Schuldner zu zahlen, keine Rede sein. Die Form der Pfändung, wie sie der Pfändungsbeschluß enthält, d. h. das bloße Gebot an den Schuldner, sich jeder Verfügung zu enthalten, genügt. Dr. Fr.

f) **„Erhebung der Klage", wenn eine vollstreckbare Urkunde den Vollstreckungstitel bildet. LohnbeschlGes. §§ 4a, 4 Nr. 3.**

OLG. Oldenburg, I. CS. Beschluß v. 27. März 1903.

Nach der vom Amtsgericht X. am 16. Januar 1900 aufgenommenen vollstreckbaren Urkunde steht der Gläubigerin gegen den Schuldner als außerehelichen Erzeuger vom Tage ihrer Geburt, dem 28. Juli 1899, bis zum vollendeten 14. Lebensjahr ein Alimentenanspruch zu. Das Landgericht erklärte auf Beschwerde die Pfändung einer Lohnforderung des Schuldners wegen des ganzen auf die Zeit vom 28. Juli 1899 bis Ende Januar 1902 entfallenden Alimentationsbetrages für zulässig. Dem kann jedoch nicht beigetreten werden. Nach §§ 4 Nr. 3, 4a Ges. vom 21. Juni 1869 in Verbindung mit der Novelle vom 29. März 1897 ist die Pfändung des Arbeitslohns wegen der Alimentationsansprüche eines unehelichen Kindes gegen den außerehelichen Erzeuger insoweit nicht beschränkt, als es sich handelt um die für die Zeit nach Erhebung der Klage und für das diesem Zeitpunkte vorausgehende letzte Vierteljahr zu entrichtenden Unterhaltsbeiträge [abgesehen von dem notdürftigen Unterhalt des Schuldners und dem Unterhalt seiner Verwandten u. s. w.]. Vorliegend hat eine Klagerhebung überhaupt nicht stattgefunden, und es erscheint gerechtfertigt, ihr den Tag der Ausstellung der vollstreckbaren Urkunde gleichzustellen, da durch diese Urkunde eine Klagerhebung zwecklos wurde. Ein späterer Zeitpunkt: die Erteilung der vollstreckbaren Ausfertigung oder die Zustellung dieser Ausfertigung, kann nicht als maßgebend angesehen werden, da die Aufnahme der vollstreckbaren Urkunde mit der bereits hinter der Klagerhebung liegenden Urteilsverkündigung im Prozesse auf einer Linie steht. Mit der Auffassung, daß der Zustellung keine entscheidende Bedeutung beizumessen ist, stimmt überein eine Entscheidung des Kammergerichts vom 31. März 1894 (Blätter für Rechtspflege 5 S. 48), in welcher ein Antrag auf einstweilige Verfügung der Klagerhebung gleicherachtet ist. Ist hiernach der 16. Januar 1900 maßgebend, so muß, da das Gesetz die Pfändung wegen der für die Zeit nach diesem Zeitpunkt und für das ihm vorausgehende Vierteljahr zu entrichtenden (nicht in dieser Zeit fällig werdenden) Alimente für zulässig erklärt, die Pfändung als gerechtfertigt angesehen werden wegen der vom 16. Oktober 1899 an zu zahlenden Unterhaltsbeiträge. Burl.

g) **Ein auf Gesetz beruhender Alimentenanspruch verliert durch vertragsmäßiges Anerkenntnis nichts von dem Charakter einer gesetzlichen Unterhaltsforderung. CPO. § 850 Ziffer 2.**

OLG. Dresden, VII. CS. Urteil v. 9. Juli 1903.

Die rechtskräftig 1899 geschiedenen Parteien hatten zur Regelung der dem Beklagten obliegenden Unterhaltspflicht einen Vergleich geschlossen, wonach der Beklagte der Klägerin vierteljährlich 500 Mark zahlt. Der eingeklagten Rate setzte der Beklagte eine Gegenforderung entgegen, die Aufrechnung wurde für unzulässig erklärt. Aus den Gründen:

... Allerdings hat § 850 Ziffer 2 nur die auf gesetzlicher Vorschrift beruhenden Alimenten im Auge, und es genügt nicht, daß die Forderung den wirtschaftlichen Charakter eines Unterhaltsanspruchs hat. Unter die Ziffer 2 fällt daher nicht der Unterhalt, der auf Grund einer unerlaubten Handlung oder zufolge Vertrags als Altenteil, Auszug, Leibgedinge und dergleichen geschuldet wird, vielmehr muß auch der Rechtsgrund der Forderung auf dem Gesetz, d. h. in einem zustandsrechtlichen Verhältnisse der Verwandtschaft oder Ehe einerseits und dem Vermögen des Verpflichteten und dem Bedürfnisse des Berechtigten andererseits beruhen. Indessen verliert der Anspruch, soweit er auf Gesetz beruht, durch vertragsmäßiges Anerkenntnis nichts von dem Charakter einer gesetzlichen Unterhaltsforderung (Gaupp-Stein zu § 850 unter II, 2). Damit stimmen Petersen-Anger und Seuffert (zu § 850) insofern überein, als auch nach ihrer Ansicht der gesetzliche Unterhaltsanspruch durch Anerkenntnis nicht zu einem vertragsmäßigen wird, wogegen die Einwendungen Schanzes (civil. Archiv 69 S. 262) durch die nachstehenden Einschränkungen im wesentlichen ihre Erledigung finden. Es ist nämlich allerdings noch zu bedenken, daß die richterliche Feststellung der Unterhaltsrente nicht immer zu dem gleichen Ergebnisse, wie die vertragsmäßige, führen muß, und der Richter möglicherweise eine Unterhaltspflicht überhaupt nicht für gegeben ansieht, z. B. das Bedürfnis des angeblich Berechtigten verneint, oder auf eine höhere oder geringere Rente kommt. Diese Möglichkeit kann jedoch nur zur Folge haben, daß dem Beklagten, wenn er gegen die vertragsmäßig festgesetzte Unterhaltsforderung aufrechnen will, der Nachweis nachzulassen ist, daß der Klägerin kraft Gesetzes kein Anspruch auf Unterhalt, oder ihr ein solcher nur in geringerem Umfange zustehe. Würde dieser Nachweis geführt, so müßte die Aufrechnung insoweit, als die vertragsmäßige Unterhaltsrente die gesetzlichen Alimenten übersteige, aber auch nur insoweit, zugelassen werden. Dr. W.

h) Unterschied zwischen Handlungsgehilfen und Agenten. — Pfändung von Provision. Abzug von Unkosten. — Haftung des Prinzipals, welcher nach der Pfändung die Einbehaltung der Provision gestattet. HGB. §§ 59, 84. CPO. §§ 829, 832.

Kammergericht, VIII. CS. Urteil v. 6. Mai 1903.

Die Beklagte betreibt ein Inkassogeschäft und beschäftigt seit längerer Zeit den Reisenden E., welcher mit den Kunden Abonnementsverträge abzuschließen hatte. Die Entlohnung des E. war so geregelt, daß er von dem beim Vertragsschluß an ihn zu zahlenden Abonnementspreise für das erste Jahr 60 % für sich einbehalten durfte und die verbleibenden 40 % an die Beklagte abzuführen hatte. Die Klägerin hat wegen einer vollstreckbaren Forderung den Anspruch des E. an die Beklagte „auf Zahlung der fälligen und fällig werdenden Provisionsbezüge, soweit die Gesamtbezüge des Schuldners 1500 Mark jährlich übersteigen“, gepfändet und sich zur Einziehung überweisen lassen. Die Beklagte ist zur Zahlung verurteilt. Gründe:

Die Pfändung ist nach § 832 zulässig, wenn die Provisionsbezüge sich als eine Gehaltsforderung oder eine ähnliche in fortlaufenden Bezügen bestehende Forderung darstellen. E. war als Reisender nur für die Beklagte, und zwar ununterbrochen seit Oktober 1900 tätig. Sein Dienstverhältnis war daher dauernd auf fortgesetzte Tätigkeit lediglich im Interesse der Beklagten gerichtet. Er hatte seine Reisen den Anordnungen des Prinzipals gemäß auszuführen, stand also in einem Abhängigkeitsverhältnis zu ihm und war jedenfalls kein selbständiger Gewerbetreibender. Hieraus ergibt sich, daß seine Stellung nicht die eines Agenten, sondern diejenige eines Handlungsgehilfen war. Daß nicht ein festes Gehalt gezahlt, sondern die Vergütung in Gestalt einer Provision bezogen wurde, ist unerheblich und zwingt nicht zu der Annahme, daß ein Agentenverhältnis vorliege. Dies würde nur dann der Fall sein, wenn ein Abhängigkeitsverhältnis lediglich mit Bezug auf das einzelne Geschäft, nicht aber, wie hier, eine Unterordnung unter den Willen des Prinzipals für die geschäftliche Tätigkeit im allgemeinen bestand. Allerdings trat die Fälligkeit der Provision erst mit Abschluß der von E. vermittelten Abonnementsverträge ein, mit diesem Zeitpunkt erst war sie verdient. Daraus folgt nicht, daß die Einbehaltung von 60% des vereinnahmten Jahresabonnements durch den Schuldner bei Abschluß der Abonnementsverträge eine Vergütung für den einzelnen Fall einer erfolgreichen Tätigkeit darstellt. Die Provisionsforderungen sind vielmehr als ein Ganzes anzusehen, da sie für die gesamte Dauer des Dienstverhältnisses und die gesamten Dienste vereinbart sind, und der Satz von 60% eine ein für allemal festgesetzte Pauschalsumme bildet, welche für die Bezahlung der Provisionsforderungen maßgebend sein sollte. Die Abrede, daß E. von dem gezahlten Betrage des ersten Jahresabonnements 60% einbehalten dürfe, ist lediglich eine Zahlungsmodalität, welche, ohne die Provisionsforderungen als Ganzes zu berühren, für deren Erfüllung im einzelnen Ratenzahlung festsetzt. Hierdurch wird aber an der Natur der Bezüge als fortlaufende nichts geändert. Ebensowenig ist von Einfluß, daß die Fälligkeit der Beträge durch eine bestimmte, erst zu leistende Arbeit, den Abschluß des Abonnementsvertrages, bedingt ist. Die gepfändeten Provisionsforderungen erscheinen demgemäß als Forderungen, welche in fortlaufenden, dem Gehalt ähnlichen Bezügen bestehen, die Pfändung ist daher gemäß § 832 zulässig.

Der Pfändungsbeschluß umfaßt die Provisionsansprüche, soweit sie den Betrag von jährlich 1500 Mark übersteigen. Die Klägerin muß daher nachweisen, daß ein mindestens der Höhe ihrer Klagforderung gleichstehender Betrag über 1500 Mark hinaus dem E. an Provision gegen die Beklagte zustand. Da der Schuldner ferner Reisespesen nicht erhielt, vielmehr von den ihm zustehenden 60% seine sämtlichen Reiseunkosten mit zu decken hatte, so muß der § 3² LohnbeschlGes. dahin führen, daß weiterhin von dem 1500 Mark übersteigenden Betrage die Auslagen des Schuldners abgezogen werden müssen. Dieser der Klägerin obliegende Beweis ist jedoch geführt....

Wenn die Beklagte noch geltend macht, daß sie vertraglich an den Schuldner nichts zu zahlen gehabt, diesem vielmehr lediglich das Recht auf Einbehaltung der 60% Provision zugestanden hätte und weil sie nicht dem Vertrage zuwider diese Einbehaltung habe untersagen können, so ist dem nicht beizustimmen. Die dem E. vertraglich eingeräumte Befugnis, die

Abonnementsbeträge beim Abschluß einzuziehen, stellt sich als eine ihm vom Prinzipal erteilte Inkassovollmacht dar. Auf dieser beruht auch das fernere Recht, 60% als Provision einzubehalten. Da die Kunden, mit denen E. abschließen würde, der Beklagten vorher nicht bekannt waren, sie also diesen die Zahlung an ihren Reisenden nicht untersagen konnte, bestand die einzige Möglichkeit, dem nachzukommen, für sie darin, die erteilte Inkassovollmacht zu widerrufen. Ein solcher Widerruf wäre zulässig gewesen. Wenn auch der Vertrag dem E. ein Recht auf Einziehung und Einbehaltung gibt, so tritt diesem Recht doch das Beschlagsrecht aus dem Pfändungsbeschluß als stärkeres gegenüber, die Vertragsabrede muß ihr gegenüber weichen. Mit Erlassung des Beschlusses tritt der Gläubiger an die Stelle des Schuldners, so daß dessen Einziehungsrecht so lange ruht, bis der Gläubiger aus der Forderung des Schuldners E. gegen den Drittschuldner befriedigt ist. Die Beklagte war daher zum Widerruf der Inkassovollmacht verpflichtet, nachdem ihr das gerichtliche Zahlungsverbot zugestellt war. Auch der Einwand, daß E. 3598 Mark an sie gar nicht abgeführt habe, vermag die Beklagte nicht zu befreien; dies würde erst dann in Frage gekommen sein, wenn sie den Vollmachtswiderruf an ihren Reisenden erlassen und dieser trotzdem die Gelder aus den Abonnementsverträgen einbehalten hätte. Nl.

i) **Das dem vorzeitig entlassenen Handlungsgehilfen zugesprochene Gehalt für ein ferneres Vierteljahr unterliegt nicht der Pfändung.**

OLG Kiel, I. CS. Beschluß v. 28. Mai 1903.

Dem Schuldner A., der als Handlungsgehilfe auf unbestimmte Zeit angenommen war und am 1. September 1902 ohne Kündigung entlassen wurde, ist rechtskräftig sein Gehalt bis Ende 1902 zugesprochen. Diese Forderung hat sein Gläubiger U. pfänden lassen. Aus den Gründen:

Unbedenklich ist das Lohnbeschlagnahmegesetz und demgemäß der § 850 Ziffer 1 CPO. auch auf Handlungsgehilfen anzuwenden. Das daselbst erlassene Pfändungsverbot trifft auch auf die vorliegend gepfändete Forderung zu. Allerdings führen Wilmowski-Levy, Gaupp-Stein und Petersen unter Hinweis auf eine Entscheidung des Landgerichts Berlin I aus, daß das Pfändungsverbot nicht Platz greife hinsichtlich der Entschädigungsansprüche bei vorzeitiger Entlassung. Jene Entscheidung ist aber nach dem ALR. ergangen, nach welchem das vertragliche Dienstverhältnis durch die Entlassung des Dienenden sofort und ohne weiteres beendet wurde. Für das BGB. trifft dies nicht zu. Nach §§ 615, 324 Satz 1 ist vielmehr davon auszugehen, daß, wenn der Dienstberechtigte mit der Annahme der Dienste in Verzug kommt und dadurch dem Verpflichteten die ihm obliegende Leistung unmöglich macht, der Vertrag bestehen bleibt und der Verpflichtete die vereinbarte Vergütung verlangen kann. Mit dieser rechtlichen Konstruktion ist die Annahme unvereinbar, daß es sich bei dem zuerkannten Gehalte um einen Schadensersatz wegen grundloser Aufhebung des Dienstmietvertrages gehandelt habe (Motive 2 S. 208). Auf dieser rechtlichen Grundlage ist es so anzusehen, als ob der Schuldner seine Dienste bis Ende 1902 weiter geleistet und den Anspruch auf die Vergütung bei Fälligkeit erworben habe. Damit erledigt sich der fernere Angriff, daß die gepfändete Forderung sich nicht als eine Vergütung für geleistete Dienste charakterisiert. Auch darauf kann es nicht ankommen, ob der Schuldner in der Zeit vom 1. September bis Ende 1902 anderweitig lohnende Beschäftigung gesucht und gefunden hat. Dies berechtigte den Prinzipal zu einem entsprechenden Abzug, der rechtliche Charakter der dem Schuldner zugesprochenen Forderung wird dadurch nicht verändert. Vielmehr ist daran festzuhalten, daß die Dienste, zu denen der Schuldner nach dem Vertrage verpflichtet und bereit war, seine Erwerbstätigkeit vollständig beansprucht haben würden. Ob der Gläubiger berechtigt war, den während dieser Zeit durch anderweitige Tätigkeit seines Schuldners verdienten Lohn zu pfänden, ist hier nicht zu entscheiden. Unerheblich ist schließlich, ob der Prinzipal der rechtskräftig ausgesprochenen Verpflichtung ganz oder teilweise nicht nachgekommen ist, und daß dadurch die Forderung des Schuldners ihr gesetzliches Privilegium nicht verloren hat. Gr.

k) **Zwangseintragung auf dem ungeteilten Nachlaßgrundstücke für einen Miterben. CPO. §§ 864², 747.**

Kammergericht, I. CS. Beschluß v. 16. März 1903.

Als Eigentümer sind die Erben des 1892 verstorbenen A., nämlich dessen Witwe und ihre 3 Kinder B., C. und D. in ungeteilter Erbengemeinschaft eingetragen. Der Miterbe B. hat gegen die anderen Miterben 2000 Mark erstritten und beantragt, sie auf dem Grundstücke einzutragen. Der Antrag wurde zurückgewiesen. Gründe:

An sich steht nichts im Wege, daß für einen Miterben auf einem Nachlaßgrundstück eine Hypothek eingetragen wird, wie das auch bereits der Beschluß vom 16. Februar 1903 (Jahrbuch 26 S. 130) ausgesprochen hat. Hier weist aber das Grundbuchamt darauf hin, daß der § 747 CPO. ein gegen alle Erben ergangenes Urteil erfordert. Der § 747 kommt jedoch nicht in Betracht. Er ist aufgenommen, „weil nach dem BGB. (§ 2033²) ein Miterbe über seinen Anteil an den einzelnen Nachlaßgegenständen nicht verfügen kann"; er ist also für die Zwangsvollstreckung in einen Nachlaß, der dem Recht des BGB. untersteht, bestimmt. Die CPO. in der früheren Fassung hatte eine solche Vorschrift nicht. Wo jedoch nach einem der früheren Rechte die Rechtsverhältnisse der Miterben untereinander und zum Nachlaß die gleichen gewesen wären, wie sie im BGB. gestaltet sind, wo also insbesondere ein Miterbe nicht über einen Anteil an einer Erbschaftssache verfügen kann, da mußte diese materielle Rechtslage mit Notwendigkeit, auch ohne das Vorhandensein einer dem § 747 entsprechenden Vorschrift, zu der gleichen formellen Behandlung führen; denn die Zwangsvollstreckung läßt sich nicht anders beurteilen, wie die rechtsgeschäftliche Verfügung. Wenn nun auch die Erbengemeinschaft des ALR. im wesentlichen der des BGB. gleich war, in dem die Erben ebenfalls als Miteigentümer nach den Grundsätzen der gesamten

Hand erscheinen, die grundsätzlich Anteile nur an der Erbschaft, nicht aber den einzelnen Erbschaftssachen haben und die deshalb grundsätzlich auch nicht über Erbschaftssachen oder über Anteile an solchen verfügen können, so hatte doch die Rechtsentwicklung der preußischen Praxis die Verfügung einzelner Erben über Nachlaßgegenstände mit der Wirkung, daß die Verfügung dasjenige ergriff, was dem Verfügenden von der Sache bei der Auseinandersetzung zufiel, anerkannt. Infolge davon wurde auch die Zwangsvollstreckung in den Anteil des Miterben an einem Nachlaßgegenstand (auch an einem Nachlaßgrundstück) mit bedingter Wirksamkeit zugelassen. Sollte allerdings die Vollstreckung einen ganzen Nachlaßgegenstand dergestalt ergreifen, daß ein alsbald vollwirksames Pfandrecht an der Sache entstand, dann machte schon der Umstand, daß über einen Nachlaßgegenstand die Erben mit unbedingter Wirksamkeit nur gemeinschaftlich verfügen konnten, auch ohne eine Vorschrift, wie sie jetzt im § 747 enthalten ist, notwendig, daß das zu vollstreckende Urteil gegen alle Erben ergangen war. Abgesehen vom § 747 ist durch das BGB. und seine Nebengesetze an diesem Rechtszustand, soweit es sich um einen vor 1900 liegenden Erbfall handelt, an sich nichts geändert. Denn das rechtliche Verhältnis der Miterben untereinander und zum Nachlaß, also auch der Umfang ihrer Verfügungsmacht an ihren Anteilen am Nachlaß und an Gegenständen des Nachlasses sind **erbrechtliche Verhältnisse**, welche sich bei einem vor 1900 eingetretenen Erbfall nach dem bisherigen Recht bestimmen (EG. Art. 213). Damit im untrennbaren Zusammenhang steht aber die weitere Frage der Vollstreckung gegen die Erben und gegen einzelne Erben in den Nachlaß. Auch die Voraussetzungen dieser Vollstreckung, soweit sie materiell rechtlicher und zwar erbrechtlicher Natur sind, also nicht zu den Vorschriften des Verfahrens gehören, bestimmen sich bei einem vor 1900 eingetretenen Erbfall nach früherem Rechte.

Der § 747 ist keine Prozeßvorschrift; er spricht nicht davon, daß die Vollstreckung erst beginnen könne, nachdem die Klausel gegen alle Erben erteilt und vorgelegt sei, er regelt nicht die formellen, sondern die materiellen Voraussetzungen der Vollstreckung in einen Nachlaß dahin, daß dazu ein gegen alle Erben ergangenes Urteil erforderlich ist, d. h., wie sich aus der Begründung ergibt, wie nach dem BGB. von mehreren Miterben bei ungeteiltem Nachlaß nicht einer über einen Nachlaßgegenstand oder einen Teil davon verfügen kann, sondern nur alle Erben gemeinschaftlich verfügen können, so müssen auch alle Miterben verklagt und verurteilt sein, wenn gegen einen Nachlaßgegenstand Zwangsvollstreckung stattfinden soll. Damit steht aber auch fest, daß der § 747, der nach der Begründung nur mit Rücksicht auf den § 2033² BGB. aufgenommen ist, sich nur auf Nachlässe bezieht, welche dem BGB. unterworfen sind. Dies Ergebnis widerstreitet nach dem Ausgeführten nicht dem Grundsatz, daß Prozeßgesetze vom Tag ihres Inkrafttretens schlechthin anzuwenden sind, denn einmal wird der Grundsatz schon deshalb hier nicht durchbrochen, weil hier ja nur geprüft und entschieden ist, was unter dem „Nachlaß“ im Sinne dee § 747 zu verstehen ist und, wenn es richtig ist, daß darunter nur ein Nachlaß, der dem Recht des BGB. untersteht, zu verstehen ist, sich daraus das Anwendungsgebiet des § 747 ohne weiteres und ohne Konflikt mit jenem Grundsatz über die Anwendung von Prozeßgesetzen ergibt; zum andern ist aber oben dargelegt, daß der § 747 trotz seiner Stellung in der CPO. ein Prozeßgesetz überhaupt nicht ist. Es ergibt sich aus dem § 747 aber der — allerdings prozessuale — Grundsatz, daß Vollstreckung in einen ungeteilten Nachlaß (im Sinne des BGB.) nicht eher beginnen darf, als bis die Klausel gegen alle Miterben erteilt ist.

Trotz der Unanwendbarkeit des § 747 auf Nachlässe aus einem Erbfalle vor 1900 (die übrigens z. B. auch Gaupp annimmt) kann aber nach dem 1. Januar 1900 auch bei einem solchen Erbfall eine Zwangshypothek auf einem Nachlaßgrundstück vor der Teilung nicht eingetragen werden, wenn das Urteil nur gegen einen oder gegen einige Miterben ergangen ist. Das beruht aber auf Vorschriften, die nicht dem Erbrecht, sondern dem Liegenschaftsrecht des BGB. angehören. Danach kann der Bruchteil eines Grundstückes mit einem Vorkaufsrecht 2c nur belastet werden, wenn er in dem Anteil eines Miteigentümers besteht. Ebenso ist die Vollstreckung in den Bruchteil nur zulässig, wenn dieser im Anteil eines Miteigentümers besteht, oder wenn sich der Anspruch des Eigentümers auf ein Recht gründet, mit dem der Anteil als solcher belastet ist (§§ 1095, 1106, 1114, 1192, 1199 BGB., § 864² CPO.). Ein Bruchteil an einem Nachlaßgrundstück stand aber vor der Teilung, auch nach Preuß. Recht, einem Miterben nicht zu, und die Eintragung der Hypothek auf einem etwaigen bedingten Recht ist nicht angängig. Allerdings ist hier die Eintragung nicht auf Anteilen der verurteilten Miterben, sondern auf dem ganzen Nachlaßgrundstück beantragt; dafür reicht das vorgelegte Urteil gegen die drei Miterben jedenfalls nicht aus, da sie allein auch nicht über das ganze Grundstück wirksam verfügen könnten. Es fragt sich auch, ob der Eintragung nicht schon der Umstand entgegensteht, daß hier die Miterben zur Zahlung einer Nachlaßschuld an einen Miterben und Gläubiger verurteilt sind. Das ist aber zu verneinen. Freilich hatte nach ALR. ein Miterbe, der zugleich Nachlaßgläubiger ist, vor der Erbteilung keinen Anspruch auf Bezahlung, vielmehr nur auf Feststellung und Berücksichtigung bei der Erbteilung (Eccius 4 § 271; Striethorst 93 S. 176, 95 S. 299; Gruchot 27 S. 499). Wenn sich auch das vorliegende Urteil über diesen Rechtsgrundsatz zu Unrecht hinweggesetzt hat, so würde dieser Umstand die Eintragung doch nicht hindern, weil der Grundbuchrichter nicht die Richtigkeit des Urteils nachzuprüfen hat. K.

l) **Sicherungshypotheken gemäß § 866 CPO. sind nur wegen fälliger Forderungen zulässig.**

Kammergericht, I. CS. Beschluß v. 11. Juli 1903.

Die allgemeinen Bestimmungen über die Zwangsvollstreckung (§§ 704—802) finden auch auf die im 2. Titel (§§ 864—871) behandelte Zwangsvollstreckung wegen Geldforderungen in das unbewegliche Vermögen Anwendung, mithin

21*

auch auf die Eintragung einer Zwangshypothek. Aus § 751[1] folgt aber, daß diese Eintragung gemäß §§ 866, 867 nur wegen bereits fälliger Forderungen zulässig ist, denn nur diese geben einen Titel zur Vornahme der Zwangsvollstreckung. Allerdings hat die Zwangseintragung die Besonderheit, daß sie nicht, wenigstens nicht unmittelbar, wie die anderen Vollstreckungsmaßregeln, wegen einer Geldforderung — Zwangsversteigerung und Zwangsverwaltung — die unmittelbare Befriedigung des Gläubigers zum Ziel hat, sondern nur für den Fall der Versteigerung und Sicherheit der Befriedigung nach Maßgabe des § 10 Nr. 4 ZVG. dem Gläubiger gewährt. Aber das Gesetz bietet keinen Anhalt dafür, daß etwa, weil die Zwangseintragung wirtschaftlich nur die Sicherung des Gläubigers bezweckt, diese Vollstreckungsmaßregel, was das Erfordernis der Fälligkeit der Forderung betrifft, in weiterem Umfang als andere Vollstreckungsmaßregeln zulässig ist. Vielmehr ist der gesetzgeberische Grund für die Zulassung der Zwangshypothek gewesen, daß zugunsten des Schuldners hierdurch die Versteigerung seines Grundbesitzes möglichst hintangehalten werden sollte, indem der Gläubiger durch Gewährung ausreichender Sicherheit zur Stundung der fälligen Forderung veranlaßt werden sollte (Motive zum BGB. 3 S. 621, Begründung der CP.-Novelle des § 757b). Demnach ist bei vollstreckbaren Schuldtiteln, die auf Zahlung wiederkehrender Leistungen gerichtet sind, die Zwangseintragung nur für die fälligen Beträge zulässig, soweit sie 300 Mark übersteigen. Wegen der künftig fällig werdenden Beträge kann nur auf dem Wege der Ausbringung und Vollziehung eines Arrestes gemäß §§ 916ff., 932 die Eintragung einer Sicherungshypothek herbeigeführt werden, und zwar mit der Maßgabe, daß diese Sicherungshypothek als Maximalhypothek im Sinne des § 1190 BGB. eingetragen wird, indem gemäß § 932 CPO. Halbsatz 2 der nach § 923 in dem Arrestbefehl festgestellte Geldbetrag, durch dessen Hinterlegung der Schuldner die Vollziehung des Arrestes hemmen oder die Aufhebung des Arrestbefehls herbeiführen kann, als der Höchstbetrag zu bezeichnen ist, für den das Grundstück haftet (vgl. Gaupp-Stein Anm. II zu § 867; Rsp. 3 S. 364). Unzulässig ist hiernach der Antrag der Beschwerdeführerin, auf das zu ihrem und ihres Mannes gütergemeinschaftlichem Vermögen gehörende Grundstück eine Sicherungshypothek „in Höhe von monatlich seit dem 1. Januar 1903 zu zahlenden 45 Mark" einzutragen. Zn.

m) **Verteilungsverfahren. Austragung eines Prioritätsstreits nur gemäß CPO. §§ 878 f.**

OLG. Braunschweig, I. CS. Beschluß v. 20. April 1903.

Nachdem der Kläger und andere Gläubiger Sachen des X. hatten pfänden lassen, schloß sich der Beklagte der Pfändung an und widersprach einer Verteilung des unzureichenden Erlöses nach der Reihenfolge der Pfändungen. Es wurde deshalb das Verteilungsverfahren am 28. Juli eingeleitet und die Gläubiger zur Mitteilung ihrer Ansprüche aufgefordert. Am 26. August wurde der Beklagte auf die Einwilligung, daß der Erlös an den Kläger ausgezahlt werde, belangt. Vor dem Termin kam jedoch der Verteilungsplan, ohne Widerspruch zu finden, zur Ausführung. Die Kosten des Rechtsstreits wurden dem Kläger auferlegt. Gründe:

Trotz des auf Verurteilung gestellten Antrags ist die Klage auf Feststellung des Bestehens eines Rechtsverhältnisses gerichtet; sie bezielt Anerkennung des Vorrangs des klägerischen Pfändungspfandrechts vor dem des Beklagten, wie sie an sich prozessualisch nicht zu beanstanden und materiell begründet sein würde. Bei Erhebung der Klage war indessen das Verteilungsverfahren bereits eingeleitet, und über die Verteilung der Masse, mithin auch über die Streitfrage, ob dem Kläger der Vorrang vor dem Beklagten gebühre, entschied nun allein der Teilungsplan des Gerichts, sei es, daß er unwidersprochen blieb, sei es, daß er infolge eines zur rechtlichen Anerkennung gelangten Widerspruchs eines Gläubigers abgeändert würde oder neu aufgestellt werden müßte. Ein solcher Widerspruch ist vom widersprechenden Gläubiger nach § 878 im Wege der Klage in dem daselbst geordneten ausschließlichen Gerichtsstand geltend zu machen. Die Vorinstanz meint, durch diese Vorschriften sei der Gläubiger nicht gehindert, seinerseits aggressiv gegen den Widersprechenden vorzugehen bezw. behufs Hinderung der Ausführung des gerichtlichen Verteilungsplanes dem Gericht nachzuweisen, daß er schon geklagt habe. Allein die CPO. enthält Verfahrensvorschriften für das Gericht, ähnlich denen im Konkursprozeß, von welchen abzuweichen das Gericht nicht in der Lage ist und über welche zu disponieren den Parteien nicht oder nur in einem beschränkten Umfange gestattet sein kann. Wie weit das zulässig sein möchte, braucht hier nicht erörtert zu werden; keinesfalls ist ein Gläubiger befugt, für die Austragung seines Streites mit einem anderen einseitig ein vom gesetzlichen abweichendes Verfahren einzuschlagen und — mit Wirksamkeit für das Gericht — durchzuführen. Daß mit dieser Auffassung praktische Unzuträglichkeiten verbunden seien, ist nicht anzuerkennen; ebensowenig ein Interesse des einen Vorrang behauptenden Gläubigers, durch von ihm herbeizuführende Entscheidung einem späteren, nach § 878² nicht ausgeschlossenen Streit vorzubeugen (vgl. Entsch. des RG. 37 Nr. 110; Gaupp-Stein zu §§ 872, 878). Ist sonach die Natur der §§ 872 ff. als zwingend anzuerkennen, mithin ein anderer Weg, auf den Verteilungsplan einzuwirken, ausgeschlossen, so ist damit ohne weiteres gesetzlich festgestellt, daß es einer Klage der vorliegenden Art an den gesetzlichen Voraussetzungen fehlt, mag man in der Feststellungsklage nach § 256 ein prozeßrechtliches oder ein nach bürgerlichem Recht zu beurteilendes Rechtsmittel erblicken. Ersterenfalls schließt die spezielle, prozeßrechtliche Klage des § 878 (Gaupp a. a. O.; Hellwig, Anspruch S. 502 ff.; Petersen-Anger § 878 Note 1) die allgemeine des § 256 aus, letzterenfalls ergibt sich aus § 878, daß es für die Zeit nach Einleitung des Verteilungsverfahrens an dem rechtlichen Interesse des § 256 fehlt. Hdt.

n) **CPO. § 883 gilt auch für die Herausgabe von Personen.**

OLG. Hamburg, Ferien-CS. Beschluß v. 12. August 1903.

Der Wortlaut des § 883 spricht allerdings nur von „beweglichen Sachen.“ Allein bei der Kommissionsberatung ist die vom Regierungsvertreter verfochtene analoge Anwendung unwidersprochen geblieben und daher unterlassen worden, eine besondere Bestimmung über Herausgabe von Personen dem Gesetz einzufügen. Auch wäre es bedenklich, in solchen Fällen mit dem § 888 aushelfen zu wollen, weil nicht einzusehen ist, inwiefern dies eine ihrem Wesen nach durch Dritte nicht vornehmbare Handlung sein soll und anderseits die im § 887 vorgesehenen Maßnahmen nicht in Frage kommen können. Der praktische Gegengrund endlich, den das OLG. Stuttgart (Seuffert 38 S. 289) anführt, daß es bedenklich erscheine, wenn Eltern einem Gerichtsvollzieher die persönliche Fürsorge über ihr Kind anvertrauen sollten, fällt durchaus nicht ins Gewicht, weil es sich dabei ja nur um ein ganz vorübergehendes Anvertrauen handeln könnte (vgl. Pr. GeschAnw. v. 12. Dez. 1899 § 81). M. M.

o) **Erwirkung einer Rechnungslegung.**

OLG. Kiel, I. CS. Beschluß v. 29. Juni 1903.

Beklagter war rechtskräftig verurteilt, über eine Versteigerung Rechnung zu legen, da die im Prozeß vorgelegte Rechnung unzureichend sei. Auf Antrag war ihm aufgegeben, bei Meidung einer Geldstrafe von 200 Mark gemäß dem Urteil Rechnung zu legen, worauf er eine mit der im Prozeß vorgelegten Rechnung übereinstimmende Abrechnung nebst fünf Belägen übersandte. Dem Kläger genügte sie jedoch nicht, weil einige Positionen nicht belegt seien und die Beläge nicht ausreichende Aufklärung gäben. Seinem Antrage, die angedrohte Strafe festzusetzen und eine weitere Geldstrafe anzudrohen, hat das Prozeßgericht stattgegeben. Die Beschwerde hierüber ist begründet.

Es ist mit dem Reichsgericht (Entsch. 37 S. 406) davon auszugehen, daß der im Vollstreckungsverfahren erhobene Einwand, es sei bereits Rechnung gelegt, regelmäßig nur im Wege der Klage nach § 767 zur Geltung zu bringen ist und eine Ausnahme von dieser Regel nur Platz greifen kann, wenn der Antrag des Gläubigers dahin zu verstehen ist, daß der Schuldner dazu angehalten werden solle, über dasjenige hinaus, was durch die Rechnungslegung geschehen, die Rechnung besser und vollständiger zu legen. Ob diese Voraussetzung zutrifft, kann dahingestellt bleiben, denn auch wenn das der Fall wäre, bedurfte es einer Prüfung, ob der Gläubiger nach dem Urteil berechtigt ist, dasjenige, was er über die jetzt beschaffte Rechnungslegung hinaus verlangt, vom Schuldner zu erzwingen. Diese Frage ist zu verneinen. Nimmt man auch an, daß der Schuldner nach dem Urteil und nach § 259[1] BGB. nicht nur zur Mitteilung der Rechnung, sondern auch zur Vorlegung von Belägen verpflichtet war, so hat er dieser Verpflichtung doch durch die von ihm bewirkte Leistung genügt. Ob die Rechnung inhaltlich sich vollkommen mit derjenigen deckt, welche der Schuldner schon im Prozeß vorgelegt hatte und welche vom Prozeßrichter als unzureichend zurückgewiesen war, darauf kommt es ebensowenig an, wie darauf, ob die vorgelegten Beläge mit den einzelnen Positionen der Rechnung genau übereinstimmen. Glaubt der Gläubiger Grund zu der Annahme zu haben, daß der Schuldner die Einnahmen nicht mit der erforderlichen Sorgfalt angegeben hat, so ist er nach § 259² berechtigt, vom Schuldner den Offenbarungseid zu verlangen. Sind ferner die Ausgabebeläge nicht oder nicht vollständig geeignet, die Richtigkeit der von ihm eingestellten Ausgaben darzutun, so bleibt dem Gläubiger unbenommen, die Ausgaben nur insoweit bei seiner Liquidation zu berücksichtigen. Eine darüber hinausgehende Befugnis des Gläubigers, solange richterlichen Zwang gegen den Schuldner auszuüben, bis dieser in allen Punkten den Anforderungen, welche er an die ihm zu legende Rechnung stellen zu können vermeint, genügt hat, findet im Gesetz keine Stütze. Gr.

p) **Die Zwangsvollstreckung wegen Sicherheitsbestellung gemäß Art. 29³ WO. darf auf dieselbe Weise erfolgen, wie die Vollziehung eines dinglichen Arrestes wegen der Wechselsumme.**

OLG. Dresden, IV. CS. Urteil v. 5. Mai 1903.

. . . Der Kläger ist berechtigt, von beiden Akzeptanten Sicherheitsbestellung zu fordern, und zwar im Wege des Wechselprozesses, wie die WO. Art. 29³ ausdrücklich sagt, und woran durch § 602 CPO. nichts geändert ist (§ 13 EG. zur CPO.; Wenglers Archiv 1881 S. 797, 1883 S. 36). Ebenso ist die Verurteilung des Mannes zur Duldung der Vollstreckung in das eingebrachte Gut im Wechselprozesse zulässig (Entsch. des RG. 50 S. 52). Der Kläger hat in seinem Antrage nicht gesagt, in welcher Weise die Beklagten Sicherheit leisten sollen, und er brauchte es nicht zu sagen (Rsp. 3 S. 156). Er beabsichtigt jetzt die Pfändung von Mieten, läuft aber bei dem ungewissen Stande der Rechtsprechung (vgl. Staub § 17 zu Art. 29 mit § 9 zu Art. 28 u. § 10 zu Art. 26 WO.; Rehbein Anm. 5 zu Art. 28; Petersen-Anger Anm. 2 zu § 887, Anm. 2 zu § 884, Anm. 2 u. 6 vor § 803 CPO.; Seuffert 48 Nr. 233, 54 Nr. 233; Busch, Zeitschr. 6 S. 525, 17 S. 156, 23 S. 186; Wenglers Arch. 1876 S. 87; 1888 S. 145; Sächs. Archiv 1897 S. 815; Annalen d. sächs. OLG. 12 S. 83; Rsp. 1 S. 44, 3 S. 156; Entsch. des RG. 13 S. 340, 18 S. 435, 19 S. 206) Gefahr, daß er mit seinem Antrage auf Pfändung der Mieten abgewiesen und auf deren Verpfändung oder auf den Weg des § 887 CPO. verwiesen wird, weil sein Anspruch nicht eine Geldforderung, sondern ein Anspruch auf die Vornahme einer Handlung sei. Das Berufungsgericht hält diesen Weg für einen vielleicht gangbaren, aber unnötigen Umweg und erachtet zur Vermeidung späterer Weiterungen für geboten, im Urteilstenor die Zulässigkeit des Weges auszusprechen, den der Kläger beschreiten will, nämlich die Zulässigkeit der Zwangsvollstreckung auf dieselbe Art und Weise, wie die Vollziehung eines dinglichen Arrestes wegen der Wechselsumme. Diese Zulässigkeit ergibt sich aus folgenden Gründen:

Der Art. 29³ verb. mit Art. 25¹ verpflichtet den Akzeptanten, dem Wechselinhaber „genügende Sicherheit dafür zu leisten, daß die Bezahlung am Verfalltage erfolgen werde". Der Entwurf einer WO. für die Preuß.

Staaten sagte in Art. 26: „...durch Pfand oder Bürgen". In der Leipziger Konferenz (1848 Protokoll XII S. 28) wurde beschlossen, diese Worte zu streichen und die Modalität der Sicherstellung dem richterlichen Ermessen zu überlassen. Bei der Ausübung dieses Ermessens muß der Richter sich von der WO. selbst leiten lassen und vor allen Dingen dem doppelten Sinne ihrer in Frage stehenden Bestimmung Rechnung tragen, einmal, daß der Wechselinhaber auf dem kürzesten Wege genügende Sicherheit erlangt und nicht Gefahr läuft, in der Zwangsvollstreckung aufgehalten zu werden, bis sein Anspruch sich mit dem Verfalltage des Wechsels erledigt (Entsch. des RG. 39 S. 122), und daß andererseits nicht tiefer in das Vermögen des Akzeptanten eingegriffen wird, als zur genügenden Sicherheit des Wechselinhabers erforderlich ist. Diesem Sinne der WO. entspricht die Verweisung des Gläubigers auf den Weg der Vollstreckung nach § 887 CPO. in keiner Richtung. Es muß zunächst bezweifelt werden, daß die Sicherheitsleistung eine Handlung ist, deren Vornahme durch einen Dritten erfolgen kann. Die Verpfändung von Forderungen oder die Bestellung von Hypotheken wird kaum anders als auf dem Wege von § 894, die Stellung eines Bürgen wird überhaupt nicht erzwungen werden können. Die Hinterlegung von Geld kann allerdings begrifflich durch einen Dritten vorgenommen werden. Aber der Richter wird bei der Ausübung seines Ermessens durchaus nicht zweckmäßig finden, den Gläubiger mit der Österr. WO. ausschließlich auf diesen Weg zu verweisen. Denn zunächst ist der Gläubiger von dem Prozeßgericht erster Instanz auf Antrag zu ermächtigen, auf Kosten des Schuldners die Handlung, nämlich die Hinterlegung von Geld, vornehmen zu lassen. Er kann zugleich beantragen, den Schuldner zur Vorauszahlung der Kosten zu verurteilen, die durch die Vornahme der Handlung entstehen werden, also des baren Betrages der Sicherheit. Auf Grund dieser Verurteilung kann er allerdings die Zwangsvollstreckung wegen einer Geldforderung (Buch 8 Abschn. 2), also in das gesamte ihr unterliegende Vermögen des Schuldners betreiben und insbesondere auch körperliche Sachen oder Forderungen des Schuldners pfänden lassen. Aber ehe er die Verurteilung erwirkt hat, wird leicht der letzte Rest vom Vermögen des Schuldners verschwunden sein, der Sicherheit bot, umsomehr als der Schuldner vor der Entscheidung zu hören ist (§ 891). Andererseits dringt dieser Weg tiefer in das Vermögen des Schuldners hinein, als zur genügenden Sicherheit des Wechselinhabers erforderlich ist. Denn auf ihm darf der Gläubiger auch gepfändete bewegliche Sachen und sogar Grundstücke versteigern und gepfändete Forderungen zur Einziehung überweisen lassen, damit der Erlös oder die Zahlung des Drittschuldners in barem Gelde als Sicherheit hinterlegt wird, obgleich ihm schon die Pfändung genügende Sicherheit geboten hätte.

Den Zwecken der WO. dient weit besser und genügt zugleich eine Sicherheitsbestellung, die in derselben Art und Weise vollstreckt wird, wie die Vollziehung des dinglichen Arrestes wegen der Wechselsumme. Der gleiche Weg ist auch schon von älteren Schriftstellern des Wechselrechts empfohlen worden.

Koch (WO. 1850 S. 182) führt aus, daß jeder andere Weg für den Wechselverkehr viel zu langwierig sei, daß der Exekutor so viel Vermögensstücke abpfände, als zur Deckung der schuldigen Summe erforderlich seien, und daß das Verfahren auf der Stufe der Pfändung stehen bleibe, bis die Sicherheit (nach Art. 28 WO.) zurückgegeben oder im Regreß mangels Zahlung zur Befriedigung des Gläubigers angegriffen werde. Ihm stimmt Renaud (WO. S. 168 Anm. 6) bei. — Nur ist natürlich nicht das Arrestgericht, welches nicht vorhanden ist, für die Pfändung einer Forderung zuständig (§ 930), sondern das in § 828 bestimmte Amtsgericht.

Das BGB. beschränkt das freie Ermessen des Richters, dem die WO. die Modalität der Sicherstellung überlassen hat, nur in einer Beziehung (EG. Art. 32). Die Vorschrift in § 232 BGB.: wer Sicherheit zu leisten habe, könne dies in einer dort bezeichneten Weise bewirken, ergibt nur, daß der Schuldner seiner Pflicht durch die Bestellung der dort aufgezählten, besonders guten Vermögensstücke als Sicherheit genügt. Mit ihr würde sich also auch die Vollstreckung des gegenwärtigen Urteils erledigen. Aber jene Vorschrift beschränkt die Pflicht des Schuldners keineswegs auf diese guten Vermögensstücke, die er vielleicht nicht hat; die Pflicht erstreckt sich vielmehr auf das gesamte der Zwangsvollstreckung unterliegende Vermögen des Schuldners; der Gläubiger darf die Vollstreckung auf minder gute Vermögensstücke richten, wenn er sich mit der mindern Sicherheit, die sie bieten, begnügen will oder muß, und die Vollstreckung so lange fortsetzen, bis die durch sie erlangte Sicherheit genügt oder der Schuldner solche auf eine der in § 232 BGB. bezeichneten Weise leistet. Die dort genannten Vermögensstücke sind also unter allen Umständen in solutione, in obligatione ist aber das gesamte Vermögen des Schuldners. — Der I. Entwurf des BGB. überließ in § 199 den Verpflichteten die Wahl unter den verschiedenen zulässigen Sicherheitsmitteln, und die Motive S. 389 sagten hierzu, die Bestimmung in das richterliche Ermessen zu stellen, empfehle sich nicht. Allein auch diese Worte geben keinen Grund zu einer weitern Einschränkung des auf der WO. beruhenden richterlichen Ermessens über die Modalität der Sicherheitsbestellung, als der soeben ausgeführten, welche auch in der nunmehrigen Fassung des § 232 BGB. liegt, nämlich daß die dort genannten Vermögensstücke unter allen Umständen zur Sicherheitsleistung genügen. Die Worte des Entwurfs „nach seiner Wahl" sollten nur ausdrücklich verhüten, daß der Richter auch unter diesen Vermögensstücken noch Unterschied mache. Dieselben Worte finden sich noch in § 196 des II. Entwurfs; sie sind aber in § 226 des III Entwurfs (Bundesratsvorlage) gestrichen, und mit ihnen hat sich auch ihre obige Motivierung erledigt. Diese fügte übrigens hinzu: „soweit Parteien sich gegenüberstehen, könnte das (richterliche) Ermessen nur auf Grund geführten Prozesses durch Urteilsspruch geübt werden"; auch sie nahm also an seiner Übung auf dem von der WO. gestatteten und vorliegend beschrittenen Wege, nämlich im Rechtsstreite und Urteile keinen Anstoß. Schdt.

q) **Das Berufungsgericht, das eine zur Aufrechnung gestellte Gegenforderung vorbehält, ist für den zu ihrer Sicherung nachgesuchten Arrest nicht Gericht der Hauptsache. §§ 919, 302[4].**

OLG. Hamm, VI. CS. Beschluß v. 14. Juli 1903.

Das Berufungsgericht hatte den Beklagten zur Rückzahlung des eingeklagten Darlehns verurteilt und ihm eine zur Aufrechnung gestellte Gegenforderung für Miete vorbehalten. Nach Rechtskraft des Urteils lud er zur Verhandlung über die Gegenforderung vor das Berufungsgericht. Sein fernerer Antrag, zur Sicherung der Gegenforderung im Wege des Arrestes die dem Kläger zuerkannte Forderung zu pfänden, wurde wegen Unzuständigkeit abgewiesen. Gründe:

Der Rechtsstreit ist allerdings inbetreff des Aufrechnungseinwandes bei dem Berufungsgericht anhängig geblieben. Daraus folgt aber nicht, daß das OLG. das Gericht der Hauptsache im Sinne des § 919 ist. Der Arrest findet statt zur Sicherung der Zwangsvollstreckung wegen einer Geldforderung oder eines Anspruches, welcher in eine Geldforderung übergehen kann. Eine dem Beklagten günstige Entscheidung über seine Gegenforderung kann zur Klageabweisung führen, nicht aber einen zur Zwangsvollstreckung wegen dieser Gegenforderung geeigneten Titel abgeben.... Ein Anspruch des Beklagten, weswegen ein Arrest angeordnet werden könnte, ist daher hier nicht anhängig.[1] N.

r) **Rückforderungsrecht des Dritten, der die Arrestsumme gemäß § 923 CPO. mit Mitteln des Schuldners hinterlegt hat.**

OLG. Dresden, II. CS. Urteil v. 9. März 1903.

... Über die rechtliche Bedeutung einer Hinterlegung gemäß § 923 ist Streit in der Richtung, ob sie als Zahlung unter Vorbehalt aufzufassen oder ob dem Arrestkläger nur ein Pfandrecht zuzugestehen sei. In jedem Falle beruht nach den Motiven der § 923 auf dem gesetzgeberischen Grunde, daß der Schuldner befugt sein soll, die Sicherung seines Gläubigers auf die ihm leichteste Weise zu bewirken; nur ist im Gegensatze zu § 232 BGB. und § 108 CPO. die Art der Sicherheitsleistung auf Hinterlegung von Geld beschränkt. Damit ist zugleich die in § 108[2] CPO. vorgeschriebene entsprechende Anwendung der §§ 234[2], 235 BGB. für den vorliegenden Fall ausgeschlossen. Nichtsdestoweniger wird im Zweifel das durch die Hinterlegung gemäß § 923 CPO. begründete Rechtsverhältnis nach § 233 BGB. beurteilt werden müssen (Rsp. 4 S. 371). Hätte der Schuldner A. hinterlegt, so würde die Forderung auf Rückerstattung ihm zustehen und vom Beklagten haben gepfändet werden können. Nun hat aber nicht A., sondern der Kläger hinterlegt. Diese Hinterlegung hat jedoch nicht als Hinterlegung des A. zu gelten.

Ausdrücklich bestimmt § 923 nicht, von wem die Arrestsumme zu hinterlegen sei. Immerhin hat aber es der Arrestbefehl doch nur mit den Parteien zu tun. Wenn darin bestimmt wird, unter welchen Voraussetzungen dem Schuldner das Recht auf Aufhebung des Arrestes zustehen soll, so ist es auch Sache des Schuldners, von diesem Rechte Gebrauch zu machen und die dazu

[1] Bestätigt durch Beschluß des Reichsgerichts vom 30. Juli 1903.

erforderlichen Voraussetzungen zu erfüllen. Die Hinterlegung der Arrestsumme ist nicht Leistung zur Schuldtilgung, die nach § 267 BGB. regelmäßig auch ein Dritter bewirken kann, sondern Ausübung eines prozessualen Rechtes, welche an sich nur dem Schuldner zusteht (Entsch. des RG. 20 S. 397). Daraus folgt aber keineswegs, daß die Hinterlegung eines Dritten ausgeschlossen wäre oder schlechterdings als Hinterlegung des Schuldners behandelt werden müßte. Abweichungen von § 923 sind unbedenklich, wenn der Arrestgläubiger einwilligt. Wie der letztere nicht behindert ist, dem Schuldner den Umtausch hinterlegten Geldes gegen geeignete Wertpapiere zu gestatten oder der Hinterlegung von Wertpapieren an Stelle der Arrestsumme zuzustimmen (Entsch. des RG. 19 S. 432), ebenso ist kein Grund erfindlich, aus dem die Einwilligung des Gläubigers zur Hinterlegung des Arrestbetrages von seiten eines Dritten auf dessen eigenen Namen als unwirksam behandelt werden müßte. Allerdings ließe sich wohl die Meinung vertreten, daß der Gläubiger solchenfalls nicht die Füglichkeit habe, seine Befriedigung aus der Forderung des Dritten auf Rückerstattung der Arrestsumme im Sinne von § 233 BGB. nach den für die Zwangsvollstreckung geltenden Vorschriften zu suchen, weil er gegen den Dritten keinen Vollstreckungstitel erlangt, sondern nur zur Geltendmachung der Rechte aus der Hinterlegung selbst berechtigt sei (§ 1282[1] BGB.). Indessen wenn er seine gesetzlichen Befugnisse aus § 923 CPO. einschränken will, so ist das lediglich seine Sache.

Kann man demzufolge die Hinterlegung eines Dritten im eigenen Namen nicht als schlechterdings unzulässig ansehen (vgl. auch Entsch. des RG. 9 S. 425, 34 S. 356), so bleibt nur übrig festzustellen, ob der Dritte im Namen des Schuldners oder im eigenen Namen hat hinterlegen wollen. Ersterenfalls macht es keinen Unterschied, ob die Hinterlegung ausdrücklich für den Schuldner erfolgt oder ob die Umstände ergeben, daß sie in dessen Namen erfolgen soll (§ 164 Satz 2 BGB.; vgl. Annalen 19 S. 546). Tritt aber der Wille, in fremdem Namen zu hinterlegen, nicht erkennbar hervor, so kommt der Mangel des Willens, im eigenen Namen zu handeln, nicht in Betracht (§ 164[2] BGB.). Vorliegend hat der Kläger keinen Vertretungswillen zu erkennen gegeben, also im eigenen Namen hinterlegt. Ob das Rechtsverhältnis zwischen dem Staatsfiskus und A., wenn dieser hinterlegt hätte, nach den § 688 ff. BGB. zu beurteilen wäre (vgl. Entsch. des RG. 11 S. 319), kann auf sich beruhen. Der Sinn der Hinterlegung des Klägers ist, wenigstens soweit sein Verhältnis zur Staatskasse und zu A. in Frage kommt, nach seinem rechtsgeschäftlichen Willen festzustellen. Dieser aber ist bis zum Beweise des Gegenteils dahin gegangen, den Anspruch auf Rückerstattung der hinterlegten Summe, den er dem Arrestgläubiger als Pfand darbot, für seine eigene Person zu erwerben. Nur insofern sollte der Rückerstattungsanspruch für A. ein Vermögensvorteil sein, als er durch die Hinterlegung einer Sicherheitsleistung aus eigenen Mitteln überhoben wurde (Entsch. des RG. 34 S. 356). Es ist deshalb nicht erfindlich, weshalb die

Hinterlegungsstelle, wenn sie die Anordnung des Arrestgerichts auf Herausgabe der Sicherheit an den Kläger nicht als bindend anerkennen wollte, nicht dazu gelangte, die Empfangsberechtigung des Klägers aus dem Hinterlegungsantrage zu entnehmen (vgl. Entsch. des RG. 18 S. 284). War diese Empfangsberechtigung so klar, daß die Herausgabe an den Kläger nicht abgelehnt werden durfte, so konnte hieran (ungeachtet des § 109² Ges. v. 15. Juni 1900) auch nur eine Beschlagnahme zugunsten eines Gläubigers des Klägers etwas ändern, nicht aber die vom Beklagten ausgebrachte Arrestpfändung. Denn Beklagter kann nicht mehr Rechte durch die Pfändung erworben haben, als sein Schuldner A. besaß.

Aus demselben Grunde ist unerheblich, aus wessen Mitteln die hinterlegte Summe stammt. Selbst wenn wirklich der Kläger Mittel aus dem Vermögen des A. zur Hinterlegung verwendet hätte, würde der in der Person des Klägers entstandene Anspruch auf Rückerstattung der Arrestsumme gegen den Fiskus nicht ohne weiteres als auf A. übergegangen anzusehen sein (§ 281 BGB.). Die Weigerung des Beklagten, in die Auszahlung an den Kläger zu willigen, ist daher ungerechtfertigt. Dr. W.

33

a) **Keine Nachprüfung durch den Grundbuchrichter, ob bei der Auseinandersetzung für jeden Mündel ein besonderer Pfleger zu bestellen war.[1] GrBO. § 39.**

OLG. Colmar, II. CS. Beschluß v. 25. Mai 1903.

Die Frage, ob bei der Teilung jeder der beteiligten Minderjährigen durch einen besonderen Pfleger vertreten werden mußte, oder ob ein einziger Pfleger für sämtliche Minderjährige genügte, unterliegt nicht der Prüfung des Grundbuchrichters. Denn diese Teilung ist durch den dem Beteiligten mitgeteilten Beschluß des Vormundschaftsgerichts genehmigt und dadurch rechtswirksam geworden. Im Rahmen der Prüfungspflicht des Grundbuchrichters ist es aber nicht gelegen, Entscheidungen eines anderen Gerichts nachzuprüfen. Dr. Frz.

b) **Beschwerderecht des Notars. GrBO. §§ 15, 80.**

α) OLG. Colmar, II. CS. Beschluß v. 30. April 1903.

Der Notar hat zwar die zur beantragten Eintragung erforderliche Erklärung beurkundet, aber nicht im Namen eines Antragsberechtigten die Eintragung beantragt. Dies ist vielmehr von den Käufern persönlich in der Weise geschehen, daß ihr Antrag in die Urkunde aufgenommen, und eine Ausfertigung der letzteren dem Grundbuchamte vorgelegt worden ist. Ob letzteres durch Vermittelung des Notars geschehen ist, steht nicht fest; aber selbst wenn es geschehen wäre, würde damit doch nicht die Voraussetzung gegeben sein, unter welcher der § 80 die Unterzeichnung der Beschwerdeschrift durch einen Notar gestattet.

β) OLG. Colmar, II. CS. Beschluß v. 2. Juli 1903.

Eine Bestimmung, die den Notar verpflichtet, den Antragsteller oder

[1] Vgl. Rsp. 2 Nr. 164 f S. 410, 3 Nr. 78 c S. 306, 4 Nr. 26 a S. 98, 44 g S. 190.

den Beschwerdeführer namentlich zu bezeichnen, enthält die GrBO., insbesondere der § 15 nicht (Predari § 15 Anm. 4 a. E.; Böhm S. 382 zu B; Willenbücher S. 26 Nr. 2; Rsp. 6 S. 196; a. A. Turnau-Förster § 15 Anm. 2), und so wünschenswert es auch sein mag, daß der Notar im Antrag oder in der Beschwerde den Antragsteller oder Beschwerdeführer namentlich bezeichnet, so kann er dazu doch nicht in der vom Landgericht gewählten Form angehalten werden. Dr. Frz.

γ) OLG. Colmar, II. CS. Beschluß v. 16. Juni 1903.

Unter den „Beteiligten", in deren Namen der Notar Beschwerde eingelegt hat, können nur diejenigen Personen verstanden werden, welche bei dem die Grundlage der beantragten Eintragung bildenden Vertrage mitgewirkt haben, also die Verkäufer und die Käufer. Sie werden in der in diesem Vertrage enthaltenen Auflassung auch mit dem gleichen Ausdrucke bezeichnet: „Die Beteiligten erklären" 2c. Alle diese Personen sind nach § 13² antragsberechtigt, und es kann nach Lage der Sache keinem Zweifel unterliegen, daß sie diejenigen sind, in deren Namen der Notar seinen Antrag gestellt und die Beschwerde eingelegt hat. Daß der Notar seine Vollmachtgeber ausdrücklich mit Namen zu bezeichnen hat, ist, so zweckmäßig dies auch sein mag, im Gesetz nicht vorgeschrieben; es muß deshalb die hier gewählte Bezeichnung für genügend erachtet werden. Dr. Fr.

c) **Bezeichnung des Grundstücks in der Eintragungsbewilligung. Der Gesellschafter, der das Geschäft mit Aktiven unter der bisherigen Firma übernimmt, erwirbt Grundstücke der aufgelösten Gesellschaft erst durch Auflassung. GrBO. §§ 28, 40.**

Bayer. Oberstes Landesgericht, I. CS. Beschluß v. 27. März 1903.

Die Inhaber der offenen Handelsgesellschaft A. & B. verglichen sich im Prozesse dahin, daß B. aus dem Geschäfte ausscheidet, A. es unter der bisherigen Firma weiterführe, alle Aktiven und Passiven mit der Unterzeichnung des Vergleichs übernimmt und dem B. 1906 eine auf dem Gesellschaftsgrundstücke sicherzustellende Abfindung zahlt. Demgemäß erklärte A., daß er die Eintragung der Abfindung „auf dem ihm gehörigen Anwesen A.-Straße, Haus Nr. 1 der Steuergemeinde X." bewillige. Zugleich beantragten er und B. die Eintragung. Der Antrag wurde jedoch zurückgewiesen; auch die weitere Beschwerde des B. blieb erfolglos. Gründe:

Nach § 28 Satz 1 ist in der Eintragungsbewilligung das Grundstück übereinstimmend mit dem Grundbuch zu bezeichnen. Nach § 2² erfolgt die Bezeichnung der Grundstücke nach einem amtlichen Verzeichnis, in welchem sie unter Nummern oder Buchstaben aufgeführt sind. Für die Pfalz ist dazu das auf Grund des Flurbuchs hergestellte Sachregister bestimmt, das die Grundstücke nach den Plannummern aufführt. Die Grundstücke werden daher im Grundbuche mit den Plannummern bezeichnet. Eine andere Bezeichnung gibt es nicht; die in das Grundbuch aufzunehmenden Angaben über Bebauungsart, Lage und Flächeninhalt dienen zur Beschreibung, nicht aber zur

Bezeichnung des Grundstücks. Die Eintragungsbewilligung mußte daher die Plannummer angeben, mit der das Grundstück im Grundbuche bezeichnet ist (Rsp. 5 S. 298). Auf eine andere Bezeichnung hat sich das Grundbuchamt nicht einzulassen, mag sie auch mit voller Klarheit ersichtlich machen, welches Grundstück gemeint ist. Da vorliegend die Plannummer nicht angegeben worden, ist die Eintragung mit Recht abgelehnt.

Ihr steht auch der § 40 entgegen. Das zum Gesellschaftsvermögen gehörige Anwesen konnte allerdings von den Gesellschaftern zugunsten des einen von ihnen belastet werden. Aber die Bewilligung ist hier von A. als Eigentümer des Grundstücks erteilt, der Beschwerdeführer hat lediglich den Antrag beigefügt, die so bewilligte Eintragung zu betätigen; und daraus geht hervor, daß die im Vergleich vereinbarte Hypothekbestellung nach der Willensmeinung der Parteien nicht durch die Gesellschaft, sondern durch A. geschehen sollte, der nach ihrer Annahme durch den Vergleich ohne weiteres Alleineigentümer wurde. A. ist aber nicht als Eigentümer eingetragen. Das Grundstück steht nicht im Eigentum der Firma, denn die Firma ist kein Rechtssubjekt, sondern lediglich der Name, dessen sich der Kaufmann im geschäftlichen Verkehr bedient, und die Eintragung einer Handelsgesellschaft mit ihrer Firma hat nicht die Wirkung, daß nach Auflösung der Gesellschaft der jeweilige Inhaber der Firma als eingetragen gilt, weil das Eigentum am Grundstücke nicht mit dem Rechte zur Führung der Firma verbunden, sondern besonders erworben werden muß. Das Grundstück ist überhaupt noch nicht in das Alleineigentum des A. übergegangen. Infolge der durch das Ausscheiden des B. bewirkten Auflösung der Gesellschaft ist nicht dessen Anteil dem A. zugewachsen, wie beim Ausscheiden eines Gesellschafters aus einer fortbestehenden Gesellschaft nach § 738 BGB., dessen Anteil den übrigen Gesellschaftern zuwächst, sondern es bedarf der Übertragung der einzelnen Vermögensstücke. Soweit dazu der bloße Vertrag genügt, konnte sie durch die im Vergleiche getroffene Vereinbarung bewirkt werden; in Ansehung des Gesellschaftsgrundstücks aber ersetzt der vom Prozeßgerichte beurkundete Vergleich zwar die nach § 313 BGB. erforderliche notarielle Beurkundung des Vertrags (Entsch. des RG. 48 S. 183), die Eigentumsübertragung selbst erfordert aber nach § 925 BGB. Auflassung und Eintragung, und für die Auflassung, die entweder vor dem Grundbuchamt oder nach Art. 81 bayer. Ausf.-G. vor einem bayerischen Notar erklärt werden muß, der dabei für die Überstimmung des beabsichtigten Geschäfts mit dem Inhalte des Grundbuchs zu sorgen hat, ist die Aufnahme der Einigung der Parteien in den gerichtlichen Vergleich nicht als gleichwertiger Ersatz anzuerkennen (Endemann, Lehrbuch 1 § 193 Note 9).

Samml.

d) **Der Notar, welcher zwei von ihm beglaubigte Hypothekenbestellungen gleichzeitig einreicht, kann eine Erklärung bezüglich des Ranges nicht abgeben. GrBO. § 46.**

Kammergericht, I. CS. Beschluß v. 2. Februar 1903.

Bei Überreichung von zwei von ihm unterschriftlich beglaubigten Hypothekenbestellungen beantragte der Notar, die eine Hypothek im Range vor der anderen einzutragen. Der Antrag und die Beschwerde wurden zurückgewiesen.

Aus den Gründen:

Der Ansicht des Beschwerdeführers, welche auch von Achilles-Strecker, GrBO. § 46 Nr. 6a Abs. 2 vertreten wird, ist nicht beizutreten. Das Rangverhältnis mehrerer in derselben Abteilung eingetragener Rechte bestimmt sich nach der Reihenfolge der Eintragungen (§ 879 BGB.). Maßgebend für letztere ist die Zeitfolge, in welcher die Anträge beim Grundbuchamt eingehen. Gehen mehrere Anträge gleichzeitig ein, so erhalten sie gleichen Rang, was bei der räumlich nur hintereinander möglichen Eintragung durch einen besonderen Vermerk im Grundbuche sichtbar zu machen ist (§ 46 Abs. 1 GrBO.). Diese durch die GrBO. vorgeschriebene Reihenfolge der Eintragungen ist, wie sich aus § 46 Abs. 3 ergibt, nur eine hilfsweise für den Fall, daß die Antragsteller nicht eine abweichende Rangordnung bestimmen. Wird eine solche bestimmt, so bedarf sie als eine den materiellen Inhalt der Hypothek betreffende Erklärung des Nachweises durch eine öffentliche oder öffentlich beglaubigte Urkunde (§ 29 GrBO.). Der Antrag des Notars (§ 75 GrBO.), welcher lediglich die grundbuchmäßige Verwirklichung der Erklärungen der Beteiligten zum Gegenstand hat, kann diese Erklärungen selbst nicht ersetzen. Das ist ohne weiteres klar, wenn schon in der Eintragungsbewilligung die Rangordnung geregelt ist. Daß alsdann an dieser Feststellung im Antrage (§ 30 GrBO.) nicht abgewichen werden kann, wird auch von Achilles-Strecker (a. a. O. Abs. 1) nicht bezweifelt. Nicht anders aber liegt der Fall, wenn ausdrückliche Bestimmungen über den Rang nicht getroffen sind. Dann tritt an die Stelle der Willenserklärung der Beteiligten das Gesetz. Gehen die Eintragungsanträge zu verschiedenen Zeiten ein, so wird hierdurch die Reihenfolge der Einträge und damit die Rangordnung bestimmt. Gehen sie zu gleicher Zeit ein, so sind die Einträge mit gleichem Range zu bewirken. Diese den Willen der Parteien ersetzende Rangordnung kann der Notar ebensowenig ändern, als er befugt sein würde, eine von den Willen der Beteiligten abweichende Erklärung abzugeben.

Nun hat zwar der Notar die Möglichkeit, die Rangordnung, selbst gegen den Willen der Beteiligten dadurch zu beeinflussen, daß er die Anträge auf Eintragung zu verschiedenen Zeiten einreicht. Allein diese rein tatsächliche Möglichkeit, welche der Notar verantwortlich macht, wenn er nicht den Willen der Beteiligten ausführt, ist für seine rechtlichen Befugnisse ohne Bedeutung. Ob der Notar tatsächlich dem Willen der Beteiligten gemäß verfährt, entzieht sich der Prüfungsmöglichkeit und -Pflicht des Richters. Die ihm vorgelegten Anträge aber hat der Richter nach Form und Inhalt auf ihre gesetzlichen Voraussetzungen hin zu prüfen. Er hat also auch zu prüfen, ob die durch das Gesetz mit der gleichzeitigen Einreichung zweier Anträge für ihn vorgeschriebene Verpflichtung zur Eintragung in gleichem Range in zulässiger Weise eine Änderung erfahren hat. Das haben die Vorderrichter im vorliegenden Falle mit Recht verneint, da eine abweichende Rangordnung nur mit dem Willen der Beteiligten zulässig ist, der Notar aber diesen Willen nicht durch seinen Antrag zum Ausdruck bringen kann. Mz.

e) **Nachträgliche Vervollständigung einer zurzeit der Beglaubigung unvollständigen Urkunde.**

Kammergericht, I. Ferien-CS. Beschluß v. 12. September 1903.

Zurzeit der Beglaubigung durch den beschwerdeführenden Notar hat die Grundbuchnummer des Pfandgrundstücks noch nicht in der Schuldurkunde gestanden. Die Vorinstanzen haben deshalb die Eintragung der Hypothek abgelehnt. Mit Unrecht macht die Beschwerde geltend, daß der Grundbuchrichter die Eintragungsbewilligung in Ansehung der Zeit ihrer Aufnahme nicht zu prüfen habe. Vielmehr folgt aus § 29, wonach die Eintragungsbewilligung in vollem Umfange durch öffentliche oder öffentlich beglaubigte Urkunden nachzuweisen ist, daß, wenn die beglaubigte Unterschrift die in der Bewilligung enthaltene Grundstücksbezeichnung nicht deckt, eine unvollständig beglaubigte Erklärung vorliegt, die eine genügende Grundlage für die beantragte Eintragung nicht bietet. Daß aber die grundbuchmäßige Bezeichnung des Grundstücks vorliegend nicht erforderlich gewesen sei, weil der Eigentümer andere als die zu belastenden Grundstücke überhaupt nicht besäße, widerspricht der ausdrücklichen Vorschrift des § 28 (Rsp. 5 S. 298). Fr.

f) **Vorlegung eines Erbscheins.**[1] **GrBO. § 36.**

Kammergericht, I. CS. Beschluß v. 22. Juni 1903.

Durch § 36 GrBO. hat, wie namentlich auch in der Denkschrift und im Komm.-Bericht zum § 36 hervorgehoben ist, das Grundbuchamt keineswegs in den Stand gesetzt werden sollen, nach freiem Belieben sich einer eingehenden Prüfung des Testaments nach Form und Inhalt entziehen zu können. Vielmehr hat der Gesetzgeber bei jener Bestimmung nur solche Fälle im Auge gehabt, in denen die Beurteilung der Erbfolge für besonders zweifelhaft und schwierig zu erachten ist. Verlangt das Grundbuchamt, ohne daß diese Voraussetzungen erfüllt sind, die Beibringung eines Erbscheins oder eines Zeugnisses aus § 2368 BGB., so ist gegen dies ungerechtfertigte Verlangen die Beschwerde gegeben (Jahrbuch 24 S. 88). Wenn jedoch die Vorinstanzen die Voraussetzungen des § 36 Satz 2 für vorliegend erachten, so kann darin eine Gesetzesverletzung nicht gefunden werden. Der Inhalt des Testaments ist keineswegs völlig klar. Der instrumentierende Notar selbst hat anscheinend in der Beurteilung des Inhalts des Testaments geschwankt. . . . Wenn sich die Vorinstanzen auch einer endgültigen Beurteilung der testamentarischen Bestimmungen enthalten haben, so ist doch der Begründung ihrer Entscheidungen zu entnehmen, daß die Rechtsauffassung, der sie zurzeit zuneigen, eine verschiedene ist. Auch dies läßt erkennen, daß die letztwilligen Anordnungen der Klarheit entbehren. W.

[1] Rspr. 6 Nr. 3d S. 15.

34

a) Befugnis des ersuchten Gerichts zur Prüfung der Gültigkeit einer Rechtshandlung, die die Voraussetzung einer ferneren bei ihm nachgesuchten Amtshandlung bildet. FrGG. § 2.

OLG. Colmar, I. CS. Beschluß v. 29. Oktober 1903.

Das Amtsgericht B. (Elsaß) hatte auf Ersuchen des bayerischen Amtsgerichts A. einen von A. in eigenem Namen erklärten Verzicht auf die Beerbung des N. aufgenommen. Das neue Ersuchen um „Einvernehmung" des A. — in seiner Eigenschaft als Vertreter seiner minderjährigen Kinder — lehnte es dagegen ab, weil der von A. in eigenem Namen erklärte Verzicht nach § 44 elsaß-lothr. Ausf.-G. zum FrGG. notariell hätte beurkundet werden müssen, also ungültig sei und deshalb die Voraussetzung für die Berufung der Minderjährigen zur Erbschaft fehle. Die Beschwerde des Amtsgerichts A. erscheint gerechtfertigt. Sein Ersuchen war gerichtet auf „Einvernehmung" des A., d. h. um Herbeiführung einer Erklärung des A. darüber, ob er die Erbschaft nach N. annehme oder ausschlage. Im Falle seiner Annahmeerklärung würde der vom ersuchten Gericht geltend gemachte Ablehnungsgrund von vornherein nicht zutreffen. Aber auch im Falle der Ausschlagung wäre das ersuchte Gericht zur Aufnahme der Erklärung des A. verpflichtet. Es handelt sich um die Auseinandersetzung des Nachlasses eines vor 1900 im Gebiete des gemeinen Rechts Gestorbenen. Zu deren Erledigung bedurfte das Auseinandersetzungsgericht der Äußerung der Beteiligten über Annahme oder Verzicht auf die Erbschaft. Soweit es ihre Äußerung wegen ihrer Entfernung nicht selbst holen kann, ist es darauf angewiesen, die Hilfe des Gerichts des Wohnorts der Betreffenden in Anspruch zu nehmen. Dieses handelt bei Gewährung seiner Hilfe als Vertreter des ersuchenden Gerichts. Daher steht es nur diesem, nicht aber dem ersuchten Gericht zu, über die Gültigkeit des von A. in eigenem Namen erklärten Verzichts zu entscheiden. Nachdem das ersuchende Gericht ihn als gültig zugelassen hat, entzieht sich die Frage seiner Gültigkeit der Nachprüfung des ersuchten Gerichts. Auch sonst liegt keiner der in § 159² GVG. vorgesehenen Ablehnungsgründe vor. Namentlich ist die vorzunehmende Rechtshandlung nach dem Rechte des ersuchten Gerichts nicht verboten, und es wird ihm keine Amtshandlung zugemutet, welche nicht an sich zum Geschäftskreise elsaß-lothringischer Amtsgerichte gehörte. Der angeführte § 44 findet hier überhaupt keine Anwendung. Denn nach Art. 213 EG. zum BGB. ist die Erklärung des A. über Annahme oder Ausschlagung der Erbschaft nach bisherigem, also nach gemeinem Recht zu beurteilen. Nach diesem bedarf die Ausschlagung überhaupt keiner Form. Der § 44 aber erklärt nur für die Beurkundung solcher Geschäfte die Notare für ausschließlich zuständig, die nach den Vorschriften der Reichsgesetze gerichtlicher oder notarieller Form bedürfen. Einer reichsrechtlichen Form aber ist die fragliche Ausschlagung nicht unterworfen. . .

Frdthl.

b) **Gegen die Feststellung des Nachlaßgerichts, daß ein anderer als der Fiskus Erbe nicht geworden ist (BGB. § 1964), steht dem Fiskus die Beschwerde zu. FrGG. § 20.**

Kammergericht, I. CS. Beschluß v. 5. Oktober 1903.

Übereinstimmend mit den bisherigen Landesrechten läßt auch das BGB. erblose Verlassenschaften dem Fiskus zufallen (§ 1936). Bevor aber einerseits der Fiskus seine Rechte am Nachlaß ausüben, anderseits von den Nachlaßgläubigern in Anspruch genommen werden kann, hat das Nachlaßgericht festzustellen, daß ein anderer Erbe als der Fiskus nicht vorhanden ist (§ 1964). Da es sich bei dieser Feststellung um eine sachliche Entschließung des Gerichts handelt, so liegt eine Verfügung im Sinne des § 19 FrGG. vor, gegen welche das Rechtsmittel der Beschwerde stattfindet. Das wird auch vom Landgericht anerkannt. Dagegen versagt es dem Fiskus die Beschwerde, weil er durch die Feststellung des fiskalischen Erbrechts keine Beeinträchtigung erlitten habe und deshalb keine Rechtsverletzung (FrGG. § 20) vorliege. Allein dabei ist verkannt, daß die Feststellung, daß ein anderer Erbe als der Fiskus nicht vorhanden ist, dem Fiskus nicht bloß Rechte verleiht, sondern auch Pflichten überträgt. Nunmehr muß der Fiskus den Nachlaß gegenüber den Nachlaßgläubigern vertreten (§ 1966). Allerdings haftet er kraft Gesetzes (§ 2011) nicht über den Bestand des Nachlasses hinaus. Allein immerhin bedarf es einer ausdrücklichen Geltendmachung dieses Rechts im Prozeß und in der Zwangsvollstreckung. Er ist ferner verpflichtet, den Nachlaßgläubigern über den Nachlaß Auskunft zu erteilen (§ 2011) und zu diesem ein Bestandsverzeichnis anzulegen und mit dem Offenbarungseide zu bekräftigen (§ 260). Ist eine Nachlaßverwaltung angeordnet oder der Nachlaßkonkurs eröffnet, so haftet er den Gläubigern auf Grund des § 1978 für die bisherige Verwaltung wie jeder andere Erbe (Planck § 2011 Note 3). Da der Fiskus die Erbschaft nicht ausschlagen kann (§ 1942^2), so muß er sich ihrer Abwicklung unterziehen. Da aber anderseits die Feststellung des Nachlaßgerichts nur die Vermutung begründet, daß der Fiskus gesetzlicher Erbe sei (§ 1964^2), so muß er, wenn der wahre Erbe nachträglich hervortritt, diesem die Erbschaft aushändigen, er muß sich also einer Tätigkeit unterziehen, die er möglicherweise schließlich nur im Interesse eines anderen vorgenommen hat. Wird aber hiernach durch die Feststellung, daß ein anderer Erbe als der Fiskus nicht vorhanden ist, dem letzteren ein weitgehender Pflichtenkreis auferlegt, so wird, wenn dies zu Unrecht geschieht, das Recht des Fiskus beeinträchtigt. Die Zulässigkeit der Beschwerde kann deshalb einem Bedenken nicht unterliegen. Im gleichen Sinne hat bereits der Ferien-Senat des Kammergerichts in einem Beschlusse vom 30. August 1902 (I Y 1032/02) entschieden.

F.

c) **Ablehnung eines Notars wegen Befangenheit. FrGG. § 6 Abs. 2, Preuß. FrG. Art. 84. — Beschwerde gegen die Auswahl eines Notars im Teilungsverfahren. Preuß. FrG. Art. 21.**

Kammergericht, I. CS. Beschluß v. 3. September 1903.

Nach Eröffnung eines Teilungsverfahrens waren die Beteiligten, dem Antrage der Ehefrau N. entsprechend, vor den Notar H. verwiesen. Gegenüber diesem Beschlusse beantragte eine andere Beteiligte, Witwe S., die Teilung vor dem Nachlaßgerichte oder dem Notar B. stattfinden zu lassen, weil 1. sich die Erledigung der Teilung vor Notar H. wegen dessen Geschäftsüberhäufung in die Länge ziehe und 2. dieser Notar befangen sei, indem er den Eheleuten N. auf Befragen einen Rat erteilt habe. Die gegen die ablehnende Entscheidung des Amtsgerichts gerichtete Beschwerde ist vom Landgericht zurückgewiesen, auf die weitere Beschwerde aber die Sache an das Landgericht zurückverwiesen. Gründe:

Eine Gesetzesverletzung ist darin nicht zu erkennen, daß das Landgericht die Befangenheit des Notars verneint und der Beschwerdeführerin das Recht zur Ablehnung des Notars wegen Befangenheit überhaupt versagt. Nach § 6 Abs. 2 Satz 2 FrGG. haben in dem Verfahren der freiwilligen Gerichtsbarkeit die Beteiligten nicht das Recht, den Richter wegen Befangenheit abzulehnen. In Art. 84 Preuß. FrG., welcher die entsprechende Anwendung der §§ 6—9 FrGG. für die Notare vorsieht, ist die Ausschließung der Ablehnung nicht besonders erwähnt. Darin liegt aber nicht der Wille des Gesetzgebers, — auch abgesehen von dem Sonderfall des Art. 85 — den Beteiligten das Ablehnungsrecht wegen Befangenheit des Notars zu geben, vielmehr hielt man eine solche negative Bestimmung nicht für erforderlich.

Dagegen entbehrt der weitere Angriff der sofortigen Beschwerde nicht der Begründung. Das Landgericht geht zutreffend davon aus, daß auch gegen die Auswahl des Notars die Beschwerde gegeben sei, und zwar sowohl wegen tatsächlicher oder rechtlicher Verhinderung des Notars, als auch, wenn sich der Notar aus anderen Gründen nicht zur Vermittlung der Auseinandersetzung eigne. Aber rechtsirrtümlich ist die Ausführung des Landgerichts, daß die Beschwerde gegen die Auswahl des Notars auf dessen tatsächliche Verhinderung wirksam nur dann gestützt werden könne, wenn der Notar selbst dieserhalb die Annahme des Antrags abgelehnt hätte. Abgesehen davon, daß in diesem Falle die Beteiligten keinen Anlaß haben, auch Beschwerde gegen die Auswahl des Notars einzulegen, widerspricht eine solche Beschränkung der Absicht des Gesetzgebers, der die Beteiligten in der Begründung der gegen die Auswahl des Notars gerichteten Beschwerde nicht beschränken wollte und gerade im Hinblick auf dieses weitergehende Beschwerderecht den Rechtsbehelf der Ablehnung für entbehrlich hält (Kommissionsbericht zu Art. 21; Heymannsche Ausgabe S. 190). S.

d) **Der Ehemann einer entmündigten Frau hat ein selbständiges Beschwerderecht bezüglich der Auswahl des Vormundes. FrGG. § 57⁹.**

Kammergericht, I. CS. Beschluß v. 28. September 1903.

Das Landgericht hatte das Beschwerderecht verneint; dieser Beschluß ist aufgehoben aus folgenden Gründen:

Nach § 57⁹ FrGG. steht gegen eine Verfügung des Vormundschaftsgerichts, die eine Entscheidung über eine die Sorge für die Person des Mündels betreffende Angelegenheit enthält, einem jeden die Beschwerde zu, der ein berechtigtes Interesse hat, diese Angelegenheit wahrzunehmen. Daß der Ehemann ein berechtigtes Interesse daran hat, für das Wohl seiner entmündigten und bevormundeten Ehefrau zu sorgen, kann nicht in Zweifel gezogen werden, ebensowenig, daß es sich bei Bestellung eines Vormundes für einen Geisteskranken um eine die Sorge für die Person betreffende Angelegenheit handelt. Denn der Zweck einer solchen Vormundschaft erfordert es, (§ 1901 Abs. 1 BGB.), daß der Vormund für Maßnahmen zur Herbeiführung einer etwa möglichen Heilung oder doch einer gehörigen Pflege, also für das persönliche Wohl des Mündels bedacht ist.

Dagegen kann ein solches Beschwerderecht nicht auf Grund des § 1778[3] BGB. hergeleitet werden; denn nach § 1778[3], der gemäß § 1897 BGB. auch für die Vormundschaft über Volljährige Anwendung findet, darf für eine Ehefrau der Mann vor den nach § 1776 Berufenen zum Vormund bestellt werden. Durch diese Bestimmung ist, wie in den Motiven 4 S. 1059 ausdrücklich hervorgehoben wird, dem Vormundschaftsgericht die Befugnis zur vorzugsweisen Bestellung des Ehemannes, nicht aber dem Ehemann gleich einem gesetzlich Berufenen ein Recht auf Bestellung als Vormund gegeben. . . . St.

e) **Die Beschwerdeschrift muß vom Beschwerdeführer eigenhändig unterschrieben sein. FrGG. § 21.**

Kammergericht, I. CS. Beschluß v. 5. Oktober 1903.

Die Einlegung der nach § 4[4] FGG. zulässigen sofortigen Beschwerde kann nach § 21[2] FrGG. (Art. 6 preuß. FG.) durch Einreichung einer Beschwerdeschrift erfolgen. Über deren Form, insbesondere über die Notwendigkeit der Unterzeichnung, besteht Streit. Die eine Ansicht verneint dieses Erfordernis und erachtet für ausreichend, wenn aus dem Schriftstücke die Person des Beschwerdeführers ersichtlich und ferner erkennbar ist, daß die Schrift dessen Willen entspricht (Dorner Anm. 7 S. 143 und Josef Anm. 3 S. 71, aber auch Anm. 2 zu § 11 S. 40; Schultzenstein in Busch Zeitschrift 27 S. 514 ff., 565 ff.; vgl. Achilles-Strecker, GrBO. Anm. 3 zu § 73 S. 326). Nach der anderen Ansicht muß die Beschwerdeschrift, wie das BGB. § 126[1] (vgl. §§ 127, 129) für die durch Gesetz vorgeschriebene Schriftform bestimmt, vom Beschwerdeführer eigenhändig durch Namensunterschrift oder mittels gerichtlich oder notariell beglaubigten Handzeichens unterzeichnet werden (Ebert-Dudek Anm. 2 S. 19; Rausnitz Anm. 5 S. 153; Schultze-Görlitz Anm. 2a S. 61; Weißler Anm. 2a S. 61; vgl. Oberneck, Grundbuchrecht § 14 S. 81; Turnau-Förster 2 Anm. zu § 73 S. 350). Das Kammergericht erachtet die letztere Ansicht für zutreffend. Der § 126[1] BGB. kann allerdings nicht unmittelbar zur Anwendung kommen, denn er betrifft nur rechtsgeschäftliche Willenserklärungen, wie seine Stellung im System ergibt (§ 125). Die Einlegung einer Beschwerde bildet aber kein Rechtsgeschäft, sondern eine Verfahrenshandlung, die eine Rechtshandlung darstellt. Aus dieser ihrer Bedeutung folgt jedoch, daß in der Beschwerdeschrift klar ausgedrückt sein muß, daß sie dem Willen des Beschwerdeführers entspricht. Dies geschieht durch die Unterschrift, die bekundet, daß das Niedergeschriebene die zum Abschlusse gelangte Erklärung des Unterschreibenden ist. Demgemäß verordnet § 29 Satz 2, 3 FrGG. für die weitere Beschwerde: „Erfolgt die Einlegung durch Einreichung einer Beschwerdeschrift, so muß diese von einem Rechtsanwalt unterzeichnet sein. Der Zuziehung eines Rechtsanwalts bedarf es nicht, wenn die Beschwerde von einer Behörde oder von einem Notar eingelegt wird ...", womit die Notwendigkeit der Unterzeichnung als selbstverständlich vorausgesetzt wird. Ebenso besagt die Denkschrift zum FrGG. § 20 (jetzt § 21): „Auch eine auf Grund des § 11 zum Protokolle des Gerichtsschreibers eines anderen (sc. als des für die Angelegenheit zuständigen Amts- oder Land-) Gerichts abgegebene Erklärung gilt selbstverständlich, sofern sie vom Beschwerdeführer unterschrieben ist, als Beschwerdeschrift im Sinne des § 20; durch die Einreichung eines solchen Protokolls bei dem Gerichte, dessen Verfügung angefochten wird, oder bei dem Beschwerdegerichte wird daher der für die Einlegung der Beschwerde vorgeschriebenen Form genügt." Damit sollte, wie in der Reichstagskommission ohne Widerspruch ausgeführt wurde, gesagt werden, daß das von einem unzuständigen Gerichtsschreiber aufgenommene Protokoll, wenn es nicht vom Beschwerdeführer unterschrieben ist, ebensowenig genügt, wie eine nicht unterzeichnete Beschwerdeschrift (Bericht S. 25). Ist aber die Unterschrift erforderlich, um die Perfektion des Willens des Unterschreibenden zu konstatieren, so muß sie handschriftlich vollzogen sein, weil nur dann mit Sicherheit dieser Wille sich erkennen und beurteilen läßt, ob der, der zu unterschreiben hat, in der Tat persönlich seine Unterschrift abgegeben hat. Insbesondere genügt eine durch ein Faksimile oder auf einem sonstigen mechanischen Wege hergestellte Unterschrift nicht. In diesem Sinne hat auch das Reichsgericht den die Grundlage des § 21² FrGG. bildenden § 569² CPO.: „Die Einlegung erfolgt durch Einreichung einer Beschwerdeschrift ..." ausgelegt (Entsch. des RG. 31 S. 375, 46 S. 375; Denkschrift zum FrGG. § 20; zur GrBO. § 71).

Dieselbe Erwägung läßt eine Unterzeichnung, die nicht durch eigenhändige Namensunterschrift, sondern durch bloße Handzeichen erfolgt ist, unzureichend erscheinen, da diese ebensowenig jene Sicherheit gewähren. Es bedarf vielmehr der Beglaubigung der Handzeichen durch einen hierzu gesetzlich Berufenen, das Gericht oder den Notar, wie denn auch die volle Beweiskraft der Privaturkunden von einer derartigen Beglaubigung des Handzeichens abhängig ist (CPO. § 416). Hieraus ergibt sich, daß die Vorschrift des § 126¹ BGB. auf die Beschwerdeschrift analog anzuwenden ist. Eine solche Anwendung haben auch bereits die Motive zum ersten Entwurfe der GrBO. § 43 (S. 80) für einen ähnlichen Fall, den einer besonderen Form nicht bedürfenden Eintragungsantrag in Grundbuchsachen (GrBO. §§ 13, 30), in Aussicht genommen. Die Einreichung der mit unbeglaubigten Handzeichen unterzeichneten Beschwerdeschrift war somit unwirksam und erlangte auch nicht dadurch Wirksamkeit, daß der Beschwerdeführer nach Ablauf der Beschwerdefrist vor dem Amtsvorsteher erklärte, daß die Handzeichen von ihm herrührten und daß er die Beschwerdeschrift habe anfertigen und absenden lassen. W. H.

f) **Die fälschliche Standesbezeichnung eines Kaufmanns im Handelsregister rechtfertigt nicht das Ordnungsstrafverfahren gemäß FrGG. § 132 ff.**

Kammergericht, I. CS. Beschluß v. 28. September 1903.

Seit 1899 ist im Handelsregister die Firma A. und als deren Inhaber gemäß der Anmeldung der „Bankier" A. eingetragen. Auf Anregung des Zentralverbandes des Bankiergewerbes schritt das Registergericht gegen A. wegen der angeblich unrichtigen Bezeichnung als „Bankier" ein und forderte ihn unter Ordnungsstrafe und Freilassung des Einspruchs auf, binnen 14 Tagen „die Berichtigung des Handelsregisters herbeizuführen". Der Einspruch des A. wurde verworfen; seine weitere Beschwerde hatte dagegen Erfolg. Gründe:

Der Beschwerdeführer ist im Handelsregister als „Bankier" bezeichnet. In seiner Firma ist der betreffende Geschäftszweig aber nicht zum Ausdrucke gebracht. Das Registergericht will die Beseitigung dieser Bezeichnung herbeiführen. Seine Verfügungen fordern eine Anmeldung des Firmeninhabers, deren wesentlicher Zweck sein soll, der Löschung der Standesbezeichnung „Bankier" als Grundlage zu dienen. Ein solche Anmeldung kann aber in dem hier eingeleiteten Ordnungsstrafverfahren der §§ 132 ff. FrGG. nicht erzwungen werden. Der § 132 berechtigt zur Einleitung des Ordnungsstrafverfahrens nur für den Fall, daß das Gericht von einem sein Einschreiten nach §§ 14, 319, 325 Nr. 9 HGB. rechtfertigenden Sachverhalte glaubhafte Kenntnis erhält. Da die §§ 319, 325 Nr. 9 HGB. hier ganz außer Betracht zu lassen sind, bleibt nur die Frage nach der Anwendbarkeit des § 14 das. zu erörtern. Nach diesem muß, wer verpflichtet ist, eine Anmeldung, eine Zeichnung der Unterschrift oder eine Einreichung von Schriftstücken zum Handelsregister vorzunehmen, hierzu durch Ordnungsstrafen angehalten werden. Da wiederum die Verpflichtung zur Unterschriftszeichnung oder Einreichung von Schriftstücken nicht in Betracht kommt, könnte das Verfahren lediglich auf die Verpflichtung zu einer Anmeldung gestützt werden. Zweifellos ist das Registergericht nicht in der Lage, eine solche Verpflichtung durch eine von ihm ausgehende Verfügung ohne eine diese objektiv rechtfertigende Vorschrift zu begründen. Eine entsprechende, auf den vorliegenden Fall zutreffende gesetzliche Bestimmung fehlt jedoch. Weder ist allgemein bestimmt, daß der Kaufmann verpflichtet sei, die Berichtigung einer bei seiner Firma im Handelsregister eingetragenen Unrichtigkeit herbeizuführen, noch rechtfertigt eine der Sondervorschriften des HGB. das Verlangen, daß der Beschwerdeführer die

Berichtigung seiner Standesbezeichnung und namentlich die Löschung des hierüber bestehenden Registervermerks beantragen solle. Insbesondere handelt es sich hier nicht etwa um den anmeldungspflichtigen Fall einer Änderung der Firma oder ihrer Inhaber im Sinne des § 31[1] HGB. — Darüber, wie die Beseitigung einer unzulässigen Eintragung im Handelsregister zu erwirken ist, verhalten sich die §§ 142 ff. FrGG. (vgl. Art. 2 preuß. Ausf.-G. zum HGB.): es findet unter gewissen Voraussetzungen Löschung von Amts wegen ohne Erzwingung einer Anmeldung durch Ordnungsstrafen statt. Der gesetzlichen Regelung dieses Verfahrens hätte es offenbar nicht bedurft, wenn der Beteiligte im Ordnungsstrafverfahren der §§ 132 ff. FrGG. gezwungen werden könnte, die Beseitigung einer unzulässigen und deshalb vor dem Rechte unrichtigen Eintragung zu beantragen.

Das vom Registergericht eingeschlagene Verfahren läßt sich auch nicht etwa auf Grund der Erwägung rechtfertigen, daß im Handelsregister auch der Stand des Einzelkaufmanns eingetragen werden solle (§ 29 Nr. 3 Min.-Verf. über die Führung des Handelsregisters, JMBl. S. 313) und daß diese Eintragung auf einer Anmeldung beruhen müsse. Denn ganz abgesehen von der Frage, ob die Angabe des Standes des Einzelkaufmanns überhaupt im Ordnungsstrafverfahren erzwungen werden darf, soll hier nicht einfach der Stand des A. registriert werden. Vielmehr ist der eigentliche Zweck des Verfahrens, die bereits erfolgte Registrierung des Standes wegen angeblicher Unrichtigkeit zu beseitigen. Die Verpflichtung zu einer die entsprechende Löschung begründenden Anmeldung läßt sich aber aus keiner gesetzlichen Vorschrift herleiten. Dem Amtsgerichte muß, sofern es die gedachten Bestimmungen über die Löschung unzulässiger Eintragungen hier für anwendbar erachtet, überlassen bleiben, in Gemäßheit derselben anderweit vorzugehen. Dr. M.

g) **Das Beschwerdegericht hat, wenn es den Einspruch für unbegründet erachtet, selbst die Strafe festzusetzen.[1] Firmenunterscheidung durch einen die Gesellschaftsform bezeichnenden gesetzlichen Zusatz. FrGG. § 132. HGB. § 30.**

Kammergericht, II. CS. Beschluß v. 29. Juni 1903.

In das Handelsregister des Amtsgerichts A. ist 1896 die Firma „Automat G. m. b. H." und 1902 eine Zweigniederlassung der 1887 in das Handelsregister des Amtsgerichts B. eingetragenen Firma „Automat Aktiengesellschaft" eingetragen. Den Antrag der ersteren, der letzteren den Gebrauch ihrer Firma zu untersagen, weil diese Firma dem § 30 und auch § 20 HGB. widerspreche, hat das Amtsgericht zurückgewiesen, auf Anweisung des Beschwerdegerichts v. 5. Januar 1903 jedoch der Aktiengesellschaft aufgegeben, für die Zweigniederlassung sich des Gebrauchs ihrer Firma mangels eines sie von der Gesellschaft m. b. H. deutlich unterscheidenden Zusatzes bei einer

[1] Gegen eine handelsgerichtliche Ordnungsstrafe ist im Beschwerdewege der Einwand zulässig, daß eine Versäumung der zur Vornahme einer Handlung gestellten Frist nicht vorgelegen habe. FrGG. § 139 Abs. 2. (Kammergericht, I. CS. Beschluß v. 8. Juni 1903.)

Ordnungsstrafe zu enthalten oder den Gebrauch durch Einspruch binnen 3 Wochen zu rechtfertigen. Nach erhobenem Einspruch und schriftlicher Anhörung des Gegners hat das Amtsgericht den Einspruch für begründet erklärt. Dagegen hat ihn das Landgericht verworfen und die Sache an das Amtsgericht zurückverwiesen. Der weiteren Beschwerde der Vorstandsmitglieder der Aktiengesellschaft wurde stattgegeben. Gründe:

Darin ist allerdings den Beschwerdeführern nicht beizutreten, daß im Ordnungsstrafverfahren nur den Organen des Handelsstandes das Beschwerderecht zustehe. Der § 126 schränkt das in § 20 allgemein dem, dessen Recht durch eine Verfügung beeinträchtigt ist, gegebene Beschwerderecht nicht ein, sondern dehnt es durch die Verleihung an die Organe des Handelsstandes aus. — Rechtsirrig ist dagegen die Ansicht des Landgerichts, daß das Amtsgericht an die Gründe des Beschwerdebeschlusses vom 5. Januar 1903 gebunden gewesen sei, da dieser Beschluß nicht die materielle Entscheidung (§ 135) enthielt, sondern lediglich die Bedeutung einer Anweisung an das Amtsgericht hatte, das Ordnungsstrafverfahren einzuleiten (Jahrbuch 22 S. 8). Auch ist die Rüge des Verstoßes gegen die §§ 134, 135 begründet. Nach ersterem durfte das Gericht, wenn es den Einspruch verwerfen wollte, seine Entscheidung nicht ohne mündliche Erörterung der Sache treffen, und nach letzterem durfte es sich nicht damit begnügen, den Einspruch zu verwerfen und im übrigen die Sache an das Amtsgericht zurückzuverweisen, sondern es mußte zugleich die angedrohte Ordnungsstrafe festsetzen. Diese Festsetzung bildet einen Bestandteil der materiellen Entscheidung. Die Sachentscheidung aber mußte vom Beschwerdegericht vollständig getroffen werden. Nur die Ausführung seiner Entscheidung und höchstens noch den Erlaß einer erneuten strafandrohenden Verfügung durfte es dem Registerrichter überlassen (Jahrbuch 22 S. 15). Da aber die Entscheidung des Vorderrichters nicht auf diesen prozessualen Verstößen, sondern auf unrichtiger materieller Rechtsansicht beruht, und, da das Sachverhältnis in tatsächlicher Beziehung völlig klar liegt, so war in der Sache selbst, und zwar im Sinne der Rechtsauffassung des Amtsgerichts zu entscheiden.

Nach § 30 HGB. muß jede neue Firma sich von allen an demselben Orte oder in derselben Gemeinde bereits bestehenden und in das Handelsregister eingetragenen Firmen deutlich unterscheiden. Daß nun zwei Firmen, von denen die eine lautet: „Automat G. m. b. H.", die andere: „Automat Aktiengesellschaft" sich deutlich voneinander unterscheiden, ist ohne weiteres klar. Es fragt sich deshalb nur, ob die Angabe der Gesellschaftsform einen Bestandteil der Firma bildet. Das ist zu bejahen. Es bestimmt § 20 HGB., daß die Firma einer Aktiengesellschaft in der Regel von dem Gegenstande der Unternehmung zu entlehnen ist und außerdem die Bezeichnung „Aktiengesellschaft" enthalten muß. Diese Bezeichnung ist also in die Firma aufzunehmen und bildet mithin einen Bestandteil derselben. Der § 22 spricht ausdrücklich von der Verpflichtung einer Aktiengesellschaft, die im § 20 vorgeschriebene Bezeichnung in ihre Firma aufzunehmen. Hier ist deutlich ausgesprochen, daß die Bezeichnung der Gesellschaftsform Bestandteil der Firma wird. Das tritt klar hervor bei einer Vergleichung mit § 153 HGB. Diese Vorschrift, welche nach § 298[1] auch für Aktiengesellschaften gilt, ordnet an, daß im Falle der Liquidation die bisherige Firma als Liquidationsfirma zu bezeichnen ist. Der hiernach der Firma zu gebende Zusatz bildet nicht einen Bestandteil desselben (Entsch. des RG. 29 S. 68). Im Gegensatz hierzu läßt § 20 erkennen, daß die Bezeichnung der Gesellschaft als „Aktiengesellschaft" einen Teil der Firma bilden muß. Dieser Gegensatz tritt auch hervor in dem Musterformular B der Allg. Verf. v. 7. November 1899, wo in Spalte 2 „Firma und Sitz" die Bezeichnung „Aktiengesellschaft" als Bestandteil der Firma aufgeführt ist, während der Eintritt in Liquidation in Spalte 5 zum Ausdruck zu bringen ist. Übereinstimmend mit § 20 HGB. bestimmt das Gesetz betr. die Gesellschaften m. b. H. in § 4[2], daß die Firma in allen Fällen die zusätzliche Bezeichnung „mit beschränkter Haftung" enthalten muß. Danach gehört also bei beiden Gesellschaften die Angabe der Gesellschaftsform zur Firma. Der Vorderrichter will indessen die hieraus sich ergebende Verschiedenheit der Firmen als zur deutlichen Unterscheidung im Sinne des § 30[1] geeignet nicht gelten lassen, weil § 20 HGB. und § 4 Ges. betr. die Gesellschaften m. b. H. bei der Pflicht zur Angabe der Gesellschaftsform von „Bezeichnung" spreche, während der von der Unterscheidbarkeit der Firmen handelnde § 30 in Abs. 2 und 3 von einem „Zusatze" zur Firma spreche. Der Schwerpunkt der Unterscheidbarkeit liege daher bei dem „Zusatze" im Sinne des Gesetzes in etwas anderem als in den vom Gesetze vorgeschriebenen Ergänzungen der Gesellschaftsfirmen in Gestalt der „Bezeichnung" Aktiengesellschaft und G. m. b. H. Diese Ausführungen scheitern, von sonstigen Bedenken abgesehen, daran, daß es sich vorliegend nicht um Abs. 2 und 3, sondern um Abs. 1 des § 30 HGB. handelt. Dieser verlangt deutliche Unterscheidung einer später eingetragenen Firma von einer früher eingetragenen desselben Orts oder derselben Gemeinde. Vorschriften über die Art und Weise, wie die Unterscheidung zu bewirken ist, gibt das Gesetz nicht. Solcher bedurfte es auch nicht, da es nach dem Gesetzeszwecke lediglich darauf ankommt, daß eine deutliche Unterscheidung besteht. Es steht deshalb gesetzlich der Möglichkeit nichts im Wege, die Unterscheidung mehrerer Gesellschaftsfirmen in der in die Firma gesetzlich aufzunehmenden Bezeichnung der Gesellschaftsform zu finden. Das Erfordernis eines Zusatzes in den Fällen des Abs. 2 und 3 kommt erst in Frage, wenn die in Abs. 1 verordnete Unterscheidbarkeit verneint werden muß, und beruht darauf, daß es sich hier nicht um frei zu bildende, sondern um Firmen mit gesetzlich vorgeschriebener Form handelt. Soll eine derartige Firma an einem Orte eingetragen werden, an welchem eine gleiche Firma bereits besteht, so kann die Unterscheidung nur dadurch herbeigeführt werden, daß dem Inhaber der neuen Firma gestattet und zugleich auferlegt wird, der gesetzlichen Firma einen unterscheidenden Zusatz beizufügen. Um solche Fälle aber handelt es sich hier nicht, da hier eine gleiche eingetragene Firma nicht vorhanden ist. Auch darauf kommt es nicht an, daß, wie der Vorderrichter ausführt, es nicht zu den Gepflogenheiten des Handelsverkehrs gehört, bei der Benennung der Firma, die einen Bestandteil derselben bildende Bezeichnung der Gesellschaftsform mit anzuführen, da nur die objektive Form der Firma, nicht ihre hiervon abweichende subjektive Gestalt im Verkehrsleben, nur die Form, wie sie wirklich lautet, nicht ihre verstümmelte Form maßgebend ist (Entsch. des RG. 20 S. 72, Rsp. 6 S. 343). Dr. M.

h) **Die Einlegung der „Beschwerde" im Ordnungsstrafverfahren ist, wenn fristgemäß geschehen, als Einspruch zu behandeln.**

Kammergericht, I. CS. Beschluß v. 12. Oktober 1903.

Das Amtsgericht hat der „Firma A. & B." bei Ordnungsstrafe aufgegeben, sich des Gebrauchs eines Zusatzes zu enthalten oder ihn mittels Einspruchs binnen 14 Tagen zu rechtfertigen. In einem an das Amtsgericht adressierten Schriftsatze legte die Gesellschaft gegen die Verfügung „Beschwerde" mit dem Antrag auf Aufhebung derselben ein. Das Amtsgericht übersandte die Schrift dem Landgericht, das die Beschwerde als unzulässig zurückwies. Der weiteren Beschwerde wurde stattgegeben. Gründe:

Allerdings hat die Beschwerdeführerin ihre Eingabe sowohl in der Überschrift als auch im Text als „Beschwerde" bezeichnet. Offenbar ging sie davon aus, daß das Landgericht zur alsbaldigen Entscheidung in der Sache berufen sei; dies ergibt sich namentlich daraus, daß in der Beschwerdeschrift von dem Amtsgerichte gelegentlich als dem „Vorderrichter" die Rede ist. Allein hieraus folgt noch keineswegs, daß die Eingabe von den Vorinstanzen als Beschwerde behandelt werden mußte. Ohne Zweifel beabsichtigte die Beschwerdeführerin, von dem ihr gegen die amtsgerichtliche Verfügung zustehenden Rechtsbehelfe Gebrauch zu machen. Sie ging nur darin fehl, daß sie die Beschwerde als den gesetzlich gegebenen Rechtsbehelf ansah. Dieser Irrtum könnte ihr nur dann zum Nachteile gereichen, wenn die maßgebenden Vorschriften der Behandlung der Beschwerde als Einspruch entgegenständen. Dies ist aber nicht der Fall. Die Eingabe ist, wie dies für den Einspruch geboten war, an das Amtsgericht gerichtet. Sie ist daselbst innerhalb der für die Einlegung des Einspruchs gewährten Frist eingereicht. Sie enthält den Antrag auf Aufhebung der amtsgerichtlichen Verfügung, wie dieser auch in einem Einspruche zu stellen gewesen wäre (§ 134¹, § 135¹). Bei dieser Sachlage ist kein Gewicht darauf zu legen, daß die Beschwerdeführerin unrichtigerweise das Landgericht für das zur Entscheidung auf die Eingabe berufene Gericht hielt.

Zwar hat das Reichsgericht verschiedentlich angenommen, daß die Einlegung der Berufung bezw. die Einreichung der Berufungsschrift zur Terminsbestimmung oder die Niederlegung einer Abschrift der Berufungsschrift bei dem Gerichte nicht als Einlegung der in der Sache allein zulässigen (sofortigen) Beschwerde gelten könne (JW. 1886 S. 315; 1893 S. 158; Entsch. des RG. 43

S. 415). Das Reichsgericht stützt sich indes auf die eigentümliche Gestaltung des Berufungsverfahrens und namentlich darauf, daß die Einlegung der Berufung gegenüber dem Prozeßgegner, die Einlegung der Beschwerde aber gegenüber dem Gerichte vorzunehmen, daß ferner das Original der Berufungsschrift nicht für das Gericht, sondern nur vorübergehend für den Vorsitzenden zur Terminsansetzung bestimmt sei, daß auch die Abschrift der Berufungsschrift nicht zur Bescheidung, sondern nur zur Vorbereitung der späteren Verhandlung eingereicht und das Gericht dadurch zu irgend einer Prüfung nicht veranlaßt werde. Ersichtlich treffen diese Gründe einen Fall wie den hier vorliegenden nicht. Die Anfechtung der amtsgerichtlichen Verfügung ist, wie dies bei Einlegung des Einspruchs zu geschehen hat, dem Gerichte gegenüber erfolgt. Die als Beschwerde bezeichnete Eingabe ist zu den Gerichtsakten gereicht, damit sie bei diesen verbleiben und das Gericht alsbald über sie befinden sollte. Das Gericht war damit zu einer sofortigen Prüfung der Eingabe veranlaßt. Es besteht danach kein gesetzlicher Grund, der die Beurteilung der Eingabe als desjenigen Rechtsbehelfs ausschließt, welchen das Gesetz gegen die amtsgerichtliche Verfügung allein zuläßt. Das Landgericht hätte deshalb trotz der unrichtigen Annahme der Beschwerdeführerin, daß ihr gegen diese Verfügung das Rechtsmittel der Beschwerde zustehe, auf die zum klaren Ausdrucke gelangte Absicht der Beschwerdeführerin, die Aufhebung der Verfügung zu erzielen, entscheidendes Gewicht legen, danach aber sich der Entscheidung auf die „Beschwerde" enthalten und die weitere Behandlung der Sache im Einspruchsverfahren dem Amtsgericht überlassen müssen. . . . Das Amtsgericht wird aber zu erwägen haben, daß nach der ständigen Rechtsprechung des Kammergerichts das handelsgerichtliche Ordnungsstrafverfahren nur gegen physische Personen eingeleitet und weiter verfolgt werden kann. . . .

Dr. M.

35

a) Wesentliche Bestandteile[1] nach BGB. §§ 93, 94.

OLG. Kiel, III. CS. Urteil v. 16. Juni 1903.

Der Kläger hat ihm gehörige Sachen mit dem Grundstücke des Beklagten in Verbindung gebracht, dadurch aber nicht sein Eigentum daran verloren, da die Sachen, ohne daß sie oder das Grundstück bezw. das Gebäude in ihrem Wesen verändert würden, vom Grundstück getrennt werden können. Hinsichtlich der an der Haustür angebrachten Klingel, des Drahtzaunes und des Herdes ist das ohne weiteres klar. Das gleiche muß von

[1] Vgl. Warneyers Jahrbuch 1 S. 12 — Nach ALR. erlangte ein Grundstück dadurch, daß es mit dem Willen des Eigentümers in fortwährende Verbindung mit einem Hauptgrundstück gesetzt wurde, Zubehöreigenschaft und ging dann bei Veräußerung der Hauptsache von selbst mit über. Seit Einführung des preuß. EEG. konnte aber ein Grundstück, das ein eigenes Blatt im Grundbuche hat, nicht mehr in dieser Weise, sondern nur noch durch besondere Auflassung in das Eigentum eines anderen übergehen, und das gleiche gilt nach BGB., wenn ein Grundstück vor dem 1. Januar 1900 tatsächlich als Zubehör einem anderen Grundstück zugeschlagen ist. Kammergericht, I. CS. Beschluß v. 28. September 1903.

der vermittelst eines Brettes an der Hauswand befestigten Pumpe und des vollkommen freistehenden Kachelofens gelten. Der Ofen muß allerdings, um entfernt zu werden, abgebrochen werden; dadurch wird er aber weder zerstört, noch in seinem Wesen verändert, er kann jederzeit wieder zusammengesetzt werden. Man würde über den Zweck des § 93, daß nutzloser Zerstörung wirtschaftlicher Werte vorgebeugt werden soll, weit hinausgehen, wenn man in dem Abbrechen eines Ofens, dessen früherer Zustand ohne weiteres nach Belieben wieder hergestellt werden kann, die Zerstörung eines wirtschaftlichen Wertes erblicken wollte. Auch auf § 94 kann Beklagter sich nicht berufen. Der Drahtzaun ist durch die Pfähle mit dem Grundstück nicht fest verbunden, die übrigen Gegenstände gehören nicht zu den zur Herstellung des Gebäudes eingefügten Sachen. — Beklagter hat ferner behauptet, der Kläger habe die Sachen nicht nur zu einem vorübergehenden Zweck mit dem Grundstück verbunden, sondern in der Absicht, sein Eigentum daran aufzugeben. Die Eideszuschiebung hierüber ist unzulässig. Dem Kläger, einem ländlichen Handwerker, kann nicht zugemutet werden, ein Urteil darüber abzugeben und eidlich zu erhärten, ob er bei der Verbindung der Sachen infolge seiner Absicht, sie dauernd oder vorübergehend mit dem Grundstück zu verbinden, das Eigentum an ihnen aufgegeben hat oder nicht. **Gr.**

b) **Maschinen als Bestandteile einer Maschinenhalle.**

OLG. Hamburg, IV. CS. Urteil v. 9. Oktober 1903.

... An sich läßt sich allgemein jedenfalls nicht behaupten, daß die auf ein Grundstück oder Gebäude eingebrachten Sachen bloß deswegen, weil sie auf dem Grundstücke (im Gebäude) Zwecken desselben dienen sollen, wesentliche Bestandteile desselben würden. Man wird das im allgemeinen weder vom lebenden oder toten Inventar eines dem landwirtschaftlichen Betriebe dienenden Grundstückes, den Näh-, Dresch- und sonstigen Maschinen eines Landgutes, noch von den zur Wohnungseinrichtung eines Hauses dienenden Möbeln, noch von den Maschinen einer Fabrik sagen können. Der Begriff Bestandteil sowohl wie die tägliche Lebenserfahrung widersprechen einer solchen Auffassung. An sich behalten das Landgut, das Wohnhaus, das Fabrikgebäude ebenso wie die ihren Zwecken dienenden Illaten jedes für sich ihre selbständige Existenz und verschmelzen nicht mit dem Grundstücke zu einem Ganzen, einem so und so ausgerüsteten Landgute, einem möblierten Hause, einer in Betrieb befindlichen Fabrik, von dem das Grundstück einerseits, die Mobilien andererseits die Bestandteile wären. Im einzelnen Falle mag es Ausnahmen von dieser Regel in der Art geben, wie das Reichsgericht (Entsch. 50 S. 241) erörtert, daß von vornherein ein Gebäude mit bestimmten, gleich oder später eingebrachten Maschinen zu einem Ganzen eingerichtet und verbunden wird. Vorliegend erscheint die Konstruktion eines aus Grundstück (Gebäude) und Maschinen gebildeten Ganzen ausgeschlossen. Es ist eine Maschinenhalle gebaut worden und darin eine ganze Anzahl verschiedenartiger Maschinen aufgestellt, die zwar nunmehr in der Maschinenhalle zu Fabrikationszwecken in Betrieb gesetzt wurden und denen natürlich das Gebäude in der Weise angepaßt wurde, daß sie darin zweckmäßig funktionieren konnten, die im übrigen aber nach wie vor selbständige Sachen blieben und die Maschinenhalle, in der sie standen, und die sie so deckte und trug, daß sie dem Fabrikbetrieb dienen konnten, zu nichts anderem machten, als was sie vorher war und was sie mit diesen oder anderen Maschinen sein konnte und sollte und nach deren Wegnahme blieb. Ihr Wesen verändert sich insbesondere nicht dadurch, wenn aus der ganzen Zahl von Maschinen die beiden streitigen weggenommen werden, möchte nun ein selbstverständlich möglicher Ersatz dafür eintreten oder nicht. Individuell wesentlich für die Maschinenhalle sind sie zweifellos nicht. Ob sie aber generisch für den Betrieb wesentlich sind, der gegenwärtig mit den für das Geschäft, sei es Kistenfabrikation, Holzbearbeitung oder eine andere Fabrikation, ist für die Frage, ob sie körperlich Bestandteil einer anderen Sache und zwar mit dem Gebäude, in dem sie stehen, Bestandteil eines anderen Ganzen sind, gleichgültig. Nur um den Begriff des körperlichen Bestandteils handelt es sich hier, und es ist nicht ersichtlich, wie aus den verschiedenartigen Maschinen und der Maschinenhalle ein Ganzes in einheitlicher körperlicher Gestalt, dessen Bestandteile Maschinen und Gebäude wären, sollte gebildet werden können. Ebensowenig wie eine Näh- oder andere Maschine, die mit einer Klammer an einen Tisch geschraubt wird, mit diesem ein neues Ganzes bildet. Allerdings ist der landrechtliche Begriff der Substanz mit dem des wesentlichen Bestandteils nicht identisch, aber es läßt sich nicht bezweifeln, daß kaum eine äußerlichere, die Selbständigkeit der einzelnen Sachen weniger beeinträchtigende Verbindung zum Zwecke der festen und sicheren Aufstellung der Maschinen gedacht werden könne, als das bloße A u f s c h r a u b e n d e r s e l b e n. § 93 steht daher der Klage nicht entgegen.

Ebensowenig § 94. Die Maschinen sind mit dem Grund und Boden unmittelbar überhaupt nicht verbunden, sondern auf, in den Boden vermauerte Schraubengewinde derartig angeschraubt, daß die Verbindung leicht und ohne Gefahr jederzeit durch Losschrauben der Muttern gelöst werden kann. Eine Einfügung in das Gebäude ist offenbar wegen der Erschütterung im Betriebe absichtlich vermieden; einer festen Verbindung mit Grund und Boden bedurfte es nicht, wenn die Maschine nur so befestigt wurde, daß sie sich im Betriebe nicht hin- und herbewegte. Es muß auch vorausgesetzt werden, daß eine Verbindung mit Grund und Boden, welche die Maschine zu einem Bestandteil desselben machen könnte, absichtlich vermieden ist. Eine derartige feste Verbindung muß selbstverständlich der Intention der Verkäufer von Maschinen, die solche mit Vorbehalt des Eigentums verkaufen und doch in Betrieb gesetzt wissen wollen, ebenso entschieden widersprechen wie dem ehrlichen Käufer, der nicht daran denkt, vertragsbrüchig zu werden und deswegen gewiß keine Einrichtung treffen will, welche sofort zum Untergange des seinem Verkäufer vorbehaltenen Eigentums führen müßte. Diesen beiderseitigen Vertragsabsichten entspricht es lediglich, die mechanische Befestigung der Maschinen auf dem Maschinenlager nicht als eine feste Verbindung mit Grund und Boden aufzufassen. Eine solche ist weder als gewollt noch als trotzdem geschaffen anzusehen. Der Klage auf Freigabe der Maschinen ist daher stattzugeben. M. M.

c) **Zubehör beim Miteigentum.**

OLG. Karlsruhe, IV. CS. Urteil v. 5. Juni 1903.

Die Ausführung, daß die von einem Miteigentümer mit der Liegenschaft verbundenen Sachen, die dem wirtschaftlichen Zwecke der ersteren zu dienen bestimmt sind, deshalb weder Bestandteile noch Zubehör sein könnten, weil hier nur eine vorübergehende Benutzung der Nebensache für die Zwecke der Hauptsache vorliege, erscheint nicht zutreffend. Eine vorübergehende Benutzung im Sinne des § 97 Abs. 2 Satz 1 liegt nur dann vor, wenn die Benutzung der Sache für die Zwecke der andern von vornherein mit der Absicht ihres späteren Wegfalles erfolgt. Dies ist regelmäßig der Fall, wenn jemand, der ein Grundstück nur in Ausübung eines zeitlich begrenzten Rechtes benutzt (wie der Pächter oder Mieter) für seine besonderen Wirtschaftszwecke Sachen in eine dem § 97[1] entsprechende räumliche Beziehung zur Liegenschaft bringt. Allein dies trifft bei der Benutzung der Sache durch einen von mehreren Miteigentümern keineswegs zu, weil dieser in bezug auf sein Herrschaftsverhältnis zur Sache — mangels Nachweises besonderer gegenteiliger Umstände — nicht wesentlich anders zu beurteilen ist als der Alleineigentümer, während allerdings bei einem Nichteigentümer in der Regel die Voraussetzung des § 97 Abs. 2 Satz 1 vorliegen wird. Im übrigen hat der Kläger nur die Voraussetzungen des § 97[1] nachzuweisen, wogegen dem Beklagten, der die Zubehöreigenschaft bestreitet, der Beweis obliegt, daß nur eine „vorübergehende Benutzung" vorliege (Entsch. d. RG. 47 S. 197). Dr. E.

d) **Kurze Verjährung aus BGB. § 196 Nr. 1.**

α) OLG. Hamm, VI. CS. Urteil v. 10. Oktober 1903.

Allerdings ist die Forderung eines Bauunternehmers, der nicht bloß Arbeiten seines Maurer- oder sonstigen Gewerbes leistet oder Waren oder Werke seines Gewerbes oder Handwerkes liefert, vielmehr erst durch eine selbständige, nicht unter seine eigene gewerbliche Leistung zu subsumierende Tätigkeit die Leistungen und Lieferungen einer Mehrheit von Handwerkern, Gewerbebetreibenden, Künstlern, zur Herstellung des von ihm übernommenen Werkes verbindet, sowohl nach altem als nach neuem Recht nicht der zweijährigen, sondern der ordentlichen 30jährigen Verjährung unterworfen. Hier liegt die Sache indes anders. Die Klägerin betreibt ein Baugeschäft größeren Umfanges, ihre Rechnungsformulare enthalten den Vordruck: „Baugeschäft"; „Baumaterialienhandlung und Mechanische Bauschreinerei mit Dampfbetrieb". Ihre Bauentreprisen sind eigene gewerbliche Leistungen. Sie ist Kaufmann (§§ 1, 6 HGB.) und fordert mit der Klage die Vergütung für von ihr gelieferte Waren und Arbeiten. Mithin greift die zweijährige Verjährung durch. N.

β) OLG. Hamm, VI. CS. Urteil v. 10. Oktober 1903.

Die Leistung, deren Preis eingeklagt wird, ist nicht „für den Gewerbebetrieb" des Beklagten „erfolgt". Vorab ist überhaupt fraglich, ob der Beklagte als Gewerbetreibender anzusprechen ist. Er besitzt eine Fabrik und ein Schlachthaus, welche beide Anlagen er vermietet hat, für die er aber seinerseits mit seinem Heizerpersonal die Dampfkraft stellt; eine andere Beschäftigung oder Einnahmequelle außer dem Vermieten seiner Grundstücke hat er nicht. Hieraus folgt jedoch nicht, daß er „Gewerbetreibender" ist. Gewerbebetrieb bedeutet die fortdauernde, berufsmäßige, auf Gewinn berechnete, selbständige Erwerbstätigkeit zur Gewinnung, Verarbeitung, Vertrieb von Gegenständen des menschlichen Verkehrs und Bedürfnisses. Ein Haus- und Fabrikbesitzer, welcher seine Liegenschaften vermietet, treibt in seiner Eigenschaft als Eigentümer und Vermieter, auch wenn er außer den Mietseinkünften andere Einnahmen nicht hat, unfraglich kein Gewerbe im erörterten Sinne. Eigenartig liegt hier die Sache allerdings insofern, als der Beklagte für seine Mietsgrundstücke die darin zum Gewerbebetrieb der Mieter nötige Dampfkraft erzeugt und den Mietern entgeltlich abläßt. Hierin würde vielleicht ein Gewerbebetrieb unter der Voraussetzung zu erblicken sein, wenn er die Lieferung — sei es durch entsprechende Erhöhung des Mietszinses, sei es durch getrennte Vereinbarung einer besonderen Vergütung, — zu einer dauernden Erwerbsquelle macht, d. h. bei der Lieferung der Dampfkraft an seine Mieter nicht bloß seine Selbstkosten deckt, sondern einen Gewinn erzielt.

Von der näheren Aufklärung hierüber war indes abzusehen, da jedenfalls die Klageforderung nicht inbezug auf einen solchen Gewerbebetrieb entstanden ist. Denn dieser Betrieb würde sich beschränken auf die Erzeugung und Überlassung der Dampfkraft. Die Materialien der Klagerechnung sind aber nicht für die zur Herstellung der Dampfkraft dienende Anlage, sondern teils zur Erbauung des Schlachthauses, teils zur Errichtung von Grenzmauern zwischen Wohnhäusern, zur Herstellung von Betonboden auf einem Fabrikhofe, auch zur Veränderung von Fenstern der Fabrik geliefert und verwendet. Das Schlachthaus und die Fabrik aber dienen nicht dem Gewerbebetriebe des Beklagten in der oben erörterten Auffassung. Anschaffungen und Arbeiten zur Herrichtung von Räumen, in denen eine Fabrikation betrieben wird, haben nur dann auf den Gewerbebetrieb des Empfängers Bezug, wenn zwischen diesem Gewerbebetriebe und den Räumen, für welche die Lieferungen und Leistungen erfolgten, ein notwendiger Zusammenhang besteht (vgl. Entsch. des RG. 5 S. 373). ——— N.

36

a) Pferd und Wagen eines auf dem Lande wohnenden Viehhändlers sind pfändbar. CPO. § 811 Nr. 5.

Kammergericht, IV. CS. Beschluß v. 24. Oktober 1903.

Der Schuldner ist als Viehhändler nach § 1 Nr. 1 HGB. Kaufmann, allerdings nach § 4 HGB. nur Minderkaufmann, da sein Gewerbebetrieb über den Umfang des Kleingewerbes nicht hinausgeht. Kaufleute gehören jedoch, gleichgültig, ob Voll- oder Minderkaufleute, nicht zu den durch § 811

Nr. 5 geschützten Personen. Wie der Wortlaut ergibt, sollen durch ihn nur solche Personen geschützt werden, deren Leistungen in körperlicher Arbeit bestehen oder körperlicher Arbeit gleich zu achten sind. Dies erhellt daraus, daß daselbst der Erwerb durch persönliche Leistungen dem Erwerbe durch Ausübung einer Kunst, eines Handwerks, gewerblicher oder sonstiger Arbeit an die Seite gestellt wird. Das Merkmal der körperlichen Arbeit trifft aber bei Kaufleuten, auch bei Minderkaufleuten, nicht zu.

Zudem ist bei der Beratung der CP.-Novelle der Antrag, auch Minderkaufleute unter § 811 Nr. 5 zu stellen, ausdrücklich abgelehnt worden (vgl. Sten. Berichte S. 2137 ff; sowie Petersen-Anger 4. Aufl. 2 S. 457 und Struckmann-Koch S. 917). Aus diesen Erwägungen sind bereits mehrfach von den Gerichten Anträge von Minderkaufleuten abgelehnt worden, Sachen für unpfändbar zu erklären, die zur Fortsetzung ihres Handelsgewerbebetriebes unentbehrlich sein sollten. So hat das Kammergericht Pferd und Wagen eines Hausierers, der einen Handel mit Lumpen und Metall betrieb, das OLG. Kiel das Fahrrad eines Viehhändlers und das OLG. Hamburg Pferd und Wagen eines Milchhändlers für pfändbar erklärt (Rsp. 5 S. 133, 330 und [7 S. 306]). Aus denselben Gründen ergibt sich hier, daß Pferd und Wagen eines Viehhändlers, auch wenn sie zum Betrieb des Viehhandels notwendig sein mögen, pfändbar sind. H.

b) **Fallen Zimmervermieter unter § 811 Nr. 5?**

OLG. Frankfurt, II. CS. Beschluß v. 26. Mai 1903.

Die Schuldnerin betreibt das Gewerbe einer Zimmervermieterin in dem Sinne, daß sie durch Weitervermietung der von ihr ermieteten Zimmer an verschiedene Einzelmieter und durch Gewährung von Beköstigung und Bedienung sich einen solchen Überschuß über die von ihr zu zahlende Miete verschafft, daß sie durch solche Erwerbstätigkeit ihr Leben fristet; sie betreibt diese Tätigkeit nur in kleinem Umfange und ohne Dienstperson. Hiernach überwiegt das Moment des Erwerbs durch persönliche Dienstleistungen — Reinigung der Zimmer, Fertigstellung und Darreichung des Frühstücks an alle Mieter, der übrigen Mahlzeiten an einen der Mieter — den Erwerb aus der gewerblichen Einrichtung. So wenig daher in denjenigen Fällen, wo die Ausnutzung der Einrichtung und des darein gesteckten Kapitals als das überwiegende Moment erscheint, der § 811⁵ anwendbar ist, so zweifellos erscheint hier jenes Moment persönlicher Erwerbstätigkeit als bestimmend und überwiegend, und daher die Anwendung des § 811⁵ als geboten. Denn die Fortnahme der gepfändeten Gardinen, Rouleaux 2c würde die wirtschaftliche Existenz der Schuldnerin vernichten. Rundschau.

c) **Eintragung einer Zwangshypothek auf ein vorerbschaftliches Grundstück wegen einer persönlichen Schuld des Vorerben.**

BGB. § 2115. CPO. §§ 771, 773, 866.

Kammergericht, I. CS. Beschluß v. 5. Oktober 1903.

Zu den „Verfügungen im Wege der Zwangsvollstreckung" (§ 2115 Satz 1) gehören alle Vollstreckungsmaßregeln betreffend die Beitreibung von Geldforderungen, also nach § 866 CPO. auch die Eintragung einer Sicherungshypothek. Hinsichtlich der Unwirksamkeit solcher Verfügungen kommt es auf den Umfang der dem Vorerben nach dem Inhalte der letztwilligen Verfügung zustehenden Verfügungsmacht nicht an. Während der Vorerbe gemäß § 2112 grundsätzlich zu rechtsgeschäftlichen Verfügungen über Erbschaftsgegenstände befugt ist, ihm nur für Ausnahmsfälle (§§ 2113, 2114) Beschränkungen auferlegt sind, von denen er gemäß §§ 2136, 2137 zum Teil befreit werden kann, sind Verfügungen im Wege der Zwangsvollstreckung, soweit sie das Recht des Nacherben vereiteln oder beeinträchtigen würden, unwirksam. Der gesetzgeberische Grund für diese verschiedenartige Behandlung ist: Dem Vorerben wird zur Erleichterung des Genusses und der Verwaltung der Erbschaft ein besonderes Verfügungsrecht gewährt; es wäre ein Mißbrauch dieses Verfügungsrechts, wenn die persönlichen Gläubiger des Vorerben es zu ihren Zwecken ausbeuten dürften (Prot. 5 S. 112). Die Unwirksamkeit der im § 2115 Satz 1 bezeichneten Verfügungen kann jedoch, wie sich aus den Worten: „im Falle des Eintritts der Nacherbfolge" ergibt, erst geltend gemacht werden, wenn der Fall der Nacherbfolge eingetreten ist. Im I. Entwurf §§ 1828, 1829 trat dies noch deutlicher hervor, indem dort der jetzige Halbsatz: „ist im Falle des Eintritts der Nacherbfolge" ꝛc lautete: „wird die Verfügung, soweit sie das Recht des Nacherben vereitelt oder beeinträchtigt, im Falle der Nacherbfolge unwirksam." Das „wird" ist durch das Wort „ist" ersetzt worden, um klar zu stellen, daß der Verfügung von Anfang an ein Mangel anhaftet, der allerdings erst beim Eintritt der Nacherbfolge geltend gemacht werden kann. Auch der § 773 CPO. gibt dem Nacherben nicht schon vor Eintritt der Nacherbfolge ein Widerspruchsrecht gegen die Eintragung einer Zwangshypothek. Sie erteilt nur hinsichtlich der Veräußerung und Überweisung vorerbschaftlicher Gegenstände den Vollstreckungsorganen die instruktionelle Anweisung, jene zu unterlassen, und gewährt zugleich dem Nacherben die Widerspruchsklage aus § 771 CPO., wenn diese Anweisung nicht befolgt wird. Es soll dadurch einesteils dem Nacherben in Erweiterung der ihm nach § 2115 zustehenden Rechte gegen die einschneidenden Vollstreckungsmaßregeln der Veräußerung und Überweisung schon vor Eintritt der Nacherbfolge ein Schutz gewährt, andrerseits aus Gründen rechtspolitischer Natur verhütet werden, daß vorerbschaftliche Sachen, hinsichtlich deren für den Erwerber gemäß § 2115 nur ein unsicheres Recht begründet werden kann, zufolge dieser Unsicherheit zu einem unangemessenen Gebot zwangsweise veräußert werden (Motive 5 S. 117). Dem Nacherben steht also vor Eintritt der Nacherbfolge ein Widerspruchsrecht aus § 771 nur zu, wenn entgegen dem § 773 Satz 1 CPO. zur Veräußerung oder Überweisung eines vorerbschaftlichen Gegenstandes geschritten wird. Daraus folgt, daß der Grundbuchrichter die Eintragung einer Zwangshypothek auf ein vorerbschaftliches Grundstück nicht ablehnen darf. Die Geltendmachung ihrer Unwirksamkeit im Falle des Eintritts der Nacherbfolge wird den Nacherben durch Eintragung ihrer Rechte in Abt. II genügend gesichert. H.

d) **Pfändung eines Erbanteils am Nachlaßgrundstücke.**

Kammergericht, I. CS. Beschluß v. 5. Juni 1903.

Zu den Erben des 1900 verstorbenen Grundstückseigentümers gehört A. zu $^1/_6$. Sein Gläubiger hat auf Grund Pfändungs- und Überweisungsbeschlusses beantragt, auf dem Nachlaßgrundstücke einzutragen, daß sowohl der Erbteil des A. am Nachlaß, als der Anspruch auf Auseinandersetzung und Teilung des Nachlasses gepfändet und dem Gläubiger zur Einziehung überwiesen sei. Die Eintragung wurde abgelehnt. Gründe:

Durch das BGB. ist das Verhältnis von Miterben nach den Grundsätzen der Mitberechtigung zur gesamten Hand geregelt, wonach jedem Miterben nur ein Anteil am Inbegriff des Nachlasses, nicht aber an jedem einzelnen Gegenstande desselben zusteht, so daß er nur über ersteren verfügen kann (§ 2032), während die Verfügung über einen Nachlaßgegenstand nur sämtlichen Erben gemeinschaftlich zusteht. Daraus ergibt sich, daß die Eintragung auf den Anteil des A. nicht angängig ist, weil sie einen solchen Anteil als selbständigen Gegenstand des Rechtsverkehrs nicht besitzt. Auf dem ganzen Grundstück kann die Eintragung nicht erfolgen, da der Gläubiger einen Schuldtitel gegen die übrigen Miterben nicht besitzt. Der § 1009 gilt nur für Miteigentümer nach Bruchteilen, nicht aber zur gesamten Hand; überdies setzt er voraus, daß alle Berechtigten die Eintragung bewilligen, und es versteht sich von selbst, daß auf Grund der Verurteilung eines Miteigentümers nicht das ganze Grundstück belastet werden kann. Die Bedeutung des § 1009 beruht darin, daß jemand sein eigenes Grundstück zu seinen Gunsten belasten kann.

Die weitere Frage, ob nicht wenigstens die Verfügungsbeschränkung, welche in der Pfändung eines Erbanteils in Ansehung eines jeden Erbschaftsgegenstandes enthalten ist, im Grundbuche der Nachlaßgrundstücke vermerkt werden kann, dürfte zu bejahen sein (Achilles-Strecker, S. 15, 287), allein damit ist dem Gläubiger hier nicht geholfen, da die Eintragung voraussetzen würde, daß die Umschreibung des Grundstückes bereits auf den Namen der Erben bewirkt ist (§ 41 GrBO.). Sache des Gläubigers ist es deshalb zunächst, die Eintragung aller Erben als Eigentümer herbeizuführen. Die hierzu nach § 22² erforderliche Mitwirkung aller Eigentümer ist erforderlichenfalls durch Klage zu erzwingen. Spr.

e) **Fassung der Klausel über die Unterwerfung unter die sofortige Zwangsvollstreckung. CPO. § 800.**

Kammergericht, I. CS. Beschluß v. 6. Juli 1903.

Bei Bestellung einer Hypothek hatte sich der Schuldner der sofortigen Zwangsvollstreckung unterworfen, in der Weise, „daß sie gegen den jeweiligen Eigentümer zulässig sein solle." Die Eintragung im Grundbuche lautet: „Die jeweiligen Eigentümer unterliegen der sofortigen Zwangsvollstreckung."

Der Antrag auf Ergänzung des Vermerks entsprechend dem Wortlaut der Urkunde wurde zurückgewiesen. Gründe:

Die Wirksamkeit der Unterwerfungsklausel ist nach § 800 davon abhängig, daß die Unterwerfung eingetragen wird. Abweichend von § 874 BGB. genügt eine Bezugnahme auf die Eintragungsbewilligung nicht; anderseits sind aber die Worte des § 800 nicht derart sakramental, daß die dingliche Wirksamkeit der Eintragung durch den Gebrauch gerade der Worte des Gesetzes bedingt wäre. Aber die genaue Anpassung der Eintragungsformel an die Worte des Gesetzes ist zweckmäßig, weil sie die Möglichkeit eines Zweifels ausschließt. Es kann nun als empfehlenswert bezeichnet werden, die Fassung des Vermerks den Gesetzesworten genauer anzupassen, als dies hier geschehen, aber eine angreifbare Gesetzesverletzung enthält die gewählte Fassung nicht. Denn der Zweck des Gesetzgebers ist durch sie gesichert. Daß der Grund der Zulässigkeit der sofortigen Zwangsvollstreckung aus dem Vermerk ersichtlich sein müsse, ergibt sich weder aus den Materialien zu § 800 CPO., noch aus dem Wortlaut des Gesetzes selbst. Wenn auch das Muster zum Hypothekenbrief, das der AllgVerf. vom 20. November 1899 beigegeben ist, die den Gesetzesworten angepaßte Fassung angibt, so hat doch diese Verfügung, nur soweit sie innerhalb des Rahmens der für die Landesjustizverwaltung gemachten Vorbehalte Bestimmungen trifft, den Charakter einer Rechtsnorm; eine solche Bedeutung ist ihr aber hinsichtlich der sachlichen Fassung der Eintragungsvermerke nicht beizumessen. Spr.

f) **Herstellung der Pfandsiegel. CPO. § 808.**

OLG. Colmar, Straf.-S. Urteil v. 20. Oktober 1903.

Weder der Wortlaut, noch die Entstehung, noch der Zweck des § 136 StGB. nötigen zu der Annahme, daß der Abdruck des vom Gerichtsvollzieher geführten Dienstsiegels nur in Lack oder Wachs hergestellt werden dürfe; es genügt vielmehr, soweit nicht besondere reichs- oder landesrechtliche Vorschriften anderes bestimmen, jede deutlich erkennbare Wiedergabe des Dienstsiegels, also auch der Farbenabdruck. Abweichende Vorschriften auf dem Gebiete der allein hier in Betracht kommenden CPO., insbesondere für Pfändungen, bestehen für die Gerichtsvollzieher in Elsaß-Lothringen nicht. Mit Recht hat das Berufungsgericht sich auf die reichsgerichtliche Rechtsprechung bezogen; denn die angeführten Urteile beruhen, wenn sie auch den Farbenstempel nicht ausdrücklich erwähnen, auf dem vom Berufungsgerichte aufgestellten richtigen Grundsatz. Mit Unrecht glaubt die Revision die Ministerialverfügung vom 11. April 1900 für sich anrufen zu können. Denn in Abs. 3 das. wird mit Recht hervorgehoben, daß der Unterschied zwischen Stempel und Siegel nur für die freiwillige Gerichtsbarkeit gilt, für die CPO. aber nicht zu verwerten ist, und daß besonders bei Pfändungen zur Herstellung der Siegel die Verwendung des Farbenstempels nicht zu beanstanden ist. Dr. Frz.

g) **Höhe der Arrestsumme bei Liegenschaftsarrest für Unterhaltsrenten. CPO. § 932.**

OLG. Karlsruhe, III. CS. Urteil v. 25. Mai 1903.

Dem Kläger steht noch auf viele Jahre eine jährliche Unterhaltsrente von 100 Mark gegen den Beklagten zu. Das Landgericht hält bei den gegenwärtigen Verzinsungsverhältnissen zur Sicherung dieser Rente einen Kapitalbetrag von ca. 3000 Mark für erforderlich und erachtet einen Betrag von 3750 Mark, durch dessen Hinterlegung der Vollzug des Arrestes gehemmt wird und welcher nach § 932 mit § 923 zugleich als der Höchstbetrag für die Haftung der Liegenschaften des Beklagten gilt, sonach als die eigentliche Arrestsumme sich darstellt, im Hinblick auf die Unsicherheit der Schätzung der Güterwerte für nicht zu hoch gegriffen. Die Auffassung des Beklagten, es dürfe keinesfalls als Arrestsumme ein höherer Betrag, als die Summe der sämtlichen im Laufe der Zeit verfallenden Unterhaltsrenten angesetzt werden, ist unrichtig; denn wenn der Arrest zur Sicherung einer jährlichen Unterhaltsrente von 100 Mark dienen soll, so muß, da letztere naturgemäß nicht aus dem Grundstock, sondern aus den Zinsen des liegenschaftlichen Vermögens zu bestreiten ist, die Arrestsumme offenbar so hoch gegriffen worden, daß aus ihrem Ertrag, d. h. aus ihren Zinsen, die jährliche Unterhaltsrente bestritten werden kann. Dr. E.

37

a) **Die Bestimmung eines Ehe- und Erbvertrags, daß der Überlebende die reine Vermögenshälfte als Vater- oder Muttergut auszuzeigen hat, wogegen er Alleineigentümer alles übrigen Vermögens wird, enthält nicht seine Einsetzung als alleinigen Erben.**

Bayer. Oberstes Landesgericht, I. CS. Beschluß v. 15. Mai 1903.

Die Absicht der Vertragschließenden, bei dem Tode des einen Ehegatten dem Überlebenden den Anteil des Verstorbenen am gemeinschaftlichen Vermögen und den Kindern den Anspruch auf eine Geldsumme zu verschaffen, ließ sich durch verschiedene Rechtsformen verwirklichen, nicht nur durch Einsetzung des Überlebenden als alleinigen Erben und Anordnung eines Geldvermächtnisses für die Kinder, sondern auch durch Beschwerung der Kinder als gesetzlichen oder eingesetzten Erben mit dem Vermächtnis, ihre Erbteile dem Überlebenden um den bestimmten Geldbetrag zu überlassen. Die rechtsunkundigen Vertragschließenden haben die rechtliche Gestaltung des Vertragswillens dem beurkundenden Notar überlassen und das, was sie bestimmen wollten, in der rechtlichen Gestaltung vereinbart, die der Notar dem Vertragswillen gegeben hat. Es kommt deshalb nicht darauf an, welche Rechtsform die zweckmäßigste war, sondern darauf, welche rechtliche Gestaltung der von den Vertragschließenden angenommenen Fassung der Urkunde zugrunde liegt. Die Fassung der Urkunde, die sich an die im Falle des Vorablebens der Ehefrau bei gesetzlicher Erbfolge üblich gewesenen Muttergutsverträge anschließt, enthält keine Erbeinsetzung des Überlebenden, sondern räumt ihm nur das Recht ein, die Erbteile der Kinder um einen nach dem reinen Werte zu bestimmenden Geldbetrag zu übernehmen, das auch in einigen der Rechte, nach welchen die allgemeine Gütergemeinschaft der gesetzliche Güterstand war, zu gunsten des überlebenden Ehegatten bestimmt war; der Beschwerdeführer ist daher nicht der alleinige Erbe seiner Ehefrau geworden (vgl. Bl. für RA. 67 S. 496, 518; Neue Samml. 2 S. 191, 301, 532). Fr. M.

b) **Erbeinsetzung oder Vermächtnis.**[1]

OLG. Colmar, II. CS. Beschluß v. 29. September 1903.

Aus § 2087 ergibt sich, daß die Zuwendung einzelner Gegenstände sehr wohl eine Erbeinsetzung enthalten kann, dann nämlich, wenn diese Gegenstände das ganze Vermögen des Erblassers darstellen, und der letztere, indem er über diese Gegenstände verfügte, über sein ganzes Vermögen verfügen wollte. Von diesem Gesichtspunkte aus betrachtet enthält das Testament unzweifelhaft eine Erbeinsetzung. Aus seinem Inhalt im Zusammenhange ergibt sich nämlich, daß der Erblasser zunächst sein ganzes Immobiliarvermögen unter seine vier Töchter in der Weise verteilt hat, daß er einer jeden eine Reihe von bestimmten Grundstücken zuteilte, wobei augenscheinlich jede eine gleichwertige Zuwendung erhielt. Über den Rest, nämlich sein Mobiliarvermögen, hat er weiter dann dahin verfügt, daß er jeder Tochter bezw. deren Nachkommen als Erbe für ein Viertel desselben einsetzte. Hiernach hat er den Töchtern je $^1/_4$ seines Vermögens zugewendet, worin nach der klaren Bestimmung des § 2087[1] eine Erbeinsetzung derselben zu je $^1/_4$ seines Vermögens zu erblicken ist. Das Eigentum an den einzelnen zugewendeten Grundstücken ist daher vom Erblasser auf diese Töchter kraft Gesetzes übergegangen, ohne daß es dazu noch einer Auflassung bedürfte (§§ 1922, 1942). Der Mangel der Auflassung steht also der Eintragung der Beschwerdeführerinnen als Eigentümer dieser Grundstücke nicht im Wege. Dr. Fr.

c) **Anwendung des § 2087 BGB. auf ältere Testamente.**[2]

Kammergericht, I. Ferien-CS. Beschluß v. 5. September 1903.

Es unterliegt keinem Bedenken, auf das 1899 errichtete Testament die Auslegungsregel des § 2087 anzuwenden, weil der Erblasser 1902 gestorben ist; denn gesetzliche Auslegungsregeln sind an sich nur bestimmt, die Ermittelung des wahren Willens dadurch zu erleichtern, daß sie eine Vermutung dafür aufstellen, daß im Einzelfalle der Erklärende dasjenige, was im Durchschnitte der Fälle die Erklärenden mit gewissen Ausdrücken bezeichnen wollen, tatsächlich hat bezeichnen wollen, wenn nicht aus andern Umständen ein anderer Wille unzweideutig zu entnehmen ist. Wenn nun das BGB. die Auslegungsregeln des früheren Rechts durch andere ersetzt hat, so kann dies seinen Grund nur darin haben, daß die vom früheren Rechte aus dem Ausdrucke auf den Willen gezogenen Schlüsse als unrichtig, dem fortgeschrittenen Sprachgebrauche nicht mehr entsprechend erkannt worden sind: dann ist aber nicht einzusehen, warum nicht die neu aufgestellten richtigen Auslegungsregeln

[1] Rsp. 2 Nr. 116 S. 233, 3 Nr. 31c S. 115. — [2] Rsp. 6 Nr. 12f S. 75.

auch auf die unter Geltung des früheren Rechts abgegebenen Willenserklärungen anwendbar sein sollen.

Bei richtiger Auslegung des Inhalts des Testaments ist zunächst nicht zweifelhaft, daß den Geschwistern A. und B., Kindern des Erblassers, nur einzelne Gegenstände, daß dagegen dem C., einem dritten Kinde des Erblassers, neben einem Grundstücke der ganze nicht verteilte Nachlaß zugewendet ist. Wenn trotzdem A. und B., wie die Vorinstanzen angenommen haben, als Erben gelten sollen, so hätte diese der Vermutung widerstreitende Absicht des Erblassers unzweideutig erklärt werden müssen. Eine solche unzweideutige Erklärung liegt aber noch nicht darin, daß im § 1 des Testaments alle drei Geschwister A., B. und C. und die Ehefrau des Erblassers zu Erben eingesetzt sind. Es entspricht der Verkehrssitte, daß Eltern im Testamente alle Kinder, damit keins von ihnen zurückgesetzt erscheint, zu Erben einsetzen, auch wenn nur das eine oder einige der Kinder nach dem sonstigen Inhalt des Testaments in die Rechtsstellung des Erben berufen und das andere oder mehrere andere der Kinder durch Vermächtnisse abgefunden sind. Ist aber diese Auffassung, daß die Erbeseinsetzung des A. und B. nur den Zweck und die Bedeutung einer materiell inhaltlosen Ehrung dieser Kinder hat haben sollen, auch nur zulässig, so bleibt ein Zweifel übrig, welcher nach der Regel des § 2087 Abs. 2 BGB. zur Folge hat, daß diese Kinder nicht als Erben gelten sollen. Dann ist aber C. Alleinerbe seines Vaters geworden. E.

d) **Ein als Nachlaßpfleger bestellter Rechtsanwalt hat keinen Anspruch auf Schreibgebühren nach der GebO. BGB. §§ 1960, 1836.**

Bayer. Oberstes Landesgericht, I. CS. Beschluß v. 19. Juni 1903.

Das Nachlaßgericht hat, wenn es auch bei der Auswahl des Rechtsanwaltes zum Nachlaßpfleger dessen Eigenschaft als Rechtsanwalt in Betracht gezogen hat, nicht dessen Berufstätigkeit in Anspruch genommen, sondern ihn gemäß §§ 1779, 1785, 1915 als eine nach den Umständen, insbesondere nach ihren persönlichen Verhältnissen, zur Führung der Nachlaßpflegschaft geeignete Person ausgewählt. Infolgedessen hatte er nach § 1836 die Pflegschaft unentgeltlich zu führen, es konnte ihm aber eine angemessene Vergütung bewilligt werden, und dies ist unter Festsetzung eines Betrages von 50 Mark geschehen. Diese Festsetzung kann mit der weiteren Beschwerde nach § 27 FrGG., § 550 CPO. nicht aus dem Grunde angefochten werden, weil ein Betrag von 60 Mark für angemessen zu erachten sei.

Die bewilligte Vergütung ist für die gesamte Tätigkeit des Nachlaßpflegers gewährt. Dazu gehört auch das Schreiben der erforderlichen Briefe und Eingaben. Der Pfleger kann zwar nach § 1836 die Erstattung der erforderlichen Aufwendungen verlangen, und als erforderliche Aufwendung kann unter Umständen, insbesondere wenn in verhältnismäßig kurzer Zeit eine große Menge von Schreibarbeit zu leisten ist, auch die Verwendung einer Schreibhilfe anzusehen sein, solche besondere Umstände liegen aber nicht vor.

Für einen Pfleger, der Rechtsanwalt ist, gilt in dieser Beziehung nichts anderes als für einen Pfleger, der Arzt oder Kaufmann ist, seine Eigenschaft als Rechtsanwalt macht nicht die Verwendung einer Schreibhilfe zum Schreiben jedes Briefes und jeder Eingabe zu einer erforderlichen Aufwendung (Planck § 1835 Anm. 4; Jahrbuch 13 S. 79, 16 S. 40). Fr. M.

e) **Die vor 1900 angeordnete fideikommissarische Substitution ist, wenn der Erblasser nach dem 1. Januar 1900 verstirbt, als Nacherbschaft des BGB. zu behandeln.**

Kammergericht, I. CS. Beschluß v. 4. Juni 1903.

Aus Art. 213 ergibt sich in Anwendung auf Testamente, daß, wenn auch zur Ermittelung dessen, was der Erblasser hat anordnen wollen, die zur Zeit der Testamentserrichtung geltenden Anschauungen und tatsächlichen Verhältnisse zu berücksichtigen sind, die rechtliche Würdigung des Inhaltes nach BGB. erfolgen muß (Habicht, § 73 Nr. 3; Jahrbuch 22 S. 55; Rsp. 6 S. 306). Wo also ein nach dem Testament anzuwendendes Rechtsinstitut vom BGB. mit erweiterten oder eingeschränkten rechtlichen Wirkungen ausgestattet ist, greifen nunmehr diese an Stelle der alten Platz. Demgegenüber kann nicht eingewendet werden, daß die Verknüpfung anderer Rechtswirkungen mit den Bestimmungen des Testaments, als sie damit nach dem bisherigen Recht verbunden waren, dem Willen des Testators nicht entspreche. Dieser Wille findet seine Schranke im Gesetz. Hat der Gesetzgeber sich einmal auf den Standpunkt gestellt, daß beim Tode des Erblassers nach dem 1. Januar 1900 für die erbrechtlichen Verhältnisse das neue Recht zur Anwendung kommt, so muß der Testator, wenn dies seinem Willen nicht entspricht, andere tatsächliche Anordnungen treffen. Beläßt er es aber bei seinem Testament, so kann die rechtliche Würdigung des Inhalts nur nach Maßgabe des BGB. stattfinden.

Vorliegend handelt es sich um die rechtliche Behandlung der in einem vor 1900 errichteten Testament angeordneten fideikommissarischen Substitution in einem Falle, wo der Erblasser nach 1900 verstorben ist. Der Testator hat seine Kinder zu Erben eingesetzt, teilungshalber angeordnet, daß die drei Söhne die Grundstücke als ihr Erbteil erhalten sollen und den Söhnen fideikommissarisch Substituten bestellt. Das Wesen der fideikommissarischen Substitution besteht darin, daß eine letztwillige Zuwendung von dem zunächst Bedachten, nachdem er sie bereits erworben hat, auf den Substituten übergeht. Das Institut ist in allen in Deutschland geltenden Rechten bekannt gewesen und nach dem Vorgange dieser in das BGB. übernommen (Motive 5 S. 79). Naturgemäß hat es hier seine selbständige Ausgestaltung im einzelnen erfahren, ohne daß hierdurch aber sein Wesen berührt ist. Hat nun ein Erblasser vor 1900 eine fideikommissarische Substitution angeordnet, ohne selbst die Rechte und Pflichten der Vor- und Nacherben geregelt zu haben, so daß also die gesetzlichen Vorschriften Platz greifen, so kommen, wenn er vor 1900 gestorben ist, die damals geltenden Bestimmungen, wenn er nachher gestorben ist, die Bestimmungen des BGB. zur Anwendung. So hat Art. 213 die zeitliche Begrenzung des alten und neuen Rechts geregelt (übereinstimmend Habicht S. 732). Gilt aber die im Testament angeordnete Substitution als Nacherbschaft des BGB., so ist damit die unmittelbare Anwendung des § 52 GrBO. von selbst gegeben. — Nun machen die Beschwerdeführer geltend, daß sich aus dem Testament ergebe, daß der Erblasser die Fiduziarerben in der Veräußerungsbefugnis hinsichtlich der Grundstücke, außer den in Art. 3 u. 10 erwähnten, nicht habe beschränken wollen. Eine derartige Befreiung würde dem BGB. (§ 2136 verb. m. § 2113) nicht widersprechen. Allein dadurch würde die Verpflichtung zur Eintragung der Nacherbschaft im Grundbuche nicht beseitigt sein (GrBO. § 52). Die Befreiung würde aber von Amts wegen bei der Eintragung des Rechts der Nacherben zu vermerken sein (§ 52 Halbs. 2) ... Gr.

f) **Tragweite der Anordnung des Erblassers, daß die Geschäftsführung des Testamentsvollstreckers der Beaufsichtigung durch das Nachlaßgericht unterliegen soll, insbesondere im Grundbuchverkehr.**

BGB. § 2208.

Kammergericht, I. CS. Beschluß v. 23. Februar 1903.

Die Eheleute A. haben im gemeinschaftlichen Testament angeordnet, daß nach dem Ableben beider Erblasser der von ihnen ernannte Testamentsvollstrecker den gesamten Nachlaß in Besitz und Verwaltung nehmen, die für die Verwaltung getroffenen näheren Anordnungen ausführen und befugt sein soll, den „Nachlaß bei allen Behörden, Gerichten und Hypothekenbüchern zu vertreten". Er soll ein Nachlaßverzeichnis aufnehmen und es dem Amtsgericht einreichen. Dessen Kontrolle soll die Verwaltung insoweit unterworfen sein, daß der „alljährlich vorzulegende Bestand nebst Abrechnung alljährlich zu prüfen und die gerichtliche Genehmigung zur Veräußerung und höheren Belastung von Grundstücken sowie zur Umschreibung und Löschung von Hypotheken zu erteilen ist, ohne daß jedoch die Verwaltung an die Vorschriften der Vorm.=O. gebunden sein soll." Das Nachlaßgericht hat die Beaufsichtigung des Vollstreckers als unzulässig abgelehnt. Dieser hat darauf eine auf den Namen der Witwe A. eingetragene Hypothek abgetreten; die Umschreibung ist jedoch abgelehnt; auch seine weitere Beschwerde blieb erfolglos. Gründe:

Nach dem BGB. hat das Nachlaßgericht, dessen Genehmigung der Vollstrecker nach den letztwilligen Verfügungen der Erblasser zur Veräußerung und höheren Belastung von Grundstücken sowie zur Umschreibung und Löschung von Hypotheken bedarf, ein solche Mitwirkung allerdings mit Recht abgelehnt. Es ist vom Gesetze zu einer Aufsicht über die Geschäftsführung des Vollstreckers, wie sie von den Erblassern angeordnet ist, nicht berufen (Motive 5 S. 225) und sie kann ihm auch nicht vom Erblasser übertragen werden, weil es auf seinen gesetzlichen Wirkungskreis beschränkt ist. Die von den Erblassern in Aussicht genommene Tätigkeit des Gerichts würde zu einer Realpflegschaft, die das Gesetz nicht kennt (Motive 4 S. 1252), oder zur Nachlaßverwaltung, die nur zum Zwecke der Befriedigung der Nachlaßgläubiger stattfindet (§ 1975), führen. Diese Unzulässigkeit der Mitwirkung des Nachlaßgerichts hat aber nicht zur Folge, daß der Vollstrecker selbständig verfügungsberechtigt ist. Nach § 2205 ist zwar der Vollstrecker berechtigt, über die Nachlaßgegenstände zu verfügen; nach § 2208 [1] hat er aber dieses Recht nicht, soweit anzunehmen ist, daß es ihm nach dem Willen des Erblassers nicht zustehen soll. Die im untergebenen Falle von den Erblassern getroffene Anordnung, daß der Testamentsvollstrecker zu bestimmten Rechtsgeschäften der Genehmigung des Nachlaßgerichts bedarf, ergibt, daß ihm insoweit nach dem Willen der Erblasser ein selbständiges Verfügungsrecht nicht zustehen soll. Da zu diesen Rechtsgeschäften die Umschreibung von Hypotheken gehört, genügt mithin hierzu seine Abtretungserklärung und Eintragungsbewilligung allein nicht. Ls.

g) **Nachträge zum holographischen Testament. BGB. § 2231.**

Kammergericht, I. CS. Beschluß v. 5. Oktober 1903.

Nach dem Tode der A. S. hat deren Bruder A. dem Amtsgericht folgendes Schriftstück als deren Testament überreicht. Auf der einen Seite desselben findet sich unter dem Datum: H. den 12. April 1902 folgende Verfügung:

„Mein letzter Wille. Was ich Bares hinterlasse, geht in 4 Teile: die eine Hälfte erhalten mein Bruder A. und dessen Sohn B., die 2. Hälfte meine beiden Nichten C. und D.... D. soll mein Unterbett haben. Alles andere geht durch Würfellos in 4 Teile. A. S."

Auf der Rückseite des Schriftstückes ist folgendes vermerkt:

„Die Schlafdecke gehört B. Die beiden Bezüge soll D. haben. A. und Herr M. sollen mein Begräbnis ausrichten und meinen letzten Willen erfüllen. Den Nähkasten soll C. haben. Den Rest des Nachlasses sollen sich die Erben durch Würfellos teilen."

Diese auf der Rückseite befindliche Verfügung ist nicht datiert und unstreitig auch nicht eigenhändig von der Erblasserin geschrieben, wohl aber von ihr unterschrieben. Auf Grund vorstehenden, als Testament verkündeten Schriftstückes ist die Erteilung eines Erbscheines beantragt, der Antrag jedoch zurückgewiesen. Die weitere Beschwerde hatte Erfolg. Gründe:

Die Vorinstanzen nehmen an, daß die beiden Seiten des Blattes zusammen das Testament darstellen, und da die eine Seite nicht eigenhändig geschrieben und nicht datiert sei, so sei das ganze Testament ungültig. Dabei gehen sie davon aus, daß die letzte Seite später als die erstere geschrieben sei. Diese Auffassung beruht nicht auf einer aus der konkreten Lage geschöpften tatsächlichen Feststellung, sondern auf rechtsirriger Beurteilung des in Frage stehenden Schriftstückes. Welche von den beiden Seiten früher beschrieben ist, erhellt nicht. Ein Datum findet sich nur auf der einen; die andere Seite enthält an ihrem Fuße eine Bescheinigung des Gemeindevorstehers: „Die eigenhändige Unterschrift des Frl. A. S. wird hiermit amtlich beglaubigt", und diese Unterschrift ist ebenfalls vom 12. April 1902 datiert. Ob sie sich auf die Unterschriften auf beiden Seiten bezieht, ist nach der Fassung nicht ganz klar. Nur soviel geht daraus hervor, daß diejenige Unterschrift, welche sich über dem Beglaubigungsvermerk befindet, nicht nach dem 12. April 1902 niedergeschrieben sein kann. Ob sie aber von demselben oder einem früheren Tage herrührt, erhellt nicht. Es läßt sich also nicht sagen, daß sie einen Nachtrag zu der Verfügung auf der anderen Seite darstellt. Indessen kommt es auch für die Entscheidung nicht darauf an, welche Seite früher niedergeschrieben ist.

Unbedenklich stellt das auf der datierten Seite Niedergeschriebene, für sich allein betrachtet, soviel nach seiner äußeren Form wie auch nach seinem Inhalt — vorausgesetzt, daß die ganze Seite eigenhändig von der Erblasserin geschrieben ist, wogegen die Vorinstanzen Bedenken bisher nicht geltend gemacht haben — ein Testament dar, gegen dessen Gültigkeit sich nichts einwenden läßt. Unterstellt man nun, daß die nicht datierte Seite zuerst geschrieben ist, so ist damit ein rechtlich bedeutungsloses Schriftstück produziert, welches dadurch nicht zu Bedeutung gelangen konnte, daß nachträglich auf der Rückseite ein formgerechtes Testament niedergeschrieben ist. Anders würde der Fall liegen, wenn in diesem auf das auf der Vorseite befindliche Schriftstück Bezug genommen wäre. Das ist hier nicht der Fall. Das Testament enthält einen völlig in sich abgeschlossenen letzten Willen. Nicht anders aber läßt sich die Sache beurteilen, wenn man die datierte Seite als die zuerst geschriebene unterstellt. Sobald ein Testament mit allen wesentlichen Erfordernissen, insbesondere mit Datum und Unterschrift versehen ist, ist es abgeschlossen und hat, vorbehaltlich der Anfechtung, nunmehr Anspruch darauf, als der letzte Wille des Erblassers zu gelten (Planck zu § 2231 Note 5²; Staudinger § 2231 Note 5). Will er zu demselben nachträglich Zusätze oder Abänderungen machen, so kann er dies entweder im Testament selbst, soweit sie dort durch Datum und Unterschrift gedeckt werden (Planck a. O. Abs. 3; Staudinger a. O. Abs. 1), oder es bedarf einer neuen Testamentsform, also neuer Datierung und Unterschrift und selbstverständlich eigenhändiger Schrift. Fehlt es an einem dieser Erfordernisse, so hat die Schriftform allein keine größere Bedeutung, als ein mündlich geäußerter abändernder Wille. Ebensowenig kann es darauf ankommen, ob eine Änderung des Willens in mehr oder minder nahem Anschluß an das abgeschlossene Testament erfolgt. Ist der letzte wesentliche Bestandteil — regelmäßig wird dies die Unterschrift sein, als der räumlich letzte Bestandteil — dem Testamente beigefügt, so ist dessen Inhalt als der in diesem Augenblicke vorhandene letzte Wille beurkundet und muß als solcher gelten. Seine Wirkung kann also nur so wieder beseitigt werden, wie ein letzter Wille überhaupt zu beseitigen ist. Diesem Erfordernis genügen aber die auf der Rückseite des Testaments befindlichen Bestimmungen nicht, da sie der gesetzlichen Form eines letzten Willens entbehren. F.

h) **Die Unterschrift unter einem Testament deckt nur das über ihr, nicht das neben oder unter ihr Stehende. BGB. §§ 2242, 2267.**

Kammergericht, I. CS. Beschluß v. 4. Juni 1903.

Die Eheleute A. haben 1901 ein gemeinschaftliches privatschriftliches Testament errichtet. Der Mann hat den Kontext eigenhändig niedergeschrieben und darunter Datum nebst Unterschrift gesetzt. Hierunter hat die Frau ihre datierte Beitrittserklärung und rechts neben diese ihre Namensunterschrift eigenhändig beigesetzt, so daß das Testament unter dem Kontext wie folgt abschließt:

Fl., den 6. November 1901. Dr. F. A.
Dieses Testament soll auch als
mein Testament gelten. Olga A. geb. N.
Fl., den 6. Novbr. 1901. als Ehefrau.

Der Antrag, einen Erbschein nach Maßgabe des Testaments zu erteilen, wurde zurückgewiesen. Gründe:

Der Formvorschrift des § 2267 Satz 2 ist nicht genügt. Die von der Frau A. beigefügte Beitrittserklärung kann nicht als eine „unterschriebene" angesehen werden. Unter der „Unterschrift" im juristisch technischen Sinne und namentlich auch im Sinne des BGB. (Motive 1 S. 185) ist diejenige Namensniederschrift zu verstehen, durch welche zum Ausdruck hat gebracht werden sollen und tatsächlich auch zum Ausdruck gebracht wird, daß der Kontext der mit der Namensunterschrift versehenen Urkunde die abgeschlossene Erklärung des Unterschreibenden ist. Hiernach erscheint es zwar nicht wesentlich, in welcher zeitlichen Reihenfolge die Niederschrift des Namens und des Kontextes der Urkunde erfolgt ist, auch die zeitlich vorangehende Namensunterschrift kann den erst später darüber gesetzten Kontext decken. Dagegen ist ausgeschlossen, daß der Kontext durch eine andere als ihm räumlich nachfolgende Namensunterschrift gedeckt wird. Denn die Unterschrift muß, abgesehen von dem hier nicht in Betracht kommenden Quervermerk auf den Wechsel, wie in den Motiven S. 125 hervorgehoben ist, durch ihre örtliche Stellung sich äußerlich als eine den Inhalt der Urkunde deckende und sie vollendende Willenserklärung darstellen. Die Unterschrift deckt nur das über ihr, nicht das neben oder unter ihr stehende, und zwar letzteres auch dann nicht, wenn es durch die Namensniederschrift hat gedeckt werden sollen (Ob.-Trib. 74 S. 163; Rehbein, Entsch. 1 S. 326 A.; Entsch. des RG. 36 S. 241; Rsp. 5 S. 348). Zu Unrecht beruft sich die Beschwerde auf den Beschluß vom 17./24. Dezember 1900, Rsp. 2 S. 136; daselbst ist lediglich ausgesprochen, daß es für die Gültigkeit eines eigenhändigen Testaments nicht wesentlich ist, ob die Unterschrift der Angabe des Ortes und Tages räumlich nachfolgt oder vorausgeht, daß vielmehr genügt, wenn die Angabe des Ortes und des Tages zu der Erklärung des letzten Willens in solche Beziehung gesetzt ist, daß kein Zweifel darüber bestehen kann, daß die Beifügung den Ort und Tag der Erklärung des letzten Willens bezeichnen solle (vgl. RG. 52 S. 277). Dagegen enthält der Beschluß keinerlei Ausführungen, aus denen entnommen werden könnte, es sei auch ohne wesentliche Bedeutung, ob die Unterschrift dem Text der Erklärung räumlich nachfolge oder an einer anderen Stelle angebracht sei; vielmehr ist besonders hervorgehoben, daß die Unterschrift unbedingt den Text abschließen müsse...

Wenn die Beschwerde dies Ergebnis als dem Geiste und dem Willen des Gesetzes nicht entsprechend bezeichnet, so ist zu bemerken: Die Gefahr, daß Testamente, die in Wirklichkeit unzweifelhaft echt sind, als nichtig behandelt werden müssen, bringt jede Formvorschrift mit sich; eine Gefahr, die auch dem Gesetzgeber bei Festsetzung der bei der Testamentserrichtung zu beobachtenden Formen keineswegs entgangen ist (Motive 5 S. 272). Ist jedoch durch das Gesetz die Beobachtung einer bestimmten Form vorgeschrieben, so ist nicht angängig, im Einzelfall mit Rücksicht auf die deutliche Erkennbarkeit des wahren Willens des Erblassers von der im Gesetz für alle Fälle vorgeschriebenen Form abzusehen. Ls.

i) **Abkömmlinge eines in guter Absicht Enterbten haben kein Pflichtteilsrecht und kein Recht, als Nacherbe anerkannt zu werden.**

OLG. Hamburg, II. CS. Urteil v. 1. Oktober 1903.

Die Enterbung in guter Absicht (§ 2338) ist lediglich eine vom Gesetz zugelassene Beschränkung des Pflichtteils. Sie ist, weil sie sachlich dem Pflichtteilsberechtigten zum Vorteil gereicht, nicht eine Pflichtteilsentziehung, und daher fehlt auch seinen Abkömmlingen das Pflichtteilsrecht. Diese Folge wird in den Motiven (5 S. 439) unter Hinweis darauf, daß aus dem angeführten Grunde die in I § 1972 getroffenen Bestimmungen nicht anwendbar seien, gezogen (vgl. auch Böhm, Erbrecht S. 477 Anm. 4; Schiffner, Pflichtteil S. 85). — Ebensowenig ist aus § 2338 das Recht des Klägers, als Nacherbe anerkannt zu werden, herzuleiten. § 2338 gibt dem Erblasser die Befugnis, das Pflichtteilsrecht des Abkömmlings durch bestimmte Anordnungen zu beschränken. Entspricht die Anordnung nicht den gesetzlichen Vorschriften, ist gegen diese dadurch verstoßen, daß einer der gesetzlichen Erben des Abkömmlings nicht als Nacherbe oder Nachvermächtnisnehmer bedacht ist, so ist die Beschränkung des Pflichtteilsrechts unwirksam. Der Abkömmling ist also berechtigt, seinen vollen Pflichtteil zu fordern. Wie aber hieraus ein Anspruch des übergangenen Erben des Abkömmlings darauf hergeleitet werden könnte, so gestellt zu werden, wie wenn den gesetzlichen Vorschriften genügt und er als Nacherbe oder Nachvermächtnisnehmer bedacht wäre, ist nicht wohl erfindlich. Diesen Anspruch würde der Erbe des Abkömmlings auch dann nicht erheben können, wenn der Abkömmling von der Erhebung des ihm zustehenden Anspruchs auf den Pflichtteil Abstand genommen hätte. M. M.

k) **Erbschein neben dem Zeugnis über Fortsetzung der Gütergemeinschaft. BGB. §§ 2253, 1507.**

Kammergericht, I. Ferien-CS. Beschluß v. 18. Juli 1903.

Der Antrag der Erben, ihnen außer dem Zeugnis über die Fortsetzung der GG. einen gemeinsamen Erbschein zu erteilen, wurde zurückgewiesen. Die weitere Beschwerde hatte Erfolg. Gründe:

Die Vorderrichter gehen davon aus, daß, da der verstorbene X. kein Sondergut hinterlassen hat, die Ausstellung eines Erbscheins nach §§ 2353, 2357 nur eine theoretische Bedeutung habe und ganz überflüssig sei, sowie daß bei der gütergemeinschaftlichen Ehe und der fortgesetzten GG. eine Erbschaft begrifflich stets nur eröffnet werde, wenn Sondervermögen des verstorbenen Ehegatten nach §§ 1483, 1486 vorhanden sei. Allein die §§ 2353, 2357 geben den Erben ganz allgemein das Recht, beim Nachlaßgericht die Erteilung eines Zeugnisses über sein Erbrecht zu verlangen. Auch bei der zwischen dem überlebenden Ehegatten und den Kindern fortgesetzten GG. erschöpft sich das Recht der Erben, die Ausstellung eines Zeugnisses über diese Fortsetzung zu verlangen, beim derzeitigen Nichtvorhandensein eines Aktivvermögens, das als Sondergut zu gelten hätte, nicht in diesem Rechte, vielmehr haben die Erben neben diesem, ihnen in § 1507 gewährleisteten Rechte das allgemeine Recht, einen Erbschein nach § 2353 über ihr Erbrecht zu verlangen. Es kann auch nicht anerkannt werden, daß beim Nichtvorhandensein von Sondergut des Verstorbenen und der Fortsetzung der GG. durch die Erben der nach § 2353 zu erteilende Erbschein nur ein theoretisches Interesse habe; der auf Grund des § 2353 erteilte Erbschein kann vielmehr ein erheblich praktisches Interesse für die Erben dann haben, wenn sie auf Grund desselben Rechte als Erben in der Zukunft geltend machen oder etwa im Prozeßwege einzelne Vermögensstücke als Sondergut ihres Erblassers beanspruchen wollen. Es kommt aber auf den Zweck, den die Erben mit dem Erbschein zu erreichen gedenken, überhaupt nicht an, weil ihnen das Gesetz nicht die Verpflichtung auferlegt, ihr Interesse an der Erteilung des Erbscheins darzulegen betrachtet. Dr. Frk.

38

a) Nachweis über die Mitteilung des Genehmigungsbeschlusses. GrBO. § 29.

OLG. Colmar, II. CS. Beschluß v. 14. Oktober 1903.

Die Vorinstanzen halten mit Recht die öffentlich beglaubigte Erklärung des D. nicht als einen der Vorschrift des § 29 GrBO. entsprechenden Nachweis über die ihm gewordene Mitteilung des Genehmigungsbeschlusses des Vormundschaftsgerichts. Dr. Frz.

b) Schulvorstände als öffentliche Behörden. GrBO. §§ 29, 80.

Kammergericht, I. CS. Beschluß v. 8. Juni 1903.

Die Landgemeinde A. (Westpreußen) will ihr Grundstück an die Schule daselbst auflassen. Zur Entgegennahme der Auflassung haben die Mitglieder des Schulvorstandes dessen Vorsitzenden in einer privatschriftlichen Urkunde bevollmächtigt, unter der sich eine unterschriebene und unterstempelte Bescheinigung des Landrats befindet, daß die Aussteller der Vollmacht den Schulvorstand bilden. Die beantragte Anberaumung eines Auflassungstermins wurde abgelehnt. Aus den Gründen:

Öffentliche Urkunden sind solche, die von einer öffentlichen Behörde innerhalb der Grenzen ihrer Amtsbefugnisse in der vorgeschriebenen Form aufgenommen sind (CPO. § 415ff.). Daß der Schulvorstand zu A. eine öffentliche Behörde ist, hat das Beschwerdegericht mit Recht angenommen. Da es sich um eine ländliche Volksschule Westpreußens handelt, so kommen die §§ 28 bis 35 der Schulordnung vom 11. Dezember 1845 zur Anwendung, die durch das Gesetz vom 6. Mai 1886 nicht berührt sind. Nach § 28 führen der Schulpatron und der Pfarrer mit dem Schulvorstande die nächste Aufsicht über die Elementarschulen auf dem Lande. Der Schulvorstand hat nach § 32 für die Handhabung der äußeren Ordnung im Schulwesen und für genaue Befolgung der dahin einschlagenden Verordnungen zu sorgen, auch alles dasjenige, wodurch das Gedeihen der Schule gehemmt wird, zu beachten und der Behörde zur weiteren Veranlassung vorzutragen. Er hat namentlich den Pfarrer in Beförderung der Teilnahme der Gemeinde für das Schulwesen, in der Beaufsichtigung des sittlichen Verhaltens der Kinder außer der Schule und in der Beförderung eines regelmäßigen Schulbesuches zu unterstützen. Auch liegt ihm ob: 1. bei allen Schulprüfungen, bei Einführung neuer Lehrer und bei sonstigen Schulfeierlichkeiten zugegen zu sein, 2. das Vermögen der Schule und die Schulkasse, wo eine solche noch neben der Kommunalkasse besteht, in derselben Weise, wie die Kirchenvorsteher das Kirchenvermögen, unter Aufsicht des Schulpatrons zu verwalten, 3. die Schule in Prozessen und sonstigen Rechtsangelegenheiten unter Teilnahme des Schulpatrons zu vertreten. Er nimmt somit im wesentlichen dieselbe Stellung ein, wie die auf Grund des Reskriptes des Departements für den Kultus vom 28. Oktober 1812 bestehenden ländlichen Schulvorstände, und ist wie diese ein in den allgemeinen Organismus der Behörden eingefügtes Organ der Staatsgewalt, das dazu berufen ist, unter öffentlicher Autorität nach eigenem Ermessen für die Herbeiführung der Zwecke des Staates tätig zu sein, nämlich bei der staatlichen Schulaufsicht in der untersten, der Lokalinstanz mitzuwirken (Art. 23 der Verf.-Urk., §§ 1, 3 Schulaufsichtsges. vom 11. März 1872). Die auf Grund der Schulordnung gebildeten ländlichen Schulvorstände sind daher ebenso als öffentliche Behörden anzusehen, wie die auf Grund des Reskripts vom 28. Okt. 1812 bestehenden, in Ansehung deren dies der Beschluß vom 2. März 1903 (Jahrbuch 26 S. 85) anerkannt hat.

Zum Begriffe der öffentlichen Urkunde gehört weiterhin, daß sie von der öffentlichen Behörde innerhalb der Grenzen ihrer Amtsbefugnisse aufgenommen ist. Dies ist auch dann der Fall, wenn sie eine rechtsgeschäftliche Willenserklärung, insbesondere eine Eintragungsbewilligung oder eine sonstige zu einer Eintragung in das Grundbuch erforderliche Erklärung der Behörde (vgl. GrBO. § 29 Satz 1) enthält, vorausgesetzt, daß die Erklärung in einer amtlichen Angelegenheit der Behörde abgegeben ist. Solche Urkunden hat der Art. 9 Ausf.-G. zur GrBO. im Auge, soweit er von Erklärungen einer Behörde spricht, auf Grund deren eine Eintragung erfolgen soll. Die Begründung zu Art. 9 sagt ausdrücklich: „Erklärungen, welche der im § 29 Satz 1 GrBO. vorgeschriebenen Form bedürfen, können durch öffentliche oder öffentlich beglaubigte Urkunden nachgewiesen werden. Urkunden, die von einer Behörde in eigenen Angelegenheiten über eine Erklärung der fraglichen Art ausgestellt sind, reichen somit ohne weitere Beglaubigung zum Nachweise der Erklärung aus, wenn sie die Eigenschaft einer öffentlichen Urkunde haben." Hieraus geht klar hervor, daß auch eine von einer öffentlichen Behörde in einer eigenen amtlichen Angelegenheit erteilte Auflassungsvollmacht als öffentliche Urkunde im Sinne des § 29 Satz 1 GrBO. anzusehen ist, falls sie in der vorgeschriebenen Form ausgestellt ist. Dies entspricht auch dem nach der angezogenen Begründung die Grundlage des Art. 9 bildenden § 35 der preuß. GrBO. vom 5. Mai 1872.

Die Auflassungsvollmacht entbehrt aber der vorgeschriebenen Form. Für den Grundbuchverkehr verordnet Art. 9, daß Erklärungen einer Behörde, auf Grund deren eine Eintragung erfolgen soll, nicht bloß ordnungsmäßig zu unterschreiben, sondern auch mit Siegel oder Stempel zu versehen sind. Diesem letzteren Erfordernisse genügt die Vollmachtsurkunde nicht. Allerdings ist die Bescheinigung des Landrats mit einem Abdrucke des landrätlichen Dienststempels versehen. Hierdurch wird aber die Beidrückung des Siegels oder Stempels des Schulvorstandes unter der Vollmacht nicht ersetzt. Die Beobachtung dieser Form ist derartig wesentlich, daß ein Schulvorstand, der kein eigenes Siegel besitzt, außerstande ist, von der für Behörden im Grundbuchverkehr gewährten Erleichterung Gebrauch zu machen. Daß die Schulvorstände zur Führung von Dienstsiegeln berechtigt sind, ist im Erlasse vom 19. Oktober 1894 (Centralblatt für Unterrichtsverwaltung S. 728) anerkannt (Rsp. 5 S 6; Jahrb. 26 S. 85). Lediglich wegen dieses Mangels war die weitere Beschwerde zurückzuweisen, ohne daß geprüft zu werden brauchte, ob dem Landrat ein Beschwerderecht zusteht, das keinesfalls auf den von ihm angeführten § 24 Zuständigkeitsges. vom 1. August 1883 gegründet werden kann, da diese Vorschrift durch den § 146^2 der Landgemeinde-O. vom 3. Juli 1891 für Westpreußen aufgehoben und durch den § 139 das. ersetzt ist.

Dr. H.

c) **Keine Nachprüfung des Ersuchens des Prozeßgerichts. Ist der Hypothekenbrief dem Eigentümer auszuhändigen, so kann der Anspruch des eingetragenen Gläubigers darauf, daß ihm der Eigentümer die Hypothek verschaffe, durch Vormerkung gesichert werden. Beschaffung des von der Gerichtskasse wegen Kosten zurückbehaltenen Briefes.**

GrBO. § 39. BGB. §§ 883, 1163.

Kammergericht, I. CS. Beschluß v. 5. Oktober 1903.

Das Landgericht hat um die Eintragung einer Vormerkung ersucht, die es im Wege der einstweiligen Verfügung dahin angeordnet hat: „Für den Gläubiger ist in Höhe von 1500 Mark eine Vormerkung zur Sicherung des Anspruchs auf Erwerb der unter Nr. 7e eingetragenen Anteilhypothek von 1500 Mark einzutragen." Es hat für glaubhaft gemacht erachtet, daß dem Beschwerdeführer als Unternehmer eines Teils des auf dem Grundstück errichteten Bauwerks aus einem Werkvertrage 1500 Mark für gelieferte Malerarbeiten gegen die Eigentümer zustehen, daß bezüglich dieser 1500 Mark die Hypothek Nr. 7e für ihn eingetragen sei, daß mangels Übergabe des Briefes an ihn die Hypothek gemäß § 1163² BGB. noch den Eigentümern zustehe und daß daher sein Anspruch auf Erwerb der Hypothek gefährdet sei. Das Ersuchen wurde zurückgewiesen; auch die weitere Beschwerde blieb erfolglos.

Gründe:

Nicht gerechtfertigt ist es allerdings, wenn die Vorinstanzen die Eintragung der Vormerkung wegen Unzulässigkeit derselben abgelehnt haben. Aus dem Wortlaut des § 39 GrBO. ergibt sich, daß das Grundbuchamt nicht befugt ist, nachzuprüfen, ob für die Anordnung der Eintragung gerechtfertigter Anlaß vorlag und ob sie dem materiellen Recht entsprach, denn es soll auf Grund des Ersuchens die Eintragung bewirken. Allerdings muß es nicht unter allen Umständen dem Ersuchen entsprechen; vielmehr steht ihm die Prüfung zu, ob die Behörde befugt ist, die von ihr verlangte Eintragung zu beantragen, und ob das Ersuchen den formellen Erfordernissen genügt, sowie ob die in der GrBO. vorgeschriebenen, allgemeinen Voraussetzungen für eine Eintragung (z. B. die in den §§ 5, 6, 16—18, 40—44, 48 vorgesehenen) gegeben sind (Denkschrift zu § 37 RJA. 1 S. 157). Darüber aber, ob die den Gegenstand des Ersuchens bildende Eintragung nach materiellem Recht zulässigerweise angeordnet worden ist, hat das Grundbuchamt nicht zu entscheiden; es darf sich nicht über die ersuchende Behörde stellen, indem es eine von dieser für zulässig erachtete Eintragung seinerseits ihrem Inhalte nach als dem Gesetze widerstreitend erklärt (vgl. Jahrbuch 23 S. 252, 24 S. 114, 25 S. 313). Vorliegend ist, wie sich aus der Verfügung ergibt, dem Prozeßgericht bekannt gewesen, daß die Hypothek für den Beschwerdeführer eingetragen steht; trotzdem hat es die Eintragung einer Vormerkung angeordnet. Es durften daher die Vorinstanzen die Eintragung dieser Vormerkung nicht deshalb ablehnen, weil bereits eine Hypothek für den Beschwerdeführer eingetragen und daher nicht denkbar sei, welche künftige Eintragung durch die Vormerkung gesichert werden solle.

Es ist aber auch unzutreffend, wenn die Vorinstanzen die Vormerkung ihrem Inhalte nach für unzulässig erachtet haben. Das Prozeßgericht hat angenommen, daß dem Beschwerdeführer gegen die Eigentümer ein Anspruch auf Erwerb der Hypothek zusteht, und hat zur Sicherung dieses Anspruchs die Eintragung der Vormerkung angeordnet. Besteht solch ein Anspruch, so ist auch die Eintragung der Vormerkung zulässig. Denn nach § 883¹ BGB.

kann unter anderem zur Sicherung des Anspruchs auf Einräumung eines Rechtes an einem das Grundstück belastenden Recht eine Vormerkung eingetragen werden. Ob ein Anspruch auf Erwerb der Hypothek dem Beschwerdeführer zusteht, mag allerdings fraglich sein. Auf § 648 BGB., den das Prozeßgericht zitiert, läßt er sich nicht gründen; denn danach kann der Unternehmer nur die Einräumung einer Sicherungshypothek am Baugrundstücke verlangen. Undenkbar aber ist nicht, daß aus anderen rechtswirkenden Tatsachen, z. B. auf Grund der Bewilligung der Eigentümer, zufolge deren die Hypothek eingetragen ist, sich ein Anspruch auf wirklichen Erwerb dieser Hypothek herleiten läßt. Jedenfalls hat das Prozeßgericht das Bestehen eines solchen Anspruchs für glaubhaft gemacht angesehen, und dies ist für den Grundbuchrichter maßgebend. Daraus folgt, daß zur Sicherung dieses Anspruchs eine Vormerkung eingetragen werden kann. — Dem steht auch nicht entgegen, daß die Hypothek bereits für den Beschwerdeführer eingetragen ist; denn trotz dieser Eintragung steht ihm die Hypothek nicht zu. Über die Hypothek ist ein Brief gebildet; dieser sollte nach dem Inhalte der Eintragungsbewilligung an einen der Eigentümer ausgehändigt werden. Gemäß § 1117 BGB. konnte daher der Beschwerdeführer die Hypothek, wiewohl sie für ihn eingetragen war, erst durch Übergabe des Briefes seitens der Eigentümer erwerben. Da diese Übergabe bisher nicht erfolgt ist, steht die Hypothek den Eigentümern zu, und zwar gemäß § 1177¹ als Grundschuld. Es kann demnach nicht für unzulässig erachtet werden, daß bei der in Wirklichkeit den Eigentümern gehörenden Hypothek für den Beschwerdeführer eine Vormerkung zur Sicherung seines Anspruchs darauf eingetragen wird, daß die Eigentümer ihm die auf seinen Namen gebuchte Hypothek als wahre Hypothek verschaffen. — Die Vormerkung ist auch zur Sicherung des Anspruchs dienlich; denn gemäß § 883² BGB. wird der Beschwerdeführer dadurch gegen benachteiligende Verfügungen der Eigentümer über die Hypothek gesichert.

Dagegen ist das Eintragungsersuchen wegen Nichtvorlegung des Briefes mit Recht zurückgewiesen worden. Nach § 42 GrBO. soll eine Eintragung nur erfolgen, wenn der Brief vorgelegt wird, und nach § 62 sind die Eintragungen auf dem Briefe zu vermerken. Nur für die Eintragung eines Widerspruchs gelten Ausnahmevorschriften insofern, als in den im Satz 2 § 42 bezeichneten Fällen es der Vorlegung des Briefes nicht bedarf und in den im Abs. 2 § 62 genannten Fällen der Widerspruch erst nachträglich auf dem Briefe vermerkt zu werden braucht. Danach darf der Grundbuchrichter die Eintragung einer Vormerkung bei einer Hypothek mit Recht ablehnen, wenn ihm nicht der Brief vorgelegt wird. Das Prozeßgericht hat bei Übersendung des Ersuchungsschreibens nicht zugleich auch den Brief beigefügt. Der Vorlegung würde es allerdings gleichstehen, wenn das Grundbuchamt den Brief in Gewahrsam hätte. Denn der Brief steht zwar, wie oben ausgeführt ist, den Eigentümern zu, so daß an sich ohne ihre Einwilligung darüber nicht verfügt werden darf; jedoch wird durch die gegen sie im Wege der einstweiligen Verfügung angeordnete Eintragung der Vormerkung zugleich ihre Einwilligung in die Vorlegung des Briefes und den Vermerk der Eintragung darauf ersetzt. Dem Grundbuchamte liegt aber der Brief nicht vor; vielmehr befindet sich dieser in Gewahrsam der Gerichtskasse. Nachdem seine Zusendung an den Eigentümer K. vom Grundbuchrichter angeordnet worden war, ist auf Grund des § 15 preuß. GKG. seine Aushändigung gemäß § 13 Ziffer 1 KassenO. von dem für die Berechnung der Kosten zuständigen Gerichtsschreiber von der Zahlung der durch die Eintragung der Hypothek entstandenen Kosten abhängig gemacht und er ist gemäß § 13 Ziff. 5, 9 KassenO. zur Gerichtskasse gegeben worden. Diese Übergabe an die Gerichtskasse steht auf seiten des Grundbuchamts der Herausgabe des Briefes an den Empfangsberechtigten gleich. Die Gerichtskasse verwahrt nunmehr für diesen den Brief, indem sie wegen der Kosten in Vertretung des Fiskus ein Zurückbehaltungsrecht daran ausübt. Der Grundbuchrichter ist nicht befugt, über den Brief Verfügungen zu treffen; vielmehr haben die ihm gegenüber völlig selbständigen Organe der Kassenverwaltung, insbesondere gemäß § 13 Ziff. 2, § 6 Ziff. 2, 4 KassenO. der Kassenkurator, darüber zu befinden, ob der Brief fernerhin im Gewahrsam der Gerichtskasse verbleiben, oder, sei es endgültig, sei es vorübergehend, zur Aushändigung gelangen soll. Der Grundbuchrichter könnte den Brief behufs Vermerks einer Eintragung darauf nur in der Weise erlangen, daß er die Gerichtskasse um Herübergabe des Briefes zu den Grundakten ersuchte. Es würden dann der Kassenkurator und gegebenenfalls die übergeordneten Aufsichtsinstanzen darüber zu entscheiden haben, ob dem Ersuchen stattzugeben sei, insbesondere ob nicht eine auch nur vorübergehende Herausgabe behufs Vornahme einer Eintragung den Zweck der Zurückbehaltung vereitele oder dem Verfügungsrecht des Eigentümers des Briefes zuwiderlaufe. Der Grundbuchrichter ist aber nicht verpflichtet, sich den Hypothekenbrief auf diese Weise zu beschaffen. Vielmehr ist ihm, wenn eine Eintragung bei einer Hypothek beantragt wird, der Brief von den Beteiligten vorzulegen. Steht dieser Vorlegung das Hindernis entgegen, daß die Gerichtskasse wegen Kosten ein Zurückbehaltungsrecht daran ausübt, so ist es Sache der Beteiligten, dieses Hindernis, insbesondere durch Bezahlung der Kosten, zu beseitigen.

E. M.

d) **Die vom befreiten Vorerben bewilligten Abänderungen der Nachlaßhypothek können erst nach Eintragung des Vorerben im Grundbuche vermerkt werden. GrBO. § 40. BGB. § 1155.**

Kammergericht, I. CS. Beschluß v. 28. September 1903.

Der Beschluß vom 16. Februar 1903 (Rsp. 6 S. 320) hat ausgesprochen, daß auch im Falle einer befreiten Vorerbschaft der Nacherbe als Passivbeteiligter im Sinne der §§ 41, 40, 19, 13 GrBO. anzusehen ist.... Ob dieser Beschluß, welcher die Voraussetzungen, unter denen ein befreiter Vorerbe über ein Nachlaßgrundstück oder über ein zum Nachlasse gehöriges Recht an einem Grundstücke verfügen darf, grundsätzlich zu regeln beabsichtigt, mit den früheren Entscheidungen (Jahrbuch 25 S. 278; Rsp. 6 S. 324), welche jene Frage nebensächlich betreffen, noch im Einklange steht, bedarf hier nicht der Entscheidung. Vorliegend ist zur Eintragung der in Rede stehenden Verfügung der Vorerbin über die auf den Namen des Erblassers eingetragene Hypothek die zuvorige Eintragung der Vorerbin als Gläubigerin der Hypothek, sowie die Eintragung der Rechte der Nacherben unter allen Umständen erforderlich, und es würde selbst eine Einwilligung der Nacherben in die Verfügung die Eintragung der Vorerbin und der Nacherben nicht entbehrlich machen. Nach § 40[1] soll eine Eintragung nur erfolgen, wenn derjenige, dessen Recht durch sie betroffen wird, als der Berechtigte eingetragen ist. Von dieser Vorschrift enthält § 41 zu gunsten des Erben des eingetragenen Berechtigten gewisse Ausnahmen. Keine dieser Ausnahmen liegt aber hier vor. Insbesondere handelt es sich hier nicht um Eintragung der Übertragung oder der Aufhebung eines Rechtes. Es soll nur eine Änderung der Rückzahlungsbedingungen des Hypothekenkapitals, welche die Grundstückseigentümer und die Erbin des eingetragenen Hypothekars miteinander vereinbart haben, eingetragen werden. Der Grund für die Befreiung des Erben von der Eintragung im Falle der Übertragung oder der Aufhebung eines Rechtes ist: der Erbe soll sich nicht erst noch als Berechtigter eintragen zu lassen brauchen, wenn er doch sogleich wieder aufhört, Berechtigter zu sein. Wird dagegen in anderer Weise über das Recht von dem Erben verfügt, wird insbesondere nur der Inhalt des Rechts geändert, so bleibt der Erbe Inhaber des Rechts und er muß daher gemäß der Regelvorschrift des § 40[1] sich zuvor als Berechtigter eintragen lassen. Es findet mithin vorliegend die Ausnahme des § 41 auf die Vorerbin des eingetragenen Hypothekars keine Anwendung (Turnau-Förster Anm. 4 zu § 41 GrBO.).

Auch die fernere in Abs. 2 § 40 vorgesehene Ausnahme trifft nicht zu. Allerdings ist über die Hypothek ein Brief gebildet und die Erbin (Vorerbin) des Gläubigers, befindet sich auch im Besitze des Briefes; jedoch kann sie ihr Gläubigerrecht nicht nachweisen gemäß § 1155 BGB. durch eine zusammenhängende, auf den eingetragenen Gläubiger zurückführende Reihe von öffentlich beglaubigten Abtretungserklärungen, gerichtlichen Überweisungsbeschlüssen oder öffentlich beglaubigten Anerkenntnissen einer kraft Gesetzes erfolgten Übertragung der Forderung. Insbesondere liegt kein Anerkenntnis der letztgenannten Art vor. Allerdings hat die Vorerbin die Hypothek durch Erbgang erworben, also die Forderung kraft Gesetzes übertragen erhalten; aber weder das Testament noch der erteilte Erbschein ist ein Anerkenntnis im Sinne des § 1155. Anerkenntnis ist eine rechtsgeschäftliche, auf das Bestehen eines Rechtsverhältnisses gerichtete Willenserklärung und unter Anerkenntnis einer kraft Gesetzes erfolgten Übertragung der Forderung ist eine rechtsgeschäftliche Erklärung des bisherigen Gläubigers zu verstehen, durch welche er anerkennt, daß die der Hypothek zugrunde liegende Forderung kraft Gesetzes auf den neuen Gläubiger übertragen worden sei, beispielsweise im Falle des § 774 BGB.

ein Anerkenntnis des Forderungsüberganges seitens des bisherigen Gläubigers gegenüber dem Bürgen, der ihn befriedigt hat (Planck, Anm. 2 zu § 1155). Ein solches Anerkenntnis kann bei Übergang der Forderung durch Erbfolge überhaupt nicht vorkommen, da der bisherige Gläubiger, welcher das Anerkenntnis auszustellen hätte, verstorben ist. Auch trifft der Grund, aus dem der Nachweis des Gläubigerrechts durch eine zusammenhängende Reihe von Urkunden der genannten drei Arten dem Eingetragensein gleichgestellt worden ist, auf den Erwerb der Forderung durch Erbfolge nicht zu: es soll der in vorbezeichneter Weise legitimierte Besitzer des Briefes denselben Schutz des Glaubens des Grundbuchs genießen, wie wenn er als Berechtigter im Grundbuch eingetragen wäre (Motive 3 S. 754). Der Erbe des eingetragenen Gläubigers aber genießt keine weiteren Rechte hinsichtlich des Glaubens des Grundbuchs als sein Rechtsurheber, da er in dessen gesamte Rechte und Pflichten eintritt (Jahrbuch 25 S. 161; a. M. Schweitzer bei Gruchot 45 S. 576). E. M.

e) Zur Auslegung des § 48 GrBO.

Kammergericht, I. CS. Beschluß v. 22. Juni 1903.

Nach § 48 soll das Grundbuch Auskunft über das Rechtsverhältnis mehrerer an einem eingetragenen Rechte geben. Dieses Rechtsverhältnis kann in einer Gemeinschaft nach Bruchteilen oder zur gesamten Hand bestehen. Die Gemeinschaft zur gesamten Hand ist nur für die einzelnen in den Gesetzen ausdrücklich bezeichneten Rechsverhältnisse anerkannt, durch Parteiwillen kann sie ohne Begründung eines dieser Rechtsverhältnisse nicht geschaffen werden (Rsp. 2 S. 88, 4 S. 191; Achilles-Strecker, GrBO. § 44 Nr. 4). Soll deshalb im Grundbuchverkehr das Vorhandensein einer Gemeinschaft zur gesamten Hand festgestellt werden, so kann dies nur durch Angabe des ihr zugrunde liegenden Rechtsverhältnisses geschehen. In den Motiven 3 S. 156 und dem Entwurf I der GrBO. wird auf dies Erfordernis ausdrücklich hingewiesen. Dementsprechend bestimmt § 48, daß, soweit nicht eine Gemeinschaft nach Bruchteilen besteht, das für die Gemeinschaft maßgebende Rechtsverhältnis anzugeben ist. Es genügt danach also bei der Gemeinschaft zur gesamten Hand nicht die Angabe, daß eine solche besteht, sondern es muß auch das maßgebende Rechtsverhältnis angegeben werden (Rsp. 4 S. 191). Die Ansicht des Beschwerdeführers, daß sich aus der Schuldurkunde das Vorhandensein eines Gesellschaftsverhältnisses ergebe, weil es sich um ein von zwei Gläubigern gegebenes Darlehn handle, geht fehl, denn die Hingabe eines Darlehns durch eine Mehrheit von Personen setzt keineswegs das Bestehen eines Gesellschaftsverhältnisses unter letzteren begrifflich voraus.... E. M.

f) Umschreibung von Nachlaßhypotheken.

Kammergericht, I. CS. Beschluß v. 15. Juni 1903.

Die umzuschreibende Hypothek gehört zum Nachlasse des 1894 verstorbenen A. In der notariellen Verhandlung von 1898 haben die 4 Kinder als die alleinigen Erben und die Witwe die eine Hälfte des gütergemeinschaftlichen Vermögens der Witwe und die andere Hälfte den Kindern zugewiesen und haben diese Hälfte als Nachlaß unter die 4 Erben verteilt. Dabei haben die Erbinteressenten dem Beschwerdeführer als Miterben die Hypothek „überwiesen.“ Dieser Ausdruck, der bei Erbauseinandersetzungen häufig gebraucht wird, bedeutet nichts anderes, als „zum Alleineigentum übertragen“ oder „übereignen.“ Gemäß § 54 preuß. EG. war der Erwerb einer, sei es verbrieften oder nicht verbrieften Hypothek von der Eintragung nicht abhängig. Danach hatte der Beschwerdeführer bereits durch den Erbvergleich Eigentum an der Nachlaßhypothek erworben (Turnau Anm. 1 zu § 40, Anm. 1, 4 zu § 79 GrBO.). Die Frage aber, ob jemand vor 1900 ein Recht an einem Grundstück erworben hat, ist auch jetzt nach dem früher geltenden Recht zu beurteilen, denn der Art. 184 EG. setzt als selbstverständlich voraus, daß für die Frage des Erwerbes und Verlustes eines dinglichen Rechtes das zurzeit des Erwerbes oder Verlustes geltende Recht maßgebend ist (Planck Anm. 4 zu Art. 184, vgl. auch Art. 189). Ist aber der Beschwerdeführer als der Inhaber der Hypothek anzusehen, so ist auch sein Antrag, ihn als Inhaber einzutragen, ohne weiteres begründet. Denn dadurch, daß er zufolge der Überweisung der Erbinteressenten die Hypothek erworben hat, ist das Grundbuch insofern unrichtig geworden, als noch der Erblasser eingetragen steht. Gemäß § 22[1] GrBO. hat daher die Berichtigung des Grundbuchs durch Umschreibung der Hypothek auf den Beschwerdeführer zu erfolgen, ohne daß es dazu der Bewilligung der durch diese Berichtigung betroffenen Erben des eingetragenen Gläubigers bedarf (vgl. Turnau-Förster Anm. 3, 1 zu § 26).

Überdies würde die „Überweisung“ im Erbvergleich zur Umschreibung auch dann genügen, wenn sie unter der Herrschaft des BGB. erfolgt wäre. Nach § 26 GrBO. genügt zur Eintragung der Übertragung einer Briefhypothek, wenn an Stelle der Eintragungsbewilligung (§ 19) die Abtretungserklärung des bisherigen Gläubigers vorgelegt wird. Gemäß EG. Art. 193, preuß. Ausf.-Ges. Art. 33 § 1 gilt die Hypothek als Briefhypothek im Sinne des BGB., und die „Überweisung“ von Nachlaßhypotheken im Erbvergleich an einen Miterben fällt unbedenklich unter den Begriff „Abtretungserklärung.“ Diese ist nach § 398 Satz 1 BGB. die Äußerung des Willens des bisherigen Gläubigers, die Forderung an einen anderen zu übertragen. Daß dabei der Ausdruck „abtreten“ gebraucht wird, kann nicht erfordert werden; auch nicht für die „Abtretungserklärung“ des § 26 GrBO., da es sich nicht um eine solenne Formvorschrift handelt, sondern durch das dem Wort „Erklärung“ vorgesetzte Wort „Abtretung“ nur die Art der Erklärung allgemeinhin bezeichnet werden soll. Es genügt vielmehr jede Erklärung, durch welche der Übertragungswille deutlich zum Ausdruck gelangt. Die „Überweisung“ im Erbvergleich enthält aber eine deutliche Äußerung des Willens der Erben, die Hypothek des Erblassers auf den Miterben als neuen Gläubiger zu übertragen (vgl. Turnau-Förster Anm. 3 zu § 37). Dr. H.

g) **Löschung eines Ausfallvermerks.**

Kammergericht, I. Ferien-CS. Beschluß v. 29. August 1902.

Vom Grundstücke Nr. 1 ist 1862 eine Parzelle Nr. 2 abgezweigt worden. Da die dabei mit übertragenen vier Hypotheken bei der 1864 erfolgten Subhastation des Stammgrundstücks zur Hebung gekommen sind, so ist nach der Konkursordnung vom 8. Mai 1855 (§ 359) die Mithaft des Grundstückes Nr. 2 allerdings erloschen. Dieses Grundstück ist aber durch die 1867 gemäß §§ 56³, 395 das. verfügte Eintragung zugunsten der ausgefallenen Gläubiger letzteren haftbar geworden (Johow, Entsch. der AppGer. 7 S. 254). Das damit den nacheingetragenen Gläubigern erworbene Recht auf anteilige Befriedigung an der Stelle der vier Korrealhypotheken ist weder durch die Konkursnovelle vom 12. März 1869 noch durch die SubhO. vom 15. März 1869 (§ 74) beseitigt worden. Vielmehr hat die Novelle gerade, um wohlerworbene Rechte nicht zu verletzen (vgl. Gruchot 19 S. 466; Striethorst, Archiv 86 S. 22), besondere Übergangsbestimmungen in Art. V, VI getroffen. Hiernach steht den ausgefallenen Gläubigern — ebenso übrigens auch dem Eigentümer — das Recht zu, daß im Art. II vorgesehene Ermittelungsverfahren herbeizuführen (Gruchot 22 S. 746), und kann deshalb von einer Löschung des diesem Recht als Unterlage dienenden bezeichneten Ausfallsvermerks von Amts wegen nicht die Rede sein. Da ferner jene Gläubiger einen Anspruch darauf haben, daß der für sie gemäß Art. VI ermittelte Anteil auf dem mitverhafteten Grundstück an der Stelle der Korrealhypotheken eingetragen wird, so kann, solange der Löschung des Ausfallsvermerks noch Hindernisse entgegenstehen, auch die Korrealhypothek nicht gelöscht werden. Hl.

h) **Löschung der Domänenamortisationsrentenpflicht.**

Kammergericht, I. Ferien-CS. Beschluß v. 5. September 1903.

Das Gesetz über die Rentenbanken vom 2. März 1850 gilt nach dem Inkrafttreten des BGB. fort, auch insoweit es Vorschriften über die Begründung und Endigung der Rentenpflicht von Grundstücken enthält (EG. Art. 114, preuß. Ausf.-G. Art. 22, GrBO. § 83). Danach bedürfen Domänenamortisationsrenten zu ihrer Wirksamkeit nicht der Eintragung in das Grundbuch (§§ 18, 64 des Ges. v. 2. März 1850). Ebenso hört die Rentenpflicht mit Zahlung des Ablösungskapitals kraft Gesetzes, nicht erst mit der Löschung im Grundbuche auf (§§ 64, 22ff., 23, 27 das.). Wenn daher die Eigentümer die auf ihre Grundstücke entfallenden Renten abgelöst haben, ist die in Abt. II eingetragene Rentenpflicht in Wirklichkeit erloschen. Von da an widerspricht die Eintragung der wahren Rechtslage; das Grundbuch ist unrichtig. Ein Widerspruch zwischen dem Inhalt des Grundbuchs und der wirklichen Rechtslage ist nicht nur dann vorhanden, wenn das Grundbuch von vornherein unrichtig war, sondern auch, wenn es durch den späteren Wegfall eines unanfechtbar eingetragenen Rechtes erst unrichtig geworden ist (vgl. Motive z. BGB. 3 S. 235 (§ 893); Denkschrift zur GrBO. in Hahns Mat. S. 159; Rsp. 3 S. 228).

Zur Berichtigung bedarf es eines öffentlich beglaubigten oder beurkundeten Antrags nicht, wenn die sachlichen Voraussetzungen der Rechtsveränderung durch öffentliche Urkunden nachgewiesen werden, hier also die überreichten Quittungen die Zahlung des Ablösungskapitals dartun. — Endlich durfte die Löschung von der Regierung auch ohne die Einwilligung der Eigentümer nachgesucht werden (§ 22 GrBO.). Allerdings bestimmt der § 27[1], daß zur Löschung einer Rentenschuld die Zustimmung des Eigentümers erforderlich sei, und läßt auch für den Fall der Berichtigung hiervon keine Ausnahme zu. Die Vorschrift betrifft jedoch nur Rentenschulden im Sinne der §§ 1199ff. BGB., die in der Abt. III eingetragen werden (Jahrbuch 20 S. 212). Sf.

i) **Die Eintragung einer Hypothek lediglich auf den Testamentsvollstrecker ist unzulässig.**[1] **GrBO. § 53.**

Kammergericht, I. CS. Beschluß v. 6. Januar 1902.

Die Hypothek wurde an den Beschwerdeführer „als Vollstrecker des Testaments des N." abgetreten, die Umschreibung jedoch abgelehnt, weil als Gläubiger nur die Erben des N. eingetragen werden könnten. Auch die weitere Beschwerde erschien nicht begründet. Nach § 53 ist im Falle der Ernennung eines Testamentsvollstreckers dies bei der Eintragung des Erben von Amts wegen mit einzutragen, es sei denn, daß der Nachlaßgegenstand der Verwaltung des Vollstreckers nicht unterliegt. Die Ernennung eines Vollstreckers wird also vom Gesetz als eine Verfügungsbeschränkung des eingetragenen Erben angesehen (vgl. auch Ausf.-Verf. vom 20. November 1899 §§ 11 und 12). Daraus folgt, daß als Berechtigter der Erbe und gleichzeitig in Form einer Verfügungsbeschränkung das Vorhandensein des Vollstreckers zu buchen ist. Vorliegend ist daher mit Recht die Umschreibung der Post lediglich auf den Testamentsvollstrecker als solchen abgelehnt. Die Frage, ob und in welcher Weise bei Unbekanntheit oder Unbestimmtheit der Erben diese als Gläubiger einzutragen seien, ist nicht zu entscheiden, da nicht erhellt, daß ein derartiger Fall gegeben ist. Ls.

k) **Weitere Beschwerde gegen einen eine Löschung anordnenden landgerichtlichen Beschluß, wenn die Löschung inzwischen bewirkt ist.**[2]

Kammergericht, I. CS. Beschluß v. 23. März 1903.

A. beantragte, eine auf seinem Grundstück für die Regierung eingetragene öffentliche Last zu löschen. Das Amtsgericht lehnte die Löschung mangels Zustimmung der Regierung ab, wurde aber auf Beschwerde dazu angewiesen, weil es sich um eine ablösbare und deshalb nicht eintragungsfähige Reallast handele. Nach erfolgter Löschung legte die Regierung weitere Beschwerde gegen den landgerichtlichen Beschluß ein mit dem Antrage, das Amtsgericht zur Wiedereintragung der Last anzuweisen. Die Beschwerde wurde als unzulässig verworfen. Gründe:

[1] Vgl. Rsp. 6 S. 474 Note 2.

[2] Zulässigkeit der Beschwerde, so lange die Anordnung noch nicht ausgeführt ist: Rsp. 4 Nr. 72g S. 322.

Das durch den Antrag des Eigentümers eingeleitete Verfahren hat dadurch sein Ende erreicht, daß das Amtsgericht, nachdem durch den landgerichtlichen Beschluß sein gegen die Löschung erhobenes Bedenken für unzutreffend erklärt worden war, gemäß dem Antrage die Löschung bewirkt hat. Zu einer weiteren Beschwerde ist daher in diesem Verfahren kein Raum. Die Sachlage ist keine andere, als wenn das Amtsgericht die Löschung ohne zuvorige Beanstandung vorgenommen hätte. Wäre die Löschung, wie die Regierung behauptet, unter Verletzung gesetzlicher Vorschriften erfolgt, etwa weil die zur Aufhebung eines Rechts an einem Grundstück und zu dessen Löschung nach § 875 BGB., § 19 GrBO. erforderliche Erklärung des Berechtigten, daß er das Recht aufgebe und die Löschung bewillige, nicht vorgelegen habe, so läge ein Fall des § 54^1 GrBO. vor; denn eine vom Grundbuchamte vorgenommene Eintragung, durch die das Grundbuch unrichtig geworden, ist auch die Löschung eines nicht erloschenen Rechts (Turnau-Förster, Anm. I 1 zu § 54 GrBO.). Es könnte dann die Regierung bei dem Grundbuchamte zwar nicht die Wiedereintragung der gesetzwidrig gelöschten Last, wohl aber die Eintragung eines Widerspruchs gegen die Löschung in Anregung bringen. Würde das Grundbuchamt dieser Anregung keine Folge geben, so könnte gemäß § 71^2 im Wege der Beschwerde verlangt werden, daß das Grundbuchamt zur Eintragung eines Widerspruchs angewiesen werde. Erst wenn auch die Beschwerde keinen Erfolg hätte, wäre die weitere Beschwerde gegeben. Dabei wären das Grundbuchamt und das Beschwerdegericht nicht etwa an die im Beschlusse des Landgerichts geäußerte Rechtsansicht, daß die in Rede stehende Last als eine ablösbare Reallast im Sinne des Gesetzes vom 3. Januar 1873 nicht eintragungsfähig gewesen sei, gebunden; denn es würde über einen Antrag zu entscheiden sein, der von dem durch die Löschung erledigten verschieden, und der auch von einem anderen Beteiligten gestellt wäre. Selbstverständlich könnten auch neue Tatsachen vorgebracht werden, insbesondere die in der weiteren Beschwerde behauptete, daß die Last bereits vor dem Inkrafttreten des Gesetzes vom 3. Januar 1873 bestanden habe. F.

l) Zulässigkeit der Beschwerde über die Eintragung eines Widerspruchs GrBO. § 74. Zur Anwendung des § 18^2.

Kammergericht, I. CS. Beschluß v. 21. September 1903.

Die beschwerdeführende Gerichtskasse hatte die Eintragung einer Kostenschuld des Eigentümers A. mit dem Versprechen beantragt, Abschrift der Kostenrechnungen nachzubringen. Das Amtsgericht verfügte hierauf: „Nach 8 Tagen.“ Inzwischen ließ A. das Grundstück an B. auf, der alsbald als Eigentümer eingetragen wurde. Als die Kasse nunmehr die Kostenrechnung einreichte, trug das Amtsgericht die Schuld ein. Auf Beschwerde des B. ordnete das Landgericht die Eintragung eines Widerspruchs gegen die Rechtsgültigkeit der Hypothek an. Nach Eintragung des Widerspruchs legte die Kasse gegen den landgerichtlichen Beschluß die weitere Beschwerde ein.

Aus den Gründen:

Was zunächst die Zulässigkeit der Beschwerde anlangt, so ist die Sachlage die gleiche wie im Beschlusse vom 17. September 1901 (Jahrbuch 20 A 217). Es war dort ebenfalls auf Beschwerde die Eintragung eines Widerspruchs angeordnet, der Widerspruch war daraufhin eingetragen und dann war gegen die Anordnung der Eintragung des Widerspruchs weitere Beschwerde eingelegt worden. Das Kammergericht hat sie dort für unzulässig erklärt, weil nach § 71 Abs. 2 GrBO. die Beschwerde gegen eine Eintragung unzulässig und die gemäß § 54 Satz 1, § 71 Abs. 2 Satz 2 allein in Frage kommende Eintragung eines Widerspruchs gegen den Widerspruch im Gesetze nicht vorgesehen sei; nur im Wege der Verständigung unter den Beteiligten oder im Prozeßwege könne der Widerspruch beseitigt werden. Denselben Standpunkt vertreten die Beschlüsse Jahrbuch 21 A S. 147 und 286. Nach nochmaliger Prüfung kann jedoch die Ansicht nicht aufrecht erhalten werden. Wäre der eingetragene Widerspruch eine „Eintragung" im Sinne des § 71 Abs. 2 Satz 1, so wäre allerdings die Anfechtung seiner Eintragung im Beschwerdewege nicht statthaft. Es müßte dann aber anderseits auf den Widerspruch auch § 71 Abs. 2 Satz 2 zur Anwendung kommen, wonach im Wege der Beschwerde, wenn das Grundbuchamt unter Verletzung gesetzlicher Vorschriften eine Eintragung vorgenommen hat, durch die das Grundbuch unrichtig geworden ist, gemäß § 54 Satz 1 die Eintragung eines Widerspruchs, oder, wenn die Eintragung ihrem Inhalte nach unzulässig ist, gemäß § 54 Satz 2 die Löschung der Eintragung verlangt werden kann. Es erscheint nicht folgerichtig, wenn auf den Widerspruch zwar der § 71 Abs. 2 Satz 1, nicht aber auch der § 71 Abs. 2 Satz 2 für anwendbar erachtet wird. Für den Fall des unzulässigen Inhalts der Widerspruchseintragung hat auch der Beschluß vom 11. November 1901 (Jahrbuch 23 A 133) die weitere Beschwerde gegen einen auf Anordnung des Beschwerdegerichts eingetragenen Widerspruch zugelassen. Tatsächlich ist jedoch weder der § 71 Abs. 2 Satz 2 in Verbindung mit § 54 Abs. 1 noch § 71 Abs. 2 Satz 1 auf einen eingetragenen Widerspruch anwendbar. Rein formalistisch aufgefaßt, würde das Wort „Eintragung" im § 71 Abs. 2 Satz 1 alles umfassen, was sich im Grundbuche befindet. Dies würde aber dem Willen des Gesetzes nicht entsprechen. Grund für die Ausschließung der Beschwerde gegen eine „Eintragung" ist, daß nicht in Rechte, die etwa in der Zwischenzeit im guten Glauben an die Richtigkeit der Eintragung seitens Dritter erworben worden sind, durch die Beseitigung der Eintragung eingegriffen werden soll. Dies ergibt die Denkschrift, die der § 71 Abs. 2 Satz 1 damit begründet, daß die grundsätzliche Ausschließung der Anfechtung einer Eintragung im Wege der Beschwerde durch die Rücksicht auf die Rechtsstellung, welche durch die Eintragung für Dritte geschaffen worden, geboten sei. Der Glaube des Grundbuchs erstreckt sich aber gemäß § 892 BGB. nur auf Rechte an einem Grundstücke sowie auf Rechte an solchen Rechten. Daraus folgt, daß unter „Eintragung" im Sinne des § 71 Abs. 2 Satz 1 ein eingetragenes Recht der letztgenannten Art zu verstehen ist. Ein Widerspruch aber, der gemäß §§ 899, 894 BGB. auf Grund einer einstweiligen Verfügung oder einer Bewilligung des durch ihn Betroffenen, gemäß § 895 CPO. auf Grund eines vorläufig vollstreckbaren Urteils, in dem Falle des § 1139 BGB. auf einseitigen Antrag und in den Fällen der §§ 18, 23, 24, 54 Satz 1, 71 Abs. 2 Satz 2, 76 GrBO. von Amts wegen eingetragen werden kann, ist ein solches Recht nicht. Vielmehr ist er nur eine Eintragung vorläufiger Natur, die den Schutz eines aus dem Grundbuche nicht ersichtlichen oder unrichtig eingetragenen oder durch die Eintragung einer nicht bestehenden Belastung beeinträchtigten Rechts an einem Grundstücke gegen die Gefahren des Glaubens des Grundbuchs zum Zwecke hat (Motive zum BGB. 3 S. 237). Seine Wirkung besteht lediglich darin, daß er den Glauben des Grundbuchs hinsichtlich des von ihm betroffenen Rechts zerstört, daß der Dritte, der ein solches Recht erwirbt, sich für seinen Erwerb nicht auf die Richtigkeit des Grundbuchs berufen kann. Da er kein selbständiges materielles Recht am Grundstück im Sinne des § 892 BGB. ist, steht ihm selbst der Glaube des Grundbuchs nicht zur Seite; das durch ihn gesicherte Recht gilt nicht als richtig, vielmehr tritt diese Folge erst mit der endgültigen Eintragung des Rechtes ein (Planck, Anm. 4; Turnau-Förster Anm. 9, 13; Fuchs, Grundbuchrecht Anm. 3a, 7 zu § 899 BGB). Demnach trifft der vorher dargelegte Grund für die Ausschließung der Beschwerde gegen eine Eintragung hinsichtlich eines eingetragenen Widerspruchs nicht zu, da bei diesem ein unter dem Schutze des Glaubens des Grundbuchs erfolgter Erwerb, der durch die Beseitigung des Widerspruchs im Beschwerdewege eine Beeinträchtigung erleiden könnte, nicht in Frage kommt. Es ist daher der § 71 Abs. 2 Satz 1 GrBO. auf einen eingetragenen Widerspruch nicht anwendbar. Dies findet eine Bestätigung darin, daß die Eintragung eines Widerspruchs, die gemäß § 71 Abs. 2 Satz 2, § 54 Satz 1 im Wege der Beschwerde gegen eine gesetzwidrige Eintragung verlangt werden kann, gegen einen eingetragenen Widerspruch nicht statthaft ist. Aus der Begründung (Denkschrift zu § 52) ergibt sich, daß der nach § 54 Satz 1 von Amts wegen einzutragende Widerspruch in seinem Zweck und seiner Bedeutung gleich ist dem Widerspruch, der nach §§ 899, 894 BGB. eingetragen werden kann. Er richtet sich gegen ein eingetragenes Recht am Grundstücke oder gegen ein eingetragenes Recht an einem solchen Recht und bezweckt hinsichtlich dieser unter Verletzung gesetzlicher Vorschriften erfolgten und daher mit der wirklichen Rechtslage nicht in Einklange stehenden Eintragung, den Glauben des Grundbuchs aufzuheben. Es ist also die durch den Widerspruch aus § 54 Satz 1 betroffene „Eintragung" ein eingetragenes Recht, das unter dem Schutze des Glaubens des Grundbuchs steht. Ein solches Recht ist nach den obigen Ausführungen ein Widerspruch nicht. Es kann daher gegen ihn ein zweiter Widerspruch aus § 54 Satz 1 nicht eingetragen werden, sei es auch, daß seine Eintragung unter Verletzung gesetzlicher Vorschriften erfolgt ist. Hiermit übereinstimmend ist in den Motiven zum ersten Entwurf der GrBO. (S. 94, 117), nach welchem nicht ein Widerspruch, sondern eine Vormerkung eingetragen werden sollte, hinsichtlich dieser Vormerkung ausgeführt, daß, wenn die unrichtige Eintragung selbst eine Vormerkung sei, die Gefahr nicht vorhanden sei, daß infolge des Glaubens des Grundbuchs Unrecht in Recht sich verwandele, für eine Vormerkung mithin kein Bedürfnis und kein Raum sei. Ist aber hiernach gegen einen Widerspruch die Eintragung eines weiteren Widerspruchs aus § 54 Satz 1 unzulässig, so beweist dies, daß ein Widerspruch nicht eine „Eintragung" im Sinne des § 71 Abs. 2 ist, denn gegen diese „Eintragung" kann die Eintragung eines Widerspruchs nach § 54 verlangt werden. Ferner ist auch der § 54 Satz 2, wonach eine ihrem Inhalte nach unzulässige Eintragung von Amts wegen zu löschen ist, auf einen eingetragenen Widerspruch nicht anwendbar. Nach der Begründung (Denkschrift zu § 52) versteht auch diese Vorschrift unter „Eintragung" ein endgültig eingetragenes Recht, und sie hat ebenfalls den Glauben des Grundbuchs, der in der Regel mit eingetragenen Rechten verbunden ist, zum Ausgangspunkt. Es wird ein eingetragenes Recht vorausgesetzt, auf das wegen Unzulässigkeit seines Inhalts der Glaube des Grundbuchs sich nicht erstreckt. Auf einen Widerspruch, der überhaupt nicht unter dem Schutze des Glaubens des Grundbuchs steht und der nur eine vorläufige Eintragung zur Sicherung eines Rechtes ist, paßt die Vorschrift nicht. Daraus folgt, daß, wenn § 71 Abs. 2 Satz 2 bestimmt, daß im Wege der Beschwerde die Löschung einer Eintragung nach § 54 verlangt werden kann, unter „Eintragung" nicht ein eingetragener Widerspruch zu verstehen ist. Hiernach sind die Vorschriften des § 71 Abs. 2 auf einen Widerspruch nicht anwendbar. Es muß daher auf ihn die Regelvorschrift des § 71 Abs. 1 angewendet werden, wonach gegen die Entscheidungen des Grundbuchamts die Beschwerde stattfindet. Daraus folgt, daß eine Beschwerde mit dem Ziele der Beseitigung eines eingetragenen Widerspruchs zulässig ist. Dies Ergebnis entspricht auch dem praktischen Bedürfnis. Namentlich im Falle einer von Amts wegen erfolgten Eintragung eines ungerechtfertigten Widerspruchs wird der in seinem Rechte Beeinträchtigte durch den offen stehenden Weg der Beschwerde der Schwierigkeiten überhoben, welche die Beseitigung des Widerspruchs im Wege des Prozesses oder der Verständigung mit dem Gegner bietet.

Die Beschwerde ist aber materiell unbegründet. Nach § 18¹ geht allerdings ein Eintragungsantrag trotz entgegenstehenden Hindernisses einem später eingehenden, dasselbe Recht betreffenden Antrage vor, wenn und solange noch nicht seine Zurückweisung erfolgt ist. Will der Grundbuchrichter dem späteren Antrage vor Erledigung des ersten stattgeben, so muß er gemäß § 18² zu gunsten des ersten Antrags von Amts wegen eine Vormerkung oder einen Widerspruch eintragen, vorliegenden Falles wurde durch die von der Gerichtskasse beantragte Eintragung einer Zwangshypothek durch die von A. an

B. erklärte Auflassung dasselbe Recht betroffen, nämlich das Eigentum am Grundstück. Es hätte deshalb der Grundbuchrichter, wenn er das Eigentum des B. sogleich eintragen wollte, mit Rücksicht auf den früheren Antrag der Gerichtskasse, dessen Erledigung zwar ein Hindernis entgegenstand, der aber nicht zurückgewiesen war, zugleich eine Hypothek für die Gerichtskasse vormerken müssen; da er aber dies unterlassen hat, so war die Eintragung der Zwangshypothek nicht mehr zulässig. Denn es mußten zur Zeit dieser Eintragung alle Erfordernisse für dieselbe vorliegen (vgl. Rsp. 3 S. 303; Turnau-Förster Anm. 4 zu § 18). Zu diesen Erfordernissen gehörte vor allem ein vollstreckbarer Titel gegen den eingetragenen Eigentümer. Ein solcher Titel war nicht vorhanden, da nicht der Kostenschuldner A., sondern ein anderer, B., zu dieser Zeit Eigentümer war. Dr. H.

39

a) Bierbrauerei als Nebengewerbe des landwirtschaftlichen Betriebs im Sinne des § 3² HGB.

Bayer. Oberstes Landesgericht, I. CS. Beschluß v. 9. Mai 1903.

Ein mit dem landwirtschaftlichen Betriebe zusammenhängendes gewerbliches Unternehmen ist nicht schon deswegen ein selbständiges Gewerbe, weil seine Erzeugnisse nicht im landwirtschaftlichen Betriebe verbraucht, sondern auf den Markt gebracht werden. Der Absatz der gewerblichen Erzeugnisse hat denselben Zweck wie der Verkauf der landwirtschaftlichen Erzeugnisse, er soll dem Unternehmer in dem Preise die Herstellungskosten ersetzen und einen Gewinn bringen. Werden im gewerblichen Unternehmen Erzeugnisse des landwirtschaftlichen Betriebs des Unternehmers verarbeitet, so empfängt er im Preise für das gewerbliche Erzeugnis zugleich die Vergütung für die verarbeiteten landwirtschaftlichen Erzeugnisse, er verarbeitet diese, um für sie eine höhere Vergütung als den Preis zu erzielen, den er durch den Verkauf erlangen würde. Für die Frage, ob das gewerbliche Unternehmen ein Nebengewerbe des landwirtschaftlichen Betriebs ist, kommt es nur darauf an, ob es mit diesem in einem solchen Zusammenhange steht, daß der landwirtschaftliche Betrieb als das Hauptunternehmen erscheint, an das es sich als ein auf ihm beruhendes, von ihm abhängiges Unternehmen anschließt, indem es eine gewinnreichere Verwertung der Erzeugnisse des landwirtschaftlichen Betriebs durch deren Verarbeitung oder eine ausgiebigere Ausnützung der vorhandenen Arbeitskräfte ermöglicht oder in anderer Weise ihn fördert, sein Erträgnis erhöht (Begründung S. 15, Makower zu § 3 Anm. II S. 16; Lehmann-Ring 1 S. 35 ff.; Entsch. des RG. 1 S. 267). Liegen diese Voraussetzungen vor, so ist die Größe des gewerblichen Betriebs und der Umstand, daß in ihm außer den eigenen Bodenerzeugnissen auch von anderwärts bezogene Stoffe verarbeitet werden, belanglos (Lehmann-Ring S. 36 Nr. 6; Rsp. 3 S. 402, 6 S. 233; RJA. 2 S. 134). Vorliegend besteht nach der Feststellung des Beschwerdegerichts ein solcher Zusammenhang zwischen der Brauerei und dem landwirtschaftlichen Betriebe des Gutes, indem dieser der Brauerei fast den ganzen Bedarf an Gerste liefert und die Abfälle der Brauerei im landwirtschaftlichen Betriebe zur Viehhaltung verwendet werden. Die ziffermäßige Feststellung des Verhältnisses, in dem die Verarbeitung eigener Gerste zu der Verwendung gekaufter Gerste steht, war nicht erforderlich, es genügt die Feststellung, daß der Bedarf an Gerste bis auf einen kleinen Teil durch das Erzeugnis des Gutes selbst gedeckt wird. Fr. M.

b) **Klage auf Unterlassung der Führung eines Zusatzes zu einer nicht eingetragenen Firma.**

OLG. Hamburg, IV. CS. Urteil v. 9. Oktober 1903.

Der Beklagte hat an die Kundschaft des klägerischen Geschäftes Zirkulare versandt, wonach er Teilhaber der klagenden Firma gewesen sei. Diese Behauptung hatte den offenbaren Zweck, die Kundschaft dadurch zu sich hinüberzuziehen, daß ihr vorgespiegelt wurde, sie bleibe, wenn sie fortab beim Beklagten kaufe, ihrem bisherigen Lieferanten treu — soweit das bei stattgehabter Trennung der Inhaber überall noch möglich sei. Diese unwahre und in ihrer unlauteren Absicht gegen die guten Sitten verstoßende Behauptung schädigt die Klägerin, da sicher anzunehmen ist, daß sie den erstrebten Erfolg hat. Da die Klägerin keine eingetragene Firma hat, so wird sie zwar auf Grund § 37² HGB. nicht einen Unterlassungsanspruch gründen können, jedenfalls ist ihr Vorgehen aber schon im Hinblick auf § 826 BGB. berechtigt, aus dem auch auf Unterlassung der schädigenden Handlung dann geklagt werden kann, wenn, wie hier, weitere Eingriffe zu besorgen sind (JW. 1901 S. 350). M. M.

c) **Pflicht eines Gesamtprokuristen zur Beaufsichtigung der Kassenführung des andern Gesamtprokuristen.**

OLG. Colmar, I. CS. Urteil vom 2. Oktober 1903.

Abgesehen von den besonderen Vorschriften des § 48² HGB. regelt sich die Stellung der Gesamtprokuristen so, daß sie gemeinschaftlich handeln und nur unter dieser Voraussetzung die umfassenden Befugnisse der Prokuristen haben. Die kollektive Form der Prokuraerteilung ist eine Vorsichtsmaßregel, um die große Gefahr zu vermindern, welche daraus entspringt, daß der Prokurist in Bezug auf die Befugnis, den Prinzipal durch Verträge zu verpflichten, Dritten gegenüber nicht beschränkt werden kann. Die Bedeutung dieser Maßregel liegt eben darum in der Geschäftsführung nach außen, in der Eingehung von Rechtsgeschäften mit Dritten, nicht aber in der inneren Geschäftsverwaltung, die nicht auf die Eingehung von Rechtsgeschäften mit Dritten gerichtet ist. Deshalb sind die Gesamtprokuristen, soweit ein Handeln Dritten gegenüber nicht in Frage kommt, keineswegs voneinander abhängig und zu gemeinsamem Handeln verbunden. Sind z. B. vom Prinzipal Befehle einzuholen, oder sind Berichte zu erstatten, Buchungen vorzunehmen, Journale zu führen, Erkundigungen einzuziehen, so ist unnötig, daß beide

Prokuristen handeln; es genügt das Handeln eines von ihnen. Nicht anders liegt die Sache, wenn Gelder an den Prinzipal abzuführen sind. Auch das kann und wird regelmäßig durch einen der Gesamtprokuristen allein besorgt werden. Ebendarum darf es auch der eine der Gesamtprokuristen dem andern überlassen, ohne den andern überwachen zu müssen und ohne ersatzpflichtig zu werden, wenn der andere mit dem Gelde nicht vorschriftsmäßig verfährt. Wenn mithin die Gesamtprokuristen die innere Geschäftshandhabung derart unter sich verteilen, daß einer allein die Kasse verwaltet, so kann darin ein unzulässiges und dem Zwecke der Gesamtprokura widersprechendes Verfahren auch dem Prinzipal gegenüber nicht gefunden werden. Vorliegend ist die streitige Summe auf eine vom Beklagten und X. als Gesamtprokuristen ausgestellte Quittung hin erhoben, aber nicht in die Kasse des Prinzipals gelangt. Daraus allein würde jedoch nicht die Ersatzpflicht des Beklagten folgen; denn auch ein von ihm nicht zu vertretender Umstand kann die Ursache des Abhandenkommens des Geldes sein, wenn z. B. X. oder ein anderer Geschäftsbediensteter das Geld verloren oder unterschlagen hätte. Frdthl.

d) **Einwand des Geschäftsherrn, der Handlungsgehilfe habe für eigene Rechnung bei Abschluß des Vertrags gehandelt. Umfang der Handlungsvollmacht.**

OLG. Posen, IV. CS. Urteil v. 8. Oktober 1903.

Die Klägerin verlangt Zahlung für Waren, die sie auf Bestellung des Leiters einer auswärtigen Zweigniederlassung geliefert hatte. Die Beklagte behauptete, der Leiter der Zweigniederlassung habe nebenbei ein eigenes Geschäft betrieben und die Waren für dieses gekauft. Aus den Gründen:

Maßgebend für das Zustandekommen des Antrags unter den Parteien ist lediglich der durch die Eidesleistung der Klägerin feststehende Umstand, daß sie nur mit der Beklagten und nicht mit dem Leiter der Zweigniederlassung in Vertragsbeziehungen zu treten beabsichtigt hat. Solange dieser ihr nicht mitteilte, daß er im eigenen Namen kaufen wolle, galt der Kauf als mit dem Inhaber derjenigen Firma abgeschlossen, deren Handlungsbevollmächtigter er war. Wenn seine Handlungsvollmacht gewisse Beschränkungen hinsichtlich der Berechtigung zu Einkäufen enthielt, so braucht Klägerin sie nicht gegen sich gelten zu lassen, da sie sie nicht kannte und diese Unkenntnis auch nicht auf eine Fahrlässigkeit zurückzuführen ist (§ 54 HGB.). Unstreitig hat die Zweigniederlassung der Beklagten schon seit Jahren Einkäufe bei der Klägerin gemacht. Ob sie früher nur geringfügig waren, erscheint schon deshalb unerheblich, weil es sich auch vorliegend keineswegs um Geschäfte von solcher Tragweite gehandelt hat, daß die Klägerin an eine Überschreitung der Vollmacht des Leiters hätte denken müssen (Entsch. des RG. 52 S. 89). Rr.

e) **Wem gehören die Ergebnisse der Erfindertätigkeit eines Angestellten?**

OLG. Hamm, III. CS. Urteil v. 26. März 1903.

Hierfür ist der Umstand entscheidend, ob der Beamte oder im Privatdienste Angestellte zur Entfaltung erfinderischer Tätigkeit angestellt ist oder nicht. Nur im ersteren Falle hat der Dienstherr das Recht auf die Ergebnisse der Erfindertätigkeit; sonst muß das eigene Recht des Autors an seiner geistigen Arbeit vorgehen. Hiernach kann der Anspruch des Dienstherrn auf die Erfindungen nur dann anerkannt werden, wenn das Machen der Erfindungen in den Rahmen derjenigen Obliegenheiten fiel, die für den Angestellten aus dem Engagement oder der ihm zugewiesenen Tätigkeit nach der Absicht der Parteien oder den im betreffenden Industriezweige geltenden Gepflogenheiten sich ergaben. Es kommt also nicht darauf an, ob die Erfindung nur mit den Werkzeugen des Dienstherrn möglich war, ob ein während der dienstlichen Arbeit gefaßter erfinderischer Gedanke nachher in privater Arbeit bis zum Ergebnis einer Erfindung fortgesponnen wurde, oder ob in dem Angestellten infolge seiner dienstlichen Tätigkeit ein Erfindungsgedanke entsteht, sondern es entscheidet, ob das Resultat der Erfindung in den Rahmen seiner Dienstobliegenheiten gehört (Rsp. 6 S. 2). Geht man von diesen Grundsätzen aus, so ist ein Anspruch der Klägerin auf die dem Beklagten erteilten Patente nicht schon deshalb ausgeschlossen, weil er diese Erfindungen schon vor seinem Eintritte in den Dienst der Klägerin gemacht habe. Denn wenn er auch schon vorher durch theoretische Berechnungen eine [näher bezeichnete] Sprengstoffkomposition gefunden und die chemische Formel, durch welche er theoretisch zu der prozentualen Zusammensetzung gekommen war, festgestellt hatte, so ist doch die Erfindung des später patentierten Sprengstoffes nicht schon durch diese theoretischen Berechnungen und die Formel gemacht, sondern erst durch die praktischen Versuche, die von ihm während seiner Diensttätigkeit bei der Klägerin vorgenommen wurden und die Richtigkeit der Berechnungen und der Formel ergaben, vollendet worden. Aber ein Anspruch der Klägerin auf die Patente ist deshalb nicht begründet, weil der Beklagte nicht zu erfinderischer Tätigkeit angestellt war [wird ausgeführt]. . . . Ebensowenig kann aus seiner Anstellung als Betriebsleiter einer chemischen Fabrik nach den in diesem Industriezweige geltenden Gepflogenheiten eine Verpflichtung zu erfinderischer Tätigkeit als ein Teil seiner Dienstobliegenheiten hergeleitet werden. Denn jene Stellung verpflichtet nicht ohne besondere Umstände zur Entfaltung erfinderischer Tätigkeit. Vorliegend kommt noch in Betracht, daß Beklagter gerade für die Neueinrichtung der neuerbauten klägerischen Fabrik in H. und für die Einführung der auf dieser Fabrik herzustellenden Sprengstoffe in den betreffenden Kreisen des Publikums angestellt wurde und von vornherein in der Person des Dr. M. noch einen besonderen Chemiker zur Seite hatte. War es hiernach die Aufgabe des Beklagten, die neuerbaute Fabrik in Gang zu bringen, deren Betrieb zu überwachen und den Absatz der herzustellenden Sprengstoffe sich angelegen sein zu lassen, so konnte ihm nicht auch noch als ein Teil seiner Dienstobliegenheiten die Entfaltung erfinderischer Tätigkeit auf dem Gebiete der Chemie zugemutet werden; vielmehr konnte und durfte er diese Tätigkeit als lediglich in den Rahmen der Dienstobliegenheiten des als Chemiker angestellten Dr. M. gehörend betrachten, zumal das Gehalt des Beklagten im Verhältnis zu anderen Stellen gleicher Art niedrig bemessen war . . . Hierzu kommt das spätere Verhalten der Klägerin. Sie hat gegen die Erteilung des Patents wegen Nichtneuheit der Erfindung Einspruch erhoben und dabei insbesondere hervorgehoben, daß ihr das Verfahren schon längst bekannt gewesen sei. Es ist klar, daß sie, wenn sie ein Recht auf die Erfindung hatte, weil der Beklagte zur Entfaltung erfinderischer Tätigkeit angestellt war, nicht nur kein Interesse daran haben konnte, daß das Patent wegen Nichtneuheit versagt wurde, sondern sogar ein großes Interesse an der Erteilung des Patents haben mußte, weil dadurch das ihr an der Erfindung zustehende Eigentum einen vermögensrechtlichen Wert erhielt. Sie schädigte sich selber, wenn sie, sofern sie auf die Erfindung des Beklagten Anspruch hatte, der Patentierung entgegentrat. — Unerheblich ist endlich die Behauptung, daß die Klägerin den Beklagten beauftragt habe, für sie (in näher bezeichneter Richtung) experimentelle Versuche anzustellen; denn dadurch konnte der Inhalt des zwischen den Parteien abgeschlossenen Dienstvertrages nicht abgeändert und insbesondere nicht bewirkt werden, daß, obschon der Beklagte nach seinem Dienstvertrage nicht zu erfinderischer Tätigkeit angestellt war, das Ergebnis der bei Ausführung eines solchen Auftrages ausgeübten Tätigkeit Eigentum der Klägerin wurde. N.

f) Außerzeitliche Kündigung unter Angabe eines falschen Grundes. HGB. §§ 66. 67.

OLG. Kiel, I. CS. Urteil v. 9. Juli 1903.

Dem Kläger, der als Handlungsgehilfe gegen vierzehntägige Kündigung eingetreten war, hatte der Beklagte am 1. zum 15. Juni gekündigt. Da bei dem auf unbestimmte Zeit geschlossenen Dienstvertrage die Vereinbarung der vierzehntägigen Kündigung nach § 67 nichtig ist, so kann der Kläger Fortgewährung des Gehalts bis Ende August fordern. Da er aber Unredlichkeiten begangen hat, so war der Beklagte berechtigt, das Vertragsverhältnis am 1. Juni ohne Kündigung aufzulösen, es stand ihm daher auch frei, diese Beendigung erst am 15. Juni eintreten zu lassen. Denn das Gesetz schreibt nicht vor, daß, wenn ein wichtiger Grund zur Entlassung vorliegt, die Entlassung sofort einzutreten habe. Setzt der Geschäftsherr dem Angestellten noch eine Frist, bis zu deren Ablauf die Beschäftigung fortgesetzt werden soll, so liegt darin an sich eine Verletzung der Rechte des Angestellten nicht. Unerheblich ist auch, daß die zum 15. Juni ausgesprochene Entlassung ursprünglich auf die nichtige Vereinbarung einer zweiwöchigen Kündigung gestützt war. Zur rechtswirksamen Kündigung bedurfte es einer Grundangabe nicht. Deshalb schadete auch die Angabe eines falschen Grundes nicht, wenn nur zurzeit der Entlassung ein rechtfertigender Grund vorhanden war, mochte nun der Kündigende von diesem Grunde damals bereits Kenntnis erlangt oder ihn erst später erfahren haben. Gr.

g) **Konkurrenzklausel. Vorenthaltung der Provision als Kündigungsgrund. HGB. §§ 71, 74.**

OLG. Hamburg, IV. CS. Urteil v. 21. Oktober 1903.

... Auch wenn die Abrede, daß sich der Beklagte im gesamten Reichsgebiet ein Jahr lang an keinem Konkurrenzgeschäft beteiligen dürfe, in örtlicher Hinsicht sein Fortkommen unbillig erschwerte, würde deshalb die Klausel noch keineswegs völlig nichtig, sondern nach § 74 nur insoweit unverbindlich sein, als sie sich als Unbilligkeit darstellt. Nun wäre es gewiß nicht unbillig, wenn eine Aktiengesellschaft, wie die Klägerin, ihren Angestellten für die Dauer eines Jahres vertragsmäßig eine Konkurrenz an demjenigen Platze untersagte, an welchem der Angestellte bis zu seinem Ausscheiden tätig gewesen ist, denn es liegt in der Natur der Verhältnisse, und gerade das Verfahren des Beklagten zeigt dies, daß ein solcher Angestellter gerade bei demjenigen Publikum, bei dem er infolge seiner Stellung als Leiter der klägerischen Filiale in D. eingeführt war, eben Konkurrenz zu machen, bestrebt sein wird. ... Der Beklagte findet einen Grund zur Aufhebung des Vertrags in der Vorenthaltung der ihm gebührenden Provision. Selbst wenn aber die Klägerin rücksichtlich der Provision sachlich im Unrechte gewesen wäre, so würde daraus noch kein der Nr. 2 § 71 genügender Aufhebungsgrund hergeleitet werden können, denn es handelte sich hierbei um eine Meinungsverschiedenheit, deren Austragung im Rechtswege keine Lösung des langjährigen Verhältnisses erfordert hätte, und machte der Belauf dieser Provision (440 Mark) kaum 9% des durchschnittlichen Jahresverdienstes des Beklagten aus, so daß sich nicht annehmen läßt, daß er gerade durch die Vorenthaltung dieses Betrages etwa zur Annahme eines anderweiten Engagements zwecks Erwerbs seines und seiner Familie notwendigen Unterhalts gezwungen gewesen sei, dies umsoweniger, als er bereits monatelang vor seinem freiwilligen Ausscheiden wußte, daß man ihm diesen Betrag streitig mache, ohne daß er damals hieraus einen Anlaß zur sofortigen Aufhebung oder auch nur zur vertragsmäßigen Kündigung des Engagements genommen hätte. M. M.

h) **Agenturverhältnis. Vorzeitige Auflösung.**

OLG. Hamburg, III. CS. Urteil v. 7. Juli 1903.

Das Verhältnis des Agenten zu dem Geschäftsherrn, von dem er angestellt ist und dem er Dienste für dessen Geschäft gegen Entgelt leistet, fällt unter den Begriff des Dienstvertrags nach BGB. (Staub Anm. 4 zum § 84; Düringer-Hachenburg, Vorbem. III zum 7. Abschnitte, Denkschrift S. 73). Gemäß Art. 2 EG. zum HGB. hat hier ferner, da das HGB. selbst und das EG. dazu keine, etwas anderes bestimmende Übergangsvorschrift enthält, der Art. 171 EG. zum BGB. entsprechende Anwendung zu finden. Demnach konnte die Beklagte dem Kläger das (nach dem 1. Januar 1900 fortgesetzte) Vertragsverhältnis an sich nur gemäß § 92¹ HGB. kündigen. ... Wenn der § 72 hinsichtlich der Handlungsgehilfen als einen wichtigen Grund zu ihrer sofortigen Entlassung ansieht, wenn sie sich „erheblicher Ehrverletzungen" gegen den Prinzipal schuldig machen, so ist daraus unbedenklich zu folgern, daß in dem Verhältnisse des als selbständiger Kaufmann handelnden Agenten gegenüber dem Geschäftsherrn keine strengeren Grundsätze gelten und demgemäß bloße Unziemlichkeiten keinen Grund zur fristlosen Kündigung abgeben dürfen (Staub Anm. 5 zum § 92). Diese Erwägung wird auch nicht durch das Argument beseitigt, daß der § 72 sich wesentlich auf jugendliche Handlungsgehilfen beziehe, bei denen eine leichtere, gegen den Geschäftsherrn begangene Ehrverletzung mit erziehlichen Rügen 2c geahndet werden könne, und daß deshalb nur eine erhebliche Ehrverletzung dem Geschäftsherrn ein Recht zur sofortigen Entlassung eines Handlungsgehilfen gebe. Der § 72 bezieht sich vielmehr auf alle Handlungsgehilfen, auch die in vorgerücktem Alter stehenden und mit längerer Erfahrung ausgestatteten und selbst solche, die mit den handelsrechtlichen Vollmachten des Abschnittes 6 Buch 1 betraut sind. M. M.

i) **Wann ist eine Vertragsstrafe im Betriebe des Handelsgewerbes versprochen? HGB. § 348.**

OLG. Hamm, VI. CS. Urteil v. 3. Oktober 1903.

Der Beklagte (Bauunternehmer) hat zum Baue eines Hotels ein Hypothekendarlehn von der Klägerin (Bierbrauerei) erhalten, und sich dagegen verpflichtet, von ihr den gesamten Bierbedarf des Hotels für 5 Jahre zu beziehen bei Strafe von 10 Mark für jedes anderweit bezogene Hektoliter. Der Klage auf die Strafe wurde entsprochen. Gründe:

Die Vereinbarung einer selbst übermäßig hohen Strafe macht das Geschäft nach der Verkehrsanschauung nicht zu einem gegen die guten Sitten verstoßenden (BGB. § 138); vielmehr darf der Schuldner lediglich die Herabsetzung der Strafe auf den angemessenen Betrag beanspruchen, sofern sie nicht von einem Kaufmann im Betriebe seines Handelsgewerbes versprochen ist.

Letztere Voraussetzung trifft hier nicht zu. Denn auch für den Fall, daß der Beklagte das von ihm erbaute Hotel nicht schon am Tage der Ausstellung der Urkunde, sondern erst einige Monate später in Betrieb genommen hat, hat er doch die Urkunde als Kaufmann im Betriebe seines Handelsgewerbes ausgestellt. Er hatte sich ein Hypothekenkapital von der Klägerin geben lassen, die sich als Gegenleistung die Lieferung des Bieres für das beliehene Hotel sicherte. Damit versorgte sich der Beklagte, obgleich unfraglich die Erlangung des Baukapitals für ihn der Hauptzweck des Abkommens war, zugleich für den von ihm als Kaufmann geplanten Gewerbebetrieb als Restaurateur und Schenkwirt (HGB. § 1 Nr. 1). Insoweit enthält daher der Vertrag ein Vorbereitungsgeschäft für den Gewerbebetrieb des Beklagten, gehört also bei Anwendung des § 348 zu diesem Gewerbebetriebe selber. Wer Waren verkaufen will, schafft zunächst Waren an, und diese Anschaffung ist der erste Akt seines kaufmännischen Gewerbebetriebes (vgl. Entsch. des RG. 27 S. 227). Der Mietvertrag über den Laden, in welchem das Geschäft eröffnet werden soll, der Dienstvertrag mit dem anzustellenden Handlungsgehilfen, unterliegen als Vorbereitungsgeschäfte derselben Beurteilung (Staub zu § 348 Anm. 25, zu § 343 Anm. 14, 26). Das Abkommen war auf der Seite des Beklagten das erste Geschäft, das der Verwirklichung seiner Absicht, ein kaufmännisches Gewerbe zu betreiben, diente, ist deshalb als von einem Kaufmann in seinem Gewerbebetriebe abgeschlossen zu betrachten und die Strafe von ihm als in seinem Gewerbebetriebe versprochen anzusehen. Ob er zurzeit ihrer Verwirkung noch Kaufmann war, ist unerheblich. N.

k) **Klausel: „(nach Art der gesandten Probe)".**

OLG. Hamburg, IV. CS. Urteil v. 25. September 1903.

Diesen Worten kann nach der Sachlage weiter keine Bedeutung beigemessen werden als die, daß eine Ware geliefert werden müsse, die ihrer Gattung nach dieselbe Ware darstelle, wie eine dem Beklagten vorher eingesandte Probe. Dies ergibt sich aus dem Wortlaute des Vertrags selbst. Indem hier in den Worten:

Qualität: gute „handelsübliche" Ware (nach Art der gesandten Probe)

das Wort „handelsübliche" durch lateinische Schrift hervorgehoben und in Anführungszeichen gesetzt, die Worte „nach Art der gesandten Probe" dagegen eingeklammert sind, ist nicht nur angedeutet, daß auf dem Worte „handelsübliche" das Hauptgewicht liegt, sondern es ist sogar deutlich zu erkennen gegeben, daß die Worte „nach Art der gesandten Probe" lediglich die Qualitätsbezeichnung „gute handelsübliche Ware" erklären sollen. Der Zweck einer Einklammerung ist nach deutscher Schreibweise recht eigentlich der, einen Zusatz als lediglich zur Erläuterung des Vorhergegangenen bestimmt zu kennzeichnen, und so bedeutet denn auch die hier vorliegende Klammer nichts anderes, als daß eine Mitteilung folge, was Beklagter sich unter den vorhergehenden Worten „gute handelsübliche Ware" zu denken habe. Der Kläger verpflichtet sich durch die Bestimmung mit andern Worten nur, dem Beklagten gute handelsübliche Ware zu liefern, und setzt zur Erläuterung hinzu, daß die dem Beklagten gesandte Probe von dieser Beschaffenheit gewesen sei. M. M.

l) **Öffentlichkeit des Selbsthilfeverkaufs, besonders im Auslande. HGB. § 373.**

OLG. Dresden, IV. CS. Urteil v. 21. November 1902.[1]

Die Beklagte verneint die Öffentlichkeit des Selbsthilfeverkaufs (von Apfelsinen), weil bei der Versteigerung nur protokollierte Agrumen-(Südfrucht-) händler als Bieter zugelassen worden sind. Allein unter dem öffentlichen Verkauf des Art. 343 ist der Verkauf in den Formen zu verstehen, wie solche für öffentliche Versteigerungen nach den geltenden Rechtsgrundsätzen vorgeschrieben oder, sofern es an solchen fehlt, ortsüblich sind (ROHG. 16 S. 93, 20 S. 23, Entsch. des RG. 1 S. 270). Besondere gesetzliche Vorschriften über Selbsthilfeverkäufe in Triest sind weder vom Beklagten nachgewiesen,

[1] Revision zurückgewiesen, RG. VI 27/03.

noch bekannt (§ 293 CPO.). Wohl aber bezeugt (der versteigernde Makler) R. einen Gebrauch, nach welchem in Triest zu Agrumenlizitationen überhaupt nur protokollierte Agrumenhändler zugelassen werden.... Allerdings würde ein Ortsgebrauch keine Geltung haben, wenn er den Vorschriften des HGB. über den Selbsthilfeverkauf widerspräche und insbesondere die Öffentlichkeit des Verkaufs unterbinden wollte (Art. 1). Aber der bezeugte Gebrauch tut dies nicht. Denn das HGB. meint und fordert natürlich nicht eine Öffentlichkeit ohne Grenzen, welche sich auf alle Welt erstreckt, sondern nur in einer Ausdehnung, welche ihrem Zwecke genügt, nämlich einen angemessenen Preis beim Verkaufe erwarten läßt. Hierzu genügt eine Öffentlichkeit, welche sich auf die gewerblichen Händler mit der zum Verkauf stehenden Ware am Orte beschränkt (z. B. bei Heringen auf die Heringsmakler, Entsch. des RG. 1 S. 369), und vorliegend die Zulassung der protokollierten Agrumenhändler.... Allerdings hatte der Gebrauch die Folge, daß auch die Parteien ... nicht zugelassen wurden, sondern sich durch Agrumenhändler vertreten lassen mußten, welche sonst vielleicht in eigenem Namen geboten hätten. Aber auch dieser Umstand beschränkte die Öffentlichkeit des Verkaufes, bei dem auch alle übrigen Agrumenhändler erschienen waren und ein hoher Preis erzielt wurde, nicht in einem nach Art. 343 unzulässigen Maße. Dr. R.

m) **Unverzügliche Untersuchung.**[1] **HGB. § 377.**

α) OLG. Hamburg, III. CS. Zwischenurteil v. 24. Oktober 1903.

Die in der Unterlassung rechtzeitiger Mängelrüge zu findende Genehmigung erstreckt sich nicht bloß auf unbedeutende Qualitätsabweichungen, sondern auch auf so große, wie es verdorbener Ware gegenüber gesünder ist, ja nach § 378 sogar auf Waren ganz anderer Art.... Allerdings ließ sich eine wirksame Untersuchung nicht anders bewerkstelligen, als das aus jeder der 10 Kisten zwei Stichproben entnommen wurden, was 30 Mark kostete. Allein wie schon in dem ähnlichen älteren Falle HGZ. Hbl. 1880 Nr. 31 und 45 ausgeführt ist, spricht das noch nicht gegen die Untersuchungspflicht, sondern es wird nur Käufern von Konserven in zugelöteten Blechdosen Anlaß geben, sich eine Garantie für Haltbarkeit der Ware auszubedingen, die freilich den Preis steigern mag. Wer aber dergleichen Konserven ohne jede Garantie am Platze kauft, kann sich von der Untersuchungspflicht nicht schon deshalb für befreit halten, weil eine gründliche Untersuchung Aufopferung von ca. 4% der Ware bedingt. Denn es kann nicht angenommen werden, daß der Verkäufer ganz dem Belieben des Käufers überlasse, wann dieser die gekaufte Ware öffne und prüfe. M. M.

β) OLG. Hamburg, IV. CS. Urteil v. 3. Juli 1903.

Die Kläger haben die Ware [Spielkarten] der Order gemäß an den Spediteur X. zu Lübeck zur Verfügung der Beklagten gesandt, dadurch aber keineswegs zu erkennen gegeben, daß sie mit einem Aufschub der Untersuchung

[1] Auch eine Arglist des Verkäufers, die nicht für das Verhalten des Käufers kausal war, schließt die Anwendung der Abs. 1—4 § 377 aus (RG. 26. Juni 1903 II 4/03).

bis nach Ankunft der Ware in Helsingfors einverstanden seien, und zwar trifft dies auch dann zu, wenn die Ware seemäßig, d. h. in Kisten, entweder mit Blecheinsatz oder mit Öltucheinlagen verpackt gewesen sein sollte. Solche Verpackung machte es keineswegs untunlich, die Ware in Lübeck zu untersuchen. Haben die Beklagten die Verwendung von Blecheinsätzen oder Öltucheinlagen wahlweise angeordnet, so haben sie jedenfalls keine Verpackung vorgeschrieben, die wie z. B. dies bei verlöteten Einsätzen der Fall ist, hätte verletzt werden müssen, um die Untersuchung zu ermöglichen. Auch ist die Ware nicht direkt von der Bahn aufs Schiff verladen, sondern zunächst in die Verfügung des Spediteurs gelangt, der sie laut Frachtbrief umgemarkt hat. Die Beklagten hätten also ohne erhebliche Schwierigkeiten entweder die Ware in Lübeck selbst untersuchen, oder aber durch den Spediteur Stichproben aus ihr entnehmen und nach Hamburg kommen lassen können. Demgemäß konnten die Kläger aus der von den Beklagten angeordneten Art der Verpackung keineswegs schließen, daß es die Absicht der Beklagten sei, die Untersuchung bis Helsingfors aufzuschieben, und es kann daher keine Zustimmung zu solchem Verfahren darin gefunden werden, daß sie die empfangenen Anweisungen anstandslos ausgeführt haben. M. M.

b) Anmeldung der Ladebereitschaft. Berechnung der Überliegezeit. HGB. §§ 567 ff.

OLG. Hamburg. IV. CS. Urteil v. 22. Juni 1903.

Nach dem Frachtvertrage hatte die Beklagte ihren Seeleichter in der ersten Hälfte Juni ladefertig zu stellen; sie war mithin auch berechtigt, die Ladefertigkeit für den 1. Juni anzumelden, und konnte diese Anmeldung an jedem Tage vor dem 1. Juni rechtsverbindlich beschaffen, wenn nur das Fahrzeug tatsächlich am 1. Juni zur Einnahme der Ladung an dem der Klägerin bezeichneten Ladeplatze bereit lag. . . . Aus § 567² folgt nur, daß eine am Sonnabend gemachte Anzeige über die Ladefertigkeit erst für den Montag den Lauf der Ladezeit eröffnet, und in Übereinstimmung hiermit hat die Beklagte die Ladezeit vom Montag, den 2. Juni ab gerechnet. Weshalb sie aber nicht berechtigt gewesen sein sollte, die Anzeige der Ladefertigkeit am 31. Mai zu machen, ist nicht abzusehen.

Da im Frachtvertrag eine nach einer bestimmten Anzahl von Tagen bemessene Ladezeit nicht vereinbart, vielmehr der Kläger die Ladung dem Schiffe so schnell zu liefern hatte, als dieses sie fortstauen konnte, so kann die fernere Bestimmung: „Für jeden mehreren Liegetag, den der Kapitän sowohl am Lade- als am Löschplatze über die bedungene oder gesetzliche Zeit liegen muß, werden 150 Mark bezahlt", nur bedeuten, daß der Reederei für einen jeden Tag, um den die Beladung des Schiffes dadurch verzögert wird, daß der Ablader dem Schiffe nicht dasjenige Quantum Ladung zur Verfügung stellt, welches dieses zu verstauen in der Lage ist, 150 Mark zu zahlen sind. . . . Die Beladung des Schiffes ist eben auch solchenfalls um die entsprechende Anzahl von Tagen verzögert worden. Bei dieser Vereinbarung bedurfte es einer Anzeige der Beklagten nur hinsichtlich der Ladebereitschaft, um beim Unterbleiben sofortiger Beladung die Voraussetzungen eines Anspruches auf die vereinbarte Entschädigung zu begründen; eine Anzeige vom Ablaufe der Ladezeit gemäß § 569² kommt nicht in Frage, weil der Kläger sofort mit der Lieferung der Ladung zu beginnen und die Lieferung so schnell zu bewirken hatte, wie das Schiff die Ladung verstauen konnte, und es kann auch von einer Ausgleichung einer solchen Versäumnis in der Beladung durch deren spätere Beschleunigung nicht die Rede sein, weil der Kläger die Ladung so schnell zu liefern hatte, wie das Schiff sie abnehmen konnte.... M. M.

o) **Begriff der Leckage. HGB. § 456.**

OLG. Hamburg, III. CS. Urteil v. 20. Juni 1903.

... Leckage bedeutet eine eigentümliche Art des Verlustes, welcher Flüssigkeiten, die in Gefäßen aufbewahrt und transportiert werden, ausgesetzt sind. Der Begriff hat seine wesentliche Bedeutung im Transportverkehr, wo es selbstverständlich in der Regel von Bedeutung sein wird, ob die Leckage während des Transportes stattgefunden hat. Die Frage aber, wo und wie die Gebinde das Schiff, die Eisenbahn ꝛc nach eingetretener Leckage verlassen haben, steht mit dem Begriff der Leckage in gar keinem Zusammenhang. Das Landgericht geht davon aus, daß mit dem Verkaufe der Faßtrümmer Totalverlust eingetreten ist, und daß Totalverlust und Leckage sich gegenseitig ausschließen. Höchstens könnte jedoch in Frage kommen, ob nicht hinsichtlich der Fässer allein Totalverlust, mithin in bezug auf die versicherten Güter — Faß und Inhalt — ein teilweiser Verlust eingetreten ist, der insofern allerdings nicht auf Leckage beruhen würde. Indessen einerseits ist ein selbständiger Anspruch auf Ersatz des Wertes der Fässer nicht geltend gemacht, andererseits würde auch in bezug auf die Fässer versicherungsrechtlich immer nur Beschädigung vorliegen, wobei der Umstand, daß die Faßtrümmer den Bestimmungsort nicht erreicht haben, ohne Bedeutung ist.

Zweifelhaft könnte nur erscheinen, ob Leckage auch dann noch angenommen werden kann, wenn durch plötzlichen Einfluß einer äußeren Gewalt die Gefäße zerstört und der Inhalt auf einmal verschüttet wird. Die Leckage wird in der Regel darin bestehen, daß die Flüssigkeit durch die nicht absolut schließenden Fugen des Gebindes hindurchsickert, und der allgemeine Sprachgebrauch ließe sich mit einer gewissen Berechtigung dafür verwerten, daß man von einem Auslecken von Gefäßen nur so lange reden kann, als Gefäße als solche noch vorhanden sind, aus denen ein Auslaufen stattfinden kann. In der Literatur scheint die Frage ex professo nirgends behandelt zu sein. Cosack (Handelsrecht § 90 2 I^b Anmerkung) führt ohne nähere Begründung als Beispiele von gewöhnlicher und außergewöhnlicher Leckage die Fälle an, dort, daß Spiritus verdunstet oder in die Faßwände eindringt, hier, daß er durch einen Spalt der Faßwände ausläuft. Staub definiert zu § 456 Note 10: „das Dringen der Flüssigkeit durch die Fugen des Gefäßes ohne äußere Beschädigung"; er spricht aber an dieser Stelle nur von der gewöhnlichen Leckage, und es bleibt zweifelhaft, ob er nur diese oder Leckage überhaupt definieren will. Beim § 459 Nr. 4, wo von der außergewöhnlichen Leckage die Rede ist, kommt er auf die Sache nicht zurück. Entscheidungen sind anscheinend in neuerer Zeit nicht ergangen, was mit einem gewissen Recht darauf schließen läßt, daß der Verkehr die Frage im Sinne der älteren Rechtsprechung für entschieden hält. Diese vertrat (Voigt, Seeversicherungsrecht S. 619) den Standpunkt, daß es nicht darauf ankomme, ob die Flüssigkeit allmählich oder dadurch plötzlich ausfließt, daß das Gefäß durch den Unfall gänzlich zertrümmert wird. Mit Recht legt Voigt auch die unter dem Eindrucke dieser Rechtsprechung entstandenen Seeversicherungsbedingungen im gleichen Sinne aus, und es erscheint um so mehr geboten, an dieser Praxis festzuhalten, als die Grenze zwischen völliger Zerstörung und Beschädigung schon begrifflich exakt nicht bestimmt werden kann, außerdem aber auch tatsächlich die Vorgänge sich meist nicht genügend in das Einzelne hinein werden aufklären lassen, um zu bestimmen, ob das eine oder das andere stattgefunden hat. Auch vorliegend steht über diese Einzelheiten der Vorgänge, welche zum Verlust der Güter geführt haben, nichts fest. Es wäre möglich, daß infolge des starken Arbeitens des Schiffes die Stauung gelockert worden ist und daß alsdann die Fässer sämtlich oder zum Teil durch plötzliche Gewalt zerdrückt worden sind. Näher vielleicht liegt die Annahme, daß einzelne Fässer undicht geworden sind, dadurch einesteils des Inhalts entleert, dem äußeren Drucke gegenüber an Widerstandskraft verloren haben und eingedrückt worden sind, so daß nunmehr erst die Stauung gelockert wurde und die Ladung überging, was dann weitere Schäden verursachen mußte.

Sonach erscheint schon auf Grund § 106 Abs. 1—3 ASVB. die Ablehnung der Haftung abseiten der Beklagten gerechtfertigt. . . . M. M.

40

a) Blankoakzept. Nachträgliche Beifügung des Ausstellers.

OLG. Zweibrücken, I. CS. Urteil v. 20. Januar 1903.

Zur Zeit der Präsentation und Protesterhebung lag kein vollgültiger Wechsel vor, da die Unterschrift des Klägers als Aussteller nicht auf der Vorderseite des Kontextes, sondern auf der Rückseite beigefügt war. Für die Frage aber, ob deshalb der wechselmäßige Anspruch gegen den Beklagten als Akzeptanten überhaupt nicht entstanden ist infolge der nachträglichen sachgemäßen Beifügung der Unterschrift, ist davon auszugehen, daß, wer ein Blankoakzept übergibt, den Nehmer unwiderruflich ermächtigt, den übrigen Inhalt verabredungsgemäß auszufüllen und so einen vollgültigen Wechsel herzustellen, daß, solange der Wechsel nicht vollständig hergestellt ist, eine wechselmäßige Bindung des Akzeptanten nicht besteht, daß aber bezüglich der Reihenfolge und Zeit der Ausfüllung das Gesetz keine ausdrückliche Bestimmung getroffen hat. Nur soviel muß in letzterer Richtung aus dem Wesen des Wechsels und des Wechselprozesses gefolgert werden, daß ein vollständiger Wechsel vorliegen muß in dem Zeitpunkte, mit dem der wechselmäßige Anspruch geltend gemacht wird. Dieses Erfordernis wäre also unerläßlich, wenn der erwähnte Anspruch mittels Klage, Zahlungsbefehls, durch Anmeldung im Konkurse erhoben wird. Unerläßlich wäre wohl die Vollständigkeit des Wechsels auch zur Zeit der Präsentation sowie Protesterhebung, wenn sich mit diesen Akten Rechtsfolgen in bezug auf den wechselmäßigen Anspruch gegen den Akzeptanten verknüpfen, wie z. B. im Falle des Art. 43 WO. Wie nun, abgesehen von dem hier nicht gegebenen Falle des Art. 43, zur Erhaltung des wechselmäßigen Anspruchs gegen den Akzeptanten weder die Präsentation noch Erhebung des Protestes notwendig ist, die beiden Akte vielmehr nur die Inverzugsetzung des Akzeptanten herbeizuführen bezwecken, so kann wohl auch nicht davon die Rede sein, daß die Bindung des Akzeptanten eines Blanketts aufhört und ein wechselmäßiger Anspruch nicht entstehen kann, wenn zur Zeit der Präsentation der Wechsel noch nicht die Unterschrift des Ausstellers trägt, sondern erst nachträglich vervollständigt wird. Allerdings war zur Zeit der Akzepterteilung die Verfallzeit bereits eingefügt; allein dadurch wurde keineswegs vereinbart oder ausgedrückt, daß der Beklagte nur dann wechselmäßig verhaftet sein solle und wolle, wenn bis zum Verfalltage der Wechsel die übrigen wesentlichen Bestandteile in sich enthalte. Vielmehr sollte dadurch festgelegt werden, daß der Kläger die Wechselsumme überhaupt nicht vor dem betreffenden Zeitpunkte verlangen durfte und der Beklagte solche nicht vorher zu zahlen brauchte. Auch wurde der Beklagte als Akzeptant berechtigt, falls am Verfalltage der Wechsel nicht vorgelegt wurde, die Wechselsumme auf Gefahr und Kosten des Wechselinhabers zu hinterlegen. Im übrigen dauert aber die Bindung des Beklagten und, sobald der Wechsel innerhalb der Verjährungszeit vollständig hergestellt und vollgültig wurde, die wechselmäßige Verpflichtung bis zum Eintritte der Verjährung, falls der Wechselanspruch nicht vor Ablauf derselben freiwillig getilgt oder auf dem Zwangswege beigetrieben wird. Schm.

b) **Der Wechselinhaber kann von den Protestkosten und Auslagen keine Zinsen verlangen.**

OLG. Darmstadt, I. CS. Urteil v. 6. März 1903.

Neben der WO. kommen allerdings bei Wechselverbindlichkeiten subsidiär die Regeln des neuen Handelsrechts und gegebenenfalls des neuen bürgerlichen Rechts in Betracht. Dies kann jedoch nur dann der Fall sein, wenn sich nicht aus den Vorschriften des Wechselrechts, sei es unmittelbar, sei es aus ihren rechtlichen Folgerungen, ein anderes ergibt (vgl. Art. 32 EG. z. BGB., Art. 2^2 EG. z. HGB.). Wenn nun nach Art. 50 WO. die Regreßansprüche des Wechselinhabers auf die dort bezeichneten Ansprüche beschränkt sind, so schließt schon der Wortlaut eine Verweisung auf das Handelsrecht oder das BGB. aus. Demzufolge können Zinsen von Auslagen weder als Verzugs- noch als Prozeßzinsen, noch als kaufmännische Zinsen nach § 353

HGB. beansprucht werden. Durch die im Art. 50 bestimmten Sätze ist der Gläubiger für sein gesamtes Interesse an der nichtrechtzeitigen Erfüllung der Wechselverbindlichkeit gedeckt. Hg.

c) **Der zur Domizilierung ermächtigte Aussteller darf seinen Domizilvermerk nachträglich durch keinen anderen ersetzen.**

OLG. Posen, IV. CS. Urteil v. 30. Juni 1903.

Der Wechselaussteller wurde bei Empfang des ausgefüllten und vom Beklagten akzeptierten Wechsels ermächtigt, den Wechsel zu domizilieren. Er hat ihn zunächst in K. domiziliert, darauf aber diesen Vermerk durchstrichen und durch die Worte „zahlbar in P." ersetzt. Allein diese nachträgliche Abänderung, nachdem der Wechsel bereits ausgefüllt und durch die Hinzufügung des ursprünglichen Domizilvermerks vollendet worden war, ist unzulässig und im wechselrechtlichen Sinne eine Fälschung (Rehbein, WO. Art. 7 Anm. 3). Denn der Aussteller, der ein Akzept der Ermächtigung gemäß ausfüllt und domiziliert, erklärt dadurch deutlich, daß der so ausgefüllte und domizilierte Wechsel derjenige sei, zu dessen Ausstellung er vom Akzeptanten ermächtigt sei (Entsch. des RG. 9 S. 135, 53 S. 261). Hieraus folgt, daß seine Ermächtigung nunmehr erschöpft ist, daß er den Domizilvermerk nicht mehr beseitigen und durch einen anderen ersetzen darf, daß der ursprüngliche Domizilvermerk für die wechselmäßige Verpflichtung der Akzeptanten allein maßgebend bleibt und entfällt, sofern an einem anderen Orte Protest erhoben ist. . . . Allerdings hat Beklagter auf die Mitteilung des Ausstellers geschwiegen; allein sie enthielt nur die Nachricht von der späteren Domizilierung, verschwieg aber, daß der Wechsel ursprünglich einen Domizilvermerk auf K. getragen hatte, daß dieser durchstrichen und durch einen neuen Domizilvermerk auf P. ersetzt worden war. In dem Schweigen des Beklagten ist daher nur die Genehmigung des Inhalts der erhaltenen Mitteilung, nicht aber des weiteren, ihm unbekannten Sachverhalts zu finden. Rr.

d) **Haftung aus einem vor der Begebung gestohlenen in blanko akzeptierten Wechsel.**

OLG. Stuttgart, I. CS. Urteil v. 30. Oktober 1902.

In betreff der Entstehung der Wechselverbindlichkeit schließt sich der Senat mit der herrschenden Ansicht der Kreationstheorie an. Danach genügt es, daß eine Person in der Absicht, sich wechselmäßig zu verpflichten, eine der WO. entsprechende Wechselerklärung (Unterschrift) abgibt und der Wechsel sodann in die Hände eines gutgläubigen Erwerbers kommt. Der Beklagte hat seinen Namen auf das — von der Angabe der Wechselsumme in Zahlen abgesehen — unausgefüllte Wechselformular in der Absicht gesetzt, hiermit ein Wechselakzept herzustellen und sich damit seinem Gläubiger A. und dessen etwaigen Nachmännern gegenüber, wechselmäßig zu verpflichten. Der Fall liegt demnach nicht so, daß Beklagter aus einer Unterschrift belangt würde, die er gar nicht in der Absicht, sich wechselmäßig zu verpflichten, abgegeben hatte. Allerdings war damals das Wechselformular (von der Wechselsumme abgesehen) nicht ausgefüllt. Es ist aber allgemein anerkannt, daß Blankoakzepte, falls nachher der Wechsel ordnungsmäßig ausgefüllt wird, rechtswirksam sind, und daß dieser Wirksamkeit insbesondere der Art. 7 WO. nicht entgegensteht. Es besteht auch keineswegs, wie Beklagter meint, „bei dem Blankoakzept Einigkeit darüber, daß die bloße Unterschrift zur Begründung einer Wechselverpflichtung nicht genügen, vielmehr hier der Verpflichtungswille noch durch die Begebung des Wechsels Ausdruck finden könne": vgl. vielmehr für die gegenteilige Ansicht Grünhut, Wechselrecht § 64 Note 2; Staub § 10 zu Art. 7; Entsch. des RG. 32 Nr. 19, 14 Nr. 7. Läßt man einmal — der Kreationstheorie entsprechend — den Aussteller einer Wechselerklärung haften, obwohl eine Begebung des Wechsels nicht stattgefunden hat, vielmehr der Wechsel vor der (beabsichtigten) Begebung gestohlen worden ist, und läßt man weiter mit der herrschenden und gerechtfertigten Ansicht den Aussteller eines Blankoakzepts nach Maßgabe der späteren, wenn auch seinem Willen nicht entsprechenden, Ausfüllung des Wechsels haften, so ist auch der weitere Schritt durch die Natur des Wechsels gerechtfertigt und durch die Bedürfnisse des Wechselverkehrs geboten, daß nämlich der Aussteller eines in Verpflichtungsabsicht ausgestellten Blankoakzepts auch in dem Fall für haftbar aus dem Akzept erklärt wird, wenn ihm dieses gestohlen wird und sodann in die Hände eines gutgläubigen Erwerbers gelangt (Entsch. des RG. 2 S. 99 Abs. 3; Bähr, Urt. des RG. S. 9—12). Der Fall der Wechselfälschung, insbesondere der Fälschung oder falschen Anfertigung von Wechselunterschriften (Art. 75, 76) liegt anders, sofern eine solche Fälschung häufig bei Anwendung gehöriger Aufmerksamkeit sich rechtzeitig entdecken läßt und den (angeblichen) Aussteller des gefälschten Wechsels regelmäßig nicht der Vorwurf der Unvorsichtigkeit trifft, während in Fällen vorliegender Art es sich damit meist anders verhält. Die beiden Fälle müssen daher auch verschieden behandelt werden. H.

e) **Ein gefälschtes Wechselakzept wird auch durch eine nachträgliche Genehmigung nicht wirksam.**

OLG. Dresden, IV. CS. Urteil v. 7. Juli 1903.

Die Behauptung, daß Beklagter das, wenngleich zunächst ohne seine Genehmigung von X. auf den Wechsel gesetzte Akzept nachträglich genehmigt habe, ist rechtlich wirkungslos. Da eine wirkliche Fälschung des Akzeptes vorliegt, so kann eine solche durch eine nachträgliche Erklärung nicht beseitigt oder durch eine spätere, der Wechselform entbehrende Unterschriftsgenehmigung gültig werden. Der Fall würde zwar anders zu beurteilen sein, wenn keine wirkliche Fälschung vorläge, der Urheber des Akzepts es vielmehr in Erwartung nachträglicher Genehmigung, etwa als Geschäftsführer ohne Auftrag, auf den Wechsel gesetzt hätte; derartige tatsächliche Voraussetzungen liegen aber nach dem Sachstande nicht vor (vgl. Staub, WO. S. 179; Holdheims Monatsschrift 12 S. 126; Seuffert 49 S. 330, 51 S. 199). Schm.

41

a) **Das preuß. Ausf.-G. Art. 46 § 2 hält auch die partikularrechtlich, insbesondere in der Solmser Landesordnung bestehende Haftung des überlebenden Ehegatten für Eheschulden den Gläubigern gegenüber aufrecht.**

OLG. Cassel, II. CS. Urteil v. 19. März 1903.

Der Vater des Beklagten ist 1901 mit Hinterlassung seiner Ehefrau, des Beklagten und dreier anderer Kinder gestorben. Er ist daher — neben dem Beklagten und dessen Geschwistern — von seiner Witwe als Statutarerbin nach der Solmser Landesordnung beerbt worden. Die Beerbung gründet sich auf EG. Art. 200[1] in Verbindung mit preuß. Ausf.-G. Art. 54 § 4 und 46 § 2, wonach die nach den bisherigen Gesetzen dem überlebenden Ehegatten am Vermögen des Verstorbenen zustehenden Rechte erbrechtliche Wirkungen des Güterstandes sind, für welche die bisherigen Gesetze mit den im § 3 Art. 46 bestimmten Änderungen maßgebend bleiben. Daß dem Landesrecht die Befugnis zu der Deklaration des Art. 54 § 4 und 46 § 2 zustand, kann nicht bezweifelt werden, insbesondere trifft der hiergegen von Crusen-Müller angeführte Umstand, daß der § 2 Art. 46 nicht vor, sondern gleichzeitig mit dem BGB. in Kraft getreten, daß also die Deklaration nicht schon innerhalb des dem alten Landesrecht angehörenden zeitlichen Machtbereichs einen Rechtszustand geschaffen habe, den das in Kraft tretende neue Reichsrecht fertig vorgefunden habe, nicht zu. Denn das BGB. und das EG. fanden am 1. Januar 1900 die Art. 54 § 4 und 46 § 2 als zurzeit des Inkrafttretens geltend vor, weil die Vorschriften eben gleichzeitig mit jenen Gesetzen in Kraft getreten waren. Es bedarf daher keiner Nachprüfung, ob das Ehegattenerbrecht des Solmser Landrechts nach seiner geschichtlichen Entwickelung und bisherigen Behandlung als eine erbrechtliche Wirkung des Güterstandes anzusehen ist.

Die rechtliche Stellung des überlebenden Ehegatten einer dem Solmser Landrecht unterworfenen Ehe war derart gestaltet, daß er die halbe fahrende Habe zu Eigentum — und zwar teils als Gemeinschaftsgenosse, teils als Erbe — erwarb, daß ihm der Beisitz an dem nicht in sein Eigentum übergehenden Teile des Nachlasses mit Dispositionsrecht über die Acquästobjekte, im übrigen als Nießbraucher zustand, daß er im hier vorliegenden Falle der beerbten Ehe als persönlicher Schuldner sowohl den Nachlaßgläubigern als den Eigentumserben gegenüber für alle während der Ehe gemachten Schulden in deren ganzen Umfange haftete und auch die übrigen Schulden aus dem Nachlasse zu zahlen hatte. Das Solmser Recht enthält hiernach nicht nur Vorschriften, die bloß Rechte des Überlebenden am Nachlasse, sondern auch weitere Vorschriften, welche seine Rechtsstellung zu den Nachlaßgläubigern betreffen. Es fragt sich daher, ob auch diese letzteren Vorschriften vom § 2 Art. 46 mitumfaßt werden. In der Literatur wird z. B. von Stranz-Gerhard S. 298 der § 2 dahin ausgelegt, daß lediglich die dem Überlebenden nach den bisherigen Gesetzen am Vermögen des Verstorbenen zustehenden Rechte aufrecht erhalten seien, daß aber die Rechtsverhältnisse gegenüber den Gläubigern lediglich nach dem BGB. beurteilt werden müßten. Zur Begründung wird ausgeführt, die Absicht des Gesetzgebers sei, wie aus der Begründung zu Art. 45 (jetzt Art. 46) Abs. 2 hervorgehe, dahin gegangen, hierbei die erbrechtlichen Vorschriften des BGB. zur Anwendung zu bringen. Um dies noch deutlicher auszudrücken, sei an Stelle der ursprünglichen Fassung des Entwurfs „Für die erbrechtlichen Wirkungen des Güterstandes bleiben die bisherigen Gesetze maßgebend" in der Kommission die jetzt Gesetz gewordene Fassung gewählt worden, nach der nur die Rechte des überlebenden Ehegatten am Vermögen des Verstorbenen, nicht aber die Normen über die Stellung zu den Nachlaßgläubigern aufrecht erhalten seien. Dieser Ansicht kann jedoch nicht beigetreten werden. Die Begründung sagt, nach dem Entwurf seien die nicht durch die Gütergemeinschaft von Todeswegen bedingten Vorschriften über die erbrechtliche Stellung des Ehegatten dem Erbrecht des BGB. gewichen. Zu diesen Vorschriften rechnet die Begründung bei dem märkischen Ehegatten (Art. 46) die Normen über die Haftung gegenüber den Nachlaßgläubigern. Aus dem erstgenannten Satze der Begründung ergibt sich, daß die durch die Gütergemeinschaft von Todeswegen bedingten Vorschriften über die erbrechtliche Stellung des überlebenden Ehegatten auch weiter Geltung behalten, und es ergibt sich daraus zugleich, daß die erbrechtliche Stellung jenes Ehegatten im ganzen — soweit sie durch die Gütergemeinschaft von Todeswegen bedingt ist — nicht nur, soweit sie dem Überlebenden bloß Rechte gewährt, aufrecht erhalten werden soll. Aus dem im zweiten Satze der Begründung enthaltenen Ausspruch bezüglich des märkischen Rechts folgt aber keineswegs, daß das Gleiche auch für die dieses Gebiet betreffenden Normen des Solmser Rechts gilt. Die Begründung spricht daher, soweit das Solmser Recht in Betracht kommt, nicht dafür, daß die Vorschriften dieses Rechts über die Haftung des Überlebenden für Eheschulden gegenüber den Nachlaßgläubigern dem Erbrecht des BGB. gewichen seien. Die Beantwortung der Frage hängt nach der Begründung vielmehr davon ab, ob diese Vorschriften zu den durch die Gütergemeinschaft von Todeswegen bedingten Vorschriften über die erbrechtliche Stellung des Überlebenden gehören oder nicht. Es ist aber auch weiter nicht anzunehmen, daß die Kommission des Abgeordnetenhauses bei der von ihr vorgenommenen Änderung der Fassung des Art. 46 Abs. 2 von der Absicht geleitet worden sei, vom Standpunkt der Begründung abzuweichen, daß sie durch die Abänderung habe ausdrücken wollen, die Haftung gegenüber den Nachlaßgläubigern solle sich nach dem BGB. richten. Der Kommission kam es vielmehr darauf an, die Rechte des Überlebenden als erbrechtliche Wirkung des Güterstandes zu deklarieren. Damit wollte sie aber nicht einen Unterschied zwischen den Rechten und den Pflichten des Überlebenden machen, sondern unter Festhaltung des der Begründung zum Entwurf, der bereits von der erbrechtlichen Stellung des Überlebenden gesprochen hatte, zugrunde liegenden Gedankens aussprechen: Die Rechtsstellung des Überlebenden ist eine erbrechtliche Wirkung des Güterstandes. Es spricht nichts dafür, daß die Kommission nur die Rechte der überlebenden Ehegatten, nicht aber seine Pflichten, sofern sie nach dem bisherigen Recht mit jenen Rechten in untrennbarem Zusammenhange stehen, sofern sie dem Überlebenden eben um der ihm zugestandenen Rechte willen auferlegt sind, aufrecht erhalten wollte. Ein solches Auseinanderreißen der Rechtsstellung des überlebenden Ehegatten würde etwas durchaus Willkürliches, Unnatürliches sein. Eine dahingehende Auslegung des Gesetzes kann nicht mit dem Hinweise darauf gerechtfertigt werden, daß das Gesetz nur von den Rechten des überlebenden Ehegatten spricht.

Nach dem Solmser Recht stellt sich die Verpflichtung des Überlebenden zur vollen Bezahlung der Eheschulden bei beerbter Ehe als eine durch die diesem Ehegatten gewährten beiden Bezüge bedingte und begründete Verbindlichkeit dar; denn nach Tit. 28 § 6 Solmser Landesordnung soll ihm der halbe Teil der fahrenden Habe anvererbt und verfallen, ihm auch der Beisaß am übrigen Nachlasse vorbehalten sein, „dagegen er auch . . . die Schulden, so in stehender Ehe gemacht, für voll bezahlen soll“ (Heusers Annalen 16 S. 135). Hiernach ist der überlebende Ehegatte einer nach dem Inkrafttreten des BGB. durch den Tod aufgelösten Ehe, für die der Güterstand des Solmser Landesrechts gilt, für die Eheschulden den Nachlaßgläubigern persönlich verhaftet. Daneben steht seine Pflicht, aus dem im übrigen seinem Beisitz und Nießbrauch unterliegenden Nachlasse die Nachlaßschulden zu bezahlen.

Es fragt sich aber, ob nicht neben dieser Verpflichtung des überlebenden Ehegatten auch eine Haftung des Eigentumserben den Gläubigern gegenüber schon während der Dauer des Beisitzes besteht. Wenn man nicht eine Hinausschiebung des Erbanfalles nach Analogie der Nacherbschaft annimmt, was vor die Alternative stellt, entweder den Beisaßberechtigten als Vorerben anzusehen oder eine zeitweilige Erblosigkeit des Nachlasses anzunehmen, so scheint aus § 1967 BGB. die sofortige Haftung des Erben für die Nachlaßschulden zu folgen. Die Rechtsstellung des Eigentumserben gegenüber den Nachlaßgläubigern kann sich aber nur insoweit nach dem BGB. richten, als dessen Vorschriften mit dem durch die Aufrechterhaltung der Rechtsstellung des überlebenden Ehegatten nach Solmser Landrecht geschaffenen Rechtszustand vereinbar sind. Nach dem bisherigen Recht war aber die Haftung des Überlebenden für die Eheschulden während der Dauer des Beisitzes dergestalt ausschließlich, daß die Eigentumserben während dieser Zeit nicht in Anspruch genommen werden konnten. Ihre Rechtsnachfolge war, wie auch die bisherige Rechtsprechung anerkannt hat, dahin geordnet, daß — soweit nicht der Überlebende Eigentum an den Nachlaßgegenständen erwirbt — die Benutzung und Verwaltung des Vermögens beider Ehegatten zunächst ausschließlich auf den Überlebenden kraft des diesem zustehenden Erbrechts übergeht und erst nach

Beendigung dieses Erbrechts die Blutsverwandten des Verstorbenen zur wirklichen Ausübung der ihnen zukommenden Erbberechtigung und zum Genusse der betreffenden Teile des Nachlasses gelangen. Der Beisitz stellt sich im allgemeinen als Fortsetzung der gemeinschaftlichen Benutzung des gesamten Vermögens beider Ehegatten dar. Mit dieser Verwaltung und Benutzung ist die Obliegenheit zur Befriedigung der auf diesem Vermögen lastenden Schulden verbunden. Demzufolge stellt sich die Beteiligung der verschiedenen Erbberechtigten an der Rechtsnachfolge, soweit es sich um die Haftung für die Schulden handelt, nicht als eine in gleicher Linie nebeneinander bestehende, sondern als eine nach Maßgabe der Befugnis zur Benutzung des Nachlasses nacheinander zunächst dem Überlebenden und erst nach Beendigung des diesem zukommenden Beisitzes die Eigentumserben treffende dar, wenn auch die Praxis anerkannte, daß die Eigentumserben schon während des Beisasses der Rechtswohltat des Inventars verlustig werden und dann insoweit belangt werden konnten, als der Anspruch gegen den Beisaßberechtigten nicht beitreibbar war (Heusers Annalen 19 S. 351). Diese auf deutschrechtlicher, von der Anschauung des BGB. abweichenden Auffassung beruhende Gestaltung der Haftung ist mit der durch das BGB. geordneten Haftung des Erben nicht vereinbar. Nach dem Recht des BGB. tritt der Erbe mit dem Tode des Erblassers in dessen Rechtspersönlichkeit sofort voll ein, alle Rechte und alle Verpflichtungen des Erblassers gehen auf ihn über. Nach dem Solmser Recht hat der Eigentumserbe — vom Falle übler Verwaltung abgesehen — während der Dauer des Beisitzes noch keine schon jetzt ausübbaren Rechte bezüglich des Nachlasses und deshalb regelmäßig auch noch keine schon jetzt geltend zu machende Verpflichtung bezüglich der Schulden. Diese Gestaltung der Haftung für die Schulden muß daher als eine mit der Rechtsstellung des Überlebenden in innerem Zusammenhang stehende Ordnung der Haftung angesehen werden. Das führt zu der Annahme, daß das BGB. bezüglich der Haftung des Eigentumserben im Falle der Beerbung nach Solmser Landrecht durch den Vorbehalt im EG. Art. 200, AG. Art. 54 § 4 und 46 § 2 dahin modifiziert ist, daß die Haftung der Eigentumserben für Eheschulden während des Bestehens des Beisitzes nicht geltend gemacht werden darf und nicht etwa nur die Zwangsvollstreckung während dieser Zeit unzulässig ist. Die Haftung des Erben für Nachlaßschulden ist nach dem BGB. zunächst eine Haftung mit dem Nachlasse, auf die der Erbe, der das Recht der Haftungsbeschränkung nicht verloren hat, den Nachlaßgläubiger verweisen darf. Das setzt aber die Ordnung des bürgerlichen Erbrechts voraus, kraft deren er zur Deckung der Nachlaßschulden über die Nachlaßgegenstände verfügungsberechtigt ist. Durch den Beisitz des solmsrechtlichen Ehegatten und für dessen Dauer ist dem Eigentumserben jedes Verfügungsrecht über den Nachlaß entzogen. Seine Stellung ist bezüglich des ganzen Nachlasses dieselbe, welche das BGB. während fortgesetzter Gütergemeinschaft den erbteilsberechtigten Abkömmlingen bezüglich des Gesamtgutes der Ehe zuschreibt. Weil sie nichts tun können, um dem Gesamtgutsgläubiger durch Verfügung über Bestandteile des Gesamtguts zur Befriedigung zu helfen, schließt für diese Zeit der § 1489³ ihre persönliche Haftung für die aus dem Gesamtgut zu tilgenden Verbindlichkeiten aus. In entsprechender Anwendung dieser Bestimmung ist für die Dauer des Beisasses die persönliche Verbindlichkeit des nach BGB. eintretenden Erben gerade ebenso als ausgeschlossen anzusehen, wie sie nach dem bisherigen Rechte ausgeschlossen war. F.

b) **Eine Ehefrau, die unter rheinischem Recht Gütertrennung vereinbart hat, ist jetzt nicht mehr gemäß Art. 217 C. c. bei ihren Verfügungen an die Mitwirkung des Mannes gebunden.**

EG. Art. 200³. Preuß. Ausf.-G. Art. 56ff.

Kammergericht, I. Ferien-S. Beschluß v. 1. August 1903.

Allerdings bleibt nach EG. Art. 200³ „soweit die Ehefrau nach den für den bisherigen Güterstand maßgebenden Gesetzen infolge des Güterstandes oder der Ehe in der Geschäftsfähigkeit beschränkt sei, diese Beschränkung in Kraft, solange der bisherige Güterstand besteht", und es können Zweifel angeregt werden, welche Tragweite den letzten fünf Worten beizumessen sei. Indessen ist, wie aus den Motiven zu entnehmen, der Gesetzgeber eine Bestimmung über das Inkraftbleiben der erwähnten Beschränkungen für Ehefrauen früherer Ehen zu geben, dadurch veranlaßt worden, daß er der Möglichkeit eines Mißverständnisses hat vorbeugen wollen, als griffe auch für jene Rechtsverhältnisse der Grundsatz Platz, daß die Geschäftsfähigkeit einer Person vom Inkrafttreten des BGB. an prinzipiell nach dessen Vorschriften zu beurteilen sei. Weiter aber ist der Zusammenhang des Art. 200 und des Art. 218 nicht zu übersehen. Wenn im Art. 200 der Einfluß der neuen Reichsgesetzgebung als solcher auf die Rechtsverhältnisse in vermögensrechtlicher Beziehung, insbesondere auf die Güterrechtsverhältnisse der bestehenden Ehen im allgemeinen geordnet ist, so ist in Art. 218 der Landesgesetzgebung die Befugnis erteilt, nach dem Inkrafttreten des BGB., soweit nach den Bestimmungen des in Rede stehenden Abschnittes die bisherige Landesgesetzgebung maßgebend geblieben sei, diese auch durch Landesgesetze zu ändern. Der Bestimmung hat die Absicht zugrunde gelegen, die Landesgesetzgebung in den Stand zu setzen, die bestehenden Rechtsverhältnisse möglichst der neuen Gesetzgebung anzupassen. Obige Befugnis der Landesgesetzgebung hat sich auch auf die Ordnung des ehelichen Güterrechts für die vor 1900 eingegangenen Ehen und der Bestimmungen über Verfügungsbeschränkungen der Ehefrauen jener Ehen, soweit sie auf der bisherigen Gesetzgebung beruht haben, erstrecken sollen und erstreckt; sie ist in dieser Beziehung inhaltlich unbeschränkt, insbesondere nicht beschränkt durch die Verordnungen im Art. 200. Mit Rücksicht auf diesen Zusammenhang zwischen Art. 200 und 218 kann der Abs. 3 Art. 200 nur den mit dem ersten Satz des Art. 200 im Einklang stehenden Sinn haben, daß die Fortdauer jener Verfügungsbeschränkung solange zu währen habe, als nicht eine Änderung der rechtlichen Grundlagen für die bisherigen Güterstände einträte.

Letztere Voraussetzung ist indessen für Preußen verwirklicht, und zwar für die früheren Güterstände des rheinischen Rechts nach Maßgabe der Art. 56 ff. Ausf.-G. Hiernach will das Gesetz dasjenige Rechtsverhältnis, gemäß dessen rheinische Eheleute vor 1900 im Güterstande der gesetzlichen Gütertrennung, auch wenn diese, wie hier durch Vertrag unter ihnen begründet worden, gelebt haben, seit dem 1. Januar 1900 nicht mehr nach früherem rheinischen Recht, sondern nach den §§ 1427 ff. BGB. beurteilt wissen, und zwar auch hinsichtlich der Frage der Geschäftsfähigkeit der Ehefrau. Die Motive zu dieser Bestimmung enthalten den Satz: „Wenn nach dem BGB. die in Gütertrennung lebende Frau mit Bezug auf die Geschäftsfähigkeit und das Verfügungsrecht ganz einer unverheirateten Frau gleichsteht, so unterliegt die Anwendung dieses Grundsatzes auf die bestehenden Ehen selbst in den Fällen der vertragsmäßigen Gütertrennung keinem Bedenken, da eine Beeinträchtigung eines Verwaltungs- und Nutznießungsrechtes des Mannes hier nicht in Betracht kommt". Die Kommission des Abgeordnetenhauses hat diesen Standpunkt zum ihrigen gemacht, der Entwurf ist demnächst Gesetz geworden, und daraus ist zu schließen, daß der Gesetzgeber insoweit die Bestimmungen des Entwurfs mit den in seiner Begründung dargelegten Konsequenzen hat zum Inhalt des Gesetzes gemacht wissen wollen. Von diesen Gesichtspunkten aus hat für das eheliche Güterrecht seit dem 1. Januar 1900 nicht mehr der bisherige Güterstand, nämlich nicht die Gütertrennung des rheinischen Rechtes bestanden, sondern ein neuer Güterstand der Gütertrennung nach BGB. Mit dieser Änderung ist auch die Geschäftsfähigkeit der Ehefrau S. lediglich nach BGB. zu beurteilen. Sch.

c) **In Stralsund wird bei der Auseinandersetzung mit den Kindern nach Lübischem Recht nur der Nachlaß des verstorbenen Ehegatten geteilt.**

OLG. Stettin, III. CS. Urteil v. 17. März 1903.

Der Beklagte, dessen Frau 1900 in Stralsund verstarb, hatte daselbst schon seit vielen Jahren seinen Wohnsitz. Da seine Ehe beerbt war, lebte er in der GG. des Lübischen Rechts, denn diese galt für beerbte Ehen, und zwar mit zwingender Kraft für alle in Stralsund wohnenden, nicht eximierten Eheleute, sowohl im Verhältnis zu Dritten, als auch im Verhältnis der Eheleute zueinander, und ohne Rücksicht darauf, ob sie früher in einem anderen Güterrechte gelebt hatten. An Stelle dieser GG. ist mit dem 1. Januar 1900 nach Art. 51 § 1 Ausf.-G. zum BGB. die GG. des BGB. getreten und nach der ausdrücklichen Vorschrift des § 4² sind für die Teilung des Gesamtgutes bei Auflösung der Ehe durch den Tod eines Ehegatten die bisherigen Gesetze maßgebend. Es fragt sich deshalb, welche Teilungsvorschriften beim Inkrafttreten des BGB. in Stralsund galten. Hätte damals das Lübische Statut noch in seiner ursprünglichen Gestalt gegolten, so wäre der Beklagte zur Totalteilung verpflichtet gewesen. Aber gerade inbetreff der Teilung des

Gesamtgutes war das rezipierte Lübische Recht längst abgeändert, und zwar dahin, daß in den gesetzlichen Fällen einer notwendigen Absonderung die Kinder nicht berechtigt waren, die Totalteilung des Gesamtvermögens der Eltern zu verlangen, sondern sich mit der Teilung des Vermögens des zuerst Verstorbenen begnügen mußten. Diese Abänderung beruhte auf notorischem Gewohnheitsrecht, war aber für Stralsund durch ein Statut des Magistrats vom 4. März 1835 noch besonders bestätigt. Allerdings konnten in früherer Zeit Vorschriften des Lübischen Rechts nur dann als durch ein entgegenstehendes Gewohnheitsrecht außer Kraft gesetzt angesehen werden, wenn die Observanz durch gleichförmige Entscheidungen der Gerichte zu beweisen war (Provinzialrecht VI S. 23); diese Beweisvorschrift hat aber jetzt jede Bedeutung verloren. Nach § 293 CPO. bedarf es, wenn das Gewohnheitsrecht gerichtskundig ist, überhaupt keines Beweises, und das hier in Rede stehende Gewohnheitsrecht ist gerichtskundig. Was aber das Statut von 1835 anbelangt, so muß die Zuständigkeit des Magistrats zum Erlaß eines solchen Statuts für das damalige Recht anerkannt werden. Die Stadt Stralsund besaß das jus statuendi auf Grund des Landtagsabschiedes vom 16. Dezember 1669 (Provinzialrecht T. III S. 210), also mit landesherrlicher Ermächtigung, und diese Ermächtigung ist bis zu dem Inkrafttreten der preußischen Verfassungsurkunde, abgesehen von den hier nicht in Betracht kommenden Polizeisachen, nicht zurückgenommen. Auf diesem Standpunkt steht auch der Entwurf des Provinzialrechts von 1837, denn dort ist das Recht der Städte, Statuten und Willkür zu errichten, wieder mit aufgenommen (§§ 424 bis 426 T. I S. 82). Nach der Stralsunder Gerichtsordnung konnte es auch keinem Zweifel unterliegen, daß die städtischen Statuten dem Lübischen Rechte vorgingen (Provinzialrecht T. VI S. 24 Ziff. 5) und daß demnach durch solche Statuten das Lübische Recht auch abgeändert werden konnte.

Nicht bedenklich ist es weiter, daß, wenn die Teilungsvorschriften des rezipierten Lübischen Rechts, wie der § 2 T. II. 7. 2 zwingende Kraft hatten, dasselbe von der durch Gewohnheitsrecht oder Autonomie herbeigeführten Abänderungen gelten muß, da auch diese Abänderungen als Lübisches Recht, wenn auch nur als modifiziertes Lübisches Recht, anzusehen sind. Dabei erscheint es gleichgültig, ob jemand vorher nach reinem Lübischen Recht, oder überhaupt nicht nach Lübischem Rechte gelebt hatte. Klägerin hat auch nicht behaupten können, daß die Praxis zwischen rezipierten Vorschriften und späteren Abänderungen je einen Unterschied gemacht habe. M.

d) **Recht des zweiten Mannes an einer seiner Frau von ihrem geschiedenen Manne gezahlten Rente. Ersetzung der Zustimmung der Frau durch das Vormundschaftsgericht. BGB. §§ 1073, 1379.**

Kammergericht, Ferien-CS., Beschluß v. 21. August 1903.

Die Ehefrau G. erhält von ihrem Manne erster Ehe, A., von welchem sie geschieden ist, eine vertragsmäßig zugesicherte Rente von monatlich 350 Mark. Als Streit zwischen ihr und ihrem zweiten Ehemanne über das Recht zum

Bezuge der Rente entstand, hat der Rentenschuldner zur Auszahlung an den Berechtigten mit der Erklärung hinterlegt, daß bezüglich dieser restlichen Beträge unter den Eheleuten Streit herrsche. Der Antrag des G., gemäß § 1379 die Zustimmung seiner Ehefrau zur Auszahlung der bereits hinterlegten, sowie der künftig fälligen Beträge an ihn zu ersetzen, wurde zurückgewiesen. **Gründe:**

Der Antrag des Beschwerdeführers stützt sich auf die Vorschrift des § 1379 BGB. Die Voraussetzungen zur Anwendung dieser Vorschrift liegen aber hier nicht vor. Was zunächst die Zustimmung zur Einziehung der künftig fällig werdenden Renten betrifft, so würden allerdings, wenn diese einzelnen Leistungen der Ehefrau des Beschwerdeführers zustehen würden, und zwar als Teil ihres eingebrachten Gutes, die Einziehung dieser Leistungen sich als ein Rechtsgeschäft darstellen, zu dem der Beschwerdeführer der Zustimmung seiner Ehefrau bedürfen werde; denn die Einziehung und Entgegennahme des Gegenstandes einer Forderung ist eine Verfügung über diese, und nach §§ 1375, 1376 Nr. 2 BGB. kann der Mann über Forderungen der Frau, abgesehen von der Aufrechnung, nur mit Zustimmung der Frau verfügen (Planck Anm. 2 zu § 1376 BGB.). Ob dann ein Antrag auf Ersetzung der Zustimmung der Ehefrau schon jetzt hinsichtlich aller künftig fällig werdenden Renten ohne eine zeitliche Beschränkung und ohne Darlegung der Zweckmäßigkeit der Einziehung bezüglich der einzelnen Renten gerechtfertigt wäre oder ob für jede fällige Rente die Ersetzung der Zustimmung unter besonderer Begründung nachgesucht werden müßte (vgl. (Rsp. 6 Nr. 46e S. 280), kann dahingestellt bleiben. Denn tatsächlich gehören die einzelnen Renten nicht zum Vermögen der Ehefrau. Würden allerdings die einzelnen Renten selbständige, von einem Hauptrecht unabhängige Ansprüche sein, die durch die Fortdauer des Lebens der Ehefrau des Beschwerdeführers bedingt und durch die festgesetzten Fälligkeitszeiten befristet sind, so würden sie eingebrachtes Gut der Ehefrau sein und dem Beschwerdeführer würde bezüglich der einzelnen Rentenforderungen der Ehefrau, nur das Verwaltungsrecht gemäß den vorerörterten §§ 1375, 1376 Nr. 2, 1379 BGB. und das Nutznießungsrecht gemäß §§ 1363, 1383 BGB. d. i. das Recht auf die Nutzungen, welche aus den einzelnen Forderungen gezogen werden, zustehen (Planck Anm. zu § 1073, Anm. 2 zu § 224 BGB.). Da jedoch das Recht auf die Renten für die Ehefrau durch einen Vertrag mit ihrem ersten geschiedenen Ehemann offenbar zur Erfüllung der sich aus § 1578 BGB. ergebenden Unterhaltspflicht begründet worden und die Rente lebenslänglich in fortdauernd gleichen Zeiträumen und gleichen Beträgen zu entrichten ist, so handelt es sich um ein, einer Leibrente oder einem Auszug ähnliches Recht auf wiederkehrende Leistungen, und sind die Renten als Leistungen zu erachten, die auf Grund des Rentenbezugsrechts gefordert werden können. Gemäß § 1073 BGB. gebühren aber dem Nießbraucher einer Leibrente, eines Auszugs oder eines ähnlichen Rechts die einzelnen Leistungen, die auf Grund des Rechts gefordert werden können, und gemäß § 1383 BGB. erwirbt der Ehemann die Nutzungen des eingebrachten Gutes in derselben Weise und in demselben Umfange wie ein Nießbraucher. Daraus folgt, daß der Beschwerdeführer die einzelnen Renten mit dem Augenblicke der Fälligkeit als sein Eigentum erwirbt; denn das Rentenbezugsrecht ist das eingebrachte Gut, an welchem dem Beschwerdeführer das Nutznießungsrecht zusteht, und die einzelnen Renten gelten gemäß §§ 1073, 1383 BGB. als die Nutzungen dieses eingebrachten Gutes (Planck Anm. 1 zu § 1383 BGB). Danach kann der Beschwerdeführer, solange sein Nutznießungsrecht dauert, über die einzelnen Renten als über sein Eigentum allein und ohne Zustimmung seiner Ehefrau verfügen, insbesondere auch dieselben einziehen. Der Umstand, daß die Ehefrau gegen den Beschwerdeführer die Ehescheidungsklage erhoben hat, ändert daran nichts; erst mit der Rechtskraft eines auf Scheidung der Ehe lautenden Urteils, hören gemäß § 1564 BGB. die Rechte des Ehemannes auf. Allerdings kann die Frau, wenn eine der im § 1418 BGB. aufgeführten Voraussetzungen vorliegt, auch schon vorher auf Aufhebung der Verwaltung und Nutznießung des Ehemannes klagen, und die Ehefrau des Beschwerdeführers hat auch versucht, ihrem Ehemann auf diesem Wege das Verwaltungs- und Nutznießungsrecht zu entziehen; sie ist jedoch mit ihrem Anspruch nicht durchgedrungen. Danach findet § 1379 BGB. hinsichtlich der künftig zu zahlenden Renten keine Anwendung. Wenn der Rentenschuldner sich weigern sollte, diese Renten an den Beschwerdeführer zu entrichten, muß diesem anheimgestellt bleiben, sein alleiniges Recht auf die Renten im Prozeßwege gegen den Rentenschuldner geltend zu machen.

Was sodann die hinterlegten Rentenbeträge anlangt, so kann Beschwerdeführer diese allerdings ohne Zustimmung seiner Ehefrau von der Hinterlegungsstelle nicht erlangen. Es ist aber auch in dieser Hinsicht die Vorschrift des § 1379 BGB. nicht anwendbar. Wäre zu der Einziehung dieser Renten seitens des Beschwerdeführers die Zustimmung seiner Ehefrau erforderlich gewesen und hätte der Rentenschuldner wegen Verweigerung dieser Zustimmung und wegen des dadurch eingetretenen Annahmeverzuges der Ehefrau die Rentenbeträge gemäß § 372 Satz 1 BGB. hinterlegt, so würde allerdings der Antrag auf Ersetzung der Zustimmung zur Auszahlung der hinterlegten Beträge gemäß § 1379 BGB. zulässig sein (vgl. Planck Anm. 2 zu § 1376 BGB.). Es würde dem Antrag auch nicht entgegenstehen, wenn die Ehefrau ihre Weigerung darauf gestützt hätte, daß nicht ihrem Ehemanne, sondern ihr selbst und allein das Verfügungsrecht über die Rentenbeträge zustehe; denn auch über diese, das Vorhandensein der Voraussetzungen des § 1379 BGB. betreffende Frage hätte das Vormundschaftsgericht zu entscheiden und es würde im Falle der Unrichtigkeit der Behauptung der Ehefrau ihre Weigerung im Sinne des § 1379 BGB. „ohne ausreichenden Grund" erfolgt sein (vgl. Jahrbuch 23 A S. 177). Da jedoch nach obigen Ausführungen der Beschwerdeführer allein zur Entgegennahme der Rentenbeträge berechtigt war, so fehlt es zur Anwendung des § 1379 BGB. an der Voraussetzung, daß ein Rechtsgeschäft vorgenommen werden soll, zu dem der Mann der Zustimmung der Frau bedarf; und diese Voraussetzung würde auch nicht hergestellt sein, wenn der Rentenschuldner in dem Glauben, daß die von der Ehefrau verweigerte Zustimmung zur Rechtswirksamkeit der Leistung an den Beschwerdeführer notwendig sei, die Hinterlegung bewirkt hätte. Tatsächlich aber hat der Rentenschuldner auch nicht wegen Verweigerung der erforderlichen Zustimmung seitens der Ehefrau die Rentenbeträge hinterlegt, sondern, wie die Hinterlegungserklärung ergibt, wegen eines zwischen den Eheleuten bestehenden Streits über das Eigentumsrecht an den Forderungen. Die Hinterlegung ist also gemäß Satz 2 des § 272 BGB. wegen Ungewißheit über die Person des Gläubigers erfolgt, und zwar als Streitmasse zwischen den beiden Forderungsprätendenten. Danach aber ist das Vormundschaftsgericht in keinem Falle zuständig darüber zu entscheiden, ob die hinterlegten Beträge dem Beschwerdeführer zuzuweisen sind; vielmehr muß, wenn der Beschwerdeführer und seine Ehefrau sich nicht hierüber einigen, die Entscheidung des Prozeßrichters angerufen werden. Ob die Hinterlegung rechtmäßig erfolgt und der Rentenschuldner wegen der Renten für Mai und Juni 1903 dadurch befreit ist oder ob der Beschwerdeführer ohne Rücksicht auf die Hinterlegung Zahlung dieser Renten noch zu seinen Händen von dem Schuldner verlangen kann, bedarf hier der Erörterung nicht. B.

e) **Veräußerung der zum Gesamtgut gehörigen Liegenschaft durch die Ehefrau.**

OLG. Colmar, II. CS. Beschluß v. 25. Mai 1903.

Durch notariellen Akt hat die Frau A. das Eigentum an dem Grundstück, das nun auf den Beschwerdeführer eingetragen werden soll, diesem übertragen. Hierzu war sie aber, da die Eheleute A. in allgemeiner GG. leben und das Grundstück zu dieser gehört, nicht berechtigt, sondern nur der Mann, allerdings nach § 1445 BGB. nur mit Einwilligung der Frau. Letztere liegt in der Tatsache der Veräußerung durch die Frau, und der Mangel, daß die Veräußerung durch einen Nichtberechtigten vorgenommen worden ist, ist dadurch gehoben, daß der dazu berechtigte Ehemann die Veräußerung genehmigt und seiner Frau diese Genehmigung hat zustellen lassen, sonach gemäß §§ 185², 182 BGB. jene Verfügung der Frau rechtswirksam geworden ist. Fr.

f) **Der gütergemeinschaftliche Mann kann auf Zahlung weggenommener Gelder gegen die Frau nur klagen, wenn sie ausreichendes Vorbehaltsgut besitzt. BGB. § 1467.**

OLG. Hamburg, IV. CS. Urteil v. 26. Juni 1903.

Die Beklagte hat sich von ihrem Manne entfernt und ihm ein zum Gesamtgut gehöriges Sparkassenbuch weggenommen und eingezogen. Die Klage auf Zahlung wurde zurzeit abgewiesen. Gründe:

Das Landgericht legt bei seiner Verurteilung die §§ 1443, 1438, 823 BGB. zu grunde unter dem Hinweis, daß Beklagte durch die eigenmächtige rechtswidrige Fortnahme des Sparkassenbuchs das dem Kläger zustehende Verwaltungsrecht am Gesamtgute verletzt habe. Es hätte hinzufügen können, daß auch das Besitzrecht des Klägers verletzt worden sei. Jenes Verwaltungsrecht wie dieses Besitzrecht gehören zu den subjektiven Rechten, von denen neben absoluten Rechten im § 823 die Rede ist. Eine Klage des Mannes bei Geltung der GG., wenn die Frau die gemeinsame Wohnung unter Mitnahme von Hausstandssachen verläßt, auf deren Zurückschaffung erscheint daher nach § 249 Satz 1 wohlbegründet. Sie setzt jedoch voraus, daß die Gegenstände noch bei der Frau vorfindlich sind, wonach es sich dann nur darum handelt, das Verwaltungs- und Besitzrecht des Mannes wieder herzustellen. Hier ist aber nichts mehr von dem ursprünglich bei der Sparkasse belegten Gelde vorhanden. Die Beklagte hat zwar selbstverständlich für das, was sie rechtswidrig dem Gesamtgute entzogen hat, zu haften. Sie ist aber Schuldnerin nicht des Mannes, sondern gegenüber dem Gesamtgut. Was sie zum Gesamtgute schuldet, hat sie nach § 1467 erst nach Beendigung der GG. zu leisten und diese ist bis jetzt noch nicht beendigt. Die Ausnahme des § 1467 ist nicht gegeben. Ein Vorbehaltsgut der Frau ist als vorhanden weder behauptet, noch ohne weiteres zu vermuten. Der jetzt anhängige Streit kann daher erst bei Beendigung der GG. ausgemacht werden. Dann findet die Auseinandersetzung nach §§ 1471 ff. statt und ist dabei erst zu erörtern, was die Beklagte infolge ihres eigenmächtigen Handelns zum Gesamtgut zu erstatten hat, was ihr wegen inzwischen bestrittener Aufwendungen an Unterhalt für sich und die Kinder gutzurechnen ist und was sie im Falle des § 1478 wegen Zurückerstattung eingebrachter Gelder zu fordern haben möchte. M. M.

g) Zur Auslegung des BGB. § 1477.

OLG. Hamburg, III. CS. Urteil v. 14. Juli 1903.

Der Beklagte hat neben der Klägerin, seiner geschiedenen Frau, die Versteigerung des Grundstücks zu beantragen, weil feststeht, daß das Haus gar nicht ihm in die Ehe gebracht ist. Seine Ausführung, es müsse dem der Fall gleichgestellt werden, daß das Grundstück aus Geldmitteln angeschafft worden sei, die größtenteils von ihm früher in die Ehe gebracht seien, ist verfehlt. Der § 1477² will Rücksicht auf Affektionswert an eingebrachten Sachen nehmen und ist nicht willkürlich auszudehnen. Ebenso verkehrt ist der Einwand, daß von einer Versteigerung keine Rede sein könne, bis die letzten Samtgutsverbindlichkeiten berichtigt seien. Gerade dann, wenn solche Passiva noch zu berichtigen sind, bleibt keine andere Möglichkeit der gesetzlich vorgeschriebenen Teilung des Samtguts und der dazu erforderlichen Ermittelung seines Wertes, als der hier beantragte Modus der Zwangsversteigerung. Denn nach § 1475³ ist das Gesamtgut, soweit erforderlich, in Geld umzusetzen, und die Motive verweisen auf die Analogie konkursmäßiger Befriedigung der Samtgutsverbindlichkeiten. So gut wie der Konkursverwalter zur Zwangsversteigerung etwa vorhandener Grundstücke schreitet, ebenso muß dies bei der Auseinandersetzung des Samtguts nach Hälften unter geschiedenen Ehegatten geschehen, weil bei einem freihändigen Verkauf die zum Konsens nötige Willenseinigung beider Ehegatten nur in seltenen Fällen zu erzielen ist. § 180 ZwVG. sieht denn auch solche Zwangsversteigerung im Falle der Aufhebung einer Gemeinschaft (und auf die Rechtssätze darüber verweist § 1477[1]) ausdrücklich vor. Sie ist natürlich kein Akt der Zwangsvollstreckung, sondern ein Sicherungsmittel gegen die Gefahren und Schwierigkeiten eines freihändigen Verkaufs. § 15 ZwVG. kommt nur insoweit in Betracht, als darin ein Antrag der Beteiligten für erforderlich erklärt wird. M. M.

h) **Grundstückserwerb für die Errungenschaftsgemeinschaft durch den Mann.**[1]

OLG. Colmar, II. CS. Beschluß v. 3. Juni 1903.

Der Beschwerdeführer hat ein Grundstück angesteigert und hierbei die Auflassungserklärung dahin abgegeben, daß er den Zuschlag und die Auflassung annehme. Der Versteigerer hat erklärt, „daß er die den Ansteigerern zugeschlagenen Grundstücke auf sie übertrage und in den Übergang in deren Eigentum und soweit sie in GG. verheiratet seien, in das Eigentum der bestehenden Gemeinschaft einwillige". Beschwerdeführer lebt, wie bei dem Grundbuchamt offenkundig ist, in Errungenschaftsgemeinschaft und hat die Eintragung des Grundstücks „in Gütergemeinschaft" beantragt. Die Vorinstanzen haben dies jedoch abgelehnt, weil nicht für das Gesamtgut erworben sei. Das OLG. hält diese Auffassung, entgegen den in seinem Beschlusse vom 9. April 1900 (Elf. Lothr. Zeitschrift 25 S. 340) gemachten Ausführungen, für unrichtig. Da der Beschwerdeführer in Errungenschaftsgemeinschaft lebt, so wird alles, was er während derselben erwirbt, nach § 1519[1] Gesamtgut, und zwar, wie auf Grund des in § 1519 für anwendbar erklärten § 1438 Abs. 2 und 3 anzunehmen ist, von Rechts wegen, ohne daß es einer weiteren Übertragung auf die Gemeinschaft durch Rechtsgeschäft bedarf, und so, daß jeder Ehegatte die Berichtigung des Grundbuchs herbeizuführen berechtigt ist, wenn der Erwerb bloß auf den Namen eines der Ehegatten eingetragen worden ist. Bei dieser Rechtslage ist auch gleichgültig, wie die Auflassung lautet, ob auf beide Ehegatten oder auf einen allein, da auch der durch einen Ehegatten allein gemachte Erwerb in die GG. fällt. Der Beschwerdeführer, als gesetzlicher Verwalter des Gesamtguts (§ 1443), hat deshalb mit Recht die Eintragung des erworbenen Grundstücks als Gesamtgut beantragt. Wenn das Landgericht ausführt, es müsse zunächst der Mann allein eingetragen und dann den Beteiligten überlassen bleiben, eine Berichtigung des Grundbuchs unter Nachweis des Güterrechts herbeizuführen, so erscheint ein solcher Umweg hier um so überflüssiger, als die Voraussetzungen zur Berichtigung schon jetzt vorliegen, insbesondere das eheliche Güterrecht offenkundig ist. Dr. Frz.

[1] Rsp. 5 Nr. 78b S. 427; vgl. auch 7 Nr. 7c S. 54.

42

a) Scheidungsklage aus § 1567¹ BGB.

Kammergericht, XII. CS. Urteil v. 30. September 1903.

Durch das Ende 1900 rechtskräftig gewordene Urteil vom 8. November war die Beklagte zur Herstellung der häuslichen Gemeinschaft verurteilt. Der Mann klagt nunmehr auf Scheidung wegen böslicher Verlassung, wurde jedoch abgewiesen. Gründe:

Nach § 1567¹ liegt bösliche Verlassung dann vor, wenn ein Ehegatte trotz rechtskräftiger Verurteilung die häusliche Gemeinschaft ein Jahr lang gegen den Willen des anderen Ehegatten und in böslicher Absicht nicht hergestellt hat. Es muß also bei dem Kläger die ernstliche Absicht vorhanden gewesen sein, die häusliche Gemeinschaft wieder herzustellen, und die Beklagte das Zusammenleben ohne rechtlichen Grund verweigert haben. Beide Voraussetzungen sind hier zu vermissen. Der Beklagten ist darin beizutreten, daß sie sich zur Rechtfertigung ihrer Verweigerung des häuslichen Zusammenlebens auch auf solche Tatumstände berufen kann, die in die Zeit nach dem Erlaß des Urteils auf Herstellung der häuslichen Gemeinschaft, wenn auch vor den Eintritt seiner Rechtskraft fallen. Dies trifft auf das Schreiben des Klägers vom 1. Dezember 1900 zu. Aus diesem Schreiben ergibt sich aber als Grund der Feindseligkeit des Klägers und der Entzweiung der Parteien ein Streit über die Mitgift; von ihrer Auszahlung macht der Kläger seine Bereitwilligkeit, die Beklagte bei sich aufzunehmen, ausdrücklich abhängig. Er zeigt sich also nicht unbedingt bereit, die häusliche Gemeinschaft herzustellen, sondern nur unter einer Bedingung, deren Erfüllung nicht einmal im Willen der Beklagten lag. Daraus folgt, daß er nicht die ernstliche Absicht hatte, bedingungslos, wie er verpflichtet war, bei sich die Beklagte aufzunehmen, und daß diese sich daher nicht gegen seinen Willen der häuslichen Gemeinschaft entzogen hat. Außerdem enthält aber das Schreiben so schwere Beleidigungen der Beklagten, daß sie danach bei ihrer Rückkehr sich auf rohe Behandlung hätte gefaßt machen müssen, zumal ihr der Kläger sogar für den Fall, daß sie nach Erfüllung seines Mitgiftverlangens zurückkehren würde, in Aussicht stellt zu zeigen, was eine Frau dem Manne gegenüber tun müßte und wozu sie da sei, ihr also offenbar eine strenge Behandlung ankündigt. Unter diesen Umständen war der Beklagten nicht zuzumuten, die häusliche Gemeinschaft wieder aufzunehmen, solange der Kläger nicht Beweise einer Sinnesänderung gab. ... Die im Schreiben enthaltenen Beschimpfungen stellen sich aber auch als ein ausreichender Scheidungsgrund aus § 1568 dar und rechtfertigen nach § 1353² die Weigerung der Beklagten, die häusliche Gemeinschaft herzustellen. H.

b) Öffentliche Zustellung nach BGB. § 1567 Nr. 2.

OLG. Celle, I. CS. Urteil v. 19. Juni 1903.

Den Eltern der Klägerin und dem Gemeindevorsteher ist der Aufenthalt des Beklagten seit 1895 unbekannt gewesen, und er war ihnen auch zur Zeit der Klagerhebung nicht bekannt. Der Bruder des Beklagten hat dem Ortsvorsteher auf dessen Erkundigung erklärt, daß er den Aufenthalt des Beklagten nicht kenne, daß er von ihm zwar einen Brief erhalten habe, diesen aber nicht finden könne. Die Voraussetzungen für die öffentliche Zustellung waren daher bereits 1895 gegeben, und zur Zeit der Klagerhebung war somit seit dem Eintritte dieser Voraussetzungen mehr als ein Jahr verstrichen. Nun wußte zwar der Bruder des Beklagten trotz der dem Ortsvorsteher gegebenen Auskunft, daß sich der Beklagte in Chicago aufhielt, und er kannte auch seine nähere Adresse daselbst. Dies ist aber unerheblich. Denn die Möglichkeit, daß der Aufenthalt einer in unbekannter Ferne weilenden Person irgend jemandem bekannt ist, liegt stets vor, und es reicht deshalb diese Feststellung nicht aus, um das nachgewiesene Vorliegen der Voraussetzungen der öffentlichen Zustellung zu der in Betracht kommenden Zeit aus dem angegebenen Grunde in Frage zu stellen. Str.

c) **Der vom Mann gegen die Unterhaltsklage seiner Frau bestellte Bevollmächtigte ist nicht zur Aufforderung des § 1571² befugt. Die getrennt lebende Frau darf nicht für die bei ihr lebenden Kinder den Unterhalt einklagen.**

OLG. Colmar, III. CS. Urteil v. 29. September 1903.

Die Frau A. ist berechtigt, auf Scheidung zu klagen und darf deshalb die Herstellung der ehelichen Gemeinschaft verweigern und Unterhalt durch Entrichtung einer Geldrente fordern (§§ 1353, 1361). Die Frage, ob dieses Recht gemäß § 1571² erloschen ist infolge der Aufforderung des Mannes an seine Frau, entweder die häusliche Gemeinschaft herzustellen oder die Scheidungsklage zu erheben, wäre zu bejahen, wenn die Aufforderung rechtsgültig ergangen wäre. Denn durch § 1571 sollte dem Ehegatten die Möglichkeit gegeben werden, eine endgültige Entscheidung herbeizuführen (vgl. Prot. 4 S. 435); mit fruchtlosem Ablauf der Frist ist die Berechtigung zur Scheidungsklage ausgeschlossen. Die Aufforderung ist aber nicht rechtswirksam. Sie ist erfolgt im Laufe des wegen Gewährung einer Unterhaltsrente schwebenden Rechtsstreits durch einen an den Prozeßbevollmächtigten der Frau zugestellten Schriftsatz des Prozeßbevollmächtigten des Mannes. Die Aufforderung ist eine empfangsbedürftige Willenserklärung. Es kann dahingestellt bleiben, ob hier im Hinblick auf den persönlichen Charakter des dem Ehegatten gewährten Rechtes eine Stellvertretung im Willen überhaupt zulässig ist. Jedenfalls war der Bevollmächtigte weder hierzu noch zur Vertretung in Erklärung des Willens befugt. Die Aufforderung ist kein prozessualer Rechtsbehelf im allgemeinen und steht insbesondere in gar keinem Zusammenhange mit der Klage auf Unterhaltsgewährung. Sie ist mithin keine den Rechtsstreit betreffende Prozeßhandlung, zu welcher gemäß § 81 CPO. die Prozeßvollmacht ermächtigt. Zur Abgabe der Aufforderung hat er aber keine besondere Vollmacht erteilt. Überdies muß die Aufforderung an den anderen Ehegatten gerichtet sein; es genügt nicht, daß er auf andere Weise

Kenntnis von ihr erhält. Der Prozeßbevollmächtigte der Frau war aber aus dem angeführten Grunde nicht berechtigter Vertreter der Frau zur Entgegennahme der mit dem Rechtsstreite in keiner Verbindung stehenden Erklärung. Er ist in dieser Hinsicht ein Unbeteiligter, ein Dritter. Die einem solchen erklärte Aufforderung ist unwirksam; sie wird auch nicht dadurch rechtsverbindlich, daß der Dritte sie nachträglich dem Empfänger mitteilt. . . .

Die Höhe der Rente wird derart berechnet, als ob die Frau auch für den Unterhalt der ehelichen Kinder zu sorgen habe. Dadurch wird der Anspruch der Kinder auf Unterhalt gegen ihren Vater geltend gemacht. Dieser Anspruch ist ein persönlicher der Kinder. Die Frau ist nicht berechtigt, ihn eigenen Namens einzuklagen. Sie ist aber auch nicht gesetzliche Vertreterin der Kinder. Denn durch die tatsächliche Trennung der Eheleute wird an den rechtlichen Beziehungen zwischen den Kindern und den Eltern nichts geändert. Der Vater bleibt Gewalthaber und gesetzlicher Vertreter der Kinder, solange nicht das Vormundschaftsgericht eine anderweitige Anordnung trifft. Die Frau behauptet auch nicht, daß ihr Mann sich ihr gegenüber rechtsgeschäftlich zur Zahlung der Unterhaltskosten verpflichtet, ja daß er ihr auch nur den Auftrag erteilt habe, an seiner Stelle den Unterhalt zu leisten. Er könnte daher höchstens aus der Geschäftsführung ohne Auftrag (vgl. § 679) oder ungerechtfertigter Bereicherung in Anspruch genommen, keinesfalls aber zu der beantragten Vorausbezahlung einer Unterhaltsrente für die Zukunft verurteilt werden. [Vgl. JW. 1903 Beil. S. 128 Nr. 286.] Frdth.

d) **Schuldfrage im Scheidungsprozeß BGB. § 1574.**

α) Kammergericht, III. CS. Urteil v. 22. September 1903.

Die Berufung des Klägers, die lediglich bezweckt, daß auch die Beklagte für schuldig erklärt werde, ist unbegründet. Grundsätzlich richtet sich die Regelung der Schuldfrage lediglich nach der auf den Scheidungsantrag des Klägers und des Widerklägers ergehenden Entscheidung. Voraussetzung der Schuldigerklärung eines Ehegatten ist regelmäßig die Scheidung auf Antrag des anderen Ehegatten. Eine Schuldigerklärung des Klägers ist nur dann zulässig, wenn die Voraussetzungen des § 1574 Abs. 2 oder 3 gegeben sind; wenn also der Beklagte Widerklage erhoben hat und auch diese für begründet erkannt wird (Abs. 2), und ferner, ohne Erhebung einer Widerklage auf Antrag des Beklagten, falls dieser auf Scheidung klagen könnte oder sein Recht auf Scheidung durch Verzeihung oder durch Zeitablauf ausgeschlossen ist, der Verlust des Scheidungsrechts aber erst nach Entstehung des vom Kläger geltend gemachten Scheidungsgrundes eingetreten ist (Abs. 3). Wenn nun auch in entsprechender Anwendung dieser Bestimmungen zugelassen ist (vgl. Entsch. des RG. 49 S. 169), sie zu gunsten des Klägers als Widerbeklagten anzuwenden, sofern dieser zunächst auf Eheherstellung geklagt hat und sich alsdann gegen die Widerklage auf Scheidung verteidigt, so sind doch vorliegend, da beide Parteien auf Scheidung geklagt haben, die Voraussetzungen des Abs. 2 nicht gegeben. Da der Kläger in 1. Instanz die Scheidung der Ehe gefordert hat und mit diesem Verlangen unterlegen ist, so ist für den von ihm jetzt beantragten Spruch auf Schuldigerklärung der Beklagten kein Raum mehr vorhanden. Mit der Abweisung der Scheidungsklage, bei der sich der Kläger beruhigt hat, ist festgestellt, daß dem Kläger ein Scheidungsgrund nicht zur Seite steht. Daraus folgt, daß die Beklagte nicht ebenfalls für schuldig an der nur auf ihren Antrag ausgesprochenen Scheidung erklärt werden kann. Der Abs. 3 trifft ebensowenig zu; er gibt nur derjenigen Partei, die nicht geklagt hat, das Recht, unter Umständen auch Schuldigerklärung der anderen Partei zu verlangen. Seiner Anwendbarkeit steht mithin die Tatsache der Erhebung der Scheidungsklage durch den Kläger entgegen. Daß er die Scheidung auf die Klage in dieser Instanz nicht mehr gefordert hat, ist hierbei unerheblich. Der Fall, daß die Abweisung des Scheidungsantrages lediglich wegen Zeitablaufes oder wegen Verzeihung ausgesprochen ist, liegt nicht vor. Z.

β) Kammergericht, III. CS. Urteil v. 22. September 1903.

Nachdem der Kläger in der Berufungsinstanz durch Rücknahme der Klage das Scheidungsbegehren zurückgezogen hat, mußte das angefochtene Urteil, insoweit es dem Klagantrage stattgibt, auf die Berufung der Beklagten abgeändert und die Klage abgewiesen werden. Diese Entscheidung deckt sich, wenn sie auch in der Fassung abweicht, inhaltlich durchaus mit dem Berufungsantrage der Beklagten, die Klage für erledigt zu erklären. Der weitere Antrag des Klägers, die angefochtene Entscheidung insoweit aufrecht zu erhalten, als sie auch die Beklagte für schuldig erklärt, ist unzulässig. Im § 1574 kommt das Prinzip des BGB., daß die Regelung der Schuldfrage sich allein nach der Entscheidung, die auf den Scheidungsantrag des Klägers und denjenigen des Widerklägers ergeht, richtet, klar zum Ausdruck. Eine Ausnahme ist für den Beklagten in Abs. 3 gemacht: dieser soll, damit er nicht dazu gedrängt wird, eine Widerklage zu erheben, berechtigt sein, die Schuldigerklärung auch des Klägers ohne Stellung des Scheidungsantrages zu verlangen. Nach der Rechtsprechung des Reichsgerichts ist (vgl. Entsch. 49 S. 169) diese Vorschrift über ihren Wortlaut hinaus auch zu gunsten des Klägers auf den Fall anzuwenden, daß zunächst auf Eheherstellung geklagt und vom Beklagten Widerklage auf Scheidung erhoben ist. Es liegt aber kein Bedürfnis vor — wenigstens ist ein solches vom Gesetz nicht anerkannt, — jene Vorschrift auch dann anzuwenden, wenn der Kläger mit der Scheidungsklage abgewiesen wird. Der besondere Fall, für den das RG. (a. a. O.) die Entscheidung offen läßt, daß der Scheidungsantrag lediglich deshalb keinen Erfolg hat, weil das Recht des Antragstellers, auf Scheidung zu klagen, durch Zeitablauf oder Verzeihung ausgeschlossen ist, liegt hier nicht vor. Z.

e) **Anerkennung eines ausländischen Scheidungsurteils. Wiederverheiratung des gutgläubigen Geschiedenen. Scheidungsgründe der Bigamie, des Ehebruchs, des § 1568 BGB.**

CPO. § 328. EG. z. BGB. Art. 201 Abs. 2.

Kammergericht, III. CS. Zwischenurteil v. 20. Oktober 1903.

1. Der Einwand der rechtskräftig entschiedenen Sache trifft nicht zu. Das Urteil des rumänischen Gerichts ergibt zwar, daß die Ehe der Parteien bereits im Jahr 1893 — mit Rechtskraft vom 5. Juni 1893 — nach rumänischem Recht und Verfahren wegen Verschuldens der Ehefrau geschieden ist. Diesem ausländischen Urteil hat aber der erste Richter mit Recht die Anerkennung auf Grund des § 328 CPO. versagt. In diesem Paragraphen sind vom 1. Januar 1900 an die Voraussetzungen, unter denen ausländischen Urteilen materiellrechtliche Wirkungen von deutschen Gerichten beizulegen sind, im Anschluß an die das internationale Privatrecht betreffenden Bestimmungen des EG. z. BGB. (Art. 7 ff.) neu geregelt worden, und diese Vorschriften müssen entsprechend der rechtlichen Natur des § 328 als Prozeßgesetzes und öffentlichen Rechts von dem gedachten Zeitpunkt an auf ausländische Urteile Anwendung finden ohne Unterschied, ob das ausländische Urteil vor oder nach dem 1. Januar 1900 ergangen ist. (Vgl. Hahn und Mugdan, Nov. z. CPO. Bd. VIII S. 106; Entsch. des RG. 41 S. 424.) Hiernach ist in Ziffer 3 a. a. O. die Anerkennung eines ausländischen Urteils in Ehesachen jetzt schon dann ausgeschlossen, wenn es zum Nachteil einer deutschen Partei von den durch die jetzige deutsche Gesetzgebung für maßgebend erklärten Grundsätzen des internationalen Privatrechts abweicht. Da letzteres in dem vorliegenden rumänischen Urteil vom 18. Januar 1893 zweifellos geschehen ist, würde ihm schon deshalb — unter der Voraussetzung, daß die Klägerin damals Deutsche war — keine materiellrechtliche Geltung in diesem Prozeß zukommen. Das gleiche wäre, unter derselben Voraussetzung, nach Ziff. 2 a. a. O. der Fall, da ausweislich des rumänischen Urteils die Klägerin damals sich weder in den Prozeß eingelassen hat, noch die den Prozeß einleitende Verfügung in Rumänien in Person, oder außerhalb Rumäniens durch Gewährung deutscher Rechtshilfe zugestellt erhalten hat, das Urteil vielmehr ohne ihre Teilnahme an den gerichtlichen Verhandlungen und nach ihrer Vorladung durch öffentliche Bekanntmachung gefällt ist. Ob außerdem noch — wie der erste Richter angenommen hat — Ziff. 5 a. a. O. mit derselben Wirkung Anwendung findet, weil neuerdings nicht mehr die Gegenseitigkeit mit Rumänien verbürgt sei, erscheint dagegen mit Rücksicht auf die im Schlußabsatz des § 328 hierzu hinzugefügte Ausnahmebestimmung für Rechtsstreitigkeiten nicht vermögensrechtlicher Art zweifelhaft und kann dahingestellt bleiben. . . .

2. Hat der Beklagte am 13. Juli 1893 eine nach rumänischem Recht gültige, neue Ehe geschlossen, so kann von einer nach § 171 StGB. strafbaren Bigamie nicht die Rede sein, weil hierzu das Bewußtsein von der Fortdauer der früheren Ehe erforderlich ist und der Mangel dieses Bewußtseins die Strafbarkeit selbst dann ausschließt, wenn er auf einem Rechtsirrtum beruht (Bd. 3). Daß der Beklagte bei Eingehung der neuen Ehe aber auch

nur Zweifel an der Rechtsgültigkeit der vom rumänischen Gericht ausgesprochenen Scheidung haben konnte, ist um so weniger ersichtlich, als nach dem im Jahr 1893 geltenden deutschen Prozeßrecht ein anderer Gerichtsstand für seine Scheidungsklage als in Rumänien nicht bestand und nicht unterstellt werden kann, daß mit Wissen und Willen des Beklagten irgendwelche Ordnungswidrigkeiten in dem rumänischen Gerichtsverfahren vorgekommen sind, die eine dem Ehemann günstige Entscheidung herbeigeführt haben. Außerdem kommt für den strafrechtlichen Begriff der Bigamie nur die Eingehung der neuen Ehe, nicht ihre Fortsetzung in Frage und ist daher ein etwa später — wie Klägerin geltend macht, infolge der erstrichterlichen Entscheidung — über die Wirksamkeit des rumänischen Urteils beim Beklagten entstandener Zweifel ohne jeden Einfluß auf seine Strafbarkeit wegen Bigamie. Endlich ist aber auch, wenn für die Bigamie nur der Zeitpunkt der Eingehung der neuen Ehe maßgebend ist, zu erwägen, daß nach Art. 201 Abs. 2 EG. z. BGB. eine im Jahr 1893 begangene Bigamie nur dann zur Scheidung der Ehe führen kann, wenn die Verfehlung auch nach den Bestimmungen des damals geltenden Rechts ein Scheidungsgrund war: im Gebiet des ALR. war aber die Bigamie als solche kein Scheidungsgrund.

Andererseits hat dem Beklagten, wenn er das im Jahr 1893 ergangene rumänische Scheidungsurteil für rechtswirksam halten durfte und daraufhin eine neue Ehe einging, offenbar — wenigstens vom Zeitpunkt der neuen Eheschließung an — das Bewußtsein gefehlt, der Klägerin gegenüber die Pflicht der ehelichen Treue zu verletzen. Dieser gute Glaube, der noch nicht dadurch als erschüttert gelten kann, daß der erste Richter die vom rumänischen Gericht ausgesprochene Scheidung für unverbindlich der Klägerin gegenüber erachtet hat, schützt den Beklagten im jetzigen Rechtsstreit also auch vor dem Scheidungsgrunde des Ehebruchs unter allen Umständen von dem Zeitpunkt an, wo er mit der Ottilie K. eine nach rumänischem Recht gültige Ehe einging. Noch weniger kann in der Fortsetzung des Zusammenlebens mit der zweiten Frau unter Vermeidung geschlechtlichen Umganges seit Erlaß des ersten Urteils eine Verfehlung des Beklagten gegenüber der Klägerin im Sinne des § 1568 BGB. gefunden werden. Im Gegenteil würde, wenn der Beklagte infolge des ersten Urteils, das er nicht als richtig anerkannt hat, seine langjährigen Beziehungen zu seiner zweiten Ehefrau der Art eingeschränkt haben sollte, ein solches Verhalten nur Billigung verdienen und keinenfalls eine selbständige, weitere Verletzung der Klägerin darstellen. Z.

f) Eintragung der Nichtigkeit einer Ehe in das Standesregister auf Grund eines ausländischen Urteils.

Kammergericht, I. CS. Beschluß v. 26. Oktober 1903.

Nach einem Eintrage ins Handelsregister zu L. (Preußen) ist dort im Jahre 1871 die Ehe zwischen dem in Wien wohnenden N. und der in L. wohnhaften M. geschlossen. Durch rechtskräftiges Urteil des Landesgerichts zu Wien vom 9. Juni 1902 ist die Ehe für nichtig erklärt. Der Standesbeamte zu L. verweigerte die Eintragung der Nichtigkeit der Ehe in das Standesregister. Die Anrufung des Amtsgerichts blieb ohne Erfolg, ebenso die hiergegen eingelegte Beschwerde und weitere Beschwerde. Gründe:

Der Beschwerdeführerin mag zugegeben werden, daß die Auffassung des Landgerichts, das für die begehrte Eintragung in das Standesregister ein deutsches Vollstreckungsurteil zu dem Urteile des österreichischen Gerichts verlangt, eine sehr bedenkliche ist. Der § 328 CPO. in der seit dem 1. Januar 1900 geltenden Fassung geht von der grundsätzlichen Anerkennung ausländischer Urteile aus, indem er erschöpfend darüber bestimmt, unter welchen Voraussetzungen die Anerkennung solcher Urteile zu versagen ist. Es fragt sich, ob nicht im Hinblick hierauf der § 722 CPO. fortan ausschließlich auf die in der CPO. geordnete eigentliche Zwangsvollstreckung bezogen werden muß. Wie die Motive zu der dem jetzigen § 328 CPO. entsprechenden Entwurfsbestimmung ergeben, sollte hier nur eine allgemeine Vorschrift über die Anerkennung ausländischer Urteile gegeben werden, weil das bisherige Recht diese Anerkennung nur für den Fall der im Inlande beabsichtigten Zwangsvollstreckung regele, die Wirkung der Rechtskraft eines ausländischen Urteils ... aber nicht nur für diesen Fall, sondern auch nach anderen Richtungen in Betracht" komme (Hahn-Mugdan, Mat. 8 S. 106). Sofern danach der § 722 CPO. lediglich für die eigentliche Zwangsvollstreckung nach Maßgabe der CPO. ein inländisches Vollstreckungsurteil zu dem ausländischen Urteile fordert, im übrigen aber der § 328 CPO. die Anerkennung ausländischer Urteile allgemein gewährleistet, kann der § 722 CPO. dem Begehren der Beschwerdeführerin allerdings nicht entgegengesetzt werden. Denn daß die hier nachgesuchte Eintragung der Nichtigkeitserklärung der Ehe in das Standesregister kein Akt der Zwangsvollstreckung ist, läßt sich nicht bezweifeln.

Indes kommt es hierauf nicht an, weil den auf die Führung des Standesregisters bezüglichen Vorschriften zu entnehmen ist, daß die Nichtigerklärung einer Ehe nur im Falle der Beibringung eines inländischen Urteils in das inländische Standesregister eingetragen werden darf.

Der § 55 Abs. 1 PersStG. vom 6. Februar 1875 in seiner ursprünglichen Fassung bestimmte, daß, wenn eine Ehe für aufgelöst, ungültig oder nichtig erklärt worden ist, dies am Rande der über die Eheschließung bewirkten Eintragung zu vermerken sei. Im Abs. 2 das. waren die landesgesetzlichen Vorschriften, nach denen es zur Trennung einer Ehe einer besonderen Erklärung und Beurkundung vor dem Standesbeamten bedurfte, aufrecht erhalten. Der Art. 28 des Entwurfs eines Einf.G. zum BGB. sah eine Neufassung des § 55 PersStG. dahin vor:

„Ist eine Ehe für ungültig erklärt oder ist in einem Rechtsstreite, welcher die Aufstellung des Bestehens oder des Nichtbestehens einer Ehe zwischen den Parteien zum Gegenstande hat, das Nichtbestehen der Ehe festgestellt oder ist eine Ehe vor dem Tode eines der Ehegatten aufgelöst, so ist dies am Rande der über die Eheschließung bewirkten Eintragung zu vermerken."

Die Motive dazu besagen, daß die Änderungen des § 55 Abs. 1 PersStG. teils durch den Sprachgebrauch des BGB., nach dem der Ausdruck „Ungültigkeit" auch die Nichtigkeit begreife, teils durch die Vorschriften des § 1271 verb. mit § 1256 und des § 1464 BGB.-Entw. hervorgerufen seien. Von den hier angeführten Entwurfsvorschriften bestimmte der § 1271 verb. mit § 1256, daß das im Rechtsstreit über die Feststellung des Bestehens oder Nichtbestehens einer Ehe zwischen den Parteien erlassene, noch während der Lebenszeit beider Ehegatten rechtskräftig gewordene Urteil für und gegen alle wirke. Der weiter angezogene § 1464 traf über die nach Todeserklärung eines Ehegatten durch Eingehung einer Ehe seitens des anderen Ehegatten eintretende Auflösung der früheren Ehe Bestimmung. Die Motive bemerken ferner, daß der Abs. 2 des § 55 PersStG. im Hinblick auf die Vorschriften des § 1440 Abs. 1, § 1452 BGB. (wonach die Auflösung der Ehe vor dem Tode eines der Ehegatten regelmäßig nur durch gerichtliches Urteil erfolgen kann und mit der Rechtskraft des die Scheidung bestimmenden Urteils eintritt) für die Zukunft erledigt sei (Mugdan, Mat. zum BGB. 1 S. 13). Schon hier tritt klar hervor, daß zur Neufassung des § 55 PersStG. nur im Hinblick auf das inländische Recht und dementsprechend auch auf inländische Urteile geschritten ist. Dies ergibt sich namentlich für den Fall der Feststellung des Nichtbestehens der Ehe. Offenbar ist hier im § 55 PersStG. n. F. nur ein solches Urteil in das Auge gefaßt, das, weil es im Inland ergangen ist, auch die nach inländischem Rechte begründete Wirkung für und gegen alle hat (vgl. jetzt § 629 CPO.). In der Reichstagskommission wurden demnächst Beschlüsse gefaßt, die bezweckten, im Interesse der katholischen Bevölkerung neben der Ehescheidung die dauernde Trennung der Ehegatten von Tisch und Bett zu ermöglichen. Hierauf beruhen die §§ 1575, 1576, 1586, 1587 BGB., betreffend die Aufhebung der ehelichen Gemeinschaft. Im Hinblick auf diese Änderungen erhielt der § 55 PersStG. seine jetzige gesetzliche Fassung (Art. 46 EG. zum BGB.).

Die Ergänzung stellt von neuem klar, daß der § 55 PersStG. in seiner Neufassung nur inländische Rechtsverhältnisse, inländisches Recht und inländische Urteile im Auge hält. Ein Urteil auf Aufhebung der ehelichen Gemeinschaft, das nicht gemäß § 1575 BGB. ergangen ist, kann nach dem zweifelsfreien Wortlaute des § 55 PersStG. nicht als Grundlage für die Randeintragung in das Standesregister dienen. Daß aber hierbei nicht an den Erlaß eines ausländischen Urteils auf Grund des § 1575 BGB. gedacht ist, wird nicht in Frage gezogen werden können.

Die hiernach begründete Annahme, daß der § 55 Abs. 1 PersStG. neuer Fassung nur Eintragungen in das Standesregister zufolge inländischer Urteile betrifft, findet in den gemäß § 83 PersStG. vom Bundesrat erlassenen Vorschriften zur Ausführung des PersStG. (Bekanntm. des Reichskanzlers vom 25. März 1899, RGB. S. 223) eine fernere Stütze. Hier heißt es im § 25 „In den im § 55 Abs. 1 des Gesetzes bezeichneten Fällen hat die Staatsanwaltschaft dem Standesbeamten, vor welchem die Ehe geschlossen worden ist, eine mit dem Zeugnisse der Rechtskraft und mit der Angabe des Tages der Rechtskraft versehene Ausfertigung des Urteils behufs Beischreibung des Randvermerks zu übersenden."

Im Abs. 2 ist sodann der Sonderfall geregelt, in dem ein Ehegatte, nachdem der andere für tot erklärt ist, eine neue Ehe schließt, und zwar im Hinblick darauf, daß nach § 1348 BGB. in diesem Falle die frühere Ehe nicht durch gerichtliches Urteil, sondern durch Schließung der neuen Ehe aufgelöst wird. Der Bericht des Ausschusses des Bundesrats für Justizwesen bemerkt hierzu, daß in der Regel — nämlich abgesehen von dem gedachten Sonderfalle — für die Beischreibung des im § 55 Abs. 1 PersStG. gedachten Randvermerkes ein gerichtliches Urteil erforderlich sei, das, wie verordnet, die Staatsanwaltschaft dem Staatsbeamten zu übersenden habe (Kruse, Standesamt 1902 S. 213 f.).

Die hier der Staatsanwaltschaft erteilte Anweisung kann sich selbstverständlich nur an die inländische Staatsanwaltschaft richten. Gemeint ist ohne jeden Zweifel diejenige Staatsanwaltschaft, die zur Mitwirkung bei der betreffenden vor einem inländischen Gericht anhängig gemachten Ehe nach § 607 CPO. berufen ist. Es ergibt sich wiederum, daß auch nach der Meinung des Bundesrats der § 55 PersStG. n. F. lediglich auf inländische Urteile zu beziehen ist. Für eine Befassung des Standesbeamten mit Eintragungen gemäß § 55 PersStG. auf Grund ausländischer Urteile fehlt jede Formvorschrift. Denn darin, daß die inländische Staatsanwaltschaft berufen sein sollte, dem Standesbeamten ausländische Urteile behufs Beschreibung des Randvermerks zugehen zu lassen, kann ebensowenig gedacht werden, als daß der ausländischen Staatsanwaltschaft vom Bundesrate die entsprechende Aufgabe zuzuweisen wäre.

Diesen Erwägungen gegenüber kann das von der Beschwerdeführerin aufgeworfene Bedenken, daß sie ein inländisches Urteil gegen den Professor St. mangels Zuständigkeit eines inländischen Gerichts nicht zu erwirken vermöge, keine durchgreifende Bedeutung in Anspruch nehmen. Übrigens ist hierbei der § 606 Abs. 3 CPO. zu berücksichtigen. Selbst wenn aber die Beschwerdeführerin ein inländisches Urteil über die Nichtigkeit ihrer Ehe nicht beschaffen kann, wird sie durch die Versagung der verlangten Beischreibung im Standesregister nicht in ihren materiellen Rechten verkürzt. Denn es handelt sich bei der Eintragung gemäß § 55 PersStG. lediglich um eine der Ordnung wegen erfolgende formelle Klarstellung des nunmehrigen Sachverhalts. Insoweit das ausländische Urteil über die Nichtigkeit der Ehe der Beschwerdeführerin für inländische Rechtsverhältnisse bindend ist, wird diese Wirkung durch das Unterbleiben der Vermerkung nicht in Frage gestellt. In diesem Sinne haben sich auch die preußischen Minister des Innern und der Justiz schlüssig gemacht (Kruse a. a. O. S. 146 Anm. 2b).

Demgemäß war im Ergebnisse dem OLG. in Dresden beizutreten (Rsp. 6

S. 18 f.; zu vgl. u. a. Hinschius, PersStG. 3. Aufl. § 55 Anm. 24; v. Wilmowski-Levy, CPO. 7. Aufl. § 660 Anm. 2; Heidecker in Zeitschr. f. Civilprozeß 18 S. 476 ff.; anders Gmelin, Vollstreckbarkeit S. 74 f.). K.

43

a) Offenbare Unmöglichkeit. BGB. § 1591.

OLG. Hamburg, II. CS. Urteil v. 15. Oktober 1903.

... Der Satz 2 § 1591 bestimmt eine Ausnahme von der gesetzlichen Regel des ersten Satzes. In der 2. Kommission, die den Satz 2 abweichend vom Entwurfe I eingefügt hat, sind als Beispiele offenbarer Unmöglichkeit angeführt die Fälle, daß das Kind von anderer Rasse wie der Mann ist, daß die Schwangerschaft der Frau bereits vor der Beiwohnung des Mannes eingetreten war. Es ist also an Fälle gedacht, wo die Vaterschaft des Mannes aus wissenschaftlichen, physiologischen Gründen ein Ding der Unmöglichkeit ist. Der Zusatz „offenbar" kann keine „Verstärkung" des Begriffs der Unmöglichkeit bedeuten, denn das Unmögliche ist in diesem Zusammenhange ein absoluter Begriff, der einer Steigerung nicht fähig ist. Er kann seinem Wortlaute und Sinne nach nur bedeuten, daß die Unmöglichkeit klar zu Tage liegen, jedem Zweifel entzogen sein muß. Diese Eigenschaft ist aber nicht in dem Sinne zu verstehen, daß die Unmöglichkeit ohne jeden weiteren Beweis offensichtlich vorliegen müsse, vielmehr wird in allen derartigen Fällen ein Beweisverfahren erforderlich sein, da es sich um die Feststellung tatsächlicher und wissenschaftlicher Verhältnisse und um die Beantwortung der Frage handelt, ob „den Umständen nach" eine offenbare Unmöglichkeit anzunehmen ist, also vor allem die relevanten Umstände klarzustellen sein werden. Bei der Feststellung des Beweisergebnisses greift dann aber das Erfordernis des Gesetzes ein, daß die Unmöglichkeit „offenbar" sein müsse. Daher ist dabei „mit besonderer Vorsicht und Strenge" zu verfahren, die Schlüssigkeit der Beweistatsachen nach einem besonders strengen Maßstabe zu prüfen, so daß jeder Zweifel an der Wahrheit der festzustellenden Tatsachen ausgeschlossen ist. Bei der Feststellung der relevanten Umstände ist „das Rekurrieren auf den Reifegrad des Kindes nicht ausgeschlossen, wenn sich nur mit Bestimmtheit sagen läßt, daß im konkreten Falle um des Reifegrades willen das Kind unmöglich vom Manne herstammen könne". Im vorstehenden Sinne hat sich auch die Kommission ausgesprochen. Vorliegend hat das Beweisverfahren nicht die offenbare Unmöglichkeit ergeben, daß das beklagte Kind vom Kläger herrühren könne. Es sind Irrtümer der als Zeugin vernommenen Mutter des Kindes über die wesentlich in Betracht kommenden Daten ihres Geschlechtsverkehrs mit ihrem Manne nicht ausgeschlossen.... M. M.

b) Klage auf Feststellung eines Eltern- und Kindesverhältnisses. Zuständigkeit. BGB. §§ 1593, 1719. CPO. § 640.

α) OLG. Breslau, VII. CS. Beschluß v. 5. Dezember 1902.

Das minderjährige Kind (vertreten durch seinen Vormund) verlangte das Armenrecht für eine Klage gegen seinen natürlichen Vater, der hinterher die uneheliche Mutter angeblich geheiratet hatte, auf Anerkennung der Vaterschaft und auf Feststellung des Vater- und Kindesverhältnisses zwischen den Parteien. Das Landgericht erklärte sich für unzuständig, weil es sich um einen Anspruch aus außerehelichem Beischlafe handle. Der Beschwerde wurde stattgegeben. Gründe:

Mit der beabsichtigten Klage wird nicht nur Anerkennung der Vaterschaft, sondern auch Feststellung des Bestehens des Vater- und Kindesverhältnisses zwischen den Parteien verlangt. Diese Klage wird nicht lediglich auf den außerehelichen Beischlaf (§ 1717), sondern auch auf die Eheschließung des Beklagten mit der Mutter des Klägers (§§ 1720, 1719 BGB.) gestützt. Sie ist demnach als Statusklage anzusehen, für welche die §§ 640 ff. CPO. gelten. Für diese ist aber nach § 70 GVG. das Landgericht zuständig. Der § 644 CPO. greift hier nicht Platz, da der Kläger nicht als uneheliches, sondern als eheliches Kind des Beklagten festgestellt zu werden begehrt. Die Auffassung des Landgerichts, daß die Statusklage überflüssig sei, weil im Falle der Feststellung der natürlichen Vaterschaft die Legitimation durch nachfolgende Ehe kraft Gesetzes (§ 1720) von selbst eintritt, ist nicht zutreffend. Denn die Klage auf Feststellung der (unehelichen) Vaterschaft (§ 1717) und die Klage auf Feststellung des Vater- und Kindesverhältnisses zwischen den Parteien (§§ 1720, 1719) haben verschiedene Voraussetzungen und vermögen daher einander nicht zu ersetzen. Bei der ersteren würde beispielsweise der Einwand mehrerer Zuhälter durchgreifen, bei der letzteren nicht. Dagegen hat letztere den weiteren Nachweis der Eheschließung des Beklagten (Vaters) mit der Mutter des Klägers zur Voraussetzung, der bisher noch nicht geführt ist. Aber auch abgesehen davon kann dem Kläger nicht verwehrt werden, den — möglicherweise kraft Gesetzes bereits eingetretenen — Erfolg durch richterliches Urteil ausdrücklich feststellen zu lassen. Sch.

β) OLG. Hamburg, IV. CS. Urteil v. 22. September 1903.

Die Klage, die eine Feststellung dahin verlangt, daß der im Jahre 1897 von der Beklagten geborene Kläger nicht der Ehe der Beklagten mit A. entstamme, bildet einen Rechtsstreit, der die Feststellung des Bestehens oder Nichtbestehens eines Eltern- und Kindesverhältnisses zwischen den Parteien zum Gegenstande hat und unterliegt deshalb auch den §§ 640 ff. CPO. Wie die Begründung ergibt, sollen die §§ 640—643 namentlich auf die Fälle Anwendung finden: „in denen Streit darüber besteht, ob ein Kind untergeschoben, an Kindesstatt angenommen oder legitimiert ist, oder in denen jemand behauptet, das uneheliche Kind einer bestimmten Frau zu sein." Gerade der letztere Fall steht hier zur Entscheidung, denn der Kläger verlangt seiner Mutter gegenüber eine Feststellung dahin, daß er, wiewohl sie ihn während des Bestehens ihrer Ehe mit A. geboren hat, doch nicht dieser Ehe entstammt, d. h. uneheliches Kind seiner

Mutter, der Beklagten, ist. Da nach CPO. § 640[1] der § 618 hier Anwendung zu finden hat, so war ein Versäumnisurteil gemäß §§ 330 ff. unzulässig. ... M. M.

c) **Unterhalt minderjähriger Kinder; BGB. § 1603. Begriff des Zeugen.**

OLG. Dresden, III. CS. Urteil v. 25. September 1903.

Der Beklagte, der rechtskräftig geschieden und dabei für allein schuldig erklärt ist, wird von seiner Tochter auf Unterhalt belangt und bestreitet die Höhe der Klagforderung. Gründe:

1. Darauf, welchen Arbeitsverdienst die Mutter der Klägerin habe und ob sie imstande sei, der Klägerin den Unterhalt zu gewähren, kommt es überhaupt nicht an. Denn dem Kinde gegenüber hat der Vater nach § 1603[2] alle verfügbaren Mittel zu dessen Unterhalt gleichmäßig zu verwenden, gleichviel, wie es mit seinem eigenen standesgemäßen Unterhalt steht. Von dieser Verpflichtung wird er nur befreit, wenn ein anderer unterhaltspflichtiger Verwandter, als welcher die Mutter im Verhältnis zu ihren und ihres Mannes gemeinschaftlichen Kindern nicht aufzufassen, vorhanden ist. Nur der Mutter gegenüber steht dem Vater nach § 1581[1] eine Forderung auf Gewährung eines angemessenen Beitrags zum Unterhalt des Kindes zu, dafern nicht diese nach Abs. 2 das. ein Rückhaltungsrecht hat (Rspr. 6 S. 167).

2. Die Vernehmung der Mutter als Zeugin ist unzulässig. Aus dem Begriff des Zeugen ergibt sich, daß der gesetzliche Vertreter einer Partei, der sie in ihrem rechtlichen Auftreten im Rechtsstreite darstellt, ebenso unfähig ist, als Zeuge vernommen zu werden, wie die Partei selbst.... Daraus, daß ihm gegenüber im einzelnen Falle aus irgend einem Grunde die Eideszuschiebung nicht zulässig erscheint, ist nicht zu folgern, daß dann über die betreffende konkrete Tatsache seine Vernehmung als Zeuge erfolgen könne. Denn der durchschlagende Grund für die Unzulässigkeit jeder derartigen Vernehmung ist ganz allgemein: Die Aufgabe des Zeugen als einer von den Parteien verschiedenen dritten Person ist unvereinbar mit der Parteirolle, die dem gesetzlichen Vertreter als dem rechtlichen Repräsentanten der Partei zukommt. J. M.

d) **Entziehung der elterlichen Gewalt.**[1]

α) Kammergericht, I. CS. Beschluß v. 22. Juni 1903.

Das BGB. hat eine Entziehung der elterlichen Gewalt als solche nicht ausdrücklich vorgesehen, aber im § 1666 abweichend von I § 1546, der die Entziehung der elterlichen Nutznießung ausschloß, die Entziehung sämtlicher einzelner Bestandteile der elterlichen Gewalt (§ 1627) zugelassen (Motive 4

[1] Die nach § 1666 zulässigen Maßregeln setzen eine gegenwärtige Gefährdung des geistigen oder leiblichen Wohles des Kindes voraus, dem Vater muß eine tatsächliche Vernachlässigung des Kindes zur Last fallen, es genügt nicht, daß Grund zu der Befürchtung besteht, er werde sich künftig einer das Wohl des Kindes gefährdenden Vernachlässigung schuldig machen (Bayer. Ob. LG., I. CS. Beschluß v. 24. Jan. 1903, Sammlung 4 S. 90).

S. 805 f.; Prot. zum § 1666). Wenn daher die Vorinstanzen an Stelle der Anordnung, daß dem A. die Sorge für die Person seiner Tochter und auch die Vermögensverwaltung, sowie die Nutznießung entzogen werde, zusammenfassend die Entziehung der elterlichen Gewalt überhaupt angeordnet haben, so ist darin eine Gesetzesverletzung nicht zu erblicken, sofern nur die eine solche Anordnung materiell rechtfertigenden gesetzlichen Voraussetzungen nicht verkannt sind und das Vorliegen dieser Voraussetzungen tatsächlich festgestellt ist. P.

β) Kammergericht, I. CS. Beschluß v. 8. Juni 1903.

Der Standpunkt, daß erst, nachdem die aus § 1666 zulässigen Maßnahmen tatsächlich fruchtlos erschöpft sind, die Fürsorgeerziehung angeordnet werden könne, würde die Erreichung des vom Gesetze erstrebten Zieles, rechtzeitig die drohende Verwahrlosung zu verhüten, in hohem Grade gefährden. Die vom Kammergericht stets vertretene Auffassung geht vielmehr dahin: Vor der Entscheidung darüber, ob im Einzelfalle eine Maßnahme aus § 1666 oder die Fürsorgeerziehung anzuordnen ist, sind unter Berücksichtigung der besonderen tatsächlichen Verhältnisse die in Betracht kommenden Maßregeln auf ihre Durchführbarkeit und ihre Aussicht auf Erfolg zu prüfen. Erweisen sich bei dieser Prüfung die Maßnahmen aus § 1666 als nicht durchführbar oder als voraussichtlich nicht wirksam, so ergibt sich schon daraus die Notwendigkeit der Fürsorgeerziehung, die alsdann ohne weiteres, nicht erst nach fruchtloser Erschöpfung der Maßnahmen aus § 1666, anzuordnen ist (Rsp. 7 S. 86). Sch.

e) **Rechte des Vaters bei der Erziehung seines Kindes, das nach vollendetem 14. Lebensjahre seine Konfession gewechselt hat.**

BGB. § 1666.

Kammergericht, I. CS. Beschluß v. 6. Juli 1903.

Die in gemischter Ehe geborene und im evangelischen Bekenntnisse ihres Vaters erzogene J. Z. hatte nach vollendetem 14. Lebensjahre die Kommunion nach katholischem Ritus empfangen. Als der Vater dies erfuhr, wollte er sie in das Haus eines evangelischen Pfarrers bringen, sie widersetzte sich dem, und es kam zu einer häuslichen Szene, bei der sie vom Vater geschlagen wurde und das Elternhaus verließ, da der Vater Gehorsam forderte und andernfalls die Tochter zum Verlassen des Hauses aufgefordert hatte. Auf Antrag der Mutter entzog das Amtsgericht dem Vater, der nach wie vor Gehorsam von seiner Tochter forderte, die Sorge für die Person seiner Tochter und insoweit auch deren Vertretung, und bestellte einen Pfleger. Die Beschwerde des Vaters wurde zurückgewiesen, seiner weiteren Beschwerde wurde indessen stattgegeben. Gründe:

... Ob die J. Z. zu ihrem Glaubenswechsel verleitet, d. h. ob sie durch Überredung, Belehrung, durch hinterlistige Kunstgriffe gegen Recht und Gesetz und gegen den Willen des Vaters von der Mutter mit Unterstützung von dritter Seite für das katholische Bekenntnis gewonnen ist, das muß hier dahingestellt bleiben. Denn, wenn man alles das auch annehmen wollte, so bleibt doch ihre Religionswahl wirksam. Daran ändert auch der Umstand an sich nichts, daß sie auch bei ihrer Erklärung darüber offenbar im Banne des Einflusses ihrer Mutter und derer, bei denen diese Unterstützung gefunden, gehandelt hat. Ein Mehreres, insbesondere daß etwa seine Tochter in einem Zustand der Willensunfreiheit (§ 104 Nr. 2 BGB.) gehandelt habe, hat auch der Beschwerdeführer nicht behauptet.

Der Umstand, daß die Tochter ein anderes Glaubensbekenntnis als das des Vaters gewählt hat, ist an sich ohne Einfluß auf den Bestand der elterlichen Gewalt. Der Vater hat aber bei deren Ausübung auf den Glauben der Tochter Rücksicht zu nehmen, er muß auch beachten, daß die religiöse Erziehung der Tochter mit dem 14. Lebensjahre abgeschlossen ist. Das ergibt sich daraus, daß das Gesetz mit diesem Zeitpunkte das Kind für religionsmündig erklärt und ihm die freie Wahl des Bekenntnisses zusteht. Deshalb ist ein jeder Zwang des Vaters gegen das religionsmündige Kind bei der Betätigung des gewählten Bekenntnisses gesetzwidrig und unzulässig. Dahin würde gehören, das katholische Mädchen zur Teilnahme am evangelischen Gottesdienst zu zwingen, oder die gewaltsame Verhinderung der Teilnahme am katholischen Gottesdienst. Daß solches beabsichtigt sei, ergeben die Vorentscheidungen nicht. Die Vorinstanzen sagen nur, der Vater wolle das Kind in der Familie des evangelischen Pfarrers unterbringen, damit es dort Kenntnis von dem evangelischen Glauben und dem evangelischen Leben erhalte. Nach der Annahme der Vorinstanzen wird damit bezweckt, das Kind dem evangelischen Glauben des Vaters wieder zuzuführen. Zu Unrecht erblicken jedoch die Vorinstanzen schon darin allein einen Mißbrauch der elterlichen Rechte. Die Grundsätze über religiöse Erziehung kommen hier nicht in Betracht. Das Kind ist religionsmündig und steht deshalb insoweit einem Erwachsenen gleich. Es entspricht nun ohne weiteres der innigen Lebensgemeinschaft der Familie, daß innerhalb derselben auch in politischen und religiösen Dingen eine gewisse Gleichheit der Anschauungen herrscht, und es ist deshalb ganz natürlich, wenn der Vater, als das Haupt der Familie, bestrebt ist, ein Glied, welches abweichenden Anschauungen huldigt, auch, soweit er die Erziehung nicht mehr zu leiten hat, wenigstens für seine Anschauungen zu gewinnen. Das Gesetz kann ihm darin an sich nicht entgegentreten, der Vormundschaftsrichter insbesondere, soweit die Minderjährige in Frage steht, nicht seine subjektiven Ansichten über Religion und Politik den Anschauungen des Inhabers der elterlichen Gewalt entgegenstellen; denn das Recht wollte nicht einem Glauben den Vorzug vor dem anderen einräumen, nicht eine politische Meinung vor der anderen privilegieren. In diesem Sinne ist es völlig zutreffend, wenn bei der Beratung des BGB. im Reichstag und in der Kommission hervorgehoben und festgestellt wurde, daß das Verhalten des Vaters in religiöser oder politischer Hinsicht oder die Einwirkung des Vaters auf das Kind in dieser Beziehung ein Einschreiten aus § 1666 BGB. nicht gestatte (vgl. Planck Anm. 1[3] zu § 1666). Anders kann die Sache allerdings liegen infolge der Art und Weise, in der die Einwirkung geschieht, und naturgemäß muß die Einwirkung andere Wege einschlagen gegenüber einem unmündigen Kinde und andere gegenüber einem Kinde, das nach gesetzlicher Vorschrift religionsmündig ist, insoweit also einem Erwachsenen gleichsteht. Wie demnach ein Zwang zur Teilnahme am Gottesdienst von Andersgläubigen ... in unzulässiger Weise in das freie Selbstbestimmungsrecht des religionsmündigen Kindes eingreifen und sein Wohl gefährden würde, so doch nicht eine Einwirkung, die sich in den Grenzen einer Belehrung, einer Gelegenheitgebung, auch andere Meinungen kennen zu lernen, hält. Wenn es der Vater z. B. verstände, das Kind auf diesem Wege seinem (des Vaters) Glauben wiederzugewinnen, so würde er damit gegen seine Vaterrechte und Pflichten nicht verstoßen haben. Die Vorinstanzen meinen zwar, in der Seele des Kindes würde schon ein gefährlicher Zwiespalt erregt, wenn es nur in eine evangelische Umgebung gebracht werde und wenn da überhaupt nur von evangelischer Seite her in irgend einer Weise auf das Kind eingewirkt werde. Sie berufen sich dabei auf die Entscheidung (Jahrbuch 20 S. 144), in der es für ungehörig erklärt ist, wenn dem Kind zweierlei religiöser Unterricht erteilt wird. Dabei ist auch stehen zu bleiben. Aber der damalige Fall paßt gar nicht hierher. Dort wurde ein religionsunmündiges Kind zwar in den evangelischen Konfirmandenunterricht gesandt, daneben aber von der Mutter in der katholischen Glaubenslehre unterrichtet. ... Jetzt handelt es sich aber ... um ein Mädchen, dessen religiöse Erziehung abgeschlossen ist, und das selbst sein Bekenntnis bereits abgelegt hat. Von einer Störung oder Beeinträchtigung der religiösen Erziehung kann hier keine Rede mehr sein. Daß aber ein Religionsmündiger, der sich auch selbst durch Ausübung der Wahl seines Glaubens für religionsmündig erachtet hat, vor einer jeden Einwirkung Andersgläubiger geschützt werden müsse, gebietet das Gesetz nicht. Dann müßte auch eine jede Propaganda oder innere Missionstätigkeit seitens der einzelnen Bekenntnisse verboten werden können. Das Gesetz hat dem Kinde die Wahl der Religion in einem Lebensalter gestattet, in dem es innerlich gefestigt genug erschien, nicht nur seine Religion frei zu wählen, sondern auch, trotz mannigfacher Anfechtung von außen her, zu bewahren. Ob die Wahl der Altersgrenze eine glückliche war, ist hier nicht zu erörtern. Noch weniger ist an sich zu beanstanden, daß das Mädchen in eine evangelische Umgebung kommen soll. Es darf nicht übersehen werden, daß das Kind auch im Elternhause in einer wesentlich evangelischen Umgebung sich bewegt hat. Vater und Geschwister sind evangelisch, nur die Mutter ist katholisch. Aber wenn diese z. B. stürbe oder die eheliche Wohnung infolge der religiösen Meinungsverschiedenheiten verlassen würde, so könnte die nun übrigbleibende ausschließlich evangelische Umgebung doch keinen Anlaß bieten, den Vater zur anderweiten Unterbringung des Kindes anzuhalten. Für eine solche Maßregel würde es an einer jeden gesetzlichen Grundlage fehlen.

Daraus folgt schon ohne weiteres, daß aus der Unterbringung in einem evangelischen Hause ein Vorwurf gegen den Vater nicht erhoben werden kann.

Es könnte sich aber fragen, ob etwa in dem Unterbringen des Kindes in dem evangelischen Pfarrhaus gegen seinen Willen, in der ausgesprochenen Absicht, daß da evangelischer Sinn auf das Kind einwirken solle, ein Mißbrauch des Elternrechts, durch welchen das Wohl des Kindes gefährdet wird, gefunden werden mußte. Es ist zuzugeben, daß die Beantwortung dieser Frage in dieser Kombination die meisten Schwierigkeiten bietet, sie ist aber bei den mangelhaften Feststellungen der Vorinstanzen noch nicht spruchreif. Es ist davon ausgegangen, daß das Bekenntnis der Tochter an sich die elterliche Gewalt des andersgläubigen Vaters nicht beeinträchtigt. Der Vater hat also den Aufenthalt der Tochter zu bestimmen, er, der evangelische Vater, kann auch bestimmen, daß die Tochter in einem evangelischen Pensionat sich aufhalten soll; auch daß das Haus das eines evangelischen Pfarrers ist, und daß daselbst in einem evangelischen Sinne auf das Mädchen eingewirkt werden soll, ist nicht ohne weiteres zu beanstanden. Es darf dies aber nicht in unangemessener Weise geschehen, so daß das geistige oder körperliche Wohl des Kindes gefährdet wird. In dieser Richtung fehlt es an jeder zureichenden Unterlage zur Beurteilung der in Betracht kommenden Tatsachen. Es ist nichts Zuverlässiges bekannt über die Verhältnisse der Familie des Pfarrers, nichts darüber, wie lange der Aufenthalt dauern soll, nichts darüber, ob dem Mädchen dort freie Religionsübung in seinem Glaubensbekenntnis gewährleistet ist, in welcher Weise das Kind dort mit dem evangelischen Glauben und Leben bekannt gemacht werden soll, ob dabei ein jeder Zwang ausgeschlossen ist, ob insbesondere nicht etwa eine förmliche Wiederholung der abgeschlossenen religiösen Erziehung geplant ist. Nur nach Kenntnis aller dieser Umstände wird sich jene Frage zutreffend beantworten lassen! In dieser Richtung werden sich demnach die weiteren Ermittelungen zu bewegen haben. [Deshalb die Zurückverweisung der Sache an das Amtsgericht.] Damit entfällt auch die Pflegschaft, die zur Voraussetzung hat, daß dem Vater die Sorge für die Person des Kindes bereits wirksam entzogen ist. Zur Fortsetzung des Verfahrens aus § 1666 ist eine Pflegschaft nicht erforderlich. Doch kann das Vormundschaftsgericht zur Sicherung des gegenwärtigen Zustandes insofern eine einstweilige Anordnung aus § 1666 zur Abwendung etwa befürchteter Gefahr erlassen, als es bestimmt, daß der Vater bis zur Beendigung des Verfahrens nicht befugt ist, das Kind aus seinem gegenwärtigen Aufenthalte zu entfernen. Sch.

f) **Religiöse Erziehung. Selbständige Stellung des Vormundes bezüglich der Wahl der Schule.**

Kammergericht, I. CS. Beschluß v. 22. Juni 1903.

Mit Recht hat das Vormundschaftsgericht festgestellt, daß die 3 Mündel in der Religion ihrer Eltern, welche beide der katholischen Kirche angehört haben, unterrichtet werden müssen. Hieran ändert auch der Umstand nichts, daß der verstorbene Vater die beiden ältesten Kinder nach Erlangung des schulpflichtigen Alters in der evangelischen Volksschule eingeschult hat, denn dadurch allein hat er noch keine Bestimmung über die religiöse Unterweisung getroffen; nach §§ 10, 11 II 2 ALR. bedingt die Einschulung eines katholischen Kindes in der evangelischen Volksschule noch keineswegs die Teilnahme am evangelischen Unterricht. Wenn also auch der Vater unterlassen hat, an zuständiger Stelle um die Dispensation der Kinder vom Religionsunterricht einzukommen, so wurde dadurch der Schulvorstand noch nicht berechtigt, die Kinder am evangelischen Religionsunterricht teilnehmen zu lassen, sondern er hätte hierzu nach den reglementarischen Vorschriften (Schneider-Bremen, Das Volksschulwesen 3 S. 8—21) die ausdrückliche Einwilligung des Vaters oder des Vormundes feststellen müssen. Der Vormund ist demgemäß verpflichtet, Sorge zu tragen, daß die Kinder bis zum zurückgelegten 14. Lebensjahre im katholischen Glauben unterwiesen werden. Diese Unterweisung erstreckt sich aber zunächst nur darauf, daß die Kinder den Religionsunterricht in der katholischen Konfession erhalten, wogegen nicht ausgeschlossen ist, daß sie in allen übrigen Unterrichtsfächern den Unterricht in der Schule einer anderen Konfession empfangen können. Diesen, auf § 75 II 2 ALR. beruhenden Grundsatz hat das Kammergericht seit jeher in ständiger Rechtsprechung festgehalten.

Die Entscheidung darüber, welche Schule die Mündel besuchen sollen, und ob gegebenen Falles ein Wechsel der Schule geboten sei, steht grundsätzlich dem Vormunde zu, kraft des ihm zugewiesenen Rechtes, für die Person des Mündels zu sorgen (§§ 1793, 1800, 1801, 1630, 1631 BGB.); und zwar hat das BGB. auch hierin dem Vormunde weitgehende Selbständigkeit eingeräumt (Motive 4 S. 1096). Die allgemeine Erwägung des Landgerichts, das Vormundschaftsgericht sei berufen, unzweckmäßige Anordnungen des Vormundes aufzuheben und seinerseits entsprechende Anordnung zu treffen, kann nicht gebilligt werden. Das Vormundschaftsgericht darf nicht selbst handelnd in die Verwaltung des Vormundes eingreifen, und es ist auch nicht kraft seines Aufsichtsrechtes befugt, dem Vormunde in Zweckmäßigkeitsfragen leitende Anweisungen zu erteilen. Wenn dem Vormunde ein pflichtwidriges Verhalten, bewußt oder unbewußt, zur Last fällt, so hat das Vormundschaftsgericht die Befugnis, durch geeignete Gebote oder Verbote in die Verwaltung des Vormundes einzugreifen.[1]

Zn.

g) Entziehung der Vermögensverwaltung. BGB. § 1669.

Kammergericht, I. CS. Beschluß v. 27. April 1903.

Die Ausführungen der Beschwerde, § 1670 setze nicht bloß eine — jedenfalls nicht bloß unerhebliche — Verlassung der für den Vater mit der Vermögensverwaltung verbundenen Pflichten voraus, sondern ferner eine da-

[1] Vgl. Rsp. 2 Nr. 37 S. 61. Erkennt der Vormund einen Anspruch gegen das Mündel aus sachlichen Gründen nicht an, so kann das Vormundschaftsgericht ihn zur Befriedigung nicht anhalten (Kammergericht, I. CS. Beschluß v. 20. April 1903).

durch bedingte Gefährdung des Kindesvermögens und die Nichtbefolgung der zur Abwendung einer solchen Gefahr seitens des Gerichts getroffenen Anordnungen, entsprechen dem Gesetze nicht. Die Entziehung der Vermögensverwaltung wegen Verstoßes gegen § 1669 erfordert weiter nichts als die tatsächliche Unterlassung der Einreichung eines Vermögensverzeichnisses bz. der Auseinandersetzung. Der Grund der Vorschrift beruht darin, daß die Wiederverheiratung die Gefahr mit sich bringt, daß die Vermögensverhältnisse der Kinder aus der früheren Ehe verdunkelt werden (Denkschrift S. 220) und die Verpflichtung zur Einreichung eines Vermögensverzeichnisses, insbesondere ist für so wichtig erachtet, daß das Gesetz zu gunsten des Gewalthabers in keinem Falle eine Ausnahme gestattet, selbst dann nicht, wenn nach den konkreten Verhältnissen jede Gefährdung des Kindes als ausgeschlossen anzusehen sein sollte (Motive 4 S. 813). Deshalb gewährt § 1670 dem Vormundschaftsgericht die Ermächtigung, lediglich auf Grund der Tatsache der Nichterfüllung der Verpflichtung dem Gewalthaber die Vermögensverwaltung zu entziehen. Ob das Verschulden des Gewalthabers ein grobes oder leichtes ist und ob ev. die Unterlassung das Kind gefährdet hat oder für die Zukunft eine Gefährdung vorliegt oder nicht, kann für das Ermessen des Richters, ob er die Vermögensverwaltung entziehen will, von Bedeutung sein; die rechtliche Zulässigkeit der Entziehung ist dadurch nicht bedingt. Auch die Ansicht, daß eine vorgängige Anordnung des Gerichts zur Abwendung einer Gefahr und eine Nichtbeachtung dieser durch den Gewalthaber vorliegen müsse, ist rechtsirrig und beruht auf einer Verwechselung mit den Fällen der §§ 1667, 1668. Die Entziehung auf Grund des § 1669 erfordert eine solche Anordnung und deren Nichtbefolgung nicht. Die Motive bemerken: „Ob von dieser Befugnis erst nach vorgängiger Aufforderung Gebrauch zu machen ist, ist dem vernünftigen Ermessen des Vormundschaftsgerichts unter Berücksichtigung der Umstände des konkreten Falles zu überlassen." Z.

h) Anfechtung der durch öffentliche Urkunde anerkannten Vaterschaft. BGB. § 1718.

OLG. Hamburg, I. CS. Beschluß v. 25. September 1903.

. . . Es handelt sich nur um die Frage, ob A. die Berichtigung des Standesregisters durch Tilgung des Randvermerks im Geburtsregister verlangen kann. Hierfür ist es gleichgültig, ob er den früher gestellten Antrag auf Tilgung dieses Vermerks zurückgenommen hat oder nicht. Über die etwaige Unzulässigkeit des Antrages auf Tilgung des Vermerks wegen späterer Zurücknahme des ersten Antrages kann im Berichtigungsverfahren ebensowenig entschieden werden wie über die Frage, ob der Beschwerdeführer seine Vaterschaft mit Recht bestreitet. Nur auf dem Wege eines im ordentlichen Prozeßwege durch Erhebung einer Klage gegen das Kind einzuleitenden Verfahrens kann der Beschwerdeführer die Vermutung entkräften, welche nach §§ 1718, 1720 durch die Anerkennung für seine Vaterschaft begründet ist. M. M.

i) **Annahme an Kindesstatt als Scheingeschäft. Schutz des Namens aus BGB. § 12 gegen eine Behörde.**

OLG. Hamburg, III. CS. Urteil v. 3. Oktober 1903.

... Nach Fischer-Henle (Anm. 3 zum § 12) ist gegen Behörden als solche der Schutz des Namens nicht gegeben, auch dann nicht, wenn sie die Anerkennung des Rechtes zum Gebrauche verweigern sollten. Dies trifft aber für die hier fraglichen Verhältnisse nicht zu. Nach dem hamburgischen Gesetze vom 6. Mai 1891 wird auf Anfrage von Privaten Auskunft über die Adressen der gemeldeten Personen gegeben. Für jede dieser Personen und namentlich für einen Geschäftsmann wie den Kläger können sich darnach Unzuträglichkeiten und Schädigungen ergeben, wenn er in den Melderegistern der beklagten Polizeibehörde nicht unter dem ihm zukommenden, im Verkehr mit Recht gebrauchten Namen zu finden ist. Überdies dient der Meldeschein bekanntlich vielfach Legitimationszwecken. Bringen das Bestreiten der Berechtigung der Namensführung und die von der Beklagten daraus für die Eintragung des Klägers in die Melderegister gezogene Konsequenz also wesentliche Beeinträchtigungen für den Kläger mit sich, so wäre ihm, wenn er zur Führung des Namens A. wirklich berechtigt wäre, der Schutz des § 12 nicht zu versagen. Diese Ausführungen widersprechen auch nicht der Entsch. des RG. 39 Nr. 77. Dort hatten die beklagten Behörden gegen den Kläger wegen unbefugter Führung eines adligen Namens eine polizeiliche Strafverfügung erlassen, und das Reichsgericht erklärte den Rechtsweg für ausgeschlossen, weil die Behörden mit der Strafverfügung lediglich in Ausübung öffentlich-rechtlicher Funktionen eingeschritten seien. Für einen solchen Fall wäre auch nach hamburgischem Rechte gemäß § 24^2 des Verhältnisgesetzes der Rechtsweg unzulässig.

Die Beklagte macht geltend, daß sie, da der Kläger in den Standesregistern noch mit dem Namen M. aufgeführt sei, ihn auch nur mit diesem Namen in den Melderegistern aufführen dürfe und daß die Berechtigung seiner Namensänderung nur im Berichtigungsverfahren ausgetragen werden könne. Die §§ 65, 66 PersStG. beziehen sich indessen nur auf die hier nicht in Frage stehende Berichtigung der Standesregister. Die ordnungsmäßig geführten Standesregister beweisen ferner nach § 15 zwar diejenigen Tatsachen, zu deren Beurkundung sie bestimmt und welche in ihnen eingetragen sind, bis der Nachweis der Fälschung, der unrichtigen Eintragung oder der Unrichtigkeit der Anzeigen und Feststellungen, auf Grund deren die Eintragung stattgefunden hat, erbracht ist. Vorliegend würde der Nachweis, daß die Eintragung des Namens M. für Kläger nicht mehr richtig ist, sondern ihm kraft Gesetzes (§ 1758 BGB.) der Name A. zukommt, erbracht sein, wenn der Vertrag, durch den der Kläger von A. an Kindesstatt angenommen sein will, gültig ist. Dies ist aber zu verneinen.

Der Kläger verkennt, daß der Zweck und das Wesen der Annahme an Kindesstatt in der Begründung eines Familienverhältnisses zwischen dem Annehmenden und dem Angenommenen besteht. Das BGB. spricht vom Angenommenen stets als von dem „Kinde" oder von dem „angenommenen Kinde". Dementsprechend ist das Rechtsinstitut auch im einzelnen ausgestaltet. Der § 1745 wird in den Motiven (4 S. 961) damit gerechtfertigt, daß nach dem Grundsatze, daß das künstlich geschaffene Kindesverhältnis dem natürlichen möglichst entspreche und ein möglichst inniges werden solle, sowie mit Rücksicht auf die erforderliche elterliche Autorität der Unterschied des Alters ein solcher sein müsse, daß der Angenommene dem Alter nach ein eheliches Kind des Annehmenden sein könnte. Hiermit stimmt auch die Rechtfertigung für das im § 1746[1] aufgestellte Erfordernis der Einwilligung des Ehegatten des Annehmenden überein, daß nämlich bei dem nahen Verhältnisse, in das der Angenommene zum Annehmenden trete, dem in derselben Familiengemeinschaft lebenden anderen Ehegatten zu nahe getreten werden könne, wenn ohne seine Einwilligung ein Kind in die Gemeinschaft aufgenommen werde. Dem entspricht dann auch, daß das Kind gemäß § 1757[1] die rechtliche Stellung eines ehelichen Kindes des Annehmenden erlangt. Lediglich eine Folge hiervon ist, daß das Kind den Familiennamen des Annehmenden erhält, wie der § 1758 besonders bestimmt (Motive S. 982), ferner aber auch ihre gegenseitige Unterhaltspflicht (S. 991) und das Erbrecht des Angenommenen gegen den Adoptivvater, während das Erbrecht des Annehmenden gegen das angenommene Kind, das an sich auch aus dem Prinzipe folgen würde, zur Verhütung der Verfolgung eigennütziger Zwecke des Annehmenden durch die die besondere Vorschrift des § 1759 ausgeschlossen ist (S. 988[3]). Zwar kann, wie hier, ausnahmsweise auch das Erbrecht des Kindes ausgeschlossen werden. Das wird besonders dann geschehen, wenn es wesentlich nur darauf ankommt, den Namen und die Familie des Annehmenden fortzupflanzen. Auch in solchen Fällen muß der Angenommene bei einem ernsthaft gemeinten Adoptionsvertrage aber wirklich in die Familie des Annehmenden eintreten, zwischen ihnen ein Eltern- und Kindesverhältnis wirklich begründet werden.

Vorliegend war aber der Zweck des Vertrages einzig und allein die gewünschte, auf andere Weise nicht erreichbare Namensänderung für Kläger [wird ausgeführt]. Daraus ist aber mit Sicherheit zu folgern, daß sie die auf die Annahme an Kindesstatt abgegebenen Erklärungen nach beiderseitigem Einverständnis nur zum Schein abgegeben, daß sie einen Adoptionsvertrag nicht ernstlich gewollt, sondern nur die Überlassung des Namens A. an den Kläger gegen das den Eheleuten A. von vornherein in Aussicht gestellte Entgelt gewollt haben. Danach ist der äußerlich vorliegende Annahmevertrag aber nichtig (§ 117) und demnach auch die Folge eines gültigen Annahmevertrages, der Übergang des Familiennamens A. auf Kläger, nicht eingetreten (vgl. Rsp. 4 S. 107, 6 S. 210 und Ensch. des RG. 29 S. 132).

Durch die gerichtliche Bestätigung ist die Nichtigkeit des Vertrages nicht geheilt; sie kann von jedem, der ein Interesse daran hat, in jedem Verfahren geltend gemacht werden (Planck, Vorbem. 4 vor § 1741; Endemann 2 § 210 Ziffer 2; Cosack 2 § 232; Staudinger 4 Anm. 1 zum § 1756 und Rsp. a. a. O.). Dernburg (4 § 94 unter VI) ist allerdings anderer Ansicht. Er erkennt zwar an, daß, wie aus dem § 1756 sich zu ergeben scheine, die Bestätigung wegen Mangels anderer gesetzlicher Erfordernisse der Kindesannahme als der daselbst erwähnten wirkungslos sein solle. Er befürchtet aber, daß daraus ein anarchischer Zustand entstehen werde. Er exemplifiziert mit der Annahme eines Minderjährigen an Kindesstatt, über den mit der Bestätigung der Kindesannahme die bisherige Vormundschaft, wie eventuell die bisherige elterliche Gewalt endige, und weist darauf hin, daß, wenn diesenfalls die Kindesannahme später, vielleicht erst nach Jahren sich als nichtig erweise oder mit Erfolg angefochten werde, der Minderjährige nach der herrschenden Ansicht für die Zwischenzeit als unvertreten, die Rechtsakte des annehmenden Vaters in dieser Zeit als nichtig zu gelten haben würden, wogegen von einem Schutze gutgläubiger Dritter nirgends die Rede sei. Das ist gewiß richtig. Ähnliches kann aber auch in anderen Fällen, in denen sich Rechtsgeschäfte nachträglich unmittelbar oder nach erfolgreicher Anfechtung als nichtig erweisen, vorkommen. Trotzdem muß nichtig bleiben, was nichtig ist. Wenn Dernburg schließlich ausführt, daß bei der Abfassung des FrGG. eine praktischere Auffassung Raum gewonnen habe und im § 68[1] das. eine stillschweigende Korrektur des BGB. liege, so kann auch dem nicht zugestimmt werden. Durch § 68[1] ist nur die Beschwerde gegen den Bestätigungsbeschluß im Rahmen der freiwilligen Gerichtsbarkeit ausgeschlossen, nicht aber das bestätigte Rechtsgeschäft der Anfechtung nach materiellem Rechte entzogen. Das FrGG., dessen Aufgabe ist, zu regeln, welche Behörden bei der Begründung, Feststellung, Veränderung oder Aufhebung von Rechten mitzuwirken haben und in welcher Weise dies zu geschehen hat, ist überall nicht dazu bestimmt, auch materiellrechtliche Vorschriften über die Anfechtbarkeit oder Unanfechtbarkeit der betreffenden Rechtsgeschäfte zu treffen. Dazu, den eigentlichen Willen der Beteiligten zu erforschen und z. B. außer Zweifel zu stellen, daß die vor ihm abgegebenen Willenserklärungen frei von Mängeln sind, welche die Ungültigkeit der Erklärungen gemäß §§ 116 ff. BGB. bedingen, ist der Richter bei seiner Mitwirkung auf Grund des FrGG. meistens auch völlig außerstande (vgl. auch Josef Anm. 1 zum § 68). M. M.

k) **Die Mutter ist nicht schon kraft Gesetzes verhindert, für den unter ihrer Gewalt stehenden Sohn die Zustellung eines Pfändungsbeschlusses entgegenzunehmen, obgleich sie selbst die Schuldnerin und der Sohn der Drittschuldner ist. § 1795 BGB.**

Bayer. Oberstes Landesgericht, I. ZS. Beschluß v. 23. Mai 1903.

A. beantragte eine Pflegschaft über den minderjährigen Michael F.; denn er habe dessen Mutter wegen einer Mietzinsforderung verklagt und sei deshalb gezwungen, den Erbteil, der der Mutter gemeinschaftlich mit ihrem Sohne an dem Nachlasse ihres Mannes zustehe, pfänden zu lassen. Die Zustellung des Pfändungsbeschlusses an den Sohn F. sei aber nicht möglich. Dieser Antrag wurde in allen Instanzen zurückgewiesen. Gründe:

Nach § 1909 erhält ein Minderjähriger für Angelegenheiten, an deren Besorgung der Gewalthaber oder der Vormund verhindert ist, einen Pfleger. Die Fälle rechtlicher Verhinderung des Gewalthabers sind im § 1630² in Verbindung mit § 1686 durch Verweisung auf die für den Vormund geltenden §§ 1795, 1796 bestimmt. Die Entgegennahme der Zustellung, für welche die Beschwerde die Anordnung einer Pflegschaft verlangt, fällt unter keine der im § 1795¹ bezeichneten Arten von Angelegenheiten und ist auch nicht ein Rechtsgeschäft zwischen der Mutter und dem Sohne, bei dem die Vertretungsbefugnis der Mutter nach dem im Abs. 2 § 1795 vorbehaltenen § 181 ausgeschlossen sein würde. Ob das Interesse der Mutter zu dem des Sohnes in einem Gegensatze steht, ist belanglos, solange das Vormundschaftsgericht von der nach § 1796 in sein Ermessen gestellten Befugnis, ihr deswegen die Vertretung zu entziehen, keinen Gebrauch gemacht hat. Da dies nicht geschehen ist, liegt ein Fall des § 1909 nicht vor, die Mutter ist nicht verhindert, die Entgegennahme der für den Sohn bestimmten Zustellung zu besorgen.

Zu einer Beschwerde darüber, daß das Vormundschaftsgericht für die beabsichtigte Zustellung der Mutter nicht die Vertretung entzogen hat, würde der Beschwerdeführer nach § 20 FrGG. nicht berechtigt sein, weil er kein rechtliches Interesse daran hat, die Zustellung, die an die Mutter geschehen kann, an einen Pfleger zu bewirken. Daß Michael F. bei künftigen Verhandlungen über die Auseinandersetzung durch einen Pfleger wird vertreten werden müssen, haben die Vorinstanzen nicht verkannt. Fr. M.

44

a) **Die Eintragung des Eigentums einer Stadtgemeinde auf Grund einer Auflassung ist nicht gebührenfrei. Verwaltungsbehörden im Sinne von § 7¹ preuß. GKG.**[1]

Kammergericht, I. CS. Beschluß v. 24. November 1902.

§ 7² erklärt für gebührenfrei alle auf Ersuchen der Verwaltungsbehörden auszuführenden Geschäfte, welche ein öffentliches Interesse betreffen. Das Beschwerdegericht stellt fest, daß die Entgegennahme der Auflassungserklärungen und die Eintragung der Stadt L. das öffentliche Interesse betreffen, weil die Grundstücke zur Errichtung einer Bismarcksäule und zur Anlegung von Volks- und Jugendspielplätzen und einer Badeanstalt erworben worden sind. Es kann dahingestellt bleiben, ob nicht diese Feststellung auf einen Rechtsirrtum, nämlich auf einer Verkennung des Begriffs „öffentliches Interesse“

[1] Oben S. 233. Beim Erwerbe von Grundstücken, die der Verwaltung im allgemeinen und nicht speziell der Verwaltung der Armen-, Schul- oder Kirchenangelegenheiten dienen sollen (preuß. GKG. § 8 Nr. 2, 3; StStG. § 5), genießen die Gemeinden weder Gebühren- noch Stempelfreiheit (Kammergericht, I. CS. Beschluß v. 26. Oktober 1903).

beruht. Denn diese Feststellung allein genügt keinesfalls für die Anwendung jener Vorschrift, vielmehr ist außerdem noch erforderlich, daß das an sich gebührenpflichtige Geschäft auf Ersuchen einer Verwaltungsbehörde ausgeführt ist. Was unter „Verwaltungsbehörden" zu verstehen ist, besagt weder der § 7 preuß. GKG. noch der § 3 Ges. vom 10. Mai 1851, aus dem der § 7 übernommen ist. Es muß daher der gemeine Sprachgebrauch und die Ausdrucksweise sonstiger gesetzlicher Vorschriften entscheiden. Danach sind als Verwaltungsbehörden diejenigen Behörden anzusehen, welche mit der Bearbeitung staatlicher Angelegenheiten befaßt, mit der Wahrnehmung staatlicher Hoheitsrechte betraut sind, jedoch mit Ausschluß der Gerichtsbehörden. Zu den Verwaltungsbehörden sind also zunächst diejenigen Behörden zu rechnen, welche nach den §§ 3, 4 LVerwG. vom 30. Juli 1883 die Geschäfte dieser, der sogenannten inneren Verwaltung, zu führen oder bei ihnen mitzuwirken haben; die Überschrift des zweiten Titels jenes Gesetzes bezeichnet die in den §§ 3, 4 aufgeführten Behörden ausdrücklich als Verwaltungsbehörden, und desselben Ausdrucks bedient sich das Gesetz über die Zuständigkeit vom 1. August 1883, das ihre Kompetenz regelt. Unter den Begriff fallen ferner die besonderen Staatsverwaltungsbehörden, z. B. die Militärbehörden, die Behörden der indirekten Steuerverwaltung, die Bergbehörden, die Eisenbahnbehörden; ebenso die entsprechenden, sogenannten unmittelbaren Reichsbehörden. Dagegen gehören zu diesen nicht die sogenannten mittelbaren Staats- und Reichsbehörden, d. h. diejenigen Behörden, welche nicht die Angelegenheiten des Staates oder Reiches, sondern die „gewisser denselben untergeordneter Kollegien, Korporationen und Gemeinen" zu besorgen haben (vgl. ALR. II 10 § 69), z. B. die Behörden der Kommunalverbände und der Kirchengemeinden. Liegt einer Behörde die Erledigung von Geschäften verschiedener Art ob, wie z. B. dem Kreisausschusse, der zum Zwecke der Verwaltung der Angelegenheiten des Kreises und der Wahrnehmung von Geschäften der allgemeinen Landesverwaltung bestellt wird, oder dem Ministerium des Königlichen Hauses, einer zum Königlichen Hofe gehörenden Behörde, die auch mit der Bearbeitung staatlicher Angelegenheiten befaßt ist (Erk. d. Kompetenzgerichtsh. vom 16. Februar 1895, JMBl. S. 426), so ist sie als Verwaltungsbehörde nur insoweit anzusehen, als sie unmittelbare Staats- oder Reichsgeschäfte betreibt. Der Magistrat der Stadt L. ist die Obrigkeit der Stadt und verwaltet die städtischen Gemeindeangelegenheiten. Als Ortsobrigkeit mag er zu den im § 3 Ges. vom 30. Juli 1883 erwähnten andern Behörden zu zählen sein, deren Geschäfte der allgemeinen Landesverwaltung überwiesen sind. Vorliegend hat er jedoch nicht in dieser Eigenschaft, sondern als Gemeindeverwaltungsbehörde gehandelt, und als solche ist er den Behörden, die als Verwaltungsbehörden schlechthin bezeichnet werden, nicht anzureihen.

Der § 7 Satz 2 setzt endlich voraus, daß das gerichtliche Geschäft „auf Ersuchen" einer Verwaltungsbehörde auszuführen ist (vgl. § 3 GKG. vom

10. Mai 1851: „auf Requisition"). Handelt es sich um eine Eintragung in das Grundbuch, so liegt keine Veranlassung vor, hierunter etwas anderes zu verstehen als ein Eintragungsersuchen im Sinne des § 41 der preuß. GrBO. und des § 39 der GrBO. vom 24. März 1897. Die Eintragungen, für die hier Gebühren erfordert sind, haben aber nicht auf Grund solcher Ersuchen, sondern auf Grund von Auflassungen gemäß §§ 1, 2 preuß. EEG., § 48 preuß. GrBO. und des § 926 BGB., § 20 RGrBO., d. h. von Anträgen (GrBO. vom 5. März 1872 § 30, vom 24. März 1897 § 13), die die Kostenpflicht begründen (preuß. GKG. § 1), stattgefunden.

Die vom Kostenschuldner für die Gebührenfreiheit vorgebrachten Gründe erscheinen nicht zutreffend. Ein Widerspruch zwischen § 7 Satz 2 und dem § 8 Nr 1 GKG. besteht nicht. Aus der besonderen Erwähnung der Ersuchen der Verwaltungsbehörden im § 7 ist vielmehr — mit Mügel Anm. 2 zu § 7 — zu folgern, daß bei solchem Ersuchen nicht der durch die Verwaltungsbehörde vertretene Fiskus als Antragsteller und Kostenschuldner (§ 1 GKG.) anzusehen ist, daß vielmehr die Kostenpflicht, wenn das Geschäft ein öffentliches Interesse nicht betrifft, demjenigen obliegt, auf dessen Kosten das Verfahren stattfindet. — Die in den §§ 4 und 5 Ges. v. 31. Juli 1895 festgesetzten Stempelsteuerbefreiungen können für die Auslegung des § 7 preuß. GKG. nicht verwertet werden, weil diese Materie in den beiden Gesetzen selbständig und abschließend geregelt ist. — Die KabO. vom 4. Mai 1833 (GS. S. 49) schreibt vor, daß in gewissen, hier unzweifelhaft nicht vorliegenden Fällen die Gerichte und die Verwaltungsbehörden für ihre Verhandlungen Gebühren nicht erfordern dürfen, während es sich gegenwärtig darum handelt, welche Verwaltungsbehörden Gebühren nicht zu zahlen haben. W.

b) **Kosten- und Stempelfreiheit von Vereinen für Beschaffung gesunder Wohnungen.**[1] **Preuß. GKG. § 8 Nr. 6, StStG. § 5g.**

Kammergericht, I. CS. Beschluß v. 13. November 1902.

Mit Recht haben die Vorinstanzen die Anwendbarkeit des § 5g StStG. und des § 8⁶ preuß. GKG. auf den Beamtenwohnungsverein in B. verneint. Diese unter sich übereinstimmenden Vorschriften beruhen auf § 2 des Ges. vom 2. März 1867 (GS. S. 385), das nur insofern davon abweicht, als es die Genossenschaften und Gesellschaften m. b. H. neben den Aktiengesellschaften noch nicht berücksichtigt und die Höchstdividende auf 5% bemessen hatte. Der aus den Motiven erkennbare Zweck des Gesetzes besteht in der Be-

[1] Zu den milden Stiftungen im Sinne von § 8² preuß. GKG. gehören nicht bloß die eigentlichen Stiftungen, sondern auch die Vereine, denen der für eine milde Stiftung charakteristische Zweck eigen ist, d. h. die Unterstützung hilfsbedürftiger Personen durch unentgeltliche Zuwendung. Es genügt, wenn die Unterstützung den Hauptzweck der Stiftung bildet, und wenn der Zweck auch nur auf eine teilweise Unterstützung hilfsbedürftiger Personen gerichtet ist (Kammergericht, I. CS. Beschluß v 17. Oktober 1903). Auch für ein erst in der Entwickelung begriffenes, von einer Stadt zu errichtendes Waisenhaus, das demnächst ein öffentliches werden soll, kann Gebühren- und Stempelfreiheit beansprucht werden (Beschluß v. 23. Dez. 1901, Jahrbuch 23 B S. 33).

günstigung derjenigen Baugesellschaften, die gegründet sind zur Milderung der durch die schnelle Mietssteigerung hervorgerufenen fühlbaren Wohnungsnot der unbemittelten Volksklassen. Als ein besonderes Merkmal ist die Rücksicht auf die Verbesserung des Wohles der unbemittelten Volksklassen hervorgehoben, und der Kom.-Bericht stellt fest, daß die Erzielung einer größeren Billigkeit der Mieten eine Voraussetzung des Gesetzes sei (Drucksachen des AbgH. 1866 Nr. 162). Aus der Entstehungsgeschichte des § 5g StStG. ist nichts hiervon Abweichendes zu entnehmen. Bei Beratung des neuen preuß. GKG. (Art. 84 Ausf.-Ges. § 18 Nr. 6), dessen Entwurf schon den Inhalt des jetzigen Gesetzes enthält, wurde in der Kommission ein Antrag gestellt, der die Ausdehnung der Anwendbarkeit dieser Vorschrift bezweckte. Es sollten die Worte: „ausschließlich" und „unbemittelten" durch „wesentlich" und „minder begüterten" ersetzt und Baugesellschaften, welche ihre Fürsorge auch Einzelpersonen zuwendeten und auch durch Überlassung eigener Wohnhäuser ihren Zweck verwirklichten, vom Gesetze mitumfaßt werden. Der Antrag wurde indes zurückgezogen nach einer Erklärung des Regierungskommissars, der auf den übereinstimmenden Inhalt des StStG. hinwies und bemerkte: das Gesetz werde im Sinne des Antrages von der Staatsregierung behandelt, das Statut solle nicht engherzig ausgelegt und der Ausdruck unbemittelt nicht so gedeutet werden, als müsse die Familie gänzlich mittellos sein; der Ausdruck „minder begütert" gebe nach der entgegengesetzten Richtung zu vielen Spielraum. Ein Bedürfnis, Gebührenfreiheit auch für die Beschaffung von Wohnungen einzelner Personen zu gewähren, bestehe nicht (Mat. des preuß. Ausf.-Ges. S. 439). Mit Rücksicht auf diese Entstehung der Vorschriften mag die Annahme gerechtfertigt sein, daß an ihre Anwendung nicht der strenge Maßstab zu legen ist, den sie an sich als Ausnahmevorschriften erfordern würden, eine Auffassung, die auch in der Verwaltungspraxis des Finanz- und des Justizministers hervorgetreten ist. Dagegen kann jene Erwägung nicht dahin führen, die Vorschriften auf einen Fall anzuwenden, für den sie nach Wortlaut und Sinn nicht bestimmt sind und der sogar noch über den in der Kommission zur Erweiterung des Gesetzes gestellten Antrag hinausgreifen würde.

Der Beamtenwohnungsverein wendet nach § 1 des Statuts sämtlichen Mitgliedern seine Fürsorge zu. Nach § 2 eröffnet er die Mitgliedschaft in erster Reihe den Beamten ohne jede Andeutung der Einschränkung auf die mittleren und unteren Beamtenklassen, daß die Ausschließung der höheren Beamten nicht beabsichtigt war, ergibt vielmehr die Fassung des § 2d, wo Offiziere, Rechtsanwälte, Ärzte, Geistliche, Lehrer, Lehrerinnen, Privatbeamte als eine besondere Mitgliedsgruppe erwähnt sind. Es kann sonach, wenn die Mitgliedschaft neben Beamten und Hilfsbeamten auch Arbeitern der Reichs-, Staats- und Kommunalverwaltung gestattet ist, nicht der Schluß gezogen werden, daß sich auf diese Volksklasse im wesentlichen die Wirksamkeit des Vereins erstrecken solle. Das Merkmal der Unzulänglichkeit der den Mitgliedern zu Gebote stehenden Mittel zur Erlangung gesunder Wohnungen tritt sonach im Statut in keiner Weise hervor. Diese Voraussetzung kann unter Umständen auch bei Personen zutreffen, die der in § 2d angegebenen Mitgliedsgruppe angehören; daß aber vom Vorliegen dieser Voraussetzung der Verein seine Fürsorge abhängig mache, ist im Statut nicht ausgesprochen. Ebensowenig ist auch angegeben, daß der Verein nur Wohnungen für die weniger bemittelten Volksklassen (Arbeiterwohnungen) zu bauen beabsichtige. Das Statut schließt sonach die Annahme nicht aus, daß der Verein nicht sowohl dem Mangel an der zur Erlangung gesunder Wohnungen notwendigen Geldmittel abhelfen als vielmehr seinen Mitgliedern eine Erleichterung in der Weise verschaffen will, daß er ihnen bei Aufsuchung passender Wohnungen behilflich ist. Hiermit steht keineswegs im Widerspruch, daß nach § 1 der Verein insbesondere bezweckt, seinen Mitgliedern „durch in gewissen Grenzen unkündbaren Wohnungen — Überweisung von Wohnungsbesitz — die Annehmlichkeiten und Vorteile eines Hauseigentums zu gewähren." Ferner kommt in Betracht, daß der Verein nach dem Statut seine Fürsorge nicht auf „Familien" beschränkt, sondern auch auf Einzelpersonen erstreckt. Die Beschaffenheit der dem Verein tatsächlich angehörigen Mitglieder ist für die Anwendung des Gesetzes unerheblich, da allein der Inhalt des Statuts für die Beurteilung der subjektiven Gebühren- und Stempelfreiheit des Vereins maßgebend ist. K.

c) **Zur Auslegung der §§ 34, 35 preuß. GKG.**[1]

Kammergericht, I. CS. Beschluß v. 21. September 1903.

Im notariellen Vertrage hat A. sein Recht aus dem Meistgebot an B. abgetreten, wogegen letzterer erklärte, er übernehme sämtliche Verpflichtungen aus dem Meistgebot. Für diese Urkunde hat der Notar gemäß § 35 die doppelte Gebühr liquidiert. Auf seinen Festsetzungsantrag ist ihm gemäß § 34 nur die einfache Gebühr zugebilligt. Seiner weiteren sofortigen Beschwerde wurde stattgegeben. Gründe:

Um zu einem richtigen Verständnis zu gelangen, was der § 35 unter zweiseitigen Verträgen versteht, muß der § 34 herangezogen werden, der in der Fassung vom 25. Juni 1895 dahin lautete, daß die einmalige Gebühr erhoben werden sollte für die Aufnahme „einseitiger Rechtsgeschäfte". Abgezielt war damit außer auf einseitige Erklärungen auch auf solche Verträge, welche nur die Leistung oder Verpflichtung des einen Teiles zum Gegenstande haben (Mat. zu den preuß. Ausf.-G. S. 121). Da nun nach dem Sprachgebrauch des BGB. unter „einseitigen Rechtsgeschäften" nur einseitige Erklärungen im Gegensatze zu den Verträgen verstanden werden, so bedurfte es, um die bisherige Bedeutung des § 34 sicher zu stellen, einer Änderung

[1] Der Versteuerung der Beurkundung von Abtretungen der Rechte aus dem Meistgebot nach dem festen Steuersatze von 1,50 Mark (Tarifstelle 32 Abs. 10) steht nicht entgegen, daß der Abtretungspreis das Meistgebot übersteigt (Kammergericht, I. CS. Beschluß v. 30. Juni 1902, Jahrbuch 25 B S. 27).

der Fassung. Sie lautet deshalb nunmehr: „Die volle Gebühr wird erhoben für die Beurkundung einseitiger Erklärungen oder einseitiger Verträge". Den Gegensatz hierzu bildet die Beurkundung zweiseitiger Verträge des § 35. Hierunter fallen also alle diejenigen Verträge, in denen Leistungen oder Verpflichtungen beider Teile beurkundet werden (a. a. O. S. 122). Danach liegt also, wenn Erklärungen oder Zugeständnisse von der Gegenseite lediglich angenommen werden, ein einseitiges Geschäft vor, auf das der § 34 Anwendung findet. Übernimmt aber die Gegenseite auch ihrerseits Verpflichtungen, so liegt ein zweiseitiger Vertrag vor, und zwar — worüber die Staatsregierung und die Landtagskommission einig waren — selbst dann, wenn die Verpflichtung der Gegenseite auch ohne Beurkundung sich aus dem Gesetz oder Vertrage schon von selbst ergeben hätte (a. a. O. S. 234). Hiernach hängt die Entscheidung des vorliegenden Falles davon ab, ob für die Abtretung des Rechts auf den Zuschlag eine Gegenleistung als beurkundet anzusehen ist. Das muß bejaht werden. Die Vorinstanzen stützten sich auf den Beschluß vom 8. November 1897 (Jahrbuch 17 S. 204). Dort hatte der Käufer eines Grundstücks seine Rechte aus dem Vertrage in einer notariellen Urkunde abgetreten, und zugleich hatte der Zessionar erklärt, daß er die vorstehende Zession annehme und alle vom Zedenten inhaltlich jenes Vertrages übernommenen Verpflichtungen übernehme. Das Kammergericht erblickte hierin lediglich die Annahme der Zession und legte der neben der Annahme abgegebenen Erklärung des Zessionars, daß er auch alle Verbindlichkeiten übernehme, welche der Zedent im Kaufvertrage übernommen habe, keine über die Annahme der Zession hinausgehende selbständige Bedeutung bei. Maßgebend war hierbei die Auffassung, daß, soweit nicht abweichende Vereinbarungen getroffen seien, das Recht aus einem zweiseitigen Vertrage so abgetreten werde, wie es dem Zedenten selbst zustehe, d. h. belastet mit den darauf lastenden Verbindlichkeiten. Nehme der Zessionar die Abtretung an, so könne er dem Zedenten gegenüber nicht geltend machen, daß er zwar das ihm abgetretene Recht erworben habe, aber nicht die damit verbundenen Verpflichtungen erfüllen wolle. Die Erklärung der Übernahme der Verpflichtung enthalte also nichts, was nicht auch ohne sie eingetreten wäre, so daß die Erklärung des Zessionars in ihrer Gesamtheit nichts weiter enthalte als die Annahme des Rechts, so, wie es dem Zedenten zustehe. Ob bei dieser Entscheidung stehen zu bleiben sein wird, bedarf zur Zeit keiner Entscheidung, da hier die Sachlage wesentlich anders ist.

Es handelt sich um die Abtretung eines Rechts aus dem Meistgebot in der Zwangsversteigerung. Auf Grund einer solchen Abtretung ist der Zuschlag dem Zessionar zu erteilen, aber nur unter der Bedingung, daß er zugleich die Verpflichtung aus dem Meistgebot übernommen hat (ZwVG. § 81). Diese Übernahme bildet, wenn sie nicht mündlich im Versteigerungstermine erklärt, sondern in einer öffentlichen Urkunde verlautbart wird, einen wesentlichen Bestandteil der letzteren. Sie muß, wenn die Abtretung die Erteilung des Zuschlags an den Zessionar zur Folge haben soll, ausdrücklich erklärt werden. Die Ansicht der Vorderrichter, daß die Annahme der Abtretung kraft Gesetzes die Übernahme der Verpflichtung aus dem Meistgebot von selbst im Gefolge habe, beruht auf Rechtsirrtum (Entsch. d. RG. 40 S. 316). Der Erklärung des Zessionars wohnt hier also eine selbständige Bedeutung bei. Sie besteht nicht bloß in der Annahme der Abtretungserklärung des Vertragsgegners, sondern zugleich in der Übernahme einer durch die Annahme nicht bedingten, selbständigen Verpflichtung des Zessionars.[1]

d) **Wertberechnung 1. bei gleichzeitiger Verlautbarung eines Kaufes und der Abtretung des Kaufgelderrückstandes, 2. bei Verlautbarung eines Vergleichs über eine Forderung, über die ein Prozeß schwebt. Bedeutung der Wertangabe durch die Beteiligten.**

Kammergericht, I. CS. Beschluß v. 16. November 1903.

1. Die A.'schen Eheleute haben ihr Grundstück für 20000 Mark verkauft. Käufer verschuldet einen Rest von 5000 Mark. Der Ehemann hat in derselben Urkunde seine Hälfte an diesem Rückstande an seine Frau abgetreten. Der Notar hat zwei Gebühren: für den Kauf nach dem Werte von 20000 Mark und für die Abtretung nach dem Werte von 2500 Mark berechnet. Die letztere wurde gestrichen. Gründe:

Den Vorinstanzen ist darin beizutreten, daß zwischen den beiden Erklärungen ein innerer Zusammenhang besteht. Ausschlaggebend hierfür ist, wie das Kammergericht oft ausgeführt hat [s. oben S. 239 f.], allein der Wille der Beteiligten. Ist dieser Wille darauf gerichtet, durch die mehreren abgegebenen Erklärungen einen einheitlichen wirtschaftlichen Erfolg zu erzielen, so ist anzunehmen, daß die Beteiligten die durch die verschiedenen Erklärungen hervorgerufenen Rechtswirkungen zu einem einheitlichen Ganzen zusammenfassen, d. h. daß sie die Errichtung eines infolge des zwischen den mehreren Erklärungen bestehenden engen Zusammenhanges einheitlichen Rechtsgeschäfts beabsichtigen. Das trifft hier zu. Wenn die Eheleute gemeinschaftlich ihr Grundstück verkaufen und der Mann in unmittelbarer Verbindung mit dem Verkauf seinen Anteil an dem Kaufgelderrest seiner Frau abtritt, so verbinden sich beide Rechtsgeschäfte zu einem einheitlichen wirtschaftlichen Erfolge, und die Erklärungen sind nach dem Willen des Erklärenden in einen inneren Zusammenhang gesetzt (übereinstimmend Mügel § 40 N. 5; Pietsch, Preuß. GKG. § 40 N. 4). Je nachdem man nun annimmt, daß die beiden Erklärungen einen verschiedenen oder denselben Gegenstand haben, ist der Wert verschieden. Letzterenfalls ist der Wert nur einmal, und zwar wenn die Erklärung nur einen Teil der andern betrifft, der Wert der letzteren als

---

[1] Ein notarieller Vertrag, in welchem der Schuldner unter Anerkennung seiner Schuld die Eintragung einer Hypothek bewilligt, und zwar unter Ausschließung eines Briefes, und der Gläubiger sich mit dieser Ausschließung einverstanden erklärt, fällt unter § 34 preuß. GKG., da die Erklärung des Gläubigers nur die Annahme der Erklärung des Schuldners enthält (Kammergericht, I. CS. Beschluß v. 21. September 1903).

der höhere anzusehen. Vorliegend also würde er 20000 Mark und die Gebühr des Notars, nach § 35, 38 Mark betragen. Ist dagegen der Gegenstand der Erklärungen verschieden, so sind die Werte zusammen zu nehmen (§ 39² des zur Anwendung kommenden GKG. a. F.). Er würde also 22500 Mark betragen, und es würden nach § 39 Abs. 2 Satz 4 anzusetzen sein: die volle Gebühr vom Gesamtwerte = 21 Mark und dazu noch einmal die volle Gebühr von 20000 Mark = 19 Mark, zusammen 40 Mark. Ein Liquidat von 46 Mark ist unter allen Umständeu unbegründet.

Streitig ist aber, ob in einem Falle, wie dem vorliegenden, wo mit einem Kaufvertrage die Abtretung des Kaufgeldes verbunden wird, beide Erklärungen denselben Gegenstand haben. Während Mügel die Frage bejaht, verneint sie Pietsch, weil Gegenstand des Kaufgeschäfts das Grundstück, Gegenstand der Zession der abgetretene Kaufgelderrest sei. Allein Pietsch berücksichtigt nicht, daß bei Verträgen, welche in Austausch von Leistungen bestehen, beide Leistungen Gegenstand des Vertrags sind. Ob beide Leistungen in der Hingabe von Sachen oder eine in der Hingabe von Geld oder Diensten besteht, ist ohne Bedeutung. Deshalb bestimmt § 39, daß für die Wertbemessung diejenige Leistung maßgebend ist, die den höhern Wert hat. Daraus folgt, daß, wenn der Kaufpreis abgetreten wird, der Gegenstand der Abtretung derselbe ist, wie die eine der beiden Leistungen des Kaufvertrags. Daß vorliegend nicht der ganze Kaufpreis abgetreten ist, ändert an der Identität nichts, denn soweit die Abtretung erfolgt ist, deckt sie sich mit einem entsprechenden Teile des Kaufpreises, der Gegenstand ist also insofern der gleiche. Die Behauptung des Beschwerdeführers, daß in der preußischen Praxis vor dem Gesetze vom 25. Juni 1895 nie ein Zweifel darüber entstanden sei, daß für Zession der Kaufgelder, die in derselben Urkunde mit einem Kaufvertrage instrumentiert sei, neben den Gebühren des Kaufvertrags besondere Gebühren erhoben werden mußten, ist unzutreffend (vgl. Kaiser, Gesetz vom 10. Mai 1851 S. 46 Anm. 4), würde aber auch der obigen Auslegung des nunmehr geltenden GKG. nicht im Wege stehen.

2. In der notariellen Urkunde vom 6. Februar 1900 erklären die Erschienenen, daß sie sich bezüglich eines Rechtsstreites, in welchem der Kläger von der Beklagten 6000 Mark fordert, weil sich in einem verkauften Hause Schwamm befinde, dahin verglichen, daß Kläger allen Rechten aus dem behaupteten Mangel entsage, wogegen ihm die Beklagte eine Hypothek von 3200 Mark übereigne. Der Notar hat unter Zugrundelegung eines Gegenstandes von 6000 Mark eine Gebühr von 24 Mark berechnet. Die Vorinstanzen haben den Wert nach der als Abfindung zu zahlenden Summe berechnet und die Gebühr auf 18 Mark herabgesetzt. Dieser Ansicht muß beigetreten werden.

Maßgebend für die Wertberechnung ist § 39 GKG. (n. F.), wonach bei Verträgen, welche den Austausch von Leistungen zum Gegenstand haben, nur der Wert der Leistungen des einen Teils und, wenn der Wert der beiderseitigen Leistungen ein verschiedener ist, der höhere in Betracht kommt. Ein solcher Vertrag liegt hier vor. Kläger verzichtet auf seine Ansprüche aus dem behaupteten Mangel des gekauften Hauses, wogegen Beklagte eine Abfindung von 3200 Mark zahlt. Der Notar bewertet nun den klägerischen Anspruch mit 6000 Mark. Allein dabei übersieht er, daß es sich nicht um eine feststehende, sondern völlig ungewisse Forderung handelt, welche davon abhängt, ob im Prozesse festgestellt wird, daß Schwamm im Hause vorhanden, daß Beklagte für den sich daraus ergebenden Minderwert oder Schaden haftbar ist und wie hoch dieser vom Richter bemessen wird. Der Wert einer solchen nach Grund und Höhe völlig ungewissen Forderung ist aber nicht gleichbedeutend mit seinem Nennwerte. Einigen sich die Parteien über den Wert, so darf bei dem auseinandergehenden Interesse der Parteien regelmäßig angenommen werden, daß die Summe, auf welche sie sich geeinigt haben, dem wahren Werte entspricht. Geht man hiervon aus, so sind beide Leistungen als gleichwertig anzusehen, die Vorinstanzen haben also die Gebühren richtig nach einem Gegenstande von 3200 Mark festgestellt (übereinstimmend Mügel § 40 N. 1 am Ende). Ob in allen Fällen anzunehmen ist, daß die Vergleichssumme dem Werte des aufgegebenen Rechts entspricht (vgl. Rskr. des Finanzministers vom 12. März 1845 bei Hoyer-Gaupp, Stempelges. S. 795 N. 1 5. Aufl.), kann dahingestellt bleiben. Daß der Gebühr für Prozeßvergleiche nicht die Vergleichssumme, sondern der Streitwert zugrunde zu legen ist, beruht auf § 23² ReichsGKG., wonach die Gebühr als eine Quote der Entscheidungsgebühr zu erheben ist, für diese aber ist nach § 8 der Streitgegenstand, nicht die zuerkannte Summe, maßgebend (vgl. Entsch. des RG. 36 S. 407). Daß diese Entscheidung auch bei der Beurkundung eines Vergleichs über einen Rechtsstreit als einen Akt der freiwilligen Gerichtsbarkeit die Berechnung des Wertes nach der Streitsumme billige, beruht auf einem Mißverständnis. Das Reichsgericht hat hier nicht mehr gesagt, als daß selbst bei Zugrundelegung des Streitwertes, also des höchsten denkbaren Betrages, nach dem preuß. GKG. die Summe von 50 Mark nicht überstiegen werde. Zu einer Prüfung der Frage, ob nicht bei Berechnung der Gebühr für den Vergleich als Akt der freiwilligen Gerichtsbarkeit der Wert des Gegenstandes geringer anzusetzen gewesen wäre, lag für das Reichsgericht keine Veranlassung vor.

3. Nach den Erklärungen der Beteiligten in der Verhandlung vom 31. Mai 1900 war A. verurteilt, an B. 926 Mark nebst Zinsen und Kosten zu zahlen. Da fruchtlos vollstreckt worden, hat der Gläubiger wegen seiner Forderung und 364 Mark Kosten einen Vertrag angefochten, durch welchen A. sein Grundstück an seine Frau verkauft hat. Zur Beilegung dieses Prozesses hat sich B. mit den Eheleuten A. dahin verglichen, daß ersterer seinen Ansprüchen auf vorgedachte Beträge sowie weitere bisher noch nicht festgesetzte Kosten entsagt, wogegen Frau A. sich zur Zahlung von 1100 Mark und hypothekarischer Sicherstellung der Summe verpflichtet. Schließlich hat der

Notar die Vertragschließenden erklären lassen, daß das Objekt dieser Verhandlung 1637 Mark betrage, und danach eine Gebühr von 14 Mark berechnet. Die Vorinstanzen haben diese auf 10 Mark herabgesetzt unter Annahme eines Wertes von 1100 Mark. Die weitere Beschwerde hiergegen ist nicht begründet.

Maßgebend für die Berechnung des Wertes einer gerichtlichen oder notariellen Urkunde ist das Gesetz, nicht die Erklärung der Beteiligten. Letztere kann nur für die tatsächlichen Unterlagen der gesetzlichen Bestimmungen maßgebend sein. Vorliegend handelt es sich um einen Vergleich. Nun steht zwar hier die Summe, welche der Ehemann A. dem Kläger schuldete, fest. Allein dieser war zahlungsunfähig und deshalb nahm der Gläubiger mit einer auf Anfechtung eines Kaufvertrags gerichteten Klage die Frau in Anspruch. Der Ausfall dieses Prozesses war ungewiß, und da hierdurch auch die Einziehbarkeit der an sich feststehenden Forderung gegen den Mann unsicher war, so entsprach der Nennwert dieser Forderung nicht seinem wirtschaftlichen Werte. Indem nun die Vertragschließenden sich dahin verglichen, daß der Gläubiger seine Forderungen an den Mann, und seinen Anfechtungsanspruch an die Frau aufgab und hierfür von letzterer 1100 Mark zugesichert erhielt, welche hypothekarisch sichergestellt werden sollten, hat der Gläubiger selbst seine Forderung so hoch bewertet. Es ist also dieser Betrag und nicht der Nennwert der Forderung des Gläubigers als Wert des Vergleichsgegenstandes anzunehmen. Für die Sicherstellung der Forderung kommt nach § 40 Abs. 2 Satz 3 GKG. ein besonderer Betrag nicht in Ansatz. M.

e) **Gebühr für Testamentseröffnung und für das Zeugnis über Ernennung eines Testamentsvollstreckers.**[1] **GKG. §§ 44, 81b.**

Kammergericht, I. CS. Beschluß v. 3. November 1902.

Der § 44, auf dem die Gebühr für die Eröffnung des Testaments des K. beruht, befindet sich im 2. Abschnitt, der von den Gebühren für gerichtliche Urkunden handelt. Er unterfällt deshalb nicht der in § 90 aufgestellten, ausschließlich für die Gebühren des 5. Abschnitts geltenden Regel, daß die Wertstufe sich nach der den Gegenstand des Verfahrens bildenden Vermögensmasse ohne Abzug der Schulden bestimmt. Es bedurfte daher im § 44 auch nicht des besonderen Ausspruchs der Zulässigkeit des Schuldenabzugs, wie er sich bei verschiedenen Vorschriften des 5. Abschnitts findet (§§ 81, 84, 89); vielmehr folgt diese Zulässigkeit aus der Natur der Gebühr von selbst. Denn ihrer Berechnung ist der Wert des Vermögens zu grunde zu legen, über das im Testament verfügt ist. Der Wert des Nachlasses, auf den sich die Verfügung erstreckt, mag sie in einer Erbeseinsetzung oder in einer Vermächtnisanordnung bestehen, mag die Erbeseinsetzung den ganzen Nachlaß oder nur einen Bruchteil umfassen, ist für die Gebührenberechnung maßgebend (vgl.

[1] Bei Zeugnissen über die Fortsetzung der Gütergemeinschaft älteren Rechts finden die §§ 143², 49 Nr. 1 preuß. GKG. a. F. Anwendung (Kammergericht, Beschluß v. 2. Februar 1903, Jahrbuch 25 B S. 39). — Rsp. 4 S. 401, 5 S. 178 und 180.

Jahrbuch 14 S. 181). Die Gebühr bestimmt sich daher nach dem Werte des Nachlasses, der in der Verfügung dem Erben oder Vermächtnisnehmer zugewendet wird; hieraus ergibt sich ohne weiteres, daß bei der Wertberechnung die auf diesem Nachlasse ruhenden Schulden abzuziehen sind, da den Gegenstand der Zuwendung der dem Erben oder Vermächtnisnehmer zufallende Teil des Nachlasses bildet. Die in der Verfügung enthaltenen Vermächtnisse und ebenso die darin angeordneten Auflagen bilden dagegen einen selbständigen Teil des für die Gebührenberechnung maßgebenden Wertes; sie sind, mögen sie allein oder in Verbindung mit Erbeseinsetzungen angeordnet sein, bei der Wertermittelung in Betracht zu ziehen, im letzteren Falle tritt ihr Wert dem Werte des den Erben zufallenden Nachlasses hinzu. Enthält sonach die letztwillige Verfügung eine Erbeseinsetzung und ein Vermächtnis, so würde der Wert des Vermächtnisses, wenn er zur Ermittelung des reinen Nachlasses vom hinterlassenen Vermögen abgezogen würde, diesem auf der anderen Seite als selbständiger Bestandteil des für die Gebührenberechnung maßgebenden Wertes wieder hinzuzunehmen sein, und hieraus folgt, daß in einem solchen Falle ein Abzug der Vermächtnisse und Auflagen nicht stattfindet. Zu dem gleichen Ergebnis gelangt man vorliegend, wo es sich um Erbeseinsetzungen auf den ganzen Nachlaß neben Vermächtnissen und Auflagen im Werte von angeblich 104 745 Mark handelt. Würde dieser Betrag von dem Werte des Nachlasses von 200 000 Mark abgezogen, so müßte er dem alsdann sich ergebenden reinen Nachlaß wieder hinzugerechnet werden, so daß der Berechnung der Gebühr für die Testamentseröffnung doch wiederum der volle Betrag von 200 000 Mark zugrunde zu legen sein würde. Das Landgericht hat deshalb, soweit es sich um die Gebühr für die Testamentseröffnung handelt, mit Recht den Abzug der Vermächtnisse und Auflagen für unzulässig erachtet.

Dagegen finden auf das Zeugnis für die Ernennung eines Testamentsvollstreckers nach § 81[6] GKG. die Abs. 1—5 das., die sich auf die Gebühr für einen Erbschein beziehen, entsprechende Anwendung. Dies gilt sonach auch vom Abs. 4, wonach der Wert des Nachlasses nach Abzug der darauf haftenden Schulden zugrunde zu legen ist. Auch bei der Gebühr für das Zeugnis des Vollstreckers sind daher die Schulden vom Nachlaß abzuziehen. Der Ausdruck Schulden umfaßt, wie im Beschlusse vom 1. Oktober 1900 ausgesprochen ist, die auf dem Nachlasse ruhenden Pflichtteilsverbindlichkeiten, die im BGB. als Schuldverhältnisse behandelt und im § 1967 ausdrücklich zugleich mit den vom Erben herrührenden Schulden als Nachlaßverbindlichkeiten bezeichnet sind. Daß diese Auffassung, an welcher festgehalten wird, auch für Vermächtnisse und Auflagen zutrifft, die nach heutigem Recht ebenfalls einen persönlichen Anspruch gegen die Erben erzeugen und im § 1967 neben den Pflichtteilsrechten erwähnt sind, unterliegt keinem Zweifel. Der erwähnte, mit Bezug auf die Erbscheingebühr ausgesprochene Grundsatz muß aber, da er auf einer Auslegung des Abs. 4 § 81 beruht, und diese Vorschrift auf das Zeugnis über die Ernennung eines Vollstreckers entsprechend anzuwenden ist, bei Berechnung der Gebühr für ein solches Zeugnis gleichfalls zur Anwendung kommen; denn aus dem Wesen beider Gebühren ist ein Grund, sie in dieser Beziehung abweichend zu behandeln, nicht zu entnehmen. Vielmehr greift die Erwägung, die nach der Begründung des Kostengesetzes vom 25. Juni 1895 zur Zulassung des Schuldenabzuges bei der Erbscheingebühr geführt hat, daß eine nach der Höhe des Nachlasses abgestufte Gebühr sich im Interesse der zahlungspflichtigen Erben nach dem wirklichen Ergebnisse des Erbfalles richten müsse, auch bei der Gebühr für das Zeugnis der Testamentsvollstrecker Platz (Drucksachen des AbgH. 1895 II Nr. 7 S. 107). Denn auch diese Gebühr, wenn sie auch vom Vollstrecker aus dem Nachlaß berichtigt wird, fällt im Ergebnis den Erben zur Last, die auch nach den Vorschriften des bürgerlichen Rechts dafür haftbar sind (§ 2206² BGB.). F.

f) **Die im Versteigerungsprotokoll verlautbarte Abtretung der Steigpreise ist kein „Nebengeschäft". Begriff desselben.**

Preuß. GKG. §§ 46, 56.

Kammergericht, I. CS. Beschluß v. 23. November 1903.

Im Protokoll über eine vom Notar vorgenommene freiwillige Versteigerung war unter anderem beurkundet, daß der Versteigerer die Steigpreise an A. abtrete. Der Notar berechnete hierfür neben den Gebühren für die Versteigerung aus § 46 eine besondere Gebühr aus § 34. Amts- und Landgericht setzten sie ab, weil die Abtretung ein Nebengeschäft der Versteigerung enthalte. Aus den Gründen:

§ 56 bestimmt: „Die in diesem Abschnitt bestimmten Gebühren umfassen die gesamte Tätigkeit des Gerichts einschließlich aller Nebengeschäfte." Was unter Nebengeschäften zu verstehen ist, wird nicht gesagt. Man muß deshalb dem gemeinen Sprachgebrauch folgen. Danach aber lassen sich als Nebengeschäfte nur solche Geschäfte ansehen, welche zu einem andern Geschäft in einem Abhängigkeitsverhältnis stehen, ihm dienen, indem sie es vorbereiten oder fördern und dadurch das letztere als Hauptgeschäft erscheinen lassen, während sie selbst keine selbständige Bedeutung besitzen. In der Begründung (Mügel § 56 N. 1) werden als Beispiele von Nebengeschäften aufgeführt: „Zwischenverfügungen des Gerichts, Ansetzung von Terminen, Anordnung von Bekanntmachungen", also Nebenverrichtungen solcher Art, die das Hauptgeschäft vorbereiten und zum Ziele zu führen bestimmt sind. Um eine solche Nebenverrichtung handelt es sich aber bei der Abtretung der Steigpreise nicht; beides, die Versteigerung wie die Abtretung, sollen zwar einem einheitlichen wirtschaftlichen Erfolge dienen, nämlich dem Versteigerer sofort bares Geld für sein Grundstück beschaffen. Dagegen sind im übrigen beide Geschäfte unabhängig voneinander, keines ist bestimmt, das andere zu fördern, sie dienen nur in ihrer Gemeinschaft der Erreichung eines gemeinschaftlichen Zweckes. Wenn in § 46⁷ bestimmt ist, daß für die nach Maßgabe der Versteigerungsbedingungen erfolgende Sicherung des Erlöses, insbesondere durch Stellung eines Bürgen, eine besondere Gebühr nicht in Ansatz zu bringen ist, so hat damit, wie **Mügel** (Note 3) aus der Entstehungsgeschichte nachweist, nicht für freiwillige Versteigerungen eine Ausdehnung des Begriffs der Nebengeschäfte im Sinne des § 56 geschaffen werden sollen. Andererseits ist aber **Mügel** nicht beizutreten, daß das gleiche, wie bei der Bürgschaft, hinsichtlich der Abtretung der Steigpreise an einen Dritten gilt, falls sie zum Gegenstand der Verhandlung im Versteigerungstermin gemacht und in das Protokoll aufgenommen ist. Bei der Bürgschaft handelt es sich um ein Nebengeschäft im oben erörterten Sinne. Fordert der Versteigerer in den Versteigerungsbedingungen eine Sicherheit für die abgegebenen Gebote, so dient die Stellung dieser Sicherheit durch Abgabe einer (Verpfändungs-, Bürgschafts-) Erklärung zum Versteigerungsprotokoll unmittelbar dem Zustandekommen des Zuschlages, also dem Versteigerungsgeschäft, zu dem die Erklärung dadurch in ein Abhängigkeitsverhältnis gesetzt ist. Anders bei der Zession der Steigpreise. Diese steht dem Versteigerungsgeschäft völlig selbständig gegenüber. Das tritt ohne weiteres hervor, wenn die Abtretung nach Beendigung der Versteigerung erfolgt und am Schlusse des Versteigerungsprotokolls beurkundet wird, ändert sich aber begrifflich nicht dadurch, daß der Versteigerer schon zu Beginn der Versteigerung oder im Laufe derselben die Erklärung abgibt und ins Protokoll aufnehmen läßt, daß er seine Ansprüche auf Zahlung der Steiggelder an einen Dritten abtrete. Wollte man die Abtretung bei der Versteigerung als Nebengeschäft ansehen, so müßte das gleiche auch bei Kaufverträgen und andern synallagmatischen Verträgen gelten. Das nimmt aber **Mügel** selbst nicht an. Zwar versagt er auch hier die Ansetzung einer besonderen Gebühr für die Beurkundung der Abtretungserklärung, aber nicht, weil er die Abtretung als Nebengeschäft des Kaufvertrages ansieht, sondern auf Grund des § 40^2, indem er die Erklärung des Kaufvertrages und der Abtretung als einheitliches Rechtsgeschäft mit gleichem Gegenstande ansieht (§ 40 Note 5). In dieser Beurteilung ist ihm der Beschluß vom 16. November 1903 [oben zu d] beigetreten. Ist aber die Abtretung kein Nebengeschäft der Versteigerung, so stand dem Notar dafür die Gebühr aus § 34 zu. § 40^2 kommt hier nicht zur Anwendung, da es sich nicht um die Beurkundung mehrerer Rechtsgeschäfte handelt, die sämtlich unter §§ 34—38 fallen. R.

g) **Berechnung der Gebühren für die Beurkundung der Generalversammlungsbeschlüsse.**[1] **GKG. §§ 48, 40.**

Kammergericht, I. CS. Beschluß v. 28. April 1902.

Der Notar W. hat 1900 ein Protokoll über die Generalversammlung der A.-Gesellschaft m. b. H. aufgenommen. Die Tagesordnung lautet:

[1] Wenn der Beschluß der Generalversammlung einer Aktiengesellschaft und die in gesonderter Abstimmung gefaßten Beschlüsse der Aktionäre jeder Gattung (BGB. § 278^2), betreffend Erhöhung des Grundkapitals durch Ausgabe neuer auf den Inhaber lautender Aktien und der Beschluß der Generalversammlung, betreffend die dadurch notwendig gewordenen Abänderungen des Gesellschaftsvertrages in einer Verhandlung beurkundet werden, so liegt ein einheitliches Rechtsgeschäft (GKG. § 40 Abs. 2) vor (Kammergericht, I. CS. Beschluß v. 11. Mai 1903). — Wert des Herabsetzungsbeschlusses: Jahrbuch 22 B S. 27.

1. Vorlegung der Bilanz, des Gewinn- und Verlustkontos, sowie des Geschäftsberichts;
2. Erteilung der Entlastung an die Geschäftsführer und den Aufsichtsrat;
3. Wahl von Aufsichtsratsmitgliedern;
4. Besprechung über bessere Verwertung der Schlempe.

Der Reingewinn betrug nach der Bilanz 581 302 Mark. Der Notar hat seiner Gebührenberechnung den Betrag von 10 499 991 Mark, mit dem die Bilanz in Aktiven und Passiven abschließt, zugrunde gelegt.

Aus den Gründen:

Da die Beurkundung von Beschlüssen der Generalversammlung einer G. m. b. H. in Frage steht, so waren die Gebühren gemäß §§ 48, 33, 40, 23 preuß. GKG., § 5 NotG. zu berechnen. Dabei war davon auszugehen, daß die sämtlichen Beschlüsse, da sie die rechtlichen Beziehungen der Mitglieder der Gesellschaft, also derselben Personen, betreffen, ein einheitliches Rechtsgeschäft bilden. Die Einheitlichkeit ergibt sich auch, ganz abgesehen von der Vermutung des § 40^3, ohne weiteres daraus, daß die Versamlung für alle Beteiligten dem einen allen gemeinsamen wirtschaftlichen Endzweck, eine der Vorschrift des Gesetzes entsprechende Führung des Unternehmens, durch Entgegennahme der Resultate des abgelaufenen Geschäftsjahres und Vorbereitung der Weiterführung des Unternehmens, diente.

Für die Frage, ob die gefaßten Beschlüsse sich auf denselben Gegenstand oder auf verschiedene Gegenstände beziehen, erscheint die Reihenfolge und die Zusammenfassung der verschiedenen Materien in der Tagesordnung unter einer Nummer gänzlich unerheblich; nicht die Fassung der Tagesordnung, sondern der Inhalt der Beschlüsse ist maßgebend. Für den ersten Beratungsgegenstand können an sich Gebühren nicht berechnet werden, denn dieser Punkt in seiner Gesamtheit stellt nicht einen Beschluß, der zu beurkunden gewesen wäre, sondern lediglich den Rechenschaftsbericht dar, bei dem die Bilanz, sowie das Gewinn- und Verlustkonto als rechnerische Beläge zum Geschäftsbericht erscheinen. Es ergibt sich aber aus dem Notariatsprotokoll, daß, was ganz selbstverständlich, die Versammlung auch über die Bilanz, sowie über die Höhe und Verteilung des Gewinns Beschluß gefaßt hat. Für den Beschluß hinsichtlich des Reingewinns ist dessen Höhe als gebührenpflichtiger Wert vom Landgericht zutreffend angenommen. Die Beschlüsse über die Genehmigung der Bilanz und die Entlastung beziehen sich untereinander auf denselben Gegenstand, was schon daraus hervorgeht, daß eine Dechargierung ohne die Anerkennung der rechnerischen Richtigkeit der Bilanz und ihre sonstige Genehmigung durch die Versammlung nicht wohl denkbar ist. Für beide Beschlüsse ist die in ihrem Ergebnis durch die Bilanz in die Erscheinung tretende Tätigkeit der Beamten der Gesellschaft die gemeinsame Grundlage. Dagegen war dem Landgericht nicht zuzustimmen, daß auch die Beschlußfassung über Höhe und Verteilung des Reingewinns einerseits und die Dechargierung und

Bilanzgenehmigung andererseits sich auf denselben Gegenstand beziehen. Das Kammergericht hat das allerdings einmal angenommen (Jahrbuch 16 S. 254), jedoch später (17 S. 224) die Ansicht mit Recht wieder aufgegeben (vgl. auch Mügel S. 158). Die Beurkundung der Dechargierung und die Genehmigung der Bilanz ist also mit einem besonderen Wert, und zwar von 20000 Mark anzusetzen (§ 48 Abs. 2 Satz 3). Der Beschwerdeführer glaubt zwar den Wert der Bilanz mit der Summe, mit der die Aufstellung auf der Aktiv- und der Passivseite banlanziert, ansetzen zu dürfen, weil die Bilanz den Etat des Unternehmens in der angegebenen Höhe darstelle. Mit Recht weist aber das Landgericht auf den Unterschied zwischen der Beschlußfassung über eine Bilanz aus der Vergangenheit und über einen Etat für die Zukunft hin. Der die Genehmigung der Bilanz enthaltende Beschluß ermächtigt nicht zur Leistung künftiger Ausgaben in der Höhe der Schlußsumme der rechnerischen Aufstellung, sondern er genehmigt durch Anerkennung der Richtigkeit der Einzelpositionen und der Schlußsumme auf beiden Seiten der Bilanz die durch dieselbe rechnerisch dargestelte Geschäftsführung. Wegen dieser Richtung des Beschlusses hat er, obgleich er sich auf bestimmte Summen bezieht, doch keinen bestimmten Geldwert, und es muß nach §§ 23, 48 ein Wert für ihn angenommen werden (Jahrbuch 17 S. 215, 219 ff.; Mügel S. 159). Daß aber auch kein ausreichender Anlaß gegeben ist, die Summe ausnahmsweise auf 50 000 Mark anzunehmen, hat ohne Rechtsirrtum bereits das Landgericht ausgeführt. — In gleicher Weise ist auch in 3. der Tagesordnung der Wert auf 20 000 Mark zutreffend angenommen. — Zu Punkt 4. ist ausweislich des Notariatsprotokolls die Beschlußfassung ausgesetzt und auf eine weitere Versammlung vertagt. Wenn aber ein Gegenstand der Beratung vertagt wird, weil die Versammlung der Ansicht ist, daß er in einer anderen Versammlung zur Beratung und Beschlußfassung kommen solle, dann ist eben kein gebührenpflichtiger Beschluß gefaßt und beurkundet worden. W.

h) **Erhebung der Zusatzgebühr aus § 55 GKG.**

Kammergericht, I CS. Beschluß v. 21. Sept. 1903.

Der § 55: „Die Gebühren für die Beurkundung eines Rechtsgeschäfts werden um $^1/_4$ erhöht werden, wenn sich ein Beteiligter in fremder Sprache erklärt“ findet sich nicht unter den „Allgemeinen Bestimmungen“ (Teil I Abschnitt 1), sondern in dem von „Gerichtlichen Urkunden“ handelnden zweiten Abschnitt. Nach dieser Stellung, welche ihm im System eingeräumt ist, kann die Erhebung der Zusatzgebühr nicht ausgedehnt werden auf die in den übrigen Abschnitten geregelten Gebühren (übereinstimmend Mügel § 81 Note 4). Zutreffend weist aber auch das Amtsgericht darauf hin, daß § 55 sich nur auf die Beurkundung von Rechtsgeschäften, d. h. Willenserklärungen, die auf die Hervorbringung eines rechtlichen Erfolges — Entstehung, Endigung oder Änderung eines Rechtsverhältnisses — gerichtet sind, bezieht. Der Antrag des Erben an das Gericht auf Ausstellung eines Erbscheins hat aber ebensowenig die Entstehung oder Änderung von Rechtsverhältnissen für ihn zur

Folge, wie die Abgabe der eidesstattlichen Versicherung, von der der Notar selbst anerkennen muß, daß sie kein Rechtsgeschäft enthält. Der Erbschein erleichtert ihm die Geltendmachung der bestehenden Rechtsverhältnisse, bringt aber solche nicht zur Entstehung. Z.

i) **Die Gebührenpflicht fällt dadurch nicht wieder fort, daß das beurkundete Geschäft mit Erfolg angefochten wird.**

Kammergericht, I ZS. Beschluß v. 4. Juni 1902.

Die Umschreibung des ganzen Grundstücks auf die Ehefrau A. und demnächst auf den Mann entsprach dem Inhalt der Auflassungserklärung und also den Anträgen der Beteiligten. Damit war aber die Kostenpflicht aus § 58 Preuß. GKG. begründet. Der Kostenansatz für die beiden Umschreibungen war also an sich nicht zu beanstanden. Es kann sich nur fragen, ob die spätere Anfechtung der Erklärungen nachträglich eine Änderung im Kostenansatz herbeizuführen imstande war. Das muß verneint werden. Die erfolgreich durchgeführte Anfechtuug wegen Irrtums im Sinne der §§ 119, 142 BGB. macht die Erklärung allerdings von Anfang an nichtig Dieser Erfolg kann aber nicht rückwärts ungeschehen machen, daß die Eintragungen vertragsmäßig erfolgt sind. Der Kostenansatz aus § 58 hat nicht zur Voraussetzung, daß die Erklärungen, auf Grund deren die Eintragungen erfolgt sind, auch materiell wirksam sind und geblieben sind, es genügt, daß Erklärungen vorhanden waren, welche die Eintragungen rechtfertigten. Es bedarf insbesondere auch die Frage — ob die Gebühr schon fällig ist, wenn die antragsmäßig erfolgte Eintragung ihrem Inhalt nach einen Eigentumswechsel darstellt, also in der grundbuchlichen Bezeichnung des Eigentümers eine über eine bloße Namensänderung desselben Eigentümers hinausgehende Veränderung stattgefunden hat, oder ob mit der Eintragung auch materiellrechtlich ein Eigentumswechsel verbunden sein muß — hier der Entscheidung nicht, da jedenfalls die Eintragungen, als sie erfolgten, auf Grund vorhandener formrichtiger Auflassungserklärungen geschehen sind. Der Kostenansatz ist gerechtfertigt, sobald auf Antrag der Beteiligten das gebührenpflichtige Grundbuchgeschäft vorgenommen ist und er bleibt auch dann bestehen, wenn hinterher der Antrag als irrtümlich gestellt erwiesen wird. Es sind insoweit die gleichen Grundsätze maßgebend, wie bei der Stempelpflicht; auch sie richtet sich nur nach dem Inhalt der Urkunde, während die Anfechtbarkeit des beurkundeten Geschäfts ohne Bedeutung ist (§ 3 StStG.). Allerdings könnten auf Grund des § 7 Abs. 2 erster Halbsatz GKG. die Gebühren niedergeschlagen werden, wenn das gebührenpflichtige Geschäft ohne Schuld der Beteiligten infolge Irrtums des Gerichts vorgenommen wäre.[1] Davon ist hier aber keine Rede.

---

[1] Gegen einen diese Niederschlagung von Kosten ablehnenden Beschluß steht dem Beteiligten die Beschwerde nach §§ 26 ff. preuß. GKG. zu (Kammergericht, I. ZS. Beschluß v. 10. November 1902), sowie gegen jede im Kostenliquidationsverfahren ergehende Anordnung des Gerichts, auch wenn sie keine Endentscheidung über den Wert oder den Kostenansatz ist (Beschluß v. 25. Februar 1901, Jahrbuch 21 B S. 21).

k) **Berechnung der Eintragungsgebühr bei der Vereinbarung, daß der Kaufpreis sich bei Eintritt einer Bedingung erhöht.**[1]

Preuß. GKG. § 58, 21.

Kammergericht, I. CS. Beschluß v. 22. Dezember 1902.

Im Vertrage ist der Kaufpreis auf 50000 Mark festgesetzt und bestimmt, daß er sich um 40000 Mark erhöhe, falls ein abbauwürdiges Kalisalzlager aufgeschlossen würde. Diese Festsetzung enthält, da ihre Wirkung vom Eintritt eines ungewissen zukünftigen Ereignisses abhängig ist, eine Bedingung. Für die Gebührenberechnung gilt der Grundsatz, daß die Wertfestsetzung, soweit nicht gesetzliche Bestimmungen entgegenstehen, nach freiem Ermessen erfolgt (§ 19). Er findet vorliegend, wo der an die Stelle des Wertes tretende Kaufpreis dem Betrage nach von einer Bedingung abhängig ist, entsprechende Anwendung. Ob die bei Mügel (Anm. 3 zu § 21) vertretene Ansicht zutrifft, daß in Fällen dieser Art der wirtschaftliche Zweck der Hinzufügung der Bedingung maßgebend sei und sofern sie nur außerhalb des Kaufvertrags liegende Nebenzwecke verfolgt, für die Anwendung des richterlichen Ermessens kein Raum sei, kann dahingestellt bleiben. Denn hier beruht die Festsetzung der Bedingung in der objektiven Beschaffenheit des verkauften Grundstücks; sie bezweckt die Bewertung einer Eigenschaft dieses Grundstücks und will der Wertsteigerung, die es bei Eintritt der Bedingung erfahren würde, Rechnung tragen. Das Landgericht geht daher nicht fehl, wenn es den für die Gebührenberechnung maßgebenden Betrag des Kaufpreises nach dem Grade der Wahrscheinlichkeit des Eintritts der Bedingung bemessen hat. Wenn es diesen Grad auf $^1/_4$ abschätzt und den vierten Teil des bedingt vereinbarten Kaufpreises dem unbedingten hinzurechnet, so gereicht diese Schätzung den Kostenschuldnern nicht zur Beschwerde. Hierbei ist dem Umstande, daß die bisherigen Nachforschungen ergebnislos geblieben waren und das Schiedsgericht die Auffindung eines abbauwürdigen Kalilagers als sehr fragwürdig bezeichnet hatte, genügend Rechnung getragen. Die Angabe der Beschwerdeführer, daß sie von der Unmöglichkeit dieses Erfolges überzeugt gewesen seien, wird durch die von ihnen bewilligte Eintragung der Sicherungshypothek von 400000 Mark widerlegt. M.

l) **Eintragungsgebühr bei Verteilung einer Forderung auf mehrere Grundstücke gemäß § 867 CPO.**[2] **Preuß. GKG. §§ 59, 64.**

Kammergericht, I. CS. Beschluß v. 8. Dezember 1902.

[1] Das Recht auf Fossilien gehört nur dann zu den Nutzungen im Sinne des § 21[1] preuß. GKG., wenn das Grundstück nach seiner wirtschaftlichen Bestimmung zur Gewinnung solcher Fossilien dient (Rsp. 6 Nr. 33 f S. 217). — Die Gebühr für die Eintragung des Eigentums eines Erbschaftskäufers an einem Nachlaßgrundstück bestimmt sich nach dem gemeinen Werte dieses (Kammergericht, I. CS. Beschluß v. 11. Juli 1903). — Der Wert der Eintragung einer Verfügungsbeschränkung bez. einer Hypothek ist nach freiem Ermessen zu schätzen; in der Regel ist der volle Betrag der Hypothek maßgebend (Beschluß v. 8. Juni 1903).

[2] Rsp. 5 Nr. 63 e S. 332. — Der Wert eines Vorkaufsrechts bestimmt sich nach dem Werte des Grundstücks (Beschluß v. 27. Oktober 1902, Jahrbuch 25 B S. 13).

Der Beschwerdeführer hatte beantragt, zur Vollziehung eines Arrestbefehls von 1650 Mark bestimmte Teilbeträge auf den Anteilen des Schuldners an 25 Grundstücken einzutragen. Je 8 davon sind im Grundbuche von X. Art. 1, 2 und 3 unter laufenden Nummern eingetragen, während die letzte Parzelle das Grundstück Z. Art. 4 bildet. Der Grundbuchrichter hat auf den drei ersten Grundbuchblättern Sicherungshypotheken bis zum Höchstbetrage von 575, 675 und 325 Mark entsprechend den Summen der auf die dazu gehörigen Parzellen entfallenden Teilbeträge mit dem Zusatz eingetragen, daß auf den einzelnen besonders aufgeführten laufenden Nummern des Grundstücksverzeichnisses die entsprechenden einzeln angegebenen Teilbeträge haften. Auf dem vierten Grundbuchblatt ist eine Sicherungshypothek bis zum Höchstbetrage von 75 Mark eingetragen worden. Für jeden auf den einzelnen Parzellnummern eingetragenen Teilbetrag ist eine besondere Eintragungsgebühr berechnet. Aus den Gründen:

Die gebührenpflichtigen Eintragungen sind erfolgt zur Vollziehung eines Arrestbefehls in die Grundstücke des Schuldners gemäß § 932 CPO. Hiernach findet die Vorschrift des § 867², daß der Betrag der Forderung auf die einzelnen Grundstücke nach Bestimmung des Gläubigers zu verteilen ist, entsprechende Anwendung. Durch die Eintragung der einzelnen Teilbeträge im Grundbuche werden ebensoviele selbständige Hypotheken begründet, die voneinander rechtlich unabhängig und weder Teilhypotheken im Sinne des § 1151 noch Gesamthypotheken im Sinne des § 1132 BGB. sind. Der Umstand, daß ihnen eine einheitliche persönliche Forderung zugrunde liegt, schließt ihre grundbuchliche Selbständigkeit nicht aus. Kostenrechtlich wird im allgemeinen für jede einzelne Post eine besondere Gebühr verwirkt. Dies war in § 58 GKG. in der älteren Fassung durch die Worte: „für jede endgültige Eintragung. . . wird der Gebührensatz erhoben," deutlich zum Ausdruck gebracht, und dasselbe ergibt sich aus der Ausdrucksweise der dem BGB. angepaßten Wortlaute des § 59 der neuen Fassung: „für jede Eintragung der Belastung des Grundstücks mit einem Recht." Dabei ist unerheblich, ob die Eintragungen gleichzeitig auf Grund eines einheitlichen Antrags desselben Berechtigten erfolgt sind. Der bei Beratung des Kostentarifs zur GrBO. in der Kommission des Herrenhauses gestellte Antrag, die Kostenberechnung nach dem Gesamtbetrage der Posten anzuordnen, ist abgelehnt worden auf die Bemerkung des Regierungsvertreters, daß für jede besondere Eintragung auch der Gebührensatz besonders gefordert werden müsse, zumal möglicherweise gleichzeitige Eintragungen aus ganz verschiedenen Rechtsgründen von demselben Berechtigten verlangt werden könnten (vgl. Mügel Anm. 7 zu § 59). Es folgt hieraus, daß auch bei Übereinstimmung des Rechtsgrundes mehrerer gleichzeitiger Eintragungen für denselben Berechtigten eine besondere Gebührenberechnung stattzufinden hat. Der Ausnahmefall des § 64 liegt nur vor, wenn die einzelnen Eintragungen bei mehreren Grundstücken unter sich inhaltlich völlig übereinstimmen.

Die Gebühren waren ferner für jede Eintragung auf den einzelnen 25 Parzellnummern, und nicht etwa für die auf den vier Grundbuchblättern erfolgten Eintragungen zu berechnen. Die Einrichtung der Grundbücher, in denen die Eintragungen bewirkt sind, entspricht dem Formular II der GrBO. vom 5. Mai 1872. Hiernach erhält jeder Eigentümer einen Artikel, unter welchem sämtliche ihm gehörigen Grundstücke, ihre Steuerverhältnisse, ihre dinglichen Belastungen und deren Veränderungen eingetragen werden. Die Artikel, für die ein besonderes Grundbuch angelegt wird, enthalten ein Verzeichnis der einzelnen Grundstücke nach fortlaufenden Nummern (§§ 14, 15 das.). Daß die einzelnen, auf demselben Personalfolium verzeichneten Grundstücke rechtlich völlig selbständig sind, unterliegt keinem Bedenken. Der Beschwerdeführer mußte deshalb, wie es auch geschehen ist, seine Forderung nicht bloß auf die vier Artikel, sondern auf die 25 dazu gehörigen Grundstücke verteilen, und der Grundbuchrichter mußte bei jedem der zu vier Artikeln vereinigten Grundstücke die Eintragung besonders bewirken. Daß dieses geschehen ist, muß, wiewohl die Eintragungen unter je einer Nummer erfolgt sind, und in der Spalte „Betrag" bei drei Vermerken die Gesamtsummen der eingetragenen Forderungen angegeben sind, nach der Fassung der Eintragungen, die auch die auf jedes Grundstück entfallenden Einzelbeträge ersichtlich machen, angenommen werden. H.

m) **Kein beschränkter Erbschein.[1] Anwendung des § 81[5] preuß. GKG. Einfluß einer vor der Verhandlung erteilten unrichtigen Belehrung des Richters auf die Anwendung des § 7[2].**

Kammergericht, I. CS. Beschluß v. 10. März 1902.

Das gerichtliche Protokoll weist aus, daß die drei Beschwerdeführer ihre Legitimation als gesetzliche Erben ihrer Mutter in uneingeschränkter Weise gemäß § 2354 BGB. vor dem Nachlaßgericht geführt und die Erteilung eines Erbscheins beantragt haben; das Nachlaßgericht hat ihnen darauf das Zeugnis über ihr Erbrecht erteilt, und sie haben es zum Nachweise über ihr Erbrecht benutzt, indem sie es dem Vorschußverein zur Erhebung einer Nachlaßforderung einreichten. Für diese gerichtliche Tätigkeit müssen die Gebühren nach Maßgabe des GKG. § 81 Abs. 1, 2 und 4 erhoben werden. Der Erbschein bezieht sich auf das Erbrecht der drei Erben, hat also den gesamten Nachlaß zum Gegenstande. Einen anderen Erbschein konnte das Nachlaßgericht nach dem Gesetz hier nicht erteilen; insbesondere war unzulässig, den Erbschein so einzuschränken, daß er ausschließlich zur Verfügung über ein einzelnes Nachlaßobjekt, nämlich die Forderung an den Vorschußverein berechtigte. Die Ausnahmefälle des § 81 Abs. 4 und 5, in denen bei der Gebührenberechnung ein niedrigeres Objekt anzusetzen ist, liegen hier nicht vor.

Mußte sonach der Wert des gesamten Nachlasses zugrunde gelegt werden, so hat auf die Kostenrechnung der Umstand keinen Einfluß, daß die Be-

[1] Rsp. 4 Nr. 92b S. 397, 6 Nr. 51a S. 315.

schwerdeführer auf Veranlassung des Amtsgerichts den Erbschein zu den Akten zurückgereicht haben. Sie haben die Urkunde entgegengenommen und benutzt; sie sind in den Akten des Nachlaßgerichts ein für allemal als Erben legitimiert, nach §§ 78 und 85 FrGG. steht jedem Interessenten die Einsicht des bei den Akten in Urschrift befindlichen Erbscheins und die Abschriftnahme bezw. das Recht auf Erteilung einer Ausfertigung zu. Durch die Zurückgabe der Ausfertigung ist also nicht die Gewähr gegeben, daß die Legitimationsverhandlung und der Erbschein zu anderen Zwecken als zur Erhebung des Guthabens beim Vorschußverein nicht werden gebraucht werden. Nicht bloß der Besitz der Ausfertigung des Zeugnisses, sondern die Tatsache der Legitimationsführung vor dem Nachlaßgericht erbringt den Nachweis der Erbfolge mit den in §§ 2365 ff. BGB. vorgeschriebenen Rechtsfolgen. Im übrigen ist es den Beschwerdeführern unbenommen, jederzeit die Rückgabe des Erbscheins zu verlangen. — Demzufolge kann sich nur noch fragen, ob sie von der Verpflichtung, die gesetzlichen Gebühren zu tragen, durch die vor der Verhandlung vom Richter erteilte irrige Auskunft befreit werden können. Dies ist zu verneinen. Die Beschwerdeführer haben allerdings den Richter nur unter der Bedingung beauftragt, die Verhandlung aufzunehmen, wenn die Kosten nach dem Betrage der einzuziehenden Forderung berechnet werden würden. Allein aus dieser Vereinbarung folgt nicht, daß die gesetzlichen Mehrkosten zum Nachteile der Staatskasse außer Ansatz bleiben dürfen. Ein wirksames Paktieren über die Höhe der Gebühren zwischen dem Richter und den beteiligten Erben ist unzulässig, denn das Gesetz bestimmt unabänderlich die Gebühr, und der Richter ist nicht befugt, vertretungsweise für die Staatskasse eine andere Gebühr zu vereinbaren. Die Analogie einer privatrechtlichen Abmachung über den Preis eines Werkes kann nicht in Anwendung kommen. Ebensowenig ist eine unrichtige Behandlung der Sache (§ 7²) vorgekommen. Nachdem die Erben, der unrichtigen Auskunft vertrauend, den Auftrag zur Vornahme des Aktes gegeben hatten, ist letzterer vollkommen legal vorgenommen. Die Vorverhandlung zwischen dem Richter und den Erben über die Kostenfrage gehörte noch nicht zu derjenigen gerichtlichen Verhandlung, durch welche die Kostenschuld entstanden ist, nämlich zur Erblegitimationsverhandlung selbst. Deshalb kann hier nicht angenommen werden, daß die Sache unrichtig behandelt und **dadurch** die streitige Gebühr erwachsen ist. Die Auskunft, die der Richter vorher über die Kostenberechnung erteilt hat, war also nicht ein Teil der dienstlichen Behandlung des gebührenpflichtigen Aktes selber, sondern muß als private Äußerung angesehen werden, die vielleicht zwischen ihm und den Erben Rückgriffsforderungen erzeugen kann. Z.

n) **Rechtshilfe. Säumnisgebühr. Preuß. GKG. § 111.**

OLG. Frankfurt, Ferien-ZS. Beschluß vom 4. August 1903.

Das Amtsgericht A. hatte das Amtsgericht B. ersucht, den außerehelichen Vater eines Kindes über Anerkennung der Vaterschaft und Zahlung von Unterhaltsbeiträgen zu vernehmen. Das Amtsgericht B. hat, als der

Vater zu dem Termin nicht erschien, die Akten mit dem Bemerken, daß ihm Zwangsmaßregeln nicht zuständen, zurückgeschickt und ein erneutes Ersuchen, den Vater unter Androhung hoher Säumnisgebühren nochmals zu laden, abgelehnt. Die Beschwerde hierüber wurde zurückgewiesen. Gründe:

Die Frage, ob ein Ersuchen um Rechtshilfe vorliegt, ist unbedenklich zu bejahen (Rsp. 3 S. 35). Ein derartiges Ersuchen (§ 159 GVG.; §§ 1, 2 FrGG.) ist abzulehnen, wenn die vorzunehmende Handlung verboten, d. h. ausdrücklich untersagt oder nach Reichs- oder Landesrecht unzulässig ist (Struckmann-Koch, sowie Wilmowski-Levy zu § 159 GVG.; Hertzog in Buschs Zeitschrift 2 S. 362; JW. 1886 S. 113, 1896 S. 365 Nr. 60). Das ersuchende Gericht hält nun die Androhung von Säumnisgebühren für zulässig auf Grund des § 111 preuß. GKG., der für das Gebiet der freiwilligen Gerichtsbarkeit bestimmt, daß für einen durch Säumnis einer Partei, eines Zeugen oder Sachverständigen vereitelten Termin eine Gebühr von 1—20 Mark festgesetzt und dem Säumigen auferlegt werden soll. Ob derjenige, der in einer Vormundschaftssache über die Vaterschaft zu einem von ihm außerehelich gezeugten Kind vernommen wird, als Partei oder Beteiligter im Sinne des FrGG. anzusehen ist (Jahrbuch 22 Nr. 51), kann dahingestellt bleiben. Der § 111 setzt, wie aus der Begründung hervorgeht (Mügel Anm. 1[1], 4), eine schuldhafte Säumnis voraus. Eine solche liegt aber nicht vor, wenn eine Verpflichtung, im Termine zu erscheinen, nicht besteht.

Eine allgemeine Pflicht, sich vernehmen zu lassen, wird durch § 111 nicht begründet. Eine sonstige Bestimmung, wonach der außereheliche Vater verpflichtet wäre, sich vor dem Vormundschaftsgericht oder einem von diesem ersuchten Gericht über seine Vaterschaft zu erklären, besteht nicht. Allerdings hat das Gericht nach § 12 FrGG. von Amts wegen die zur Feststellung der Tatsachen erforderlichen Ermittelungen zu veranstalten und die geeignet erscheinenden Beweise aufzunehmen. Es kann auch nach § 13 das persönliche Erscheinen der Beteiligten anordnen. Eine Präjudiz für den Fall des Ausbleibens des Beteiligten hat das Gesetz nicht aufgestellt. Maßregeln zur Erzwingung des Erscheinens sind nicht gegeben, insbesondere nicht das Recht der Verhängung von Ordnungsstrafen. Das FrGG. hat die Zwangsgewalt auf dem Gebiete der freiwilligen Gerichtsbarkeit nicht grundsätzlich geregelt, sondern nur im einzelnen Bestimmungen getroffen (§§ 33, 83, 132, 133, 140, 151, 159), im übrigen die Regelung den Landesgesetzen überlassen. Unter die Fälle, in denen nach dem FrGG. ein Zwang durch Ordnungsstrafen oder Säumnisgebühren ausgeübt werden kann, gehört der vorliegende Fall nicht. — Auch der § 15 preuß. FrG. bietet keine Grundlage für die Strafandrohung. Denn er begründet keine Befugnis der Gerichte, Verpflichtungen aufzulegen; vielmehr setzt er voraus, daß diese Befugnis in anderweiten Gesetzen begründet ist. Das Gericht hat nun wohl das Recht, den außerehelichen Vater im Interesse der friedlichen Erledigung der Frage nach der Vaterschaft und Unterhaltspflicht zur Erklärung vorzuladen, es hat aber mangels einer gesetzlichen Vorschrift nicht das Recht, zu verlangen, daß der Geladene zum Zweck der Aufnahme einer Urkunde gegen seinen Willen erscheint (Weizsäcker-Lorenz, Formularbuch 46 Anm. 4). Dr. F. R.

o) **Gerichtskosten bei Aufhebung der Zwangsversteigerung zur Aufhebung einer Gemeinschaft infolge Versteigerung im Wege der Zwangsvollstreckung.**[1] **Preuß. GKG. §§ 124, 125.**

Kammergericht, I. CS. Beschluß v. 12. Oktober 1903.

Die Zwangsversteigerung zum Zwecke der Aufhebung der Erbgemeinschaft war auf den Antrag des Beschwerdeführers angeordnet worden. Daß für diesen Beschluß die Gebühr aus § 124 verwirkt ist, unterliegt keinem Bedenken; nach § 133 ist sie vom Beschwerdeführer als dem Antragsteller zu zahlen, sie entstand durch den Erlaß des Beschlusses und wäre, auch wenn das Verfahren zur Durchführung gelangt wäre, in gleicher Weise von ihm zu entrichten gewesen. Daß sie nicht aus dem Grunde in Wegfall kommt, weil demnächst auf den Antrag eines anderen ein neuer, die Zwangsvollstreckung anordnender Beschluß erlassen ist, bedarf keiner Ausführung. Die Berechnung der Gebühr beruht auf zutreffender Anwendung des Gesetzes. Nur wenn ein Gläubiger der Antragsteller ist, wird der Betrag der einzuziehenden Forderungen nebst den Zinsen zugrunde gelegt; im übrigen werden die Gebühren nach der Höhe des Wertes des Gegenstandes der Zwangsversteigerung berechnet (§ 124[1]). Die erste Voraussetzung liegt vor, wenn die Zwangsversteigerung zum Zwecke der Einziehung der Forderung eines Gläubigers erfolgt; die zweite in den Fällen des § 172 ff. ZwVG. Wird, wie hier, die Zwangsversteigerung gemäß § 180 das. angeordnet, so kann als Antragsteller nur der Miteigentümer, oder der Miterbe, oder derjenige in Betracht kommen, welcher das Recht des Eigentümers oder des Erben auf Aufhebung der Gemeinschaft ausübt (§ 181[2] das.). Der Beschwerdeführer hatte die Zwangsversteigerung aus dem Rechte eines Miterben beantragt, nicht etwa als Gläubiger zur Einziehung seiner Forderung. Hat er das Recht des Miterben auf Aufhebung der Erbgemeinschaft sich wegen einer Forderung an diesen überweisen lassen, so wird dadurch für das Versteigerungsverfahren lediglich seine Berechtigung zur Antragstellung begründet, aber er stellt diesen Antrag aus dem Recht seines Schuldners, des Miterben, nicht als Gläubiger. Die Gebühr bestimmt sich daher nach der Hälfte des Grundstückswertes, welcher zutreffend auf den 25 fachen Betrag des staatlich ermittelten Gebäudesteuernutzungswertes veranschlagt ist. Auf dieser Grundlage waren $^2/_{10}$ der im § 8 des deutschen GKG. bestimmten Gebühr zu erheben. Ebensowenig ist die Gebühr für den Erlaß der Bekanntmachung des Versteigerungstermins aus § 125 Nr. 1 preuß. GKG. zu beanstanden. Die Zwangsversteigerung zur Aufhebung der Erbgemeinschaft war nach Erlaß

[1] Die Gebühr für Eintragung des Erstehers (§ 58 preuß. GKG.) ist nur nach dem auf das Grundstück selbst fallenden Teil des Meistgebots zu berechnen, während der auf das Mobiliar fallende Teil unberücksichtigt bleibt (Kammergericht, I. CS. Beschluß v. 22. Juni 1903).

dieser Bekanntmachung, aber vor Abhaltung des bekanntgemachten Termins durch Beschluß aufgehoben; es findet sonach § 129² Anwendung, wonach die im § 125 bestimmten Gebühren fällig werden, sobald das Verfahren vor Erteilung des Zuschlags beendigt wird. Die später erfolgte Versteigerung und Zuschlagserteilung hat in einem andern selbständigen Verfahren stattgefunden, welches gleichzeitig mit der Aufhebung des früheren eröffnet ist. Es liegt sonach die Voraussetzung des § 133¹ vor, wonach für die Gebühren aus § 125 der Antragsteller haftet, sofern sie nicht aus einer bar vorhandenen Teilungsmasse entnommen werden können. Denn zu einer Verteilung des Versteigerungserlöses ist es in dem auf Antrag des Beschwerdeführers angeordneten Verfahren, welches zu einer Versteigerung nicht geführt hat, nicht gekommen. Nach § 127 Abs. 2 Satz 2 das. ist die Gebühr, da ein Zuschlag in diesem Verfahren nicht erteilt ist, nach dem Werte des Grundstücks zu berechnen, welcher wiederum nach Abs. 3 auf den 25fachen Betrag des Gebäudesteuernutzungswertes zu bestimmen war, da die Aufnahme des Grundstücks in die Grundsteuermutterrolle nicht erfolgt war. Die im Abs. 2 Satz 1 vorgesehene Ermäßigung des Wertes auf $^2/_3$ greift nicht Platz, da sie an die Voraussetzung geknüpft ist, daß im Verfahren der Zuschlag erteilt ist und das Meistgebot nicht $^2/_3$ des Grundstückswertes erreicht.

Zu einer Niederschlagung der Gebühren gemäß § 7² fehlt die gesetzliche Grundlage. Bereits im Beschlusse vom 28. September 1903 ist angenommen, daß eine Zwangsversteigerung zur Aufhebung einer Gemeinschaft und eine gemäß § 15 ZwVG. eingeleitete Zwangsversteigerung desselben Grundstücks miteinander unvereinbar sind und daß das Recht des gemeinschaftlichen Eigentümers, der die Aufhebung der Gemeinschaft betreibt, dem stärkeren Rechte des Gläubigers, der seine Befriedigung aus dem Grundstücke sucht, weichen muß. Eine unrichtige Sachbehandlung kann deshalb nicht darin erblickt werden, daß das Amtsgericht das anhängige Verfahren aus § 180 das. aufhob und ein neues Verfahren gemäß §§ 15 ff. anordnete. Fr.

p) **Wert des Gegenstandes der die Versagung des Zuschlags beantragenden Beschwerde.**[1] **Preuß. GKG. §§ 125, 126, 127.**

Kammergericht, XI. CS. Beschluß v. 6. November 1903.

A. hatte gegen den den Zuschlag erteilenden Beschluß Beschwerde eingelegt, weil seine Hypothekenzinsforderung von 21 230 Mark nicht in das geringste Gebot aufgenommen worden war. Der Wert des Gegenstandes dieser zurückgewiesenen Beschwerde ist gleich der Höhe des Meistgebots

[1] Bei der Erteilung des Zuschlages setzt sich der Wert aus dem Bargebot und den bestehen bleibenden Rechten zusammen (Kammergericht, I. CS. Beschluß v. 12. Oktober 1903). Auch ein Vorkaufsrecht, das, wenn auch zu Unrecht, in das geringste Gebot aufgenommen ist, kommt für die Berechnung des Wertes in Ansatz (Beschluß desselben CS. v. 23. März 1903). Der nach § 133 preuß. GKG. zahlungspflichtige Antragsteller bleibt zahlungspflichtig, wenn er auch im Laufe des Verfahrens die Forderung abtritt und der neue Gläubiger eintritt (Beschluß desselben CS. v. 16. Februar 1902).

festgesetzt. Die dagegen erhobene Beschwerde, welche Festsetzung auf 21 230 Mark verlangte, ist zurückgewiesen. Gründe:

Das Begehren der Beschwerde war auf gänzliche Aufhebung des Zuschlages, also auch auf Anordnung einer neuen Versteigerung gerichtet. Wie der Beschluß vom 1. Februar 1897 (Jahrbuch 16 S. 167) zutreffend ausführt, ist in solchem Falle ohne Belang für die Wertfestsetzung, aus welcher Veranlassung und zu welchem Zwecke das Begehren gestellt ist, da es hierbei nicht auf das ökonomische und rechtliche Interesse, das der Beschwerdeführer zu wahren sucht, sondern objektiv auf den unmittelbaren Gegenstand der Beschwerde ankomme. Dieser aber ist, da die Aufhebung des Zuschlages bezweckt war, mit dem Betrage des Meistgebotes, für das der Zuschlag erteilt ist, richtig bewertet.

Die Zugrundelegung des Meistgebotes folgt auch aus dem preuß. GKG. Denn wenn in den §§ 125, 126 die einzelnen im Verfahren zu erhebenden Gebühren aufgezählt werden und dann im § 127[1] gesagt wird, daß die nach den §§ 125, 126 zu erhebenden Gebühren nach dem Gebot berechnet werden, für das der Zuschlag erteilt ist, so folgt daraus als Tendenz des Gesetzes, daß für die im Zwangsversteigerungsverfahren zu erhebenden Gebühren sich der Wert des Gegenstandes grundsätzlich nach dem Meistgebot richtet, für das der Zuschlag erteilt ist. Dies muß deshalb auch für die Beschwerden bezüglich der Erteilung oder Versagung des Zuschlages gelten, da das Gesetz keine Bestimmungen enthält, welche etwas von dem Grundprinzip Abweichendes für das Beschwerdeverfahren anordnen. SchG.

45

a) Stempel- und Gebührenfreiheit bei freiwilliger Veräußerung während des Enteignungsverfahrens.[1] StStG. § 4e. Preuß. GKG. § 7.

Kammergericht, I. CS. Beschluß v. 9. Februar 1903.

Der § 4e befreit vom Stempel „Urkunden wegen Besitzveränderungen, denen sich die Beteiligten aus Gründen des öffentlichen Wohls zu unterwerfen gesetzlich verpflichtet sind (Enteignungen), ohne Unterschied, ob die Besitzveränderung selbst durch Enteignungsbeschluß oder durch freiwillige Veräußerungsgeschäfte bewirkt wird". Er ersetzt sonach die im wesentlichen übereinstimmenden Anordnungen des bisherigen Rechts, wie sie in der KabO. v. 4. Mai 1833 und im § 43 Enteignungsges. enthalten sind. Die erstere Vorschrift erstreckt die Anwendung des § 43 cit. „auf alle Besitzveränderungen, denen sich die Beteiligten aus Gründen des öffentlichen Wohls zu unterwerfen gesetzlich verpflichtet sind (Enteignungen)."

In § 9 Enteignungsges. ist bestimmt: „Wird nur ein Teil von einem

[1] Die Konzessionsurkunde allein genügt nicht zum Nachweise, daß ein Grundstück dem Enteignungsrechte unterworfen gewesen wäre (Gruchot 46 S. 364). Prozeßvollmachten zu Rechtsstreitigkeiten, die gemäß § 30 Enteignungsges. gegen die Entscheidung der Verwaltungsbehörde bei den Gerichten anhängig werden, fallen nicht unter § 43 Abs. 4 und sind nicht stempelfrei (Gruchot 44 S. 1001).

Grundstück in Anspruch genommen, so kann der Eigentümer verlangen, daß der Unternehmer das Ganze gegen Entschädigung übernimmt, wenn das Grundstück durch die Abtretung so zerstückelt werden würde, daß das Restgrundstück nach seiner bisherigen Bestimmung nicht mehr zweckmäßig benutzt werden kann." Nach der Behauptung der Beschwerdeführerin lag diese Voraussetzung hinsichtlich der nicht zum Kanalbau verwendeten Teile der von ihr erworbenen Grundstücke vor, so daß sie durch die Enteignung selbst zum Erwerbe der gesamten Grundstücksfläche, die den Gegenstand der Auflassung bildete, gezwungen wurde. Es fragt sich, ob, die Richtigkeit dieses Vorbringens unterstellt, der im Wege freiwilliger Vereinbarung erfolgte Erwerb der gesamten Grundstücke die Gebühren- und Stempelfreiheit genießt.

Aus der Gesamtheit dieser Vorschriften in §§ 15—17, 25[7], 26 ist schon im Beschlusse vom 5. Februar 1894 (Jahrbuch 14 S. 213) der Grundsatz hergeleitet, an welchem seitdem festgehalten ist, daß eine Einigung auf der Grundlage des § 9 über die vollständige Übernahme eines teilweise beanspruchten Grundstücks nach § 16 zu beurteilen und deshalb nach § 43 gebühren- und stempelfrei ist, und daß die Worte des § 43, „innerhalb des vorgelegten Plans", nichts anderes bedeuten, als „soweit der Gegenstand der Abtretung nach dem Befunde der zuständigen Behörde zu dem Unternehmen erforderlich ist." Der Umstand, daß ein durch freiwillige Vereinbarung veräußertes Grundstück nur zum Teil in den festgestellten Plan aufgenommen ist, schließt daher die Gebühren- und Stempelfreiheit in Ansehung des anderen Teils nicht aus, sofern auf diesen der § 9 Anwendung findet. Unbedenklich greift aber dieser Grundsatz nicht nur bei den im Stadium der vorläufigen Planfeststellungen erfolgenden Vereinbarungen nach § 16, sondern auch bei späteren freiwilligen Veräußerungen Platz, die während des Enteignungsverfahrens über ein der Enteignung unterliegendes Grundstück abgeschlossen werden, also namentlich bei der vom Kommissar gemäß § 26 zu Protokoll genommenen Vereinbarung, aber auch bei anderen Vereinbarungen der erwähnten Art mögen sie auch erst nach definitiver Feststellung des Planes erfolgen. Aus dem in § 43[4] enthaltenen Hinweise auf § 17 kann das Gegenteil nicht gefolgert werden; denn § 17 enthält ungeachtet seiner Stellung im System eine allgemeine Regel, die auch auf die in einer späteren Lage des Verfahrens abgeschlossenen Veräußerungsverträge Anwendung findet. Das Gesetz läßt darüber keinen Zweifel, daß es gütliche Vereinbarungen möglichst zu fördern sucht und es wäre mit dieser Absicht unvereinbar, wenn es solchen zur Abwendung der förmlichen Enteignung dienenden Vereinbarungen die Vergünstigung der Gebühren- und Stempelfreiheit nicht unbeschränkt zuwenden würde. Vollends zweifellos ist aber nach der Fassung des § 7 preuß. GKG. und des § 4e StStG., daß die Gebühren- und Stempelfreiheit bei allen in jeder Lage des Enteignungsverfahrens geschlossenen Veräußerungsverträgen eintritt, sofern nur das veräußerte Grundstück unter dem gesetzlichen Abtretungszwange steht, denn sie erstreckt sich hiernach auf Besitzveränderungen aller Art, denen sich die Beteiligten aus Gründen des öffentlichen Wohls zu unterwerfen gesetzlich verpflichtet sind. Fr.

b) **Berechnung des Stempels für Grundstücke und bewegliches Zubehör im Falle der Zwangsversteigerung.**[1]

Kammergericht, I. CS. Beschluß v. 25. Mai 1903.

Am 20. September hat der Beschwerdeführer das Meistgebot von 305 000 Mark abgegeben, wovon der Stempel auf 3050 Mark berechnet wurde. Am 1. November zeigte er an, daß der Wert des Mobiliars 132 820 Mark betrage, und bat, hiervon einen Stempel von $^1/_3$ % zu berechnen. Aus den Gründen:

Der Beschwerdeführer hat, ohne daß es bei der Zuschlagserteilung zum Ausdruck gekommen ist, durch den Zuschlag außer dem Grundstücke auch die beweglichen Sachen, auf die sich die Versteigerung erstreckt hat, erworben. Es besteht kein Zweifel, daß in solchem Falle auf Zuschlagserteilungen der § 10 StStG. sinngemäße Anwendung findet, wonach für ein Geschäft über mehrere verschiedenen Steuersätzen unterliegende Gegenstände bei einheitlicher Festsetzung des Gesamtpreises der höchste Steuersatz Platz greift, sofern nicht von den Ausstellern der Urkunde auf dieselben binnen der im § 16 festgesetzten, regelmäßig zwei Wochen betragenden Frist nachträglich die Werte der einzelnen Gegenstände angegeben werden (Jahrbuch 17 S. 299). An die Stelle der das Rechtsgeschäft enthaltenden Urkunde tritt bei Zwangsversteigerungen der Zuschlagsbeschluß. Ist darin nicht ersichtlich gemacht, welcher Teilbetrag auf das bewegliche Zubehör zu rechnen ist, so muß, um die durchgängige Anwendung des höchsten Steuersatzes auszuschließen, die nachträgliche Angabe der Einzelwerte erfolgen, die vom Ersteher, als dem alleinigen Steuerpflichtigen, im Sinne des Satzes 2 § 10 auszugehen hat. Diese Angabe ist, da sie von ihm nicht auf der die gerichtliche Entscheidung enthaltenden Urkunde vermerkt werden kann, im Wege einer schriftlichen Anzeige zu den Gerichtsakten zu bewirken. Die Frist beginnt (vgl. Jahrbuch 26 B S. 19) nicht erst vom Tage der Rechtskraft, sondern bereits vom Tage der Verkündung des Zuschlages. Hiernach ist zwar die Frist versäumt, dennoch ist die nachträgliche Anzeige für zulässig zu erachten. Der Justizminister hat aus Anlaß eines Falles, der mit dem vorliegenden im allgemeinen übereinstimmt, in der Verfügung vom 2. Mai 1903 (J. Nr. III 2310) es für die Aufgabe des Richters im Verfahren der Zwangsversteigerung erklärt, den Ersteher darauf hinzuweisen, daß er zur Anzeige gesonderter Werte für das Grundstück und die Mobilien berechtigt sei und bei Unterlassung solchen Hinweises den § 7² preuß. GKG. für anwendbar erachtet. Dieser Auffassung schließt sich das Kammergericht in der Erwägung an, daß der außerordent-

[1] Die nach Tarifstelle 8 Abs. 3 StStG. zur Ausschließung des Auflassungsstempels vorgelegte Abschrift einer Urkunde muß amtlich beglaubigt sein. Die von einem Anwalt zum Zwecke der Zustellung erfolgte Beglaubigung genügt nicht (Kammergericht, I. CS. Beschluß v. 16. März 1903).

lichen, aus der Versteuerung nach § 10[1] StStG. sich ergebenden Benachteiligung der Beteiligten der allgemeinen Pflicht des Richters gegenüberstehen muß, sie bei Entgegennahme der Erklärungen, welche die steuerlichen Nachteile zur Folge haben, auf die Maßregeln hinzuweisen, die ihnen nach dem Gesetze zur Abwendung der außerordentlichen Belastung zustehen. Wäre die Belehrung erfolgt, so wäre unzweifelhaft die zweiwöchige Frist eingehalten worden. W.

c) **Eine Urkunde, in welcher lediglich der Hypothekengläubiger die Löschung eines Zinsprozents bewilligt und der Eigentümer sie beantragt, unterliegt nicht dem Vertragsstempel der Tarifstelle 71.**

Kammergericht, I. CS. Beschluß v. 22. Juni 1903.

Die Urkunde enthält bezüglich des Zinsprozentes nur die Löschungsbewilligung des Gläubigers und den Löschungsantrag des Eigentümers. Hierin aber sind weder die Merkmale eines obligatorischen noch eines dinglichen Vertrags zu finden. Eines solchen Vertrags bedarf es zur Aufhebung einer Hypothek durch Rechtsgeschäft nicht. Die Aufhebung einer Hypothek erfolgt durch einseitigen Rechtsakt. Zwar bedarf es hierzu außer der in § 875 BGB. vorgeschriebenen Erklärung des Gläubigers, daß er das Recht aufgebe, d. i. der Löschungsbewilligung (§ 19 GrBO.) gemäß § 1183 BGB., § 27 GrBO. noch der Zustimmung des Eigentümers; aber beide Erklärungen werden vom BGB. als einseitige Rechtsgeschäfte behandelt, die sich selbständig gegenüberstehen (vgl. Rsp. 5 S. 404, 6 S. 207). Danach unterliegt eine Urkunde, in welcher lediglich der Gläubiger die Löschung einer Hypothek bewilligt und der Eigentümer die Löschung beantragt, nicht dem Vertragsstempel, dies wurde schon unter der Herrschaft des Preußischen Rechts angenommen. Dagegen hat der Finanzminister im Reskript vom 28. Mai 1898 (Blätter für Rechtspflege 1898 S. 92) Löschungsbewilligung und -antrag bezüglich eines Zinsprozents als einen stempelpflichtigen Vertrag erklärt, weil eine Abrede des Gläubigers und Schuldners vorausgesetzt werden müsse und diese stempelpflichtig sei, auch wenn sie nicht ausdrücklich niedergeschrieben worden sei. Dieser Ausführung ist das Kammergericht in dem von Heinitz, Stempelges. 2. Aufl. S. 620 zitierten Beschluß vom 9. April 1900 beigetreten. Nach dem jetzt geltenden Recht kann jedenfalls hinsichtlich der Frage, ob Löschungsbewilligung und -antrag, welche in derselben Urkunde enthalten sind, einen Vertrag darstellen, eine Unterscheidung, je nachdem sich die Erklärung auf eine ganze Hypothek oder nur auf den Zinsfuß beziehen, nicht für gerechtfertigt erachtet werden. Nach § 1115 BGB. ist bei der Eintragung einer Hypothek, wenn sie verzinslich ist, der Zinssatz anzugeben. Das Recht auf Verzinsung des Kapitals nach diesem Zinssatz bildet einen von allen Rechtsverhältnissen der Hypothek mitbetroffenen Teil der letzteren. Ausnahmen gelten nur gemäß §§ 1158, 1159 BGB. Daher sind zur Löschung eines Teiles des eingetragenen Zinssatzes dieselben Voraussetzungen wie zur Löschung der ganzen Hypothek erforderlich. Es erfolgt demgemäß auch die Löschung eines Zinssatzteiles, eines Zinsprozents auf Grund der Löschungsbewilligung des Gläubigers und der Zustimmung, des Löschungsantrags des Eigentümers, die als einseitige Rechtsgeschäfte sich selbständig gegenüberstehen. Dementsprechend enthält die hier in Rede stehende Urkunde keinen Vertrag.

Allerdings kann man wohl annehmen, daß die Löschungsbewilligung des Gläubigers ihren Bestimmungsgrund in einer Vereinbarung hat, welche zwischen dem Gläubiger und dem Eigentümer wegen Herabsetzung des Zinssatzes getroffen worden ist. Aber in der Urkunde ist eine solche Vereinbarung nicht als erfolgt kundgegeben. Vielmehr sind darin, vielleicht absichtlich, um nicht einen zur Löschung des Zinsprozents nicht erforderlichen, die Beteiligten also unnötig mit der Stempelpflicht belastenden Vertragsabschluß zur Darstellung zu bringen — nur die genannten beiden einseitigen Erklärungen des Gläubigers und des Eigentümers abgegeben worden. Heinitz S. 621 erachtet einen stempelpflichtigen Vertrag für vorliegend, wenn der Hypothekar den Zinssatz der Forderung ermäßigt und die Eintragung dieser Rechtsänderung bewilligt, während der Eigentümer in demselben Schriftstück die Eintragung der Rechtsänderung beantragt. Ob dies zutreffend ist, kann dahingestellt bleiben, da in der vorliegenden Urkunde eine Erklärung des Gläubigers, daß er „den Zinssatz der Forderung ermäßige", nicht enthalten ist. Ss.

d) Mehrfacher Stempel zur Vollmacht mehrerer Privatkläger. Tarifstelle 73 Abs. 6 StStG.

Kammergericht, I. Ferien-CS. Beschluß v. 22. August 1903.

A. und B., Inhaber der offenen Handelsgesellschaft A. & B., haben gemeinsam durch den Rechtsanwalt X. Privatklage erhoben, die sich darauf gründet, daß sie vom Angeklagten durch einen an ihre Firma gerichteten Brief beleidigt seien. Zur Vollmacht ist der Stempel zweimal erfordert, auf Beschwerde ist die Rückzahlung von 1,50 Mark angeordnet. Der weiteren Beschwerde des Oberstaatsanwalts wurde stattgegeben. Gründe:

Nach Tarifstelle 73^6 ist für die Vollmacht ein doppelter Stempel zu verwenden, sofern nicht der Ausnahmefall vorliegt, daß die Vollmachtgeber in einer Erb- oder sonstigen Rechtsgemeinschaft stehen. Eine solche Gemeinschaft ist hier nicht gegeben. Zwar sind die beiden Privatkläger zu einer offenen Handelsgesellschaft vereinigt; die Ausstellung der Vollmacht hat aber nicht die Wahrnehmung von Rechten dieser Gemeinschaft zum Zwecke. Der beleidigende Brief des Beklagten ist adressiert: „Herren A. & B." Ob damit die Firma oder die Privatkläger, welche diese selben Namen haben, gemeint waren, kann dahingestellt bleiben. Auch im ersten Falle konnte der Tatbestand der Beleidigung nur dann vorliegen, wenn diese sich gegen die Privatkläger richtete, wenn also vermittels des Angriffs gegen die Firma die Privatkläger beleidigt werden sollten; denn Beleidigung im Sinne der §§ 185, 186 StrGB. ist die Verletzung der Ehre einer physischen Person, eine Handelsgesellschaft als solche kann nicht Objekt einer Beleidigung sein (Entsch. d. RG. in Strafs. 1 S. 178). Die Ausstellung der Vollmacht und die Erhebung der Privatklage ist daher nicht namens der Gesellschaft wegen der Verletzung eines Rechts derselben, sondern wegen der einem jeden der Privatkläger zugefügten Ehrverletzung erfolgt. Die Bedeutung der Ausnahme von der Regel der mehrfachen Verwendung des Stempels bei mehreren Vollmachten ist aber: wenn mehrere bei einer Erb- oder sonstigen Rechtsgemeinschaft Beteiligte die Verfolgung oder Verteidigung von Rechten der betreffenden Gemeinschaft durch Ausstellung einer gemeinsamen Vollmacht bezwecken, sollen sie hinsichtlich des Vollmachtstempels als ein einziger Vollmachtgeber aufgefaßt werden.

Es ist aber auch die Ansicht des Landgerichts unzutreffend, daß, weil nur eine einheitliche Handlung vorliege, durch welche beide Privatkläger beleidigt seien, und weil der Angeklagte wegen dieser Tat nur einmal bestraft werden könne, die Privatkläger in einer Rechtsgemeinschaft ständen. Für jeden der beiden Privatkläger entstand durch die beleidigende Äußerung ein selbständiges und vom Verhalten des andern Beleidigten an sich unabhängiges Recht. So bestimmt § 62 StrGB., daß, wenn von mehreren zum Strafantrage Berechtigten einer die dreimonatliche Strafantragsfrist versäumt, hierdurch das Recht der übrigen nicht ausgeschlossen wird, und nach § 415^1 StrPO. ist, wenn wegen derselben strafbaren Handlung mehrere Personen zur Privatklage berechtigt sind, bei Ausübung dieses Rechts ein jeder von dem anderen unabhängig. Allerdings äußert gemäß § 415^3 jede in der Sache ergangene Entscheidung zu gunsten des Beschuldigten ihre Wirkung auch gegenüber solchen Berechtigten, welche die Privatklage nicht erhoben haben, und nach § 415^2 steht, wenn einer von mehreren Berechtigten die Privatklage erhoben hat, den übrigen nur der Beitritt in der Lage zu, in der sich das Verfahren zurzeit befindet. Ferner darf, wenn auf Antrag eines der mehreren Verletzten der Beleidigende wegen der Tat bestraft worden ist, nicht von einem anderen Verletzten die nochmalige Bestrafung des Beleidigenden verfolgt werden. Hierdurch wird aber das Recht eines jeden der mehreren Verletzten nur zu gunsten des Täters eingeschränkt; das so umgrenzte Recht steht jedem der Berechtigten selbständig zu. Es entsteht also dadurch, daß durch eine Tat mehrere Personen zugleich beleidigt werden, nicht ein Gemeinschaftsrecht der mehreren Personen auf Verfolgung der Ehrverletzung, und mithin besteht, wenn mehrere durch eine Tat Beleidigte eine gemeinsame Vollmacht zwecks Verfolgung der Bestrafung des Täters ausstellen, unter den mehreren Ausstellern in bezug auf den Gegenstand der Vollmacht nicht eine Rechtsgemeinschaft. Dies ist auch dann nicht der Fall, wenn die Vollmacht zum Zwecke der gemeinsamen Erhebung einer Privatklage ausgestellt worden ist. Denn hierdurch wird nur von der durch das Gesetz gewährten Möglichkeit, die Individualrechte der einzelnen Verletzten in einem Verfahren gleichzeitig zu verfolgen, Gebrauch gemacht; eine materielle Rechtsgemeinschaft, wie sie in der Tarifstelle 73^6 vorausgesetzt ist, liegt zwischen den mehreren Privatklägern nicht vor, vielmehr sucht, trotz gemeinsamer Erhebung der Privatklage, jeder Privatkläger für sich Genugtuung für die ihm zugefügte Ehrverletzung (Beschlüsse des KG. vom 21. Februar und vom 9. Mai 1898, vgl. Heinitz S. 645). B.

46

a) Vereinigung zum gemeinsamen Bieten. BGB. § 138.

OLG. Karlsruhe, I. CS. Urteil v. 13. Juni 1903.

Es verstieß nicht gegen die guten Sitten, wenn überhaupt eine Gesellschaft zum gemeinsamen Bieten gebildet wurde und sie dann auch als Bieterin auftrat. Vereinigungen dieser Art kommen auch im gesunden Wirtschaftsleben häufig vor und gereichen in manchen Fällen, und zwar gerade bei Objekten, deren Erwerb erhebliche Mittel des Steigerers voraussetzt, dem Versteigerungszwecke nur zum Vorteil. Ebenso kann an sich nicht beanstandet werden, daß vereinbarungsgemäß die einzelnen Mitglieder nicht neben der Gesellschaft persönlich als Bieter auftreten durften; es war dies nur eine selbstverständliche Folgerung aus der durch den Gesellschaftsvertrag festgelegten Interessengemeinschaft. Bedenken gegen das Verhalten der Beklagten könnten erst entstehen, wenn etwa der Gesellschaftsvertrag geschlossen worden wäre, um die Konkurrenz einzelner Beteiligter zu beseitigen und damit den Steigerungserlös herabzudrücken oder wenn etwa die Beklagten in sonstiger Weise darauf ausgegangen wären, auf Kosten der Masse oder des Klägers den an sich erlaubten Gesellschaftszweck zu verfolgen. Dr. E.

b) Verträge auf Nichtbeteiligung an behördlichen Submissionen.

OLG. Posen, III. CS. Urteil v. 6. Oktober 1903.

Als die Eisenbahninspektion die Parteien sowie andre mit Frist zur Abgabe von Geboten auf zu verdingende Arbeiten aufgefordert hatte, vereinbarten die Beteiligten, daß dem Beklagten gegen eine den anderen zu zahlende Geldsumme der Zuschlag gesichert werden und daß zu diesem Zwecke die Anderen höhere Gebote als der Beklagte abgeben sollten, wofür ihnen, wie sie wußten, der Zuschlag nicht erteilt werden würde, während sie bei ernstlichem Mitbewerb höhere Gebote als der Beklagte nicht abgegeben hätten. Dieses Abkommen ist nach § 134 nichtig. Denn die Beteiligten haben gegen § 270 preuß. StrGB. verstoßen, weil diesem auch Submissionen als Verdingungen von Arbeiten und Lieferungen unterstehen, selbst wenn der Kreis der Bewerber von vornherein begrenzt gewesen und die Aufforderung nur an bestimmte Personen ergangen ist (Entsch. d. RG. in Straff. 35 S. 392). Selbst wenn ein Verstoß gegen § 270 nicht vorläge, würde dennoch der Vertrag gegen die guten Sitten verstoßen. Die Vereinbarung lief auf eine Täuschung der die Verdingung ausschreibenden Behörde hinaus; durch zu hohe Gebote der anderen sollte in der Behörde der Glaube erweckt werden, daß auch der Kläger und die anderen sich ernstlich zu den von ihnen aufgestellten Mindestsätzen um die Vergebung der Arbeiten bewarben und daß das niedrigste Ge-

*

bot des Beklagten besonders günstig sei. Zu diesem Zwecke stellten sie erdichtete Preisansätze auf, während sie ohne Beeinflussung durch die ihnen vom Beklagten zugesicherten Vorteile sich durch Ansetzung geringerer Preise ernstlich am Mitbewerbe beteiligt hätten. Es liegt also ein Komplott zur absichtlichen Irreführung der Behörde vor, und ein solches ist mit den guten Sitten unvereinbar. S.

c) **Die Ausbedingung eines Kündigungsrechts nur für den einen Vertragsteil ist nicht unsittlich.**

OLG. Hamburg, IV. CS. Urteil v. 12. Januar 1903.

Der klagende Theaterdirektor, der eine Vertragsstrafe fordert, war berechtigt, dem Beklagten alljährlich 4 Monate im Sommer Urlaub mit Hinwegfall sämtlicher Bezüge zu erteilen und den Vertrag nach dreimonatlicher Kündigung aufzulösen, während dem Beklagten ein gleiches Recht nicht eingeräumt war. Wenn der Beklagte ausführt, daß jene Bestimmungen große Härten enthielten und er sich ihnen nur gefügt hätte, weil er sich in einer Notlage befunden hätte; daß es aber gegen die guten Sitten verstoße, wenn der wirtschaftlich Stärkere seine bessere Stellung dazu mißbrauche, um den Schwächeren zu diesen besonders ungünstigen Vereinbarungen zu bestimmen, so kann das als richtig nicht anerkannt werden. Der Beklagte war vollständig freier Herr seiner Entschließungen. Sagten ihm die Bedingungen, unter denen allein der Kläger mit ihm abschließen wollte, nicht zu, so stand bei ihm, sich an anderer Stelle nach günstigeren Bedingungen umzusehen, oder falls er ihm zusagende überall nicht fand, seinen Beruf als Schauspieler aufzugeben und sich in anderer Weise seinen Unterhalt zu verdienen. Von einer unsittlichen Ausbeutung seiner Notlage kann deshalb keine Rede sein. Ebensowenig kann aber in den Bestimmungen selbst irgend etwas gefunden werden, das gegen die guten Sitten verstieße. Zwar mögen sie ungünstig und hart für den Beklagten sein; daß aber jede Bestimmung, die den einen Teil erheblich ungünstiger stellt als den anderen, schon deshalb gegen die guten Sitten verstieße, ist nicht richtig, zumal Bestimmungen, wie die hier fraglichen, erfahrungsmäßig in die Verträge der beteiligten Kreise häufig Aufnahme finden, also ihren sittlichen Anschauungen entsprechen. Auch liegt in der Beurlaubung während der Sommerzeit keine ganz außergewöhnliche Härte, keine Brotlosmachung des Beklagten, da bekanntlich in der Sommerzeit in zahlreichen Badeorten und kleineren Städten Theaterunternehmungen ins Leben treten, an denen die von den ständigen Bühnen beurlaubten Schauspieler Engagement für einige Monate finden. M. M.

d) **Vereinbarung der Ehegatten, getrennt zu leben.**

OLG. Frankfurt, II. CS. Urteil v. 9. Juni 1903.

Die Frage, ob die Vereinbarung unwirksam ist, ist allerdings nicht (als gegen das Verbot des § 1353[1] verstoßend) aus § 134, wohl aber aus § 138 zu bejahen. Daß Verträge über Gestattung dauernden Getrenntlebens von Ehegatten als gegen die guten Sitten verstoßend und dem sittlichen

Wesen der Ehe widersprechend nichtig sind, kann nicht zweifelhaft sein (Dernburg I § 125). Die Frage aber, ob auch eine Vereinbarung der Ehegatten, aus wirtschaftlichen Gründen zeitweise getrennt zu leben, ebenfalls nach § 138 nichtig ist, kann nicht allgemein beantwortet werden, sondern ist von Fall zu Fall konkret zu prüfen und vorliegend zu bejahen. In der Rechtslehre und Rechtsprechung ist anerkannt und nach dem Sinne des § 138 anzunehmen, daß als gegen die guten Sitten verstoßend solche Geschäfte gelten, deren rechtliche Anerkennung mit einem gesunden, in diesem Sinne guten sozialen Zustande unvereinbar ist. Geht man davon aus, daß es nicht bloß nach dem sittlichen Wesen der Ehe die moralische, sondern nach § 1360 auch die rechtliche Pflicht der Frau ist, nach Maßgabe ihrer Vermögens- und Erwerbsverhältnisse zum Unterhalte der Familie beizutragen, so muß es dem Wesen der Ehe, ihrem sittlichen und sozialen Zweck widersprechen, wenn die Parteien vereinbart hätten, daß die Beklagte, um dem Kläger zu ermöglichen, wieder in geordnete Verhältnisse zu kommen, unter Mitnahme des Kindes nach Amerika gehen solle, um bei Verwandten Unterstützung zu finden und ihren Unterhalt selbst zu verdienen. Dem Wesen der Ehe würde gerade entsprechen, daß beide Ehegatten gemeinschaftlich an der Besserung ihrer unglücklichen Vermögensverhältnisse arbeiten. Wäre aber auch die Vereinbarung für zulässig zu erachten, so könnte dies doch nicht in dem Sinne geschehen, daß der Mann dauernd seines Rechts, die Wiederherstellung der ehelichen Gemeinschaft zu verlangen, verlustig ginge; er wäre berechtigt, jederzeit einseitig von der Vereinbarung mit der Wirkung zurückzutreten, daß der gesetzliche normale Zustand, d. h. die Rückkehrpflicht der Frau, wieder eintrete. Gr.

e) Kauf im Ausland zum Zwecke verbotener Einfuhr.

OLG. Hamburg, I. CS. Urteil vom 10. Juni 1903.

Der Kläger (Däne) hat in Kopenhagen dem Beklagten nach Einführung des Reichsgesetzes vom 3. Juni 1900 Salzfleisch verkauft. Der Beklagte erachtet das Kaufgeschäft für ungültig, weil die Einfuhr des Fleisches durch jenes Gesetz verboten wird. Allein ein deutsches Gesetz, das die Einfuhr ausländischen Fleisches verbietet, denkt nicht daran, Rechtsgeschäfte zu verbieten, die wie hier über solches Fleisch im Auslande geschlossen und erfüllt werden sollen. Selbstverständlich will das Reichsgesetz nicht in den ausländischen Betrieb ausländischer Gewerbe eingreifen und kann daher vernünftigerweise gar nicht verbieten wollen, daß der Kläger in Dänemark Fleisch verkauft, welches der Käufer zur Einfuhr in Deutschland bestimmt hat. Das Gesetz verbietet nur die Einfuhr in Deutschland unter gewissen Voraussetzungen.

Es liegt aber auch kein unsittliches Verhalten des Verkäufers darin, selbst wenn er wußte, daß die Ware vom Käufer zu dem verbotenen Zwecke bestimmt war. Denn im allgemeinen und rechtlich kann dem Verkäufer, der nach den Gesetzen seines Landes zulässigerweise seine Ware verkauft, gleichgültig sein, was der ausländische Käufer damit bezweckt und beginnen will, um so mehr, als wie hier der Verkäufer keine Verfügung über die dem Käufer im Auslande gelieferte Ware hat, die nach der Übergabe im Auslande in dessen Eigentum überging. Ob der Beklagte die an seine Adresse versandte Ware einführen wollte oder nicht, stand bis zum letzten Augenblicke lediglich bei ihm. So hat offenbar auch der Verkäufer die Sache aufgefaßt, wenn er den Beklagten ausdrücklich darauf aufmerksam gemacht hat, durch das Reichsgesetz werde die Einfuhr verboten. Er hat nicht etwa beabsichtigt, das ist auch keineswegs behauptet, dem Beklagten zur Vornahme einer gesetzwidrigen Fleischeinfuhr Vorschub zu leisten — in welchem Falle vielleicht von einer Unsittlichkeit geredet werden könnte —, sondern lediglich seinen gesetzmäßigen Gewerbebetrieb ausgeübt, ohne sich darum zu kümmern, was Beklagter mit der Ware vornehmen wollte, wenn sie in Deutschland ankam. M. M.

f) **Unterbrechung der Verjährung durch Einklagung eines Teiles des Anspruchs.**

OLG. Marienwerder, II. CS. Urteil v. 20. Februar 1903.

Das Reichsgericht hat auf Grund des § 570 ALR. I 9 wiederholt angenommen, daß durch teilweise Ausübung des Rechts das ganze Recht erhalten wird, wenn diese Ausübung nach der Absicht des Handelnden eine Betätigung des ganzen Rechts enthalten soll und nach den Umständen enthalten kann (Entsch. des RG. 34 S. 260, 39 S. 216). Das gleiche ist, obwohl das BGB. keine entsprechende Vorschrift aufgenommen hat, auch unter dessen Herrschaft anzunehmen. Ob danach die Voraussetzung, daß schon in der Klage das gesamte Rechtsverhältnis geltend gemacht ist, vorliegt, ist Sache der tatsächlichen Beurteilung des einzelnen Falles. Hier ist sie als gegeben zu erachten. Denn der Kläger hat im weitesten Umfange den ihm vertragsmäßig zustehenden Anspruch auf Anweisegeld erheben wollen, somit in der Klage sein ganzes Recht betätigt und nur den anfänglich beschränkt gestellten Antrag in prozessual zulässiger Weise erweitert. H.

g) **Schutzwürdiges Interesse des Hauseigentümers an der Art des Ausbaues und der Gestaltung eines Nachbarhauses.**[1] **BGB. § 226.**

OLG. Celle, I. CS. Urteil v. 20. Januar 1903.

Der Kläger hat ein berechtigtes Interesse daran, daß der Wert, die Schönheit und die Annehmlichkeit der Benutzung seiner Villa durch den auf dem Nachbargrundstück von den Beklagten errichteten Neubau nicht beeinträchtigt werde. Insoweit die von ihm beim Erwerb seiner Villa mit den Beklagten getroffenen Vereinbarungen bestimmt und geeignet sind, dies Interesse zu sichern, unterliegt deren Rechtsverbindlichkeit keinem Bedenken. — Der Kläger will auch jene Vereinbarungen getroffen haben, um berechtigte

[1] Hat auch Beklagter bei der Kiesaushebung auf seinem Grundstücke durch die Bloßlegung des Untergrundwassers beabsichtigt, den Nachbarn zu schädigen und ihn so zum Ankauf des Grundstücks zu nötigen, so schließt dies nicht aus, daß er dabei auch die Absicht hatte, durch die Verwertung des ausgehobenen Kieses einen Gewinn zu erzielen, gleichviel, ob er ihn tatsächlich erlangt hat. Kann aber die Ausübung eines Rechts mehrere Zwecke haben, so trifft § 226 nicht zu (Bayer. Ob. LG., II. CS. Urteil v. 1. Okt. 1902, Sammlung 3 S. 753).

Interessen bezüglich seiner Villa zu wahren, nicht bloß aus Laune; von demselben Gesichtspunkte durften die Beklagten ausgehen, wenn sie die Zusicherungen bezüglich eines von ihnen auf dem Nachbargrundstück zu errichtenden Neubaues gemacht haben. Die hieraus sich ergebende Schlußfolgerung würde sein, daß nach dem Willen der Kontrahenten eine über die Wahrung der Interessen des Klägers hinausgehende Beschränkung der Beklagten in der Bebauung des Nachbargrundstückes nicht eintreten sollte, daß also das Interesse des Klägers nicht verletzende Abweichungen der Beklagten von den angeblich bezüglich der Bebauung des Nachbargrundstücks gemachten Zusicherungen überhaupt keine Vertragsverletzung enthielten.

Indessen hiervon abgesehen ist ein auf die Zusicherungen gestützter Anspruch auch dann abzuweisen, wenn und soweit ein rechtliches Interesse des Klägers auf Erfüllung der Zusicherungen nicht besteht, denn sowohl nach gemeinem Rechte (Windscheid I § 121 Anm. 3, § 251 Anm. 3) wie nach BGB. § 226 ist die Ausübung eines Rechtes mangels jeglichen Interesses des Berechtigten lediglich zum Schaden des Gegners unzulässig. Danach scheidet das Verlangen des Klägers, daß der Neubau aus Tuffsteinen bestehen oder verputzt sein müsse, als unberechtigt aus, denn es ist ein Interesse des Klägers daran, aus welchem Material das Nachbarhaus besteht, nicht erfindlich, falls nur nach dem gewählten Material das Haus den übrigen Bauten der Straße sich harmonisch anschließt und dies ist bei dem aus weißen Verblendsteinen hergestellten Neubau der Beklagten der Fall. Ebensowenig ist ein rechtliches Interesse daran anzuerkennen, ob das Nachbarhaus im Inneren für ein oder zwei Familien eingerichtet ist. Ein ursprünglich für eine Familie eingerichtetes Haus kann leicht zur Benutzung für zwei Familien umgeändert werden, es ist nicht erfindlich, wie dadurch das Nachbargrundstück in seinem Werte, seiner Schönheit, der Annehmlichkeit seiner Benutzung geschädigt werden könnte, wie also der Nachbar ein Interesse daran haben sollte, die vielleicht durch die Verhältnisse gebotene Bewohnung durch zwei Familien zu hindern. Von einer störenden Belästigung durch eine große Anzahl von Bewohnern, wie z. B. bei einer großen Mietskaserne, kann nicht die Rede sein, da der Neubau der Beklagten nur zwei herrschaftliche Familienwohnungen enthält. Die Größe und äußere Gestaltung eines Neubaues läßt sich aus der Bedingung, es müsse ein „Einfamilienhaus" sein, nicht mit der genügenden Bestimmtheit feststellen, denn je nach der Größe, den Vermögensverhältnissen und Ansprüchen einer Familie wird sich dies sehr verschieden gestalten. Die Vereinbarung ermöglicht eine Bestimmbarkeit des Neubaues höchstens durch den Gegensatz, es dürfe keine Mietskaserne, sondern müsse ein herrschaftliches Einfamilienhaus sein. Durch eine Mietskaserne hätte der ganze an das Grundstück des Klägers grenzende Bauplatz zugebaut werden können, bei dem Bau eines Einfamilienhauses darf davon ausgegangen werden, daß es in ähnlichen Dimensionen wie das Haus des Klägers und in ähnlicher Weise von einem Garten umgeben angelegt wird. H.

47

a) **Begriff des Mietvertrags. BGB. § 535.**

OLG. Dresden, IV. CS. Urteil v. 23. Juni 1903.

Der Kläger fordert die Gegenleistung für drei Felder eines Reklamevorhanges im A.-Theater. Der Anspruch ist ein solcher wegen Mietzinses. Denn der ihm zugrunde liegende Vertrag steht in der Mitte zwischen dem zweifellosen Verdingungs- oder Werkvertrag über die Aufnahme einer Anzeige in eine Zeitung, deren Herstellung und Verbreitung den meist kurzen Gebrauch überwiegt und über das Wesen des Vertrags entscheidet, und zwischen dem zweifellosen Mietvertrag über die Überlassung von Wandflächen zur Anschrift von Anzeigen, bei dem der Vermieter den Gebrauch der Wandfläche meist auf längere Zeit gewährt und ein Werkvertrag überhaupt nicht in Frage kommt, wenn er nicht auch das Anschreiben übernimmt. Die Prüfung, unter welche von beiden Arten von Verträgen die in der Mitte stehenden gehören, kann von Fall zu Fall verschiedene Ergebnisse liefern und Zweifel offen lassen. Bei ihr ist insbesondere auch die von den Parteien gewählte Bezeichnung des Vertrags von Bedeutung, solange sie als Ausdruck ihres Vertragswillens und nicht nur einer vielleicht unzutreffenden rechtlichen Auffassung gelten darf. Nun heißt es im Schlußschein: „vermietete Felder", „Mietzins", „Anschreiben inklusive. . . ." Auch bedient sich der Kläger und sein Rechtsvorgänger in seinen Rechnungen und Briefen, und der Beklagte in seinen Antworten durchweg des Wortes „Miete". Aus diesen Umständen darf nicht nur die Auffassung, sondern auch der Wille der Beteiligten und insbesondere des Klägers und seines Rechtsvorgängers entnommen werden, daß das Rechtsverhältnis ein Mietvertrag über die Überlassung dreier Felder des Theatervorhanges mit der angeschriebenen Anzeige auf ein Spieljahr sein und durchweg den gesetzlichen Bestimmungen über den Mietvertrag unterliegen, das Anschreiben der Anzeige aber nur als eine Nebenleistung des Klägers gelten und ohne Bedeutung für die rechtliche Eigenschaft des Vertrags bleiben sollte. Insbesondere lag auch die zwar an sich nicht ausgeschlossene, aber durch die untergeordnete Leistung des Anschreibens nicht mit Notwendigkeit gebotene und leicht zu rechtlichen Verwickelungen führende Annahme eines aus Miet- und Werkvertrag gemischten Zwittervertrags im Zweifel nicht im Willen der Beteiligten. Auch vermietete der Kläger oder sein Rechtsvorgänger (gewerbsmäßig) eine bewegliche Sache im Sinne des BGB.; denn der Vorhang war nur Zubehör (§ 97), nicht Bestandteil (§ 93) des Theaters. Mithin greift die kurze Verjährung des § 196⁶ Platz. Dr. R.

b) **Wirkung des Eintritts eines neuen Mieters in den Mietvertrag auf das Pfandrecht des Vermieters.**

OLG. Hamburg, III. CS. Urteil v. 5. November 1903.

Der Kläger ist Eigentümer der Sachen, deren Herausgabe er vom Beklagten verlangt. Als 1899 der damalige Mieter des Beklagten, sein Eigentum an den eingebrachten Sachen auf den Kläger übertrug, wurde am Mietpfandrecht zunächst nichts geändert, da die veräußerten Sachen stets in den Mieträumen blieben, und das früher entstandene Pfandrecht dem Eigentum des Klägers vorging. Auch das BGB. blieb einstweilen, solange Z. noch Mieter war, ohne Einfluß (EG. Art. 184). Nun ist aber 1900 Z. aus dem Mietverhältnis ausgeschieden und an seiner Stelle A. eingetreten. Die Miete, die Z. schuldete, ist bezahlt und damit das Pfandrecht, das für seine Schuld bestand, erloschen. Ein neues Pfandrecht für die Mietschulden seines Nachfolgers A. konnte nicht entstehen, weil das BGB. kein Pfandrecht des Vermieters an fremden eingebrachten Sachen kennt. Nun will der Beklagte diese Konsequenz damit beseitigen, daß er die Identität des 1899 mit Z. auf 5 Jahre eingegangenen Mietverhältnisses mit dem zwischen ihm und A. bestehenden Mietverhältnis annimmt. Allein wenn die Beteiligten vereinbarten, daß A. an Stelle des Z. trete, so hörten damit für die Zukunft alle Rechte und Verbindlichkeiten des Vermieters gegen den früheren Mieter auf, wie andererseits dieser sich aller Rechte auf die Überlassung der Mieträume gegenüber dem Vermieter begab. Es hat nicht etwa Z. seine Rechte aus dem Mietvertrage dem A. zediert und andererseits A. unter Zustimmung des Gläubigers die Mietschuld des Z. als eigene übernommen. Unter diesen Umständen bedeutet der Wechsel des Mieters unter Zustimmung des Vermieters juristisch keine Rechtsnachfolge in das alte Mietverhältnis, sondern die Begründung eines neuen mit wesentlich gleichem Inhalt, den das alte Mietverhältnis hatte. Daran kann auch die Tatsache nichts ändern, daß die Beurkundung des neuen Mietvertrages in Form eines Anhanges der über den ersten Mietvertrag errichteten Urkunde nachgefügt ist. Denn selbst wenn damit die Kontrahenten hätten zu erkennen geben wollen, daß die Identität des Mietverhältnisses gewahrt werden solle, würden sie diesen Erfolg nicht haben erreichen können, weil Z. als Mieter völlig ausschied und an seine Stelle A. trat. Ein gesetzliches Pfandrecht des Beklagten an den von Z. eingebrachten Sachen bestand daher wegen der Mietschulden des A. überhaupt nicht mehr. . . . M. M.

c) **Rechte des Vermieters aus § 560 BGB. auch gegenüber dritten Gläubigern des Mieters.**

OLG. Kiel, II. CS. Urteil v. 28. April 1903.

Beklagter hat wegen einer ausgeklagten Forderung gegen N. Waren in dessen vom Kläger angemieteten Geschäftslokal pfänden lassen, in welchem sich außerdem noch Waren von erheblichem Werte befanden. Die Klage auf vorzugsweise Befriedigung wegen rückständiger und laufender Miete ist abgewiesen. Gründe:

Das Pfandrecht des Vermieters erlischt auch dann mit der Entfernung der Sachen vom Grundstück, wenn die Entfernung im Wege der Pfändung geschieht, vorausgesetzt, daß die zurückbleibenden Sachen zur Sicherung des Vermieters offenbar ausreichen. Schon der Wortlaut des § 560, welcher nicht vorschreibt, daß die Entfernung durch den Mieter geschehen mußte, spricht für diese weitere Auslegung. Ebenso spricht aber auch der Grund der Vorschrift, daß nämlich die wirtschaftliche Lage des Mieters durch den Vermieter nicht zu sehr erschwert werde, entscheidend dafür, auch den pfändenden Gläubiger mit der Einrede zu hören, die zurückgebliebenen Sachen reichten offenbar zur Sicherung des Vermieters aus. Es würde dem Mieter erheblich erschwert werden, Kredit zu bekommen, wenn die Gläubiger sich sagen müßten, daß sie bei der Durchführung eines Anspruchs stets vom guten Willen des Vermieters abhängig wären. Auch daraus, daß der § 805 CPO. dem Vermieter ein Widerspruchsrecht gegen den pfändenden Gläubiger versagt, läßt sich kein Argument gegen die vertretene Auffassung herleiten. Der § 805 will die Kollision eines Pfändungspfandrechts mit einem älteren Pfand- oder Vorzugsrecht in dem Falle, wo der Berechtigte nicht im Besitz der Sache ist, zum Ausgleich bringen, er berührt aber nicht die Frage, ob oder wie lange ein solches Pfand- oder Vorzugsrecht besteht. Hierfür sind allein die Vorschriften des materiellen Rechts maßgebend. Zwar ist mit dem Verbot der Pfändung auch ein Verbot des Widerspruchs gegen die infolge der Pfändung stattfindende Entfernung gegeben (§§ 805 und 808 CPO.), aber dieses Verbot des Widerspruchs und der zum Ersatz gegebene Anspruch auf vorzugsweise Befriedigung greifen nur da Platz, wo nach dem materiellen Recht ein Widerspruchsrecht besteht. Ist ein solches nicht gegeben, so findet § 805 überhaupt keine Anwendung. Gr.

d) **Vertragliche Ausschließung des § 569 BGB.**

OLG. Hamburg, IV. CS. Urteil v. 10. Juli 1903.

Während nach gemeinem Rechte Mietverträge überhaupt durch den Tod des Mieters nicht berührt wurden, hat das BGB. im Anschluß an § 371 ALR. I 21 einen anderen Standpunkt eingenommen. Die Veränderungen, die mit dem Tode des Mieters eintreten können und seine Erben leicht in vermögensrechtlich schwierige Lage hineinzuführen geeignet sind, gaben dem BGB. Anlaß, eine Vorkehrung im Interesse sowohl des Erben wie des Vermieters zu treffen, die ihnen das Recht gewähren, das Mietverhältnis unter Einhaltung der gesetzlichen Frist zu kündigen. Von einer besonderen Rechtswohltat kann hier keine Rede sein, zumal der § 569 die Interessen der Erben wie des Vermieters in ganz gleicher Weise berücksichtigt. Ein selbständiges Recht der Erben kommt daher nicht in Frage, und der § 569 kann deshalb nur dann Platz greifen, wenn vom Mieter und Erblasser mit dem Vermieter nicht eine besondere Beredung für den Todesfall des Mieters getroffen worden ist, die dann den Erben in gleichem Maße wie alle sonstigen Rechtshandlungen und Vertragsabreden des Erblassers bindet. Der § 569 ist den Vorschriften zwingender Rechte nicht beizuzählen. Das zeigt auch die Entstehungsgeschichte des § 371 I 21 (vgl. Entsch. d. RG. 18 S. 57). Dem Erblasser, der gemietet hat, steht daher frei, für den Fall seines Todes, sei es im Interesse seiner Erben oder auf Verlangen seines Vermieters, Bestimmungen mit diesem zu bereden, die den § 569 ausschließen. M. M.

e) **Versetzung im Sinne des § 570 BGB. Einfluß des BGB. auf ältere Vertragsbestimmungen.**

OLG. Königsberg, II. CS. Urteil v. 31. Oktober 1903.

Der Kläger hatte dem Beklagten eine Wohnung für die Zeit vom 1. Oktober 1897 bis dahin 1898 vermietet und einjährige Verlängerung vereinbart, falls nicht am 1. Juli gekündigt würde. Der Beklagte hat am 3. Oktober auf Ende 1902 gekündigt, weil er zum 1. November nach B. versetzt worden. Aus den Gründen:

Durch den Ministerialerlaß wurde die bisherige Dienststellung des Beklagten in A. vollständig beendigt und ihm, der unzweifelhaft Beamter war, die neue Dienststellung in B. an der Generalkommission zugewiesen. Damit ist seine Versetzung erfolgt, ohne daß es nach dem Wortlaute des § 570 darauf ankommt, ob er der Generalkommission als ordentliches Mitglied oder nur als Hilfsarbeiter zugewiesen worden ist.

Der Beklagte war aber, als er kündigte, noch nicht wirklich versetzt. Er hatte am 3. Oktober aus dem zuständigen Ministerium nur die telegraphische Anfrage erhalten, ob er bereit sei, am 1. November eine Dienststelle in B. anzunehmen, was er sofort bejahte. Erst dann ist das Versetzungsreskript (am 4. Oktober) erlassen worden. Der § 570 enthält eine an § 376 ALR. I 21 sich anlehnende Sondervorschrift, welche deshalb streng auszulegen ist. Den Rechtsgrund der darin nachgelassenen Kündigung kann nach dem Wortlaute nur eine von der zuständigen Stelle ausgesprochene Versetzung abgeben. Als der Beklagte kündigte, war aber eine Versetzungsanordnung noch nicht erfolgt. Ob sie nach der Anfrage und dessen Bejahung mit positiver Sicherheit zu erwarten war, kann nicht ausschlaggebend sein; der Kündigung lag nicht die Anordnung der Versetzung, sondern nur erst die Erwartung des Beklagten zugrunde, daß die Versetzung nunmehr eintreten werde; sie ist nicht „im Falle" einer Versetzung erfolgt. Der Mangel wurde auch nicht dadurch geheilt, daß die Versetzung dann wirklich erfolgte. Wäre eine dahingehende Auffassung zu gunsten des Mieters vom Gesetzgeber gewollt gewesen, so hätte sie wegen der Besonderheit der Vorschrift klar ausgesprochen werden müssen; das Fehlen eines Anhalts für die vom Beklagten vertretene Auslegung spricht vielmehr gegen sie. Nur der gewisse äußere Umstand der erfolgten Versetzung allein kann dem Mieter das Sonderrecht geben und den Vermieter zwingen, die an sich vertragswidrige Kündigung gegen sich gelten zu lassen. Ob der Beklagte, falls er erfahren hätte, daß der Kläger die Kündigung zu beanstanden gesonnen sei, hätte erreichen können, daß die Versetzungsanordnung noch am 3. Oktober vollzogen und ihm mitgeteilt wurde, ist unerheblich. Die Kündigung ist ein einseitiges Rechtsgeschäft, das sich vollzieht durch die empfangsbedürftige Erklärung; zu einer Gegenerklärung ist derjenige, gegen den sie erfolgt, nicht verpflichtet. Besonders dafür, daß der Kläger die ihm angeblich zugegangene Erklärung stillschweigend genehmigt habe, ist nichts angeführt. Unerheblich ist ferner das weitere Verhalten des

Beklagten, aus dem zu entnehmen sein könnte, daß er an der Kündigung festhalte; denn mit Ablauf des 3. Oktober stand ihm die Befugnis, zum 31. Dezember 1902 zu kündigen, nicht mehr zu.

Der Beklagte will aber auch aus den §§ 564, 565 in Verbindung mit Art. 171 EG. sein Recht, zum 31. Dezember zu kündigen, ableiten. Nach dem Mietvertrage war der erste Termin — nach dem Inkrafttreten des BGB. —, an welchem hätte gekündigt werden können, der 1. Juli 1901. Diese Kündigung ist nicht erfolgt; das Mietverhältnis bestimmt sich daher gemäß Art. 171 nach dem BGB. Die Frage, inwieweit diese Herrschaft bei Bestimmungen eines unter Herrschaft des älteren Rechtes abgeschlossenen Vertrages reicht, ist bestritten. Die vom Beklagten gewollte Auslegung wird von Planck zu Art. 171 und Endemann 1 § 170[1] vertreten, desgl. vom OLG. Hamburg (Hans. GZ. 1902 Nr. 17) und Marienwerder (Rsp. 5 S. 32); anders Landgericht Dresden bei Sörgel 1900 S. 269. Die Prot. 6 S. 499 geben klare Auskunft nicht, lassen allerdings überwiegend durchblicken, daß die Gesetz gewordene Bestimmung vornehmlich von dem Gedanken getragen wird, daß der mutmaßliche Wille der Parteien dahin gehe, es solle mit dem Inkrafttreten des BGB. das ganze Verhältnis vom neuen Recht beherrscht werden. Dagegen will Brückner (Miete von Wohnungen, 2. Aufl. S. 169) mit Geltung vor den gesetzlichen Vorschriften die Bestimmungen des vor 1900 abgeschlossenen Vertrags in Kraft lassen, soweit sie nicht zwingenden Normen des neuen Rechts widerstreben. Dieser Ansicht schließt sich der Senat an, davon ausgehend, daß eine stillschweigende Verlängerung nach dem Termine des Art. 171 eintritt; diese Einigung der Parteien muß aber als beherrscht angesehen werden von der Bestimmung des Vertrags über die Beendigung des Mietverhältnisses. Nach dem Vertrage stand dem Beklagten eine Befugnis zur Kündigung zum 31. Dezember nicht zu. Th.

f) **Das durch Verzug des Mieters begründete Kündigungsrecht (BGB. § 554) geht nicht auf den Käufer des Mietgrundstücks über.**

Kammergericht, XIV. CS. Urteil v. 18. Mai 1903.

Der Beklagte hatte das den Klägern zugeschlagene Grundstück vom Subhastaten gepachtet und war ihm gegenüber mit zwei aufeinanderfolgenden Zahlungsterminen in Verzug geraten. Gestützt hierauf verlangen die Kläger die Räumung. Allein nach dem Wortlaute des § 571 darf in dem Eintritte des Erwerbers nicht etwa eine derartige Singularsukzession gefunden werden, als werde in der Person des Erwerbers das alte Schuldverhältnis in unveränderter Gestalt fortgesetzt. Man muß vielmehr davon ausgehen, daß zwischen dem Erwerber und dem Pächter kraft Gesetzes ein neues Schuldverhältnis begründet wird nur mit eben denselben Rechten und Pflichten, wie sie der Mietvertrag zwischen den Vertragsteilen bestimmt. Daraus folgt auch, daß die Kläger ebensowenig in diejenigen rechtlichen Beziehungen zwischen dem früheren Eigentümer und dem Beklagten eingetreten sind, die bis zur Veräußerung des Grundstücks zwischen ihnen aus dem ursprünglichen Pachtvertrage entstanden waren. Zu jenen Beziehungen würden insbesondere die Rechte gehören, die aus einem Verzuge des Pächters hervorgegangen sind.[1] K.

g) **Verhältnis des § 537 zu § 538 BGB.**

OLG. Kassel, II. CS. Urteil vom 26. November 1903.

Gegenüber der eingeklagten Mietforderung hält das Berufungsgericht den auch in dieser Instanz in erster Linie zur Aufrechnung gestellten Entschädigungsanspruch für tatsächlich unbegründet. ... Es war deshalb das erst in dieser Instanz geltend gemachte Eventualvorbringen der Beklagten in Erwägung zu ziehen, ob den Beklagten in Gemäßheit des § 537 BGB. wegen des gerügten Fehlers der Mietsache ein Anspruch auf volle Befreiung von der Zahlung des Mietzinses oder wenigstens auf entsprechende Minderung desselben zusteht.

Die Frage, ob der in diesem Eventualvorbringen liegende Rückgriff auf die Rechte aus § 537 BGB. gegenüber dem bisher allein geltend gemachten Schadensanspruch aus § 538 überhaupt noch zulässig ist, war zu bejahen. Denn die fälschliche Annahme der auf Zahlung der Miete belangten Mieter, daß ihnen der vorstehend erörterte Entschädigungsanspruch gegen den klagenden Vermieter zustehe, schließt die Geltendmachung der aus § 537 BGB. entspringenden Rechte wegen Unbenutzbarkeit oder geringerer Benutzbarkeit der Mietwohnung infolge eines deren vertragsmäßigen Gebrauch aufhebenden oder mindernden Fehlers derselben in der Zeit, für welche der Vermieter Zahlung des Mietpreises fordert, nicht aus. Der Schadensersatzanspruch aus § 538 verhält sich nämlich zu den Rechten aus § 537 wie ein Mehr zu einem Minder. Die hier stattfindende Wahl untersteht nicht den Vorschriften über Wahlobligationen (§ 262ff. BGB.), sondern den für relative Klägerkonkurrenz geltenden Grundsätzen, bei welcher Unzulässigkeit der Änderung nicht schon mit der Klagerhebung oder einredeweisen Geltendmachung im Prozeß, sondern erst mit der Befriedigung oder wenigstens der Erlangung einer für den Wahlberechtigten günstigen Entscheidung eintritt. F.

h) **Gehören Abmachungen über ein mitvermietetes Inventar zum „Mietverhältnis" im Sinne des BGB. § 571?**

OLG. Hamburg, V. CS. Urteil v. 26. Oktober 1903.

Der Kläger hatte 1900 auf 3 Jahre ein Grundstück nebst Wirtschaftsinventar gemietet und bedungen, daß er das Inventar für 30 000 Mark kaufen und dann eine Verlängerung der Miete auf weitere 10 Jahre herbei-

[1] Für die Auffassung, daß das Rechtsverhältnis zwischen dem Erwerber und dem Mieter im Sinne des § 571 als ein selbständig begründetes aufzufassen ist, spricht besonders die Bestimmung, daß der Vermieter für die Erfüllung des Vertrags durch den Erwerber „wie ein Bürge" haften soll. Die Bestimmung sodann, daß der Erwerber „während der Dauer seines Eigentums" an Stelle des Vermieters tritt, gibt nicht nur den Endpunkt, sondern auch den Anfangstermin an, von dem ab der Erwerber an die Stelle des Vermieters tritt, und zwar nicht durch Rechtsnachfolge, sondern unmittelbar zufolge des Grundstückerwerbes. Für die Geltendmachung von Ansprüchen, die dem Vermieter zuvor gegen den Mieter erwachsen waren, fehlt es dem Erwerber somit an jedem Rechtsgrunde. D. E.

führen darf. Nachdem der Vermieter in Konkurs geraten war, verkaufte der Verwalter das Inventar dem M. und dieser es der Beklagten, die demnächst auch das Grundstück in der Zwangsversteigerung erstand. Aus den Gründen:

Unbestritten und unbestreitbar ist, daß die Beklagte hinsichtlich des Grundstücks gebunden ist. Aber schon das muß bezweifelt werden, ob hinsichtlich des Inventars dasselbe gilt. Es kann dahingestellt bleiben, ob, wo ein Grundstück mit beweglichen Zubehörstücken vermietet ist und nunmehr Grundstück mit Zubehör veräußert wird, der Erwerber nicht nur in bezug auf das Grundstück, sondern auch in bezug auf die Zubehörstücke an den Mietvertrag gehalten ist. Jedenfalls ist das aber nicht der Fall, wenn das Eigentum am Grundstück und am Zubehör verschiedene Wege wandelt, und der Erwerber eines Grundstücks kann unmöglich aus § 571 gehalten erscheinen, irgend welche beweglichen Sachen mietweise zu gewähren, die so zu gewähren sein Rechtsvorgänger zwar verpflichtet war, die er aber mit dem Grundstück gar nicht erworben hat. Wird aber eine solche Verpflichtung durch den Erwerb des Grundstücks nicht begründet, so kann sie auch dadurch nicht zu stande kommen, daß der Erwerber diese Zubehörstücke von dritter Seite auf irgend eine Weise erwirbt. Mit gutem Recht läßt sich ein solcher Erwerb als ein für das Rechtsverhältnis zwischen Mieter und Eigentümer zufälliges Ereignis bezeichnen. Denn mag er vorliegend auch wohl vorbedacht und geflissentlich herbeigeführt sein, so hätte Beklagte ihn doch auch unterlassen können, ohne gegen eine ihr dem Mieter gegenüber obliegende Verpflichtung damit zu verstoßen. Indessen handelt es sich hier nicht um diese Frage, sondern darum, in welchem Umfang die Beklagte infolge des Erwerbs des Grundstücks und nach Maßgabe des § 571 BGB. gebunden ist. Wenn im Mietvertrage dem Kläger das Recht ausgemacht ist, einmal das Inventar zu erwerben, sodann unter bestimmter Bedingung eine Verlängerung des Mietsverhältnisses, soweit es sich auf das Grundstück bezieht, herbeizuführen, so erscheinen hier in derselben Urkunde vereint, aber sachlich durchaus voneinander unterschieden vereinbart einmal ein pactum de emendo — ein eigentliches Vorkaufsrecht ist es nicht — und eine bedingte locatio conductio, mag man in dem, was hier unter einer Bedingung vorgesehen wird, den Abschluß eines neuen Mietsvertrages erblicken oder — was wohl das Zutreffendere ist — lediglich eine Modifikation des bestehenden. Es sind diese beiden pacta zwei ihrem Wesen nach voneinander verschiedene Verträge, die zugleich zwischen Parteien zwei verschiedene Rechtsverhältnisse begründet haben. Die Verpflichtung des Eigentümers des Inventars, es zu bestimmtem Preise zu verkaufen, entspringt nicht und kann nicht entspringen aus einem Mietverhältnis und umgekehrt. Insofern ist klar, daß die Verpflichtung, das Inventar zu verkaufen, auf den Erwerber des Grundstückes auf Grund des § 571 nicht übergegangen ist, denn danach tritt der Erwerber eben nur in die aus dem Mietverhältnis sich ergebenden Rechte und Verpflichtungen ein. Es muß angenommen werden, daß der Wortlaut des

§ 571, der gegen die logische Konsequenz des Rechtsverhältnisses verstößt und aus praktischen Gründen ein auf nicht normalem Wege zu stande kommendes Rechtsverhältnis schafft, geflissentlich gewählt ist, so daß die Betonung des Ausdrucks Mietverhältnis im Sinne des Gesetzes liegt. Es mag hierbei geboten sein, den Begriff „Mietverhältnis" nicht zu eng zu fassen und gerechtfertigt erscheinen, auch die Verpflichtung zu solchen Nebenleistungen, wie sie dem Begriff der Miete nicht notwendig sind und auch im Verkehr nicht die Regel bilden, unter Umständen noch als im Mietverhältnis begründet zu bezeichnen. Aber wo eine Verpflichtung schlechterdings nicht mehr als Ausfluß aus einem Mietverhältnis bezeichnet werden kann, da findet selbst gegenüber dem engsten tatsächlichen und wirtschaftlichen Zusammenhang die ausdehnende Auslegung ihre Grenze. Läßt sich somit eine Verpflichtung der Beklagten, das Inventar an Kläger zu verkaufen, in keiner Weise konstruieren, weder durch den Erwerb des Inventars, noch durch den Erwerb des Grundstücks, so ist der Kläger nicht in der Lage, die Erfüllung der Bedingung herbeizuführen, unter der der Vermieter und — wie allerdings anzunehmen ist — auch sein Rechtsnachfolger im Mietgrundstück verpflichtet ist, den Mietvertrag auf weitere 10 Jahre auszuhalten. M. M.

i) **Wirksamkeit der Vorausverfügungen, wenn der Mieter das Haus ersteht. Vorpfändungen. BGB. § 573.**

Kammergericht, XIV. CS. Urteil v. 9. November 1903.

Der Beklagte hat am 10. Januar 1902 die Miete, die seine Schuldnerin X. vom Kläger zu fordern hat, vorgepfändet und, nachdem das Haus am 20. Januar dem Kläger zugeschlagen worden, am 30. Januar gerichtlich pfänden lassen. Die Klage auf Aufhebung der Pfändung, soweit die Miete für die Zeit nach dem Zuschlage zu entrichten ist, wurde abgewiesen. Gründe:

Der § 573 enthält allerdings keine Bestimmung, wie die §§ 135, 161, 184, doch folgt hieraus nicht, daß das Gesetz die Gleichstellung der Zwangsverfügung mit der rechtsgeschäftlichen Verfügung hat ausschließen wollen. Die Motive 1 S. 422 betonen, daß aus dem Fehlen solcher Bestimmung „kein gegenteiliger Beschluß gezogen werden dürfe." Es ist für einen Vermieter wirtschaftlich oft notwendig, daß er über einen Mietzins verfügen darf, dessen Fälligkeit nahe bevorsteht. Das Gesetz hat daher bestimmt, daß Verfügungen des Vorbesitzers insoweit wirksam sind, als sie sich auf den Mietzins für das laufende und das nächstfolgende Vierteljahr beschränken. Solche Bestimmung findet sich nicht nur für den Fall des Verkaufes, sondern für alle anderen Fälle, wo selbständige Nutzungsrechte Dritter mit denen des früheren Eigentümers zusammentreffen (§ 1244 BGB., § 21 KO.). Kann demnach der Vermieter dem späteren Nutzungsberechtigten den Mietzins bis zum Schlusse des dem Rechtsübergange folgenden Quartals entziehen, so ist nicht ersichtlich, weshalb den Verfügungen, die der Vermieter selbst vornimmt, nicht diejenigen gleichstehen sollen, die auf Grund der in Ausübung seines Rechts von anderen, namentlich bei der Zwangsvollstreckung von seinen

Gläubigern getroffen werden. Dies erfordert auch das Interesse des Mieters und Vermieters, während die Gefährdung des Erstehers nicht erheblich ist, da er doch damit rechnen muß, daß ihm die Mieten infolge Vorausverfügungen des Schuldners für das laufende und das folgende Quartal entgehen; hierbei macht es für ihn keinen Unterschied, ob diese Vorausverfügung freiwillig oder erzwungen war.

Der Umstand, daß die gerichtliche Pfändung zwar innerhalb drei Wochen, aber erst nach dem Zuschlage nachgefolgt ist, macht die Vorpfändung nicht unwirksam. Die gerichtliche Pfändung wurde durch den Zuschlag nicht unzulässig, wie dies im Falle der Konkurseröffnung (§ 14 KO.) anzunehmen wäre. Unzutreffend ist endlich die Ansicht des Klägers, daß durch den Zuschlag an ihn sein eigener Mietvertrag erloschen sei, da er als Eigentümer keine Miete mehr zu zahlen habe. Denn der Ersteher erwirbt das Grundstück in dem Zustande, in welchem es sich zur Zeit des Zuschlags befindet. Ihm gebühren nur die Nutzungen insoweit, als sie nicht infolge Pfändung vom Grundstück abgelöst sind. Der Ersteher muß mit derartigen Verfügungen rechnen, wobei es keinen Unterschied macht, ob ein Dritter oder wie hier der Mieter das Grundstück ersteht. Das Recht, die Mietsforderung des früheren Eigentümers an ihn einzuziehen, war bereits durch Pfändung und Überweisung auf den Beklagten übergegangen und hatte dadurch, soweit diese Miete das laufende und das nächstfolgende Vierteljahr betraf, infolge des § 573 eine gewisse, vom Wechsel des Eigentums unabhängige Selbständigkeit erlangt, während der neue Eigentümer gemäß § 571 zur Gewährung der Vorleistung an Stelle des Vermieters für jene Zeit verpflichtet wurde. Infolge des durch die Pfändung des Mietanspruchs bewirkten Auseinandergehens der Mietforderung einerseits und der Verpflichtung zur Gegenleistung andrerseits ist ein Erlöschen der Mietforderung durch Vereinigung von Recht und Verbindlichkeit ausgeschlossen und eine Ausnahme von dem Satze bedingt, daß niemand Mieter seiner eigenen Sache sein kann. So wenig das Recht, das der Gläubiger des Eigentümers durch Überweisung einer Mietsforderung erlangt hat, gemäß § 1276 durch ein hinterher zwischen Eigentümer und Mieter eingegangenes Rechtsgeschäft (z. B. durch Aufrechnungs-, Erlaßvertrag, Verkauf des Grundstücks an den Mieter) berührt wird, so wenig kann der Zwangsverkauf des Grundstücks an den Mieter bewirken, diesen von der Gebundenheit zu befreien, die mit der Pfändung im Verhältnis zum Pfändungsgläubiger entstand. Diese Auffassung führt zu keinem unbilligen Ergebnisse: der Mieter, dessen Miete gepfändet war, kann, wenn er in der Zwangsversteigerung mitbietet, dabei den Betrag des auf die Zeit nach dem Zuschlage zu zahlenden Mietzinses — nicht minder wie jeder dritte Ersteher — mit in Anschlag bringen. Ein solcher Mieter kann, wenn er Ersteher wird, keine andere Rechtsstellung als irgend ein andrer Ersteher beanspruchen. K.

k) **Der Rücktritt schließt den Anspruch auf Schadensersatz wegen Nichterfüllung aus.**

Kammergericht, XIV. CS. Urteil v. 9. Juli 1903.

Die Parteien hatten einen Garderobeübernahmevertrag mit kassatorischer Klausel geschlossen, und Beklagter war infolge unpünktlicher Mietzinszahlung zurückgetreten. Der Klage auf Rückzahlung der für die Zeit nach dem Rücktritt im voraus entrichteten Miete setzt Beklagter den Anspruch auf Ersatz des Unterschiedes zwischen dem mit dem Kläger vereinbarten und dem bei der neuen Vermietung erzielten Zins entgegen. Allein nach § 346 führt der Rücktritt das Erlöschen des Rechtsverhältnisses von Anfang an (ex tunc) herbei und schließt deshalb das Recht auf Erfüllung, somit auch auf Schadensersatz wegen Nichterfüllung aus. Der Vermieter, der den Rücktritt erklärt, hat also nach §§ 369, 246 keinen Anspruch auf ferneren Mietzins und hat deshalb den für die Zeit nach seinem Rücktritt und nach Wiedererlangung des Mietsgegenstandes im voraus erhaltenen Zins zurückzuerstatten. Demgemäß kann er auch nicht Zahlung der Miete für die bezeichnete Zeit fordern, und ebensowenig den Unterschied zwischen dem verabredeten und dem bei der neuen Vermietung erzielten Zins ersetzt verlangen. K.

48

a) **Leistung von Fuhren als Dienstvertrag.**

OLG. Hamburg, IV. CS. Urteil v. 19. Dezember 1902.

Das Rechtsverhältnis hinsichtlich der dem Kläger vom Beklagten geleisteten Fuhren ist kein Frachtführervertrag gewesen; denn dem Beklagten sind die elektrischen Kabel nicht zur Beförderung übergeben, ihm wurde nicht einmal mitgeteilt, welche Menge von Kabeln transportiert werden und von wo und wohin sich der Transport bewegen sollte. Er übernahm deshalb nicht den Transport der Kabel an Stelle des Klägers, er stellte diesem vielmehr nur für eine bestimmte Zeit und gegen eine angemessene, nachträglich zu ermittelnde Vergütung Pferde, Wagen und Kutscher zum Zwecke der Fortbewegung von Kabeln zur Verfügung. Eine Sachmiete ist hierin aber nicht zu finden. Eine solche würde nur anzunehmen sein, wenn dem Kläger ausschließlich Pferde, Geschirr und Wagen zum Gebrauch überlassen wären, nicht aber hier, wo ihm auch menschliche Dienste neben den Sachen zu bestimmtem Zwecke zugesagt waren. Die Abrede, daß, wenn der Kläger oder der Beklagte Mangel an Transportmitteln hatte, ihm gegen eine feststehende Vergütung für den betreffenden Tag vom andern Teil Pferde, Wagen und Kutscher zur Verfügung gestellt wurden, kann rechtlich nur als Dienstmiete charakterisiert werden. Der Herr von Gespann und Kutscher verpflichtete sich, Fuhren nach Anordnung des anderen Teils auszuführen, ihm die Dienste eines Fuhrmanns zu leisten, die er allerdings nach Absicht der Parteien nicht in Person zu gewähren brauchte, sondern durch seine

Kutscher ausführen lassen konnte, und bei denen er das zur Bewirkung der Dienste erforderliche Material selbst zu stellen hatte. Der Dienstleistende hatte bei Ausführung des Vertrages Vorsatz und Fahrlässigkeit zu vertreten, und zwar nicht nur für eignes Verschulden, sondern in gleichem Umfange nach § 278 auch für das Verschulden des Kutschers aufzukommen, dessen er sich zur Erfüllung seiner Verbindlichkeit bediente. M. M.

b) **Unberechtigte Kündigung. BGB. § 615.**

Kammergericht, XIII. CS. Urteil v. 21. September 1903.

Der Beklagte, Rechtsanwalt, hatte wegen Krankheit seine Vertretung für zwei Monate dem Kläger, Gerichtsassessor, gegen Vergütung übertragen, das Verhältnis jedoch schon nach einem Monate gelöst. Die Klage auf die Vergütung des zweiten Monats wurde abgewiesen. Gründe:

Der § 627 ist nicht anwendbar, weil kein dauerndes Dienstverhältnis mit festen Bezügen eingegangen worden ist. Auch bedarf es keiner Prüfung der Wichtigkeit der vom Beklagten gemäß § 626 geltend gemachten Gründe. Denn der Anspruch ist unbegründet, weil der Kläger nach der Entlassung seine Dienste dem Beklagten nicht wieder angeboten hat. Besondere Vorschriften für die Folgen der unberechtigten Aufhebung des Dienstverhältnisses seitens des Dienstberechtigten enthält das BGB. nicht. Eine solche Aufhebung ist unwirksam, das Dienstverhältnis besteht rechtlich weiter, der Verpflichtete behält seinen Anspruch auf die Vergütung selbst ohne Verpflichtung zur Nachleistung, sofern der Dienstberechtigte mit der Annahme der Dienste in Verzug gekommen ist (§ 615). Dazu gehört aber das Angebot der Leistung; selbst in dem Falle, daß der Berechtigte durch die Kündigung unzweideutig erklärt hat, daß er die Dienste nicht annehmen werde, bedarf es eines wörtlichen Angebots (§ 295). Der Kläger, der ein solches unterlassen hat, kann sich auch nicht auf § 324 stützen. Die Kündigung an sich machte ihm nicht unmöglich, den Beklagten zu vertreten, er konnte und mußte sich also dazu erbieten. Der Kläger behauptet, daß ihm dies und also noch viel mehr die Fortsetzung des Dienstverhältnisses gegenüber der kränkenden Form der Kündigung unmöglich wäre. Daß dem in seiner Ehre gekränkten Verpflichteten, zumal wenn es sich um höhere Dienste handelt, die Fortsetzung des Dienstverhältnisses nicht zugemutet werden kann, ist richtig, es fragt sich aber, ob in solchem Falle Unmöglichkeit der Leistung anzunehmen oder nicht vielmehr der Verpflichtete auf die Geltendmachung des ihm nach §§ 626, 627 a. a. O. zustehenden Kündigungsrechts angewiesen ist. Hierüber ist jedoch nicht zu entscheiden, weil in dem Vorbringen des Klägers ein beleidigendes oder kränkendes Verhalten des Beklagten nicht zu finden ist. Der Umstand, daß der Kläger nach seiner Entlassung die Zurücknahme seiner Bestallung seitens der Justizverwaltung erwirkt hat, ist unerheblich. Der Kläger mußte seiner vorgesetzten Behörde anzeigen, daß er nicht mehr Vertreter sei; die durch den Widerruf bedingte Unmöglichkeit, die Vertretung fortzuführen, war ohne Folgen, wenn der Beklagte in Verzug gekommen war, denn dann hatte der

Kläger nicht mehr nachzuleisten. Eine nachträgliche Zustimmung zur Entlassung ist im Verhalten des Klägers nicht zu finden. W.

c) **Haftung eines Rechtsanwalts und Notars 1. in seiner Eigenschaft als Notar wegen Erteilung unrichtiger Auskunft (BGB. § 839), 2. auf Grund eines inzwischen zustande gekommenen Dienstvertrags wegen Nichtbenutzens geeigneter Rechtsbehelfe gegenüber dem Grundbuchrichter.**

OLG. Marienwerder, I. CS. Urteil v. 29. Oktober 1903.

1. Werden die Behauptungen des Klägers als richtig unterstellt, so hat er den Beklagten am 14. August 1901, nachdem dieser die Unterschriften der Eheleute C. unter einer von ihnen zu gunsten des Klägers aufgenommenen Eintragungsbewilligung in seiner Eigenschaft als Notar beglaubigt hatte, gefragt: „Haben Sie sich von der Richtigkeit der Hypotheken überzeugt?" und der Beklagte hat erwidert: „Ja, Sie können Geld haben."

Diese Auskunft war unrichtig, weder hatte der Beklagte damals die Eintragungen im Grundbuche des Hauses der Ehefrau C., um die es sich handelte, eingesehen, noch waren die in der Schuldurkunde aufgenommenen Angaben der Eheleute C. über die Hypothekenverhältnisse dieses Grundstücks richtig. Der Beklagte hat daher, als er diese Auskunft erteilte, grob fahrlässig gehandelt. Der Beklagte stand damals zu dem Kläger in keinem Vertragsverhältnisse; er ist daher zum Ersatze des aus dieser unrichtigen Auskunft erteilten Schadens nur verpflichtet, soweit ihn der Vorwurf einer unerlaubten Handlung trifft, § 676 BGB. In Betracht kommt hier einzig und allein der § 839 BGB., denn weder die Voraussetzungen des § 826 noch die des § 823 BGB. liegen vor; der Beklagte hat nicht vorsätzlich gehandelt und durch seine Fahrlässigkeit nicht eines der im § 823 aufgeführten Rechte des Klägers verletzt. Die Entscheidung ist daher von der Frage abhängig, ob der Beklagte bei Erteilung der Auskunft in seiner Eigenschaft als Notar gehandelt hat, denn alsdann war er Beamter (Entsch. des RG. 49 S. 271) und haftet jedem Dritten für den durch Verletzung seiner Amtspflicht entstandenen Schaden. Diese Frage ist bejaht worden. Der Beklagte hatte die Unterschrift der Eheleute C. unter der ihm vorgelegten Urkunde in seiner amtlichen Eigenschaft als Notar beglaubigt, also eine Amtshandlung vorgenommen. Im unmittelbaren Anschlusse an diese erbittet sich der Kläger eine Auskunft, die auf diese Amtshandlung Bezug hatte. Der Kläger ging hierbei offenbar von der Absicht aus, von dem Beklagten eine amtliche Auskunft zu erhalten, und der Beklagte war sich dessen wohl bewußt; er mußte sich sagen, daß der Kläger jene Frage nicht an ihn stelle, um von einer Privatperson eine Auskunft zu erhalten, sondern weil er annahm, der Beklagte habe in seiner amtlichen Eigenschaft als Notar das Grundbuch eingesehen, und weil er die von diesem erteilte Auskunft als besonders vertrauenswürdig ansah, weil sie ihm von einem Beamten über Tatsachen, die er in Ausübung seines Amts erfahren hatte, erteilt war. Diese Annahme des Klägers war zwar irrig. Der Beklagte hatte keine Veranlassung zur Einsichtnahme des Grundbuchs auf Grund des ihm von den Eheleuten C. erteilten Auftrags; er war weiter auch nicht dienstlich verpflichtet, die Frage überhaupt zu beantworten. Tat er dieses aber trotzdem, so handelte er als Beamter unter der ihm als solchem beiwohnenden öffentlichen Autorität, er hat einen amtlichen Bescheid erteilt, und haftet für jede dabei vorgefallene Fahrlässigkeit auf Grund des § 839 BGB.

Es handelt sich auch keineswegs um ein Handeln außerhalb der gesetzlichen Zuständigkeitsgrenzen. Der Beklagte durfte die an ihn gerichtete Frage dienstlich beantworten, er hat daher keineswegs durch diese Beantwortung eine ihm nicht zustehende Amtshandlung ausgeführt. Das erkennende Gericht ist mit dieser Entscheidung in bewußten Gegensatz zu der Entsch. des RG. 49 S. 273 getreten, es kann insbesondere den in dieser gemachten Unterschied zwischen Amtstätigkeit und Berufstätigkeit des Notars nicht für die vorliegende Entscheidung als wesentlich anerkennen, es ist vielmehr der Ansicht, daß überall da eine amtliche Tätigkeit vorliegt, wo der Notar aus Veranlassung und im Anschluß an eine Amtshandlung, hier die Beglaubigung einer Urkunde, tätig wird, die Dienste des Notars gerade in Anspruch genommen werden, weil er eine amtliche Tätigkeit ausgeübt hat.

Unzweifelhaft handelt ein Notar in diesem seinem Amte, wenn er — schriftlich oder mündlich — Auskunft über den Inhalt einer aufgenommenen Urkunde gibt, obgleich es sich auch hier um eine Beurkundung nicht handelt; alsdann muß aber dasselbe gelten, wenn er, in seiner Eigenschaft als Notar aufgefordert, Mitteilung über bei Ausübung seiner amtlichen Tätigkeit und aus Veranlassung derselben in Erfahrung gebrachte Tatsachen zu machen, diesem Ansinnen Folge leistet. (Im übrigen s. Gruchot 46 S. 935.)

2. Nachdem das Amtsgericht zu D. durch Verfügung vom 16. August 1901 den auf Grund der Urkunde vom 14. August von dem Beklagten gestellten Eintragungsantrag zurückgewiesen hatte, beschied der Beklagte den Kläger zu sich, verhandelte mit ihm nochmals über die Lage der Sache, richtete in seinem Auftrage mehrere Schreiben an die Eheleute C., in denen er diese aufforderte, den ihnen von dem Kläger gezahlten Betrag zurückzuzahlen, bezw. die Eintragung der Schuldurkunde gemäß herbeizuführen, und hat endlich für diese seine Tätigkeit Vergütung verlangt und erhalten.

Hieraus, sowie aus den Angaben des Beklagten selbst, folgt, daß es sich nicht um die Erteilung eines einmaligen Rates, mit dem die Tätigkeit des Beklagten abgeschlossen war, handelte, daß vielmehr ein Dienstvertrag (§ 611 BGB.) zwischen den Parteien zu stande gekommen ist, nach dem der Beklagte, nunmehr als Rechtsanwalt, verpflichtet war, eine Tätigkeit zu entfalten, um den Schaden, der dem Kläger dadurch entstanden war, daß er vorzeitig den Eheleuten C. den Betrag der durch Urkunde vom 14. August 1901 bewilligten Hypothek gezahlt hatte, abzuwenden, ihm überhaupt in dieser Angelegenheit nicht nur mit fachmännischem Rate zur Seite zu stehen, sondern auch für ihn zu handeln. Er hatte bei Erfüllung dieser Verpflichtung Vorsatz und Fahrlässigkeit zu vertreten, und allen dem Kläger durch Vernachlässigung dieser Pflicht entstandenen Schaden zu ersetzen (§§ 276, 280 BGB.). Sache des Beklagten ist es, die Erfüllung der von ihm vertraglich übernommenen Pflicht zu beweisen.

Es war nun in dieser Beziehung davon auszugehen, daß die richterliche Verfügung vom 16. August 1901 auf einem offenbaren Versehen beruhte. Die Ehefrau C. hatte durch notariell beglaubigte Urkunde vom 14. August dess. J. mit Genehmigung ihres Ehemannes auf ihrem Hausgrundstücke die Eintragung einer Sicherungshypothek von 2000 Mark bewilligt mit dem Hinzufügen, daß auf dem Grundstücke nur 34 000 Mark eingetragen seien und sie sich die Eintragung weiterer 6000 Mark mit dem Range vor der einzutragenden Hypothek vorbehalte, so daß diese jedenfalls hinter 40 000 Mark zu stehen käme.

Der Umstand nun, daß bereits 43350 Mark auf dem Grundstücke eingetragen waren, konnte keine Veranlassung sein, die Eintragung überhaupt zu beanstanden; denn einmal gab das Grundbuch überhaupt keine Auskunft darüber, ob die Hypotheken — die größtenteils sicher unter Herrschaft des Ges. vom 5. Mai 1872 eingetragen sind — überhaupt noch rechtsbeständig waren, und es war nicht Sache des Grundbuchrichters, in dieser Beziehung Feststellungen zu treffen; andrerseits — die Rechtsbeständigkeit der eingetragenen Hypotheken vorausgesetzt — lag kein Grund vor, die Eintragung nicht ohne den Rangvorbehalt zu bewirken. Ein ausdrücklicher Vorbehalt im Sinne des § 16 GrBO. lag nicht vor, und aus den Umständen ergab sich nicht, daß auch im hier vorliegenden Falle nur die Eintragung mit dem Vorbehalt hat beantragt sein sollen. Die Unrichtigkeit lag so klar zu Tage, daß der Beklagte als Rechtsanwalt, also Sachverständiger, sie bei Anwendung gehöriger Sorgfalt erkennen mußte.

Der Beklagte war daher verpflichtet, Bemühungen anzuwenden, um eine abändernde Verfügung zu erlangen und die Eintragung der Hypothek des Klägers wenigstens hinter den eingetragenen 43350 Mark zu erreichen.

Zu diesem Zwecke bedurfte er der Zuziehung der Eheleute C. nicht; denn die zu bewirkende Eintragung hinter 43350 Mark entsprach völlig ihrer Eintragungsbewilligung; sie hatten die Eintragung hinter 40000 Mark bewilligt und ihnen konnte es gleichgültig sein, wenn die Sicherungshypothek des Klägers einen noch schlechteren Rang hatte.

Der Beklagte hatte hiernach die Verpflichtung, zunächst die Eintragung einer Vormerkung anzuregen, und sodann gegen den Bescheid vom 16. August 1901 Beschwerde einzulegen.

Hierzu war er als Bevollmächtigter des Klägers nach dem § 71 GrBO. (vgl. Turnau und Förster, Liegenschaftsrecht zu § 71) ohne Zuziehung der Eheleute C. auch ferner befugt. Der Beklagte hat alle diese Maßnahmen unterlassen, sich vielmehr damit begnügt, im Auftrage des Klägers zwei Briefe an die Eheleute C. zu richten, in denen er sie zur Rückzahlung des erhaltenen Betrages aufforderte; er mußte sich aber sagen, daß diese Aufforderung aller Wahrscheinlichkeit nach erfolglos sein werde; spätestens aber, als er auf das zweite Schreiben innerhalb der gestellten Frist keine Antwort erhielt, schleunigst bei Gericht die erforderlichen Anträge, deren Zulässigkeit ihm als einem Sachverständigen, der derartige Aufträge gegen Bezahlung übernimmt, und auch hier übernommen hat, bekannt sein mußte, und auch bekannt gewesen ist, zu stellen. Er hat dadurch die im Verkehr erforderliche Sorgfalt außer acht gelassen. H.

d) **Konkurrenzklausel bei Kündigung des Dienstherrn.**

OLG. Karlsruhe, III. CS. Urteil v. 4. Juni 1903.

Hat der Kläger (Inhaber eines Musikinstitutes) der Beklagten (Musiklehrerin) durch ein vertragswidriges Verhalten Veranlassung gegeben, das Dienstverhältnis nach § 626 zu kündigen, so kann er das Konkurrenzverbot und die auf dessen Übertretung angedrohte Strafe nicht geltend machen. Dieser Grundsatz ist ausdrücklich ausgesprochen für das Verhältnis zwischen Prinzipal und Handlungsgehilfen in § 75 HGB. und muß, weil den Rücksichten der allgemeinen Billigkeit entnommen, ohne weiteres auch auf Dienstverhältnisse des bürgerlichen Rechts Anwendung finden, falls der Dienstverpflichtete aus den oben bezeichneten Gründen gemäß § 626 kündigt. Dr. E.

e) **Dienstboten sind nicht berechtigt, wegen leichter Züchtigung den Dienst ohne Kündigung zu verlassen.**

Preuß. GesO. §§ 130, 131. EG. z. BGB. Art. 95³.

OLG. Stettin, III. CS. Beschluß v. 6. November 1903.

Nach Art. 95 EG. zum BGB. bleiben die landesgesetzlichen Vorschriften, die dem Gesinderecht angehören, unberührt. Danach ist die Frage, ob die Klägerin den Dienst bei dem Beklagten mit Recht ohne Kündigung verlassen hat, lediglich nach den Bestimmungen der Gesindeordnung vom 11. April 1845 zu beurteilen, die in den §§ 130 und 131 im Falle einer Mißhandlung von seiten der Herrschaft dem Gesinde nur das Recht gibt, den Dienst ohne Kündigung zu verlassen, wenn es durch die Mißhandlung in Gefahr des Lebens oder der Gesundheit versetzt ist, oder wenn das Gesinde mit „ausschweifender und ungewöhnlicher Härte" behandelt ist. Beides trifft hier nicht zu, da durch die Beweisaufnahme nur festgestellt ist, daß der Beklagte der Klägerin wegen Widersetzlichkeit vier Ohrfeigen gegeben hat, die einen nachteiligen Einfluß auf ihre Gesundheit nicht gehabt haben.

Allerdings ist nach Art. 95 Abs 3 EG. zum BGB. das nach früherem Rechte der Dienstherrschaft etwa zustehende Züchtigungsrecht aufgehoben, und es könnte in Frage kommen, ob dadurch auch der § 71 GesO. beseitigt ist, wonach das Gesinde keine gerichtliche Genugtuung fordern kann, wenn es durch ein ungebührliches Betragen der Herrschaft zu Scheltworten, Rügen oder geringen Tätlichkeiten Veranlassung gegeben hat. Dies kann indessen dahingestellt bleiben. Denn selbst wenn danach jetzt das Gesinde berechtigt wäre, auch wegen leichter Mißhandlungen Strafantrag gegen die Herrschaft zu stellen, so würde damit der Kreis der Gründe, die das Gesinde berechtigen, den Dienst ohne Kündigung zu verlassen, nicht ausgedehnt worden sein. Dazu hätte es einer ausdrücklichen gesetzlichen Bestimmung bedurft, die nicht ergangen ist. M.

f) **Mischung des Werkvertrages mit einem Vertrag über die Erteilung von Rat. BGB. § 631.**

OLG. Dresden, IV. CS. Urteil v. 30. Juni 1903.

Die Erfüllung des Werkvertrags, so wie er hier geschlossen ist, ergibt noch nicht ohne weiteres den Anspruch der Klägerin auf die Vergütung. Denn im Vertrage über die Herstellung von Werken der Technik mischt sich, wie in manche Kaufverträge (z. B. über Wertpapiere zwischen dem Bankier als Verkäufer und seinen Kunden als Käufer, Entsch. des RG. 42 S. 131) unter häufigen Umständen ein (stillschweigender) Vertrag über die Erteilung von Rat des sachverständigen Unternehmers an den minder oder gar nicht sachverständigen Besteller, insbesondere schon vor oder bei dem Abschluß des Werkvertrages oder seinen etwaigen späteren Änderungen oder Erweiterungen während der Herstellung und über die Frage, ob der mit dem Werke bezweckte Erfolg so, wie er geplant und bestellt und versprochen wird, auch erreichbar ist. Aus einem solchen Vertragsverhältnis über die Erteilung von Rat ergibt sich die Verantwortlichkeit des Unternehmers (§ 676), daß er bei seiner Erteilung nicht fahrlässig handelt, nämlich die im Verkehr erforderliche Sorgfalt nicht außer acht läßt, auch wenn er wie hier aus dem Werkvertrag für den Erfolg nicht einsteht und auch, wenn das Werk wie hier nicht mit Fehlern im Sinne von § 633 Abs. 1 behaftet ist. Aus diesem Grunde haftet insbesondere der Baumeister oft auch für die Zweckmäßigkeit des Entwurfes, auf Grund dessen der Bauvertrag geschlossen wurde, und nicht nur für dessen vertragsmäßige Ausführung. Dr. R.

g) **Begriff des „Mangels" im § 634 Abs. 3.**

Kammergericht, V. CS. Urteil v. 19. November 1903.

Die Frage, ob die Wandlung nach § 634[3] auch dann ausgeschlossen ist, wenn der für den Wert oder die Tauglichkeit des Werkes unerhebliche Mangel in dem Nichtvorhandensein einer zugesicherten Eigenschaft besteht, müßte nach dem Wortlaute des § 634 bejaht werden. Denn die §§ 633, 634 verstehen ebenso wie die §§ 459 ff. (vgl. die Überschrift über § 459, ferner § 460 Satz 1, §§ 461 ff., 470, 475 ff., 478) grundsätzlich (soweit nicht das Gegenteil ausdrücklich, wie bei § 460 Satz 2, § 477[1] gesagt ist) unter Mangel der Sache, des Werkes sowohl einen „Fehler, der den Wert oder die Tauglichkeit zu dem gewöhnlichen oder nach dem Vertrage vorausgesetzten Gebrauch aufhebt oder mindert" als auch das Nichtvorhandensein einer „zugesicherten Eigenschaft"; in § 634[3] aber heißt es, nachdem in den Abss. 1, 2 und im § 633 wiederholt zweifellos von dem Mangel in diesem doppelten Sinne die Rede ist, schlechtweg: „die Wandlung ist ausgeschlossen, wenn der Mangel den Wert oder die Tauglichkeit des Werkes nur unerheblich mindert." Gleichwohl führt eine nähere Betrachtung, die den Zusammenhang und das Wesen der Bestimmung berücksichtigt, zu dem entgegengesetzten Ergebnisse.

Die Vorschriften darüber, für welche Mängel der Unternehmer zu haften hat und welche Rechtsfolgen aus dieser Haftung entstehen, sind, wie ihr Inhalt zeigt und die Materialien bestätigen (Motive 2 S. 478, 482, Denkschrift S. 80), in engem Anschluß an die Gewährleistung des Verkäufers wegen Mängel der Sache (§ 459 ff.) getroffen, insbesondere sind die zu vertretenden Mängel beim Werkvertrag wie beim Kauf wörtlich gleichlautend bestimmt. Bei dem Kauf nun wird in § 459[1] der Erheblichkeit des Mangels nur dann eine Bedeutung eingeräumt, wenn es sich um „Fehler handelt, die den Wert oder die Tauglichkeit zu dem gewöhnlichen Gebrauche mindern," während die Haftung für die zugesicherten Eigenschaften „nach ihrer Natur als Ausfluß eines Garantieversprechens weitergehend eintritt ohne Rücksicht auf die Erheblichkeit des vorhandenen Mangels" (Motive S. 225). Es liegt deshalb die Annahme nahe, daß auch beim Werkvertrage die Erheblichkeit des Mangels nur dann in Betracht kommt, wenn das Werk mit „Fehlern behaftet ist, die den Wert oder die Tauglichkeit mindern" (§ 633[1] a. E.), nicht dagegen, wenn eine zugesicherte Eigenschaft nicht vorhanden ist (Abs. 1 a. A.). Diese Annahme wird aber bestätigt durch die Motive, in denen bei Besprechung des Ausschlusses der Wandlung im Falle der Unerheblichkeit des Mangels auf § 381 Abs. 2 Satz 2 (jetzt § 459 Satz 2) verwiesen wird, und durch den Umstand, daß die Worte, mit denen in § 634[3] die Unerheblichkeit eines Mangels bestimmt wird, ebenso wie in § 459 Satz 2 entnommen sind der Begriffsbestimmung der oben angegebenen ersten Art von Mängeln, nämlich der „Fehler, welche den Wert ꝛc aufheben oder mindern."

Auf dieses Ergebnis weist auch die innere Bedeutung des § 634[3], der aus der Wesensverschiedenheit der beiden Arten von „Mängeln" zu erklären ist, zwingend hin. Bei den Fehlern, die den Wert mindern, ist Irrtum im Beweggrunde die Grundlage des Anspruchs, und die Haftung für solche Fehler beruht unmittelbar auf der positiven Vorschrift des Gesetzes (Prot. zu § 381; Eccius, Privatrecht I § 85); dieser „gesetzlichen" Haftung (Motive S. 225) gegenüber steht die Haftung für die zugesicherten Eigenschaften, die eben aus dieser Zusicherung bestimmter Eigenschaften, als Ausfluß eines Garantieversprechens entsteht. Der Maßstab dafür, ob eine Sache mit Fehlern behaftet ist, die ihren Wert mindert, ist eine Sache mittlerer Art und Güte, die Tauglichkeit zum gewöhnlichen oder vorausgesetzten Gebrauche; der Maßstab, ob eine Sache die zugesicherten Eigenschaften hat, ist lediglich die Vereinbarung der Vertragschließenden. Beide Arten von Mängeln brauchen sich hiernach durchaus nicht, auch nicht teilweise zu decken. Die zugesicherten Eigenschaften können vielmehr Eigenschaften sein, die den Wert gar nicht berühren, so daß eine Sache zwar alle zugesicherten Eigenschaften haben kann und doch nicht zum gewöhnlichen oder vorausgesetzten Gebrauche tauglich ist, wie umgekehrt. Liegen hiernach die zugesicherten Eigenschaften, weil sie auf der Willkür, vielleicht einer

Liebhaberei der Parteien beruhen, gar nicht in dem Kreise, der diejenigen Eigenschaften einer Sache begrenzt, welche für ihren objektiven Wert und ihre gewöhnliche Tauglichkeit von Bedeutung sind, so folgt hieraus, daß begrifflich durch das Nichtvorhandensein zugesicherter Eigenschaften der Wert oder die Tauglichkeit einer Sache gar nicht beeinflußt werden, daß begrifflich also durch das Nichtvorhandensein solcher zugesicherten Eigenschaften der Wert oder die Tauglichkeit weder erheblich noch unerheblich gemindert werden. Demgemäß ist dann auch beim Kauf die unerhebliche Minderung des Wertes oder der Tauglichkeit ausdrücklich nur da als unbeachtlich bezeichnet, wo es sich um Fehler handelt, die den Wert oder die Tauglichkeit der Sache betreffen. Folglich ist nur bei solchen Fehlern auch beim Werkvertrage, bei dem die beiden Arten von Mängeln nach denselben Merkmalen unterschieden werden wie beim Kaufe, der Grad der Minderung des Wertes oder der Tauglichkeit von rechtlicher Bedeutung, nicht dagegen beim Nichtvorhandensein zugesicherter Eigenschaften. Daraus ergibt sich aber, daß in § 634³ unter „Mangel" im Gegensatze zum Nichtvorhandensein zugesicherter Eigenschaften nur „Fehler" zu verstehen sind, „die den Wert oder die Tauglichkeit zu dem gewöhnlichen oder nach dem Vertrage vorausgesetzten Gebrauch mindern." Die Wandlung ist also nur ausgeschlossen (ähnlich wie beim Kaufe im Falle des § 459¹), wenn es sich um einen solchen Fehler handelt und dieser den Wert oder die Tauglichkeit nur unerheblich mindert. Dr. R.

h) **Schadensersatz aus § 635 setzt kein Verschulden voraus.**

OLG. Kassel, II. CS. Urteil v. 19. Oktober 1903.

Es erhebt sich die Frage, ob der Umstand, daß eine zugesicherte Eigenschaft des Werkes fehlt und der Unternehmer dieserhalb in Verzug gesetzt ist, ausreicht, um den Besteller zum Schadensersatz zu berechtigen oder ob der Ausdruck „welchen der Unternehmer zu vertreten hat" ein Mehreres bedeutet, nämlich ein Verschulden seiner selbst oder seiner Leute oder eine Garantie in dem Sinne, daß er im Falle der Nichtherstellung des Werkes mit der zugesicherten Eigenschaft des Unternehmers wegen Nichterfüllung entschädigungspflichtig sei. Wäre das Gesetz in dem letzteren Sinne auszulegen, so bedürfte es der Erörterung der den Sachverständigen nicht unterbreitet gewesenen Frage nach einem Verschulden der Klägerin und ihrer Leute und der näheren Prüfung des Vertrages in der Richtung, ob er nur in dem Sinne der Garantie einer Eigenschaft oder einer weitergehenden Garantie mit Entschädigungspflicht im Falle des Nichterfolgs auszulegen sei. Das Gericht hat den § 635 nicht in dem letzteren Sinne auslegen können. Nach § 634 Abs. 4 BGB. finden im allgemeinen bei Verzug des Unternehmers die Bestimmungen über den Kauf Anwendung; die Analogie des § 463 ergibt, daß schon Verzug in der Lieferung mit der zugesicherten Eigenschaft den Anspruch des Käufers auf Schadensersatz wegen Nichterfüllung begründet. Der § 635 enthält keine Beschränkung dieses Grundsatzes für den Werkvertrag, sondern eine Erstreckung. Wie schon bei dem Verkauf einer nur der Gattung nach bestimmten Sache die Zusicherung einer Eigenschaft nach § 480 Abs. 2 als Pflicht aufgefaßt wird, bei Vermeidung des Schadensersatzanspruchs die Eigenschaft der Sache für den Zeitpunkt zu gewähren, zu welcher die Gefahr auf den Käufer übergeht, so liegt in der Zusicherung einer dem herzustellenden Werk beiwohnenden Leistungsfähigkeit wenigstens regelmäßig eine Vertragsgarantie dafür, daß das Werk mit dieser Leistungsfähigkeit werde hergestellt werden. F.

i) **Im Falle einer Kündigung nach BGB. § 649 steht dem Unternehmer ein Schadensersatzanspruch nicht zu.**

OLG. Celle, I. CS. Urteil v. 23. Oktober 1903.

Der im März 1902 zwischen den Parteien geschlossene Vertrag, durch den der Beklagte dem Kläger die Fertigstellung eines Wohnhausneubaues übertrug, war ein Werkvertrag im Sinne der §§ 631 ff. BGB. Beim Vorliegen eines solchen Vertrags ist nach § 649 das., wenn der Besteller von dem ihm bis zur Vollendung des Werkes zustehenden freien Kündigungsrechte Gebrauch macht, der Unternehmer berechtigt, die vereinbarte Vergütung, d. h. entweder die ausdrücklich vereinbarte oder die beim Mangel einer ausdrücklichen Vereinbarung als stillschweigend vereinbart anzusehende angemessene Vergütung für das Gesamtwerk zu verlangen. Die Kündigung nach § 649 beseitigt also nicht das ganze Vertragsverhältnis, sondern nur die eine Seite desselben; die Verpflichtung des Unternehmers zur Fertigstellung und diejenige des Bestellers zur Abnahme des Werkes fällt zwar als gegenstandslos weg, diejenige des Bestellers zur Zahlung des vereinbarten Lohnes bleibt indessen bestehen, und zwar als Vertrags-, nicht als Entschädigungsanspruch. Nur zur Vermeidung einer ungerechtfertigten Bereicherung muß sich der Unternehmer von dem Lohne dasjenige abziehen lassen, was er infolge der Beseitigung seiner Vertragspflicht an Aufwendungen erspart oder durch anderweite Verwendung seiner nunmehr frei gewordenen Arbeitskraft erwirbt oder zu erwerben böswillig unterläßt. Immer aber bleibt der in § 649 gegebene Anspruch ein solcher auf die für das Werk vom Besteller versprochene oder als angemessen anzusehende Gegenleistung, nicht auf Ersatz des dem Unternehmer erwachsenen Schadens. Ein solcher Schadensersatzanspruch hat dem Unternehmer, wie die Motive zu dem § 578 des I. Entwurfes ergeben (Motive z. BGB. II S. 503), auch nicht etwa noch neben dem in § 649 zugelassenen Anspruch gegeben werden sollen; ein Schadensersatzanspruch des Unternehmers hat vielmehr, weil er sich mit den Gründen, auf denen die allgemeine Bestimmung des § 324 BGB. beruht, nicht vertrage, durch die Vorschrift des § 649 geradezu ausgeschlossen werden sollen (vgl. übrigens auch schon wegen des früheren gemeinen Rechts das Urteil des RG. vom 11. Juni 1884 in Seufferts Archiv 40 Nr. 15, ferner 51 Nr. 20 das.). Einen Anspruch auf Schadensersatz hat also im Falle einer Kündigung nach § 649 der Unternehmer überall nicht. Str.

Wortregister.

(Verfaßt von Staatsanwalt Dr. Rindfleisch in Duisburg.)

Die Zahlen bedeuten die Seiten.

Nachträge.

Zu Band 2.

S. 474 Nr. 185. Vgl. Urteil des RG. v. 14. April 1903: Der Vertrag der Stadtgemeinde über ihre Wasserversorgung ist kein Vertrag zugunsten Dritter, aber das Recht daraus ist nach ALR. abtretbar (VII 126/03).

Zu Band 4.

S. 136 Nr. 34. Ebenso JW. 1902 Beilage S. 13.

S. 244. Vgl. dagegen Bayer. Ob. LG., I. CS. Beschluß v. 19. April 1902, Bl. für RA. 68 S. 485.

S. 311. Ebenso RG. am 16. Mai 1903, Entsch. 54 S. 378.

Zu Band 5.

S. 74. Die Revision hat das RG., II. CS. am 23. Januar als unzulässig verworfen.

S. 376. Abgeändert: JW. 1902 Beilage S. 118.

S. 392. Vgl. Entsch. des RG. 55 S. 217.

S. 451. Bestätigt: Entsch. des RG. 55 S. 101.

Zu Band 6.

S. 27. Bestätigt: JW. 1903 S. 389 Nr. 21, Entsch. des RG. 55 S. 302.

S. 28. Bestätigt am 24. Juni 1903 (I 87/03).

S. 30 Nr. 6a. Bestätigt: JW. 1903 Beilage S. 120.

S. 225. Bestätigt: Entsch. des RG. 55 S. 1.

S. 239 Nr. 38c. Abgeändert: JW. 1903 S. 315 Nr. 12.

S. 255 Nr. 42b. Bestätigt: JW. 1903 Beilage S. 105 Nr. 235.

S. 261 Nr. 43d. Abgeändert: JW. 1903 Beilage S. 126.

S. 270 Nr. 45b. Vgl. Entsch. des RG. 55 S. 207.

S. 273. Bestätigt: JW. 1903 Beilage S. 117 Nr. 259, Entsch. des RG. 55 S. 288.

S. 335 Nr. 53e. Bestätigt: JW. 1903 Beilage S. 128.

S. 381. Bestätigt: Entsch. des RG. 55 S. 105.

S. 431 Nr. 68b. Abgeändert: JW. 1903 S. 319 Nr. 21, Entsch. des RG. 55 S. 248.

Zu Band 7.

S. 13 Nr. 3d. Bestätigt: Entsch. des RG. 54 S. 301.

S. 110 Nr. 11m. Bestätigt: JW. 1903 Beilage S. 147.

S. 186 Nr. 181. Abgeändert: JW. 1903 S. 317 Nr. 18, Entsch. des RG. 55 S. 241.
S. 278 Nr. 27g. Bestätigt am 8. Juli 1903 (V 92/03).
S. 301 Nr. 31α. Bestätigt: Entsch. des RG. 55 S. 99.
S. 303 Nr. 31c. Bestätigt am 14. Dezember 1903 (IV 242/03).
S. 315. Vgl. JW. 1904 S. 8 Nr. 8.
S. 382. Bestätigt am 5. Oktober 1903 (I 253/03).

Berichtigungen.

Siebenter Band.

S. 2 Z. 14 v. u. statt „Empfänger der eine oder die andere" lies: „Empfänger die eine oder die andere".
S. 23 Z. 6 v. u. statt „enthaltenden" lies: „entfallenden".
S. 28 Z. 7 v. u statt „20. März" lies: „30. März".
S. 32 Z. 4 v. u. statt „Vermietungsrecht" lies: „Vormietungsrecht".
S. 35 Z. 2 v. u. statt „Vermietungsrecht" lies: „Vormietungsrecht".
S. 36 Z. 2 v. o. statt „Vermietungsrecht" lies: „Vormietungsrecht".
S. 49 Z. 21 v. o. statt „geführt" lies: „gefährdet".
S. 49 Z. 6 v. u. statt „8. April" lies: „9. Januar".
S. 51 Z. 4 v. o. statt „unwirksam" lies: „unwirksam vorgenommene Rechtsgeschäft wirksam".
S. 68 Z. 12 v. u. statt „(Art. 58 § 6 . . .)" lies: (Art. 53 § 6 . . .).
S. 73 Z. 3 v. u. statt „Vermögens" lies: „Vermögens gehörenden Kosten eines Rechtsstreites, der für das Kind geführt wird".
S. 77 Z. 11 u. 17 v. o. statt „allgemeine" lies: „gemeine".
S. 88 Z. 7 v. o. statt „einmal ausgesprochen" lies: „niemals ausgesprochen".
S. 145 letzte Zeile v. u. statt „Juni" lies: „Januar".
S. 201 Z. 3 v. u. statt „der Richter" lies: „der Stifter".
S. 210 Z. 3 v. o. statt „Dezember" lies: „September".
S. 277 Z. 14 v. u. statt „Teilung der" lies: „Heilung der".
S. 293 Z. 12 v. u. statt „unfüllbares Verlangen" lies: „unerfüllbares Verlangen".
S. 303 Z. 1 v. u. statt „6 S. 242" lies: „6 S. 413".
S. 314 Z. 7 v. o. statt „zustimmte" lies: „zuzustimmen".
S. 364 Z. 2 v. u. statt „§ 2253" lies: „§ 2353".
S. 376 Z. 11 v. u. statt „GrBO. § 74" lies: „GrBO. § 71".
S. 387 Z. 5 v. u. statt „Art. 343" lies: „§ 373".
S. 388 Z. 19 v. o. statt „Art. 343" lies: „§ 373".
S. 388 Z. 24 v. o. statt „wie es unverdorbener Ware gegenüber gesünder ist" lies: „wie es unverdorbene Ware gegenüber gesunder ist".
S. 412 Z. 4 v. u. statt „Handelsregister" lies: „Standesregister".
S. 423 Z. 2 v. u. statt „Verlassung" lies: „Verletzung".
S. 430 Z. 4 v. u. statt „17. Oktober" lies: „12. Oktober".
S. 437 Z. 19 v. u. statt „81b" lies: „81^{6}".

FSC
www.fsc.org
MIX
Papier | Fördert gute Waldnutzung
FSC® C083411

Kolibri 360 GmbH
Ferdinand-Jühlke-Straße 7
99095 Erfurt, Deutschland
produktsicherheit@kolibri360.de